박문각 이준현 채움팀

FINAL
법원·등기직 9급 공개경쟁채용
사전모의고사

LOGOS
민법

16회

CONTENTS

사전 모의고사

제1회 사전모의고사	9
제2회 사전모의고사	19
제3회 사전모의고사	30
제4회 사전모의고사	40
제5회 사전모의고사	50
제6회 사전모의고사	62
제7회 사전모의고사	74
제8회 사전모의고사	86
제9회 사전모의고사	97
제10회 사전모의고사	108
제11회 사전모의고사	117
제12회 사전모의고사	127
제13회 사전모의고사	139
제14회 사전모의고사	149
제15회 사전모의고사	160
제16회 사전모의고사	172

정답 및 해설

제1회 사전모의고사 정답 및 해설	193
제2회 사전모의고사 정답 및 해설	196
제3회 사전모의고사 정답 및 해설	200
제4회 사전모의고사 정답 및 해설	203
제5회 사전모의고사 정답 및 해설	208
제6회 사전모의고사 정답 및 해설	212
제7회 사전모의고사 정답 및 해설	215
제8회 사전모의고사 정답 및 해설	219
제9회 사전모의고사 정답 및 해설	222
제10회 사전모의고사 정답 및 해설	226
제11회 사전모의고사 정답 및 해설	230
제12회 사전모의고사 정답 및 해설	234
제13회 사전모의고사 정답 및 해설	237
제14회 사전모의고사 정답 및 해설	240
제15회 사전모의고사 정답 및 해설	244
제16회 사전모의고사 정답 및 해설	248

박문각 이준현 채움팀

FINAL
사전모의고사

박문각 이준현 채움팀

법원직 민법 강의계획표(총 16회)

교재 : LOGOS CIVIL LAW 05 - 민법 조문판례를 중심으로

회차			강의내용	
제1회	제1조~제97조	민법총칙	제1장	민법일반
			제2장	권리(사권)의 일반
			제3장	권리의 주체 (제1절 권리의 주체 일반, 제2절 자연인, 제3절 법인)
제2회	제98조~제128조	민법총칙	제3장	권리의 주체 (제3절 법인)
			제4장	권리의 객체
			제5장	권리의 변동 (제1절 총설, 제2절 법률행위의 목적, 법률행위에서 의사표시, 대리)
제3회	제129조~제167조	민법총칙	제5장	권리의 변동 (제2절 법률행위에서 대리, 무효와 취소, 조건과 기한, 제3절 기간, 제4절 소멸시효)
제4회	제168조~제187조	민법총칙 물권법	제5장	권리의 변동 (제4절 소멸시효)
			제1장	물권법 일반
			제2장	물권법 총론 (제1절 물권일반, 제2절 물권법정주의 및 종류, 제3절 물권의 효력, 제4절 물권의 변동에서 물권행위, 부동산물권의 변동)
제5회	제188조~제261조	물권법	제2장	물권법 총론 (제4절 물권의 변동에서 동산물권의 변동, 제5절 물권의 소멸)
			제3장	물권법 각론 (제1절 점유권, 제2절 소유권에서 구분소유, 상린관계, 소유권의 취득)
제6회	제262조~제290조	물권법	제3장	물권법 각론 (제2절 소유권에서 공동소유, 명의신탁, 제3절 지상권)
제7회	제291조~제370조	물권법	제3장	물권법 각론 (제3절 지역권, 전세권, 제4절 유치권, 질권, 저당권)
제8회	제371조~제399조	물권법 채권총론	제3장	물권법 각론 (제4절 특수저당, 비전형담보)
			제1장	총설 (제1절 채권법 일반, 제2절 채권과 채무)
			제2장	채권의 목적 (제1절 총설, 제2절 목적에 의한 채권의 종류)
			제3장	채권의 효력 (제1절 총설, 제2절 채권의 기본적 효력, 제3절 채무불이행과 그 구제)
제9회	제400조~제407조	채권총론	제3장	채권의 효력 (제3절 채권자지체, 제4절 채권의 대외적 효력 - 채권자대위권 및 채권자취소권)

회차			강의내용	
제10회	제408조~제448조 제453조~제459조	채권총론	제4장	수인의 채권자 및 채무자(분할채무, 불가분채무, 연대채무, 부진정연대채무, 보증채무)
			제5장	채권양도와 채무인수 (제2절 채무인수)
제11회	제449조~제491조 제508조~제526조	채권총론	제5장	채권양도와 채무인수 (제1절 채권양도)
			제6장	채권의 소멸(변제, 대물변제, 공탁)
제12회	제492조~제553조	채권총론 채권각론	제6장	채권의 소멸(상계, 경개, 면제, 혼동)
			제1장	채권각론 총설
			제2장	계약총칙(계약의 종류, 계약의 성립, 계약의 효력, 계약의 해제 및 해지)
제13회	제554조~제654조	채권각론	제3장	계약각칙(증여, 매매, 교환, 소비대차, 사용대차, 임대차)
제14회	제655조~제740조	채권각론	제3장	계약각칙(주택임대차, 고용, 도급, 여행, 현상광고, 위임, 임치, 조합, 종신정기금, 화해)
			제4장	사무관리
제15회	제741조~제766조	채권각론	제5장	부당이득
			제6장	불법행위
제16회	제767조~제1018조	친족법 상속법	제1장	총설
			제2장	가족과 자의 성과 본
			제3장	혼인
			제4장	부모와 자
			제5장	후견
			제6장	부양
			제1장	상속
			제2장	유언
			제3장	유류분

| 박문각 이준현 채움팀 | 제1회 사전모의고사 | 민법 담당: 이준현 교수 |

【문 1】 관습법과 사실인 관습에 관한 다음 설명 중 가장 옳지 않은 것은? (다툼이 있는 경우 판례에 의함) 2019년 법원주사보

① 관습법이란 사회의 거듭된 관행이 사회의 법적 확신에 의해 법적 규범으로 승인되어 사회생활규범으로서 강행되기에 이른 것으로서 전체 법질서에 부합하는 것이어야 한다.
② 대통령령인 구 가정의례준칙 제13조의 규정과 관습법이 배치될 경우, 관습법의 효력을 인정하는 것은 관습법의 제정법에 대한 열후적, 보충적 성격에 비추어 민법 제1조의 취지에 어긋나므로, 관습법의 효력은 부정된다.
③ 관습법과 달리 사실인 관습은 법령으로서의 효력이 없는 단순한 관행으로서 법률행위 당사자의 의사를 보충함에 그치는 것이다.
④ 판례에 의하여 인정되는 관습법으로는 분묘기지권, 동산양도담보 등이 있고, 관습법상 인정되는 물권으로는 사도통행권, 온천권 등이 있다.

【문 2】 권리의 충돌과 순위에 관한 다음 설명 중 가장 옳지 않은 것은? (다툼이 있는 경우 판례에 의함) 2018년 법원주사보

① 동일한 객체에 대하여 수개의 권리가 존재하여 그 객체가 모든 권리를 만족시킬 수 없는 경우를 권리의 충돌이라고 한다.
② 동일한 물건 위에 소유권과 제한물권이 존재하는 때에는 소유권이 우선한다.
③ 동일한 채무자에 대하여 수개의 채권이 존재하는 경우에는 성립의 선후를 불문하고 어느 채권자도 우선적으로 변제 받을 수 있는 권리가 없다.
④ 물권과 채권이 충돌하는 경우에는 그 성립의 선후를 불문하고 물권이 우선한다.

【문 3】 신의칙과 그 파생원칙에 관한 다음 설명 중 가장 옳지 않은 것은? (다툼이 있는 경우 판례에 의함) 2020년 법무사

① 임차권의 양도에 있어서 양도인은 그 임차권의 존속기간, 임대기간 종료 후의 재계약 여부, 임대인의 동의 여부와 이에 관계되는 모든 사정을 양수인에게 알려주어야 할 신의칙상의 의무가 있다.
② 회사의 임원이나 직원의 지위에 있었기 때문에 부득이 회사와 제3자 사이의 계속적 거래에서 발생하는 회사의 채무를 연대보증한 사람이 그 후 회사에서 퇴직하여 임직원의 지위에서 떠난 때에는 연대보증인은 특별한 사정이 없는 한 연대보증계약을 일방적으로 해지할 수 있다.
③ 계속적 계약에서 계약의 체결 시와 이행 시 사이에 간극이 크고, 경제적 상황의 변화로 당사자에게 불이익이 발생했다는 사실만 인정되면 사정변경을 이유로 계약을 해지할 수 있다.
④ 공매절차에서 점유자의 유치권 신고 사실을 알고 부동산을 매수한 자가 그 점유를 침탈하여 유치권을 소멸시키고 나아가 고의적인 점유이전으로 유치권자의 확정판결에 기한 점유회복조차 곤란하게 하였음에도 유치권자가 현재까지 점유회복을 하지 못한 사실을 내세워 유치권자를 상대로 적극적으로 유치권부존재확인을 구하는 것은 명백히 정의 관념에 반하여 사회생활상 도저히 용인될 수 없는 것으로 권리남용에 해당하여 허용되지 않는다.
⑤ 실권 또는 실효의 법리는 법의 일반원리인 신의성실의 원칙에 바탕을 둔 파생원칙인 것이므로 공법관계 가운데 관리관계는 물론이고 권력관계에도 적용되어야 함을 배제할 수는 없다.

【문 4】 신의칙에 관한 다음 설명 중 가장 옳지 않은 것은? (다툼이 있는 경우 판례에 의함)　2019년 법원주사보

① 취득시효 완성 후에 그 사실을 모르고 당해 토지에 관해 어떠한 권리도 주장하지 않기로 하였다 하더라도 이에 반하여 시효주장을 하는 것은 특별한 사정이 없는 한 신의칙상 허용되지 않는다.
② 법령에 위반되어 무효임을 알고서도 그 법률행위를 한 자가 강행법규 위반을 이유로 무효를 주장하는 것은 신의칙 또는 금반언의 원칙에 반하므로 허용되지 않는다.
③ 종전 토지 소유자가 자신의 권리를 행사하지 않았다 하더라도 이러한 사정은 그 토지 소유권을 적법하게 취득한 새로운 권리자에게 실효의 원칙을 적용함에 있어 고려하여야 할 것은 아니다.
④ 사정변경으로 인한 계약해제에서 말하는 사정이라 함은 계약의 기초가 되었던 객관적 사정으로서, 일방 당사자의 주관적 또는 개인적 사정을 의미하는 것은 아니다.

【문 5】 신의칙 또는 권리남용에 관한 다음 설명 중 가장 옳지 않은 것은? (다툼이 있는 경우 판례에 의함)　2022년 법원행시

① 특별한 사정이 없는 한 강행법규를 위반한 자가 약정의 무효를 주장하는 것만으로는 신의칙에 반하는 것이 아니다. 이는 무효 주장이 거래관계에 있는 당사자의 신뢰를 배신하고 정의의 관념에 반할 것 같은 예외적인 경우에 해당하지 않는 한, 의사무능력자 법률행위 무효의 경우에도 마찬가지이다.
② 유효하게 성립한 계약상의 책임을 공평의 이념 또는 신의칙과 같은 일반원칙에 의하여 제한하는 것은 사적 자치의 원칙이나 법적 안정성에 대한 중대한 위협이 될 수 있으므로, 채권자가 유효하게 성립한 계약에 따른 급부의 이행을 청구하는 때에 법원이 그 급부의 일부를 감축하는 것은 원칙적으로 허용되지 않는다.
③ 변호사의 소송위임 사무처리 보수에 관하여 변호사와 의뢰인 사이에 약정이 있는 경우 위임사무를 완료한 변호사는 약정 보수액 전부를 청구할 수 있다. 신의칙과 관련하여서는 민법 제2조 제1항에서 "권리의 행사와 의무의 이행은 신의에 좇아 성실히 하여야 한다."라고 규정하고, 제2항에서 "권리는 남용하지 못한다."라고 규정할 뿐 이를 법률행위의 무효사유로 규정하고 있지 않다. 그러므로 민법 제2조의 신의칙 또는 민법에 규정되어 있지 않은 형평의 관념은 당사자 사이에 체결된 계약을 무효로 선언할 수 있는 근거가 될 수 없다. 따라서 신의칙과 형평의 관념 등 일반 원칙에 의해 개별 약정의 효력을 제약하려고 시도해서는 안 되며 신의칙이나 형평의 관념에 근거하여 당사자가 계약으로 정한 변호사보수액이 부당하게 과다하다며 이를 감액할 수는 없다.
④ 어떤 토지가 개설경위를 불문하고 일반 공중의 통행에 공용되는 도로, 즉 공로가 되면 그 부지의 소유권 행사는 제약을 받게 되며, 이는 소유자가 수인하여야만 하는 재산권의 사회적 제약에 해당한다. 따라서 공로 부지의 소유자가 이를 점유·관리하는 지방자치단체를 상대로 공로로 제공된 도로의 철거, 점유 이전 또는 통행금지를 청구하는 것은 법질서상 원칙적으로 허용될 수 없는 '권리남용'이라고 보아야 한다.
⑤ 소멸시효를 이유로 한 항변권의 행사도 민법의 대원칙인 신의성실의 원칙과 권리남용금지의 원칙의 지배를 받는 것이어서 채무자가 소멸시효 완성 후 시효를 원용하지 아니할 것 같은 태도를 보여 권리자로 하여금 이를 신뢰하게 하였고, 채무자가 그로부터 권리행사를 기대할 수 있는 상당한 기간 내에 자신의 권리를 행사하였다면, 채무자가 소멸시효 완성을 주장하는 것은 신의성실 원칙에 반하는 권리남용으로 허용될 수 없다.

2024년도 법원직공무원 9급 공채 필기시험 민법 ○책형

【문 6】 신의성실의 원칙에 관한 다음 설명 중 가장 옳지 않은 것은? (다툼이 있는 경우 판례에 의함) 2021년 법원사무관

① 신의칙에 위배된다는 이유로 그 권리행사를 부정하기 위해서는 상대방에게 신의를 공여하였거나 객관적으로 보아 상대방이 신의를 가지는 것이 정당한 상태에 이르러야 하고 이와 같은 상대방의 신의에 반하여 권리를 행사하는 것이 정의관념에 비추어 용인될 수 없는 정도의 상태에 이르러야 한다.
② 신의성실의 원칙은 법질서 전체를 관통하는 일반원칙으로서 실정법이나 계약을 형식적이고 엄격하게 적용할 때 생길 수 있는 부당한 결과를 막고 구체적 타당성을 실현하는 작용을 하므로, 사적자치나 계약자유도 신의칙에 따라 제한될 수 있다.
③ 사정변경을 이유로 한 계약해제는 계약 성립 당시 당사자가 예견할 수 없었던 현저한 사정의 변경이 발생하였고 그러한 사정의 변경이 해제권을 취득하는 당사자에게 책임 없는 사유로 생긴 것으로서, 계약 내용대로의 구속력을 인정한다면 신의칙에 현저히 반하는 결과가 생기는 경우에 인정된다.
④ 신의성실의 원칙을 들어 시효완성의 효력을 부정하는 것은 법적 안정성의 달성, 입증곤란의 구제, 권리행사의 태만에 대한 제재를 그 이념으로 삼고 있는 소멸시효 제도에 부합하지 않으므로 허용될 수 없다.

【문 7】 신의칙 또는 권리남용에 관한 다음 설명 중 옳지 않은 것을 모두 고른 것은? (다툼이 있는 경우 판례에 의함) 2022년 법원서기보

ㄱ. 근저당권자가 담보로 제공된 건물에 대한 담보가치를 조사할 당시 대항력을 갖춘 임차인이 그 임대차 사실을 부인하고 임차보증금에 대한 권리주장을 않겠다는 내용의 확인서를 작성해 준 경우, 그 후 그 건물에 대한 경매절차에서 이를 번복하여 대항력 있는 임대차의 존재를 주장함과 아울러 근저당권자보다 우선적 지위를 가지는 확정일자부 임차인임을 주장하여 그 임차보증금반환채권에 대한 배당요구를 하는 것은 특별한 사정이 없는 한 금반언 및 신의칙에 위반되어 허용될 수 없다.
ㄴ. 확정판결에 따른 집행이 불법행위를 구성하기 위하여는 소송당사자가 상대방의 권리를 해할 의사로 상대방의 소송 관여를 방해하거나 허위의 주장으로 법원을 기망하는 등 부정한 방법으로 실체의 권리관계와 다른 내용의 확정판결을 취득하여 집행을 하는 것과 같은 특별한 사정이 있어야 한다.
ㄷ. 甲이 대리권 없이 乙 소유 부동산을 丙에게 매도하여 소유권이전등기를 마쳐주었는데 이후 甲이 乙로부터 부동산을 상속받은 경우, 소유자가 된 甲은 자신의 매매행위가 무권대리행위여서 무효임을 주장할 수 있다.
ㄹ. 인지청구권은 본인의 일신전속적인 신분관계상의 권리이므로 포기할 수는 없으나, 그 행사가 상속재산에 대한 이해관계에서 비롯되었다면 장기간 행사하지 않은 경우 실효의 법리가 적용되어야 한다.

① ㄱ, ㄴ ② ㄴ, ㄷ
③ ㄷ, ㄹ ④ ㄱ, ㄹ

【문 8】 미성년자에 관한 다음 설명 중 가장 옳지 않은 것은? (다툼이 있는 경우 판례에 의함)   2021년 법무사

① 미성년자가 토지매매행위를 부인하고 있는 이상, 미성년자가 그 법정대리인의 동의를 얻었다는 점에 관한 입증책임은 미성년자에게 없고 이를 주장하는 상대방에게 있다.
② 책임능력 있는 미성년자의 불법행위로 인하여 손해가 발생한 경우에 그 발생된 손해가 당해 미성년자의 감독의무자의 의무위반과 상당인과관계가 있을 경우에는 감독의무자는 일반불법행위자로서 손해배상의무가 있다.
③ 미성년자의 법률행위에 법정대리인의 동의를 요하도록 하는 것은 강행규정인데, 위 규정에 반하여 이루어진 신용구매계약을 미성년자 스스로 취소하는 것을 신의칙 위반을 이유로 배척한다면, 이는 오히려 위 규정에 의해 배제하려는 결과를 실현시키는 셈이 되어 미성년자 제도의 입법 취지를 몰각시킬 우려가 있으므로, 법정대리인의 동의 없이 신용구매계약을 체결한 미성년자가 사후에 법정대리인의 동의 없음을 사유로 들어 이를 취소하는 것이 신의칙에 위배된 것이라고 할 수 없다.
④ 미성년자의 친권자인 모가 자기 오빠의 제3자에 대한 채무의 담보로 미성년자 소유의 부동산에 근저당권을 설정하는 행위는, 채무자를 위한 것으로서 미성년자에게는 불이익만을 주는 것이어서 민법 제921조 제1항에 규정된 "법정대리인인 친권자와 그 자 사이에 이해상반되는 행위"에 해당한다.
⑤ 미성년자가 법률행위를 함에 있어서 요구되는 법정대리인의 동의는 언제나 명시적이어야 하는 것은 아니고 묵시적으로도 가능한 것이며, 미성년자의 행위가 위와 같이 법정대리인의 묵시적 동의가 인정되거나 처분허락이 있는 재산의 처분 등에 해당하는 경우라면, 미성년자로서는 더 이상 행위무능력을 이유로 그 법률행위를 취소할 수 없다.

【문 9】 태아의 권리능력에 관한 다음 설명 중 가장 옳지 않은 것은? (다툼이 있는 경우 판례에 의함)   2022년 법원행시

① 태아는 상속순위에 관하여 이미 출생한 것으로 보고, 유증에 관하여도 마찬가지이다.
② 태아도 손해배상청구권에 관하여는 이미 출생한 것으로 보는 바, 부(父)가 교통사고로 상해를 입을 당시 태아가 출생하지 않았다 하더라도 그 뒤에 출생한 이상 부(父)의 부상으로 인하여 입게 될 정신적 고통에 대한 위자료를 청구할 수 있다.
③ 태아가 특정한 권리에 있어서 이미 태어난 것으로 본다는 것은 살아서 출생한 때에 출생시기가 문제의 사건의 시기까지 소급하여 그때에 태아가 출생한 것과 같이 법률상 보아 준다고 해석하여야 상당하므로 그가 모체와 같이 사망하여 출생의 기회를 못 가진 이상 모체와 같이 사망한 태아에게 손해배상청구권을 인정할 수 없다.
④ 계약자유의 원칙상 태아를 피보험자로 하는 상해보험계약은 유효하고, 그 보험계약이 정한 바에 따라 보험기간이 개시된 이상 출생 전이라도 태아가 보험계약에서 정한 우연한 사고로 상해를 입었다면 이는 보험기간 중에 발생한 보험사고에 해당한다.
⑤ 태아인 동안에는 권리능력이 없지만 살아서 출생하면 문제된 사건의 시기까지 소급하여 그때에 출생한 것과 같이 법률상 볼 수 있다. 따라서 태아의 모(母)가 태아를 대리하여 부동산을 증여받고, 이후 태아가 살아서 출생하였다면 태아였던 자는 증여를 원인으로 한 소유권이전등기를 청구할 수 있다.

【문 10】 미성년자의 행위능력에 관한 다음 설명 중 가장 옳지 않은 것은? (다툼이 있는 경우 판례에 의함) 2018년 법원행시

① 미성년자가 법률행위를 하려면 원칙적으로 법정대리인의 동의를 얻어야 한다. 미성년자가 동의를 얻지 않고 한 행위는 미성년자 또는 그 법정대리인이 취소할 수 있다.
② 미성년자가 법률행위를 함에 있어서 요구되는 법정대리인의 동의는 언제나 명시적이어야 하는 것은 아니고 묵시적으로도 가능한 것이며, 미성년자의 행위가 위와 같이 법정대리인의 묵시적 동의가 인정되거나 처분허락이 있는 재산의 처분 등에 해당하는 경우라면, 미성년자로서는 더 이상 행위무능력을 이유로 그 법률행위를 취소할 수 없다.
③ 미성년자가 신용카드발행인과 사이에 신용카드 이용계약을 체결하여 신용카드거래를 하다가 신용카드 이용계약을 취소하는 경우, 미성년자는 그 행위로 인하여 받은 이익이 현존하는 한도에서 상환할 책임이 있다.
④ 위 ③의 경우, 미성년자가 신용카드발행인에게 부당이득으로 반환하여야 할 대상은 미성년자가 가맹점과의 매매계약을 통하여 취득한 물품과 제공받은 용역이다.
⑤ 법정대리인의 동의 없이 신용구매계약을 체결한 미성년자가 사후에 법정대리인의 동의 없음을 사유로 들어 이를 취소하는 것이 신의칙에 위배된 것이라고 할 수 없다.

【문 11】 제한능력자에 관한 다음 설명 중 가장 옳지 않은 것은? (다툼이 있는 경우 판례에 의함) 2023년 법원사무관

① 제한능력자의 상대방은 제한능력자가 능력자가 된 후에 그에게 1개월 이상의 기간을 정하여 그 취소할 수 있는 행위를 추인할 것인지 여부의 확답을 촉구할 수 있다.
② 제한능력자가 아직 능력자가 되지 못한 경우에는 그의 법정대리인에게 위 ①의 촉구를 할 수 있고, 법정대리인이 그 정하여진 기간 내에 확답을 발송하지 아니한 경우에는 그 행위를 추인한 것으로 본다.
③ 제한능력자가 맺은 계약은 추인이 있을 때까지 상대방이 그 의사표시를 철회할 수 있으나 상대방이 계약 당시에 제한능력자임을 알았을 경우에는 그러하지 아니하다.
④ 제한능력자의 단독행위는 추인이 있을 때까지 상대방이 거절할 수 있으나, 그의 법정대리인에게 거절의 의사표시를 하여야 하고 제한능력자에게 한 거절의 의사표시는 효력이 없다.

【문 12】 자연인의 능력에 관한 다음 설명 중 가장 옳지 않은 것은? 2017년 법무사

① 법정대리인은 원칙적으로 미성년자가 법정대리인의 동의 없이 한 법률행위를 취소할 수 있다.
② 가정법원은 질병, 장애, 노령, 그 밖의 사유로 인한 정신적 제약으로 사무를 처리할 능력이 지속적으로 결여된 사람에 대하여 본인, 배우자, 4촌 이내의 친족, 미성년후견인, 미성년후견감독인, 한정후견인, 한정후견감독인, 특정후견인, 특정후견감독인, 검사 또는 지방자치단체의 장의 청구에 의하여 성년후견개시의 심판을 한다.
③ 가정법원은 한정후견인의 청구에 의하여도 피한정후견인이 한정후견인의 동의를 받아야만 할 수 있는 행위의 범위를 변경할 수 있다.
④ 특정후견은 본인의 의사에 반하여 할 수 없다.
⑤ 가정법원이 피한정후견인 또는 피특정후견인에 대하여 성년후견개시의 심판을 한 때에는 종전의 한정후견 또는 특정후견은 별도의 심판 없이 종료한다.

【문 13】 자연인의 능력에 관한 다음 설명 중 가장 옳지 않은 것은? (다툼이 있는 경우 판례에 의함) 2022년 법원서기보

① 연령은 출생일을 산입하여 역에 따라 계산하므로, 2001. 1. 1.에 출생한 자는 2019. 12. 31.의 만료로 성년이 된다.
② 피성년후견인은 자신의 신상에 관하여 그의 상태가 허락하는 범위에서 단독으로 결정한다.
③ 제한능력자의 상대방은 제한능력자가 능력자가 된 후에 그에게 1개월 이상의 기간을 정하여 그 취소할 수 있는 행위를 추인할 것인지 여부의 확답을 촉구할 수 있다. 능력자로 된 사람이 그 기간 내에 확답을 발송하지 아니하면 그 행위를 취소한 것으로 본다.
④ 한정후견인의 동의가 필요한 법률행위를 피한정후견인이 한정후견인의 동의 없이 하였을 때에는 그 법률행위를 취소할 수 있다. 다만, 일용품의 구입 등 일상생활에 필요하고 그 대가가 과도하지 아니한 법률행위에 대하여는 그러하지 아니하다.

【문 14】 부재와 실종에 관한 다음 설명 중 가장 옳지 않은 것은? (다툼이 있는 경우 판례에 의함) 2018년 법무사

① 민법 제27조 제2항은 "전지에 임한 자, 침몰한 선박 중에 있던 자, 추락한 항공기 중에 있던 자 기타 사망의 원인이 될 위난을 당한 자"의 실종선고에 관해 규정하고 있다. 잠수장비를 착용하고 바다에 들어가서 해산물을 채취하다가 행방불명되었다고 하더라도 특별한 사정이 없는 한 이를 "사망의 원인이 될 위난"이라고 할 수 없다.
② 실종선고가 취소되지 않는 한 반증을 들어 실종선고의 효과를 다툴 수는 없다.
③ 실종선고로 인하여 실종기간 만료시를 기준으로 하여 상속이 개시된 이상 설사 이후 실종선고가 취소되어야 할 사유가 생겼다고 하더라도 실제로 실종선고가 취소되지 아니하는 한, 임의로 실종기간이 만료하여 사망한 때로 간주되는 시점과는 달리 사망시점을 정하여 이미 개시된 상속을 부정하고 이와 다른 상속관계를 인정할 수는 없다.
④ 실종선고 확정 전에는 실종기간이 만료된 실종자를 상대로 하여 제기된 소도 적법하고, 실종자를 당사자로 하여 선고된 판결도 유효하다. 그러나 실종자를 당사자로 한 판결이 확정된 후에 실종선고가 확정되어 그 사망간주의 시점이 소 제기 전으로 소급하는 경우에는 위 확정판결은 사망한 사람을 상대로 한 판결로서 무효가 된다.
⑤ 사망한 것으로 간주된 자가 그 이전에 생사불명의 부재자로서 그 재산관리에 관하여 법원으로부터 재산관리인이 선임되어 있었다면 재산관리인은 그 부재자의 사망을 확인했다고 하더라도 선임결정이 취소되지 아니하는 한 계속하여 권한을 행사할 수 있다. 그러므로 재산관리인에 대한 선임결정이 취소되기 전에 재산관리인의 처분행위에 기하여 마쳐진 등기는 법원의 처분허가 등 모든 절차를 거쳐 적법하게 마쳐진 것으로 추정된다.

【문 15】 실종선고에 관한 다음 설명 중 가장 옳은 것은? (다툼이 있는 경우 판례에 의함) 2023년 법원행시

① 부재자의 생사가 3년간 분명하지 아니한 때에는 법원은 이해관계인이나 검사의 청구에 의하여 실종선고를 하여야 한다.
② 실종선고를 받은 자는 선고를 받고 1년이 경과한 때에 사망한 것으로 본다.
③ 실종선고의 취소사유가 있으면 실종선고의 취소가 있기 전에도 실종선고로 인하여 개시된 상속의 효력을 부인할 수 있다.
④ 실종선고의 취소사유가 증명되어 실종선고가 취소된 경우에도 실종선고 후 그 취소 전에 선의로 한 행위의 효력에는 영향이 없다.
⑤ 부재자가 사망할 경우 제1순위의 상속인뿐만 아니라 후순위의 상속인들도 특별한 사정이 없는 한 이해관계인으로서 실종선고를 청구할 수 있다.

【문 16】 실종선고에 관한 다음 설명 중 가장 옳지 않은 것은? (다툼이 있는 경우 판례에 의함) 2019년 법무사

① 부재자의 생사가 5년간 분명하지 아니한 때에는 법원은 이해관계인이나 검사의 청구에 의하여 실종선고를 하여야 한다.
② 부재자의 자매로서 제2순위 상속인에 불과한 자는 부재자에 대한 실종선고의 여부에 따라 상속지분에 차이가 생긴다고 하더라도 부재자에 대하여 실종선고를 청구할 이해관계인이 될 수 없다.
③ 잠수장비를 착용한 채 바다에 입수하였다가 부상하지 아니한 채 행방불명되었다 하더라도, 이는 민법 제27조 제2항의 '사망의 원인이 될 위난'이라고 할 수 없다.
④ 실종선고로 인하여 실종기간 만료시를 기준으로 하여 상속이 개시된 이상 설사 이후 실종선고가 취소되어야 할 사유가 생겼다고 하더라도 실제로 실종선고가 취소되지 아니하는 한, 임의로 실종기간이 만료하여 사망한 때로 간주되는 시점과는 달리 사망 시점을 정하여 이미 개시된 상속을 부정하고 다른 상속관계를 인정할 수는 없다.
⑤ 부재자의 재산관리인이 부재자의 대리인으로서 소를 제기하여 그 소송 계속 중에 부재자에 대한 실종선고가 확정되어 그 소 제기 이전에 부재자가 사망한 것으로 간주되는 경우에는 위 소 제기 자체가 소급하여 당사자능력이 없는 사망한 자가 제기한 것으로 된다.

【문 17】 법인의 불법행위능력에 관한 다음 설명 중 가장 옳지 않은 것은? (다툼이 있는 경우 판례에 의함) 2019년 법원주사보

① 법인의 목적범위 외의 행위로 인하여 타인에게 손해를 가한 때에는 그 사항의 의결에 찬성하거나 그 의결을 집행한 사원, 이사 및 기타 대표자가 연대하여 배상하여야 한다.
② 민법 제35조에서 말하는 이사 기타 대표자는 법인의 대표기관을 의미하며, 이사에 의하여 선임된 특정 행위에 대한 대리인, 지배인, 사원총회, 감사 등은 대표기관에 해당하지 않는다.
③ 대표권이 없는 이사의 행위에 의하여도 민법 제35조 제1항의 불법행위가 성립한다.
④ 법인의 대표기관이 직무에 관하여 손해를 가한 경우인 한, 권한을 남용하여 부정한 행위를 한 경우 또는 강행규정을 위반한 경우에도 제35조 제1항에 의한 불법행위책임이 인정된다.

【문 18】 법인에 관한 다음 설명 중 가장 옳지 않은 것은? (다툼이 있는 경우 판례에 의함) 2018년 법원서기보

① 법원의 직무집행정지 가처분결정에 의하여 회사를 대표할 권한이 정지된 대표이사가 그 정지기간 중에 체결한 계약은 원칙적으로 무효이나, 그 후 가처분 신청의 취하에 의하여 보전집행이 취소된 경우 집행의 효력은 소급적으로 소멸하므로 대표이사가 앞서 체결한 계약은 유효하게 된다.
② 법인의 정관에 법인대표권의 제한에 관한 규정이 있으나 그와 같은 취지가 등기되어 있지 않다면 법인은 그와 같은 정관의 규정에 대하여 선의냐 악의냐에 관계없이 제3자에 대하여 대항할 수 없다.
③ 민법상 법인의 이사회 결의에 무효사유가 있는 경우에는 이해관계인은 언제든지 또 어떤 방법에 의하든지 그 무효를 주장할 수 있다.
④ 재단법인의 기본재산의 변경은 정관의 변경을 초래하기 때문에 주무관청의 허가를 받아야 하는데, 기존의 기본재산을 처분하는 행위는 물론 새로이 기본재산으로 편입하는 행위도 주무관청의 허가가 있어야 유효하다.

【문 19】 민법상 법인에 관한 다음 설명 중 가장 옳지 않은 것은? (다툼이 있는 경우 판례에 의함) 2020년 법무사

① 과반수의 이사가 민법 제58조 제2항에 근거하여 이사회를 소집하는 경우 법원의 허가를 받을 필요 없이 이사회를 소집할 수 있다.
② 법원의 직무집행정지 가처분결정에 의해 회사를 대표할 권한이 정지된 대표이사가 그 정지기간 중에 체결한 계약은 절대적으로 무효이고, 그 후 가처분신청의 취하에 의하여 보전집행이 취소되었다 하더라도 집행의 효력은 장래를 향하여 소멸할 뿐이다.
③ 민법상 재단법인의 기본재산에 관한 저당권 설정행위는 기본재산의 처분행위에 속하므로, 이에 관하여는 주무관청의 허가를 얻어야 한다.
④ 이사가 수인인 민법상 법인의 정관에 대표권 있는 이사만 이사회를 소집할 수 있고 다른 이사가 요건을 갖추어 이사회 소집을 요구하면 대표권 있는 이사가 이에 응하도록 규정하고 있는데도 대표권 있는 이사가 다른 이사의 정당한 이사회 소집을 거절한 경우 이사는 정관의 이사회 소집권한에 관한 규정 또는 민법에 기초하여 법인의 사무를 집행할 권한에 의하여 이사회를 소집할 수 있다.
⑤ 사단법인의 사원의 지위는 양도 또는 상속할 수 없다고 규정한 민법 제56조는 강행규정은 아니라고 할 것이므로, 정관에 의하여 이를 인정하고 있을 때에는 양도·상속이 허용된다.

【문 20】 법인에 관한 다음 설명 중 가장 옳지 않은 것은? (다툼이 있는 경우 판례에 의함) 2021년 법무사

① 법인은 법률의 규정에 좇아 정관으로 정한 목적 범위 내에서 권리와 의무의 주체가 되는데, '목적 범위 내'의 행위라 함은 정관에 명시된 목적 자체에 국한되는 것이 아니라, 그 목적을 수행하기 위한 직접 또는 간접으로 필요한 행위를 모두 포함한다. 목적 수행에 필요한지 여부도 행위의 객관적 성질에 따라 추상적으로 판단해야 하므로, 행위자의 주관적·구체적 의사에 따라 판단하면 아니 되고, 문제된 행위가 정관상 목적에 현실적으로 필요한 것인지 여부에 따라 판단하여야 한다.
② 법인은 이사 기타 대표자가 그 직무에 관하여 타인에게 가한 손해를 배상할 책임이 있는데, 법인의 목적 범위 외의 행위로 인하여 타인에게 손해를 가한 때에는 그 사항의 의결에 찬성하거나 그 의결을 집행한 사원, 이사 및 기타 대표자가 연대하여 배상하여야 한다.
③ 민법 제35조 제1항에 의한 법인의 불법행위가 성립하는 경우, 사용자책임을 규정한 민법 제756조 제1항이 적용되지 않는다.
④ 민법 제35조 제1항의 '대표자'에는 그 명칭이나 직위 여하를 불문하고 당해 법인을 실질적으로 운영하면서 사실상 법인을 대표하여 법인의 사무를 집행하는 사람을 포함한다.
⑤ 법인의 대표자의 행위가 직무에 관한 행위에 해당하지 아니함을 피해자 자신이 알았거나 또는 중대한 과실로 인하여 알지 못한 경우에는 법인에게 손해배상책임을 물을 수 없다고 할 것이고, 여기서 중대한 과실이라 함은 거래의 상대방이 조금만 주의를 기울였더라면 대표자의 행위가 그 직무권한 내에서 적법하게 행하여진 것이 아니라는 사정을 알 수 있었음에도 만연히 이를 직무권한 내의 행위라고 믿음으로써 일반인에게 요구되는 주의의무에 현저히 위반하는 것으로 거의 고의에 가까운 정도의 주의를 결여하고, 공평의 관점에서 상대방을 구태여 보호할 필요가 없다고 봄이 상당하다고 인정되는 상태를 말한다.

【문 21】 법인의 이사에 관한 다음 설명 중 가장 옳지 않은 것은? (다툼이 있는 경우 판례에 의함) 2017년 법원사무관

① 법인과 이사의 법률관계는 신뢰를 기초로 한 위임 유사의 관계이고, 위임계약은 원래 해지의 자유가 인정되어 쌍방 누구나 정당한 이유 없이도 언제든지 해지할 수 있으며, 다만 불리한 시기에 부득이한 사유 없이 해지한 경우에 한하여 상대방에게 그로 인한 손해배상책임을 질 뿐이다.
② 법인의 정관에 법인 대표권의 제한에 관한 규정이 있으나 그와 같은 취지가 등기되어 있지 않은 경우에도 악의의 제3자를 보호할 이유가 없으므로 악의의 제3자에게는 대항할 수 있고, 선의의 제3자에게만 대항할 수 없다.
③ 사임한 이사에게 직무수행권을 인정하는 것은 그 사임한 이사가 아니고서는 법인이 정상적인 활동을 중단할 수밖에 없는 급박한 사정이 있는 경우에 한정되는 것이고, 아직 임기가 만료되지 않거나 사임하지 아니한 다른 이사들로써 정상적인 법인의 활동을 할 수 있는 경우에는 사임한 이사에게 직무를 계속 행사하게 할 필요는 없다.
④ 민법 제64조에서 말하는 법인과 이사의 이익이 상반하는 사항은 법인과 이사가 직접 거래의 상대방이 되는 경우뿐 아니라, 이사의 개인적 이익과 법인의 이익이 충돌하고 이사에게 선량한 관리자로서의 의무 이행을 기대할 수 없는 사항은 모두 포함한다고 할 것이고, 형식상 전혀 별개의 법인 대표를 겸하고 있는 자가 양쪽 법인을 대표하여 계약을 체결하는 경우는 쌍방대리로서 특별한 사정이 없는 이상 이사의 개인적 이익과 법인의 이익이 충돌할 염려가 있는 경우에 해당한다.

【문 22】 재단법인 등에 관한 다음 설명 중 가장 옳지 않은 것은? (다툼이 있는 경우 판례에 의함)   2017년 법원행시

① 채무자인 재단법인에 다른 재산이 없어 기본재산을 처분하지 않고는 채무의 변제가 불가능하다고 하더라도, 재단법인으로부터 기본재산을 양수한 자도 아니고 금전채권자들에 불과한 자에게는 강제이행청구권의 실질적인 실현을 위하여 필요하다는 사유만으로 기본재산의 처분을 희망하지도 않는 재단법인을 상대로 주무관청에 대하여 기본재산에 대한 처분허가신청절차를 이행할 것을 청구할 권한이 없다.
② 민법 제47조 제1항에 의하여 생전처분으로 재단법인을 설립하는 때에 준용되는 민법 제555조는 "증여의 의사가 서면으로 표시되지 아니한 경우에는 각 당사자는 이를 해제할 수 있다."고 함으로써 서면에 의한 증여(출연)의 해제를 제한하고 있으나, 그 해제는 민법 총칙상의 취소와는 요건과 효과가 다르므로 서면에 의한 출연이더라도 민법 총칙규정에 따라 출연자가 착오에 기한 의사표시라는 이유로 출연의 의사표시를 취소할 수 있고, 상대방 없는 단독행위인 재단법인에 대한 출연행위라고 하여 달리 볼 것은 아니다.
③ 재단법인의 대표자가 그 법인의 채무를 부담하는 계약을 함에 있어서 이사회의 결의를 거쳐 노회와 설립자의 승인을 얻고 주무관청의 인가를 받도록 정관에 규정되어 있다면 그와 같은 규정은 법인 대표권의 제한에 관한 규정으로서 이러한 제한은 등기하지 아니하면 제3자에게 대항할 수 없다.
④ 학교법인이 감독청의 허가 없이 기본재산인 부동산에 관한 매매계약을 체결하고, 그 부동산에서 운영하던 학교를 당국의 인가를 받아 신축교사로 이전하였다 하더라도, 위 매매계약은 감독청의 허가 없이 체결되어 아직은 효력이 없다할 것이므로 매수인은 감독청의 허가를 조건으로 그 부동산에 관한 소유권이전등기절차의 이행을 청구할 수 없다.
⑤ 재단법인의 기본재산 처분은 정관변경을 요하는 것이므로 주무관청의 허가를 받아야 하며, 허가가 없으면 그 처분행위는 물권계약으로 무효일 뿐 아니라 채권계약으로서도 무효이다.

【문 23】 민법상 법인에 관한 다음 설명 중 가장 옳은 것은? (다툼이 있는 경우 판례에 의함)   2016년 법원행시

① 사적자치의 원칙에는 '단체결성의 자유'도 포함되므로, 민법상 비영리법인의 경우 설립이나 설립 후의 활동이 관련 법령에 저촉되지 아니하면 족하고, 설립 자체에 주무관청의 허가 등이 필요한 것은 아니다.
② 사단법인의 정관도 결국 사원들 사이의 약속으로서 계약의 성질을 가지므로, 어느 시점의 사단법인의 사원들이 정관의 규범적인 의미 내용과 다른 해석을 사원총회의 결의라는 방법으로 표명하였다면 그 결의에 의한 해석은 그 사단법인의 구성원인 사원들을 구속한다.
③ 법인에 있어서 그 대표자가 직무에 관하여 불법행위를 한 경우에는 민법 제35조 제1항에 의하여, 법인의 피용자가 사무집행에 관하여 불법행위를 한 경우에는 민법 제756조 제1항에 의하여 각기 손해배상책임을 부담한다.
④ 사단법인의 의사결정기관은 사원총회이고, 총회의 결의는 민법 또는 정관에 다른 규정이 없으면 사원 과반수의 출석과 출석사원의 결의권의 과반수로써 하는데, 이때 각 사원의 결의권 행사에 관한 의사의 진정성을 담보하기 위하여 결의권을 서면으로 행사하는 것은 금지된다.
⑤ 재단법인의 기본재산 처분은 정관변경행위인바, 재단법인의 기본재산에 대하여 집합건물의 소유 및 관리에 관한 법률상의 매도청구가 있는 경우 그 기본재산에 대한 매매계약은 성립하지만, 기본재산의 변경을 내용으로 하는 재단법인의 정관의 변경까지 강제할 수는 없으므로, 결국 위 매도청구는 목적을 달성할 수 없게 된다.

【문 24】 법인의 기관에 관한 다음 설명 중 가장 옳지 않은 것은? (다툼이 있는 경우 판례에 의함)   2023년 법원서기보

① 이사의 대표권에 대한 제한은 정관에 기재하지 않으면 효력이 없고, 등기하지 않으면 제3자에게 대항하지 못한다.
② 민법상 법인의 이사회의 결의에 하자가 있는 경우에 관하여 법률에 별도의 규정이 없으므로 그 결의에 무효사유가 있는 경우에는 이해관계인은 언제든지 또 어떤 방법에 의하든지 그 무효를 주장할 수 있고, 이와 같은 무효주장의 방법으로서 이사회 결의무효확인소송이 제기되어 승소확정판결이 난 경우, 그 판결의 효력은 대세적 효력이 있다.
③ 사단법인의 총회는 1주간 전에 기재하여 발송한 통지로써 밝힌 회의의 목적사항에 관하여서만 결의할 수 있지만, 정관에 다른 규정이 있는 때에는 그 규정에 의한다.
④ 재단법인의 기본재산처분행위는 정관변경사항이므로 주무관청의 허가를 요하며, 재단법인의 채권자가 그 기본재산에 대하여 강제집행을 실시하여 경락되는 경우도 동일하지만, 그와 같은 재단법인의 정관변경에 대한 주무관청의 허가는 경매개시의 요건은 아니고 경락인의 소유권취득에 관한 요건이므로, 경매신청시에 그 허가서를 제출하지 아니하였다 하여 경매신청을 기각할 것은 아니다.

【문 25】 법인의 대표기관, 이행보조자에 관한 다음 설명 중 가장 옳지 않은 것은? (다툼이 있는 경우 판례에 의함)   2021년 법원사무관

① 민법 제391조는 이행보조자의 고의·과실을 채무자의 고의·과실로 본다고 정하고 있는데, 이러한 이행보조자는 채무자의 의사 관여 아래 그 채무의 이행행위에 속하는 활동을 하는 사람이면 충분하고 반드시 채무자의 지시 또는 감독을 받는 관계에 있어야 하는 것은 아니다.
② 이행보조자가 채무의 이행을 위하여 제3자를 복이행보조자로 사용하는 경우에도 채무자가 이를 승낙하였거나 적어도 묵시적으로 동의한 경우 채무자는 복이행보조자의 고의·과실에 관하여 민법 제391조에 따라 책임을 부담한다.
③ 법인이 대표기관을 통하여 법률행위를 한 때에는 그 법률행위의 효과는 대표자 개인이 아니라 본인인 법인에게 귀속되지만, 채무불이행으로 인한 손해배상책임은 본인인 법인과 함께 대표기관 개인도 그 책임의 귀속주체가 되는 것이 원칙이다.
④ 법인의 대표기관이 법인과 사이에 계약을 체결한 거래상 대방인 제3자에 대하여 자연인으로서 민법 제750조에 기한 불법행위책임을 진다고 보기 위해서는, 그 대표기관의 행위가 법인의 내부행위를 벗어나 제3자에 대한 관계에서 사회상규에 반하는 위법한 행위라고 인정될 수 있는 정도에 이르러야 한다.

제2회 사전모의고사 — 민법

【문 1】 법인과 비법인 사단에 관한 다음 설명 중 가장 옳은 것은? (다툼이 있는 경우 판례에 의함) *2020년 법원서기보*

① 대표이사가 대표권의 범위 내에서 한 행위라도 회사의 영리목적과 관계없이 자기 또는 제3자의 이익을 도모할 목적으로 그 권한을 남용한 것이라면 원칙적으로 회사에 대하여 무효이다.
② 민법 제35조 제1항은 "법인은 이사 기타 대표자가 그 직무에 관하여 타인에게 가한 손해를 배상할 책임이 있다."라고 규정하고 있는데, 여기서 '법인의 대표자'란 당해 법인을 실질적으로 운영하면서 법인을 사실상 대표하였는지를 불문하고, 대표자로 등기되어 법인의 사무를 집행하는 사람에 한정된다.
③ 법인 아닌 사단은 사단의 실질은 가지고 있으나 아직 권리능력을 취득하지 못한 것이므로, 법인 아닌 사단의 사원은 집합체로서 재산을 소유할 수 없고, 법인 아닌 사단은 대표자가 있더라도 그 사단의 이름으로 소송의 당사자가 될 수 없다.
④ 공동선조의 후손 중 일부에 의하여 인위적인 조직행위를 거쳐 성립된 종중 유사단체는 사적 임의단체라는 점에서 자연발생적인 종족집단인 고유한 의미의 종중과 그 성질을 달리하므로, 종중 유사단체의 규약에서 공동선조의 후손 중 남성만으로 그 구성원을 한정하고 있다 하더라도 특별한 사정이 없는 한 그 규약이 양성평등 원칙을 정한 헌법 제11조 및 민법 제103조를 위반하여 무효라고 볼 수는 없다.

【문 2】 종중에 관한 다음 설명 중 가장 옳지 않은 것은? (다툼이 있는 경우 판례에 의함) *2020년 법무사*

① 총유물인 종중 토지 매각대금의 분배는 정관 기타 규약에 달리 정함이 없는 한 종중총회의 분배결의가 없으면 종원이 종중에 대하여 직접 분배청구를 할 수 없다.
② 종중총회를 개최함에 있어 종중원들에 대한 소집통지의 방법은 반드시 직접 서면으로 하여야만 하는 것은 아니고 구두 또는 전화로 하여도 되고 다른 종중원이나 세대주를 통하여 하여도 무방하다.
③ 종중 유사의 권리능력 없는 사단은 반드시 총회를 열어 성문화된 규약을 만들고 정식의 조직체계를 갖추어야만 비로소 단체로서 성립한다.
④ 고유의 의미의 종중의 경우에 종중이 종중원의 자격을 박탈한다든지 종중원이 종중을 탈퇴할 수 없다.
⑤ 공동선조의 후손들 중 특정 지역 거주자나 특정 범위 내의 자들만으로 구성된 종중은 있을 수 없다.

【문 3】 비법인사단에 관한 다음 설명 중 가장 옳지 않은 것은?
(다툼이 있는 경우 판례에 의함)   2022년 법무사

① 비법인사단의 경우에는 대표자의 대표권 제한에 관하여 등기할 방법이 없어 민법 제60조의 규정을 준용할 수 없고, 비법인사단의 대표자가 정관에서 사원총회의 결의를 거쳐야 하도록 규정한 대외적 거래행위에 관하여 이를 거치지 아니한 경우라도, 이와 같은 사원총회 결의사항은 비법인사단의 내부적 의사결정에 불과하다 할 것이므로, 그 거래 상대방이 그와 같은 대표권 제한 사실을 알았거나 알 수 있었을 경우가 아니라면 그 거래행위는 유효하다고 봄이 상당하고, 이 경우 거래의 상대방이 대표권 제한 사실을 알았거나 알 수 있었음은 이를 주장하는 비법인사단측이 주장 및 증명하여야 한다.

② 임시이사의 선임에 관한 민법 제63조는 법인의 조직과 활동에 관한 것으로서 법인격을 전제로 하는 조항은 아니라 할 것이고, 법인 아닌 사단이나 재단의 경우에도 이사가 없거나 결원이 생길 수 있으며, 통상의 절차에 따른 새로운 이사의 선임이 극히 곤란하고 종전 이사의 긴급처리권도 인정되지 아니하는 경우에는 사단이나 재단 또는 타인에게 손해가 생길 염려가 있을 수 있으므로, 민법 제63조는 법인 아닌 사단이나 재단에도 유추 적용할 수 있다.

③ 종중은 공동선조의 분묘수호와 제사 및 후손 상호간의 친목을 목적으로 하여 형성되는 자연발생적인 종족단체로서 그 선조의 사망과 동시에 그 자손에 의하여 관습상 당연히 성립하는 것이므로 공동선조의 후손들 중 특정 지역 거주자나 특정 범위 내의 자들만으로 구성된 종중이란 있을 수 없고, 종중이 공동선조의 제사봉행을 주목적으로 하는 것과 구관습상의 양자제도의 목적에 비추어 타가에 출계한 자는 친가의 생부를 공동선조로 하여 자연발생적으로 형성되는 종중의 구성원이 될 수 없다.

④ 종중총회는 특별한 사정이 없는 한 족보에 의하여 소집통지 대상이 되는 종중원의 범위를 확정한 후 국내에 거주하고 소재가 분명하여 통지가 가능한 모든 종중원에게 개별적으로 소집통지를 함으로써 각자가 회의와 토의 및 의결에 참가할 수 있는 기회를 주어야 하고, 일부 종중원에게 소집통지를 결여한 채 개최된 종중총회의 결의는 효력이 없으나, 그 소집통지의 방법은 반드시 직접 서면으로 하여야만 하는 것은 아니고 구두 또는 전화로 하여도 되고 다른 종중원이나 세대주를 통하여 하여도 무방하며, 경우에 따라서는 소집권자가 지파 또는 거주지별 대표자에게 총회소집을 알리는 것만으로도 적법하게 통지할 수 있다.

⑤ 교회의 교인들은 교회 재산을 총유의 형태로 소유하면서 사용·수익할 것인데, 일부 교인들이 교회를 탈퇴하여 그 교회 교인으로서의 지위를 상실하게 되면 탈퇴가 개별적인 것이든 집단적인 것이든 이와 더불어 종전 교회의 총유재산의 관리처분에 관한 의결에 참가할 수 있는 지위나 그 재산에 대한 사용·수익권을 상실하고, 종전 교회는 잔존 교인들을 구성원으로 하여 실체의 동일성을 유지하면서 존속하며 종전 교회의 재산은 그 교회에 소속된 잔존 교인들의 총유로 귀속됨이 원칙이다. 그리고 교단에 소속되어 있던 지교회의 교인들의 일부가 소속 교단을 탈퇴하기로 결의한 다음 종전 교회를 나가 별도의 교회를 설립하여 별도의 대표자를 선정하고 나아가 다른 교단에 가입한 경우, 그 교회는 종전 교회에서 집단적으로 이탈한 교인들에 의하여 새로이 법인 아닌 사단의 요건을 갖추어 설립된 신설 교회라 할 것이어서, 그 교회 소속 교인들은 더 이상 종전 교회의 재산에 대한 권리를 보유할 수 없게 된다.

【문 4】 사찰(寺刹)에 관한 다음 설명 중 가장 옳지 않은 것은? (다툼이 있는 경우 판례에 의함)   2023년 법무사

① 법인격 없는 사단이나 재단으로서 권리의무의 주체가 되는 독립한 사찰은 독자적으로 존속할 수도 있지만 종교적 이념이나 교리 또는 종교적 이해관계를 같이하는 사람과 단체로 구성된 상위 종단에 소속되어 존속하기도 하는데, 사찰의 종단소속관계는 사법상 계약의 영역으로서 사찰이 특정 종단에 소속하려면 이에 관한 사찰과 특정 종단 사이의 합의가 전제되어야 한다.
② 개인사찰로 관리·운영되어 오던 사찰이 종단 소속 사찰로 등록되어 종단으로부터 주지 임명을 받은 후 관할 관청에 종단 소속으로 사찰등록 및 주지등록을 하고 사찰 부지에 관하여 사찰 명의로 소유권이전등기를 경료한 경우, 특별한 사정이 없는 한 그 사찰은 종단 소속 불교단체 내지는 법인 아닌 사단 또는 재단으로서의 실체를 갖춘 독립된 사찰로 보아야 한다.
③ 개인사찰에 있어서 창건주에 의하여 건립되었던 사찰건물이 그와 무관하게 멸실된 후 동일 용도의 사찰건물을 새로 건립하거나 산신각 등 추가적인 사찰건물이 필요하게 되어 이를 건립한 경우, 창건주가 직접 그 건물들을 건립하지 아니하고 창건주에 의하여 임명된 주지가 주도하여 신도들의 시주를 주된 재원으로 하여 이를 건립하였다면, 특별한 사정이 없는 한 위와 같이 추가로 건립된 사찰건물들은 창건주가 아닌 주지와 신도들의 소유로 귀속된다.
④ 사찰이 특정 종단과 종단소속에 관한 합의를 하게 되면 그 때부터는 그 종단의 소속 사찰이 되어 종단의 종헌이나 종법을 사찰의 자치법규로 삼아 따라야 하고 사찰의 주지임면권도 종단에 귀속되는 등 사찰 자체의 지위나 권한에 중대한 변화를 가져오게 되므로 어느 사찰이 특정 종단에 가입하거나 소속 종단을 변경하기 위해서는 사찰 자체의 자율적인 의사결정이 기본적인 전제가 되어야 한다.
⑤ 사찰이 소속 종단의 종헌에 따르지 아니하고 그 신도와 승려가 결합하여 그 소속 종단을 탈종하였다 하더라도 이는 그 신도와 승려 개인이 소속 종단에서 탈퇴하게 되는 데에 그치는 것일 뿐 그로써 이미 독립한 권리·의무의 귀속 주체로 성립한 사찰 자체의 종단 소속이 변경되게 되는 것은 아니고, 사찰이 일단 성립한 이상 사찰 그 자체의 분열도 인정되지 않는다.

【문 5】 다음 설명 중 가장 옳지 않은 것은? (다툼이 있는 경우 판례에 의함)   2023년 법무사

① 교회가 법인 아닌 사단으로서 존재하는 이상 그 법률관계를 둘러싼 분쟁을 소송적인 방법으로 해결함에 있어서는 법인 아닌 사단에 관한 민법의 일반 이론에 따라 교회의 실체를 파악하고 교회의 재산 귀속에 대하여 판단하여야 하고, 그 교인들은 교회 재산을 총유의 형태로 소유하면서 사용·수익하게 된다.
② 비법인사단인 교회의 대표자는 총유물인 교회 재산의 처분에 관하여 교인총회의 결의를 거치지 아니하고는 이를 대표하여 행할 권한이 없으나, 교회의 대표자가 권한 없이 행한 교회 재산의 처분행위에 대하여도 민법 제126조의 표현대리에 관한 규정이 준용될 수 있다.
③ 비법인사단이 타인 간의 금전채무를 보증하는 행위는 총유물 그 자체의 관리·처분이 따르지 아니하는 단순한 채무부담행위에 불과하여 이를 총유물의 관리·처분행위라고 볼 수는 없다.
④ 교회가 그 실체를 갖추어 법인 아닌 사단으로서 성립한 경우에 교회의 대표자가 교회를 위하여 취득한 권리의무는 교회에 귀속된다고 할 것이나, 교회가 아직 실체를 갖추지 못하여 법인 아닌 사단으로서 성립되기 이전에 설립의 주체인 개인이 취득한 권리의무는 그것이 앞으로 성립될 교회를 위한 것이라 하더라도 바로 법인 아닌 사단인 교회에 귀속될 수는 없다.
⑤ 일부 교인들이 교회를 탈퇴하여 그 교회 교인으로서의 지위를 상실하게 되면 탈퇴가 개별적인 것이든 집단적인 것이든 이와 더불어 종전 교회의 총유 재산의 관리처분에 관한 의결에 참가할 수 있는 지위나 그 재산에 대한 사용·수익권을 상실하고, 종전 교회는 잔존 교인들을 구성원으로 하여 실체의 동일성을 유지하면서 존속하며 종전 교회의 재산은 그 교회에 소속된 잔존 교인들의 총유로 귀속됨이 원칙이다.

【문 6】 물건에 관한 다음 설명 중 가장 옳지 않은 것은? (다툼이 있는 경우 판례에 의함)   2022년 법무사

① 종물이 타인의 소유라고 하더라도 그 타인의 권리를 해하지 아니하는 범위에서 민법 제100조가 적용된다고 할 것이고, 따라서 주물이 처분된 경우에 종물의 소유자가 동의 또는 추인하거나, 종물이 동산인 경우에 상대방이 선의취득의 요건을 갖추면 종물의 소유권을 취득하게 되는 것이며, 또한 동산의 선의취득을 주장하는 자는 점유취득시에 무과실이었다는 점을 주장·입증하여야 한다.
② 토지의 개수는 지적법에 의한 지적공부상의 토지의 필수를 표준으로 하여 결정되는 것으로 1필지의 토지를 수필의 토지로 분할하여 등기하려면 먼저 위와 같이 지적법이 정하는 바에 따라 분할의 절차를 밟아 지적공부에 각 필지마다 등록이 되어야 하고 지적법상의 분할절차를 거치지 아니하는 한 1개의 토지로서 등기의 목적이 될 수 없는 것이며, 설사 등기기록에만 분필의 등기가 실행되었다 하여도 이러한 분필등기는 1부동산1등기기록의 원칙에 반하는 등기로서 무효라 할 것이다.
③ 민법 제201조 제1항에 의하면 선의의 점유자는 점유물의 과실을 취득한다고 규정하고 있고, 한편 건물을 사용함으로써 얻는 이득은 그 건물의 과실에 준하는 것이므로, 선의의 점유자는 비록 법률상 원인 없이 타인의 건물을 점유·사용하고 이로 말미암아 그에게 손해를 입혔다고 하더라도 그 점유·사용으로 인한 이득을 반환할 의무는 없다.
④ 구분건물의 전유부분에 대한 소유권보존등기만 경료되고 대지지분에 대한 등기가 경료되기 전에 전유부분만에 대해 내려진 가압류결정의 효력은, 대지사용권의 분리처분이 가능하도록 규약으로 정하였다는 등의 특별한 사정이 없는 한, 종물 내지 종된 권리인 그 대지권에까지 미친다.
⑤ 매매당사자가 토지의 실제 경계가 지적공부상의 경계와 상이한 것을 모르는 상태에서 실제의 경계를 대지의 경계로 알고 매매하였다면 매매당사자들이 지적공부상의 경계를 떠나 현실의 경계에 따라 매매목적물을 특정하여 매매한 것이라고 볼 수 있다.

【문 7】 주물과 종물 등에 관한 다음 설명 중 가장 옳지 않은 것은? (다툼이 있는 경우 판례에 의함)   2018년 법무사

① 경매대상 건물이 인접한 다른 건물과 합동됨으로써 건물로서 독립성을 상실하게 되었다면, 경매대상 건물만을 독립하여 양도하거나 경매의 대상으로 삼을 수는 없다. 이러한 경우 경매대상 건물에 설정되어 있던 저당권은 원칙적으로 소멸한다.
② 종물은 주물의 처분에 수반된다는 민법 제100조 제2항은 임의규정이므로, 당사자는 주물을 처분할 때에 특약으로 종물을 제외할 수 있고 종물만을 별도로 처분할 수도 있다.
③ 주물과 다른 사람의 소유에 속하는 물건은 종물이 될 수 없다.
④ 구분건물의 전유부분에 대한 소유권보존등기만 경료되고 대지지분에 대한 등기가 경료되기 전에 전유부분만에 대해 내려진 가압류결정의 효력은 특별한 사정이 없는 한 종물 내지 종된 권리인 그 대지권에까지 미친다.
⑤ 부동산의 종물은 주물의 처분에 따르고, 저당권은 그 목적 부동산의 종물에 대하여도 그 효력이 미친다. 따라서 저당권 실행으로 개시된 경매절차에서 부동산을 매수한 자와 그 승계인은 종물의 소유권을 취득하고, 그 저당권이 설정된 이후에 종물에 대하여 강제집행을 한 자는 위와 같은 매수인과 그 승계인에게 강제집행의 효력을 주장할 수 없다.

【문 8】 종물 또는 부합물에 관한 다음 설명 중 가장 옳지 않은 것은? (다툼이 있는 경우 판례에 의함)   2018년 법원사무관

① 종물은 주물의 상용에 이바지하는 관계에 있어야 하고, 주물의 상용에 이바지한다 함은 주물 그 자체의 경제적 효용을 다하게 하는 것을 말하는 것으로서, 주물의 소유자나 이용자의 사용에 공여되고 있더라도 주물 그 자체의 효용과 직접 관계가 없는 물건은 종물이 아니라고 할 것이다.
② 집합건물에서 동일인의 소유에 속하는 전유부분과 대지지분 중 전유부분만에 관하여 설정된 저당권의 효력은 규약이나 공정증서로써 달리 정하는 등의 특별한 사정이 없는 한 종물 내지 종된 권리인 대지지분에까지 미친다.
③ 부동산에 부합된 물건이 사실상 분리복구가 불가능하여 거래상 독립한 권리의 객체성을 상실하고 그 부동산과 일체를 이루는 부동산의 구성 부분이 된 경우라도 타인이 권원에 의하여 이를 부합시켰으면 민법 제256조 단서에 따라 그 물건의 소유권은 부동산의 소유자에게 귀속되지 않는다.
④ 종물은 주물의 처분에 수반된다는 민법 제100조 제2항은 임의규정이므로, 당사자는 주물을 처분할 때에 특약으로 종물을 제외할 수 있고 종물만을 별도로 처분할 수도 있다고 보아야 한다.

2024년도 법원직공무원 9급 공채 필기시험   민법   ○책형

【문 9】 민법 제103조에 관한 다음 설명 중 옳은 것을 모두 고른 것은? (다툼이 있는 경우 판례에 의함) 2021년 법원서기보

가. 민법 제103조에서 정하는 '반사회질서의 법률행위'는 법률행위의 목적인 권리의무의 내용이 선량한 풍속 기타 사회질서에 위반되는 경우뿐만 아니라, 그 내용 자체는 반사회질서적인 것이 아니라고 하여도 법적으로 이를 강제하거나 법률행위에 사회질서의 근간에 반하는 조건 또는 금전적인 대가가 결부됨으로써 그 법률행위가 반사회질서적 성질을 띠게 되는 경우도 포함한다.
나. 표시되거나 상대방에게 알려진 법률행위의 동기가 반사회질서적이라 해도 동기는 법률행위의 내용은 아니므로 그 법률행위가 민법 제103조에서 정하는 '반사회질서의 법률행위'가 되는 것은 아니다.
다. 단지 법률행위의 성립과정에 강박이라는 불법적 방법이 사용된 데에 불과한 때에는 강박에 의한 의사표시의 하자나 의사의 흠결을 이유로 무효라고 할 수 있을 뿐 반사회질서의 법률행위로서 무효라고 할 수는 없다.
라. 형사사건에 관한 변호사의 성공보수약정은 그 체결 시기를 불문하고 모두 선량한 풍속 기타 사회질서에 위배되어 무효이다.
마. 소송사건에 증인으로 출석하여 증언하는 것과 연계하여 어떤 급부를 하기로 약정한 경우 그 급부의 내용이 전체적으로 통상 용인될 수 있는 수준을 넘는 것이라면, 그 약정은 민법 제103조가 규정한 반사회질서행위에 해당하여 전부가 무효이다.

① 가, 나, 다
② 가, 라, 마
③ 나, 라, 마
④ 가, 다, 마

【문 10】 민법 제103조 소정의 반사회질서 법률행위에 관한 다음 설명 중 가장 옳지 않은 것은? (다툼이 있는 경우 판례에 의함) 2019년 법무사

① 상대방에게 알려진 법률행위의 동기가 반사회질서적인 경우도 민법 제103조에 의하여 무효로 되는 반사회질서의 법률행위에 포함된다.
② 행정기관에 진정서를 제출하여 상대방을 궁지에 빠뜨린 다음 이를 취하하는 것을 조건으로 거액의 급부를 제공받기로 한 약정은 민법 제103조의 반사회질서 행위에 해당하여 무효이다.
③ 강제집행을 면할 목적으로 부동산에 허위의 근저당권설정등기를 경료하는 행위는 민법 제103조의 선량한 풍속 기타 사회질서에 위반한 사항을 내용으로 하는 법률행위로 볼 수 없다.
④ 소득세법령의 규정에 의하여 당해 자산의 양도 당시의 기준시가가 아닌 양도자와 양수자 간에 실제로 거래한 가액을 양도가액으로 하는 경우, 양도소득세의 일부를 회피할 목적으로 매매계약서에 실제로 거래한 가액보다 낮은 금액을 매매대금으로 기재하였다면, 그 매매계약은 사회질서에 반하는 법률행위로서 무효가 된다.
⑤ 영리를 목적으로 윤락행위를 하도록 권유·유인·알선 또는 강요하거나 이에 협력하는 것은 선량한 풍속 기타 사회질서에 위반되므로 그러한 행위를 하는 자가 영업상 관계 있는 윤락행위를 하는 자에 대하여 가지는 채권은 계약의 형식에 관계없이 무효이다.

【문 11】 민법 제103조의 반사회질서의 법률행위에 관한 다음 설명 중 가장 옳지 않은 것은? (다툼이 있는 경우 판례에 의함)
2023년 법원서기보

① 행정기관에 진정서를 제출하여 상대방을 궁지에 빠뜨린 다음 이를 취하하는 조건으로 거액의 급부를 제공받기로 약정한 경우, 이는 민법 제103조의 반사회질서의 법률행위에 해당한다.
② 甲과 乙 사이에 종교법인 소속 사찰의 주지직을 거액의 금품을 대가로 양도·양수하기로 하는 약정이 있었고, 종교법인이 이를 알고도 묵인 혹은 방조한 상태에서 주지임명을 하였더라도, 그 임명행위는 민법 제103조의 반사회질서의 법률행위에 해당하지 않는다.
③ 보험계약자가 다수의 보험계약을 통하여 보험금을 부정취득할 목적으로 보험계약을 체결한 경우, 그 보험계약은 민법 제103조의 반사회질서의 법률행위에 해당하여 무효이다.
④ 회사가 노동조합과 체결한 단체협약에서 업무상 재해로 인해 조합원이 사망한 경우에 직계가족 등 1인을 특별채용하도록 규정하여 '산재 유족 특별채용 조항'을 둔 경우, 이는 사용자의 채용의 자유를 과도하게 제한하고, 채용 기회의 공정성을 현저히 해하는 결과를 초래하므로 민법 제103조의 반사회질서 법률행위로서 무효이다.

【문 12】 민법 제104조의 불공정한 법률행위에 관한 다음 설명 중 가장 옳지 않은 것은? (다툼이 있는 경우 판례에 의함)
2019년 법무사

① 당사자의 궁박, 경솔 또는 무경험으로 인하여 현저하게 공정을 잃은 법률행위는 무효로 한다.
② 피해 당사자가 궁박, 경솔 또는 무경험의 상태에 있었다면, 그 상대방 당사자에게 폭리행위의 악의가 없었다 하더라도 불공정한 법률행위가 성립한다.
③ 증여계약과 같이 아무런 대가관계 없이 당사자 일방이 상대방에게 일방적인 급부를 하는 법률행위에는 민법 제104조가 적용되지 않는다.
④ 단체협약이 노동조합의 쟁의행위 끝에 체결되었고 사용자 측의 경영상태에 비추어 그 내용이 다소 합리성을 결하였다고 하더라도 그러한 사정만으로 이를 궁박한 상태에서 이루어진 불공정한 법률행위에 해당한다고 할 수 없다.
⑤ 대리인에 의하여 법률행위가 이루어진 경우, 그 법률행위가 민법 제104조의 불공정한 법률행위에 해당하는지 여부를 판단함에 있어서 경솔과 무경험은 대리인을 기준으로 하여 판단하고, 궁박은 본인을 기준으로 판단하여야 한다.

【문 13】 법령상 금지규정에 위반한 법률행위의 효력에 관한 다음 설명 중 가장 옳지 않은 것은? (다툼이 있는 경우 판례에 의함)
2018년 법원행시

① 중개사무소 개설등록에 관한 구 부동산중개업법 관련 규정들은 공인중개사 자격이 없는 자가 중개사무소 개설등록을 하지 아니한 채 부동산중개업을 하면서 체결한 중개수수료 지급약정의 효력을 제한하는 강행법규이다.
② 공인중개사 자격이 없는 자가 우연한 기회에 단 1회 타인 간의 거래행위를 중개한 경우 등과 같이 '중개를 업으로 한' 것이 아니라면 그에 따른 중개수수료 지급약정은 유효하다.
③ 개업공인중개사 등이 중개의뢰인과 직접 거래를 하는 행위를 금지하는 공인중개사법 제33조 제6호는 단속규정이 아니라 강행법규이다.
④ 특별한 사정이 없는 한 강행법규에 위반한 자가 스스로 그 약정의 무효를 주장하는 것은 신의칙에 반하는 것이라고 할 수 없다.
⑤ 법률행위의 일부가 강행법규인 효력규정에 위반되어 무효가 되는 경우 그 부분의 무효가 나머지 부분의 유효·무효에 영향을 미치는가의 여부를 판단함에 있어서는 개별 법령이 일부무효의 효력에 관한 규정을 두고 있는 경우에는 그에 따라야 한다.

【문 14】 다음 설명 중 가장 옳지 않은 것은? (다툼이 있는 경우 판례에 의함)   2020년 법무사

① 관련 법령에서 정한 한도를 초과하는 부동산 중개수수료 약정은 그 한도를 초과하는 범위 내에서 무효이다.
② 증여계약과 같이 아무런 대가관계 없이 당사자 일방이 상대방에게 일방적인 급부를 하는 법률행위는 민법 제104조 소정의 공정성 여부를 논의할 수 있는 성질의 법률행위가 아니지만, 반사회질서적인 조건이 결부됨으로써 반사회질서적 성질을 띠게 될 여지는 있다.
③ 행정기관에 진정서를 제출하여 상대방을 궁지에 빠뜨린 다음 이를 취하하는 조건으로 거액의 급부를 제공받기로 약정한 것은 민법 제103조 소정의 반사회질서의 법률행위에 해당하여 무효이다.
④ 주택매매계약에 있어서 매도인으로 하여금 양도소득세를 면탈케 할 목적으로 소유권이전등기는 3년 후에 넘겨받기로 한 특약은 사회질서에 반하는 것으로서 무효이다.
⑤ 어떠한 법률행위가 불공정한 법률행위에 해당하는지는 법률행위 시를 기준으로 판단하여야 하므로 계약 체결 당시를 기준으로 불공정한 것이 아니라면, 사후에 외부적 환경의 급격한 변화에 따라 계약당사자 일방에게 큰 손실이 발생하고 상대방에게는 그에 상응하는 큰 이익이 발생할 수 있는 구조라고 하여 그 계약이 당연히 불공정한 계약에 해당한다고 할 수 없다.

【문 15】 진의 아닌 의사표시에 관한 다음 설명 중 가장 옳지 않은 것은? (다툼이 있는 경우 판례에 의함)   2021년 법무사

① 계약체결의 요건을 규정하고 있는 강행법규에 위반한 계약은 무효이므로 그 경우에 계약상대방이 선의·무과실이더라도 민법 제107조의 비진의표시의 법리 또는 표현대리 법리가 적용될 여지는 없다.
② 법률상 또는 사실상의 장애로 자기 명의로 대출받을 수 없는 자를 위하여 대출금채무자로서의 명의를 빌려준 자에게 그와 같은 채무부담의 의사가 없는 것이라고는 할 수 없을 것이어서 그러한 의사표시를 비진의표시에 해당한다고 볼 수 없다.
③ 비진의의사표시에 있어서의 진의란 특정한 내용의 의사표시를 하고자 하는 표의자의 생각을 말하는 것이지 표의자가 진정으로 마음속에서 바라는 사항을 뜻하는 것은 아니라고 할 것이므로, 비록 재산을 강제로 뺏긴다는 것이 표의자의 본심으로 잠재되어 있었다 하여도 표의자가 강박에 의하여서나마 증여를 하기로 하고 그에 따른 증여의 의사표시를 한 이상 증여의 내심의 효과의사가 결여된 것이라고 할 수는 없다.
④ 어떠한 의사표시가 비진의 의사표시로서 무효라고 주장하는 경우에 그 입증책임은 그 주장자에게 있다.
⑤ 진의 아닌 의사표시인지의 여부는 효과의사에 대응하는 내심의 의사가 있는지 여부에 따라 결정되는 것인 바, 근로자가 사용자의 지시에 좇아 일괄하여 사직서를 작성 제출할 당시 그 사직서에 기하여 의원면직처리될지 모른다는 점을 인식하였다면 내심에 사직의 의사가 있는 것으로 보아야 한다.

【문 16】 허위표시에 관한 다음 설명 중 가장 옳지 않은 것은? (다툼이 있는 경우 판례에 의함) 2018년 법원서기보

① 甲이 자신의 丙에 대한 채권을 乙에게 가장양도하였는데, 丙의 변제 이전에 甲의 채권자인 丁이 위 채권에 대해 전부명령을 받았다면 丙이 선의라도 丁에게 변제를 거절할 수 없다.
② 甲이 乙과 통정하여 한 가장매매는 선의의 제3자인 丙에게 대항하지 못하는데, 이때 甲, 乙뿐만 아니라 그 누구도 선의의 丙에 대해서는 허위표시의 무효를 대항하지 못한다.
③ 甲은 丙으로부터 부동산을 매수하기 위하여 乙로부터 돈을 빌리고 그 담보를 위하여 위 부동산에 乙명의의 소유권이전등기청구권가등기를 해 주기로 약정하였는데, 채권자들의 강제집행을 피할 목적으로 丁과 통모하여 매수인을 丁으로 하여 丁명의로 소유권이전등기를 경료한 후 乙명의의 가등기를 하였다면 위 가등기는 乙이 악의라면 무효이다.
④ 甲의 기망행위에 의하여 乙은 통정허위표시에 의한 甲의 丙에 대한 주채무가 있는 것으로 믿고서 보증계약을 체결하였고 그에 따라 乙이 보증채무자로서 그 채무까지 이행한 경우, 선의의 乙은 甲에 대하여 구상권을 취득한다.

【문 17】 착오로 인한 의사표시에 관한 다음 설명 중 가장 옳지 않은 것은? (다툼이 있는 경우 판례에 의함) 2023년 법무사

① 동기의 착오가 법률행위의 내용의 중요 부분의 착오에 해당함을 이유로 표의자가 법률행위를 취소하려면 그 동기를 당해 의사표시의 내용으로 삼을 것을 상대방에게 표시하고 의사표시의 해석상 법률행위의 내용으로 되어 있다고 인정되면 충분하고 당사자들 사이에 별도로 그 동기를 의사표시의 내용으로 삼기로 하는 합의까지 이루어질 필요는 없다.
② 법률행위 내용의 중요 부분에 착오가 있는 때에는 그 의사표시를 취소할 수 있으나 그 착오가 표의자의 중대한 과실로 인한 때에는 취소하지 못한다. 여기서 '중대한 과실'이라 함은 표의자의 직업, 행위의 종류, 목적 등에 비추어 보통 요구되는 주의를 현저히 결여하는 것을 의미한다.
③ 상대방이 표의자의 착오를 알고 이를 이용한 경우에는 착오가 표의자의 중대한 과실로 인한 것이라고 하더라도 표의자는 의사표시를 취소할 수 있다.
④ 주채무자의 차용금반환채무를 보증할 의사로 공정증서에 연대보증인으로 서명·날인하였으나 그 공정증서가 주채무자의 기존의 구상금채무 등에 관한 준소비대차계약의 공정증서이었던 경우, 위와 같은 착오는 연대보증계약의 중요 부분의 착오에 해당한다.
⑤ 민사소송법상의 소송행위에는 특별한 규정이나 특별한 사정이 없는 한 민법상의 법률행위에 관한 규정이 적용될 수 없는 것이므로, 착오로 항소이유서를 제출하였다고 하여 의사표시의 하자를 이유로 그와 같은 소송행위의 취소를 주장할 수는 없다.

【문 18】 착오로 인한 의사표시에 관한 다음 설명 중 가장 옳은 것은? (다툼이 있는 경우 판례에 의함)   2021년 법원서기보

① 동기의 착오를 이유로 법률행위를 취소하려면 당사자들 사이에 별도로 그 동기를 의사표시의 내용으로 삼기로 하는 합의까지 이루어져야 한다.
② 화해계약의 의사표시에 착오가 있더라도 이것이 당사자의 자격이나 화해계약의 대상인 분쟁 이외의 사항에 관한 것이 아니고 분쟁의 대상인 법률관계 자체에 관한 것일 때에는 이를 취소할 수 없다.
③ 매도인의 하자담보책임이 성립하는 경우에는 매매계약 내용의 중요 부분에 착오가 있는 경우에도 매수인이 착오를 이유로 매매계약을 취소할 수 없다.
④ 소취하합의의 의사표시는 법률행위의 내용의 중요부분에 착오가 있음을 이유로 취소할 수 없다.

【문 19】 의사표시에 관한 다음 설명 중 가장 옳지 않은 것은? (다툼이 있는 경우 판례에 의함)   2022년 법무사

① 착오로 인한 취소 제도와 매도인의 하자담보책임 제도는 취지가 서로 다르고, 요건과 효과도 구별되므로, 매매계약 내용의 중요 부분에 착오가 있는 경우 매수인은 매도인의 하자담보책임이 성립하는지와 상관없이 착오를 이유로 매매계약을 취소할 수 있다.
② 소취하합의의 의사표시는 법률행위의 내용의 중요 부분에 착오가 있더라도 민법 제109조에 따라 취소할 수는 없다.
③ 장래에 발생할 막연한 사정을 예측하거나 기대하고 법률행위를 한 경우 그러한 예측이나 기대와 다른 사정이 발생하였다고 하더라도 그로 인한 위험은 원칙적으로 법률행위를 한 사람이 스스로 감수하여야 하고 상대방에게 전가해서는 안 되므로 착오를 이유로 취소를 구할 수 없다.
④ 하나의 법률행위의 일부분에만 취소사유가 있다고 하더라도 그 법률행위가 가분적이거나 그 목적물의 일부가 특정될 수 있다면, 그 나머지 부분이라도 이를 유지하려는 당사자의 가정적 의사가 인정되는 경우 그 일부만의 취소도 가능하다고 할 것이고, 그 일부의 취소는 법률행위의 일부에 관하여 효력이 생긴다.
⑤ 학교법인이 사립학교법상의 제한규정 때문에 그 학교의 교직원들인 소외인들의 명의를 빌려서 피고로부터 금원을 차용한 경우에 피고 역시 그러한 사정을 알고 있었다고 하더라도 위 소외인들의 의사는 위 금전의 대차에 관하여 그들이 주채무자로서 채무를 부담하겠다는 뜻이라고 해석함이 상당하므로 이를 진의 아닌 의사표시라고 볼 수 없다.

【문 20】 민법상 의사와 표시의 불일치에 관한 다음 설명 중 옳은 것(○)과 옳지 않은 것(×)을 올바르게 조합한 것은? (다툼이 있는 경우 판례에 의함)   2023년 법원행시

ㄱ. 착오로 인한 취소 제도와 매도인의 하자담보책임 제도는 취지가 서로 다르고, 요건과 효과도 구별되므로, 매매계약 내용의 중요 부분에 착오가 있는 경우 매수인은 매도인의 하자담보책임이 성립하는지와 상관없이 착오를 이유로 매매계약을 취소할 수 있다.
ㄴ. 실제로는 전세권설정계약이 없으면서도 금융기관으로부터 자금을 융통할 목적으로 임차인 甲과 임대인 乙 사이의 합의에 따라 甲 명의로 전세권설정등기를 경료한 후 그 전세권에 대하여 근저당권이 설정된 경우, 당해 전세권설정계약은 통정허위표시에 해당하여 무효이므로, 위 전세권 근저당권자에 대하여도 그와 같은 사정을 알고 있었는지와 상관없이 무효를 주장할 수 있다.
ㄷ. 통정허위표시에 의하여 경료된 근저당권에 대하여 배당이 이루어진 경우, 먼저 채권자취소의 소로써 취소된 이후라야만 그 무효를 주장하여 그에 기한 채권의 존부, 범위, 순위에 관한 배당이의의 소를 제기할 수 있다고 할 것이다.
ㄹ. 민법 제108조 제2항에서 상대방과 통정한 허위의 의사표시의 무효는 선의의 제3자에게 대항하지 못한다고 규정하고 있는데, 여기에서 제3자는 특별한 사정이 없는 한 선의로 추정할 것이므로, 제3자가 악의라는 사실에 관한 주장·입증책임은 그 허위표시의 무효를 주장하는 자에게 있다.
ㅁ. 계약당사자 쌍방이 계약의 전제나 기초가 되는 사항에 관하여 같은 내용으로 착오가 있고 이로 인하여 그에 관한 구체적 약정을 하지 아니하였다면, 당사자가 그러한 착오가 없을 때에 약정하였을 것으로 보이는 내용으로 당사자의 의사를 보충하여 계약을 해석할 수 있는바, 여기서 보충되는 당사자의 의사는 당사자의 실제 의사를 말한다.

① ㄱ(○), ㄴ(×), ㄷ(○), ㄹ(○), ㅁ(×)
② ㄱ(○), ㄴ(○), ㄷ(×), ㄹ(○), ㅁ(×)
③ ㄱ(○), ㄴ(×), ㄷ(×), ㄹ(○), ㅁ(×)
④ ㄱ(×), ㄴ(○), ㄷ(×), ㄹ(×), ㅁ(○)
⑤ ㄱ(×), ㄴ(×), ㄷ(○), ㄹ(×), ㅁ(○)

【문 21】 의사표시에 관한 다음 설명 중 가장 옳지 않은 것은? (다툼이 있는 경우 판례에 의함)

① 실제로는 전세권설정계약이 없으면서도 임대차계약에 기한 임차보증금반환채권을 담보할 목적 또는 금융기관으로부터 자금을 융통할 목적으로 임차인과 임대인 사이의 합의에 따라 임차인 명의로 전세권설정등기를 경료한 후 그 전세권에 대하여 근저당권이 설정된 경우, 가사 위 전세권설정계약만 놓고 보아 그것이 통정허위표시에 해당하여 무효라 하더라도 이로써 위 전세권설정계약에 의하여 형성된 법률관계를 토대로 별개의 법률원인에 의하여 새로운 법률상 이해관계를 갖게 된 근저당권자에 대하여는 그와 같은 사정을 알고 있었던 경우에만 그 무효를 주장할 수 있다.
② 대출절차상의 편의를 위하여 명의만을 대여한 것으로 인정되어 채무자로 볼 수 없는 경우라 하더라도, 실질적 주채무자에 대한 보증의 의사가 있는 것으로 볼 수 있다.
③ 통정한 허위표시에 의하여 외형상 형성된 법률관계로 생긴 채권을 가압류한 경우, 그 가압류권자는 허위표시에 기초하여 새로운 법률상 이해관계를 가지게 되므로 민법 제108조 제2항의 제3자에 해당한다고 봄이 상당하고, 또한 민법 제108조 제2항의 제3자는 선의이면 족하고 무과실은 요건이 아니다.
④ 불법원인급여를 규정한 민법 제746조 소정의 "불법의 원인"이라 함은 재산을 급여한 원인이 선량한 풍속 기타 사회질서에 위반하는 경우를 가리키는 것으로서, 강제집행을 면할 목적으로 부동산의 소유자명의를 신탁하는 것이 위와 같은 불법원인급여에 해당한다고 볼 수는 없다.
⑤ 민법 제108조 제1항에서 상대방과 통정한 허위의 의사표시를 무효로 규정하고, 제2항에서 그 의사표시의 무효는 선의의 제3자에게 대항하지 못한다고 규정하고 있는데, 여기에서 제3자는 특별한 사정이 없는 한 선의로 추정할 것이므로, 제3자가 악의라는 사실에 관한 주장・입증책임은 그 허위표시의 무효를 주장하는 자에게 있다.

【문 22】 대리에 관한 다음 설명 중 가장 옳지 않은 것은? (다툼이 있는 경우 판례에 의함)

① 채권의 양수인이 양도인으로부터 채권양도통지 권한을 위임받아 대리인으로서 그 통지를 함에 있어서 그 통지가 본인인 채권의 양도인을 위한 것임을 표시하지 아니한 경우라도 채권양도통지를 둘러싼 여러 사정에 비추어 양수인이 대리인으로서 통지한 것임을 상대방이 알았거나 알 수 있었을 때에는 민법 제115조 단서의 규정에 의하여 유효하게 된다.
② 대리권 없는 자가 한 계약은 본인의 추인이 있을 때까지 상대방은 본인이나 그 대리인에 대하여 이를 철회할 수 있으나 계약 당시에 상대방이 대리권 없음을 안 때에는 그러하지 아니한바, 상대방은 철회의 유효를 주장하기 위하여 계약 당시 대리인에게 대리권이 없음을 알지 못하였다는 점에 대한 주장・입증책임을 부담한다.
③ 진의 아닌 의사표시가 대리인에 의하여 이루어지고 그 대리인의 진의가 본인의 이익이나 의사에 반하여 자기 또는 제3자의 이익을 위한 배임적인 것임을 그 상대방이 알았거나 알 수 있었을 경우에도 민법 제107조 제1항 단서의 유추해석상 그 대리인의 행위에 대하여 본인은 아무런 책임을 지지 않는다고 보아야 한다.
④ 대리인이 한 법률행위가 사해행위인지를 판단함에 있어 수익자 또는 전득자의 사해행위에 대한 악의의 유무는 대리인을 기준으로 판단하여야 한다.

【문 23】 임의대리권에 관한 다음 설명 중 가장 옳지 않은 것은? (다툼이 있는 경우 판례에 의함)   2023년 법무사

① 매매계약의 체결과 이행에 관하여 포괄적으로 대리권을 수여받은 대리인이라도 특별한 다른 사정이 없는 한 상대방에 대하여 약정된 매매대금지급기일을 연기하여 줄 권한은 없다.
② 수권행위의 통상의 내용으로서의 임의대리권은 그 권한에 부수하여 필요한 한도에서 상대방의 의사표시를 수령하는 이른바 수령대리권을 포함한다.
③ 부동산의 소유자로부터 매매계약을 체결할 대리권을 수여받은 대리인은 특별한 사정이 없는 한 그 매매계약에서 약정한 바에 따라 중도금이나 잔금을 수령할 권한이 있다.
④ 예금계약의 체결을 위임받은 자가 가지는 대리권에 당연히 그 예금을 담보로 하여 대출을 받거나 이를 처분할 수 있는 대리권이 포함되어 있는 것은 아니다.
⑤ 소송상 화해나 청구의 포기에 관한 특별수권이 되어 있다면 특별한 사정이 없는 한 그러한 소송행위에 대한 수권만이 아니라 그러한 소송행위의 전제가 되는 당해 소송물인 권리의 처분이나 포기에 대한 권한도 수여되어 있다고 봄이 상당하다.

【문 24】 대리권에 관한 다음 설명 중 가장 옳지 않은 것은? (다툼이 있는 경우 판례에 의함)   2022년 법원서기보

① 표현대리행위가 성립하는 경우 본인이 그 표현대리에 기한 책임을 부담하게 되고, 다만 상대방에게 과실이 있는 경우 과실상계의 법리를 유추적용하여 책임을 감경할 수 있다.
② 부부 일방이 특별한 수권 없이 배우자를 대리하여 타인의 채무에 대한 보증행위를 하였을 경우, 민법 제126조 소정의 표현대리가 성립하려면 일상가사대리권이 있었다는 것만이 아니라 상대방이 그 배우자가 그 행위에 관한 대리의 권한을 주었다고 믿었음을 정당화할 만한 객관적인 사정이 있어야 한다.
③ 무권대리인의 상대방이 대리권이 없음을 알았다는 사실 또는 알 수 있었는데도 알지 못하였다는 사실에 관한 주장·증명책임은 무권대리인에게 있다.
④ 표현대리가 성립된다고 하여 무권대리의 성질이 유권대리로 전환되는 것은 아니므로, 유권대리에 관한 주장 속에 무권대리에 속하는 표현대리의 주장이 포함되어 있다고 볼 수 없다.

【문 25】 대리에 관한 다음 설명 중 가장 옳지 않은 것은? (다툼이 있는 경우 판례에 의함)   2021년 법무사

① 미성년자의 법정대리인인 친권자의 법률행위에 있어서 법정대리인인 친권자의 대리행위가 객관적으로 볼 때 미성년자 본인에게는 경제적인 손실만을 초래하는 반면, 친권자나 제3자에게는 경제적인 이익을 가져오는 행위이고, 그 행위의 상대방이 이러한 사실을 알았거나 알 수 있었을 때에는, 민법 제107조 제1항 단서의 규정을 유추적용하여 그 행위의 효과는 자(子)에게는 미치지 않는다고 해석함이 상당하다.
② 외형상 형성된 법률관계를 기초로 하여 새로운 법률상 이해관계를 맺은 선의의 제3자에 대하여는 민법 제107조 제2항의 규정을 유추적용하여 누구도 그와 같은 사정을 들어 대항할 수 없으며, 제3자가 악의라는 사실에 관한 주장·증명책임은 그 무효를 주장하는 자에게 있다.
③ 대리권이 법률행위에 의하여 부여된 경우에는 대리인은 본인의 승낙이 있거나 부득이한 사유있는 때가 아니어도 필요에 따라 복대리인을 선임할 수 있다.
④ 의사표시의 효력이 의사의 흠결, 사기, 강박 또는 어느 사정을 알았거나 과실로 알지 못한 것으로 인하여 영향을 받을 경우에 그 사실의 유무는 대리인을 표준하여 결정한다.
⑤ 일반적으로 매매계약에서 매도인으로 나온 사람이 소유권자로부터 매매에 관한 권한을 위임받은 내용의 위임장을 제시하고 매매계약을 체결하였다면 특단의 사정이 없는 한 그는 소유권자를 대리하여 매매행위를 한 것으로 보아야 할 것이고, 매매계약서의 매도인란에 대리관계의 표시가 없이 그 자신의 이름을 기재하였다고 하여 이것만으로 그 자신이 매도인으로서 타인물의 매매를 한 것이라고 볼 수는 없는 것이다.

【문 1】 표현대리와 무권대리에 관한 다음 설명 중 가장 옳지 않은 것은? (다툼이 있는 경우 판례에 의함) 2020년 법원사무관

① 민법 제125조가 규정하는 대리권 수여의 표시에 의한 표현대리는 본인과 대리행위를 한 자 사이의 기본적인 법률관계의 성질이나 그 효력의 유무와는 직접적인 관계가 없이 어떤 자가 본인을 대리하여 제3자와 법률행위를 함에 있어 본인이 그 자에게 대리권을 수여하였다는 표시를 제3자에게 한 경우에는 성립될 수가 있다.
② 민법 제125조의 표현대리에 해당하기 위하여는 상대방은 선의·무과실이어야 하고 상대방에게 과실이 있다면 위 표현대리를 주장할 수 없다.
③ 종중의 대표자라고 하더라도 종중총회의 결의를 거쳐야 하는 종중재산의 처분에 관하여는 종중총회의 결의를 거치지 아니하고 이를 대리하여 결정할 권한이 없는 것이고 종중의 대표자가 행한 종중재산의 처분행위에 관하여는 민법 제126조의 표현대리에 관한 규정이 준용될 여지가 없다.
④ 매수인으로부터 매매계약 체결 대리권을 위임받은 제3자는 원칙적으로 당연히 매수인을 대리하여 매매계약의 해제 등 일체의 처분권과 상대방의 의사를 수령할 권한까지 가지고 있다고 보아야 한다.

【문 2】 표현대리에 관한 다음 설명 중 가장 옳지 않은 것은? (다툼이 있는 경우 판례에 의함) 2021년 법원사무관

① 어음행위의 위조에 관하여도 민법상의 표현대리에 관한 규정이 적용 또는 유추적용되고, 이때 그 규정의 적용을 주장할 수 있는 자에는 약속어음의 배서행위의 직접 상대방인 당해 배서의 피배서인뿐만 아니라 그 피배서인으로부터 다시 어음을 취득한 자도 포함된다.
② 민법 제126조 소정의 권한을 넘는 표현대리 규정은 법정대리에도 적용되므로, 한정치산자의 후견인이 친족회의 동의를 얻지 않고 피후견인의 부동산을 처분하는 행위를 한 경우에도 상대방이 친족회의 동의가 있다고 믿은 데에 정당한 사유가 있는 때에는 본인인 한정치산자에게 그 효력이 미친다.
③ 도시 및 주거환경정비법에 의한 주택재건축조합 총회결의의 정족수에 관하여 강행규정이 유추적용되어 과반수보다 가중된 정족수에 의한 결의가 필요하다고 인정되는 경우, 그러한 결의 없이 체결된 계약에 대하여는 표현대리의 법리가 유추적용될 수 없다.
④ 증권회사 또는 그 임·직원의 부당권유행위를 금지하는 증권거래법 제52조 제1호는 강행법규로서 이에 위배되는 주식거래에 관한 투자수익보장약정은 무효이고, 투자수익보장이 강행법규에 위반되어 무효인 이상 증권회사의 지점장에게 그와 같은 약정을 체결할 권한이 수여되었는지 여부에 불구하고 그 약정은 여전히 무효이므로 표현대리의 법리가 준용될 여지가 없다.

【문 3】 대리에 관한 다음 설명 중 가장 옳은 것은? (다툼이 있는 경우 판례에 의함) 2019년 법원서기보

① 대리에서 법률행위를 하는 자는 대리인이나 그 법률효과는 본인에게 귀속되는 이상, 의사표시의 효력이 의사의 흠결, 사기, 강박 또는 어느 사정을 알았거나 과실로 알지 못한 것으로 인하여 영향을 받을 경우에 그 사실의 유무는 본인을 기준으로 한다.
② 대리행위가 법률행위인 경우에는 그 대리인은 행위능력자이어야 한다.
③ 표현대리가 성립하여 본인이 이행책임을 부담하는 경우에 상대방에게 과실이 있다면 과실상계의 법리를 적용할 수 있다.
④ 민법 제132조는 무권대리행위의 상대방만을 추인의 상대방으로 규정하지만, 무권대리인에 대한 추인도 가능하다.

【문 4】 무권대리에 관한 다음 설명 중 가장 옳은 것은? (다툼이 있는 경우 판례에 의함) 2019년 법무사

① 타인의 대리인으로 계약을 한 자가 그 대리권을 증명하지 못하고 또 본인의 추인을 얻지 못한 때에 상대방이 가지는 무권대리인에 대한 계약이행 또는 손해배상청구권의 소멸시효는, 무권대리인이 대리권을 증명하지 못하거나 본인의 추인을 얻지 못함을 그 상대방이 안 때부터 진행한다.
② 甲이 대리권 없이 乙소유 X부동산을 丙에게 매도하여 소유권이전등기를 마쳐준 이후, 甲이 乙로부터 X부동산을 상속받아 그 소유자가 되어 자신의 매매행위가 무권대리행위여서 무효였다는 이유로 丙 앞으로 마쳐진 소유권이전등기의 말소를 구하더라도, 이를 두고 신의칙에 반한다고 할 수 없다.
③ 甲이 乙명의의 주식에 관하여 처분권한 없이 A은행과 담보설정계약을 체결한 이후 甲의 사망으로 인하여 乙이 甲을 상속한 경우, 乙이 위 담보설정계약에 따른 의무의 이행을 거절하더라도, 특별한 사정이 없는 한 신의칙에 반한다고 할 수 없다.
④ 민법 제132조는 무권대리행위 추인의 상대방으로 무권대리행위의 상대방만을 규정하고 있으므로, 무권대리행위의 추인은 반드시 무권대리행위의 직접의 상대방에게 하여야 하고, 무권대리인에게 한 경우에는 그 상대방에게 대항하지 못한다.
⑤ 甲이 대리권 없이 乙소유 X부동산에 관하여 丙과 근저당권설정계약을 체결하였고, 乙로부터 추인을 얻지도 못하였다고 하더라도, 甲이 자신의 대리권 흠결에 대하여 아무런 귀책사유가 없다면 甲은 丙에 대하여 민법 제135조 제1항이 정한 무권대리인의 책임을 지지 않는다.

【문 5】 대리에 관한 다음 설명 중 가장 옳지 않은 것은? (다툼이 있는 경우 판례에 의함) 2022년 법무사

① 매매계약의 체결과 이행에 관하여 포괄적으로 대리권을 수여받은 대리인은 특별한 다른 사정이 없는 한 상대방에 대하여 약정된 매매대금지급기일을 연기하여 줄 권한도 가진다고 보아야 할 것이다.
② 대리권 없는 자가 타인의 대리인으로 계약을 한 경우에 상대방은 상당한 기간을 정하여 본인에게 그 추인 여부의 확답을 최고할 수 있고, 본인이 그 기간 내에 확답을 발하지 않은 때에는 추인을 거절한 것으로 본다.
③ 민법 제134조에서 정한 상대방의 철회권은, 무권대리행위가 본인의 추인에 따라 효력이 좌우되어 상대방이 불안정한 지위에 놓이게 됨을 고려하여 대리권이 없었음을 알지 못한 상대방을 보호하기 위하여 상대방에게 부여된 권리로서, 상대방이 유효한 철회를 하면 무권대리행위는 확정적으로 무효가 되어 그 후에는 본인이 무권대리행위를 추인할 수 없다.
④ 대리인이 대리권 소멸 후 복대리인을 선임하여 복대리인으로 하여금 상대방과 사이에 대리행위를 하도록 한 경우에도, 상대방이 대리권 소멸 사실을 알지 못하여 복대리인에게 적법한 대리권이 있는 것으로 믿었고 그와 같이 믿은 데 과실이 없다면 민법 제129조에 의한 표현대리가 성립할 수 있다.
⑤ 증권회사의 직원이 아니면서도 사실상 투자상담사의 역할을 하는 자가 고객의 유치, 투자상담 및 권유, 위탁매매약정실적의 제고 등의 업무를 위임받아 증권회사를 대리하여 예탁금을 수령하거나 위탁매매계약을 체결한 경우 권한초과의 표현대리가 성립한다.

【문 6】 법률행위의 유동적 무효에 관한 다음 설명 중 가장 옳지 않은 것은? (다툼이 있는 경우 판례에 의함) 2022년 법무사

① 토지거래계약 허가구역 내의 토지에 관하여 관할관청의 허가를 받을 것을 전제로 한 매매계약에 기한 소유권이전등기청구권 또는 토지거래계약에 관한 허가를 받을 것을 조건으로 한 소유권이전등기청구권을 피보전권리로 한 부동산처분금지가처분신청은 허용되지 않는다.
② 매매 당사자 일방이 계약 당시 상대방에게 계약금을 교부한 경우 당사자 사이에 다른 약정이 없는 한 당사자 일방이 계약 이행에 착수할 때까지 계약금 교부자는 이를 포기하고 계약을 해제할 수 있고, 그 상대방은 계약금의 배액을 상환하고 계약을 해제할 수 있음이 계약 일반의 법리인 이상, 특별한 사정이 없는 한 토지거래계약허가를 받지 않아 유동적 무효 상태인 매매계약에 있어서도 당사자 사이의 매매계약은 매도인이 계약금의 배액을 상환하고 계약을 해제함으로써 적법하게 해제된다.
③ 토지거래계약허가를 받지 않아 유동적 무효의 상태에 있는 계약을 체결한 당사자는 쌍방이 그 계약이 효력이 있는 것으로 완성될 수 있도록 서로 협력할 의무가 있다고 할 것이므로, 이러한 매매계약을 체결할 당시 당사자 사이에 그 일방이 토지거래계약허가를 받기 위한 협력 자체를 이행하지 아니하거나 허가신청에 이르기 전에 매매계약을 철회하는 경우 상대방에게 일정한 손해액을 배상하기로 하는 약정을 유효하게 할 수 있다.
④ 매도인의 토지거래계약허가 신청절차에 협력할 의무와 토지거래계약허가를 받으면 매매계약 내용에 따라 매수인이 이행하여야 할 매매대금 지급의무나 이에 부수하여 매수인이 부담하기로 특약한 양도소득세 상당 금원의 지급의무는 상호 이행상의 견련성이 있으므로 동시이행관계에 있다.
⑤ 유동적 무효의 상태에 있는 거래계약의 당사자는 상대방이 그 거래계약의 효력이 완성되도록 협력할 의무를 이행하지 아니하였음을 들어 일방적으로 유동적 무효의 상태에 있는 거래계약 자체를 해제할 수 없다.

【문 7】 법률행위의 무효에 관한 다음 설명 중 가장 옳지 않은 것은? (다툼이 있는 경우 판례에 의함) 2019년 법무사

① 무효인 법률행위가 다른 법률행위의 요건을 구비하고 당사자가 그 무효를 알았더라면 다른 법률행위를 하는 것을 의욕하였으리라고 인정될 때에는 다른 법률행위로서 효력을 가진다.
② 당사자가 이전의 법률행위가 존재함을 알고 그 유효함을 전제로 하여 이에 터 잡은 후속행위를 하였다고 해서 그것만으로 이전의 법률행위를 묵시적으로 추인하였다고 단정할 수 없다.
③ 유동적 무효의 상태에 있는 거래계약의 당사자라도 상대방이 그 거래계약의 효력이 완성되도록 협력할 의무를 이행하지 아니하였음을 들어 일방적으로 유동적 무효의 상태에 있는 거래계약 자체를 해제할 수는 없다.
④ 상속재산 전부를 공동상속인 중 1인에게 상속시킬 방편으로 나머지 상속인들이 법원에 한 상속포기신고가 그 법정기간 경과 후에 한 것으로서 재산상속 포기로서의 효력이 생기지 아니하더라도, 그에 따라 위 공동상속인들 사이에는 위 1인이 고유의 법정상속분을 초과하여 상속재산 전부를 취득하고 위 잔여 상속인들은 이를 전혀 취득하지 않기로 하는 내용의 상속재산에 관한 협의분할이 이루어진 것으로 볼 수 있다.
⑤ 재건축사업부지에 포함된 토지에 대하여 재건축조합과 토지의 소유자가 체결한 매매계약이 매매대금의 과다로 말미암아 불공정한 법률행위에 해당한다면, 해당 매매계약은 전부 무효가 되는 것이고, 적정한 매매대금으로 감액된 내용으로 유효하다고 볼 여지는 없다.

【문 8】 다음 중 무효인 것은 모두 몇 개인가? (다툼이 있는 경우 판례에 의함) 2022년 법원행시

ㄱ. 관계법령에서 정한 한도를 초과하여 지급하기로 한 부동산 중개수수료 약정 중 법정한도를 초과하는 부분
ㄴ. 부첩관계의 종료를 해제조건으로 하는 증여계약
ㄷ. 농성기간 중의 행위에 대하여 근로자들에게 민·형사상의 책임이나 신분상 불이익처분 등 일체의 책임을 묻지 않기로 한 노사간 합의
ㄹ. 주택매매계약에 있어서 매도인으로 하여금 양도소득세를 부과받지 않게 할 목적으로 소유권이전등기는 3년 후에 넘겨받기로 한 약정
ㅁ. 청원권 행사의 일환으로 이루어진 진정을 이용하여 타인을 궁지에 빠뜨린 다음 이를 취하하는 것을 조건으로 거액의 급부를 제공받기로 한 약정

① 1개　　② 2개
③ 3개　　④ 4개
⑤ 5개

【문 9】 법률행위의 무효에 관한 다음 설명 중 가장 옳지 않은 것은? (다툼이 있는 경우 판례에 의함) 2020년 법원사무관

① 무효인 법률행위는 당사자가 무효임을 알고 추인할 경우 새로운 법률행위를 한 것으로 간주할 뿐이고 소급효가 없다.
② 무효인 법률행위에 따른 법률효과를 침해하는 것처럼 보이는 위법행위나 채무불이행이 있다고 하여도 법률효과의 침해에 따른 손해배상을 청구할 수는 없다.
③ 매매계약이 약정된 매매대금의 과다로 말미암아 민법 제104조에서 정하는 불공정한 법률행위에 해당하여 무효인 경우에도 무효행위의 전환에 관한 민법 제138조가 적용될 수 있다.
④ 유동적 무효인 계약이 확정적으로 무효가 된 경우, 그에 관하여 귀책사유가 있는 당사자는 계약의 무효를 주장할 수 없다.

【문 10】 법률행위의 무효와 취소에 관한 다음 설명 중 가장 옳지 않은 것은? (다툼이 있는 경우 판례에 의함) 2020년 법무사

① 매매계약이 약정된 매매대금의 과다로 말미암아 민법 제104조에서 정하는 '불공정한 법률행위'에 해당하여 무효인 경우에도 무효행위의 전환에 관한 민법 제138조가 적용될 수 있다.
② 강박에 의한 의사표시에 대한 취소권은 형성권의 일종으로서 그 행사기간을 제척기간으로 보아야 하고, 취소권자가 취소의 의사표시를 담은 소장 부본을 피고에게 송달함으로써 취소권을 재판상 행사하는 경우에는 소장 부본이 피고에게 도달한 때에 비로소 취소권 행사의 효력이 발생하므로, 취소의 의사표시가 담긴 소장 부본이 제척기간 내에 송달되어야만 취소권자가 제척기간 내에 적법하게 취소권을 행사하였다고 할 것이다.
③ 채권자와 연대보증인 사이의 연대보증계약이 주채무자의 기망에 의하여 체결되어 적법하게 취소되었으나, 그 보증책임이 금전채무로서 채무의 성격상 가분적이고 연대보증인에게 보증한도를 일정 금액으로 하는 보증의사가 있는 경우 연대보증인의 연대보증계약의 취소는 그 일정 금액을 초과하는 범위 내에서만 효력이 생긴다.
④ 파산자가 상대방과 통정한 허위의 의사표시를 통하여 가장채권을 보유하고 있다가 파산이 선고된 경우 총파산채권자를 기준으로 하여 파산채권자 모두가 악의로 되지 않는 한 파산관재인은 선의의 제3자라고 할 수밖에 없다.
⑤ 조건부 법률행위에 있어 조건의 내용 자체가 불법적인 것이어서 무효일 경우 또는 조건을 붙이는 것이 허용되지 아니하는 법률행위에 조건을 붙인 경우 그 조건만을 분리하여 무효로 할 수 있다.

【문 11】 아래의 〈사례〉에 관한 다음 〈설명〉 중 옳지 않은 것을 모두 고른 것은? (다툼이 있는 경우 판례에 의함)

2020년 법원서기보

〈사례〉

甲은 2002. 2. 1.생으로 이 사건 당시 만 18세의 미성년자였다. 甲은 법정대리인 A의 동의없이 L신용카드회사와 신용카드 이용계약을 체결하여 신용카드를 발급받았다. 甲은 乙이 운영하는 노트북 대리점에서 10만원 상당의 외장하드를 3개월 할부로 구입하면서, 이를 위 신용카드로 결제하였다. 한편 甲은 당시 아르바이트 등을 통해 월 60만원 이상의 소득을 얻고 있었다.
이후 甲은 A의 동의가 없었음을 이유로 L사와의 위 신용카드 이용계약과 乙과의 위 신용구매계약을 각각 취소하였다.

〈설명〉

ㄱ. 甲이 L사와의 신용카드 이용계약의 취소를 구하는 것은 신의칙에 반하므로 인정될 수 없다.
ㄴ. 甲과 乙과의 신용구매계약은 A의 묵시적 처분허락을 받은 재산범위 내의 처분이므로 취소할 수 없다.
ㄷ. 만일 甲과 L사와의 신용카드 이용계약이 취소되었음에도 L사가 乙에게 甲의 신용카드 이용대금을 지급한 경우, L사는 여전히 甲에게 신용카드 이용계약에 따라 신용카드 이용대금을 청구할 수 있다.
ㄹ. 만일 甲과 L사와의 신용카드 이용계약이 취소되었음에도 L사가 乙에게 甲의 신용카드 이용대금을 지급한 경우, L사는 甲에게 부당이득의 반환을 구할 수 있다.
ㅁ. 위 ㄹ.의 경우, 甲이 반환하여야 할 이익은 乙로부터 구입한 재화, 즉 외장하드이다.

① ㄱ, ㄷ, ㅁ
② ㄴ, ㄹ
③ ㄷ, ㅁ
④ ㄱ, ㄴ, ㄷ, ㅁ

【문 12】 법률행위의 무효와 취소에 관한 다음 설명 중 가장 옳지 않은 것은? (다툼이 있는 경우 판례에 의함)

2023년 법원서기보

① 의사표시가 강박에 의한 것이어서 당연무효라는 주장 속에 강박에 의한 의사표시이므로 취소한다는 주장이 당연히 포함되어 있다고 볼 수 있다.
② 무효인 법률행위는 당사자가 무효임을 알고 추인할 경우 새로운 법률행위를 한 것으로 간주할 뿐이고 소급효가 없는 것이므로, 무효인 가등기를 유효한 등기로 전용키로 한 약정은 그때부터 유효하고 이로써 위 가등기가 소급하여 유효한 등기로 전환될 수 없다.
③ 미성년자가 법률행위를 한 때에는 그가 성년자가 된 때로부터 3년, 미성년자가 법률행위를 한 것을 법정대리인이 안 날부터 3년, 그 법률행위를 한 날부터 10년 중 어느 것이든 먼저 경과한 때에 취소권이 소멸한다.
④ 법률행위의 일부분이 무효인 때에는 그 전부를 무효로 한다. 그러나 그 무효부분이 없더라도 법률행위를 하였을 것이라고 인정될 때에는 나머지 부분은 무효가 되지 아니한다.

【문 13】 취소에 관한 다음 설명 중 가장 옳지 않은 것은? (다툼이 있는 경우 판례에 의함)

2018년 법무사

① 근로계약은 근로자가 사용자에게 근로를 제공하고 사용자는 이에 대하여 임금을 지급하는 것을 목적으로 체결된 계약으로서 계약 체결에 관한 당사자들의 의사표시에 무효 또는 취소의 사유가 있으면, 상대방은 이를 이유로 근로계약의 무효 또는 취소를 주장하여 그에 따른 법률효과의 발생을 부정하거나 소멸시킬 수 있고, 민법 제141조가 적용되어 취소된 근로계약은 처음부터 무효인 것으로 된다.
② 법률행위가 사기에 의한 것으로서 취소되는 경우에 그 법률행위가 동시에 불법행위를 구성하는 때에는 취소의 효과로 생기는 부당이득반환청구권과 불법행위로 인한 손해배상청구권은 경합하여 병존하는 것이므로, 채권자는 어느 것이라도 선택하여 행사할 수 있지만 중첩적으로 행사할 수는 없다.
③ 취소권은 추인할 수 있는 날로부터 3년 내에 법률행위를 한 날로부터 10년 내에 행사하여야 한다.
④ 취소한 법률행위는 처음부터 무효인 것으로 간주되므로 취소할 수 있는 법률행위가 일단 취소된 이상 그 후에는 취소할 수 있는 법률행위의 추인이 아니라 무효인 법률행위의 추인의 요건과 효력으로서 추인할 수 있다.
⑤ 법률행위의 취소는 상대방에 대한 의사표시로 하여야 하나 그 취소의 의사표시는 특별히 재판상 행하여짐이 요구되는 경우 이외에는 특정한 방식이 요구되는 것이 아니다.

2024년도 법원직공무원 9급 공채 필기시험   민법   ○책형

【문 14】 무권리자의 처분에 관한 다음 설명 중 옳지 않은 것은 모두 몇 개인가? (다툼이 있는 경우 판례에 의함)
2022년 법원행시

ㄱ. 법률행위에 따라 권리가 이전되려면 권리자 또는 처분권한이 있는 자의 처분행위가 있어야 하므로, 무권리자가 타인의 권리를 처분한 경우에는 특별한 사정이 없는 한 권리가 이전되지 않는다.
ㄴ. 권리자가 무권리자의 처분을 추인하는 것도 자신의 법률관계를 스스로의 의사에 따라 형성할 수 있다는 사적 자치의 원칙에 따라 허용된다.
ㄷ. 무권리자의 처분에 대한 권리자의 추인은 무권리자의 처분이 있음을 알고 해야 하고, 명시적으로 또는 묵시적으로 할 수 있으나, 그 의사표시는 무권리자에 대하여 하는 것만으로는 부족하고 반드시 처분 상대방에 대하여 이루어져야 한다.
ㄹ. 권리자가 무권리자의 처분을 추인하면 무권대리에 대해 본인이 추인을 한 경우와 당사자들 사이의 이익상황이 유사하므로, 무권대리의 추인에 관한 민법 제130조, 제133조 등을 무권리자의 추인에 유추 적용할 수 있다.
ㅁ. 무권리자의 처분이 계약으로 이루어진 경우에 권리자가 이를 추인하면 원칙적으로 그 계약의 효과는 추인 시점부터 장래를 향하여 권리자에게 귀속된다.
ㅂ. 소유자가 제3자에게 그가 소유하는 물건을 제3자의 소유물로 처분할 수 있는 권한을 유효하게 수여하는 이른바 처분수권의 경우에도 제3자의 처분이 실제로 유효하게 행하여지지 아니하고 있는 동안에는 소유자는 처분수권이 제3자에게 행하여졌다는 것만으로 그가 원래 가지는 처분권능에 제한을 받지 않으므로, 소유자는 처분권한을 수여받은 제3자와의 관계에서 처분수권의 원인이 된 채권적 계약관계 등에 기하여 채권적인 책임을 져야 하는 것을 별론으로 하고, 자신의 소유물을 여전히 유효하게 처분할 수 있고, 또한 소유권에 기하여 소유물에 대한 방해 등을 배제할 수 있는 민법 제213조, 제214조의 물권적 청구권을 가진다.

① 없음   ② 1개
③ 2개   ④ 3개
⑤ 4개

【문 15】 법률행위의 무효와 취소에 관한 다음 설명 중 가장 옳지 않은 것은? (다툼이 있는 경우 판례에 의함) 2021년 법무사

① 통정한 허위의 의사표시는 허위표시의 당사자와 포괄승계인 이외의 자로서 그 허위표시에 의하여 외형상 형성된 법률관계를 토대로 실질적으로 새로운 법률상 이해관계를 맺은 선의의 제3자를 제외한 누구에 대하여서나 무효이고, 또한 누구든지 그 무효를 주장할 수 있다. 그러나 비록 무효인 법률행위가 그 법률행위가 성립한 당초부터 당연히 효력이 발생하지 않는 것이라 하더라도, 무효인 법률행위에 따른 법률효과를 침해하는 것처럼 보이는 위법행위나 채무불이행이 있다면 그 손해가 없다고 할 수 없으므로 손해배상을 청구할 수 있다.
② 매매계약이 약정된 매매대금의 과다로 말미암아 민법 제104조에서 정하는 '불공정한 법률행위'에 해당하여 무효인 경우에도 무효행위의 전환에 관한 민법 제138조가 적용될 수 있다. 따라서 당사자 쌍방이 위와 같은 무효를 알았더라면 대금을 다른 액으로 정하여 매매계약에 합의하였을 것이라고 예외적으로 인정되는 경우에는, 그 대금액을 내용으로 하는 매매계약이 유효하게 성립한다고 할 것이다.
③ 무권리자가 타인의 권리를 자기의 이름으로 또는 자기의 권리로 처분한 경우에, 권리자는 후일 이를 추인함으로써 그 처분행위를 인정할 수 있고, 특별한 사정이 없는 한 이로써 권리자 본인에게 위 처분행위의 효력이 발생함은 사적자치의 원칙에 비추어 당연하고, 이 경우 추인은 명시적으로뿐만 아니라 묵시적인 방법으로도 가능하며 그 의사표시는 무권대리인이나 그 상대방 어느 쪽에 하여도 무방하다.
④ 취소의 의사표시란 반드시 명시적이어야 하는 것은 아니고, 취소자가 그 착오를 이유로 자신의 법률행위의 효력을 처음부터 배제하려고 한다는 의사가 드러나면 족한 것이며, 취소원인의 진술 없이도 취소의 의사표시는 유효한 것이다.
⑤ 당사자가 이전의 법률행위가 존재함을 알고 그 유효함을 전제로 하여 이에 터 잡은 후속행위를 하였다고 해서 그것만으로 이전의 법률행위를 묵시적으로 추인하였다고 단정할 수는 없고, 묵시적 추인을 인정하기 위해서는 이전의 법률행위가 무효임을 알거나 적어도 무효임을 의심하면서도 그 행위의 효과를 자기에게 귀속시키도록 하는 의사로 후속행위를 하였음이 인정되어야 할 것이다.

【문 16】 법률행위의 부관으로서 조건에 관한 다음의 설명 중 가장 옳지 않은 것은? (다툼이 있는 경우 판례에 의함)

2021년 법원서기보

① 법률행위 효력의 발생 또는 소멸을 장래의 불확실한 사실의 성부에 의존케 하는 조건을 법률행위에 붙이고자 하는 의사가 있다 하더라도 이를 외부에 표시하지 않으면 이는 법률행위의 동기에 불과한 것이다.
② 정지조건부 법률행위에 있어서 조건이 성취되었다는 사실은 이에 의하여 권리를 취득하고자 하는 측에서 증명하여야 한다.
③ 정지조건부 법률행위는 조건을 성취한 때로부터 그 효력이 생기고, 해제조건부 법률행위는 조건을 성취한 때로부터 그 효력을 잃는다.
④ 甲과 乙이 빌라 분양을 甲이 대행하고 수수료를 받기로 하는 내용의 분양전속계약을 체결하면서, 특약사항으로 "분양계약기간 완료 후 미분양 물건은 甲이 모두 인수하는 조건으로 한다."라고 정한 경우 위 특약사항은 미분양 물건 세대를 인수하지 아니할 경우 분양전속계약은 효력이 없다는 법률행위의 부관으로서 조건을 정한 것이다.

【문 17】 다음 설명 중 가장 옳지 않은 것은? (다툼이 있는 경우 판례에 의함)

2023년 법무사

① 부관이 붙은 법률행위에 있어서 부관에 표시된 사실이 발생하지 아니하면 채무를 이행하지 아니하여도 된다고 보는 것이 상당한 경우에는 정지조건으로 보아야 하고, 표시된 사실이 발생한 때에는 물론이고 반대로 발생하지 아니하는 것이 확정된 때에도 그 채무를 이행하여야 한다고 보는 것이 상당한 경우에는 표시된 사실의 발생 여부가 확정되는 것을 불확정기한으로 정한 것으로 보아야 한다.
② 부부가 협의이혼을 전제로 재산분할의 약정을 한 경우, 특별한 사정이 없는 한 그 후 협의상 이혼이 이루어지지 아니하고 혼인관계가 존속하게 되거나 재판상 이혼이 이루어진 경우에는 그 재산분할 약정은 조건의 불성취로 인하여 효력이 발생하지 않는다.
③ 조건의 성취로 인하여 불이익을 받을 당사자가 신의성실에 반하여 조건의 성취를 방해한 경우, 조건이 성취된 것으로 의제되는 시점은 이러한 신의성실에 반하는 행위가 있었던 시점이다.
④ 조건부 법률행위에 있어 조건의 내용 자체가 불법적인 것이어서 무효일 경우 또는 조건을 붙이는 것이 허용되지 아니하는 법률행위에 조건을 붙인 경우 그 조건만을 분리하여 무효로 할 수는 없고 그 법률행위 전부가 무효로 된다고 보아야 한다.
⑤ 이미 부담하고 있는 채무의 변제에 관하여 일정한 사실이 부관으로 붙여진 경우에는 특별한 사정이 없는 한 그것은 변제기를 유예한 것으로서 그 사실이 발생한 때 또는 발생하지 아니하는 것으로 확정된 때에 기한이 도래한다.

【문 18】 법률행위의 부관에 관한 다음 설명 중 가장 옳지 않은 것은? (다툼이 있는 경우 판례에 의함)　　2021년 법무사

① 법률행위의 해석에 있어 당사자가 표시한 문언에 의하여 객관적인 의미가 명확하게 드러나지 않는 경우에는 문언의 형식과 내용, 법률행위가 이루어진 동기 및 경위, 당사자가 법률행위에 의하여 달성하려는 목적과 진정한 의사, 거래의 관행 등을 종합적으로 고려하여 사회정의와 형평의 이념에 맞도록 논리와 경험의 법칙, 그리고 사회일반의 상식과 거래의 통념에 따라 합리적으로 해석하여야 한다.
② 조건은 법률행위 효력의 발생 또는 소멸을 장래 불확실한 사실의 발생 여부에 따라 좌우되게 하는 법률행위의 부관이고, 법률행위에서 효과의사와 일체적인 내용을 이루는 의사표시 그 자체이다.
③ 조건을 붙이고자 하는 의사는 법률행위의 내용으로 외부에 표시될 필요가 없고, 조건을 붙이고자 하는 의사가 있는지는 의사표시에 관한 법리에 따라 판단하여야 한다.
④ 조건을 붙이고자 하는 의사가 외부에 표시되었다고 인정하려면, 그 법률행위가 이루어진 동기와 경위, 그 법률행위에 의하여 달성하려는 목적, 거래의 관행 등을 종합적으로 고려하여 그 법률행위 효력의 발생 또는 소멸을 장래의 불확실한 사실의 발생 여부에 따라 좌우되게 하려는 의사가 인정되어야 한다.
⑤ 법률행위에 붙은 부관이 조건인지 기한인지가 명확하지 않은 경우 법률행위의 해석을 통해서 이를 결정해야 한다. 부관에 표시된 사실이 발생하지 않으면 채무를 이행하지 않아도 된다고 보는 것이 합리적인 경우에는 조건으로 보아야 한다. 그러나 부관에 표시된 사실이 발생한 때에는 물론이고 반대로 발생하지 않는 것이 확정된 때에도 그 채무를 이행하여야 한다고 보는 것이 합리적인 경우에는 표시된 사실의 발생 여부가 확정되는 것을 불확정기한으로 정한 것으로 보아야 한다.

【문 19】 다음은 기간에 관한 A교수와 학생들(甲, 乙, 丙, 丁)의 수업 내용이다. 옳은 답변을 한 학생을 모두 고른 것은? (다툼이 있는 경우 판례에 의함)　　2019년 법원서기보

| A : 민사재판에서 판결에 대한 항소는 그 판결서가 송달된 날부터 2주 이내에 하여야 한다(민사소송법 제396조 제1항). |
| 甲 : 따라서 판결서가 2019. 1. 1. 오후 2시에 송달되었다면, 항소기간은 2019. 1. 2.부터 기산하여야 합니다. |
| 乙 : 그리고 항소기간의 말일인 2019. 1. 15.이 임시 공휴일이어서 그 다음날인 2019. 1. 16.에 피고가 항소장을 법원에 접수시켰다면 이는 기간 내에 제기된 적법한 것입니다. |
| A : 사람은 19세로 성년에 이르게 된다(민법 제4조). |
| 丙 : 따라서 2000. 2. 2. 오후 2시에 태어난 사람은 2019. 2. 2. 오후 2시 현재 미성년자입니다. |
| A : 사단법인의 사원총회의 소집은 1주간 전에 그 회의의 목적사항을 기재한 통지를 발송하여야 한다(민법 제71조). |
| 丁 : 따라서 총회예정일이 2019. 3. 15. 오전 10시라면, 늦어도 2019. 3. 8. 오전 0시까지는 사원들에게 소집통지를 발송하여야 합니다. |

① 甲, 乙　　　　　② 乙, 丙, 丁
③ 甲, 乙, 丁　　　④ 甲, 乙, 丙, 丁

【문 20】 제척기간에 관한 다음 설명 중 가장 옳지 않은 것은? (다툼이 있는 경우 판례에 의함)　　2022년 법원서기보

① 매도인이나 수급인의 담보책임을 기초로 한 손해배상채권의 제척기간이 지난 경우에도 제척기간이 지나기 전 상대방의 채권과 상계할 수 있었던 경우에는 매수인이나 도급인은 위 손해배상채권을 자동채권으로 하여 상대방의 채권과 상계할 수 있다.
② 당사자 사이에 매매예약 완결권을 행사할 수 있는 시기를 특별히 약정하였다면, 그 제척기간은 위 약정에 따라 권리를 행사할 수 있는 때로부터 10년간의 기간이 되는 날까지로 연장된다.
③ 제척기간을 도과하였는지 여부는 법원의 직권조사사항이므로 당사자의 주장이 없더라도 법원이 이를 직권으로 조사하여 판단하여야 하고, 당사자는 제척기간의 도과 사실을 사실심 변론종결 시까지 주장하지 않았다 하더라도 상고심에서 이를 새로이 주장, 증명할 수 있다.
④ 채무자가 유일한 재산인 그 소유의 부동산에 관한 매매예약에 따른 예약완결권이 제척기간 경과가 임박하여 소멸할 예정인 상태에서 제척기간을 연장하기 위하여 새로 매매예약을 하는 행위는 채권자취소권의 대상인 사해행위가 될 수 있다.

【문 21】 제척기간에 관한 다음 설명 중 가장 옳지 않은 것은? (다툼이 있는 경우 판례에 의함) 2023년 법무사

① 제척기간에 있어서는 소멸시효와 같이 기간의 중단이 있을 수 없다.
② 제척기간이 도과하였는지 여부는 직권조사사항으로서 이에 대한 당사자의 주장이 없더라도 법원이 당연히 직권으로 조사하여 재판에 고려하여야 한다.
③ 소멸시효가 일정한 기간의 경과와 권리의 불행사라는 사정에 의하여 권리소멸의 효과를 가져오는 것과는 달리 제척기간은 그 기간의 경과 자체만으로 곧 권리소멸의 효과를 가져온다.
④ 제척기간 진행의 기산점은 특별한 사정이 없는 한 원칙적으로 권리가 발생한 때이나, 당사자 사이에 매매예약 완결권을 행사할 수 있는 시기를 특별히 약정한 경우에는 그 제척기간은 그 약정에 따라 권리를 행사할 수 있는 때로부터 10년이 되는 날까지이다.
⑤ 채권양도의 통지는 양도인이 채권이 양도되었다는 사실을 채무자에게 알리는 것에 그치는 행위이므로, 그것만으로 제척기간의 준수에 필요한 권리의 재판외 행사에 해당한다고 할 수 없다.

【문 22】 소멸시효에 관한 다음 설명 중 가장 옳지 않은 것은? (다툼이 있는 경우 판례에 의함) 2020년 법원서기보

① 정지조건부 권리의 경우 조건이 성취된 때부터 시효가 기산된다.
② 동시이행의 항변권이 붙어 있는 채권의 경우에 이행기가 도래하고 반대급부의 이행제공을 한 이후에 소멸시효가 진행한다.
③ 매수인이 매매목적물인 부동산을 인도받아 점유하고 있는 이상 매수인의 소유권이전등기청구권은 소멸시효가 진행하지 않는다.
④ 권리자가 사실상 권리의 존부나 권리행사의 가능성을 알지 못하였고 그 알지 못함에 과실이 없는 경우라도 소멸시효가 진행하지 않는 법률상 장애사유에 해당한다고 할 수 없다.

【문 23】 소멸시효에 관한 다음 설명 중 가장 옳지 않은 것은? (다툼이 있는 경우 판례에 의함) 2022년 법원행시

① 소멸시효 이익의 포기는 상대적 효과가 있을 뿐이어서 다른 사람에게는 영향을 미치지 아니함이 원칙이나, 소멸시효 이익의 포기 당시에는 그 권리의 소멸에 의하여 직접 이익을 받을 수 있는 이해관계를 맺은 적이 없다가 나중에 시효이익을 이미 포기한 자와의 법률관계를 통하여 비로소 시효이익을 원용할 이해관계를 형성한 자는 이미 이루어진 시효이익 포기의 효력을 부정할 수 없다.
② 소멸시효가 완성된 채무를 피담보채무로 하는 근저당권이 실행되어 채무자 소유의 부동산이 경락되고 그 대금이 배당되어 채무의 일부 변제에 충당될 때까지 채무자가 아무런 이의를 제기하지 아니하였다면, 경매절차의 진행을 채무자가 알지 못하였다는 등 다른 특별한 사정이 없는 한, 채무자는 시효완성의 사실을 알고 그 채무를 묵시적으로 승인하여 시효의 이익을 포기한 것으로 볼 수 있고, 이는 채무자의 다른 일반채권자가 배당절차에서 이의를 제기하고 채무자를 대위하여 소멸시효 완성의 주장을 원용한 경우라도 마찬가지이다.
③ 소멸시효가 완성된 경우 이를 주장할 수 있는 사람은 시효로 채무가 소멸되는 결과 직접적인 이익을 받는 사람에 한정되는데, 후순위 담보권자는 선순위 담보권의 피담보채권이 소멸하면 담보권의 순위가 상승하고 이에 따라 피담보채권에 대한 배당액이 증가할 수 있지만 이러한 배당액 증가에 대한 기대는 담보권의 순위 상승에 따른 반사적 이익에 지나지 않으므로, 후순위 담보권자는 선순위 담보권의 피담보채권 소멸로 직접 이익을 받는 자에 해당하지 않아 선순위 담보권의 피담보채권에 관한 소멸시효가 완성되었다고 주장할 수 없다.
④ 채권자에게 권리의 행사를 기대할 수 없는 객관적인 사실상의 장애사유가 있었던 경우 그러한 장애가 해소된 때에는 그로부터 상당한 기간 내에 권리를 행사하여야만 채무자의 소멸시효의 항변을 저지할 수 있다.
⑤ 원인채권의 지급을 확보하기 위하여 어음이 수수된 당사자 사이에서 채권자가 어음채권을 피보전권리로 하여 채무자의 재산을 가압류한 경우 그 원인채권의 소멸시효를 중단시키는 효력이 인정되지만, 가압류 결정 이전에 이미 피보전권리인 어음채권의 시효가 완성되어 소멸된 경우에는 그 가압류 결정에 의하여 그 원인채권의 소멸시효를 중단시키는 효력이 인정되지 않는다.

【문 24】 소멸시효에 관한 다음 설명 중 가장 옳지 않은 것은? (다툼이 있는 경우 판례에 의함)   2022년 법원서기보

① 소멸시효는 법률행위에 의하여 이를 단축 또는 경감할 수 없으나 이를 배제, 연장 또는 가중할 수 있다.
② 채무자가 시효이익을 포기한 것으로 볼 수 있다고 하더라도 그 시효이익의 포기는 상대적 효과가 있음에 지나지 아니하므로 채무자 이외의 이해관계자는 여전히 독자적으로 소멸시효를 원용할 수 있다.
③ 판결에 의하여 확정된 채권은 단기의 소멸시효에 해당한 것이라도 그 소멸시효는 10년으로 한다. 다만 판결확정당시 변제기가 도래하지 아니한 채권은 그러하지 아니하다.
④ 채무자가 소멸시효 완성 후에 채권자에 대하여 채무를 승인함으로써 그 시효의 이익을 포기한 경우에는 그때부터 새로이 소멸시효가 진행한다.

【문 25】 소멸시효에 관한 다음 설명 중 가장 옳지 않은 것은? (다툼이 있는 경우 판례에 의함)   2023년 법무사

① 부진정연대채무에서 채무자 1인에 대한 재판상 청구 또는 채무자 1인이 행한 채무의 승인 등 소멸시효의 중단사유나 시효이익의 포기는 다른 채무자에게 효력을 미치지 않는다.
② 후순위 담보권자는 선순위 담보권의 피담보채권이 소멸하면 담보권의 순위가 상승하고 이에 따라 피담보채권에 대한 배당액이 증가할 수 있으므로, 선순위 담보권의 피담보채권에 관한 소멸시효가 완성되었다고 주장할 수 있다.
③ 보증채무에 대한 소멸시효가 중단되는 등의 사유로 완성되지 아니하였다고 하더라도 주채무에 대한 소멸시효가 완성된 경우에는 시효완성 사실로써 주채무가 당연히 소멸되므로 보증채무의 부종성에 따라 보증채무 역시 당연히 소멸된다.
④ 특별한 사정이 없는 한 임치물 반환청구권의 소멸시효는 임치계약이 성립하여 임치물이 수치인에게 인도된 때부터 진행하는 것이지, 임치인이 임치계약을 해지한 때부터 진행한다고 볼 수 없다.
⑤ 주택임대차보호법에 따른 임대차에서 임차인이 임대차 종료 후 동시이행항변권을 근거로 임차목적물을 계속 점유하고 있는 경우에는 보증금반환채권에 대한 소멸시효가 진행하지 않는다.

【문 1】 소멸시효에 관한 다음 설명 중 가장 옳은 것은? (다툼이 있는 경우 판례에 의함) 2023년 법원행시

① 임대차 종료 후 임차인 甲이 보증금을 반환받기 위해 목적물을 점유하되 임대인 乙에 대하여 직접적인 이행청구를 하지 않았다면 보증금반환채권에 대한 권리를 행사하는 것으로 볼 수 없으므로, 권리의 불행사라는 상태가 계속되고 있다고 보아야 한다.
② 실제로 발생하지 않은 보험사고의 발생을 가장하여 청구·수령된 보험금 상당 부당이득반환청구권은 상법 제64조가 유추적용되어 같은 조항이 정한 5년의 상사 소멸시효기간에 걸린다.
③ 소송에서 법원이 판결로 소송비용의 부담을 정하는 재판을 하면서 그 액수를 정하지 않았더라도 소송비용부담의 재판이 확정됨으로써 소송비용상환의무의 존재가 확정되고 그 의무의 이행기가 도래한다.
④ 민법 제495조는 "소멸시효가 완성된 채권이 그 완성 전에 상계할 수 있었던 것이면 그 채권자는 상계할 수 있다."라고 규정하고 있다. 따라서 임대차 존속 중 임대인의 구상금채권의 소멸시효가 완성된 이후에 임대인이 이미 소멸시효가 완성된 구상금채권을 자동채권으로 삼아 임차인의 유익비상환채권과 상계하는 것은 민법 제495조에 의해 인정될 수 있다.
⑤ 주택임대차보호법은 임차권등기명령의 신청에 대한 재판절차와 임차권등기명령의 집행 등에 관하여 민사집행법상 가압류에 관한 절차규정을 일부 준용하고 있으므로, 임차권등기명령에 따른 임차권등기에도 민법 제168조 제2호에서 정하는 소멸시효 중단사유인 압류 또는 가압류, 가처분에 준하는 효력이 있다고 볼 수 있다.

【문 2】 소멸시효의 중단에 관한 다음 설명 중 가장 옳지 않은 것은? (다툼이 있는 경우 판례에 의함) 2020년 법원서기보

① 부동산경매절차에서 집행력 있는 채무명의 정본을 가진 채권자가 하는 배당요구는 압류에 준하는 소멸시효중단의 효력이 있다.
② 채권자가 채무자를 대위하여 채무자의 제3채무자에 대한 채권을 재판상 청구하였다면 그로 인한 채권의 시효중단의 효과는 채무자에게 생긴다.
③ 채권자가 동일한 목적을 달성하기 위하여 복수의 채권을 갖고 있는 경우에는 그중 어느 하나의 청구를 하면 다른 채권에 대하여도 소멸시효 중단의 효력이 있다.
④ 보험계약자의 보험금 채권에 대한 압류가 행하여지더라도 채무자나 제3채무자는 기본적 계약관계인 보험계약 자체를 해지할 수 있고, 보험계약이 해지되면 그 계약에 의하여 발생한 보험금 채권은 소멸하게 되므로 이를 대상으로 한 압류명령은 실효하게 되는데, 이 경우 위 압류에 의한 시효중단사유는 종료한 것으로 보아야 하고, 그때부터 시효가 새로이 진행한다.

【문 3】 소멸시효의 중단에 관한 다음 설명 중 가장 옳은 것은? (다툼이 있는 경우 판례에 의함)   2020년 법무사

① 공유자의 한 사람이 공유물의 보존행위로서 소를 제기한 경우에 그로 인한 시효중단의 효력은 재판상의 청구를 한 그 공유자에 한하여 발생한다.
② 형사고소는 시효중단사유로서의 재판상 청구라고 볼 수 없으나, 정식 기소가 이루어지면 고소를 한 때로 소급하여 시효가 중단된 것으로 본다.
③ 검사 작성의 피의자신문조서의 진술기재 가운데 채무의 일부를 승인하는 의사가 표시되어 있다면 소멸시효 중단사유로서 승인의 의사표시가 있는 것으로는 볼 수 있다.
④ 채권자가 피고로서 응소하여 권리를 주장하였으나 소가 각하되어 본안에서 피고의 주장에 관한 판단 없이 소송이 종료되고, 그로부터 6월 내에 채권자가 원고로서 소를 제기한 경우 소 제기시에 채권의 소멸시효는 중단된다.
⑤ 변론주의 원칙상 채권자인 피고가 응소행위를 하였다고 하여 바로 시효중단의 효과가 발생하는 것은 아니고 시효중단의 주장을 하여야 그 효력이 생기는 것이며, 시효중단의 주장은 반드시 응소시에 할 필요는 없고 사실심 변론종결 전에만 하면 족하나, 시효중단의 주장을 한 시점이 소멸시효기간이 만료된 후라면 이미 소멸시효가 완성된 것이어서 시효중단의 효력이 생길 여지가 없다.

【문 4】 소멸시효에 관한 다음 설명 중 가장 옳은 것은? (다툼이 있는 경우 판례에 의함)   2020년 법원서기보

① 부진정연대채무에서 채무자 1인에 대한 재판상 청구 또는 채무자 1인이 행한 채무의 승인 등 소멸시효의 중단사유나 시효이익의 포기는 다른 채무자에게도 효력을 미친다.
② 시효를 주장하는 자가 제기한 소에서 채권자가 피고로서 응소하여 적극적으로 권리를 주장하였으나 그 소가 각하되거나 취하되는 등의 사유로 본안에서 그 권리주장에 관한 판단 없이 소송이 종료된 경우에는 그때부터 6월 이내에 재판상의 청구 등 다른 시효중단조치를 취한 경우에 한하여 응소시에 소급하여 시효중단의 효력이 있는 것으로 본다.
③ 채권자가 확정판결에 기한 채권의 실현을 위하여 채무자에 대하여 민사집행법 소정의 재산명시신청을 하고 그 결정이 채무자에게 송달되었다면 거기에 소멸시효의 중단사유인 '최고'로서의 효력만이 인정된다. 따라서 그로부터 6월 내에 다시 소를 제기하거나 압류 또는 가압류, 가처분을 하는 등 민법 제174조에 규정된 절차를 속행하지 아니하는 한 소멸시효 중단의 효과는 상실된다. 반면 채권자가 신청한 지급명령 사건이 채무자의 이의신청으로 소송으로 이행되는 경우에는 소송으로 이행된 때로부터 시효중단의 효과가 발생한다.
④ 주채무에 대한 소멸시효가 완성된 경우에는 보증채무의 소멸시효가 중단되었더라도 보증채무 역시 소멸된다. 그러나 보증채무가 소멸된 상태에서 보증인이 보증채무를 이행하거나 승인하는 경우에는 보증인의 행위에 의하여 주채무에 대한 소멸시효 이익의 포기 효과가 발생되어 보증인으로서는 주채무의 시효소멸을 이유로 보증채무의 소멸을 주장할 수 없다.

【문 5】 시효이익의 포기에 관한 다음 설명 중 가장 옳지 않은 것은? (다툼이 있는 경우 판례에 의함)   2023년 법원서기보

① 소멸시효 완성 후에 한 소멸시효이익의 포기행위는 채무자가 채무를 새롭게 부담하는 것이 아니므로 채권자취소권의 대상인 사해행위가 될 수 없다.
② 소멸시효 이익의 포기 당시에는 그 권리의 소멸에 의하여 직접 이익을 받을 수 있는 이해관계를 맺은 적이 없다가 나중에 시효이익을 이미 포기한 자와의 법률관계를 통하여 비로소 시효이익을 원용할 이해관계를 형성한 자는 이미 이루어진 시효이익 포기의 효력을 부정할 수 없다.
③ 시효완성 후 소멸시효 중단사유에 해당하는 채무의 승인이 있었다 하더라도 그것만으로는 곧바로 소멸시효 이익의 포기라는 의사표시가 있었다고 단정할 수 없다.
④ 부진정연대채무에 있어서는 채무자 1인이 행한 시효이익의 포기는 다른 채무자에 대하여 효력이 미치지 아니한다.

【문 6】 소멸시효의 중단에 관한 다음 설명 중 가장 옳지 않은 것은? (다툼이 있는 경우 판례에 의함) 2022년 법무사

① 건물에 관한 소유권이전등기청구권에 있어서 그 목적물인 건물이 완공되지 아니하여 이를 행사할 수 없었다는 사유는 사실상의 장애사유에 불과하다.
② 체납처분에 의한 채권압류로 인하여 채권자의 채무자에 대한 채권의 시효가 중단된 경우에 압류에 의한 체납처분절차가 채권추심 등으로 종료된 때뿐만 아니라, 피압류채권이 기본계약관계의 해지·실효 또는 소멸시효 완성 등으로 인하여 소멸함으로써 압류의 대상이 존재하지 않게 되어 압류 자체가 실효된 경우에도 체납처분 절차는 더 이상 진행될 수 없으므로 시효중단사유가 종료한 것으로 보아야 하고, 그때부터 시효가 새로이 진행한다.
③ 소멸시효 중단사유로서의 채무승인은 시효이익을 받는 당사자인 채무자가 소멸시효의 완성으로 채권을 상실하게 될 자에 대하여 상대방의 권리 또는 자신의 채무가 있음을 알고 있다는 뜻을 표시함으로써 성립하는 이른바 관념의 통지로 여기에 어떠한 효과의사가 필요하지 않지만, 이에 반하여 시효완성 후 시효이익의 포기가 인정되려면 시효이익을 받는 채무자가 시효의 완성으로 인한 법적인 이익을 받지 않겠다는 효과의사가 필요하다.
④ 소멸시효의 기간만료 전 6개월 내에 제한능력자에게 법정대리인이 없는 경우에는 그가 능력자가 되거나 법정대리인이 취임한 때부터 6개월 내에는 시효가 완성되지 아니한다.
⑤ 진료계약을 체결하면서 "입원료 기타 제요금이 체납될 시는 병원의 법적 조치에 대하여 아무런 이의를 하지 않겠다."고 약정하였다 하더라도, 이로써 그 당시 아직 발생하지도 않은 치료비 채무의 존재를 미리 승인하였다고 볼 수는 없다.

【문 7】 소멸시효에 관한 다음 설명 중 가장 옳지 않은 것은? (다툼이 있는 경우 판례에 의함) 2023년 법원사무관

① 소멸시효 항변은 변론주의 원칙에 따라 당사자의 주장이 있어야만 법원의 판단대상이 되지만, 어떤 권리의 소멸시효기간이 얼마나 되는지에 관한 주장은 권리의 소멸이라는 법률효과를 발생시키는 요건을 구성하는 사실에 관한 주장이 아니라 단순히 법률의 해석이나 적용에 관한 의견을 표명한 것이므로, 변론주의가 적용되지 않기에 법원은 당사자의 주장에 구속되지 않고 직권으로 판단할 수 있다.
② 리조트 증축공사를 담당한 피고가 공사기간 중 리조트의 객실 및 식당의 사용료를 원고에게 매월 말 지급하기로 약정한 경우, 그 사용료 채권은 민법 제163조 제1호에서 정한 '사용료 기타 1년 이내의 기간으로 정한 금전의 지급을 목적으로 한 채권'에 해당하여 3년의 단기소멸시효가 적용된다.
③ 파산절차에 의하여 확정된 채권은 단기의 소멸시효에 해당한 것이라도 그 소멸시효는 10년으로 한다.
④ 주택임대차보호법상 임차권등기명령에 따른 임차권등기는 특정 목적물에 대한 구체적 집행행위나 보전처분의 실행을 내용으로 하는 압류 또는 가압류, 가처분과 달리 대항력이나 우선변제권의 취득·유지를 위한 담보적 기능을 주목적으로 하는 것이어서 압류 또는 가압류, 가처분에 준하는 효력이 없으므로, 소멸시효 중단사유에 해당하지 아니한다.

【문 8】 물권적 청구권에 관한 다음 설명 중 가장 옳지 않은 것은 모두 몇 개인가? (다툼이 있는 경우 판례에 의함)
2022년 법원행시

ㄱ. 불법점유를 이유로 인도를 청구하려면 현실적으로 그 목적물을 점유하고 있는 자를 상대로 하여야 하고 불법점유를 하고 있었던 자라 하여도 이미 다른 사람에게 그 물건을 인도하여 현실적으로 점유하고 있지 않다면 그 자를 상대로 인도를 청구할 수는 없다.
ㄴ. 건물의 임대인이 건물의 존립을 위한 토지사용권을 가지지 못하여 그가 토지 소유자의 건물철거청구에 대항할 수 없는 경우라면 건물에 대한 대항력 있는 임차권자 역시 토지 소유자의 퇴거청구 등의 권리행사에 대항할 수 없다.
ㄷ. 건물의 소유자가 그 건물의 소유를 통하여 타인 소유의 토지를 점유하고 있다고 하더라도 그 토지 소유자로서는 그 건물의 철거와 그 대지 부분의 인도를 청구할 수 있을 뿐, 자기 소유의 건물을 점유하고 있는 자에 대하여 그 건물에서 퇴거할 것을 청구할 수는 없다.
ㄹ. 원고가 미등기 건물을 매수하였으나 소유권이전등기를 하지 못한 경우에는 위 건물의 소유권을 원시취득한 매도인을 대위하여 불법점유자에 대하여 인도청구를 할 수 있고, 이때 원고는 불법점유자에 대하여 직접 자기에게 인도할 것을 청구할 수도 있다.

① 없음
② 1개
③ 2개
④ 3개
⑤ 4개

【문 9】 물권적 청구권에 관한 다음 설명 중 가장 옳지 않은 것은? (다툼이 있는 경우 판례에 의함)
2023년 법무사

① 소유자가 제3자에 대하여 목적물의 소유권을 이전하기로 하는 매매·증여·교환 기타의 채권계약을 체결하는 것만에 의하여서는 자신의 소유권에 어떠한 물권적 제한을 받지 아니하여서, 그는 다른 특별한 사정이 없는 한 자신의 소유물을 여전히 유효하게 달리 처분할 수 있고, 또한 소유권에 기하여 소유물에 대한 방해 등을 배제할 수 있는 민법 제213조, 제214조의 물권적 청구권을 가진다.
② 자신의 토지에 폐기물을 매립하거나 토양을 오염시켜 토지를 유통시킨 경우는 물론 타인의 토지에 그러한 행위를 하여 토지가 유통된 경우라 하더라도, 행위자가 폐기물을 매립한 자 또는 토양오염을 유발시킨 자라는 이유만으로 자신과 직접적인 거래관계가 없는 토지의 전전 매수인에 대한 관계에서 폐기물 처리비용이나 오염정화비용 상당의 손해에 관한 불법행위책임을 부담한다고 볼 수는 없다.
③ 소유자가 자신의 소유권에 기하여 실체관계에 부합하지 아니하는 등기의 명의인을 상대로 그 등기말소나 진정명의회복 등을 청구하는 경우에, 그 권리는 물권적 청구권으로서의 방해배제청구권(민법 제214조)의 성질을 가진다. 그러므로 소유자가 그 후에 소유권을 상실하면 이제 그 발생의 기반이 아예 없게 되어 더 이상 그 존재 자체가 인정되지 아니하므로, 등기말소 등 의무자에 대하여 그 권리의 이행불능을 이유로 민법 제390조의 손해배상청구권을 가진다고 말할 수 없다.
④ 토지소유권에 기한 물권적 청구권을 원인으로 하는 토지인도소송의 소송물은 토지소유권이 아니라 그 물권적 청구권인 토지인도청구권이므로, 그 소송에서 청구기각된 확정판결의 기판력은 토지인도청구권의 존부 그 자체에만 미치는 것이고 소송물이 되지 아니한 토지소유권의 존부에 관하여는 미치지 않는다. 그러므로 그 토지인도소송의 사실심변론종결 후에 그 패소자인 토지소유자로부터 토지를 매수하고 소유권이전등기를 마침으로써 그 소유권을 승계한 제3자의 토지소유권의 존부에 관하여는 위 확정판결의 기판력이 미치지 않는다.
⑤ 상속인은 피상속인의 일신에 전속한 것이 아닌 한 상속이 개시된 때로부터 피상속인의 재산에 관한 포괄적 권리·의무를 승계하므로(민법 제1005조), 피상속인이 사망 전에 그 소유 토지를 일반 공중의 이용에 제공하여 독점적·배타적인 사용·수익권을 포기한 것으로 볼 수 있고 그 토지가 상속재산에 해당하는 경우에는, 피상속인의 사망 후 그 토지에 대한 상속인의 독점적·배타적인 사용·수익권의 행사 역시 제한된다고 보아야 한다.

【문 10】 다음 설명 중 가장 옳지 않은 것은? (다툼이 있는 경우 판례에 의함) 2022년 법원서기보

① 토지에 대한 취득시효완성으로 인한 소유권이전등기청구권은 그 토지에 대한 점유가 계속되는 한 시효로 소멸하지 아니하고, 여기서 말하는 점유에는 직접점유뿐만 아니라 간접점유도 포함한다고 해석하여야 한다.
② 민법 제214조의 규정에 의하면 소유자는 소유권을 방해하는 자에 대하여 방해의 제거를 청구할 수 있고 소유권을 방해할 염려있는 행위를 하는 자에 대하여 그 예방이나 손해배상의 담보를 청구할 수 있으므로, 위 규정에 근거하여 침해자에 대하여 방해배제 비용 또는 방해예방 비용을 청구할 수 있다.
③ 어떤 물건에 대하여 직접점유자와 간접점유자가 있는 경우, 그에 대한 점유·사용으로 인한 부당이득의 반환의무는 동일한 경제적 목적을 가진 채무로서 서로 중첩되는 부분에 관하여는 일방의 채무가 변제 등으로 소멸하면 타방의 채무도 소멸하는 이른바 부진정연대채무의 관계에 있다.
④ 토지소유자는 자신의 소유권에 기한 방해배제로서 건물점유자에 대하여 건물로부터의 퇴출을 청구할 수 있다. 그리고 이는 건물점유자가 건물소유자로부터의 임차인으로서 그 건물임차권이 이른바 대항력을 가진다고 해서 달라지지 아니한다.

【문 11】 다음 설명 중 가장 옳지 않은 것은? (다툼이 있는 경우 판례에 의함) 2020년 법무사

① 건물의 소유자가 그 건물의 소유를 통하여 토지를 불법점유하고 있는 경우 그 토지 소유자로서는 그 건물의 철거와 그 대지 부분의 인도를 청구할 수 있을 뿐, 자기 소유의 건물을 점유하고 있는 자에 대하여 그 건물에서 퇴거할 것을 청구할 수는 없다.
② 건물이 그 존립을 위한 토지사용권을 갖추지 못하여 토지소유자가 건물소유자에 대하여 당해 건물의 철거 및 그 대지의 인도를 청구할 수 있는 상황에서 건물소유자가 아닌 사람이 건물을 점유하고 있는 경우, 토지소유자는 건물점유자에 대하여 퇴거청구를 할 수 있고, 이는 건물점유자가 건물소유자로부터의 임차인으로서 그 건물임차권이 이른바 대항력을 가지는 경우에도 마찬가지이다.
③ 과반수 지분의 공유자가 그 공유물의 특정 부분을 배타적으로 사용·수익하는 것은 공유물의 관리방법으로서 적법하므로, 소수 지분의 공유자는 과반수 지분의 공유자로부터 사용·수익을 허락받은 점유자에 대하여 건물의 철거나 퇴거 등 점유배제를 구할 수 없다.
④ 건물의 공유자들이 부담하는 철거의무는 성질상 불가분채무라 할 것이어서 각 공유자가 건물 전체에 대한 철거의무를 부담하는 것이므로 공유자 전원을 피고로 삼지 않고 그 중 일부만을 피고로 하여서는 건물 전체의 철거를 구할 수 없다.
⑤ 불법점유자에 대한 인도청구는 현실로 불법점유를 하고 있는 자만을 상대로 하여야 하는 반면, 인도 약정에 따른 이행청구의 경우에는 간접점유자에 대하여도 인도를 구할 수 있다.

【문 12】 甲은 乙 소유의 A 토지를 매수하여 매매대금을 전부 지급하고, A 토지를 인도받아 현재까지 사용·수익하고 있으나, 아직 그 명의로 소유권이전등기를 마치지 못한 상태이다. 다음 설명 중 가장 옳지 않은 것은? (다툼이 있는 경우 판례에 의함)   2019년 법무사

① 甲은 A 토지의 소유권을 취득하지 못하였으므로, 소유권에 기한 물권적 청구권을 행사할 수 없다.
② 乙은 甲을 상대로 A 토지에 대하여 소유권에 기한 반환청구를 할 수 없다.
③ 乙은 甲을 상대로 등기를 인수받아 갈 것을 구하고 그 판결을 받아 甲 명의의 소유권이전등기를 강제로 실현할 수 있다.
④ 甲이 丙에게 A 토지를 전매하였다고 하더라도, 乙은 丙에 대하여 소유권에 기한 물권적 청구권을 행사하거나 丙의 점유·사용을 법률상 원인이 없는 이익이라고 하여 부당이득반환청구를 할 수는 없다.
⑤ 甲이 丙에게 A 토지를 처분하여 점유를 승계하여 주었다면, 甲의 소유권이전등기청구권은 점유 상실 시점부터 소멸시효가 진행된다.

【문 13】 물권변동에 관한 다음 설명 중 가장 옳지 않은 것은? (다툼이 있는 경우 판례에 의함)   2020년 법무사

① 공유물분할의 소송절차 또는 조정절차에서 공유자 사이에 공유토지에 관한 현물분할의 협의가 성립하여 그 합의사항을 조서에 기재함으로써 조정이 성립하였다면, 재판에 의한 공유물분할의 경우와 마찬가지로 그 즉시 공유관계가 소멸하고 각 공유자에게 그 협의에 따른 새로운 법률관계가 창설된다.
② 건물신축도급계약에 있어서는 수급인이 자기의 노력과 재료를 들여 건물을 완성하더라도 도급인과 수급인 사이에 도급인 명의로 건축허가를 받아 소유권보존등기를 하기로 하는 등 완성된 건물의 소유권을 도급인에게 귀속시키기로 합의한 경우에는 그 건물의 소유권은 도급인에게 원시적으로 귀속된다.
③ 유언으로 재단법인을 설립하는 경우 재단법인이 출연재산인 부동산에 관하여 소유권이전등기를 마치지 아니하였다면 유언자의 상속인의 한 사람으로부터 부동산의 지분을 취득하여 이전등기를 마친 선의의 제3자에 대하여 대항할 수 없다.
④ 신축건물의 보존등기를 건물 완성 전에 하였더라도 그 후 건물이 완성되었다면 그 등기는 유효하다.
⑤ 채무자 이외의 자의 소유에 속하는 동산을 경매한 경우에도 경매절차에서 그 동산을 경락받아 경락대금을 납부하고 이를 인도받은 경락인은 특별한 사정이 없는 한 소유권을 선의취득한다.

【문 14】 다음 설명 중 가장 옳지 않은 것은? (다툼이 있는 경우 판례에 의함)   2023년 법무사

① 동일인 명의로 보존등기가 중복된 경우에 언제나 후(後)등기기록이 무효이다.
② 자기 앞으로 소유권의 등기가 되어 있지 않았고 법률에 의하여 소유권을 취득하지도 않은 사람이 소유자를 대위하여 현재의 등기명의인을 상대로 그 등기의 말소를 청구할 수 있을 뿐인 경우에는 진정한 등기명의의 회복을 위한 소유권이전등기청구를 할 수 없다.
③ 멸실된 건물의 보존등기를 신축한 건물의 보존등기로 유용하는 것은 허용되지 않는다.
④ 멸실회복등기에 있어 전 등기의 접수연월일, 접수번호 및 원인일자가 각 불명이라고 기재되었다 하여도 별다른 사정이 없는 한 등기관에 의하여 적법하게 수리되고 처리된 것이라고 추정된다.
⑤ 근저당설정등기가 불법말소된 경우 그 회복등기를 구하는 본안소송에서 승소판결을 받으면 후순위 근저당권자가 있더라도 바로 회복등기를 할 수 있다.

【문 15】 등기에 관한 다음 설명 중 가장 옳지 않은 것은? (다툼이 있는 경우 판례에 의함)   2021년 법무사

① 등기는 물권의 효력발생 요건이고 존속요건은 아니므로 물권에 관한 등기가 원인 없이 말소된 경우에는 그 물권의 효력에 아무런 변동이 없다.
② 근저당권 설정 후 부동산 소유권이 제3자에게 이전된 경우 근저당권을 설정한 종전의 소유자는 근저당권자에게 피담보채무의 소멸을 이유로 하여 그 근저당권설정등기의 말소를 청구할 수 있다.
③ 가등기는 그 성질상 본등기의 순위보전의 효력만이 있고 후일 본등기가 마쳐지면 본등기의 순위가 가등기한 때로 소급함으로써 가등기 후 본등기 전에 이루어진 중간처분이 본등기보다 후순위로 되어 실효될 뿐이고 본등기에 의한 물권변동의 효력이 가등기한 때로 소급하여 발생하는 것은 아니다.
④ 가등기에 기하여 본등기가 마쳐진 경우 가등기의 원인인 법률행위와 본등기의 원인인 법률행위가 명백히 다른 것이 아니면 사해행위 요건의 구비 여부는 가등기의 원인된 법률 행위 당시를 기준으로 판단하여야 한다.
⑤ 매수인 甲이 매도인 乙에 대한 소유권이전등기청구권을 丙에게 양도한 경우 甲이 乙에게 이러한 사실을 통지하였다면 丙은 乙에 대하여 대항력을 취득한다.

【문 16】 보존등기에 관한 다음 설명 중 옳지 않은 것은 모두 몇 개인가? (다툼이 있는 경우 판례에 의함) 2022년 법원행시

ㄱ. 甲이 건축허가서상의 건축주 명의를 편의상 乙 앞으로 하여 두고 甲의 비용으로 신축한 건물에 대하여 丙이 乙로부터 丙에 대한 채무의 변제에 갈음하여 그 건물에 대한 건축주 명의를 이전하여 주겠다는 제의를 받아 丙 앞으로 건축주 명의를 변경한 후, 건물이 완공되어 건축물 관리대장이 편제되자 丙 명의로 소유권보존등기를 마쳤다면 丙 명의로 이루어진 소유권보존등기의 추정력은 깨어진다.
ㄴ. 동일 부동산에 관하여 동일인 명의로 소유권보존등기가 중복되어 있는 경우에는 먼저 경료된 소유권보존등기가 유효하고, 나중의 소유권보존등기는 그것이 실체관계에 부합하는 여부를 가릴 것 없이 무효이다.
ㄷ. 민법 제245조 제2항 등기부취득시효에서 말하는 '등기'는 1부동산 1용지주의에 위배되지 아니한 등기를 말하는 것이므로, 무효인 중복보존등기나 이에 터 잡은 소유권이전등기를 근거로 하여서는 등기부취득시효의 완성을 주장할 수 없다.
ㄹ. 멸실된 건물의 보존등기를 신축된 건물의 보존등기로 갈음하는 것은 허용되지 않는다.

① 없음　　② 1개
③ 2개　　④ 3개
⑤ 4개

【문 17】 부동산등기에 관한 다음 설명 중 가장 옳지 않은 것은? (다툼이 있는 경우 판례에 의함) 2021년 법원사무관

① 동일인 명의로 소유권보존등기가 중복되어 있는 경우, 뒤에 경료된 중복등기는 실체권리관계에 부합하는 여부를 가릴 것 없이 무효이다.
② 근저당권설정등기가 불법말소된 경우 그 회복등기를 구하는 본안소송에서 승소판결을 받으면 후순위 근저당권자가 있더라도 바로 회복등기를 할 수 있다.
③ 자기 앞으로 소유권의 등기가 되어 있지 않았고 법률에 의하여 소유권을 취득하지도 않은 사람이 소유권자를 대위하여 현재의 등기명의인을 상대로 그 등기의 말소를 청구할 수 있을 뿐인 경우에는 진정한 등기명의의 회복을 위한 소유권이전등기청구를 할 수 없다.
④ 멸실된 건물의 보존등기를 신축한 건물의 보존등기로 유용하는 것은 허용되지 않는다.

【문 18】 등기의 효력에 관한 다음 설명 중 가장 옳지 않은 것은? (다툼이 있는 경우 판례에 의함) 2020년 법원서기보

① 등기명의자가 전 소유자로부터 부동산을 취득함에 있어 등기부상 기재된 등기원인에 의하지 아니하고 다른 원인으로 적법하게 취득하였다고 하면서 등기원인 행위의 태양이나 과정을 다소 다르게 주장한다고 하여도 그 등기의 추정력이 깨어지지 않는다.
② 동일 부동산에 관하여 등기명의인을 달리하여 중복된 소유권보존등기가 경료된 경우에는 먼저 이루어진 소유권보존등기가 원인무효가 아닌 한 뒤에 된 소유권보존등기는 실체관계에 부합한다고 하더라도 무효이다.
③ 등기명의인의 경정등기는 명의인의 동일성이 인정되는 범위를 벗어나면 허용되지 아니하므로 명의인의 동일성이 인정되지 않는 위법한 경정등기가 마쳐졌다면, 그것이 일단 마쳐져서 경정 후의 명의인의 권리관계를 표상하는 결과에 이르렀고 그 등기가 실체관계에도 부합한다고 하더라도 그 등기를 유효하다고 볼 수는 없다.
④ 자기 앞으로 소유권의 등기가 되어 있지 않았고 법률에 의하여 소유권을 취득하지도 않은 사람은 소유권자를 대위하여 현재의 등기명의인을 상대로 그 등기의 말소를 청구할 수 있을 뿐이고, 진정명의의 회복을 위한 소유권이전등기청구를 할 수 없다.

【문 19】 등기의 추정력에 관한 다음 설명 중 가장 옳지 않은 것은? (다툼이 있는 경우 판례에 의함) 2020년 법무사

① 구 임야소유권이전등기에관한특별조치법에 따라 경료된 소유권보존등기는 그 등기명의자가 임야대장의 명의변경을 함에 있어 첨부한 원인증서인 위 특별조치법 소정의 보증서와 확인서가 허위임이 입증되었다면 그 추정력은 깨어진다.
② 소유권이전등기의 원인으로 주장된 계약서가 진정하지 않은 것으로 증명되었다면 그 소유권이전등기의 적법추정은 깨어진다.
③ 신축된 건물의 소유권은 이를 건축한 사람이 원시취득하는 것이므로, 건물 소유권보존등기의 명의자가 이를 신축한 것이 아니라면 그 등기의 권리 추정력은 깨어지고, 등기 명의자가 스스로 적법하게 그 소유권을 취득한 사실을 입증하여야 한다.
④ 등기공무원이 관할지방법원의 명령에 의하여 소유권이전등기를 직권으로 말소하였으나 그 후 위 명령이 취소확정된 경우에는 위 말소등기는 결국 원인없이 경료된 등기와 같이 되어 말소된 소유권이전등기는 회복되어야 하고, 회복등기를 마치기 전이라도 등기명의인으로서의 권리를 그대로 보유하고 있다고 할 것이므로 그는 말소된 소유권이전등기의 최종명의인으로서 적법한 권리자로 추정된다.
⑤ 전 등기명의인이 미성년자이고 당해 부동산을 친권자에게 증여하는 행위가 이해상반행위라면 친권자에게 마쳐진 소유권이전등기에 관하여 필요한 절차를 적법하게 거친 것으로 추정되지 않는다.

【문 20】 등기의 추정력에 관한 다음 설명 중 가장 옳지 않은 것은? (다툼이 있는 경우 판례에 의함) 2022년 법무사

① 부동산에 관하여 소유권이전등기가 마쳐져 있는 경우에는 그 등기명의자는 제3자에 대하여뿐 아니라 그 전소유자에 대하여서도 적법한 등기원인에 의하여 소유권을 취득한 것으로 추정되는 것이므로 이를 다투는 측에서 그 무효사유를 주장·입증하여야 한다.
② 등기명의자가 전소유자로부터 부동산을 취득함에 있어 등기기록상 기재된 등기원인에 의하지 아니하고 다른 원인으로 적법하게 취득하였다고 하면서 등기원인행위의 태양이나 과정을 다소 다르게 주장한다면, 그 등기의 추정력은 깨어진다.
③ 소유권보존등기의 추정력은 그 보존등기 명의인 이외의 자가 당해 토지를 사정받은 것으로 밝혀지면 깨어지는 것이어서, 등기명의인이 그 구체적인 승계취득 사실을 주장·입증하지 못하는 한 그 등기는 원인무효로 된다.
④ 등기는 물권의 효력발생요건이고 존속요건은 아니어서 등기가 원인 없이 말소된 경우에는 그 물권의 효력에 아무런 영향이 없고, 그 회복등기가 마쳐지기 전이라도 말소된 등기의 등기명의인은 적법한 권리자로 추정되므로 원인 없이 말소된 등기의 효력을 다투는 쪽에서 그 무효 사유를 주장·입증하여야 한다.
⑤ 부동산등기부에 소유권이전등기를 하면 그 절차와 원인이 정당한 것이라고 추정되고 절차와 원인이 부당하다고 주장하는 당사자에게 이를 증명할 책임이 있다. 그러나 등기 절차나 원인이 부당한 것으로 볼 만한 의심스러운 사정이 있음이 증명되면 그 추정력은 깨어진다.

2024년도 법원직공무원 9급 공채 필기시험 민법 ○책형

【문 21】 다음 설명 중 옳지 않은 것을 모두 고른 것은? (다툼이 있는 경우 판례에 의함) 2022년 법원서기보

ㄱ. 공유물분할의 소에서 공유부동산의 특정한 일부씩을 각각의 공유자에게 귀속시키는 것으로 현물분할하는 내용의 조정이 성립하였다면, 그 조정조서는 공유물분할판결과 동일한 효력을 가지는 것으로서 민법 제187조 소정의 '판결'에 해당하는 것이므로 조정이 성립한 때 물권변동의 효력이 발생한다고 보아야 한다.

ㄴ. 1동의 집합건물 중 일부 전유부분만을 떼어내거나 철거하는 것은 사실상 불가능하지만, 구분소유자 전체를 상대로 각 전유부분과 공용부분의 철거 판결을 받거나 동의를 얻는 등으로 집합건물 전체를 철거하는 것은 가능하다.

ㄷ. 등기신청의 접수순위는 등기공무원이 등기신청서를 받았을 때를 기준으로 하고, 동일한 부동산에 관하여 동시에 수개의 등기신청이 있는 때에는 동일 접수번호를 기재하여 동일 순위로 기재하여야 한다. 그러므로 등기공무원이 법원으로부터 동일한 부동산에 관한 가압류등기 촉탁서와 처분금지가처분등기 촉탁서를 동시에 받았다면 양 등기에 대하여 동일 접수번호와 순위번호를 기재하여 처리하여야 하고 그 등기의 순위는 동일하므로, 그 당해 채권자 상호간에 한해서는 처분금지적 효력을 서로 주장할 수 없다.

ㄹ. 구분점포의 매매당사자가 매매계약 당시 구분점포의 실제 이용현황이 집합건축물대장 등 공부와 상이한 것을 모르는 상태에서 점포로서 이용현황대로 위치 및 면적을 매매목적물의 그것으로 알고 매매하였다면 건축물대장 등 공부상 위치와 면적을 떠나 이용현황대로 매매목적물을 특정하여 매매한 것이라고 볼 수 있다.

① ㄱ, ㄴ   ② ㄴ, ㄷ
③ ㄷ, ㄹ   ④ ㄱ, ㄹ

【문 22】 등기에 관한 다음 설명 중 옳지 않은 것을 모두 고른 것은? (다툼이 있는 경우 판례에 의함) 2018년 법원행시

ㄱ. 부동산에 관하여 마쳐진 가압류등기가 원인 없이 말소된 이후에 부동산의 소유권이 제3자에게 이전되고 그 후 제3취득자의 채권자의 신청에 따라 경매절차가 진행되어 매각허가결정이 확정되고 매수인이 매각대금을 다 낸 때에는, 특별한 사정이 없는 한 원인 없이 말소된 가압류의 효력은 소멸한다.

ㄴ. 등기명의인의 경정등기는 명의인의 동일성이 인정되는 범위를 벗어나면 허용되지 아니하므로 명의인의 동일성이 인정되지 않는 위법한 경정등기가 마쳐졌다면, 그것이 일단 마쳐져서 경정 후의 명의인의 권리관계를 표상하는 결과에 이르렀고 그 등기가 실체관계에도 부합한다고 하더라도 그 등기를 유효하다고 볼 수는 없다.

ㄷ. 채권자 아닌 제3자 명의의 근저당권설정등기가 경료된 부동산에 소유권이전청구권 가등기가 경료되고 그 후 다시 채권자 명의의 위 근저당권이전의 부기등기가 경료되었다면 그때부터 위 근저당권설정등기는 실체관계에 부합하는 유효한 등기로 볼 수 있다.

ㄹ. 선행보존등기로부터 경료된 원고 명의의 소유권이전등기가 원인무효의 등기라면 특별한 사정이 없는 한 원고로서는 피고 명의의 후행보존등기에 대하여 그 말소를 청구할 권원이 없다.

ㅁ. 가등기가 이루어진 부동산에 관하여 제3취득자 앞으로 소유권이전등기가 마쳐진 후 그 가등기가 말소된 경우 그와 같이 말소된 가등기의 회복등기절차에서 회복등기의무자는 가등기가 이루어질 당시의 부동산 소유자이므로, 제3취득자를 상대로 한 가등기의 회복등기청구는 부적법하다.

① ㄱ, ㄴ   ② ㄴ, ㄹ
③ ㄱ, ㄴ, ㅁ   ④ ㄷ, ㅁ
⑤ ㄴ, ㄷ, ㅁ

【문 23】 등기의 추정력에 관한 다음 설명 중 가장 옳지 않은 것은? (다툼이 있는 경우 판례에 의함) 2023년 법원서기보

① 전 등기명의인이 미성년자이고 당해 부동산을 친권자에게 증여하는 행위가 이해상반행위라 하더라도 일단 친권자에게 이전등기가 경료된 이상, 특별한 사정이 없는 한, 그 이전등기에 관하여 필요한 절차를 적법하게 거친 것으로 추정된다.
② 건물의 보존등기는 그 명의자가 신축한 것이 아니라면 그 등기의 권리추정력은 깨어진다 할 것이고, 그 명의자 스스로 적법하게 그 소유권을 양도받게 된 사실을 입증할 책임이 있다 할 것이다.
③ 사망자 명의로 신청하여 이루어진 이전등기는 일단 원인무효의 등기라고 볼 것이어서 등기의 추정력을 인정할 여지가 없으므로, 그 등기의 유효를 주장하는 자가 현재의 실체관계와 부합함을 증명할 책임이 있다.
④ 사해행위 취소 및 원상회복으로 소유권이전등기의 말소를 명한 판결의 소송당사자가 아닌 다른 채권자가 위 판결에 기하여 채무자를 대위하여 마친 말소등기는 등기절차상의 흠으로 인해 무효인 등기이다.

【문 24】 다음 설명 중 가장 옳지 않은 것은? (다툼이 있는 경우 판례에 의함) 2018년 법원서기보

① 미등기 무허가건물을 매수하였으나 아직 소유권이전등기를 마치지 않은 매수인은 그 건물의 불법점유자에 대하여 직접 자신의 소유권에 의한 명도를 청구할 수 없다.
② 부동산의 최초매도인, 중간자, 최종매수인 사이에 최초매도인으로부터 최종매수인에게 소유권이전등기를 해주기로 하는 합의가 있으면, 최초매도인에 대한 중간자의 소유권이전등기청구권은 소멸한다.
③ 소유권보존등기의 말소를 구하려면 먼저 그 말소를 구하는 사람이 말소를 청구할 수 있는 권원이 있음을 적극적으로 주장·입증하여야 하며, 만일 이러한 권원이 있음이 인정되지 않는다면 설사 소유권보존등기가 말소되어야 할 무효의 등기라고 하더라도 그 말소 청구를 인용할 수 없다.
④ 가등기에 의하여 순위 보전의 대상이 되어 있는 물권변동청구권이 양도된 경우, 그 가등기상 권리의 이전등기를 가등기에 대한 부기등기의 형식으로 경료할 수 있다.

【문 25】 부동산등기에 관한 다음 설명 중 가장 옳은 것은? (다툼이 있는 경우 판례에 의함) 2021년 법무사

① 민법 제187조에 따라 '판결'에 의한 부동산에 관한 물권의 취득은 등기를 요하지 아니하는 바, '피고는 원고에게 X토지에 관하여 2015. 4. 2. 매매를 원인으로 한 소유권이전등기절차를 이행하라.'는 판결이 확정되었다면, 원고는 X토지에 관하여 소유권이전등기를 마치지 않고도 소유권을 취득한다.
② 甲 소유의 토지에 관하여 乙이 서류를 위조하여 자신의 이름으로 소유권이전등기를 마치고 이를 丙에게 매도한 경우 丙이 乙의 소유권등기를 진실한 것으로 믿었고 믿은 데에 과실이 없었다면 丙은 乙로부터 소유권이전등기를 마침으로써 소유권을 취득한다.
③ 선행보존등기로부터 경료된 원고 명의의 소유권이전등기가 원인무효의 등기인 이상 특단의 사정이 없는 한 원고로서는 피고 명의의 후행보존등기에 대하여 그 말소를 청구할 권원이 없다고 할 것이므로, 아무리 후행보존등기가 무효라고 하여도 아무런 권원이 없는 원고의 말소등기청구를 받아들여 그 말소를 명할 수는 없다.
④ 무효인 소유권이전등기에 터 잡아 가압류등기를 마친 채권자가 존재하는 경우 진정한 소유자는 소유명의인에 대하여 소유권이전등기의 말소등기절차만을 구하면 족하고, 그 소유권이전등기를 말소하기 위하여 가압류 채권자에 대한 승낙의 의사표시를 구할 필요는 없다.
⑤ 공유물분할의 소에서 공유부동산의 특정한 일부씩을 각각의 공유자에게 귀속시키는 것으로 현물분할하는 내용의 조정이 성립하였다면, 그 조정조서는 공유물분할판결과 동일한 효력을 가지는 것으로서 민법 제187조 소정의 '판결'에 해당하는 것이므로 조정이 성립한 때 물권변동의 효력이 발생한다.

박문각 이준현 채움팀 | 제5회 사전모의고사 | 민법
담당: 이준현 교수

【문 1】 동산의 선의취득에 관한 다음 설명 중 옳은 것을 모두 고른 것은? (다툼이 있는 경우 판례에 의함) 2023년 법원서기보

ㄱ. 채무자 이외의 자의 소유에 속하는 동산을 경매하여 그 매득금을 배당받은 채권자가 그 동산을 경락받아 선의취득자의 지위를 겸하고 있는 경우, 배당받은 채권자가 법률상 원인 없이 이득을 한 것은 배당액 또는 선의취득한 동산이므로, 동산의 전 소유자에게 동산 자체를 반환받아 갈 것을 요구할 수도 있고 배당금을 부당이득으로 반환할 수도 있다.

ㄴ. 저당권의 실행으로 부동산이 경매된 경우에 그 부동산에 부합된 물건은 그 부동산을 낙찰받은 사람이 소유권을 취득하지만, 그 부동산의 상용에 공하여진 물건일지라도 그 물건이 부동산의 소유자가 아닌 다른 사람의 소유인 때에는 이를 종물이라고 할 수 없으므로, 부동산의 낙찰자가 그 물건을 선의취득하였다고 할 수 있으려면 그 물건이 경매의 목적물로 되었고 낙찰자가 선의이며 과실 없이 그 물건을 점유하는 등으로 선의취득의 요건을 구비하여야 한다.

ㄷ. 원권리자로부터 점유를 수탁한 사람이 적극적으로 제3자에게 부정 처분한 경우와 같은 위탁물 횡령의 경우 또는 점유보조자 내지 소지기관의 횡령처럼 형사법상 절도죄가 되는 경우는 민법 제250조의 도품·유실물에 해당되지 않는다.

ㄹ. 민법 제251조의 규정은 선의취득자에게 그가 지급한 대가의 변상을 받을 때까지는 그 물건의 반환청구를 거부할 수 있는 항변권만을 인정한 것이 아니고 피해자가 그 물건의 반환을 청구하거나 어떠한 원인으로 반환을 받은 경우에는 그 대가변상의 청구권이 있다는 취지이다.

① ㄱ, ㄴ, ㄷ
② ㄴ, ㄷ, ㄹ
③ ㄱ, ㄷ, ㄹ
④ ㄱ, ㄴ, ㄹ

【문 2】 선의취득에 관한 다음 설명 중 가장 옳지 않은 것은? (다툼이 있는 경우 판례에 의함) 2018년 법무사

① 양도인이 소유자로부터 보관을 위탁받은 동산을 제3자에게 보관시킨 경우에 양도인이 그 제3자에 대한 반환청구권을 양수인에게 양도하고 지명채권 양도의 대항요건을 갖추었을 때에는 동산 선의취득에 필요한 점유의 취득 요건을 충족한다.

② 민법 제251조는 "양수인이 도품 또는 유실물을 경매나 공개시장에서 또는 동종류의 물건을 판매하는 상인에게서 선의로 매수한 때에는 피해자 또는 유실자는 양수인이 지급한 대가를 변상하고 그 물건의 반환을 청구할 수 있다."라고 규정하고 있으므로 위 규정이 적용되기 위하여 양수인이 무과실일 필요는 없으나, 양수인에게 중과실이 있어서는 아니 된다.

③ 채무자 이외의 자 소유에 속하는 동산을 경매한 경우에도, 경매절차에서 그 동산을 매수하여 매각대금을 납부하고 이를 인도받은 매수인이 선의취득 요건을 갖추었다면 특별한 사정이 없는 한 그 소유권을 선의취득한다.

④ 위탁물 횡령에 있어 그 객체가 된 물건은 물론, 형법상으로는 절도죄가 성립하는 점유보조자의 횡령의 객체가 된 물건도 민법 제250조에 정한 도품, 유실물에는 포함되지 않는다.

⑤ 자동차관리법이 적용되는 자동차의 소유권 취득에 관해서는 민법 제249조의 선의취득 규정은 적용되지 않는 것이 원칙이다.

【문 3】 물권의 소멸에 관한 다음 설명 중 가장 옳지 않은 것은? (다툼이 있는 경우 판례에 의함) *2020년 법원사무관*

① 한번 포락되어 해면 아래에 잠김으로써 복구가 심히 곤란하여 토지로서의 효용을 상실하면 종전의 소유권이 영구히 소멸되고, 그 후 포락된 토지가 다시 성토되어도 종전의 소유자가 다시 소유권을 취득할 수는 없다.
② 점유권, 유치권, 소유권은 소멸시효에 걸리지 않고, 소유권에 기한 물권적 청구권도 소멸시효의 대상이 되지 않는다.
③ 부동산에 대한 소유권과 임차권이 동일인에게 귀속하게 되는 경우, 그 임차권이 대항요건을 갖추고 있고 또한 그 대항요건을 갖춘 후에 저당권이 설정된 때에는 임차권은 소멸하지 않는다.
④ 소유권의 핵심적 권능에 속하는 사용·수익 권능의 대세적·영구적인 포기도 물권법정주의에 의하여 허용되므로, 토지 소유자의 독점적·배타적인 사용·수익권의 행사가 제한되는 것으로 보는 경우, 토지 소유자는 그 토지를 처분하거나 사용·수익할 권능을 상실하게 된다.

【문 4】 점유에 관한 다음 설명 중 가장 옳은 것은? (다툼이 있는 경우 판례에 의함) *2020년 법원서기보*

① 점유의 승계가 있는 경우 전 점유자의 점유가 타주점유라 하여도 점유자의 승계인이 자기의 점유만을 주장하는 경우에는 현 점유자의 점유는 자주점유로 추정된다.
② 소유의 의사 유무는 점유개시시를 기준으로 판단하지만, 나중에 매도자에게 처분권이 없었다는 등의 사유로 그 매매가 무효인 것이 밝혀진 경우 매수인의 점유는 타주점유로 전환된다.
③ 점유자가 매매 또는 증여와 같이 자주점유의 권원을 주장하였으나 이것이 인정되지 않는 경우 자주점유의 추정이 번복된다.
④ 점유자의 점유가 자주점유인지 타주점유인지는 점유자의 내심의 의사, 점유 취득의 원인이 된 권원의 성질 등 여러 사정을 종합하여 결정한다.

【문 5】 점유에 관한 다음 설명 중 가장 옳지 않은 것은? (다툼이 있는 경우 판례에 의함) *2023년 법무사*

① 특별한 사정이 없는 한 소유의 의사 유무는 점유개시시를 기준으로 판단하며, 나중에 매도자에게 처분권이 없었다는 등의 사유로 그 매매가 무효인 것이 밝혀지더라도 원칙적으로 점유의 성질은 변하지 않는다.
② 점유자의 점유가 소유의 의사 있는 자주점유인지 아니면 소유의 의사 없는 타주점유인지의 여부는 점유자의 내심의 의사에 의하여 결정되는 것이 아니라 점유 취득의 원인이 된 권원의 성질이나 점유와 관계가 있는 모든 사정에 의하여 외형적·객관적으로 결정된다.
③ 점유란 물건이 사회통념상 그 사람의 사실적 지배에 속한다고 보이는 객관적 관계에 있는 것을 말하고 사실상의 지배가 있다고 하기 위해서는 반드시 물건을 물리적·현실적으로 지배하는 것만을 의미하는 것이 아니고 물건과 사람과의 시간적·공간적 관계와 본권관계, 타인지배의 배제가능성 등을 고려하여 사회관념에 따라 합목적적으로 판단하여야 한다.
④ 점유자가 스스로 매매 또는 증여와 같이 자주점유의 권원을 주장하였으나 이것이 인정되지 않는 경우에는 점유권원의 성질상 타주점유라고 볼 수 있다.
⑤ 선대의 점유가 타주점유인 경우 선대로부터 상속에 의하여 점유를 승계한 자의 점유도 특단의 사정이 없는 한 자주점유로는 될 수 없고, 그 점유가 자주점유가 되기 위해서는 점유자가 소유자에 대하여 소유의 의사가 있는 것을 표시하거나 새로운 권원에 의하여 다시 소유의 의사로써 점유를 시작하여야 한다.

【문 6】 점유자와 회복자의 관계에 관한 다음 설명 중 가장 옳지 않은 것은? (다툼이 있는 경우 판례에 의함) 2021년 법원사무관

① 민법 제201조 제1항은 "선의의 점유자는 점유물의 과실을 취득한다."라고 규정하고 있다. 여기서 선의의 점유자라 함은 과실수취권을 포함하는 권원이 있다고 오신한 점유자를 말하고, 그와 같은 오신을 함에는 오신할 만한 정당한 근거가 있어야 한다.
② 점유자가 점유물을 개량하기 위하여 지출한 금액 기타 유익비에 관하여는 그 가액의 증가가 현존한 경우에 한하여 회복자의 선택에 좇아 그 지출금액이나 증가액의 상환을 청구할 수 있다.
③ 민법 제203조 제2항에 의한 점유자의 회복자에 대한 유익비상환청구권은 점유자가 비용을 지출할 당시의 소유자가 누구이었는지 관계없이 점유회복 당시의 소유자 즉 회복자에 대하여 행사할 수 있다.
④ 점유자가 유익비를 지출할 당시 계약관계 등 적법한 점유의 권원을 가진 경우, 계약관계 등의 상대방이 아닌 점유회복 당시의 소유자에 대하여는 민법 제203조 제2항에 따라 지출비용의 상환을 구할 수 있다.

【문 7】 점유의 소와 본권의 소에 관한 다음 설명 중 가장 옳지 않은 것은? (다툼이 있는 경우 판례에 의함) 2022년 법원행시

① 점유자가 점유의 침탈을 당한 때에는 그 물건의 반환 등을 청구할 수 있고 이러한 점유회수의 청구에 있어서는 점유를 침탈당하였다고 주장하는 당시에 점유하고 있었는지 여부만을 살피면 된다.
② 점유권에 기인한 소와 본권에 기인한 소는 서로 영향을 미치지 않으므로, 점유를 침탈당한 자가 점유권에 기한 점유회수의 소를 제기하고, 본권자가 그 점유회수의 소가 인용될 것에 대비하여 본권에 기초한 장래이행의 소로서 별소를 제기한 경우, 점유를 침탈당한 자가 위 점유권에 기한 점유회수소송에서 승소판결을 얻고 가집행선고가 되었더라도 현실 점유를 회복하지 않았다면 본권자가 제기한 위 본권에 기한 장래이행의 소는 부적법하다고 보아야 한다.
③ 점유회수의 청구에 대하여 점유침탈자가 점유물에 대한 본권이 있다는 주장으로 점유회수를 배척할 수 없다.
④ 점유권에 기한 본소에 대하여 본권자가 본소청구 인용에 대비하여 본권에 기한 예비적 반소를 제기하고 양 청구가 모두 이유 있는 경우, 법원은 점유권에 기한 본소와 본권에 기한 예비적 반소를 모두 인용해야 하고 점유권에 기한 본소를 본권에 관한 이유로 배척할 수 없다.
⑤ 점유회수의 청구에 있어 점유란 물건이 사회통념상 그 사람의 사실적 지배에 속한다고 보여지는 객관적 관계에 있는 것을 말하고 사실상의 지배가 있다고 하기 위하여는 반드시 물건을 물리적, 현실적으로 지배하는 것만을 의미하는 것이 아니고 물건과 사람과의 시간적, 공간적 관계와 본권관계, 타인지배의 배제가능성 등을 고려하여 사회관념에 따라 합목적적으로 판단하여야 한다.

【문 8】 물권에 관한 다음 설명 중 가장 옳지 않은 것은? (다툼이 있는 경우 판례에 의함)   2021년 법무사

① 민법 제211조는 "소유자는 법률의 범위 내에서 그 소유물을 사용, 수익, 처분할 권리가 있다."고 규정하고 있으므로, 소유자가 채권적으로 상대방에 대하여 사용·수익의 권능을 포기하거나 사용·수익권 행사에 제한을 설정하는 것 외에 소유권의 핵심적 권능에 속하는 배타적인 사용·수익 권능이 소유자에게 존재하지 아니한다고 하는 것은 물권법정주의에 반하여 특별한 사정이 없는 한 허용될 수 없다.

② 토지소유자가 그 소유의 토지를 도로, 수도시설의 매설 부지 등 일반 공중을 위한 용도로 제공한 경우에, 소유자가 토지를 소유하게 된 경위와 보유기간, 소유자가 토지를 공공의 사용에 제공한 경위와 그 규모, 토지의 제공에 따른 소유자의 이익 또는 편익의 유무, 해당 토지 부분의 위치나 형태, 인근의 다른 토지들과의 관계, 주위 환경 등 여러 사정을 종합적으로 고찰하고, 토지 소유자의 소유권 보장과 공공의 이익 사이의 비교형량을 한 결과, 소유자가 그 토지에 대한 독점적·배타적인 사용·수익권을 포기한 것으로 볼 수 있는 경우에, 타인[사인(私人)뿐만 아니라 국가, 지방자치단체도 이에 해당할 수 있다]이 그 토지를 점유·사용하고 있다면 특별한 사정이 없는 한 토지소유자에게 어떠한 손해가 생긴다고 볼 수 없어 손해배상청구를 할 수는 없으나, 토지소유자는 그 타인을 상대로 부당이득반환을 청구할 수 있다.

③ 점유권에 기인한 소와 본권에 기인한 소는 서로 영향을 미치지 아니하고, 점유권에 기인한 소는 본권에 관한 이유로 재판하지 못하므로 점유회수의 청구에 대하여 점유침탈자가 점유물에 대한 본권이 있다는 주장으로 점유회수를 배척할 수 없다(민법 제208조). 그러므로 점유권에 기한 본소에 대하여 본권자가 본소청구 인용에 대비하여 본권에 기한 예비적 반소를 제기하고 양 청구가 모두 이유 있는 경우, 법원은 점유권에 기한 본소와 본권에 기한 예비적 반소를 모두 인용해야 하고 점유권에 기한 본소를 본권에 관한 이유로 배척할 수 없다.

④ 타인 소유의 토지에 분묘를 설치한 경우에 20년간 평온, 공연하게 분묘의 기지를 점유하면 지상권과 유사한 관습상의 물권인 분묘기지권을 시효로 취득한다는 점은 오랜 세월 동안 지속되어 온 관습 또는 관행으로서 법적 규범으로 승인되어 왔고, 이러한 법적 규범이 장사 등에 관한 법률(법률 제6158호) 시행일인 2001. 1. 13. 이전에 설치된 분묘에 관하여 현재까지 유지되고 있다고 보아야 한다.

⑤ 미등기 무허가건물의 양수인이라도 소유권이전등기를 마치지 않는 한 건물의 소유권을 취득할 수 없고, 소유권에 준하는 관습상의 물권이 있다고도 할 수 없으므로, 미등기 무허가건물의 양수인은 소유권에 기한 방해제거청구를 할 수 없다.

【문 9】 구분건물에 관한 다음 설명 중 가장 옳지 않은 것은? (다툼이 있는 경우 판례에 의함)   2020년 법무사

① 다세대주택의 지하층은 구분소유자들이 공동으로 사용하는 경우가 적지 않은데, 다세대주택인 1동의 건물을 신축하면서 건축허가를 받지 않고 위법하게 지하층을 건축하였다면 처분권자의 구분의사가 명확하게 표시되지 않은 이상 공용부분으로 추정하는 것이 사회관념이나 거래관행에 부합한다.

② 1동 건물의 구분소유자들이 당초 건물을 분양받을 당시 대지 공유지분 비율대로 건물의 대지를 공유하고 있는 경우 특별한 사정이 없는 한 구분소유자들 사이에서는 대지 공유지분 비율의 차이를 이유로 부당이득반환을 구할 수 없다.

③ 구분소유권은 원칙적으로 건물 전체가 완성되어 당해 건물에 관한 건축물대장에 구분건물로 등록된 시점에 성립하고, 예외적으로 건축물대장에 등록되기 전에 등기관이 집행법원의 등기촉탁에 의하여 미등기건물에 관하여 소유권처분제한의 등기를 하면서 구분건물의 표시에 관한 등기를 하는 경우에는 등기된 시점에 구분소유권이 성립한다.

④ 집합건물에 있어 전유부분에 대한 대지사용권을 분리처분할 수 있도록 정한 규약이 존재한다는 등의 특별한 사정이 없는 한, 집합건물을 신축하였으나 그 대지 소유권을 취득하지 못한 상태에서 전유부분의 소유권을 경매로 상실한 자는 장래 취득할 대지지분을 전유부분의 소유권을 취득한 경락인이 아닌 제3자에게 분리처분하지 못하고, 이를 위반한 대지지분의 처분행위는 무효이다.

⑤ 1동 건물의 일부분이 구분소유권의 객체로서 적합한 구조상 독립성을 갖추지 못한 상태에서 구분소유권의 목적으로 등기되고 이에 기초하여 근저당권설정등기나 소유권이전등기 등이 순차로 마쳐진 다음 구분소유권의 객체가 된 경우 그 등기는 유효하다.

【문 10】 건물의 구분소유에 관한 다음 설명 중 가장 옳지 않은 것은? (다툼이 있는 경우 판례에 의함) 2019년 법원서기보

① 1동의 건물에 대하여 구분소유가 성립하기 위해서는 구분된 건물부분의 구조상·이용상 독립성과 구분된 건물부분을 구분소유권의 객체로 하려는 구분행위가 있어야 하며, 구분된 건물부분의 구분소유권은 원칙적으로 건물 전체가 완성되어 당해 건물에 관한 건축물대장에 구분건물로 등록된 시점에 성립한다.

② 아파트 지하실이 건축 당시부터 그 지상의 주택 부분과 별도의 용도나 목적으로 건축되었다고 볼 특별한 사정이 없다면, 이는 구분소유자 전원의 공용에 제공되는 건물 부분으로 그들의 공유에 속할 뿐 따로 구분소유의 목적이 될 수 없다.

③ 집합건물인 상가건물의 지하주차장이 분양계약상의 특약에 의하여 공용부분에서 제외되어 따로 분양되었고, 그 구조상·이용상 독립성을 갖춘 경우에는 구분소유의 대상이 될 수 있다.

④ 집합건물의 건축자로부터 전유부분과 대지지분을 함께 매수하여 그 대금을 모두 지급함으로써 소유권 취득의 실질적 요건은 갖추었지만, 전유부분에 대한 소유권이전등기만 경료받고 대지지분에 대하여는 아직 소유권이전등기를 경료받지 못한 매수인은, 매매계약의 효력으로써 전유부분의 소유를 위하여 건물의 대지를 점유·사용할 권리가 있고, 이러한 점유·사용권은 단순한 점유권과는 차원을 달리하는 본권이다.

【문 11】 구분소유권에 관한 다음 설명 중 가장 옳지 않은 것은? (다툼이 있는 경우 판례에 의함) 2019년 법원주사보

① 집합건물의 소유 및 관리에 관한 법률 제20조는 구분소유자의 대지사용권은 그가 전유부분의 처분에 따른다고 정함으로써 집합건물의 전유부분과 대지사용권이 분리되는 것을 최대한 억제하여 대지사용권 없는 구분소유권의 발생을 방지함으로써 집합건물에 관한 법률관계의 안정과 합리적 규율을 도모하려는 데에 있으므로, 전유부분에 대한 대지사용권을 분리처분할 수 있도록 정한 규약은 위 법률에 위반되어 무효이다.

② 구분건물이 되기 위하여는 그 건물이 객관적으로 구조상·이용상 독립성을 갖추고 있어야 하고, 주관적으로 소유자의 구분행위가 있어야 한다.

③ 구분건물이 물리적으로 완성되기 전에도 건축허가신청이나 분양계약 등을 통하여 장래 신축되는 건물을 구분건물로 하겠다는 구분의사가 객관적으로 표시되면 구분행위의 존재를 인정할 수 있고, 이후 1동의 건물 및 그 구분행위에 상응하는 구분건물이 객관적·물리적으로 완성되면 아직 그 건물이 집합건축물대장에 등록되거나 구분건물로서 등기부에 등기되지 않았더라도 그 시점에서 구분소유가 성립한다.

④ 대지소유권을 가진 집합건물의 건축자로부터 전유부분을 매수하여 그에 관한 소유권이전등기를 마친 매수인은 전유부분의 대지사용권에 해당하는 토지공유지분에 관한 이전등기를 마치지 아니한 때에도 대지지분에 대한 소유권을 취득한다.

【문 12】 구분소유에 관한 다음 설명 중 가장 옳지 않은 것은? (다툼이 있는 경우 판례에 의함) 2018년 법원사무관

① 구분소유권이 이미 성립한 집합건물이 증축되어 새로운 전유부분이 생긴 경우에는, 건축자의 대지소유권은 기존 전유부분을 소유하기 위한 대지사용권으로 이미 성립하여 기존 전유부분과 일체불가분성을 가지게 되었으므로 규약 또는 공정증서로써 달리 정하는 등의 특별한 사정이 없는 한 새로운 전유부분을 위한 대지사용권이 될 수 없다.
② 구분건물의 전유부분에 대한 소유권보존등기만 경료되고 대지지분에 대한 등기가 경료되기 전에 전유부분만에 대해 내려진 가압류결정의 효력은, 대지사용권의 분리처분이 가능하도록 규약으로 정하였다는 등의 특별한 사정이 없는 한 종물 내지 종된 권리인 그 대지권에까지 미친다.
③ 구분건물로 등기된 1동의 건물 중의 일부에 해당하는 구분건물들 사이에서 구조상의 구분이 소멸되는 경우에 그 구분건물에 해당하는 일부 건물 부분은 종전 구분건물 등기명의자의 공유로 된다 할 것이지만, 한편 구조상의 독립성이 상실되지 아니한 나머지 구분건물들의 구분소유권은 그대로 유지됨에 따라 위 일부 건물 부분은 나머지 구분건물들과 독립되는 구조를 이룬다고 할 것이고 또한 집합건물 중 일부 구분건물에 대한 공유도 당연히 허용됨에 비추어 보면, 위 일부 건물 부분과 나머지 구분건물들로 구성된 1동의 건물 전체는 집합건물의 소유 및 관리에 관한 법률의 적용대상이 될 수 있다고 봄이 타당하다.
④ 신축건물의 보존등기를 건물 완성 전에 한 이상 이후 건물이 완성되더라도 그 등기는 무효이다. 이러한 법리는 1동 건물의 일부분이 구분소유권의 객체로서 적합한 구조상 독립성을 갖추지 못한 상태에서 구분소유권의 목적으로 등기되고 이에 기초하여 근저당권설정등기나 소유권이전 등기 등이 순차로 마쳐진 다음 집합건물의 소유 및 관리에 관한 법률 제1조의2 등에 따라 경계를 명확하게 식별할 수 있는 표지가 바닥에 견고하게 설치되고 구분점포별로 부여된 건물번호표지도 견고하게 부착되는 등으로 구분소유권의 객체가 된 경우에도 마찬가지이다.

【문 13】 상린관계에 관한 다음 설명 중 가장 옳지 않은 것은? (다툼이 있는 경우 판례에 의함) 2023년 법원사무관

① 인접 토지 상호간의 이용의 조절을 위한 상린관계에 관한 민법 등의 규정은 인접지 소유자에게 소유권에 대한 제한을 수인할 의무를 부담하게 하는 것이므로 적용요건을 함부로 완화하거나 유추하여 적용할 수는 없다.
② 주위토지통행권은 통행로가 없는 맹지를 공로와 연결하기 위하여 상린관계에서 인정되는 권리인데, 공로란 사실상 일반 공중의 통행에 제공되는 도로를 말하고, 그 개설경위나 법령에 따라 정식으로 개설된 도로인지 여부를 가리지 않으므로, 어떤 도로가 일반 공중의 자유로운 통행이 보장된 공로에 해당하면, 공로에 이미 연결되어 있는 토지의 소유자에게 그 공로의 통행을 위하여 굳이 주위토지통행권을 인정할 필요는 없다.
③ 주위토지통행권은 법정의 요건을 충족하면 당연히 성립되지만, 포위된 토지가 사정변경에 의하여 공로에 접하게 되거나 포위된 토지의 소유자가 주위의 토지를 취득함으로써 주위토지통행권을 인정할 필요성이 없어지게 된 경우에는 곧바로 소멸한다.
④ 주위토지통행권은 토지의 소유자는 물론 지상권자, 전세권자, 명의신탁자에게도 인정된다.

【문 14】 주위토지통행권에 관한 다음 설명 중 가장 옳지 않은 것은? (다툼이 있는 경우 판례에 의함) 2023년 법원서기보

① 주위토지통행권은 통행로가 항상 특정한 장소로 고정되어 있는 것은 아니고, 주위토지의 현황이나 사용방법이 달라졌을 때에는 주위토지 통행권자는 주위토지 소유자를 위하여 보다 손해가 적은 다른 장소로 옮겨 통행할 수밖에 없는 경우도 있다. 하지만 일단 확정판결이나 화해조서 등에 의하여 특정의 구체적 구역이 통행로로 인정되었다면 그와 같은 통행장소와 다른 곳으로 통행로를 변경할 수 없다.
② 동일인 소유 토지의 일부가 양도되어 공로에 통하지 못하는 토지가 생긴 경우에 포위된 토지를 위한 주위토지통행권은 일부 양도 전의 양도인 소유의 종전 토지에 대하여만 생기고 다른 사람 소유의 토지에 대하여는 인정되지 않는다.
③ 주위토지통행권이 인정된다고 하더라도 통로를 상시적으로 개방하여 제한 없이 이용할 수 있도록 하거나 피통행지 소유자의 관리권이 배제되어야만 하는 것은 아니므로, 토지의 용도에 적합한 범위에서 통행 시기나 횟수, 통행방법 등을 제한하여 인정할 수도 있다.
④ 무상의 주위토지통행권이 발생하는 토지의 일부 양도라 함은 1필의 토지의 일부가 양도된 경우뿐만 아니라 일단으로 되어 있던 동일인 소유의 수필지의 토지 중의 일부가 양도된 경우도 포함된다.

【문 15】 상린관계에 관한 다음 설명 중 가장 옳지 않은 것은? (다툼이 있는 경우 판례에 의함) 2018년 법무사

① 민법 제218조 제1항 본문은 "토지 소유자는 타인의 토지를 통과하지 아니하면 필요한 수도, 소수관, 까스관, 전선 등을 시설할 수 없거나 과다한 비용을 요하는 경우에는 타인의 토지를 통과하여 이를 시설할 수 있다."라고 규정하고 있다. 이와 같은 수도 등 시설권은 법정의 요건을 갖추면 당연히 인정되는 것이므로, 토지 소유자의 동의나 승낙은 민법 제218조에 기초한 수도 등 시설권의 성립이나 효력 등에 어떠한 영향을 미치는 법률행위나 준법률행위라고 볼 수 없다.
② 포위된 토지가 사정변경에 의하여 공로에 접하게 되거나 포위된 토지 소유자가 주위의 토지를 취득함으로써 주위토지통행권을 인정할 필요성이 없어지게 된 경우에는 통행권은 당연히 소멸한다.
③ 어느 토지가 타인 소유의 토지에 둘러싸여 공로에 통할 수 없는 경우뿐만 아니라, 별도의 진입로가 이미 있다고 하더라도 그 진입로로 통로를 개설하는 데 과다한 비용을 요하는 때에는 민법 제219조에 의한 주위토지통행권이 인정될 수 있다.
④ 분할로 인하여 공로에 통하지 못하는 토지가 있는 때에는 그 토지소유자는 공로에 출입하기 위하여 다른 분할자의 토지를 통행할 수 있고, 이 경우에는 보상의 의무가 없다(민법 제220조 제1항). 그러나 위 규정은 포위된 토지 또는 피통행지의 특정승계인에게는 적용되지 않고, 이는 분할자 또는 일부 양도의 당사자가 무상주위통행권에 기하여 이미 통로를 개설해 놓은 다음 특정승계가 이루어진 경우라 하더라도 마찬가지이다.
⑤ 민법 제221조 제1항은 "토지소유자는 이웃 토지로부터 자연히 흘러오는 물을 막지 못한다."라고 규정하고 있으나, 낮은 곳의 토지 소유자가 자신의 토지에 성토하여 지반고를 높여 단지 우수(빗물)의 흐름을 막게 된 것에 불과하다면 위 조항에 정한 승수의무를 위반하였다고 할 수 없다.

【문 16】 점유취득시효에 관한 다음 설명 중 가장 옳지 않은 것은? (다툼이 있는 경우 판례에 의함) 2021년 법무사

① 부동산에 대한 점유취득시효가 완성된 후 취득시효 완성을 원인으로 한 소유권이전등기를 하지 않고 있는 사이에 그 부동산에 관하여 제3자 명의의 소유권이전등기가 경료된 경우라 하더라도 당초의 점유자가 계속 점유하고 있고 소유자가 변동된 시점을 기산점으로 삼아도 다시 취득시효의 점유기간이 경과한 경우에는 점유자로서는 제3자 앞으로의 소유권 변동시를 새로운 점유취득시효의 기산점으로 삼아 2차의 취득시효의 완성을 주장할 수 있다.
② 부동산에 관하여 적법·유효한 등기를 마치고 그 소유권을 취득한 사람이 자기 소유의 부동산을 점유하는 경우 특별한 사정이 없는 한 그 점유는 취득시효의 기초가 되는 점유라고 할 수 없다.
③ 토지 소유자가 토지의 특정한 일부분을 타인에게 매도하면서 등기부상으로는 전체 토지의 일부 지분에 관한 소유권이전등기를 경료해 준 경우에 매도 대상에서 제외된 나머지 특정 부분을 계속 점유한다고 하더라도 이는 자기 소유의 토지를 점유하는 것이어서 취득시효의 기초가 되는 점유라고 할 수 없다.
④ 취득시효기간이 완성되었다고 하더라도 바로 소유권취득의 효력이 생기는 것이 아니라 이를 원인으로 하여 소유권취득을 위한 등기청구권이 발생하는 것에 불과하지만, 미등기 부동산이라는 특별한 사정이 있는 경우에는 등기 없이도 소유권을 취득한다.
⑤ 취득시효가 완성된 점유자는 소유권이전등기를 마치기 전이라도 점유권에 기하여 등기부상의 명의인을 상대로 점유방해의 배제를 청구할 수 있다.

【문 17】 취득시효에 관한 다음 설명 중 가장 옳지 않은 것은? (다툼이 있는 경우 판례에 의함) 2020년 법무사

① 진정한 권리자가 아니었던 채무자 또는 물상보증인이 채무담보의 목적으로 채권자에게 부동산에 관하여 저당권설정등기를 경료해 준 후 그 부동산을 시효취득하는 경우 채무자 또는 물상보증인은 피담보채권의 변제의무 내지 책임이 있는 사람으로서 이미 저당권의 존재를 용인하고 점유하여 온 것이므로, 저당목적물의 시효취득으로 저당권자의 권리는 소멸하지 않는다.
② 취득시효 완성 당시 그 부동산의 등기부상 소유자의 등기가 원인 무효의 흠결이 있더라도 등기부상 소유자가 진정한 소유자를 상대로 제기한 소유권이전등기 청구소송의 기판력 있는 확정판결에 의하여 위 등기가 경료된 경우, 위 확정판결의 기판력에 따라 진정한 소유자를 대위하여 등기부상 소유자를 상대로 위 등기의 말소를 구할 수 없고, 직접 현재 등기부상 소유자를 상대로 취득시효를 원인으로 한 소유권이전등기를 청구할 수도 없다.
③ 명의신탁된 부동산에 관하여 그 점유자의 점유취득시효 완성 후 그 소유권이전등기를 경료하기 전에 위 명의신탁이 해지되고 새로운 명의신탁이 이루어져 그 소유 명의가 점유취득시효 완성 당시의 명의수탁자로부터 새로운 명의수탁자에게로 이전된 경우, 위 소유 명의의 이전이 무효가 아닌 이상 새로운 명의수탁자는 위 점유취득시효 완성 후에 소유권을 취득한 자에 해당하므로, 위 점유자는 그에 대하여 시효취득을 주장할 수 없다.
④ 점유자가 점유 개시 당시에 소유권 취득의 원인이 될 수 있는 법률요건이 없다는 사실을 잘 알면서 타인 소유의 부동산을 무단점유한 것임이 밝혀진 경우 원칙적으로 자주점유의 추정은 깨어진다.
⑤ 부동산을 20년간 소유의 의사로 평온·공연하게 점유한 자는 민법 제245조 제1항에 의하여 점유부동산에 관하여 소유자에 대한 소유권이전등기청구권을 취득하고, 점유자가 취득시효기간의 만료로 일단 소유권이전등기청구권을 취득한 이상, 그 후 점유를 상실하였다고 하더라도 이를 시효이익의 포기로 볼 수 있는 경우가 아닌 한, 이미 취득한 소유권이전등기청구권은 소멸하지 않는다.

【문 18】 취득시효에 관한 다음 설명 중 옳은 것을 모두 고른 것은? (다툼이 있는 경우 판례에 의함) 2020년 법원서기보

ㄱ. 부동산 점유취득시효는 20년의 시효기간이 완성한 것만으로 점유자가 곧바로 소유권을 취득하는 것은 아니고, 점유자 명의로 등기를 함으로써 소유권을 취득하게 된다.
ㄴ. 전(前) 점유자의 점유를 승계한 자는 그 점유 자체와 하자는 물론 그 점유로 인한 법률효과까지 승계하는 것이므로, 부동산을 취득시효기간 만료 당시의 점유자로부터 양수하여 점유를 승계한 현(現) 점유자는 전(前) 점유자의 취득시효 완성의 효과를 주장하여 직접 자기에게 소유권이전등기를 청구할 수 있다.
ㄷ. 甲 소유의 X토지를 丙이 점유하여 그 취득시효가 완성된 후 丙이 그 등기를 하기 전에, 乙이 丙의 취득시효완성 전에 이미 설정되어 있던 가등기에 기하여 시효완성 후에 소유권이전의 본등기를 마친 경우, 丙은 乙에게 시효취득을 주장할 수 없다.
ㄹ. 甲과 乙이 구분소유적 공유관계에 있는 X토지 중 乙의 특정 구분소유 부분에 관하여 丙의 점유취득시효가 완성된 후, 甲이 그의 특정 구분소유 부분을 丁에게 양도하고 그에 따라 X토지 전체의 공유지분에 관한 지분이전등기를 경료해 준 경우, 丙은 자신이 점유한 乙의 특정 구분소유 부분에 관해서는 소유 명의자의 변동이 없으므로 그 취득시효의 기산점을 임의로 선택하여 주장할 수 있다.
ㅁ. 甲 소유의 X토지를 점유하던 乙이 甲을 상대로 매매를 원인으로 한 소유권이전등기청구 소송을 제기하자, 甲이 이에 응소하여 乙의 청구기각 판결을 구하면서 乙의 주장 사실을 부인한 결과 乙이 패소하고 그 판결이 확정된 경우, 甲의 응소행위로 인해 乙의 점유취득시효의 진행은 중단된다.
ㅂ. 부동산 소유자가 취득시효가 완성된 사실을 알고 그 부동산을 제3자에게 처분하여 소유권이전등기를 넘겨줌으로써 취득시효 완성을 원인으로 한 소유권이전등기의무가 이행불능에 빠지게 되어 시효취득을 주장하는 자가 손해를 입었다면, 이는 시효취득을 주장하는 자에 대하여 불법행위를 구성한다.

① ㄱ, ㄷ, ㅂ
② ㄴ, ㄹ, ㅁ
③ ㄱ, ㄷ, ㅁ
④ ㄷ, ㅁ, ㅂ

【문 19】 점유취득시효에 관한 다음 설명 중 가장 옳지 않은 것은? (다툼이 있는 경우 판례에 의함) 2023년 법원서기보

① 명의신탁된 부동산에 관하여 점유자의 점유취득시효 완성 후 소유권이전등기를 경료하기 전에 위 명의신탁이 해지되고 새로운 명의신탁이 이루어져 그 소유 명의가 점유취득시효 완성 당시의 명의수탁자로부터 새로운 명의수탁자에게로 이전된 경우, 위 소유 명의의 이전이 무효가 아닌 이상 점유자는 새로운 명의수탁자에 대하여 시효취득을 주장할 수 없다.
② 부동산에 대한 점유취득시효가 완성된 후 취득시효 완성을 원인으로 한 소유권이전등기를 하지 않고 있는 사이에 그 부동산에 관하여 제3자 명의의 소유권이전등기가 경료된 경우라 하더라도 당초의 점유자가 계속 점유하고 있고 소유자가 변동된 시점을 기산점으로 삼아도 다시 취득시효의 점유기간이 경과한 경우에는 점유자로서는 제3자 앞으로의 소유권 변동시를 새로운 점유취득시효의 기산점으로 삼아 2차의 취득시효의 완성을 주장할 수 있다.
③ 점유취득시효 완성을 원인으로 한 소유권이전등기청구는 시효 완성 당시의 소유자를 상대로 하여야 하므로 시효 완성 당시의 소유권이전등기가 무효라면, 시효취득자는 소유자를 대위하여 위 무효등기의 말소를 구하고 다시 소유자를 상대로 취득시효 완성을 이유로 한 소유권이전등기를 구하여야 한다.
④ 부동산에 대한 점유취득시효가 완성되었다고 하더라도, 점유자가 그 명의로 소유권이전등기를 경료하지 아니하여 아직 소유권을 취득하지 못하였다면 소유명의자는 점유자에 대하여 점유로 인한 부당이득반환청구를 할 수 있다.

【문 20】 취득시효에 관한 다음 설명 중 가장 옳지 않은 것은? (다툼이 있는 경우 판례에 의함) 2022년 법원행시

① 부동산에 대한 취득시효가 완성되면 점유자는 소유명의자에 대하여 취득시효완성을 원인으로 한 소유권이전등기절차의 이행을 청구할 수 있고 소유명의자는 이에 응할 의무가 있으므로 점유자가 그 명의로 소유권이전등기를 마치지 않아 아직 소유권을 취득하지 못하였다고 하더라도 소유명의자는 점유자에 대하여 점유로 인한 부당이득반환청구를 할 수 없다.
② 甲 소유 토지에 대해 취득시효를 완성한 乙로부터 토지를 양수하여 점유를 승계한 丙은 甲에게 乙의 취득시효 완성의 효과를 주장하며 직접 자기에게 소유권이전등기를 해줄 것을 청구할 수 있다.
③ 점유취득시효기간이 완성되고 그에 따라 소유권이전등기가 마쳐졌다면 취득시효의 기간 진행 중에 체결되어 소유권이전등기청구권가등기에 의하여 보전된 매매예약상의 매수인의 지위는 소멸된다.
④ 2000. 1. 12. 법률 제6158호로 전부 개정된 구 장사 등에 관한 법률의 시행일인 2001. 1. 13. 이전에 타인의 토지에 분묘를 설치한 다음 20년간 평온·공연하게 분묘의 기지를 점유함으로써 시효로 분묘기지권을 취득한 사람은 토지소유자가 분묘기지에 관한 지료를 청구하면 그 청구한 날부터의 지료를 지급하여야 한다.
⑤ 20년간 소유의 의사로 평온, 공연하게 집합건물을 구분소유한 사람은 이를 등기함으로써 건물의 대지에 대한 소유권까지도 취득할 수 있다.

【문 21】 부동산 점유취득시효에 관한 다음 설명 중 가장 옳지 않은 것은? (다툼이 있는 경우 판례에 의함) 2023년 법무사

① 구분소유적 공유관계에 있는 토지 중 공유자 1인의 특정 구분소유 부분에 관한 점유취득시효가 완성된 경우라면, 다른 공유자의 특정 구분소유 부분이 타에 양도되고 그에 따라 토지 전체에 대한 공유지분에 관한 지분이전등기가 경료되었다 하더라도, 점유자는 취득시효의 기산점을 임의로 선택하여 주장할 수 있다.
② 시효완성 당시의 소유권보존등기 또는 이전등기가 무효라면 원칙적으로 그 등기명의인은 시효취득을 원인으로 한 소유권이전등기청구의 상대방이 될 수 없고, 이 경우 시효취득자는 소유자를 대위하여 위 무효등기의 말소를 구하고 다시 위 소유자를 상대로 취득시효완성을 이유로 한 소유권이전등기를 구하여야 한다.
③ 점유로 인한 소유권취득시효 완성 당시 미등기로 남아 있던 토지에 관하여 소유권을 가지고 있던 자가 취득시효 완성 후에 그 명의로 소유권보존등기를 마쳤다 하더라도 이는 소유권의 변경에 관한 등기가 아니므로 그러한 자를 그 취득시효 완성 후의 새로운 이해관계인으로 볼 수 없다.
④ 타인 소유의 토지에 분묘를 설치한 경우에 20년간 평온, 공연하게 분묘의 기지를 점유하면 지상권과 유사한 관습상의 물권인 분묘기지권을 시효로 취득한다는 점은 오랜 세월 동안 지속되어 온 관습 또는 관행으로서 법적 규범으로 승인되어 왔고, 이러한 법적 규범이 장사 등에 관한 법률(법률 제6158호) 시행일인 2001. 1. 13. 이전에 설치된 분묘에 관하여 현재까지 유지되고 있다고 보아야 한다.
⑤ 점유자가 소유자를 상대로 소유권이전등기 청구소송을 제기하면서 그 청구원인으로 '취득시효 완성'이 아닌 '매매'를 주장함에 대하여, 소유자가 이에 응소하여 원고 청구기각의 판결을 구하면서 원고의 주장 사실을 부인하는 경우에는, 시효중단사유의 하나인 재판상의 청구에 해당한다고 할 수 없다.

【문 22】 취득시효에 관한 다음 설명 중 가장 옳지 않은 것은? (다툼이 있는 경우 판례에 의함) 2023년 법원사무관

① 등기부취득시효가 인정되려면 점유의 개시에 과실이 없어야 하는데, 무과실에 관한 증명책임은 시효취득을 주장하는 사람에게 있다.
② 물건의 점유자는 소유의 의사로 점유한 것으로 추정된다(민법 제197조 제1항). 따라서 점유자가 취득시효를 주장하는 경우 스스로 소유의 의사를 증명할 책임은 없고, 그 점유자의 점유가 소유의 의사가 없는 점유임을 주장하여 취득시효의 성립을 부정하는 자에게 그 증명책임이 있다.
③ 점유자의 점유가 자주점유인지 아니면 타주점유인지는 점유자의 마음속에 있는 의사에 따라 결정되는 것이 아니라 점유 취득의 원인이 된 권원의 성질이나 점유와 관련된 모든 사정에 따라 외형적·객관적으로 결정되어야 한다. 점유자가 성질상 소유의 의사가 없는 것으로 보이는 권원에 바탕을 두고 점유를 취득한 사실이 증명되었거나, 점유자가 타인의 소유권을 배제하여 자기의 소유물처럼 배타적 지배를 하려는 의사를 가지고 점유하는 것으로 볼 수 없는 객관적 사정, 즉 점유자가 진정한 소유자라면 통상 취하지 않았을 태도를 나타내거나 소유자라면 당연히 취했을 것으로 보이는 행동을 취하지 않은 경우 등 외형적·객관적으로 보아 점유자가 타인의 소유권을 배척하고 점유할 의사를 갖고 있지 않았던 것이라고 볼 만한 사정이 증명된 경우에 한하여 그 추정은 깨진다. 그러나 점유자가 스스로 매매나 증여와 같이 자주점유의 권원을 주장하였는데, 이것이 인정되지 않는다는 사유만으로는 자주점유의 추정이 깨진다고 볼 수 없다.
④ 무권리자로부터 부동산을 매수한 제3자나 그 후행 등기 명의인이 과실 없이 점유를 개시한 후 소유권이전등기가 말소되지 않은 상태에서 소유의 의사로 평온, 공연하게 선의로 점유를 계속하여 10년이 경과한 때에는 민법 제245조 제2항에 따라 바로 그 부동산에 대한 소유권을 취득하고, 이때 원소유자는 소급하여 소유권을 상실함으로써 손해를 입게 되는바, 무권리자는 제3자와의 매매계약에 따라 받은 매매대금을 부당이득으로 원소유자에게 반환하여야 한다.

【문 23】 종물과 부합물에 관한 다음 설명 중 가장 옳지 않은 것은? (다툼이 있는 경우 판례에 의함) 2021년 법무사

① 부동산에 부합된 물건이 사실상 분리복구가 불가능하여 거래상 독립된 권리의 객체성을 상실하고 그 부동산과 일체를 이루는 부동산의 구성부분이 된 경우에는 타인의 권원에 의하여 이를 부합시킨 경우에도 그 물건의 소유권은 부동산의 소유자에게 귀속된다.
② 토지의 지상에 별개의 부동산인 건축물이 건축된 경우, 토지의 지하에 시공된 시설이 토지에 부합되었는지 아니면 지상 건축물의 기초 등을 구성하여 건축물의 일부분이 되었는지 여부는, 그 시설과 토지 및 건축물 사이의 각 결합 정도나 그 물리적 구조뿐만 아니라 당해 시설의 객관적, 사회경제적인 기능과 용도, 일반 거래관념, 토지의 당초 조성상태, 건축물의 종류와 규모 등 제반 사정을 종합하여 합리적으로 판단하여야 한다.
③ 종물은 물건의 소유자가 그 물건의 상용에 공하기 위하여 자기 소유인 다른 물건을 이에 부속하게 한 것을 말하므로 주물과 다른 사람의 소유에 속하는 물건은 종물이 될 수 없다.
④ 종물은 주물의 처분에 수반된다는 민법 제100조 제2항은 임의규정이므로, 당사자는 주물을 처분할 때에 특약으로 종물을 제외할 수 있고 종물만을 별도로 처분할 수도 있다.
⑤ 부동산에 부합된 물건이 사실상 분리복구가 불가능하여 거래상 독립한 권리의 객체성을 상실하고 그 부동산과 일체를 이루는 부동산의 구성부분이 된 경우에는 타인이 권원에 의하여 이를 부합시켰더라도 그 물건의 소유권은 부동산의 소유자에게 귀속되어 부동산의 소유자는 방해배제청구권에 기하여 부합물의 철거를 청구할 수 없고, 부합물이 위와 같은 요건을 충족하지 못해 그 물건의 소유권이 부동산의 소유자에게 귀속되었다고 볼 수 없는 경우에도 부동산의 소유자는 방해배제청구권에 기하여 부합물의 철거를 청구할 수 없다.

【문 24】 부합에 관한 다음 설명 중 가장 옳지 않은 것은? (다툼이 있는 경우 판례에 의함)

① 양도담보권의 목적인 주된 동산에 다른 동산이 부합되어 부합된 동산에 관한 권리자가 권리를 상실하는 손해를 입은 경우 주된 동산이 담보물로서 가치가 증가된 데 따른 실질적 이익은 주된 동산에 관한 양도담보권설정자뿐만 아니라 양도담보권자에게도 귀속되는 것이므로, 이 경우 부합으로 인하여 권리를 상실하는 자는 양도담보권자를 상대로 민법 제261조에 따라 보상을 청구할 수 있다.
② 건물의 증축 부분이 기존건물에 부합하여 기존건물과 분리하여서는 별개의 독립물로서의 효용을 갖지 못하는 이상 기존건물에 대한 근저당권은 민법 제358조에 의하여 부합된 증축 부분에도 효력이 미치는 것이므로 기존건물에 대한 경매절차에서 경매목적물로 평가되지 아니하였다고 할지라도 경락인은 부합된 증축 부분의 소유권을 취득한다.
③ 부동산에 부합된 물건이 사실상 분리복구가 불가능하여 거래상 독립된 권리의 객체성을 상실하고 그 부동산과 일체를 이루는 부동산의 구성부분이 된 경우에는 타인의 권원에 의하여 이를 부합시킨 경우에도 그 물건의 소유권은 부동산의 소유자에게 귀속된다.
④ 매도인에게 소유권이 유보된 자재가 제3자와 매수인 사이에 이루어진 도급계약의 이행으로 제3자 소유 건물의 건축에 사용되어 부합된 경우 보상청구를 거부할 법률상 원인이 있다고 할 수 없지만, 제3자가 도급계약에 의하여 제공된 자재의 소유권이 유보된 사실에 관하여 과실 없이 알지 못한 경우라면 선의취득의 경우와 마찬가지로 제3자가 그 자재의 귀속으로 인한 이익을 보유할 수 있는 법률상 원인이 있다고 봄이 상당하므로, 매도인으로서는 그에 관한 보상청구를 할 수 없다.
⑤ 토지 위에 식재된 입목은 토지의 구성부분으로 토지의 일부일 뿐 독립한 물건으로 볼 수 없으므로 특별한 사정이 없는 한 토지에 부합하고, 토지의 소유자는 식재된 입목의 소유권을 취득한다.

【문 25】 부합에 관한 다음 설명 중 가장 옳지 않은 것은? (다툼이 있는 경우 판례에 의함)

① 타인의 임야에 권한없이 심은 수목의 소유권은 민법 제256조에 의하여 임야소유자에게 귀속되지만, 정당한 권한없이 타인의 농지를 경작한 경우에는 그 농작물의 소유권은 경작자에게 있다.
② 매도인에게 소유권이 유보된 자재가 제3자와 매수인 사이에 이루어진 도급계약의 이행으로 제3자 소유 건물의 건축에 사용되어 부합된 경우에, 제3자가 도급계약에 의하여 제공된 자재의 소유권이 유보된 사실에 관하여 알지 못한 경우라고 하더라도 제3자가 그 자재의 귀속으로 인한 이익을 보유할 수 있는 법률상 원인이 있다고 볼 수는 없으므로, 매도인으로서는 그에 관한 보상청구를 할 수 있다.
③ 동산과 동산이 부합하여 훼손하지 아니하면 분리할 수 없거나 그 분리에 과다한 비용을 요할 경우에는 그 합성물의 소유권은 주된 동산의 소유자에게 속하고, 부합한 동산의 주종을 구별할 수 없는 때에는 동산의 소유자는 부합당시의 가액의 비율로 합성물을 공유한다.
④ 타인의 동산에 가공한 때에는 그 물건의 소유권은 원재료의 소유자에게 속한다. 그러나 가공으로 인한 가액의 증가가 원재료의 가액보다 현저히 다액인 때에는 가공자의 소유로 한다. 가공자가 재료의 일부를 제공하였을 때에는 그 가액은 위 증가액에 가산한다.

박문각 이준현 채움팀 | **제6회 사전모의고사** | **민법** 담당: 이준현 교수

[문 1] 공유, 준공유에 관한 다음 설명 중 가장 옳지 않은 것은? (다툼이 있는 경우 판례에 의함) _{2022년 법원서기보}

① 甲, 乙의 공유인 부동산 중 甲의 지분 위에 설정된 근저당권 등 담보물권은 특단의 합의가 없는 한 공유물분할이 된 뒤에도 종전의 지분비율대로 공유물 전부의 위에 그대로 존속하고 근저당권설정자인 甲 앞으로 분할된 부분에 당연히 집중되는 것은 아니다.

② 1인 채무자에 대한 복수채권자의 채권을 담보하기 위하여 그 복수채권자와 채무자가 채무자 소유의 부동산에 관하여 복수채권자를 공동권리자로 하는 매매예약을 체결하고 그에 따른 소유권이전등기청구권보전의 가등기를 한 경우 복수채권자는 매매예약 완결권을 준공유하는 관계에 있으므로, 매매예약 완결의 의사표시 자체는 채무자에 대하여 복수채권자 전원이 행사하여야 하며, 채권자가 채무자에 대하여 예약이 완결된 매매목적물의 소유권이전의 본등기를 구하는 소는 필요적 공동소송으로서 매매예약완결권을 준공유하고 있던 복수채권자 전원이 제기하여야 할 것이다.

③ 근저당권의 준공유자들이 각자의 공유지분을 미리 특정하여 근저당권설정등기를 마쳤다면 그들은 처음부터 그 지분의 비율로 근저당권을 준공유하는 것이 되고, 이러한 경우 다른 특별한 사정이 없는 한 준공유자들 사이에는 각기 그 지분비율에 따라 변제받기로 하는 약정이 있었다고 봄이 상당하므로, 그 근저당권의 실행으로 인한 경매절차에서 배당을 하는 경매법원으로서는 배당시점에서의 준공유자 각자의 채권액의 비율에 따라 안분하여 배당할 것이 아니라 각자의 지분비율에 따라 안분하여 배당해야 하며, 어느 준공유자의 실제 채권액이 위 지분비율에 따른 배당액보다 적어 잔여액이 발생하게 되면 이를 다른 준공유자들에게 그 지분비율에 따라 다시 안분하는 방법으로 배당해야 한다.

④ 공유지분의 포기는 법률행위로서 상대방 있는 단독행위에 해당하므로, 부동산 공유자의 공유지분 포기의 의사표시가 다른 공유자에게 도달하더라도 이로써 곧바로 공유지분 포기에 따른 물권변동의 효력이 발생하는 것은 아니고, 다른 공유자는 자신에게 귀속될 공유지분에 관하여 소유권이전등기청구권을 취득하며, 이후 민법 제186조에 의하여 등기를 하여야 공유지분 포기에 따른 물권변동의 효력이 발생한다. 그리고 부동산 공유자의 공유지분 포기에 따른 등기는 해당 지분에 관하여 다른 공유자 앞으로 소유권이전등기를 하는 형태가 되어야 한다.

[문 2] 공유관계에 관한 다음 설명 중 가장 옳지 않은 것은? (다툼이 있는 경우 판례에 의함) _{2023년 법원사무관}

① 과반수 지분권자는 공유물인 토지의 관리방법으로서 특정 부분을 배타적으로 사용·수익할 수 있으나, 그로 말미암아 그 부분을 전혀 사용·수익하지 못하여 손해를 입는 소수지분권자의 지분만큼 임료 상당 부당이득을 얻는 것이므로 이를 반환할 의무가 있다.

② 토지 중 1/2 지분을 소유하는 甲이 다른 공유자와 협의하지 않고 공유물의 전부 또는 일부를 독점적으로 점유하는 경우, 다른 공유 지분권자인 乙이 甲을 상대로 보존행위로서 공유물의 인도를 청구할 수 있다.

③ 재판에 의하여 공유물을 분할하는 경우 법원은 현물로 분할하는 것이 원칙이고, 현물로 분할할 수 없거나 현물로 분할을 하게 되면 현저히 그 가액이 감손될 염려가 있는 때에 비로소 물건의 경매를 명하여 대금분할을 할 수 있다.

④ 건축허가나 신고 없이 건축된 미등기 건물에 대하여는 경매에 의한 공유물분할이 허용되지 않는다.

【문 3】 공유에 관한 다음 설명 중 가장 옳지 않은 것은? (다툼이 있는 경우 판례에 의함) 2018년 법원행시

① 재판에 의한 공유물분할의 경우 현물분할이 불가능하거나 현물분할로 인하여 그 가격이 현저히 감손될 염려가 있으면 경매를 통한 대금분할이 가능하지만, 현물분할에 의하여 공유자 1인이 단독으로 소유하게 될 부분의 가액이 분할 전의 소유지분 가액보다 현저하게 감손될 염려가 있다는 것은 공유자 1인의 주관적 사정으로 대금분할이 허용될 수 없다.
② 과반수 지분의 공유자로부터 공유물의 특정 부분의 사용·수익을 허락받은 제3자의 점유는 다수지분권자의 공유물 관리권에 터 잡은 적법한 점유이므로 그 제3자는 공유물의 다른 소수지분권자에 대하여 부당이득반환의무가 없다.
③ 복수의 권리자가 소유권이전청구권을 보존하기 위하여 가등기를 마쳐 둔 경우 특별한 사정이 없는 한 그 권리자 중 한 사람은 자신의 지분에 관하여 단독으로 그 가등기에 기한 본등기를 청구할 수 있다.
④ 공유토지에 관하여 점유취득시효가 완성된 후 취득시효 완성 당시의 공유자들 일부로부터 과반수에 미치지 못하는 소수 지분을 양수 취득한 제3자는 나머지 과반수 지분에 관하여 취득시효에 의한 소유권이전등기를 경료받아 과반수 지분권자가 될 지위에 있는 시효취득자에 대하여 지상건물의 철거와 토지의 인도 등 점유배제를 청구할 수 없다.
⑤ 부동산의 공유자 중 한 사람은 공유물에 대한 보존행위로서 그 공유물에 관한 원인무효의 등기 전부의 말소를 구할 수도 있고, 공유물에 경료된 원인무효의 등기에 관하여 각 공유자에게 해당 지분별로 진정명의회복을 원인으로 한 소유권이전등기를 이행할 것을 단독으로 청구할 수도 있다.

【문 4】 X토지에 대하여 甲과 乙은 각 1/2 지분을 소유하고 있는데, 甲이 그 지상에 소나무를 식재하여 토지를 독점적으로 점유하고 있다. 이에 관한 다음의 대화 중 옳지 않은 의견을 주장하는 사람은 누구인가? (다툼이 있는 경우 판례에 의함) 2021년 법원서기보

철수: 공유물의 소수지분권자인 甲이 乙과 협의하지 않고 공유물의 전부를 독점적으로 점유하는 경우 다른 소수지분권자인 乙이 甲을 상대로 공유물의 인도를 청구할 수는 없어.
영희: 소수지분권자인 甲이 乙을 배제하고 단독 소유자인 것처럼 공유물을 독점하는 것은 위법하지만, 甲은 적어도 자신의 지분 범위에서는 공유물 전부를 점유하여 사용·수익할 권한이 있으므로 甲의 점유는 지분비율을 초과하는 한도에서만 위법하다고 보아야 하지 않을까?
혜림: 乙은 공유물을 독점적으로 점유하면서 乙의 공유지분권을 침해하고 있는 甲을 상대로 지분권에 기한 방해배제청구권을 행사함으로써 위법 상태를 시정할 수 있을거야.
강은: 공유물을 공유자 한 명이 독점적으로 점유하는 경우 이러한 위법 상태를 시정하여 공유물의 현상을 공유자 전원이 사용·수익할 수 있는 상태로 환원시킬 목적으로 방해를 제거하거나 공유물을 회수하는 것은 민법 제265조 단서에 따른 공유물의 보존을 위한 행위에 해당해.

① 철수
② 영희
③ 혜림
④ 강은

【문 5】 공유물분할에 관한 다음 설명 중 가장 옳지 않은 것은? (다툼이 있는 경우 판례에 의함) 2023년 법원서기보

① 공유물분할청구권은 공유관계에서 수반되는 형성권으로서 공유자의 일반재산을 구성하는 재산권의 일종이므로, 공유물분할청구권도 채권자대위권의 목적이 될 수 있다.
② 공유물을 공유자 중의 1인의 단독소유로 하고 다른 공유자에 대하여 그 지분의 적정하고도 합리적인 가격을 배상시키는 방법에 의한 분할방법은 허용되지 않는다.
③ 공동상속인은 상속재산의 분할에 관하여 공동상속인 사이에 협의가 성립되지 아니하거나 협의할 수 없는 경우에 상속재산분할심판을 청구할 수 있을 뿐이고, 그 상속재산에 속하는 개별 재산에 관하여 공유물분할청구의 소를 제기하는 것은 허용되지 않는다.
④ 공유물을 현물분할하는 경우에는 분할청구자의 지분 한도 안에서 현물분할을 하고 분할을 원하지 않는 나머지 공유자는 공유로 남게 하는 방법도 허용된다.

2024년도 법원직공무원 9급 공채 필기시험 — 민법

【문 6】 합유 및 총유에 관한 다음 설명 중 가장 옳지 않은 것은? (다툼이 있는 경우 판례에 의함) *2023년 법원행시*

① 부동산의 합유자 중 일부가 사망한 경우 합유자 사이에 특별한 약정이 없다면, 해당 부동산은 잔존 합유자가 2인 이상일 경우에는 잔존 합유자의 합유로 귀속되고 잔존 합유자가 1인인 경우에는 잔존 합유자의 단독소유로 귀속된다.
② 종중 소유의 재산은 종중원의 총유에 속하는 것이므로 그 관리 및 처분에 관하여 먼저 종중규약에 정하는 바가 있으면 이에 따라야 하고, 그 점에 관한 종중규약이 없으면 종중총회의 결의에 의하여야 한다.
③ 총유재산에 관한 소송은 법인 아닌 사단이 그 명의로 사원총회의 결의를 거쳐 하거나 또는 그 구성원 전원이 당사자가 되어 필수적 공동소송의 형태로 할 수 있고, 그 사단의 구성원이 총유재산의 보존행위로서 소를 제기하는 경우에는 그가 사단의 대표자이거나 또는 사원총회의 결의를 거쳤다면 그 소송의 당사자가 될 수 있다.
④ 합유로 소유권이전등기가 된 부동산에 관하여 명의신탁 해지를 원인으로 한 소유권이전등기절차의 이행을 구하는 소송은 조합재산인 합유물의 처분에 관한 소송으로서 합유자 전원을 피고로 하여야 할 뿐 아니라 합유자 전원에 대하여 합일적으로 확정되어야 하는 고유필수적 공동소송에 해당한다.
⑤ 동업약정에 따라 동업자 甲, 乙이 공동으로 토지를 매수하였다면 그 토지는 동업자 甲, 乙을 조합원으로 하는 동업체에서 토지를 매수한 것이므로 甲, 乙은 토지에 대한 소유권이전등기청구권을 준합유하는 관계에 있고, 그 매매계약에 기하여 소유권이전등기의 이행을 구하는 소를 제기하려면 甲, 乙이 공동으로 해야 한다.

【문 7】 다음 설명 중 가장 옳지 않은 것은? (다툼이 있는 경우 판례에 의함) *2023년 법무사*

① 동업을 목적으로 한 조합이 조합체로서 또는 조합재산으로서 부동산의 소유권을 취득하였다면 당연히 그 조합체의 합유물이 되고, 다만 그 조합체가 합유등기를 하지 아니하고 그 대신 조합원들 명의로 각 지분에 관하여 공유등기를 하였다면 이는 그 조합체가 조합원들에게 각 지분에 관하여 명의신탁한 것으로 보아야 한다.
② 부동산의 합유자 중 일부가 사망한 경우 합유자 사이에 특별한 약정이 없는 한 사망한 합유자의 상속인이 그 지분을 승계한다.
③ 은행에 공동명의로 예금을 하고 은행에 대하여 그 권리를 함께 행사하기로 한 경우에 만일 동업 자금을 공동명의로 예금한 경우라면 채권의 준합유관계에 있다고 볼 것이다.
④ 민법상 조합인 공동수급체가 경쟁입찰에 참가하였다가 다른 경쟁업체가 낙찰자로 선정된 경우, 그 공동수급체의 구성원 중 1인이 그 낙찰자 선정이 무효임을 주장하며 무효확인의 소를 제기하는 것은 합유재산의 보존행위에 해당한다.
⑤ 합유재산을 합유자 1인의 단독소유로 소유권보존등기를 한 경우에는 소유권보존등기가 실질관계에 부합하지 않는 원인무효의 등기이므로, 다른 합유자는 등기명의인인 합유자를 상대로 소유권보존등기 말소청구의 소를 제기하는 등의 방법으로 원인무효의 등기를 말소시킨 다음 새로이 합유의 소유권보존등기를 신청할 수 있다.

【문 8】 총유에 관한 다음 설명 중 가장 옳지 않은 것은? (다툼이 있는 경우 판례에 의함)   2023년 법원서기보

① 당사자들이 공동이행방식의 공동수급체를 구성하여 도급인으로부터 공사를 수급받는 경우 그 공동수급체는 원칙적으로 비법인사단으로서 그 재산은 공동수급체 구성원들의 총유에 속한다.
② 지역주택조합이 주체가 되어 신축 완공한 건물로서 조합원 외의 일반인에게 분양되는 부분은 조합원 전원의 총유에 속한다.
③ 종중 소유의 재산은 종중원의 총유에 속하므로 그 관리 및 처분은 종중규약의 정하는 바가 있으면 이에 따라야 하고, 그 점에 관한 종중규약이 없으면 종중총회의 결의에 의하여야 한다.
④ 비법인사단인 교회가 총유재산에 대한 보존행위로서 소송을 제기하는 경우 교인 총회의 결의를 거치거나 정관이 정하는 바에 따른 절차를 거쳐야 하고, 이러한 절차를 거치지 아니한 소제기는 부적법하다.

【문 9】 다음 설명 중 가장 옳지 않은 것은? (다툼이 있는 경우 판례에 의함)   2020년 법무사

① 공유물분할청구의 소는 형성의 소로서 법원은 공유물분할을 청구하는 원고가 구하는 방법에 구애받지 않고 재량에 따라 합리적 방법으로 분할을 명할 수 있으나, 분할청구자들이 그들 사이의 공유관계의 유지를 원하고 있지 아니한데도 분할청구자들과 상대방 사이의 공유관계만 해소한 채 분할청구자들을 여전히 공유로 남기는 방식으로 현물분할을 하는 것은 허용될 수 없다.
② 합유물을 처분 또는 변경함에는 합유자 전원의 동의가 있어야 하지만, 보존행위는 각자가 단독으로 할 수 있다.
③ 지분을 포기한 합유지분권자로부터 잔존 합유지분권자들에게 합유지분권 이전등기가 이루어지지 아니하는 한 지분을 포기한 지분권자는 제3자에 대하여 여전히 합유지분권자로서의 지위를 가지고 있다고 보아야 하며, 그는 합유물을 점유하는 제3자에게 합유물의 반환을 구할 수 있다.
④ 총유물의 관리 및 처분이라 함은 총유물 그 자체에 관한 이용·개량행위나 법률적·사실적 처분행위를 의미하는 것이므로, 비법인사단이 타인 간의 금전채무를 보증하는 행위는 총유물 그 자체의 관리·처분이 따르지 아니하는 단순한 채무부담행위에 불과하여 이를 총유물의 관리·처분행위라고 볼 수는 없다.
⑤ 공유자가 공유물을 타인에게 임대하는 행위 및 그 임대차계약을 해지하는 행위는 공유물의 관리행위에 해당하나, 상가건물 임대차보호법이 적용되는 상가건물의 공유자인 임대인이 임차인에게 갱신 거절의 통지를 하는 행위까지 관리행위로 볼 것은 아니다.

【문 10】 명의신탁에 관한 다음 설명 중 가장 옳지 않은 것은? (다툼이 있는 경우 판례에 의함)

① 양자간 등기명의신탁에서 부동산 실권리자명의 등기에 관한 법률 제11조의 유예기간 내에 실명등기를 하지 않은 경우, 부동산 소유권은 명의수탁자에게 귀속되므로 명의수탁자는 제3자에 대한 관계에서 소유권을 주장하거나 소유권에 기한 물권적 청구권을 행사할 수 있다.
② 이른바 계약명의신탁에서 매매계약을 체결한 악의의 매도인이 명의수탁자 앞으로 부동산 소유권이전등기를 마친 경우, 명의수탁자가 그 부동산을 제3자에게 처분하는 행위는 매도인의 소유권을 침해하는 불법행위가 된다. 하지만 그 경우에도 매도인이 위 매매계약에 따라 매수인으로부터 매매대금을 모두 수령하였다면 명의수탁자는 원칙적으로 매도인에 대하여 손해배상책임을 부담하지 않는다.
③ 명의신탁약정의 목적물인 부동산을 인도받아 점유하고 있는 명의신탁자의 매도인에 대한 소유권이전등기청구권은 소멸시효가 진행되지 않는다.
④ 계약명의신탁의 당사자들이 명의신탁약정을 하면서 그것이 유효함을 전제로, 즉 명의신탁자가 이른바 내부적 소유권을 가지는 것을 전제로 하여 장차 명의신탁자 앞으로 목적 부동산에 관한 소유권등기를 이전하거나 그 부동산의 처분대가를 명의신탁자에게 지급하는 것을 내용으로 하는 약정을 하였더라도, 그와 같은 약정은 원칙적으로 무효이다.

【문 11】 다음 설명 중 가장 옳지 않은 것은? (다툼이 있는 경우 판례에 의함)

① 일제시의 임야조사령이나 토지조사령에 의하여 사정을 받은 사람은 소유권을 원시적, 창설적으로 취득하고, 종중이 그 소유였던 부동산을 종중원에게 명의신탁하여 사정받았더라도 사정명의인이 그 소유권을 취득하고, 명의신탁자인 종중은 명의신탁계약에 의한 신탁자의 지위에서 명의신탁을 해지하고 그 소유권이전등기를 청구할 수 있을 뿐이며, 종중이 명의신탁계약을 해지하였더라도 그 명의로 소유권이전등기를 마치지 않은 이상 그 소유권을 취득할 수는 없다.
② 부동산 실권리자명의 등기에 관한 법률에 의하면, 명의신탁자와 명의수탁자가 이른바 계약명의신탁약정을 맺고 명의수탁자가 당사자가 되어 명의신탁약정이 있다는 사실에 대하여 선의인 소유자와 사이에 부동산에 관한 매매계약을 체결한 후 그 매매계약에 따라 해당 부동산의 소유권이전등기를 수탁자 명의로 마친 경우에는 명의수탁자가 해당 부동산의 완전한 소유권을 취득하게 되고, 다만 명의수탁자는 명의신탁자에 대하여 명의신탁약정 위반에 따른 채무불이행책임을 부담하게 될 뿐이다.
③ 부동산 실권리자명의 등기에 관한 법률에 따라 부부간 명의신탁이 일단 유효한 것으로 인정되었다면 그 후 배우자 일방의 사망으로 부부관계가 해소되었더라도 그 명의신탁은 사망한 배우자의 다른 상속인과의 관계에서도 여전히 유효하게 존속한다고 보아야 한다.
④ 부동산 실권리자명의 등기에 관한 법률 제4조 제3항의 입법취지 등을 고려할 때, 명의신탁자와 부동산에 관한 물권을 취득하기 위한 계약을 맺고 단지 등기명의만을 명의수탁자로부터 경료받은 것 같은 외관을 갖춘 자는 위 법률조항의 제3자에 해당하지 않는다.
⑤ 계약명의신탁의 당사자들이 명의신탁약정의 유효한 것, 즉 명의신탁자가 이른바 내부적 소유권을 가지는 것을 전제로 하여 장차 명의신탁자 앞으로 목적 부동산에 관한 소유권등기를 이전하거나 부동산의 처분대가를 명의신탁자에게 지급하는 것 등을 내용으로 하는 약정을 하였다면 이는 무효이다.

【문 12】 명의신탁에 관한 다음 설명 중 가장 옳지 않은 것은? (다툼이 있는 경우 판례에 의함) 2021년 법무사

① 부동산 실권리자명의 등기에 관한 법률(이하 '부동산실명법'이라 한다)은 부동산에 관한 소유권과 그 밖의 물권을 실체적 권리관계와 일치하도록 실권리자 명의로 등기하게 함으로써 부동산등기제도를 악용한 투기·탈세·탈법행위 등 반사회적 행위를 방지하고 부동산 거래의 정상화와 부동산 가격의 안정을 도모하여 국민경제의 건전한 발전에 이바지함을 목적으로 하고 있다(제1조). 부동산실명법에 의하면, 누구든지 부동산에 관한 물권을 명의신탁약정에 따라 명의수탁자의 명의로 등기하여서는 아니 되고(제3조 제1항), 명의신탁약정과 그에 따른 등기로 이루어진 부동산에 관한 물권변동은 무효가 되며(제4조 제1항, 제2항 본문), 명의신탁약정에 따른 명의수탁자 명의의 등기를 금지하도록 규정한 부동산실명법 제3조 제1항을 위반한 경우 명의신탁자와 명의수탁자 쌍방은 형사처벌된다(제7조).

② 부동산실명법에 의해 양자 간 등기명의신탁의 경우 목적 부동산에 관한 명의수탁자 명의의 소유권이전등기에도 불구하고 그 소유권은 처음부터 이전되지 아니하는 것이어서 원래 그 부동산의 소유권을 취득하였던 명의신탁자가 그 소유권을 여전히 보유하는 것이 되는 이상, 침해부당이득의 성립 여부와 관련하여 명의수탁자 명의로의 소유권이전등기로 인하여 명의신탁자가 어떠한 '손해'를 입게 되거나 명의수탁자가 어떠한 이익을 얻게 된다고 할 수 없다. 결국 양자 간 등기명의신탁에 있어서 그 명의신탁자로서는 명의수탁자를 상대로 소유권에 기하여 원인무효인 소유권이전등기의 말소를 구하거나 진정한 등기명의의 회복을 원인으로 한 소유권이전등기절차의 이행을 구할 수 있다.

③ 甲이 乙과 직접 부동산에 관한 매매계약을 체결하고 그 대금을 모두 지급하였으나 丙에게 명의를 신탁하여 그 앞으로 소유권이전등기를 경료한 경우, 부동산에 관하여 乙로부터 丙 앞으로 이루어진 소유권이전등기의 원인이 된 명의신탁약정은 명의신탁자인 甲이 매매계약의 당사자로 되었으나 등기명의만을 명의수탁자인 丙에게 신탁한 것으로서 명의수탁자가 계약당사자가 된 경우가 아니어서 부동산실명법 제4조 제2항 단서의 규정을 적용할 여지 없이 무효라고 봄이 상당하고, 甲으로서는 여전히 乙에 대하여 부동산에 관한 소유권이전등기절차의 이행을 구할 수 있다고 할 것이므로, 乙을 대위하여 丙에게 말소등기절차의 이행을 구할 수 있다.

④ 명의신탁자와 명의수탁자가 이른바 계약명의신탁 약정을 맺고 매매계약을 체결한 소유자도 명의신탁자와 명의수탁자 사이의 명의신탁약정을 알면서 그 매매계약에 따라 명의수탁자 앞으로 당해 부동산의 소유권이전등기를 마친 경우 부동산실명법 제4조 제2항 본문에 의하여 명의수탁자 명의의 소유권이전등기는 무효이므로, 당해 부동산의 소유권은 매매계약을 체결한 소유자에게 그대로 남아 있게 된다.

⑤ 부동산실명법 규정의 문언, 내용, 체계와 입법 목적 등을 종합하면, 부동산실명법을 위반하여 무효인 명의신탁약정에 따라 명의수탁자 명의로 등기를 하였다면 이는 불법원인급여에 해당한다. 이는 농지법에 따른 제한을 회피하고자 명의신탁을 한 경우에도 마찬가지이다.

【문 13】 명의신탁에 관한 다음 설명 중 가장 옳지 않은 것은? (다툼이 있는 경우 판례에 의함) 2018년 법원사무관

① 이른바 3자간 등기명의신탁의 경우 부동산 실권리자명의 등기에 관한 법률(이하 '부동산실명법'이라 한다)에서 정한 유예기간 경과에 의하여 기존 명의신탁약정과 그에 의한 등기가 무효로 되고, 매도인과 명의신탁자 사이의 매매계약도 역시 무효로 된다.

② 부동산실명법에서 정한 예외에 해당하는 등 부동산 명의신탁약정이 유효한 경우라도, 소유권이 대외적으로 수탁자에게 귀속하므로 명의신탁자는 신탁을 이유로 제3자에 대하여 그 소유권을 주장할 수 없다.

③ 부동산경매절차에서 부동산을 매수하려는 사람이 매수대금을 자신이 부담하면서 다른 사람의 명의로 매각허가결정을 받기로 그 다른 사람과 약정함에 따라 매각허가가 이루어진 경우 그 경매절차에서 매수인의 지위에 서게 되는 사람은 어디까지나 그 명의인이므로 경매 목적 부동산의 소유권은 매수대금을 실질적으로 부담한 사람이 누구인가와 상관없이 그 명의인이 취득한다고 할 것이고, 이 경우 매수대금을 부담한 사람과 이름을 빌려 준 사람 사이에는 명의신탁관계가 성립한다.

④ 명의신탁자와 명의수탁자가 무효인 명의신탁약정을 함과 아울러 그 약정을 전제로 하여 이에 기한 명의신탁자의 명의수탁자에 대한 소유권이전등기청구권을 확보하기 위하여 명의신탁 부동산에 명의신탁자 명의의 가등기를 마치고 향후 명의신탁자가 요구하는 경우 본등기를 마쳐 주기로 약정하였더라도, 이러한 약정 또한 부동산실명법에 의하여 무효인 명의신탁약정을 전제로 한 것이어서 무효이고, 위 약정에 의하여 마쳐진 가등기는 원인무효라 할 것이다.

【문 14】 명의신탁 및 부동산 실권리자명의 등기에 관한 법률(이하 '부동산실명법'이라 함)에 관한 다음 설명 중 가장 옳지 않은 것은? (다툼이 있는 경우 판례에 의함) 2018년 법원주사보

① 명의신탁약정 및 그에 따른 물권변동은 무효이다. 다만 부동산에 관한 물권을 취득하기 위한 계약에서 명의수탁자가 어느 한쪽 당사자가 되고 상대방 당사자는 명의신탁약정이 있다는 사실을 알지 못한 경우에는 그러하지 아니하다.
② 부동산실명법은 부동산등기제도를 악용한 투기·탈세·탈법행위 등 반사회적 행위를 방지하는 것 등을 목적으로 제정되었으므로, 무효인 명의신탁약정에 기하여 타인 명의의 등기가 마쳐졌다면 그것은 불법원인급여에 해당한다.
③ 3자간 명의신탁(중간생략등기형 명의신탁)의 경우, 명의신탁약정 및 그로 인한 물권변동은 무효이므로, 수탁자 앞으로 경료된 등기는 원인무효이며 소유권은 여전히 매도인에게 존재한다.
④ 계약명의신탁에서 매도인이 선의인 경우, 신탁자와 수탁자간의 명의신탁약정이 무효라고 하더라도 그로 인한 물권변동은 유효하므로, 소유권은 수탁자에게 존재한다.

【문 15】 명의신탁에 관한 다음 설명 중 가장 옳지 않은 것은? (다툼이 있는 경우 판례에 의함) 2018년 법원서기보

① 계약명의자인 명의수탁자가 아니라 명의신탁자에게 계약에 따른 법률효과를 직접 귀속시킬 의도로 계약을 체결한 사정이 인정된다면 명의신탁자가 계약당사자라고 할 것이므로, 이 경우의 명의신탁관계는 3자간 등기명의신탁으로 보아야 한다.
② 3자간 등기명의신탁에서 부동산 실권리자명의 등기에 관한 법률에서 정한 유예기간이 경과한 후 명의수탁자가 신탁부동산을 임의로 처분하여 제3자 명의의 이전등기가 마쳐진 경우, 특별한 사정이 없는 한 명의신탁자는 신탁부동산의 소유권을 이전받을 권리를 상실하는 손해를 입게 되는 반면, 명의수탁자는 신탁부동산의 처분대금 등을 취득하는 이익을 얻게 되므로, 명의수탁자는 명의신탁자에게 그 이익을 부당이득으로 반환하여야 한다.
③ 주식을 양수하였으나 아직 주주명부에 명의개서를 하지 않아 주주명부에는 양도인이 주주로 기재되어 있는 경우는 실제 주식을 양수한 자가 의결권 등 주주권을 적법하게 행사할 수 있으나, 이와 달리 주식을 인수하려는 자가 타인의 명의를 빌려 회사의 주식을 인수하고 타인의 명의로 주주명부에의 기재를 마친 경우에는 회사에 대한 관계에서는 주주명부상 주주만이 주주로서 의결권 등 주주권을 적법하게 행사할 수 있다.
④ 부동산 실권리자명의 등기에 관한 법률 시행 전에 이른바 계약명의신탁에 따라 명의신탁 약정이 있다는 사실을 알지 못하는 소유자로부터 명의수탁자 앞으로 소유권이전등기가 마쳐지고, 같은 법 소정의 유예기간이 경과하여 명의수탁자가 당해 부동산의 완전한 소유권을 취득한 경우, 명의수탁자가 명의신탁자에게 반환하여야 할 부당이득의 대상은 당해 부동산 자체이다.

【문 16】 명의신탁에 관한 다음 설명 중 가장 옳지 않은 것은? (다툼이 있는 경우 판례에 의함)   2018년 법원행시

① 부동산에 관한 물권을 취득하기 위한 계약에서 명의수탁자가 어느 한쪽 당사자가 되고 상대방 당사자는 명의신탁약정이 있다는 사실을 알지 못한 경우에는 그 명의신탁약정에 따른 등기로 이루어진 부동산에 관한 물권변동은 유효하다.
② 부동산 실권리자명의 등기에 관한 법률 시행 전에 명의신탁자와 명의수탁자가 이른바 계약명의신탁약정을 맺고 명의수탁자가 당사자가 되어 명의신탁약정이 있다는 사실을 알지 못하는 소유자와 부동산에 관한 매매계약을 체결한 후 그 매매계약에 따라 당해 부동산의 소유권이전등기를 수탁자 명의로 마쳤으나 위 법률 제11조에서 정한 유예기간이 경과하기까지 명의신탁자가 그 명의로 당해 부동산을 등기 이전하는 데 법률상 장애가 있었던 경우에는, 위 명의신탁약정의 무효로 인하여 명의신탁자가 입은 손해는 명의수탁자에게 제공한 매수자금이 아니라 당해 부동산 자체이고, 따라서 명의수탁자는 명의신탁자로부터 제공받은 매수자금이 아닌 당해 부동산 자체를 부당이득하였다고 할 것이다.
③ 부동산 실권리자명의 등기에 관한 법률이 정하는 '명의신탁약정'에는, 채무의 변제를 담보하기 위하여 채권자가 부동산에 관한 물권을 이전받거나 가등기하는 경우 및 부동산의 위치와 면적을 특정하여 2인 이상이 구분소유하기로 하는 약정을 하고 그 구분소유자의 공유로 등기하는 경우는 제외된다.
④ 명의신탁약정의 무효와 명의신탁약정에 따른 등기로 이루어진 부동산에 관한 물권변동의 무효는 제3자에게 대항하지 못하는데, 이때 제3자의 선의·악의는 묻지 아니한다.
⑤ 종중이 명의신탁약정에 따라 자신이 보유한 부동산에 관한 물권을 자신 외의 자의 명의로 등기한 경우, 그것이 조세 포탈, 강제집행의 면탈 또는 법령상 제한의 회피를 목적으로 하지 아니하면 그 명의신탁약정은 유효하다.

【문 17】 예금주 명의신탁에 관한 다음 설명 중 가장 옳지 않은 것은? (다툼이 있는 경우 판례에 의함)   2018년 법원행시

① 출연자와 예금주인 명의인 사이에 예금주 명의신탁계약이 체결된 경우 명의인은 출연자의 요구가 있을 때에는 금융기관에 대한 예금반환채권을 출연자에게 양도할 의무가 있다.
② 예금주 명의신탁계약이 사해행위에 해당하여 취소될 경우 취소에 따른 원상회복은, 명의인이 예금계좌에서 예금을 인출하여 사용하였거나 예금계좌를 해지한 경우에도, 명의인에 대하여 금융기관에 대한 예금채권을 출연자에게 양도하고 아울러 금융기관에 대하여 양도통지를 할 것을 명하는 방법으로 이루어져야 한다.
③ 예금주 명의신탁관계는 반드시 신탁자와 수탁자 간의 명시적 계약에 의하여서만 성립되는 것이 아니라 묵시적 합의에 의하여서도 성립될 수 있다.
④ 금융실명거래 및 비밀보장에 관한 법률 시행 이후 예금주 명의의 신탁이 이루어진 다음 출연자가 사망함에 따라 금융기관이 출연자의 공동상속인들 중 전부 또는 일부에게 예금채권을 유효하게 변제하였다면, 변제된 예금은 출연자와 예금명의자의 명의신탁약정상 예금명의자에 대한 관계에서는 출연자의 공동상속인들에게 귀속되었다고 보아야 한다.
⑤ 금융실명거래 및 비밀보장에 관한 법률 시행 이후 예금주 명의의 신탁이 이루어진 다음 출연자가 사망함에 따라 금융기관이 출연자의 공동상속인들 중 전부 또는 일부에게 예금채권을 유효하게 변제하였다면, 예금명의자는 예금을 수령한 공동상속인들의 전부 또는 일부를 상대로 예금 상당액의 부당이득반환을 구할 수 없다.

【문 18】 지상권에 관한 다음 설명 중 가장 옳지 않은 것은? (다툼이 있는 경우 판례에 의함) 2022년 법원행시

① 가설건축물은 특별한 사정이 없는 한 독립된 부동산으로서 건물의 요건을 갖추지 못하여 민법 제366조의 법정지상권이 성립하지 않는다.
② 나대지에 저당권이 설정된 후 저당권설정자가 그 위에 건물을 건축하였다가 임의경매로 인하여 그 대지와 지상 건물이 소유자를 달리하였을 경우에는 민법 제366조의 법정지상권이 인정되지 아니할 뿐만 아니라 관습상의 법정지상권도 인정되지 아니한다.
③ 건물공유자의 1인이 그 건물의 부지인 토지를 단독으로 소유하면서 그 토지에 관하여만 저당권을 설정하였다가 위 저당권에 의한 경매로 인하여 토지의 소유자가 달라진 경우에 건물공유자들은 민법 제366조에 의하여 토지 전부에 관하여 건물의 존속을 위한 법정지상권을 취득한다.
④ 토지를 매수하여 매수인 명의로 소유권이전청구권보전을 위한 가등기를 마치고 그 토지에 타인이 건물 등을 축조하여 점유 사용하는 것을 방지하기 위하여 지상권을 설정한 경우 가등기에 기한 본등기청구권이 시효의 완성으로 소멸하더라도 그 가등기와 함께 마쳐진 지상권이 당연히 소멸하는 것은 아니다.
⑤ 甲과 乙이 1필지의 대지를 구분소유적으로 공유하고 乙이 자기 몫의 대지 위에 건물을 신축하여 점유하던 중 위 대지의 乙 지분에 대한 강제경매절차에서 甲이 乙 지분을 취득한 경우 乙은 건물을 위한 관습상의 법정지상권을 취득한다.

【문 19】 지상권에 관한 다음 설명 중 가장 옳은 것은? (다툼이 있는 경우 판례에 의함) 2018년 법원사무관

① 미등기건물을 그 대지와 함께 매수한 사람이 그 대지에 관하여만 소유권이전등기를 넘겨받은 후, 대지에 대하여 저당권을 설정하고 그 저당권의 실행으로 대지가 경매되어 다른 사람의 소유로 된 경우 민법 제366조의 법정지상권이 성립한다.
② 지상권자의 지료연체를 이유로 토지소유자가 그 지상권소멸청구를 하여 이에 터 잡아 지상권이 소멸된 경우에도 민법 제283조 제2항 소정의 지상물매수청구권이 인정된다.
③ 지상권에 있어서 지료에 관한 유상 약정이 없다고 하더라도 지료의 지급을 구할 수 있다.
④ 지상권설정자가 2년 이상의 지료를 지급하지 아니한 지상권자로부터 연체된 지료의 일부를 지급받고 이를 이의 없이 수령하여 연체된 지료가 2년 미만으로 된 경우 종전에 지상권자가 2년분의 지료를 연체하였다는 사유를 들어 지상권자에게 지상권의 소멸을 청구할 수 없다.

【문 20】 법정지상권 내지 관습법상 법정지상권에 관한 다음 설명 중 가장 옳지 않은 것은? (다툼이 있는 경우 판례에 의함) 2023년 법원사무관

① 미등기건물을 그 대지와 함께 매도함으로써 매수인에게 그 대지에 관하여만 소유권이전등기가 경료되고 건물에 관하여는 등기가 경료되지 아니하여 형식적으로 대지와 건물이 그 소유 명의자를 달리하게 된 경우, 매도인에게 관습법상의 법정지상권을 인정할 수 있다.
② 원래 동일인에게의 소유권 귀속이 원인무효로 이루어졌다가 그 뒤 그 원인이 무효임이 밝혀져 그 등기가 말소됨으로써 건물과 토지의 소유자가 달라지게 된 경우, 관습법상의 법정지상권이 성립하지 않는다.
③ 미등기건물을 대지와 함께 매수하였으나 대지에 관하여만 소유권이전등기를 넘겨받은 상태에서 대지에 대하여 저당권을 설정한 후 그 저당권이 실행되어 대지가 다른 사람의 소유로 된 경우, 법정지상권이 성립한다고 볼 수 없다.
④ 강제경매의 목적이 된 토지 또는 그 지상 건물에 관하여 강제경매를 위한 압류나 그 압류에 선행한 가압류가 있기 이전에 저당권이 설정되어 있다가 강제경매로 저당권이 소멸한 경우, 그 저당권 설정 당시를 기준으로 토지와 그 지상 건물이 동일인에게 속하였는지에 따라 관습법상 법정지상권의 성립 여부를 판단하여야 한다.

【문 21】 관습법상 법정지상권에 관한 다음 설명 중 가장 옳지 않은 것은? (다툼이 있는 경우 판례에 의함) 2023년 법무사

① 대지 소유자가 그 지상 건물을 다른 사람과 공유하면서 대지만을 타인에게 매도한 경우 건물 공유자들은 대지에 관하여 관습법상 법정지상권을 취득한다.
② 관습법상 법정지상권이 성립된 토지에 대하여는 법정지상권자가 지상 건물의 유지 및 사용에 필요한 범위를 벗어나지 않은 한 그 토지를 자유로이 사용할 수 있는 것이므로, 지상 건물이 증축되었다 하더라도 관습법상 법정지상권자가 점유·사용할 권한이 있는 토지 위에 있는 이상 이를 철거할 의무는 없다.
③ 원소유자로부터 대지와 건물이 한 사람에게 매도되었으나 대지에 관하여만 그 소유권이전등기가 경료되고 건물의 소유 명의가 매도인 명의로 남아 있게 되어 형식적으로 대지와 건물이 그 소유 명의자를 달리하게 된 경우에 있어서는, 그 대지의 점유·사용 문제는 매매계약 당사자 사이의 계약에 따라 해결할 수 있는 것이므로 양자 사이에 관습법상 법정지상권을 인정할 필요는 없다.
④ 토지와 건물이 동일한 소유자에게 속하였다가 건물 또는 토지가 매매 기타 원인으로 인하여 양자의 소유자가 다르게 되었더라도, 당사자 사이에 그 건물을 철거하기로 하는 합의가 있었던 경우에는 건물 소유자는 토지 소유자에 대하여 그 건물을 위한 관습법상 법정지상권을 취득할 수 없다.
⑤ 토지공유자의 한 사람이 다른 공유자의 지분 과반수의 동의를 얻어 건물을 건축한 후 토지와 건물의 소유자가 달라진 경우 그와 같은 건물은 공유물인 토지의 관리방법으로서 적법한 사용·수익권에 기초하여 건축된 것이므로, 토지에 관하여 관습법상 법정지상권이 성립한다.

【문 22】 지상권 또는 법정지상권에 관한 다음 설명 중 옳은 것을 모두 고른 것은? (다툼이 있는 경우 판례에 의함) 2023년 법원서기보

ㄱ. 강제경매의 목적이 된 토지 또는 그 지상 건물에 관하여 강제경매를 위한 압류나 그 압류에 선행한 가압류가 있기 이전에 저당권이 설정되어 있다가 강제경매로 저당권이 소멸한 경우, 건물 소유를 위한 관습상 법정지상권의 성립 요건인 '토지와 그 지상 건물이 동일인 소유에 속하였는지'를 판단하는 기준 시기는 저당권 설정 당시이다.
ㄴ. 건물 철거의 합의가 관습상의 법정지상권 발생의 소극적 요건이 되는 이유는 그러한 합의가 없을 때라야 토지와 건물의 소유자가 달라진 후에도 건물 소유자로 하여금 그 건물의 소유를 위하여 토지를 계속 사용케 하려는 묵시적 합의가 있는 것으로 볼 수 있다는 데 있으므로, 건물 철거의 합의에 관습상의 법정지상권의 발생을 배제하는 효력을 인정할 수 있기 위하여는, 건물을 철거함으로써 토지의 계속 사용을 그만두고자 하는 당사자의 의사가 그 합의에 의하여 인정될 수 있어야 한다.
ㄷ. 토지공유자의 한 사람이 다른 공유자의 지분 과반수의 동의를 얻어 건물을 건축한 후 토지와 건물의 소유자가 달라진 경우 토지에 관하여 관습법상 법정지상권이 성립되는 것으로 본다.
ㄹ. 토지와 지상 건물이 함께 양도되었다가 채권자취소권의 행사에 따라 그중 건물에 관하여만 양도가 취소되고 수익자와 전득자 명의의 소유권이전등기가 말소된 경우, 이는 관습상 법정지상권의 성립요건인 '동일인의 소유에 속하고 있던 토지와 지상 건물이 매매 등으로 인하여 소유자가 다르게 된 경우'에 해당한다.

① ㄱ, ㄴ   ② ㄱ, ㄷ
③ ㄴ, ㄷ   ④ ㄷ, ㄹ

【문 23】 법정지상권 등에 관한 다음 설명 중 가장 옳지 않은 것은? (다툼이 있는 경우 판례에 의함) 2021년 법무사

① 일반적으로 자기의 노력과 재료를 들여 건물을 건축한 사람이 그 건물의 소유권을 원시취득하는 것이지만, 도급계약에 있어서는 수급인이 자기의 노력과 재료를 들여 건물을 완성하더라도 도급인과 수급인 사이에 도급인 명의로 건축허가를 받아 소유권보존등기를 하기로 하는 등 완성된 건물의 소유권을 도급인에게 귀속시키기로 합의한 것으로 보일 경우에는 그 건물의 소유권은 도급인에게 원시적으로 귀속된다.

② 동일한 소유자에 속하는 대지와 그 지상 건물이 매매에 의하여 각기 소유자가 달라지게 된 경우에는 특히 건물을 철거한다는 조건이 없는 한 건물소유자는 대지 위에 건물을 위한 관습상의 법정지상권을 취득하는 것이고, 한편 건물소유를 위하여 법정지상권을 취득한 자로부터 경매에 의하여 건물의 소유권을 이전받은 경락인은 경락 후 건물을 철거한다는 등의 매각조건하에서 경매되는 경우 등 특별한 사정이 없는 한 건물의 경락취득과 함께 위 지상권도 당연히 취득한다. 이러한 법리는 압류, 가압류나 체납처분압류 등 처분제한의 등기가 된 건물에 관하여 그에 저촉되는 소유권이전등기를 마친 사람이 건물의 소유자로서 관습상의 법정지상권을 취득한 후 경매 또는 공매절차에서 건물이 매각되는 경우에도 마찬가지로 적용된다.

③ 동일인의 소유에 속하고 있던 토지와 지상 건물이 매매 등으로 인하여 소유자가 다르게 된 경우에 건물을 철거한다는 특약이 없는 한 건물소유자는 건물의 소유를 위한 관습상 법정지상권을 취득한다. 나아가 토지와 지상 건물이 함께 양도되었다가 채권자취소권의 행사에 따라 그중 건물에 관하여만 양도가 취소되고 수익자와 전득자 명의의 소유권이전등기가 말소되었다면, 이는 관습상 법정지상권의 성립요건인 '동일인의 소유에 속하고 있던 토지와 지상 건물이 매매 등으로 인하여 소유자가 다르게 된 경우'에 해당한다고 봄이 상당하다.

④ 법정지상권을 취득한 건물소유자가 법정지상권의 설정등기를 경료함이 없이 건물을 양도하는 경우에는 특별한 사정이 없는 한 건물과 함께 지상권도 양도하기로 하는 채권적 계약이 있었다고 할 것이므로 법정지상권자는 지상권설정등기를 한 후에 건물양수인에게 이의 양도등기절차를 이행하여 줄 의무가 있는 것이고 따라서 건물양수인은 건물양도인을 순차대위하여 토지소유자에 대하여 건물소유자였던 최초의 법정지상권자에의 법정지상권설정등기절차 이행을 청구할 수 있다. 그리고 법정지상권을 가진 건물소유자로부터 건물을 양수하면서 지상권까지 양도받기로 한 사람에 대하여 대지소유자가 소유권에 기하여 건물철거 및 대지의 인도를 구하는 것은 지상권의 부담을 용인하고 그 설정등기절차를 이행할 의무있는 자가 그 권리자를 상대로 한 청구라 할 것이어서 신의성실의 원칙상 허용될 수 없다.

⑤ 동일인의 소유에 속하는 토지 및 그 지상 건물에 관하여 공동저당권이 설정된 후 그 지상 건물이 철거되고 새로 건물이 신축된 경우에는 그 신축건물의 소유자가 토지의 소유자와 동일하고 토지의 저당권자에게 신축건물에 관하여 토지의 저당권과 동일한 순위의 공동저당권을 설정해 주는 등 특별한 사정이 없는 한 저당물의 경매로 인하여 토지와 그 신축건물이 다른 소유자에 속하게 되더라도 그 신축건물을 위한 법정지상권은 성립하지 않는다.

【문 24】 법정지상권에 관한 다음 설명 중 가장 옳지 않은 것은? (다툼이 있는 경우 판례에 의함)   2018년 법원행시

① '건물 철거의 합의'가 관습상의 법정지상권 발생의 소극적 요건이 되는 이유는 그러한 합의가 없을 때라야 토지와 건물의 소유자가 달라진 후에도 건물 소유자로 하여금 그 건물의 소유를 위하여 토지를 계속 사용케 하려는 '묵시적 합의'가 있는 것으로 볼 수 있다는 데 있고, 한편 건물 철거의 합의에 위와 같은 묵시적 합의를 깨뜨리는 효력, 즉 관습상의 법정지상권의 발생을 배제하는 효력을 인정할 수 있기 위하여서는 단지 형식적으로 건물을 철거한다는 내용만이 아니라 건물을 철거함으로써 토지의 계속 사용을 그만두고자 하는 당사자의 의사가 그 합의에 의하여 인정될 수 있어야 한다.
② 민법 제366조 소정의 법정지상권은 토지와 그 토지상의 건물이 같은 사람의 소유에 속하였다가 그중의 하나가 경매 등으로 인하여 다른 사람의 소유에 속하게 된 경우에 그 건물의 유지, 존립을 위하여 특별히 인정된 권리이기는 하지만, 그렇다고 하여 위 법정지상권이 건물의 소유에 부속되는 종속적인 권리가 되는 것이 아니며 하나의 독립된 법률상의 물권으로서의 성격을 지니고 있는 것이기 때문에 건물의 소유자가 건물과 법정지상권 중 어느 하나만을 처분하는 것도 가능하다.
③ 법정지상권이 붙은 건물의 양수인은 법정지상권에 대한 등기를 하지 않았다 하더라도 토지소유자에 대한 관계에서 적법하게 토지를 점유·사용하고 있는 자라 할 것이고, 따라서 건물을 양도한 자라고 하더라도 지상권갱신청구권이 있고 건물의 양수인은 법정지상권자인 양도인의 갱신청구권을 대위행사할 수 있다.
④ 토지와 지상 건물이 함께 양도되었다가 채권자취소권의 행사에 따라 그중 건물에 관하여만 양도가 취소되고 수익자와 전득자 명의의 소유권이전등기가 말소되었다고 하더라도, 이는 관습상 법정지상권의 성립요건인 '동일인의 소유에 속하고 있던 토지와 지상 건물이 매매 등으로 인하여 소유자가 다르게 된 경우'에 해당한다고 할 수 없다.
⑤ 건물 소유를 위하여 법정지상권을 취득한 자로부터 경매에 의하여 그 건물의 소유권을 이전받은 경락인은 경락 후 건물을 철거한다는 등의 매각조건하에서 경매되는 경우 등 특별한 사정이 없는 한 건물의 경락취득과 함께 위 지상권도 당연히 취득한다. 다만 이러한 법리는 압류, 가압류나 체납처분압류 등 처분제한의 등기가 된 건물에 관하여 그에 저촉되는 소유권이전등기를 마친 사람이 건물의 소유자로서 관습상의 법정지상권을 취득한 후 경매 또는 공매절차에서 건물이 매각되는 경우에는 적용되지 않는다.

【문 25】 민법 제366조의 (저당물의 경매로 인한) 법정지상권에 관한 다음 설명 중 가장 옳지 않은 것은? (다툼이 있는 경우 판례에 의함)   2019년 법원주사보

① 저당물의 경매로 인하여 토지와 그 지상 건물이 다른 소유자에 속한 경우에는 토지 소유자는 건물 소유자에 대하여 지상권을 설정한 것으로 보며, 이 경우 지료는 당사자의 청구에 의하여 법원이 정한다.
② 토지에 대한 저당권이 설정될 당시 토지 소유자에 의하여 그 지상에 건물이 건축중이어서 아직 독립된 건물에 이르지 않았다 하더라도, 그것이 토지의 매수인이 매각대금을 완납할 때까지 독립된 부동산으로서 건물로서의 요건을 갖춘 경우에는 법정지상권이 성립한다.
③ 미등기건물을 그 대지와 함께 매수한 사람이 그 대지에 관하여만 소유권이전등기를 넘겨받고 건물에 대하여는 그 등기를 이전받지 못하고 있다가, 대지에 대하여 저당권을 설정하고 그 저당권의 실행으로 대지가 경매되어 다른 사람의 소유로 된 경우에는, 그 건물의 소유를 위한 법정지상권이 성립될 여지가 없다.
④ 공유로 등기된 토지의 소유관계가 구분소유적 공유관계에 있는 경우에는, 건물을 소유하고 있는 공유자가 그 건물 또는 토지지분에 대하여 저당권을 설정하였다가 그 후 저당권의 실행으로 소유자가 달라지게 되면, 건물 소유자는 그 건물의 소유를 위한 법정지상권을 취득할 수 없다.

| 박문각 이준현 채움팀 | 제7회 사전모의고사 | 민법 담당: 이준현 교수 |

【문 1】 전세권에 관한 다음 설명 중 가장 옳지 않은 것은? (다툼이 있는 경우 판례에 의함) 〈2021년 법원서기보〉

① 전세금의 지급은 전세권 성립의 요소이므로, 전세금의 지급이 반드시 현실적으로 수수되어야만 하는 것이고, 기존의 채권으로 전세금의 지급에 갈음할 수는 없다.
② 건물의 일부에 대하여 전세권이 설정되어 있는 경우, 그 전세권자는 전세권의 목적물이 아닌 나머지 건물부분에 대하여는 우선변제권은 별론으로 하고 경매신청권은 없다.
③ 전세권의 존속기간을 정하지 않은 경우, 각 당사자는 언제든지 상대방에 대하여 전세권의 소멸을 통고할 수 있고, 상대방이 이 통고를 받은 날로부터 6월이 경과하면 전세권은 소멸한다.
④ 전세권이 소멸한 때에는 전세권설정자는 전세권자로부터 그 목적물의 인도 및 전세권설정등기의 말소등기에 필요한 서류의 교부를 받는 동시에 전세금을 반환하여야 한다.

【문 2】 전세권에 관한 다음 설명 중 가장 옳지 않은 것은? (다툼이 있는 경우 판례에 의함) 〈2020년 법무사〉

① 전세권이 그 존속기간의 만료로 인하여 소멸한 때에는 전세권자는 그 목적물을 원상에 회복하여야 하며 그 목적물에 부속시킨 물건은 수거할 수 있다. 그러나 전세권설정자가 그 부속물건의 매수를 청구한 때에는 전세권자는 정당한 이유 없이 거절하지 못한다.
② 전세금의 지급은 전세권 성립의 요소가 되는 것이지만 그렇다고 하여 전세금의 지급이 반드시 현실적으로 수수되어야만 하는 것은 아니고 기존의 채권으로 전세금의 지급에 갈음할 수도 있다.
③ 전세권이 소멸한 때에는 전세권설정자는 전세권자로부터 그 목적물의 인도 및 전세권설정등기의 말소등기에 필요한 서류의 교부를 받는 동시에 전세금을 반환하여야 한다.
④ 전세권이 존속기간의 만료 등으로 종료한 경우라면 최선순위 전세권자의 채권자는 전세권이 설정된 부동산에 대한 경매절차에서 전세금반환채권에 대하여 압류 및 추심명령을 받은 다음 추심권한에 기하여 전세권에 대한 배당요구를 할 수 있을 뿐이지, 채권자대위권에 기하여 자기 이름으로 배당요구를 할 수는 없다.
⑤ 타인의 토지에 있는 건물에 전세권을 설정한 때에는 전세권의 효력은 그 건물의 소유를 목적으로 한 지상권 또는 임차권에 미친다.

【문 3】 다음 설명 중 가장 옳지 않은 것은? (다툼이 있는 경우 판례에 의함) 〈2023년 법무사〉

① 전세권 소멸 시 목적부동산의 인도 및 전세권설정등기의 말소등기에 필요한 서류의 교부의무와 전세금반환의무는 동시이행의 관계에 있다.
② 전세권자에게 책임 있는 사유로 전세권의 목적인 부동산이 일부 멸실된 경우 전세권설정자는 멸실된 부분만이 아니라 전세권 전부의 소멸을 청구할 수 있다.
③ 건물의 일부에 대하여 전세권이 설정되어 있는 경우 그 전세권자는 전세권의 목적이 아닌 나머지 건물부분에 대하여는 경매신청을 할 수 없다.
④ 전세기간 만료 이후 전세권양도계약 및 전세권이전의 부기등기가 이루어진 경우 전세권이 담보물권적 성격도 가지는 이상 부종성과 수반성이 있는 것이므로 이로써 당연히 전세금반환채권 또한 이전되었다고 할 것이어서 확정일자 있는 증서에 의한 채권양도절차를 거치지 않더라도 전세금반환채권의 압류·전부채권자 등 제3자에게 대항할 수 있다.
⑤ 당사자가 주로 채권담보의 목적으로 전세권을 설정하였고, 그 설정과 동시에 목적물을 인도하지 아니한 경우라 하더라도, 장차 전세권자가 목적물을 사용·수익하는 것을 완전히 배제하는 것이 아니라면 그 전세권의 효력을 부인할 수는 없다.

【문 4】 전세권에 관한 다음 설명 중 가장 옳지 않은 것은? (다툼이 있는 경우 판례에 의함) 2019년 법무사

① 전세권을 목적으로 한 저당권이 설정된 경우, 저당권이 설정된 때에 이미 전세권설정자가 전세권자에 대하여 반대채권을 가지고 있고 반대채권의 변제기가 장래 발생할 전세금반환채권의 변제기와 동시에 또는 그보다 먼저 도래하는 경우라도 전세권설정자는 반대채권을 자동채권으로 하여 전세금반환채권과 상계함으로써 전세권저당권자에게 대항할 수 없다.
② 토지와 건물을 함께 소유하던 자가 건물에 대하여 전세권을 설정하여 주었는데 그 후 토지가 제3자에게 매각되어 건물소유자가 법정지상권을 취득한 후 건물을 다시 타인에게 양도한 경우, 건물 양수인이 토지 소유자와의 관계에서 전세권자의 동의 없이 법정지상권을 취득할 지위를 소멸시켰다고 하더라도, 건물 양수인은 그 사유를 들어 전세권자에게 대항할 수 없다.
③ 전세금은 민법 제315조에 정한 전세권설정자의 전세권자에 대한 손해배상채권 외 다른 채권까지 담보한다고 볼 수 없으므로, 전세권설정자가 전세권자에 대하여 위 손해배상채권 외 다른 채권을 가지고 있더라도 다른 특별한 사정이 없는 한 이를 가지고 전세금반환채권에 대하여 물상대위권을 행사한 전세권저당권자에게 상계로 대항할 수 없다.
④ 전세권이 존속하는 동안은 전세권을 존속시키기로 하면서 전세금반환채권만을 전세권과 분리하여 확정적으로 양도하는 것은 허용되지 않으며, 다만 전세권 존속 중에는 장래에 그 전세권이 소멸하는 경우에 전세금반환채권이 발생하는 것을 조건으로 그 장래의 조건부 채권을 양도할 수 있을 뿐이다.
⑤ 당사자가 주로 채권담보의 목적으로 전세권을 설정하였고, 그 설정과 동시에 목적물을 인도하지 아니한 경우라 하더라도, 장차 전세권자가 목적물을 사용·수익하는 것을 완전히 배제하는 것이 아니라면, 그 전세권의 효력을 부인할 수는 없다.

【문 5】 전세권에 관한 다음 설명 중 가장 옳지 않은 것은? (다툼이 있는 경우 판례에 의함) 2023년 법원행시

① 전세권자는 필요비의 상환을 청구할 수 없으나, 유익비는 상환청구를 할 수 있다.
② 전세권자인 채권자가 전세목적물에 대한 경매를 청구하려면 우선 전세권설정자에 대하여 전세목적물의 인도의무 및 전세권설정등기말소의무의 이행제공을 완료하여 전세권설정자를 이행지체에 빠뜨려야 한다.
③ 전세권이 존속하는 동안은 전세권을 존속시키기로 하면서 전세금반환채권만을 전세권과 분리하여 확정적으로 양도하는 것은 허용되지 않는 것이며, 다만 전세권 존속 중에는 장래에 그 전세권이 소멸하는 경우에 전세금 반환채권이 발생하는 것을 조건으로 그 장래의 조건부 채권을 양도할 수 있을 뿐이라 할 것이다.
④ 전세금이 목적부동산에 관한 조세·공과금 기타 부담의 증감이나 경제사정의 변동으로 인하여 상당하지 않게 된 경우, 당사자는 장래에 대하여 그 증감을 청구할 수 있는데, 그 증감청구의 비율은 약정한 전세금의 20분의 1을 초과하지 못한다.
⑤ 전세권의 존속기간은 10년을 넘지 못하며, 당사자가 약정한 기간이 10년을 넘는 때에는 10년으로 단축된다.

【문 6】 전세권에 관한 다음 설명 중 가장 옳지 않은 것은? (다툼이 있는 경우 판례에 의함) 2021년 법원사무관

① 전세권자가 전세권설정계약 또는 그 목적물의 성질에 의하여 정하여진 용법으로 이를 사용·수익하지 아니한 경우에는 전세권설정자는 전세권의 소멸을 청구할 수 있다.
② 전세권 소멸시 목적부동산의 반환 및 전세권설정등기의 말소등기에 필요한 서류의 교부의무와 전세금반환의무는 동시이행의 관계에 있다.
③ 전세기간 만료 이후 전세권양도계약 및 전세권이전의 부기등기가 이루어진 경우 전세권이 담보물권적 성격도 가지는 이상 부종성과 수반성이 있는 것이므로 이로써 당연히 전세금반환채권 또한 이전되었다고 할 것이어서 확정일자 있는 증서에 의한 채권양도절차를 거치지 않더라도 전세금반환채권의 압류·전부 채권자 등 제3자에게 대항할 수 있다.
④ 건물의 일부에 대하여 전세권이 설정되어 있는 경우 그 전세권자는 전세권의 목적이 아닌 나머지 건물부분에 대하여는 경매신청을 할 수 없다.

【문 7】 유치권에 관한 다음 설명 중 가장 옳지 않은 것은? (다툼이 있는 경우 판례에 의함) 2022년 법원서기보

① 채무자가 채무초과의 상태에 이미 빠졌거나 그러한 상태가 임박함으로써 채권자가 원래라면 자기 채권의 충분한 만족을 얻을 가능성이 현저히 낮아진 상태에서 이미 채무자 소유의 목적물에 저당권 기타 담보물권이 설정되어 있어서 유치권의 성립에 의하여 저당권자 등이 그 채권 만족상의 불이익을 입을 것을 잘 알면서 자기 채권의 우선적 만족을 위하여 위와 같이 취약한 재정적 지위에 있는 채무자와의 사이에 의도적으로 유치권의 성립요건을 충족하는 내용의 거래를 일으키고 그에 기하여 목적물을 점유하게 됨으로써 유치권이 성립하였다면, 유치권자가 그 유치권을 저당권자 등에 대하여 주장하는 것은 다른 특별한 사정이 없는 한 신의칙에 반하는 권리행사 또는 권리남용으로서 허용되지 아니한다.
② 부동산 매도인이 매매대금을 다 지급받지 않은 상태에서 매수인에게 소유권이전등기를 마쳐주었으나 부동산을 계속 점유하고 있는 경우, 매매대금채권을 피담보채권으로 하여 매수인이나 그에게서 부동산 소유권을 취득한 제3자에게 유치권을 주장할 수 있다.
③ 채무자는 상당한 담보를 제공하고 유치권의 소멸을 청구할 수 있는바, 유치물 가액이 피담보채권액보다 많을 경우에는 피담보채권액에 해당하는 담보를 제공하면 되고, 유치물 가액이 피담보채권액보다 적을 경우에는 유치물 가액에 해당하는 담보를 제공하면 된다.
④ 甲이 건물 신축공사 수급인인 乙 주식회사와 체결한 약정에 따라 공사현장에 시멘트와 모래 등의 건축자재를 공급한 사안에서, 甲의 건축자재대금채권은 건물 자체에 관하여 생긴 채권이라고 할 수 없으므로 건물에 관한 유치권의 피담보채권이 될 수 없다.

【문 8】 유치권에 관한 다음 설명 중 옳지 않은 것을 모두 고른 것은? (각 지문은 상호 독립적임) (다툼이 있는 경우 판례에 의함)   2022년 법원행시

ㄱ. 소유자는 그 소유에 속한 물건을 점유한 자에 대하여 반환을 청구할 수 있다. 그러나 점유자가 그 물건을 점유할 권리가 있는 때에는 반환을 거부할 수 있고, 여기서 반환을 거부할 수 있는 점유할 권리에는 유치권도 포함된다. 유치권자로부터 유치물을 유치하기 위한 방법으로 유치물의 점유 내지 보관을 위탁받은 자는 특별한 사정이 없는 한 점유할 권리가 있음을 들어 소유자의 소유물반환청구를 거부할 수 있다.
ㄴ. 유치권의 성립요건인 유치권자의 점유는 직접점유이든 간접점유이든 관계없지만, 유치권자는 채무자의 승낙이 없는 이상 그 목적물을 타에 임대할 수 있는 처분권한이 없으므로, 유치권자의 그러한 임대행위는 소유자의 처분권한을 침해하는 것으로서 소유자에게 그 임대의 효력을 주장할 수 없다.
ㄷ. 점유자가 점유의 침탈을 당한 때에는 그 물건의 반환 및 손해의 배상을 청구할 수 있고, 위 청구권은 점유를 침탈당한 날부터 1년 내에 행사하여야 하므로, 점유를 침탈당한 자가 본권인 유치권 소멸에 따른 손해배상청구권을 행사하는 때에는 점유를 침탈당한 날부터 1년 내에 행사하여야 한다.
ㄹ. 건물신축 공사대금 일부를 지급받지 못한 甲 회사는 건물을 점유하면서 유치권을 행사하고 있다. 그 후 乙이 경매절차에서 건물 중 일부 점포를 매수하여 소유권이전등기를 마친 다음 甲 회사의 점유를 침탈하여 丙에게 임대하였다. 乙의 점유침탈로 甲 회사는 점유를 상실하였으므로 유치권은 소멸하였다. 甲 회사가 점유를 회복하기 전까지는 앞으로 점유회수의 소를 제기하여 점유를 회복할 수 있다는 사정만으로 甲 회사의 유치권이 소멸하지 않았다고 볼 수는 없다.
ㅁ. 유치권의 성립요건인 유치권자의 점유는 직접점유이든 간접점유이든 관계없다. 다만 간접점유를 인정하기 위해서는 간접점유자와 직접점유를 하는 자 사이에 일정한 법률관계, 즉 점유매개관계가 필요한데, 간접점유에서 점유매개관계를 이루는 임대차계약 등이 해지 등의 사유로 종료되면 더 이상 점유매개관계를 이루고 있다고 볼 수 없으므로, 유치권자의 간접점유도 소멸한다.

① ㄱ, ㄴ
② ㄴ, ㄷ
③ ㄱ, ㄷ
④ ㄱ, ㄹ
⑤ ㄷ, ㅁ

【문 9】 유치권에 관한 다음 설명 중 가장 옳지 않은 것은? (다툼이 있는 경우 판례에 의함)   2020년 법무사

① 채권자가 채무자를 직접점유자로 하여 목적물을 간접점유하는 경우 유치권이 성립하지 아니한다.
② 건물의 임차인이 임대차관계 종료시에는 건물을 원상으로 복구하여 임대인에게 명도하기로 약정하였다고 하더라도 임차인은 임대차보증금을 반환받을 때까지 건물에 관하여 비용상환청구권이 있음을 전제로 하는 유치권을 주장할 수 있다.
③ 토지소유자가 건물의 존재에 따른 불법점유를 이유로 건물점유자에게 건물의 철거를 구하는 경우 건물점유자가 건물의 원시취득자에게 그 건물에 관한 유치권이 있다고 하더라도 토지소유자에게 대항할 수 없다.
④ 목적물에 관하여 채권이 발생하였으나 채권자가 목적물에 관한 점유를 취득하기 전에 그에 관하여 저당권 등 담보물권이 설정되고 이후에 채권자가 목적물에 관한 점유를 취득한 경우 채권자는 다른 사정이 없는 한 그와 같이 취득한 민사유치권을 저당권자 등에게 주장할 수 있다.
⑤ 수급인의 재료와 노력으로 건축되었고 독립한 건물에 해당되는 기성부분은 수급인의 소유라 할 것이므로 수급인은 공사대금을 지급받을 때까지 이에 대하여 유치권을 가질 수 없다.

【문 10】 유치권에 관한 다음 설명 중 가장 옳은 것은? (다툼이 있는 경우 판례에 의함)   2023년 법원행시

① 민법 제327조에 따라 채무자는 상당한 담보를 제공하고 유치권의 소멸을 청구할 수 있는데, 이때 채무자가 제공하는 담보는 피담보채권액과는 무관하고 적어도 유치물 가액에 해당하는 담보를 제공하면 된다.
② 이른바 계약명의신탁에 있어 명의신탁자가 명의수탁자에 대하여 가지는 매매대금 상당의 부당이득반환청구권은 소유권 등에 기한 부동산의 반환청구권과 동일한 사실관계로부터 발생한 채권이라고 볼 수 있으므로, 민법 제320조 제1항에서 정한 유치권 성립요건으로서의 목적물과 채권 사이의 견련관계가 인정된다.
③ 매도인 甲이 부동산을 점유하고 있고 소유권을 이전받은 매수인 乙에게서 매매대금 일부를 지급받지 못하고 있다면 매매대금채권을 피담보채권으로 매수인 乙이나 그에게서 부동산 소유권을 취득한 제3자를 상대로 유치권을 주장할 수 있다.
④ 甲이 건물 신축공사 수급인인 乙 주식회사와 체결한 약정에 따라 공사현장에 공급한 시멘트와 모래 등의 건축자재가 수급인 등에 의해 위 건물의 신축공사에 사용됨으로써 결과적으로 위 건물에 부합되었다면 건축자재대금채권은 건물 자체에 관하여 생긴 채권이라고 할 수 있으므로 건물에 관한 유치권의 피담보채권이 된다.
⑤ 유치권자는 유치물 소유자의 승낙 없이 유치물을 보존에 필요한 범위를 넘어 사용할 수 없고, 유치권자가 유치물을 그와 같이 사용한 경우에는 그로 인한 이익을 부당이득으로 소유자에게 반환하여야 한다. 따라서 유치권자가 유치물에 관하여 제3자와의 사이에 전세계약을 체결하여 전세금을 수령하였다면 소유자에게 그 전세금에 대한 법정이자 상당액을 부당이득으로 반환하여야 한다.

【문 11】 유치권에 관한 다음 설명 중 가장 옳지 않은 것은? (다툼이 있는 경우 판례에 의함)   2021년 법원서기보

① 타인의 물건 또는 유가증권을 점유한 자는 그 물건이나 유가증권에 관하여 생긴 채권이 변제기에 있는 경우에는 변제를 받을 때까지 그 물건 또는 유가증권을 유치할 권리가 있다.
② 채권자가 유치권을 행사하고 있다면 채권자가 권리를 행사하고 있는 것이므로, 채권자의 채권은 소멸시효가 진행하지 않는다.
③ 채무자 소유의 부동산에 경매개시결정의 기입등기가 경료되어 압류의 효력이 발생한 이후에 채권자가 채무자로부터 위 부동산의 점유를 이전받고 이에 관한 공사 등을 시행함으로써 채무자에 대한 공사대금채권 및 이를 피담보채권으로 한 유치권을 취득한 경우, 부동산을 점유한 채권자로서는 위 유치권을 내세워 그 부동산에 관한 경매절차의 매수인에게 대항할 수 없다.
④ 민사유치권의 객체인 물건 또는 유가증권은 채무자의 소유에 한정되지 않는다. 이 점에서 채무자 소유의 물건 또는 유가증권을 객체로 하는 상사유치권과 구별된다.

【문 12】유치권에 관한 다음 설명 중 가장 옳지 않은 것은? (다툼이 있는 경우 판례에 의함) 2021년 법무사

① 근저당권자에게 담보목적물에 관하여 각 유치권의 부존재 확인을 구할 법률상 이익이 있다고 보는 것은 경매절차에서 유치권이 주장됨으로써 낮은 가격에 입찰이 이루어져 근저당권자의 배당액이 줄어들 위험이 있다는 데에 근거가 있고, 이는 소유자가 그 소유의 부동산에 관한 경매절차에서 유치권의 부존재 확인을 구하는 경우에도 마찬가지이다. 위와 같이 경매절차에서 유치권이 주장되었으나 소유부동산 또는 담보목적물이 매각되어 그 소유권이 이전되어 소유권을 상실하거나 근저당권이 소멸하였다면, 소유자와 근저당권자는 유치권의 부존재 확인을 구할 법률상 이익이 없다.

② 甲 주식회사가 건물신축 공사대금 일부를 지급받지 못하자 건물을 점유하면서 유치권을 행사해 왔는데, 그 후 乙이 경매절차에서 건물 중 일부 상가를 매수하여 소유권이전등기를 마친 다음 甲 회사의 점유를 침탈하여 丙에게 임대한 사안에서, 乙의 점유침탈로 甲 회사가 점유를 상실한 이상 유치권은 소멸하고, 甲 회사가 점유회수의 소를 제기하여 승소판결을 받아 점유를 회복하면 점유를 상실하지 않았던 것으로 되어 유치권이 되살아난다.

③ 유치권은 법정담보물권이기는 하나 채권자의 이익보호를 위한 채권담보의 수단에 불과하므로 이를 포기하는 특약은 유효하고, 유치권을 사전에 포기한 경우 다른 법정요건이 모두 충족되더라도 유치권이 발생하지 않는 것과 마찬가지로 유치권을 사후에 포기한 경우 곧바로 유치권은 소멸한다. 다만, 유치권 포기로 인한 유치권의 소멸은 유치권 포기 의사표시의 상대방 이외의 사람은 주장할 수 없다.

④ 민법 제320조 제1항에서 '그 물건에 관하여 생긴 채권'은 유치권 제도 본래의 취지인 공평의 원칙에 특별히 반하지 않는 한 채권이 목적물 자체로부터 발생한 경우는 물론이고 채권이 목적물의 반환청구권과 동일한 법률관계나 사실관계로부터 발생한 경우도 포함하고, 한편 민법 제321조는 "유치권자는 채권 전부의 변제를 받을 때까지 유치물 전부에 대하여 그 권리를 행사할 수 있다."고 규정하고 있으므로, 유치물은 그 각 부분으로써 피담보채권의 전부를 담보하며, 이와 같은 유치권의 불가분성은 그 목적물이 분할 가능하거나 수개의 물건인 경우에도 적용된다.

⑤ 채무자가 채무초과의 상태에 이미 빠졌거나 그러한 상태가 임박함으로써 채권자가 원래라면 자기 채권의 충분한 만족을 얻을 가능성이 현저히 낮아진 상태에서 이미 채무자 소유의 목적물에 저당권 기타 담보물권이 설정되어 있어서 유치권의 성립에 의하여 저당권자 등이 그 채권 만족상의 불이익을 입을 것을 잘 알면서 자기 채권의 우선적 만족을 위하여 위와 같이 취약한 재정적 지위에 있는 채무자와의 사이에 의도적으로 유치권의 성립요건을 충족하는 내용의 거래를 일으키고 그에 기하여 목적물을 점유하게 됨으로써 유치권이 성립하였다면, 유치권자가 그 유치권을 저당권자 등에 대하여 주장하는 것은 다른 특별한 사정이 없는 한 신의칙에 반하는 권리행사 또는 권리남용으로서 허용되지 아니한다. 그리고 저당권자 등은 경매절차 기타 채권실행절차에서 위와 같은 유치권을 배제하기 위하여 그 부존재의 확인 등을 소로써 청구할 수 있다고 할 것이다.

【문 13】유치권에 관한 다음 설명 중 가장 옳지 않은 것은? (다툼이 있는 경우 판례에 의함) 2023년 법원사무관

① 부동산에 관하여 이미 경매절차가 개시되어 진행되고 있는 상태에서 비로소 그 부동산에 유치권을 취득한 경우에도 아무런 제한 없이 경매절차의 매수인에 대한 유치권의 행사를 허용하면 경매절차에 대한 신뢰와 절차적 안정성이 크게 위협받게 됨으로써 경매 목적 부동산을 신속하고 적정하게 환가하기가 매우 어렵게 되고 경매절차의 이해관계인에게 예상하지 못한 손해를 줄 수도 있으므로, 그러한 경우에까지 압류채권자를 비롯한 다른 이해관계인들의 희생 아래 유치권자만을 우선 보호하는 것은 집행절차의 법적 안정성이라는 측면에서 받아들일 수 없다. 그리하여 대법원은 집행절차의 법적 안정성을 보장할 목적으로 부동산에 관하여 경매개시결정등기가 된 뒤에 비로소 부동산의 점유를 이전받거나 피담보채권이 발생하여 유치권을 취득한 경우에는 경매절차의 매수인에 대하여 유치권을 행사할 수 없다고 본 것이다.

② 민법 제321조는 "유치권자는 채권 전부의 변제를 받을 때까지 유치물 전부에 대하여 그 권리를 행사할 수 있다."라고 정하므로, 유치물은 그 각 부분으로써 피담보채권의 전부를 담보하고, 이와 같은 유치권의 불가분성은 그 목적물이 분할 가능하거나 수개의 물건인 경우에도 적용된다.

③ 유치권의 성립요건인 유치권자의 점유는 직접점유만을 뜻하고 간접점유로는 유치권이 성립할 수 없다.

④ 유치권은 법정담보물권이기는 하나 채권자의 이익보호를 위한 채권담보의 수단에 불과하므로 이를 포기하는 특약은 유효하고, 유치권을 사전에 포기한 경우 다른 법정요건이 모두 충족되더라도 유치권이 발생하지 않는 것과 마찬가지로 유치권을 사후에 포기한 경우 곧바로 유치권은 소멸한다. 그리고 유치권 포기로 인한 유치권의 소멸은 유치권 포기의 의사표시의 상대방뿐 아니라 그 이외의 사람도 주장할 수 있다.

【문 14】 질권에 관한 다음 설명 중 가장 옳지 않은 것은? (다툼이 있는 경우 판례에 의함)   2021년 법원사무관

① 질권설정자는 질권자의 동의없이 질권의 목적된 권리를 소멸하게 하거나 질권자의 이익을 해하는 변경을 할 수 없다.
② 타인에 대한 채무의 담보로 제3채무자에 대한 채권에 대하여 권리질권을 설정한 경우, 질권설정자가 제3채무자에게 질권설정의 사실을 통지하거나 제3채무자가 이를 승낙한 때에는 제3채무자가 질권자의 동의 없이 질권의 목적인 채무를 변제하더라도 이로써 질권자에게 대항할 수 없다.
③ 질권의 목적인 채권의 양도행위는 질권자의 이익을 해하는 변경에 해당하여 질권자의 동의를 요한다.
④ 질권설정자와 제3채무자가 질권의 목적된 권리를 소멸하게 하는 행위를 하였다고 하더라도 이는 질권자에 대한 관계에 있어 무효일 뿐이어서 특별한 사정이 없는 한 질권자 아닌 제3자가 그 무효의 주장을 할 수는 없다.

【문 15】 질권에 관한 다음 설명 중 가장 옳은 것은? (다툼이 있는 경우 판례에 의함)   2018년 법무사

① 채권질권의 효력이 질권의 목적이 된 채권의 지연손해금 등과 같은 부대채권에까지 미치는 것은 아니다.
② 금전채권의 질권자가 민법 제353조 제1항, 제2항에 의하여 자기채권의 범위 내에서 직접청구권을 행사하는 경우 제3채무자의 질권자에 대한 금전지급으로써 제3채무자의 질권설정자에 대한 급부가 이루어질 뿐만 아니라 질권설정자의 질권자에 대한 급부도 이루어진다고 보아야 한다. 그런데 위와 같은 경우에 입질채권의 발생원인인 계약관계에 무효 등의 흠이 있어 입질채권이 부존재한다면, 제3채무자는 특별한 사정이 없는 한 질권자 또는 질권설정자를 상대로 부당이득반환을 구할 수 있다.
③ 제3채무자가 질권설정을 승낙한 후 그 질권설정계약이 합의해지된 경우 질권설정자가 그 해지를 이유로 제3채무자에게 원래의 채권으로 대항하려면 질권자가 제3채무자에게 해지 사실을 통지하여야 한다. 만일 질권자가 제3채무자에게 질권설정계약 해지 사실을 통지하였다면, 설사 아직 해지가 되지 아니하였다고 하더라도 선의인 제3채무자는 질권설정자에게 대항할 수 있는 사유로 질권자에게 대항할 수 있다.
④ 민법 제347조는 채권을 질권의 목적으로 하는 경우에 채권증서가 있는 때에는 질권의 설정은 그 증서를 질권자에게 교부함으로써 효력이 생긴다고 규정하고 있다. 임대차계약서와 같이 계약 당사자 쌍방의 권리의무관계의 내용을 기재한 서면은 여기에서 말하는 '채권증서'에 해당한다.
⑤ 민법 제352조는 질권설정자는 질권자의 동의없이 질권의 목적된 권리를 소멸하게 하거나 질권자의 이익을 해하는 변경을 할 수 없다고 규정하고 있다. 질권설정자와 제3채무자가 질권의 목적된 권리를 소멸하게 하는 행위를 한 경우 질권자뿐 아니라 제3자도 그 무효를 주장할 수 있다.

【문 16】 질권에 관한 다음 설명 중 가장 옳지 않은 것은? (다툼이 있는 경우 판례에 의함) 2018년 법원행시

① 민법 제352조는 "질권설정자는 질권자의 동의없이 질권의 목적된 권리를 소멸하게 하거나 질권자의 이익을 해하는 변경을 할 수 없다."라고 규정하고 있다. 그런데 질권의 목적인 채권의 양도행위는 민법 제352조 소정의 질권자의 이익을 해하는 변경에 해당되지 않으므로 질권자의 동의를 요하지 않는다.
② 질권자는 질물에 의하여 변제를 받지 못한 부분의 채권에 한하여 채무자의 다른 재산으로부터 변제를 받을 수 있는데, 이는 질물보다 먼저 다른 재산에 관한 배당을 실시하는 경우에는 적용하지 않는다. 그러나 후자의 경우 다른 채권자는 질권자에게 그 배당금액의 공탁을 청구할 수 있다.
③ 금전채권의 질권자가 민법 제353조 제1항, 제2항에 의하여 자기채권의 범위 내에서 직접청구권을 행사하는 경우 질권자는 질권설정자의 대리인과 같은 지위에서 입질채권을 추심하여 자기채권의 변제에 충당하고 그 한도에서 질권설정자에 의한 변제가 있었던 것으로 보므로, 위 범위 내에서는 제3채무자의 질권자에 대한 금전지급으로써 제3채무자의 질권설정자에 대한 급부가 이루어질 뿐만 아니라 질권설정자의 질권자에 대한 급부도 이루어진다고 보아야 한다.
④ 채권에 대한 질권설정에 있어서 채무자가 이의를 보류하지 않은 승낙을 한 경우, 채무자는 질권설정자에게 대항할 수 있는 사유로써 질권자에게 대항할 수 없고, 이 경우 대항할 수 없는 사유는 협의의 항변권에 한하지 않고, 넓게 채권의 성립, 존속, 행사를 저지하거나 배척하는 사유를 포함한다. 다만, 채권에 대한 질권의 설정에 대하여 이의를 보류하지 않고 승낙을 하였더라도 질권자가 알았거나 알 수 있었던 사유에 해당하는 한 채무자의 승낙 당시까지 질권설정자에 대하여 생긴 사유로써도 질권자에게 대항할 수 있다.
⑤ 금전채권의 질권자가 제3채무자로부터 자기채권을 초과하여 금전을 지급받은 경우 그 초과 지급 부분에 관하여는 제3채무자는 특별한 사정이 없는 한 질권자를 상대로 초과 지급 부분에 관하여 부당이득반환을 구할 수 있다. 그러나 질권자가 초과 지급 부분을 질권설정자에게 그대로 반환한 경우에는 초과 지급 부분에 관하여 질권설정자가 실질적 이익을 받은 것이지 질권자로서는 실질적 이익이 없으므로, 제3채무자는 질권자를 상대로 초과 지급 부분에 관하여 부당이득반환을 구할 수 없다.

【문 17】 담보물권에 관한 다음 설명 중 가장 옳지 않은 것은? (다툼이 있는 경우 판례에 의함) 2021년 법무사

① 민법 제361조는 "저당권은 그 담보한 채권과 분리하여 타인에게 양도하거나 다른 채권의 담보로 하지 못한다."라고 정하고 있을 뿐 피담보채권을 저당권과 분리해서 양도하거나 다른 채권의 담보로 하지 못한다고 정하고 있지 않다. 채권담보라고 하는 저당권 제도의 목적에 비추어 특별한 사정이 없는 한 피담보채권의 처분에는 저당권의 처분도 당연히 포함된다고 볼 것이지만, 피담보채권의 처분이 있으면 언제나 저당권도 함께 처분된다고는 할 수 없다.
② 민법 제352조가 질권설정자는 질권자의 동의 없이 질권의 목적된 권리를 소멸하게 하거나 질권자의 이익을 해하는 변경을 할 수 없다고 규정한 것은 질권자가 질권의 목적인 채권의 교환가치에 대하여 가지는 배타적 지배권능을 보호하기 위한 것이므로, 질권설정자와 제3채무자가 질권의 목적된 권리를 소멸하게 하는 행위를 하였다고 하더라도 이는 질권자에 대한 관계에 있어 무효일 뿐이어서 특별한 사정이 없는 한 질권자 아닌 제3자가 그 무효의 주장을 할 수는 없다.
③ 금전채권의 질권자가 민법 제353조 제1항, 제2항에 의하여 자기채권의 범위 내에서 직접청구권을 행사하는 경우 질권자는 질권설정자의 대리인과 같은 지위에서 입질채권을 추심하여 자기채권의 변제에 충당하고 그 한도에서 질권설정자에 의한 변제가 있었던 것으로 보므로, 위 범위 내에서는 제3채무자의 질권자에 대한 금전지급으로써 제3채무자의 질권설정자에 대한 급부가 이루어질 뿐만 아니라 질권설정자의 질권자에 대한 급부도 이루어진다.
④ 제3채무자가 질권자의 동의 없이 질권설정자와 상계합의를 함으로써 질권의 목적인 채무를 소멸하게 한 경우에는 질권자에게 대항할 수 없고, 질권자는 여전히 제3채무자에 대하여 직접 채무의 변제를 청구할 수 있다고 보아야 한다.
⑤ 질권자가 피담보채권을 초과하여 질권의 목적이 된 금전채권을 추심하였다고 하더라도 그중 피담보채권을 초과하는 부분이 법률상 원인이 없는 것으로서 질권설정자에 대한 관계에서 부당이득이 된다고 할 수 없다.

【문 18】 물상보증인에 관한 다음 설명 중 가장 옳지 않은 것은? (다툼이 있는 경우 판례에 의함)   2018년 법원행시

① 근저당권의 물상보증인은 피담보채권의 최고액만을 변제하면 근저당권설정등기의 말소청구를 할 수 있고 채권최고액을 초과하는 부분의 채권액까지 변제할 의무가 있는 것이 아니다.
② 물상보증인이 채무자에게 구상할 구상권의 범위는 특별한 사정이 없는 한 채무를 변제하거나 담보권의 실행으로 담보물의 소유권을 상실하게 된 시점에 확정되므로, 원칙적으로 수탁보증인의 사전구상권에 관한 민법 제442조는 물상보증인에게 적용되지 아니하고 물상보증인은 사전구상권을 행사할 수 없다.
③ 타인의 채무를 담보하기 위하여 자기의 물건에 담보권을 설정한 물상보증인은 채권자에 대하여 물적 유한책임을 지고 있어 그 피담보채권의 소멸에 의하여 직접 이익을 받는 관계에 있으므로 소멸시효의 완성을 주장할 수 있다.
④ 물상보증인이 그 피담보채무의 부존재 또는 소멸을 이유로 제기한 저당권설정등기 말소등기절차이행청구소송에서 채권자 겸 저당권자가 청구기각의 판결을 구하고 피담보채권의 존재를 주장하였다고 하더라도, 이로써 직접 채무자에 대하여 재판상 청구를 한 것으로 볼 수는 없는 것이므로 피담보채권의 소멸시효의 중단사유를 규정한 민법 제168조 제1호의 '청구'에 해당하지 아니한다.
⑤ 물상보증인의 채무자에 대한 구상권의 소멸시효는 물상보증인과 채무자 사이의 물상보증위탁계약의 법적 성질에 따라 정해지므로, 물상보증위탁계약이 상인인 채무자가 영업을 위하여 한 상행위로 체결되었다면 물상보증인의 채무자에 대한 구상권은 상사채권으로서 5년의 상사시효의 적용을 받게 된다.

【문 19】 저당권 내지 근저당권에 관한 다음 설명 중 가장 옳지 않은 것은? (다툼이 있는 경우 판례에 의함)   2021년 법원서기보

① 기존건물에 대한 근저당권은 민법 제358조에 의하여 부합된 증축 부분에도 효력이 미치는 것이므로, 기존건물에 대한 경매절차에서 경매목적물로 평가되지 아니하였다고 할지라도 경락인은 부합된 증축 부분의 소유권을 취득한다.
② 건물에 대한 저당권의 효력은 그 건물의 소유를 목적으로 하는 지상권에는 미치지 아니한다.
③ 저당권의 효력이 미치는 민법 제359조의 '과실'에는 법정과실도 포함되므로, 저당부동산에 대한 압류가 있으면 압류 이후의 저당권설정자의 저당부동산에 관한 차임채권 등에도 저당권의 효력이 미친다.
④ 저당목적물의 소실로 저당권설정자가 취득하게 된 화재보험계약상의 보험금청구권에 대하여 저당권자가 물상대위권을 행사할 수 있다.

【문 20】 다음 설명 중 가장 옳지 않은 것은? (다툼이 있는 경우 판례에 의함)   2020년 법무사

① 채권을 질권의 목적으로 하는 경우에 채권증서가 있는 때에는 질권의 설정은 그 증서를 질권자에게 교부함으로써 그 효력이 생긴다.
② 저당권으로 담보한 채권을 질권의 목적으로 한 때에는 그 저당권등기에 질권의 부기등기를 하여야 그 효력이 저당권에 미친다.
③ 채권담보의 목적으로 채무자 소유의 부동산을 담보로 제공하여 근저당권을 설정하는 경우 채권자 아닌 제3자의 명의로 근저당권설정등기를 하는데 대하여 채권자와 채무자 및 제3자 사이에 합의가 있더라도 이는 부종성의 관점에서 허용될 수 없으므로 언제나 무효이다.
④ 저당지상의 건물에 대한 일괄경매청구권은 저당권설정자가 건물을 축조한 경우뿐만 아니라 저당권설정자로부터 저당토지에 대한 용익권을 설정받은 자가 그 토지에 건물을 축조한 경우라도 그 후 저당권설정자가 그 건물의 소유권을 취득한 경우에는 저당권자는 토지와 함께 그 건물에 대하여 경매를 청구할 수 있다.
⑤ 물상보증인이 담보권의 실행으로 타인의 채무를 담보하기 위하여 제공한 부동산의 소유권을 잃은 경우 물상보증인이 채무자에게 구상할 수 있는 범위는 특별한 사정이 없는 한 담보권의 실행으로 부동산의 소유권을 잃게 된 때, 즉 매수인이 매각대금을 다 낸 때의 부동산 시가를 기준으로 하여야 하고, 매각대금을 기준으로 할 것이 아니다.

【문 21】 다음 설명 중 가장 옳지 않은 것은? (다툼이 있는 경우 판례에 의함)

① 근저당권자의 경매신청 등의 사유로 인하여 근저당권의 피담보채권이 확정되었을 경우, 확정 이후에 새로운 거래관계에서 발생한 원본채권은 그 근저당권에 의하여 담보되지 않지만, 확정 전에 발생한 원본채권에 관하여 확정 후에 발생하는 이자나 지연손해금 채권은 채권최고액의 범위 내에서 근저당권에 의하여 여전히 담보된다.
② 근저당권은 그 담보할 채무의 최고액만을 정하고, 채무의 확정을 장래에 보류하여 설정하는 저당권으로서, 계속적인 거래관계로부터 발생하는 다수의 불특정채권을 장래의 결산기에서 일정한 한도까지 담보하기 위한 목적으로 설정되는 담보권이므로, 근저당권설정행위와는 별도로 근저당권의 피담보채권을 성립시키는 법률행위가 있어야 한다.
③ 저당권은 원본, 이자, 위약금, 채무불이행으로 인한 손해배상 및 저당권의 실행비용을 담보하는 것이며, 채권최고액의 정함이 있는 근저당권에 있어서 이러한 채권의 총액이 그 채권최고액을 초과하는 경우, 적어도 근저당권자와 채무자 겸 근저당권설정자와의 관계에 있어서는 위 채권 전액의 변제가 있을 때까지 근저당권의 효력은 채권최고액과는 관계없이 잔존채무에 여전히 미친다.
④ 구분건물의 전유부분만에 관하여 설정된 저당권의 효력은 특별한 사정이 없는 한 그 전유부분의 소유자가 사후에 취득한 대지사용권에까지 미친다고 할 수 없다.
⑤ 공장건물이나 토지에 대하여 공장저당법에 의한 공장저당이 아니라 민법상의 일반저당권이 설정된 경우에 그 저당권의 효력은 민법 제358조에 의하여 당연히 그 공장건물이나 토지의 종물 또는 부합물에까지 미친다.

【문 22】 저당권에 관한 다음 설명 중 가장 옳지 않은 것은? (다툼이 있는 경우 판례에 의함)

① 대지의 소유자가 나대지 상태에서 저당권을 설정한 다음 대지상에 건물을 신축하기 시작하였으나 피담보채무를 변제하지 못함으로써 저당권이 실행에 이르렀거나 실행이 예상되는 상황인데도 소유자 또는 제3자가 신축공사를 계속한다면 저당권자는 저당권에 기한 방해배제청구권을 행사하여 공사중지를 청구할 수 있다.
② 근저당권설정등기가 원인 없이 말소된 이후에 그 근저당 목적물인 부동산에 관하여 다른 근저당권자 등 권리자의 경매신청에 따라 경매절차가 진행되어 매각허가결정이 확정되고 매수인이 매각대금을 완납하였다면 원인 없이 말소된 근저당권에 대해 회복등기를 청구할 수 없다.
③ 대지사용권의 분리처분이 가능하도록 규약으로 정하여져 있는지 여부와 관계 없이 구분건물의 전유부분만에 관하여 설정된 저당권의 효력은 그 전유부분의 소유자가 사후에 취득한 대지사용권에까지는 미치지 않는다.
④ 저당목적물인 토지가 수용된 경우 저당권자가 수용보상금에 대하여 물상대위권을 행사하기 전에 제3자가 공탁된 수용보상금 출급청구권을 압류하고 이를 출급받아간 때에는 저당권자는 그 제3자를 상대로 부당이득반환청구를 할 수도 없다.
⑤ 매각부동산에 관하여 최우선순위의 저당권보다 먼저 성립한 지상권은 매각에 의하여 소멸되지 않으며 매수인이 인수하게 된다.

【문 23】근저당권에 관한 다음 설명 중 가장 옳지 않은 것은? (다툼이 있는 경우 판례에 의함) 2020년 법원서기보

① 근저당권이 설정되어 있는 부동산에 관하여 사해행위가 이루어진 후 근저당권이 말소되어 그 부동산의 가액에서 근저당권 피담보채무액을 공제한 나머지 금액의 한도에서 사해행위를 취소하고 가액의 배상을 명하는 경우, 그 가액의 산정은 사해행위 당시를 기준으로 하여야 한다.

② 근저당권 등 담보권 설정의 당사자들이 그 목적이 된 토지 위에 차후 용익권이 설정되거나 건물 또는 공작물이 축조·설치되는 등으로써 그 목적물의 담보가치가 저감하는 것을 막는 것을 주요한 목적으로 하여 담보권과 아울러 지상권을 설정한 경우에 담보권이 소멸하면 등기된 지상권의 목적이나 존속기간과 관계없이 지상권도 그 목적을 잃어 함께 소멸한다.

③ 근저당권 이전의 부기등기는 기존의 주등기인 근저당권설정등기에 종속되어 주등기와 일체를 이루는 것으로서 기존의 근저당권설정등기에 의한 권리의 승계를 등기부상 명시하는 것일 뿐 그 등기에 의하여 새로운 권리가 생기는 것이 아니다.

④ 근저당권설정계약이나 기본계약에서 근저당권의 존속기간이나 결산기를 정하지 않은 때에는, 피담보채무의 확정방법에 관한 다른 약정이 있으면 그에 따르고, 이러한 약정이 없는 경우라면 근저당권설정자가 근저당권자를 상대로 언제든지 계약 해지의 의사표시를 함으로써 피담보채무를 확정시킬 수 있다.

【문 24】근저당권에 관한 다음 설명 중 가장 옳지 않은 것은? (다툼이 있는 경우 판례에 의함) 2021년 법원사무관

① 당사자 사이에 하나의 기본계약에서 발생하는 동일한 채권을 담보하기 위하여 여러 개의 부동산에 근저당권을 설정하면서 각각의 근저당권 채권최고액을 합한 금액을 우선변제받기 위하여 공동근저당권의 형식이 아닌 개별 근저당권의 형식을 취한 경우, 이러한 근저당권은 민법 제368조가 적용되는 공동근저당권이 아니라 피담보채권을 누적적으로 담보하는 근저당권에 해당한다.

② 누적적 근저당권은 공동근저당권과 달리 담보의 범위가 중첩되지 않으므로, 누적적 근저당권을 설정받은 채권자는 여러 개의 근저당권을 동시에 실행할 수도 있고, 여러 개의 근저당권 중 어느 것이라도 먼저 실행하여 그 채권최고액의 범위에서 피담보채권의 전부나 일부를 우선변제받은 다음 피담보채권이 소멸할 때까지 나머지 근저당권을 실행하여 그 근저당권의 채권최고액 범위에서 반복하여 우선변제를 받을 수 있다.

③ 채권자 아닌 제3자를 근저당권 명의로 하여 근저당권을 설정하는 것은 설령 그 점에 관하여 채권자와 채무자 및 제3자 사이에 합의가 있고, 채권이 제3자에게 이전 또는 실질적으로 귀속되었다고 볼 수 있는 특별한 사정이 있더라도 부동산 물권에 관하여 명의신탁을 금지하는 '부동산 실권리자 명의 등기에 관한 법률'에 비추어 유효로 볼 수 없다.

④ 근저당권설정자 또는 그로부터 소유권을 이전받은 제3취득자는 피담보채무가 소멸된 경우 또는 근저당권설정등기가 당초부터 원인무효인 경우 등에 근저당권의 현재의 명의인인 양수인을 상대로 주등기인 근저당권설정등기의 말소를 구할 수 있으나, 근저당권자로부터 양수인 앞으로의 근저당권 이전이 무효라는 사유를 내세워 양수인을 상대로 근저당권설정등기의 말소를 구할 수는 없다.

【문 25】 근저당권에 관한 다음 설명 중 가장 옳지 않은 것은? (다툼이 있는 경우 판례에 의함) 2023년 법원행시

① 근저당권의 목적이 된 부동산의 제3취득자는 근저당권의 피담보채무에 대하여 채권최고액을 한도로 당해 부동산에 의한 담보적 책임을 부담하므로, 제3취득자로서는 채무자 또는 제3자의 변제 등으로 피담보채권이 일부 소멸하였다고 하더라도 잔존 피담보채권이 채권최고액을 초과하는 한 담보 부동산에 의한 자신의 책임이 그 변제 등으로 인하여 감축되었다고 주장할 수 없다.

② 근저당권자가 피담보채무의 불이행을 이유로 경매신청을 한 경우에는 경매신청시에 근저당 채무액이 확정되고, 위와 같이 경매신청을 하여 경매개시결정이 있은 후에 경매신청이 취하되었다고 하더라도 채무확정의 효과가 번복되는 것은 아니다.

③ 피담보채권과 근저당권이 함께 양도되었으나 근저당권의 이전등기가 경료되지 않은 채 실시된 배당절차에서 근저당권의 명의인은 집행채무자로부터 변제를 받기 위하여 배당표에 자신에게 배당하는 것으로 배당표의 경정을 구할 수 있는 지위에 있다고 볼 수 없다.

④ 피담보채권 소멸 후 그 말소등기가 경료되기 전에 그 저당권부채권을 가압류하고 압류 및 전부명령을 받아 저당권이전의 부기등기를 경료한 자라 할지라도, 그 가압류 이전에 그 저당권의 피담보채권이 소멸된 이상, 그 근저당권을 취득할 수 없고, 실체관계에 부합하지 않는 그 근저당권설정등기를 말소할 의무를 부담한다.

⑤ 근저당권의 준공유자들이 각자의 공유지분을 미리 특정하여 근저당권설정등기를 마쳤더라도, 그 근저당권의 실행으로 인한 경매절차에서 배당을 하는 경매법원으로서는 배당시점에서의 준공유자 각자의 채권액의 비율에 따라 안분하여 배당하여야 한다.

【문 1】 저당권에 관한 다음 설명 중 가장 옳지 않은 것은? (다툼이 있는 경우 판례에 의함) 2021년 법무사

① 당사자 사이에 하나의 기본계약에서 발생하는 동일한 채권을 담보하기 위하여 여러 개의 부동산에 근저당권을 설정하면서 각각의 근저당권 채권최고액을 합한 금액을 우선변제받기 위하여 공동근저당권의 형식이 아닌 개별 근저당권의 형식을 취한 경우, 이러한 근저당권은 민법 제368조가 적용되는 공동근저당권이 아니라 피담보채권을 누적적으로 담보하는 근저당권에 해당한다. 이와 같은 누적적 근저당권은 공동근저당권과 달리 담보의 범위가 중첩되지 않으므로, 누적적 근저당권을 설정받은 채권자는 여러 개의 근저당권을 동시에 실행할 수도 있고, 여러 개의 근저당권 중 어느 것이라도 먼저 실행하여 그 채권최고액의 범위에서 피담보채권의 전부나 일부를 우선변제받은 다음 피담보채권이 소멸할 때까지 나머지 근저당권을 실행하여 그 근저당권의 채권최고액 범위에서 반복하여 우선변제를 받을 수 있다.

② 부동산의 소유자 겸 채무자가 채권자인 저당권자에게 당해 저당권설정등기에 의하여 담보되는 채무를 모두 변제함으로써 저당권이 소멸된 경우 그 저당권설정등기 또한 효력을 상실하여 말소되어야 하고, 부동산의 소유자가 새로운 제3의 채권자로부터 금원을 차용함에 있어 그 제3자와 사이에 새로운 차용금 채무를 담보하기 위하여 잔존하는 종전 채권자 명의의 저당권설정등기를 이용하여 이에 터 잡아 새로운 제3의 채권자에게 저당권 이전의 부기등기를 경료하기로 하는 내용의 저당권등기 유용의 합의를 하고 실제로 그 부기등기를 경료하였다고 하더라도, 새로운 제3의 채권자는 부동산의 소유자에 대하여 그 등기 유용의 합의를 주장하여 저당권설정등기의 말소청구에 대항할 수 없다.

③ 근저당권자는 근저당권의 목적이 된 토지의 공용징수 등으로 토지의 소유자가 받을 금전이나 그 밖의 물건에 대하여 물상대위권을 행사할 수 있으나, 다만 그 지급이나 인도 전에 압류하여야 하고(민법 제370조, 제342조), 근저당권자가 금전이나 물건의 인도청구권을 압류하기 전에 토지의 소유자가 인도청구권에 기하여 금전 등을 수령한 경우 근저당권자는 더 이상 물상대위권을 행사할 수 없다.

④ 민법 제365조가 토지를 목적으로 한 저당권을 설정한 후 그 저당권설정자가 그 토지에 건물을 축조한 때에는 저당권자가 토지와 건물을 일괄하여 경매를 청구할 수 있도록 규정한 취지는, 저당권은 담보물의 교환가치의 취득을 목적으로 할 뿐 담보물의 이용을 제한하지 아니하여 저당권설정자로서는 저당권설정 후에도 그 지상에 건물을 신축할 수 있는데, 후에 그 저당권의 실행으로 토지가 제3자에게 경락될 경우에 건물을 철거하여야 한다면 사회경제적으로 현저한 불이익이 생기게 되어 이를 방지할 필요가 있으므로 이러한 이해관계를 조절하고, 저당권자에게도 저당토지상의 건물의 존재로 인하여 생기게 되는 경매의 어려움을 해소하여 저당권의 실행을 쉽게 할 수 있도록 한 데에 있다는 점에 비추어 볼 때, 저당지상의 건물에 대한 일괄경매청구권은 저당권설정자가 건물을 축조한 경우뿐만 아니라 저당권설정자로부터 저당토지에 대한 용익권을 설정받은 자가 그 토지에 건물을 축조한 경우라도 그 후 저당권설정자가 그 건물의 소유권을 취득한 경우에는 저당권자는 토지와 함께 그 건물에 대하여 경매를 청구할 수 있다.

⑤ 저당권자는 저당권 설정 이후 환가에 이르기까지 저당물의 교환가치에 대한 지배권능을 보유하고 있으므로 저당목적물의 소유자 또는 제3자가 저당목적물을 물리적으로 멸실·훼손하는 경우는 물론 그 밖의 행위로 저당부동산의 교환가치가 하락할 우려가 있는 등 저당권자의 우선변제청구권의 행사가 방해되는 결과가 발생한다면 저당권자는 저당권에 기한 방해배제청구권을 행사하여 방해행위의 제거를 청구할 수 있다.

【문 2】 (근)저당권에 관한 다음 설명 중 가장 옳지 않은 것은? (다툼이 있는 경우 판례에 의함) 2022년 법원서기보

① 부동산에 관하여 근저당권설정등기가 경료되었다가 그 등기가 위조된 등기서류에 의하여 아무런 원인 없이 말소되었다는 사정만으로는 곧바로 근저당권이 소멸하는 것은 아니라고 할 것이지만, 그 부동산에 관한 경매절차가 진행되어 경매절차에서 매각허가결정이 확정되고 매수인이 매각대금을 완납하면 그 부동산에 존재하였던 근저당권은 당연히 소멸한다.
② 민법 제368조 제1항은 동일한 채권의 담보로 수개의 부동산에 저당권을 설정한 경우에 그 부동산의 경매대가를 동시에 배당하는 때에는 각 부동산의 경매대가에 비례하여 그 채권의 분담을 정하도록 규정하고 있다. 한편 당사자는 최초 근저당권 설정 시는 물론 그 후에도 공동근저당권임을 등기하여 공동근저당권의 저당물을 추가할 수 있는데, 이와 같이 특정 공동근저당권에 있어 공동저당물이 추가되기 전에 기존의 저당물에 관하여 후순위 근저당권이 설정된 경우에도 민법 제368조 제1항이 마찬가지로 적용된다.
③ 저당권자는 저당권의 목적이 된 물건의 멸실, 훼손 또는 공용징수로 인하여 저당목적물의 소유자가 받을 저당목적물에 갈음하는 금전 기타 물건에 대하여 물상대위권을 행사할 수 있으나, 다만 그 지급 또는 인도 전에 이를 압류하여야 하므로, 저당권자가 물상대위권의 행사로 금전 또는 물건의 인도청구권을 압류하기 전에 저당물의 소유자가 그 인도청구권에 기하여 금전 등을 수령한 경우 저당권자는 저당물의 소유자에게 부당이득반환청구를 할 수는 없다.
④ 저당권은 법률에 특별한 규정이 있거나 설정행위에 다른 약정이 있는 경우를 제외하고 그 저당부동산에 부합된 물건과 종물 이외에까지 그 효력이 미치는 것은 아니므로 사회적 관점이나 경제적 관점에 비추어 보아 저당건물과는 별개의 독립된 건물을 저당건물의 부합물이나 종물로 보아 경매법원에서 저당건물과 같이 경매를 진행하고 경락허가를 하였다고 하여 위 건물의 소유권에 변동이 초래될 수는 없다.

【문 3】 누적적 근저당권에 관한 다음 설명 중 옳은 것을 모두 고른 것은? (다툼이 있는 경우 판례에 의함) 2022년 법원행시

ㄱ. 당사자 사이에 하나의 기본계약에서 발생하는 동일한 채권을 담보하기 위하여 여러 개의 부동산에 근저당권을 설정하면서 각각의 근저당권 채권최고액을 합한 금액을 우선변제받기 위하여 공동근저당권의 형식이 아닌 개별 근저당권의 형식을 취한 경우, 이러한 근저당권은 민법 제368조가 적용되는 공동근저당권이 아니라 피담보채권을 누적적으로 담보하는 근저당권에 해당한다.
ㄴ. 누적적 근저당권은 각 근저당권의 담보 범위가 중첩되지 않고 서로 다르므로 피담보채권이 각 근저당권별로 자동으로 분할된다.
ㄷ. 당사자가 근저당권 설정 시 피담보채권을 여러 개로 분할하여 분할된 채권별로 근저당권을 설정한 경우도 누적적 근저당권에 해당한다.
ㄹ. 누적적 근저당권을 설정받은 채권자는 여러 개의 근저당권을 동시에 실행할 수 있다.
ㅁ. 누적적 근저당권을 설정받은 채권자는 여러 개의 근저당권 중 어느 것을 먼저 실행하여 그 채권최고액의 범위에서 피담보채권의 전부나 일부를 우선변제받은 다음 피담보채권이 소멸할 때까지 나머지 근저당권을 실행하여 그 근저당권의 채권최고액 범위에서 반복하여 우선변제를 받을 수 있다.
ㅂ. 채권자가 하나의 기본계약에서 발생하는 동일한 채권을 담보하기 위하여 채무자 소유의 부동산과 물상보증인 소유의 부동산에 누적적 근저당권을 설정받았는데 물상보증인 소유의 부동산이 먼저 경매되어 매각대금에서 채권자가 변제를 받은 경우, 물상보증인은 채무자에 대하여 구상권을 취득함과 동시에 민법 제481조, 제482조에 따라 종래 채권자가 가지고 있던 채권 및 담보에 관한 권리를 행사할 수 있고, 이때 물상보증인은 변제자대위에 의하여 종래 채권자가 보유하던 채무자 소유 부동산에 관한 근저당권도 대위취득하여 행사할 수 있다.

① ㄱ, ㄴ, ㄷ, ㅁ
② ㄱ, ㄹ, ㅁ, ㅂ
③ ㄱ, ㄹ, ㅁ
④ ㄷ, ㅁ, ㅂ
⑤ ㄴ, ㄹ, ㅂ

【문 4】 물상보증인에 관한 다음 설명 중 가장 옳지 않은 것은? (다툼이 있는 경우 판례에 의함)   2023년 법무사

① 물상보증인이 담보부동산을 제3취득자에게 매도하고 제3취득자가 담보부동산에 설정된 근저당권의 피담보채무의 이행을 인수한 경우, 이후 담보부동산에 대한 담보권이 실행되면 제3취득자가 채무자에 대하여 구상권을 취득한다.
② 공동저당에 제공된 채무자 소유의 부동산과 물상보증인 소유의 부동산 가운데 물상보증인 소유의 부동산이 먼저 경매되어 매각대금에서 선순위공동저당권자가 변제를 받은 때에는 물상보증인은 채무자에 대하여 구상권을 취득함과 동시에 변제자대위에 의하여 채무자 소유의 부동산에 대한 선순위공동저당권을 대위취득한다. 이 경우 물상보증인 소유의 부동산에 대한 후순위저당권자는 물상보증인이 대위취득한 채무자 소유의 부동산에 대한 선순위공동저당권에 대하여 물상대위를 할 수 있다.
③ 공동저당이 설정된 복수의 부동산이 같은 물상보증인의 소유에 속하고 그중 하나의 부동산에 후순위저당권이 설정되어 있는데 그 부동산의 대가만 배당되는 경우, 후순위저당권자는 선순위 공동저당권자가 민법 제368조 제1항에 따라 공동저당이 설정된 다른 부동산으로부터 변제를 받을 수 있었던 금액에 이르기까지 공동저당이 설정된 다른 부동산에 대한 선순위 공동저당권자의 저당권을 대위 행사할 수 있고, 공동저당이 설정된 부동산이 제3자에게 양도되어 소유자가 다르게 되더라도 마찬가지이다.
④ 물상보증인의 채무자에 대한 구상권은 그들 사이의 물상보증위탁계약의 법적 성질과 관계없이 민법에 의하여 인정된 별개의 독립한 권리이고, 그 소멸시효에 있어서는 민법상 일반채권에 관한 규정이 적용된다.
⑤ 물상보증인이 담보권의 실행으로 타인의 채무를 담보하기 위하여 제공한 부동산의 소유권을 잃은 경우 물상보증인이 채무자에게 구상할 수 있는 범위는 특별한 사정이 없는 한 담보권의 실행으로 부동산의 소유권을 잃게 된 때(매수인이 매각대금을 다 낸 때)의 부동산 시가를 기준으로 하여야 하고, 매각대금을 기준으로 할 것이 아니다.

【문 5】 양도담보에 관한 다음 설명 중 가장 옳지 않은 것은? (다툼이 있는 경우 판례에 의함)   2020년 법원사무관

① 양도담보로 제공된 목적물이 멸실, 훼손됨에 따라 양도담보설정자와 제3자 사이에 교환가치에 대한 배상 또는 보상 등의 법률관계가 발생된다고 하여 양도담보설정자가 받을 금전 기타 물건에 대하여 양도담보의 담보적 효력이 미친다고 볼 수 없다.
② 집합물에 대하여 양도담보권설정계약이 이루어진 이상 그 집합물을 구성하는 개개의 물건이 변동되더라도 집합물은 한 개의 물건으로서의 동일성을 잃지 아니하여 양도담보권의 효력은 항상 현재의 집합물에 미친다.
③ 동산에 관하여 양도담보계약이 이루어지고 양도담보권자가 점유개정의 방법으로 인도를 받았다면 그 청산절차를 마치기 전이라 하더라도 담보목적물에 대한 사용수익권은 없지만 제3자에 대한 관계에 있어서는 그 물건의 소유자임을 주장하고 그 권리를 행사할 수 있다.
④ 동산에 대하여 양도담보를 설정한 경우 채무자가 채무를 불이행하면 채권자는 담보목적물인 동산을 사적으로 타에 처분하거나 스스로 취득한 후 정산하는 방법으로 이를 환가하여 우선변제받음으로써 위 양도담보권을 실행할 수 있다.

【문 6】 가등기담보에 관한 다음 설명 중 옳지 않은 것은 모두 몇 개인가? (다툼이 있는 경우 판례에 의함) 2022년 법원행시

ㄱ. 가등기담보 등에 관한 법률(이하 '가등기담보법'이라 한다) 제3조, 제4조를 위반하여 청산절차를 거치지 않고 이루어진 담보가등기에 기한 본등기의 효력은 무효이나, 가등기권리자가 가등기담보법 제3조, 제4조에 정한 절차에 따라 청산금의 평가액을 채무자 등에게 통지한 후 채무자에게 정당한 청산금을 지급하거나 지급할 청산금이 없는 경우에는 채무자가 그 통지를 받은 날부터 2월의 청산기간이 지나면 위와 같이 무효인 본등기는 실체적 법률관계에 부합하는 유효한 등기로 될 수 있다.

ㄴ. 가등기담보법 제3조, 제4조의 청산절차를 위반하여 이루어진 담보가등기에 기한 본등기가 무효라고 하더라도 선의의 제3자가 그 본등기에 터 잡아 소유권이전등기를 마치는 등으로 담보목적부동산의 소유권을 취득하면, 채무자 등은 더 이상 가등기담보법 제11조 본문에 따라 채권자를 상대로 그 본등기의 말소를 청구할 수 없게 된다. 이 경우 그 반사적 효과로서 무효인 채권자 명의의 본등기는 그 등기를 마친 시점으로 소급하여 확정적으로 유효하게 되고, 이에 따라 담보목적부동산에 관한 채권자의 가등기담보권은 소멸하며, 청산절차를 거치지 않아 무효였던 채권자의 위 본등기에 터 잡아 이루어진 등기 역시 소급하여 유효하게 된다고 보아야 한다. 다만 이 경우에도 채무자 등과 채권자 사이의 청산금 지급을 둘러싼 채권·채무 관계까지 모두 소멸하는 것은 아니고, 채무자 등은 채권자에게 청산금의 지급을 청구할 수 있다.

ㄷ. 가등기담보법 제3조, 제4조에 정한 절차를 거치지 않더라도 가등기권리자와 채무자 사이에 이루어진 특약에 따라 본등기가 마쳐졌다면 그 특약이 채무자에게 불리하더라도 약한 의미의 양도담보로서 담보의 목적 내에서는 유효하다.

ㄹ. 채권자로부터 담보계약에 따른 담보권을 실행하여 그 담보목적부동산의 소유권을 취득하기 위하여 그 채권 변제기 후 청산금, 즉 통지 당시의 담보목적부동산의 가액에서 그 채권액을 뺀 금액의 평가액을 통지 받은 채무자는, 목적물의 평가액을 다투면서 정당하게 평가된 청산금을 지급받을 때까지 목적물의 소유권이전등기나 인도를 다툴 수 있으나, 채권자에게 정당하게 평가된 청산금을 청구할 수는 없다.

ㅁ. 담보가등기에 기하여 마쳐진 본등기가 무효인 경우, 담보목적 부동산에 대한 소유권은 담보가등기 설정자인 채무자 등에게 있지만, 담보가등기 설정자가 사용수익권까지 보유한다고 볼 수는 없다.

① 없음 ② 1개
③ 2개 ④ 3개
⑤ 4개

【문 7】 가등기담보에 관한 설명으로 가장 옳지 않은 것은? (다툼이 있는 경우 판례에 의함) 2022년 법무사

① 가등기담보권 설정 후에 후순위권리자나 제3취득자 등 이해관계 있는 제3자가 생긴 상태에서 새로운 약정으로 기존 가등기담보권에 피담보채권을 추가하거나 피담보채권의 내용을 변경, 확장하는 경우에는 이해관계 있는 제3자의 이익을 침해하게 되므로, 이러한 경우에는 피담보채권으로 추가, 확장한 부분은 이해관계 있는 제3자에 대한 관계에서는 우선변제권 있는 피담보채권에 포함되지 않는다고 보아야 한다.

② 가등기담보부동산에 대한 예약 당시의 시가가 그 피담보채무액에 미치지 못하는 경우에 있어서는 가등기담보 등에 관한 법률이 정하는 청산금평가액의 통지 및 청산금지급 등의 절차를 이행할 여지가 없다.

③ 공동명의로 담보가등기를 마친 수인의 채권자가 각자의 지분별로 별개의 독립적인 매매예약완결권을 가지는 경우, 채권자 중 1인은 단독으로 자신의 지분에 관하여 가등기담보 등에 관한 법률이 정한 청산절차를 이행한 후 소유권이전의 본등기절차 이행청구를 할 수 있다.

④ 가등기담보 등에 관한 법률이 정한 청산절차를 거치지 않고 이루어진 담보가등기에 기한 본등기는 무효이고, 그 본등기는 약한 의미의 양도담보로서의 효력이 있다고 할 수 없다. 나아가 이 경우 나중에 가등기권자가 가등기담보 등에 관한 법률이 정한 청산절차를 마치더라도 무효인 본등기가 실체적 법률관계에 부합하는 유효한 등기로 된다고 할 수도 없다.

⑤ 목적부동산의 가액이 채권액을 넘는 경우에는 가등기담보권자는 그 차액을 청산금으로서 채무자 등에게 지급하여야 하고, 여기의 채권액을 계산함에는 선순위담보권이 있는 때에는 그것에 의하여 담보된 채권액도 합산하여야 한다.

【문 8】 이자채권에 관한 다음 설명 중 가장 옳지 않은 것은?
(다툼이 있는 경우 판례에 의함)

① 원본채권이 양도된 경우 이미 변제기에 도달한 이자채권은 원본채권의 양도당시 그 이자채권도 양도한다는 의사표시가 없는 한, 당연히 양도되지는 않는다.
② 1년 이내의 기간으로 정한 이자채권의 소멸시효기간은 3년이다. 이는 지급의 정기가 1년 이내인 채권을 의미하고, 변제기가 1년 이내의 채권을 말하는 것이 아니므로, 이자채권이라고 하더라도 1년 이내의 정기에 지급하기로 한 것이 아니라면 3년의 단기소멸시효에 걸리는 것이 아니다.
③ 지료나 임료는 금전 기타 대체물의 사용대가가 아니므로 이자가 아니다. 또한 금전채무 불이행에 대한 손해배상금을 지연이자라고도 하는데, 그 법적 성질은 이자가 아니라 손해배상금이다.
④ 하나의 금전채권의 원금 중 일부가 변제된 후 나머지 원금에 대하여 소멸시효가 완성된 경우, 소멸시효 완성의 효력은 소멸시효가 완성된 원금 부분으로부터 그 완성 전에 발생한 이자 또는 지연손해금뿐만 아니라, 변제로 소멸한 원금 부분으로부터 그 변제 전에 발생한 이자 또는 지연손해금에도 미친다고 보아야 한다.

【문 9】 채권에 관한 다음 설명 중 가장 옳지 않은 것은? (다툼이 있는 경우 판례에 의함)

① 채권의 목적을 종류로만 지정한 경우에 채무자가 이행에 필요한 행위를 완료하거나 채권자의 동의를 얻어 이행할 물건을 지정한 때에는 그때로부터 그 물건을 채권의 목적물로 한다.
② 제한종류채권에서 당사자 사이에 지정권 부여 및 지정 방법에 관한 합의가 없고 채무자가 이행에 필요한 행위를 하지 아니하거나 지정권자로 된 채무자가 이행할 물건을 지정하지 아니하는 경우에는, 선택채권의 선택권 이전에 관한 민법 제381조를 준용하여, 채권의 기한이 도래한 후 채권자가 상당한 기간을 정하여 지정권이 있는 채무자에게 그 지정을 최고하여도 채무자가 이행할 물건을 지정하지 않으면 지정권이 채권자에게 이전한다.
③ 금전채무의 지연손해금채무 이행을 지체한다고 하여, 채무자가 지연손해금채무 그 자체에 대한 지연손해금을 지급할 의무를 부담하는 것은 아니다.
④ 채권액이 외국통화로 지정된 금전채권인 외화채권을 채무자가 우리나라 통화로 변제할 경우, 그 환산 기준시는 원칙적으로 이행기가 아니라 현실로 이행하는 때이다.
⑤ 채권의 목적이 수개의 행위 중에서 선택에 좇아 확정될 경우에 다른 법률의 규정이나 당사자의 약정이 없으면 선택권은 채무자에게 있다.

【문 10】 이행지체에 관한 다음 설명 중 가장 옳지 않은 것은?
(다툼이 있는 경우 판례에 의함)

① 정지조건부 기한이익상실의 특약을 한 경우에는 특별한 사정이 없는 한 그 특약에서 정한 기한이익 상실사유가 발생하였더라도 채권자의 이행청구가 없으면 채무자는 지체책임을 지지 않는다.
② 매수인이 잔대금 지급기일까지 그 대금을 지급하지 못하면 그 계약이 자동적으로 해제된다는 취지의 약정이 있더라도, 특별한 사정이 없는 한 매도인이 자신의 채무에 대한 이행의 제공을 하여 매수인으로 하여금 이행지체에 빠지게 하였을 때 비로소 자동적으로 계약이 해제된다.
③ 타인의 토지를 점유함으로 인한 부당이득반환채무는 이행의 기한이 없는 채무로서 이행청구를 받은 때로부터 지체책임이 있다.
④ 금전채무의 지연손해금채무는 금전채무의 이행지체로 인한 손해배상채무로서 이행기의 정함이 없는 채무에 해당하므로, 채무자는 확정된 지연손해금채무에 대하여 채권자로부터 이행청구를 받은 때로부터 지체책임을 부담하게 된다.

【문 11】 금전채무의 이행지체에 관한 다음 설명 중 가장 옳은 것은? (다툼이 있는 경우 판례에 의함) 2021년 법무사

① 이행기를 정하지 않은 채권의 양수인이 2021. 1. 3. 채무자에게 이행을 청구한 후에 2021. 1. 13. 채권양도사실의 통지가 채무자에게 도달하였다면 채무자는 2021. 1. 14.부터 이행지체의 책임을 진다.
② 불법행위로 인한 손해배상채무는 기한의 정함이 없는 채무이므로 가해자는 피해자의 이행청구를 받은 때로부터 이행지체의 책임을 진다.
③ 甲이 乙에게 변제기를 정하지 않고 1억원을 대여한 후 2021. 5. 15. 대여금의 반환을 청구하였다면 乙은 2021. 5. 16.부터 이행지체의 책임을 진다.
④ 부당이득반환채무의 경우 부당이득한 날부터 지체책임을 부담한다.
⑤ 甲이 乙에게 공사대금채무의 지급을 확보하기 위한 수단으로 약속어음을 발행한 경우 공사대금채무의 변제기가 도래하더라도 乙이 위 약속어음을 반환하지 않는 이상 지체책임을 부담하지 않는다.

【문 12】 다음 설명 중 가장 옳지 않은 것은? (다툼이 있는 경우 판례에 의함) 2020년 법원서기보

① 이미 부담하고 있는 채무의 변제에 관하여 일정한 사실이 부관으로 붙여진 경우 특별한 사정이 없는 한 그것은 불확정기한으로 보아야 한다.
② 당사자가 불확정한 사실이 발생한 때를 이행기한으로 정한 경우에는 그 사실이 발생한 때는 물론 그 사실이 불가능하게 된 때에도 이행기한은 도래한 것으로 보아야 한다.
③ 채무의 이행에 관하여 기한이 정하여져 있지 않은 경우에 채무자는 이행청구를 받은 때로부터 지체책임을 지지만, 불법행위로 인한 손해배상채무는 성립과 동시에 지체에 빠지며 최고가 필요 없다.
④ 당사자가 이혼 성립 후 법원에 재산분할을 청구한 경우 재산분할금에 대하여 이혼성립일 다음날부터 지체책임이 발생한다.

【문 13】 이행지체에 관한 다음 설명 중 가장 옳지 않은 것은? (다툼이 있는 경우 판례에 의함) 2020년 법무사

① 유류분반환청구권의 행사로 인하여 생기는 원물반환의무 또는 가액반환의무는 이행기한의 정함이 없는 채무이므로, 반환의무자는 그 의무에 대한 이행청구를 받은 때에 비로소 지체책임을 진다.
② 추심명령은 압류채권자에게 채무자의 제3채무자에 대한 채권을 추심할 권능을 수여함에 그치고, 제3채무자로 하여금 압류채권자에게 압류된 채권액 상당을 지급할 것을 명하거나 그 지급 기한을 정하는 것이 아니므로, 제3채무자가 압류채권자에게 압류된 채권액 상당에 관하여 지체책임을 지는 것은 집행법원으로부터 추심명령을 송달받은 때부터가 아니라 추심명령이 발령된 후 압류채권자로부터 추심금 청구를 받은 다음날부터라고 하여야 한다.
③ 부당이득반환의무는 이행기한의 정함이 없는 채무이므로 그 채무자는 이행청구를 받은 때에 비로소 지체책임을 진다.
④ 금전채무의 이행지체로 인하여 발생하는 지연손해금은 그 성질이 손해배상금이지 이자가 아니며, 민법 제163조 제1호가 규정한 1년 이내의 기간으로 정한 채권도 아니므로 3년간의 단기소멸시효의 대상이 되지 아니한다.
⑤ 이행지체에 빠져 원본과 지연이자를 지급할 의무가 있는 금전채무자가 원본과 지연이자를 합한 전액에 부족한 이행제공을 하면서 이를 원본에 대한 변제로 지정하였다면 그 지정은 변제충당의 법리에 따라서 채권자에 대한 효력이 있으므로 채권자는 그 수령을 거절할 수 없다.

【문 14】 이행지체에 관한 다음 설명 중 가장 옳지 않은 것은? (다툼이 있는 경우 판례에 의함) 2021년 법원사무관

① 채무의 이행에 관하여 기한이 정하여져 있지 않은 경우 채무자는 이행청구를 받은 날로부터 이행지체의 책임을 진다.
② 불법행위로 인한 손해배상채무는 성립과 동시에 지체에 빠진다.
③ 당사자 사이에 정지조건부 기한이익상실의 특약이 있는 경우에 특별한 사정이 없는 한 그 특약에 정한 기한이익의 상실사유가 발생함과 동시에 채무자는 이행지체에 빠진다.
④ 채무의 이행에 불확정기한이 있는 경우에는 채무자는 기한이 도래함을 안 때부터 지체책임을 진다.

【문 15】 채무불이행에 관한 다음 설명 중 가장 옳지 않은 것은? (다툼이 있는 경우 판례에 의함) 2020년 법무사

① 민법이 타인의 권리의 매매를 인정하고 있는 것처럼 타인의 권리의 증여도 가능하며, 이 경우 채무자는 권리를 취득하여 채권자에게 이전하여야 하고, 이 같은 사정은 계약 당시부터 예정되어 있으므로, 매매나 증여의 대상인 권리가 타인에게 귀속되어 있다는 이유만으로 채무자의 계약에 따른 이행이 불능이라고 할 수는 없다.

② 매수인에게 부동산의 소유권이전등기를 해줄 의무를 지는 매도인이 그 부동산에 관하여 다른 사람에게 이전등기를 마쳐 준 때에는 매도인이 그 부동산의 소유권에 관한 등기를 회복하여 매수인에게 이전등기해 줄 수 있는 특별한 사정이 없어야 비로소 매수인에 대한 소유권이전등기의무가 이행불능의 상태에 이르렀다고 할 수 있다.

③ 금전채무의 지연손해금채무는 금전채무의 이행지체로 인한 손해배상채무로서 이행기의 정함이 없는 채무에 해당하므로, 채무자는 확정된 지연손해금채무에 대하여 채권자로부터 이행청구를 받은 때부터 지체책임을 부담하게 된다.

④ 쌍무계약에 있어서 계약당사자의 일방은 상대방이 채무를 이행하지 아니할 의사를 명백히 표시한 경우에는 최고나 자기 채무의 이행제공 없이 그 계약을 적법하게 해제할 수 있고, 이후 그 이행거절의 의사표시가 적법하게 철회되었다고 하더라도, 상대방이 채무불이행을 이유로 계약을 해제하기 위하여 자기 채무의 이행을 제공하고 상당한 기간을 정하여 이행을 최고하여야 한다고 볼 수 없다.

⑤ 소송비용액확정결정에 따른 소송비용액상환의무는 소송비용액확정결정이 확정됨으로써 비로소 이행기가 도래하고, 채무자가 그 이행기가 도래하였음을 안 때로부터 지체책임을 진다.

【문 16】 채무불이행에 관한 다음 설명 중 가장 옳지 않은 것은? (다툼이 있는 경우 판례에 의함) 2021년 법무사

① 乙이 甲을 강박하여 그에 따른 하자 있는 의사표시에 의하여 부동산에 관한 소유권이전등기를 마친 다음 타인에게 매도하여 소유권이전등기까지 마친 경우, 그 소유권이전등기는 소송 기타 방법에 따라 말소 환원 여부가 결정될 특별한 사정이 있으므로 乙의 甲에 대한 소유권이전등기의 말소등기의무는 아직 이행불능이 되었다고 할 수 없으나, 甲이 그 부동산의 전득자들을 상대로 제기한 소유권이전등기 말소등기청구소송에서 패소로 확정되면 그때에 乙의 소유권이전등기 말소등기의무가 이행불능상태에 이른다고 할 것이다.

② 계약당사자 일방이 자신이 부담하는 계약상 채무를 이행하는 데 장애가 될 수 있는 사유를 계약을 체결할 당시에 알았거나 예견할 수 있었음에도 이를 상대방에게 고지하지 아니한 경우에는, 비록 그 사유로 말미암아 후에 채무불이행이 되는 것 자체에 대하여는 그에게 어떠한 잘못이 없다고 하더라도, 상대방이 그 장애사유를 인식하고 이에 관한 위험을 인수하여 계약을 체결하였다거나 채무불이행이 상대방의 책임 있는 사유로 인한 것으로 평가되어야 하는 등의 특별한 사정이 없는 한, 그 채무가 불이행된 것에 대하여 귀책사유가 없다고 할 수 없다. 그것이 계약의 원만한 실현과 관련하여 각각의 당사자가 부담하여야 할 위험을 적절하게 분배한다는 계약법의 기본적 요구에 부합한다.

③ 채무의 이행이 불능이라는 것은 단순히 절대적·물리적으로 불능인 경우가 아니라 사회생활에 있어서의 경험법칙 또는 거래상의 관념에 비추어 볼 때 채권자가 채무자의 이행의 실현을 기대할 수 없는 경우를 말하는 것인 바, 매매목적물에 대하여 가압류 또는 처분금지가처분 집행이 되어 있다고 하여 매매에 따른 소유권이전등기가 불가능한 것은 아니며, 이러한 법리는 가압류 또는 가처분집행의 대상이 매매목적물 자체가 아니라 매도인이 매매목적물의 원소유자에 대하여 가지는 소유권이전등기청구권 또는 분양권인 경우에도 마찬가지이다.

④ 계약의 이행불능 여부는 사회통념에 의하여 이를 판정하여야 할 것인바, 임대차계약상의 임대인의 의무는 목적물을 사용수익케 할 의무로서, 목적물에 대한 소유권 있음을 성립요건으로 하고 있지 아니하여 임대인이 소유권을 상실하였다는 이유만으로 그 의무가 불능하게 된 것이라고 단정할 수 없다.

⑤ 부동산소유권이전등기 의무자가 그 부동산에 관하여 채무담보를 위하여 제3자 앞으로 소유권이전등기를 마친 것이라면, 그 의무자가 채무를 변제할 자력이 없다는 사정이 있다고 하더라도 그 소유권이전등기의무가 이행불능이 되었다고 볼 수 없다.

【문 17】 이행불능에 관한 다음 설명 중 가장 옳지 않은 것은? (다툼이 있는 경우 판례에 의함) 2018년 법원행시

① 피고가 원고를 강박하여 그에 따른 하자 있는 의사표시에 의하여 부동산에 관한 소유권이전등기를 마친 다음 타인에게 매도하여 소유권이전등기까지 마친 경우, 그 소유권이전등기는 소송 기타 방법에 따라 말소 환원 여부가 결정될 특별한 사정이 있으므로 피고의 원고에 대한 소유권이전등기의 말소등기의무는 아직 이행불능이 되었다고 할 수 없다.
② 본래의 공사비채권이 시효소멸되었다면 그 채권이 이행불능이 되었음을 이유로 하는 손해배상청구권 역시 허용될 수 없다.
③ 소유권이전등기의무의 목적 부동산이 수용되어 그 소유권이전등기의무가 이행불능이 된 경우, 등기청구권자는 등기의무자에게 대상청구권의 행사로써 등기의무자가 지급받은 수용보상금의 반환을 구하거나 또는 등기의무자가 취득한 수용보상금청구권의 양도를 구할 수 있다.
④ 소유자가 자신의 소유권에 기하여 실체관계에 부합하지 아니하는 등기의 명의인을 상대로 그 등기말소를 청구하는 경우, 그 권리는 물권적 청구권으로서의 방해배제청구권의 성질을 가지므로 소유자가 그 후에 소유권을 상실하여 등기말소를 청구할 수 없게 되었다면, 소유자는 등기말소 의무자에 대하여 그 권리의 이행불능을 이유로 한 민법 제390조상의 손해배상청구권을 가진다.
⑤ 매도인의 소유권이전등기청구권이 가압류되어 있거나 처분금지가처분이 있는 경우, 매도인이 그 가압류 또는 가처분 집행을 모두 해제할 수 없는 무자력의 상태에 있다면 매수인은 매도인의 소유권이전등기의무가 이행불능임을 이유로 매매계약을 해제할 수 있다.

【문 18】 채무불이행과 손해배상에 관한 다음 설명 중 가장 옳지 않은 것은? (다툼이 있는 경우 판례에 의함) 2022년 법원행시

① 채무불이행을 이유로 계약을 해제하거나 해지하고 손해배상을 청구하는 경우에, 채권자는 채무가 이행되었더라면 얻었을 이익을 얻지 못하는 손해를 입은 것이므로 계약의 이행으로 얻을 이익, 즉 이행이익의 배상을 구하는 것이 원칙이다.
② 채권자는 계약이 이행되리라고 믿고 지출한 비용의 배상을 채무불이행으로 인한 손해라고 볼 수 있는 한도에서 청구할 수 있고, 이러한 지출비용의 배상은 이행이익의 증명이 곤란한 경우에 그 증명을 용이하게 하기 위하여 인정되는데, 이 경우에도 채권자가 입은 손해, 즉 이행이익의 범위를 초과할 수는 없다.
③ 채권자가 계약의 이행으로 얻을 수 있는 이익이 인정되지 않는 경우라도 지출비용의 배상은 청구할 수 있다.
④ 계약 상대방의 채무불이행을 이유로 한 계약의 해지 또는 해제는 손해배상의 청구에 영향을 미치지 않지만, 다른 특별한 사정이 없는 한 그 손해배상책임 역시 채무불이행으로 인한 손해배상책임과 다를 것이 없으므로, 상대방에게 고의 또는 과실이 없을 때에는 배상책임을 지지 않고, 이는 상대방의 채무불이행 여부와 상관없이 일정한 사유가 발생하면 계약을 해지 또는 해제할 수 있도록 하는 약정해지·해제권을 유보한 경우에도 마찬가지이다.
⑤ 민법 제397조 제1항은 본문에서 금전채무불이행의 손해배상액을 법정이율에 의할 것을 규정하고 그 단서에서 "그러나 법령의 제한에 위반하지 아니한 약정이율이 있으면 그 이율에 의한다."고 정하는데, 단서규정은 약정이율이 법정이율 이상인 경우에만 적용되고, 약정이율이 법정이율보다 낮은 경우에는 본문으로 돌아가 법정이율에 의하여 지연손해금을 정하여야 한다.

【문 19】 채무불이행으로 인한 손해배상청구에 관한 다음 설명 중 가장 옳지 않은 것은? (다툼이 있는 경우 판례에 의함)
2020년 법무사

① 형사보상금지급청구권은 국가에 대한 일반 금전채권과 유사하므로, 민법의 이행지체 규정, 그중에서도 민법 제397조의 금전채무불이행에 대한 특칙이 그대로 적용된다고 보아야 한다. 형사보상금지급청구권은 형사보상법이나 보상결정에서 이행의 기한을 정하지 않고 있으므로, 국가는 미지급 형사보상금에 대하여 지급청구일 다음 날부터 민사법정이율로 계산한 지연손해금을 가산하여 지급하여야 한다고 봄이 타당하다.
② 채무자는 이행지체 중에 생긴 손해를 배상하여야 한다. 그러나 채무자가 이행기에 이행하여도 손해를 면할 수 없는 경우 또는 채무자에게 과실이 없는 경우에는 그러하지 아니하다.
③ 보증채무는 주채무와는 별개의 채무이기 때문에 보증채무 자체의 이행지체로 인한 지연손해금은 보증한도액과는 별도인바, 이 경우 보증채무의 연체이율에 관하여 특별한 약정이 있으면 그에 따르고 특별한 약정이 없으면 그 거래행위의 성질에 따라 상법 또는 민법에서 정한 법정이율에 따르는 것이지, 주채무에 관하여 약정된 연체이율이 당연히 여기에 적용되는 것은 아니다.
④ 계약당사자 일방이 자신이 부담하는 계약상 채무를 이행하는 데 장애가 될 수 있는 사유를 계약을 체결할 당시에 알았거나 예견할 수 있었음에도 이를 상대방에게 고지하지 아니한 경우에는, 비록 그 사유로 말미암아 후에 채무불이행이 되는 것 자체에 대하여는 그에게 어떠한 잘못이 없다고 하더라도, 상대방이 그 장애사유를 인식하고 이에 관한 위험을 인수하여 계약을 체결하였다거나 채무불이행이 상대방의 책임 있는 사유로 인한 것으로 평가되어야 하는 등의 특별한 사정이 없는 한, 그 채무가 불이행된 것에 대하여 귀책사유가 없다고 할 수 없다.
⑤ 채권의 가압류가 있다 하여도 그 채권의 이행기가 도래한 때에는 제3채무자는 그 지체책임을 면할 수 없다.

【문 20】 손해배상에 관한 다음 설명 중 옳지 않은 것을 모두 고른 것은? (다툼이 있는 경우 판례에 의함)
2023년 법무사

ㄱ. 손해배상액의 예정과 위약벌은 그 기능이 유사하므로, 약정의 형식이나 해석 결과에 따라 감액 여부를 달리 취급할 것이 아니라, 위약벌도 손해배상액의 예정과 함께 위약금의 일종으로서 손해배상액의 예정에 관한 민법 제398조 제2항을 유추하여 감액할 수 있다고 해석하는 것이 공평의 관념에 부합한다.
ㄴ. 금전채무 불이행에 관한 특칙을 규정한 민법 제397조는 그 이행지체가 있으면 지연이자 부분만큼의 손해가 있는 것으로 의제하려는 데에 그 취지가 있는 것이므로 지연이자를 청구하는 채권자는 그 만큼의 손해가 있었다는 것을 주장 및 증명할 필요가 없다.
ㄷ. 계약 당시 당사자 사이에 손해배상액을 예정하는 내용의 약정이 있는 경우에는 그것은 계약상의 채무불이행으로 인한 손해액에 관한 것이고 이를 그 계약과 관련된 불법행위상의 손해까지 예정한 것이라고는 볼 수 없다.
ㄹ. 채무불이행자 또는 불법행위자는 특별한 사정의 존재를 알았거나 알 수 있었으면 그러한 특별사정으로 인한 손해를 배상하여야 할 의무가 있는 것이고, 그러한 특별한 사정에 의하여 발생한 손해의 액수까지 알았거나 알 수 있었어야 하는 것은 아니다.
ㅁ. 도급인이 그가 분양한 아파트의 하자와 관련하여 구분소유자들로부터 손해배상청구를 당하여 그 하자에 대한 손해배상금 및 이에 대한 지연손해금을 지급한 경우, 그 지연손해금은 수급인의 도급계약상의 채무불이행과 상당인과관계가 있는 손해라고 볼 수 있으므로, 도급인으로서는 수급인을 상대로 위 하자에 대한 손해배상금 및 이에 대한 지연손해금의 지급을 청구할 수 있다.

① ㄱ, ㄴ, ㄷ
② ㄴ, ㄷ, ㄹ
③ ㄷ, ㄹ, ㅁ
④ ㄱ, ㄴ, ㄹ
⑤ ㄱ, ㄴ, ㅁ

【문 21】 손해배상에 관한 다음 설명 중 가장 옳지 않은 것은? (다툼이 있는 경우 판례에 의함) 2019년 법무사

① 계약 당시 손해배상액을 예정한 경우 다른 특약이 없는 한 채무불이행으로 인하여 입은 통상손해 외에 특별손해까지도 예정액에 포함된다고 할 수는 없고, 채권자의 손해가 예정액을 초과한다면 이를 주장·입증하여 초과부분을 따로 청구할 수 있다.
② 계약 당시 당사자 사이에 손해배상액을 예정하는 내용의 약정이 있는 경우에는 그것은 계약상의 채무불이행으로 인한 손해액에 관한 것이고 이를 그 계약과 관련된 불법행위상의 손해까지 예정한 것이라고는 볼 수 없다.
③ 채무불이행으로 인한 손해배상 예정액의 청구와 채무불이행으로 인한 손해배상액의 청구는 그 청구원인을 달리하는 별개의 청구이므로 손해배상 예정액의 청구 가운데 채무불이행으로 인한 손해배상액의 청구가 포함되어 있다고 볼 수 없다.
④ 토지에 대한 부당한 가압류의 집행으로 그 지상에 건물을 신축하는 내용의 공사도급계약이 해제됨으로 인한 손해는 특별손해이므로, 가압류채권자가 토지에 대한 가압류집행이 그 지상 건물 공사도급계약의 해제사유가 된다는 특별한 사정을 알았거나 알 수 있었을 때에 한하여 배상의 책임이 있다.
⑤ 일반육체노동을 하는 사람 또는 육체노동을 주로 생계활동으로 하는 사람의 일실수입 산정에 있어서 그 산정의 기초가 되는 가동연한은 특별한 사정이 없는 한 경험칙상 만 65세까지로 보아야 한다.

【문 22】 과실상계에 관한 다음 설명 중 가장 옳지 않은 것은? (다툼이 있는 경우 판례에 의함) 2018년 법무사

① 과실에 의한 불법행위자인 중개보조원이 고의에 의한 불법행위자와 공동불법행위책임을 부담하는 경우, 중개보조원의 손해배상액을 정할 때에는 피해자의 과실을 참작하여 과실상계를 할 수 있다. 그리고 중개보조원을 고용한 개업공인중개사의 손해배상금액을 정할 때에는 개업공인중개사가 중개보조원의 사용자일 뿐 불법행위에 관여하지는 않았다는 등의 개별적인 사정까지 고려하여 중개보조원보다 가볍게 책임을 제한할 수도 있다.
② 도급인이 민법 제673조(수급인이 일을 완성하기 전에는 도급인은 손해를 배상하고 계약을 해제할 수 있다)에 의하여 도급계약을 해제한 이상, 특별한 사정이 없는 한 도급인은 수급인에 대한 손해배상에 있어서 과실상계나 손해배상예정액 감액을 주장할 수 없다.
③ 특별한 사정이 없는 한 손해배상 청구소송에서 피해자에게 과실이 인정되면 법원은 손해배상의 책임 및 그 금액을 정함에 있어서 이를 참작하여야 한다. 배상의무자가 피해자의 과실에 관하여 주장하지 않는 경우에도 소송자료에 의하여 과실이 인정되는 경우에는 이를 법원이 직권으로 심리·판단하여야 한다.
④ 피해자가 공동불법행위자들을 모두 피고로 삼아 한꺼번에 손해배상청구소송을 제기한 경우와 달리, 공동불법행위자 별로 별개의 소를 제기하여 소송을 진행하는 경우에는 과실상계비율과 손해액도 서로 달리 인정될 수 있다.
⑤ 당사자 사이의 계약에서 채무자의 채무불이행으로 인한 손해배상액이 예정되어 있는 경우에도, 채권자에게 과실이 있다면 과실상계를 할 수 있다.

【문 23】 손해배상액의 예정에 관한 다음 설명 중 가장 옳지 않은 것은? (다툼이 있는 경우 판례에 의함) 2020년 법원서기보

① 채무불이행으로 인한 손해배상액의 예정이 있는 경우에 채권자는 채무불이행 사실만 증명하면 손해의 발생 및 그 액을 증명하지 아니하고 예정배상액을 청구할 수 있다.
② 채무자는 채권자와 사이에 채무불이행에 있어 채무자의 귀책사유를 묻지 아니한다는 약정을 하지 아니한 이상 자신의 귀책사유가 없음을 주장·입증함으로써 예정배상액의 지급책임을 면할 수 있다.
③ 손해배상액의 예정이 부당하게 과다하면 법원은 이를 직권으로 감액할 수 있는데, 손해배상액이 부당하게 과다한지 여부는 '사실심 변론종결시'를 기준으로 판단한다.
④ 법원이 손해배상의 예정액이 부당하게 과다하다고 하여 감액을 하였다고 하더라도 손해배상액의 예정에 관한 약정 중 감액부분에 해당하는 부분이 처음부터 무효인 것은 아니다.

【문 24】 손해배상액의 예정과 위약벌에 관한 다음 설명 중 가장 옳지 않은 것은? (다툼이 있는 경우 판례에 의함)
2023년 법원사무관

① 위약금은 민법 제398조 제4항에 따라 손해배상액의 예정으로 추정되지만, 당사자 사이의 위약금 약정이 채무불이행으로 인한 손해의 배상이나 전보를 위한 것이라고 보기 어려운 특별한 사정, 특히 하나의 계약에 채무불이행으로 인한 손해의 배상에 관하여 손해배상예정에 관한 조항이 따로 있다거나 실손해의 배상을 전제로 하는 조항이 있고 그와 별도로 위약금 조항을 두고 있어서 그 위약금 조항을 손해배상액의 예정으로 해석하게 되면 이중배상이 이루어지는 등의 사정이 있을 때에는 그 위약금은 위약벌로 보아야 한다.
② 손해배상 예정액 감액사유에 관한 사실을 인정하거나 감액비율을 정하는 것은 형평의 원칙에 비추어 현저히 불합리하다고 인정되지 않는 한 사실심의 전권에 속하는 사항이다.
③ 위약금 약정이 손해배상액의 예정과 위약벌의 성격을 함께 가지는 경우 특별한 사정이 없는 한 법원은 당사자의 주장이 없더라도 직권으로 민법 제398조 제2항에 따라 위약금 전체 금액을 기준으로 감액할 수 있다.
④ 손해배상액의 예정과 위약벌은 그 기능이 유사하므로, 위약벌은 손해배상액의 예정과 함께 위약금의 일종으로서 손해배상액의 예정에 관한 민법 제398조 제2항을 유추적용하여 그 액을 감액할 수 있다고 해석하여야 한다.

【문 25】 손해배상액의 예정에 관한 다음 설명 중 가장 옳지 않은 것은? (다툼이 있는 경우 판례에 의함) 2021년 법원사무관

① 예정배상액을 구하기 위하여 채무불이행 사실의 증명이 있으면 되고, 손해발생의 사실 및 실제의 손해액을 증명하여야 하는 것은 아니다.
② 채무자는 채권자와 사이에 채무불이행에 있어 채무자의 귀책사유를 묻지 아니한다는 약정을 하지 아니한 이상 자신의 귀책사유가 없음을 주장·입증함으로써 예정배상액의 지급책임을 면할 수 있다.
③ 손해배상액이 예정되어 있는 경우, 채무불이행으로 인한 손해의 발생 및 확대에 채권자에게도 과실이 있다면 손해배상 예정액을 감액하는 것과 별도로 채권자의 과실을 들어 과실상계를 할 수 있다.
④ 손해배상 예정액이 부당하게 과다한 경우에는 법원은 당사자의 주장이 없더라도 직권으로 이를 감액할 수 있다.

제9회 사전모의고사 - 민법

【문 1】 채권자대위권에 관한 다음 설명 중 가장 옳지 않은 것은? (다툼이 있는 경우 판례에 의함)   2021년 법원서기보

① 채권자가 채권자대위권을 행사하여 제3자에 대하여 하는 청구에 있어서, 제3채무자는 채무자가 채권자에 대하여 가지는 항변으로 대항할 수 없고, 채권의 소멸시효가 완성된 경우 이를 원용할 수 있는 자는 원칙적으로는 시효이익을 직접 받는 자뿐이며, 채권자대위소송의 제3채무자는 이를 행사할 수 없다.
② 채권자대위소송에서 피보전채권이 인정되지 아니할 경우 당사자적격이 없게 되므로 그 대위소송은 부적법하여 각하된다.
③ 보전행위는 채권자의 피보전채권의 이행기가 도래하기 전이라도 법원의 허가 없이 대위할 수 있다.
④ 유류분권리자의 유류분반환청구권행사에 대한 확정적 의사 여부와 관계없이 유류분반환청구권도 채권자대위의 목적이 될 수 있다.

【문 2】 채권자대위에 관한 다음 설명 중 가장 옳지 않은 것은? (다툼이 있는 경우 판례에 의함)   2019년 법원사무관

① 채권자취소권은 채권자대위권의 목적이 될 수 없다.
② 이혼으로 인한 재산분할청구권은 협의 또는 심판에 의하여 그 구체적 내용이 형성되기까지는 그 범위 및 내용이 불명확·불확정하기 때문에 구체적으로 권리가 발생하였다고 할 수 없으므로 이를 보전하기 위하여 채권자대위권을 행사할 수 없다.
③ 채권자는 자기의 채무자에 대한 부동산의 소유권이전등기청구권 등 특정채권을 보전하기 위하여 채무자가 방치하고 있는 그 부동산에 관한 특정권리를 대위하여 행사할 수 있고 그 경우에는 채무자의 무자력을 요건으로 하지 않는다.
④ 채권자가 보전하려는 권리와 대위하여 행사하려는 채무자의 권리가 밀접하게 관련되어 있고, 채권자가 채무자의 권리를 대위하여 행사하지 않으면 자기 채권의 완전한 만족을 얻을 수 없게 될 위험이 있어 채무자의 권리를 대위하여 행사하는 것이 자기 채권의 현실적 이행을 유효·적절하게 확보하기 위하여 필요한 경우에는 특별한 사정이 없는 한 채무자의 권리를 대위하여 행사할 수 있다.

【문 3】 채권자대위권에 관한 다음 설명 중 가장 옳지 않은 것은? (다툼이 있는 경우 판례에 의함)   2022년 법무사

① 채무자의 적극재산인 부동산에 이미 제3자 명의로 소유권이전청구권보전의 가등기가 경료되어 있는 경우에는 위 가등기가 가등기담보 등에 관한 법률에 정한 담보가등기로서 강제집행을 통한 매각이 가능하다는 등의 특별한 사정이 없는 한 위 부동산은 실질적으로 재산적 가치가 없어 적극재산을 산정함에 있어서 이를 제외하여야 할 것이다.
② 임대인의 동의없는 임차권의 양도는 당사자 사이에서는 유효하다 하더라도 다른 특약이 없는 한 임대인에게는 대항할 수 없는 것이고, 임대인에 대항할 수 없는 임차권의 양수인으로서는 임대인의 권한을 대위행사할 수 없다.
③ 민사집행법 제301조에 의하여 가처분절차에도 준용되는 같은 법 제287조 제1항에 따라 가압류·가처분결정에 대한 본안의 제소명령을 신청할 수 있는 권리나 같은 조 제2항 및 제3항에 따라 제소기간의 도과에 의한 가압류·가처분의 취소를 신청할 수 있는 권리는 채권자대위권의 목적이 될 수 있는 권리로 볼 수 없다.
④ 피대위자인 채무자가 실존인물이 아니거나 사망한 사람인 경우 피보전채권인 채권자의 채무자에 대한 권리를 인정할 수 없는 경우에 해당하므로 그러한 채권자대위소송은 당사자적격이 없어 부적법하다.
⑤ 채권자대위권에 기해 청구를 하다가 당해 피대위채권 자체를 양수하여 양수금청구로 소를 변경하더라도 당초의 채권자대위소송으로 인한 시효중단의 효력은 소멸하지 않는다.

【문 4】 채권자대위권에 관한 다음 설명 중 가장 옳지 않은 것은? (각 설문은 상호 독립적임) (다툼이 있는 경우 판례에 의함)
2019년 법무사

① 채권자 甲의 채무자 乙에 대한 채권이 변제기가 도래하지 아니한 경우, 甲은 자기의 채권을 보전하기 위하여 법원의 허가를 얻어 乙의 丙에 대한 채권을 대위행사할 수 있다.
② X주택의 임대인 乙에 대한 임차인 丙의 보증금반환채권을 양수한 甲이 그 이행을 청구하기 위하여 丙의 X주택 인도가 선이행되어야 할 필요가 있어서 乙을 대위하여 그 인도를 청구하는 경우, 乙의 무자력은 요구되지 않는다.
③ 채무자 乙이 채권자 甲의 채권자대위권 행사를 통지받은 후에 乙의 채무불이행을 이유로 제3채무자 丙이 乙과 丙 사이의 매매계약을 해제한 경우, 丙은 위 계약의 해제로써 대위권을 행사하는 甲에게 대항할 수 있다.
④ 채권자 甲이 채무자 乙을 대위하여 제3채무자 丙에 대한 채권을 행사하는 경우, 丙은 甲의 乙에 대한 채권이 소멸시효가 완성되었음을 항변할 수 없다.
⑤ 채무자인 비법인사단 乙이 그 명의로 제3채무자 丙을 상대로 소를 제기하였으나 사원총회의 결의 없이 총유재산에 관한 소가 제기되었다는 이유로 각하판결이 선고·확정된 경우, 乙은 스스로 丙에 대한 자신의 권리를 행사한 것이므로 이후 채권자 甲의 채권자대위의 소는 부적법하다.

【문 5】 채권자대위권에 관한 다음 설명 중 가장 옳지 않은 것은? (다툼이 있는 경우 판례에 의함)
2023년 법원사무관

① 진료행위가 위법한 임의 비급여 진료행위에 해당하여 무효인 동시에 보험자와 피보험자가 체결한 실손의료보험계약상 보험금 지급사유에 해당하지 아니하여 보험자가 피보험자에 대하여 보험금 상당의 부당이득반환채권을 갖게 된 경우, 채권자인 보험자가 금전채권인 부당이득반환채권을 보전하기 위하여 채무자인 피보험자를 대위하여 제3채무자인 요양기관을 상대로 진료비 상당의 부당이득반환채권을 행사하는 형태의 채권자대위소송에서 채무자가 자력이 있는 때에는 보전의 필요성이 인정된다고 볼 수 없다.
② 피대위자인 채무자가 실존인물이 아니거나 사망한 사람인 경우에는, 피보전채권인 채권자의 채무자에 대한 권리를 인정할 수 없으므로, 이러한 채권자대위소송은 당사자적격이 없어 부적법하다.
③ 채무자에 대한 파산선고 당시, 파산채권자가 제기한 채권자대위소송이 법원에 계속되어 있는 때에는 소송절차가 중단되고 파산관재인이나 상대방이 이를 수계할 수 있다.
④ 공유물분할청구권은 공유관계에서 수반되는 형성권으로서 공유자의 일반재산을 구성하는 재산권의 일종이지만, 그 행사가 오로지 공유자의 자유로운 의사에 맡겨져 있어 공유자 본인만 행사할 수 있는 권리에 해당하므로, 공유물분할청구권은 채권자대위권의 목적이 될 수 없다.

【문 6】 채권자대위권에 관한 다음 설명 중 가장 옳지 않은 것은? (다툼이 있는 경우 판례에 의함)
2018년 법무사

① 계약의 승낙은 일신전속권에 해당하지 아니하므로, 특별한 사정이 없는 한 특정채권 보전을 위한 채권자대위권의 목적이 될 수 있다.
② 채권자는 그 채권의 기한이 도래하기 전에는 법원 허가 없이 채권자대위권을 행사하지 못하나, 보전행위는 할 수 있다.
③ 채권자대위권을 행사함에 있어서 채권자가 채무자를 상대로 하여 그 보전되는 청구권에 기한 이행청구의 소를 제기하여 승소판결을 선고받고 그 판결이 확정되면, 제3채무자는 그 청구권의 존재를 다툴 수 없는 것이 원칙이다.
④ 채권자대위권 행사가 채무자의 자유로운 재산관리행위에 대한 부당한 간섭이 된다는 등의 특별한 사정이 있는 경우에는 보전의 필요성이 부정될 수 있다.
⑤ 채권자대위소송이 제기되고 채무자가 이를 알게 되면, 채무자가 피대위권리를 처분하여도 이로써 채권자에게 대항하지 못한다.

【문 7】 채권자대위권에 관한 다음 설명 중 가장 옳지 않은 것은? (다툼이 있는 경우 판례에 의함) 2017년 법무사

① 상소의 제기와 마찬가지로 종전 재심대상판결에 대하여 불복하여 종전 소송절차의 재개, 속행 및 재심판을 구하는 재심의 소 제기는 채권자대위권의 목적이 될 수 없다.
② 매수인이 매도인에 대하여 가지는 토지거래허가신청 절차의 협력의무의 이행청구권도 채권자대위권의 행사에 의하여 보전될 수 있는 채권에 해당한다.
③ 채권자가 양수한 임차보증금의 이행을 청구하기 위하여 임차인의 가옥명도가 선이행되어야 할 필요가 있어서 그 명도를 구하는 경우에는 그 채권의 보전과 채무자인 임대인의 자력유무는 관계가 없는 일이므로 무자력을 요건으로 한다고 할 수 없다.
④ 채권자대위소송을 제기한 경우, 제3채무자는 채권자의 채무자에 대한 권리의 발생원인이 된 법률행위가 무효라거나 위 권리가 변제 등으로 소멸하였다는 등의 사실을 주장하여 채권자의 채무자에 대한 권리가 인정되는지 여부를 다툴 수 있다.
⑤ 유류분반환청구권은 그 재산권적 성격에 의하여 원칙적으로 채권자대위권의 목적이 될 수 있다.

【문 8】 채권자인 甲이 채무자인 乙을 대위하여 제3채무자인 丙을 상대로 채권자대위소송을 제기한 경우 다음 설명 중 가장 옳은 것은? (다툼이 있는 경우 판례에 의함) 2018년 법원서기보

① 甲의 乙에 대한 피보전채권이 존재하지 않는다는 이유로 소 각하 판결이 확정된 경우에는 그 후 甲이 乙에게 다시 동일한 피보전채권을 청구원인으로 소송을 제기하는 경우 乙이 채권자대위소송이 제기된 사실을 알았던 경우에는 전소의 기판력이 미친다.
② 채권자대위소송의 제기로 甲의 乙에 대한 채권은 소멸시효가 중단되나, 乙의 丙에 대한 채권의 소멸시효는 중단되지 않는다.
③ 乙의 丙에 대한 채권이 존재하지 않는다는 이유로 甲의 청구가 기각되어 확정되었다면, 그 후 乙의 또 다른 채권자인 丁이 乙을 대위하여 丙을 상대로 채권자대위소송을 제기하는 경우 乙이 전소인 甲의 채권자대위소송 사실을 알았는지 여부와 무관하게 전소의 기판력이 丁이 제기한 후소에는 미치지 않는다.
④ 丙은 乙이 甲에 대하여 가지는 항변권이나 형성권 등과 같이 권리자에 의한 행사를 필요로 하는 사유를 들어 甲의 乙에 대한 권리가 인정되는지 여부를 다툴 수 없지만, 甲의 乙에 대한 권리의 발생원인이 된 법률행위가 무효라거나 위 권리가 변제 등으로 소멸하였다는 등의 사실을 주장하여 甲의 乙에 대한 권리가 인정되는지 여부를 다투는 것은 가능하다.

【문 9】 채권자대위에 관한 다음 설명 중 가장 옳지 않은 것은? (다툼이 있는 경우 판례에 의함) 2022년 법원서기보

① 채권자대위소송에서 대위에 의하여 보전될 채권자의 채무자에 대한 권리(피보전채권)가 존재하는지 여부는 소송요건으로서 법원의 직권조사사항이므로, 법원으로서는 그 판단의 기초자료인 사실과 증거를 직권으로 탐지할 의무까지는 없다 하더라도, 법원에 현출된 모든 소송자료를 통하여 살펴보아 피보전채권의 존부에 관하여 의심할 만한 사정이 발견되면 직권으로 추가적인 심리·조사를 통하여 그 존재 여부를 확인하여야 할 의무가 있다.

② 채무자의 재산인 조합원 지분을 압류한 채권자는, 당해 채무자가 속한 조합에 존속기간이 정하여져 있다거나 기타 채무자 본인의 조합탈퇴가 허용되지 아니하는 것과 같은 특별한 사유가 있지 않은 한, 채권자대위권에 의하여 채무자의 조합 탈퇴의 의사표시를 대위행사할 수 있다.

③ 원고가 미등기 건물을 매수하였으나 소유권이전등기를 하지 못한 경우에는 위 건물의 소유권을 원시취득한 매도인을 대위하여 불법점유자에 대하여 명도청구를 할 수 있지만, 이때 원고는 불법점유자에 대하여 직접 자기에게 명도할 것을 청구할 수는 없다.

④ 임대인의 임대차계약 해지권은 오로지 임대인의 의사에 행사의 자유가 맡겨져 있는 행사상의 일신전속권에 해당하지 않으므로 채권자대위권의 목적이 될 수 있다. 또한, 채권자가 양수한 임차보증금의 이행을 청구하기 위하여 임차인의 가옥명도가 선이행되어야 할 필요가 있어서 그 명도를 구하는 경우에는 그 채권의 보전과 채무자인 임대인의 자력유무는 관계가 없는 일이므로 무자력을 요건으로 한다고 할 수 없다.

【문 10】 채권자대위권에 관한 다음 설명 중 옳은 것을 모두 고른 것은? (다툼이 있는 경우 판례에 의함) 2022년 법원행시

ㄱ. 토지 소유권에 근거하여 그 토지상 건물의 임차인들을 상대로 건물에서의 퇴거를 청구할 수 있었더라도, 퇴거청구와 건물 임대인을 대위하여 임차인들에게 임대차계약의 해지를 통고하고 건물의 인도를 구하는 청구는 그 요건과 효과를 달리하는 것이므로 별개로 청구가 가능하고, 위와 같이 퇴거청구를 할 수 있었다는 사정이 채권자대위권의 행사요건인 보전의 필요성을 부정할 사유가 될 수 없다.

ㄴ. 채권자가 채무자를 상대로 소유권이전등기절차이행의 소를 제기하여 패소의 확정판결을 받게 되면 채권자는 채무자의 제3자에 대한 권리를 행사하는 채권자대위소송에서 그 확정판결의 기판력으로 말미암아 더 이상 채무자에 대하여 동일한 청구원인으로 소유권이전등기청구를 할 수 없으므로 그러한 권리를 보전하기 위한 채권자대위소송은 그 요건을 갖추지 못하여 부적법하다.

ㄷ. 채무자 소유의 부동산을 시효취득한 채권자의 공동상속인이 채무자에 대한 소유권이전등기청구권을 피보전채권으로 하여 제3채무자를 상대로 채무자의 제3채무자에 대한 소유권이전등기의 말소등기청구권을 대위행사하는 경우, 공동상속인은 자신의 지분 범위 내에서만 채무자의 제3채무자에 대한 소유권이전등기의 말소등기청구권을 대위행사할 수 있고, 지분을 초과하는 부분에 관하여는 채무자를 대위할 보전의 필요성이 없다.

ㄹ. 채권자는 자기의 채권을 보전하기 위하여, 일신에 전속한 권리가 아닌 한 채무자의 권리를 행사할 수 있다(민법 제404조 제1항). 공유물분할청구권은 공유관계에서 수반되는 형성권으로서 공유자의 일반재산을 구성하는 재산권의 일종이다. 공유물분할청구권의 행사가 오로지 공유자의 자유로운 의사에 맡겨져 있어 공유자 본인만 행사할 수 있는 권리라고 볼 수는 없다. 따라서 공유물분할청구권도 채권자대위권의 목적이 될 수 있다.

ㅁ. 채권자가 채권자대위소송을 제기한 경우, 제3채무자는 채무자가 채권자에 대하여 가지는 항변권이나 형성권 등과 같이 권리자에 의한 행사를 필요로 하는 사유를 들어 채권자의 채무자에 대한 권리가 인정되는지 여부를 다툴 수 없지만, 채권자의 채무자에 대한 권리의 발생원인이 된 법률행위가 무효라거나 위 권리가 변제 등으로 소멸하였다는 등의 사실을 주장하여 채권자의 채무자에 대한 권리가 인정되는지 여부를 다투는 것은 가능하다.

① ㄱ, ㄴ, ㄷ, ㄹ ② ㄱ, ㄴ, ㄹ, ㅁ
③ ㄷ, ㄹ, ㅁ ④ ㄴ, ㄷ, ㄹ, ㅁ
⑤ ㄱ, ㄴ, ㄷ, ㄹ, ㅁ

【문 11】 채권자대위권과 채권자취소권을 비교한 다음 설명 중 옳지 않은 것을 모두 고른 것은? (다툼이 있는 경우 판례에 의함)   2020년 법원서기보

ㄱ. 채권자대위권은 재판상 또는 재판 외에서 행사할 수 있으나, 채권자취소권은 반드시 소(訴) 제기의 방식으로만 행사할 수 있다.
ㄴ. 대위채권자의 피보전채권은 채무자의 제3채무자에 대한 권리보다 먼저 성립하였을 것을 요하지 않으나, 취소채권자의 피보전채권은 원칙적으로 채무자의 사해행위가 행하여지기 전에 발생된 것임을 요한다.
ㄷ. 채권자대위권은 소유권이전등기청구권과 같은 특정물채권을 피보전채권으로 삼을 수 없으나, 채권자취소권은 이와 같은 특정물채권을 피보전채권으로 삼을 수 있다.
ㄹ. 채권자대위소송에서 피보전채권이 인정되지 아니할 경우에는 청구를 기각하여야 하나, 채권자취소소송에서 피보전채권이 존재하지 않는 경우에는 소(訴)를 각하하여야 한다.

① ㄱ, ㄷ
② ㄷ, ㄹ
③ ㄱ, ㄴ
④ ㄴ, ㄹ

【문 12】 채권자취소권에 관한 다음 설명 중 가장 옳지 않은 것은? (다툼이 있는 경우 판례에 의함)   2021년 법원서기보

① 점유취득시효 완성 후 부동산 소유자가 이를 처분한 경우 점유자는 시효취득을 원인으로 한 소유권이전등기청구권을 피보전채권으로 하여 채권자취소권을 행사할 수 있다.
② 채권자가 수익자를 상대로 사해행위취소의 소를 제기한 경우 수익자는 취소채권자의 채권이 시효로 소멸하였음을 주장할 수 있다.
③ 채무자가 채권자와 신용카드가입계약을 체결하고 신용카드를 발급받았으나 자신의 유일한 부동산을 매도한 후에 비로소 신용카드를 사용하기 시작하여 신용카드대금을 연체하게 된 경우, 그 신용카드대금채권은 사해행위 이후에 발생한 채권에 불과하여 사해행위의 피보전채권이 될 수 없다.
④ 수익자를 상대로 한 사해행위 취소소송에서 승소하였더라도 전득자에 대하여 원상회복을 구하기 위해서는 민법 제406조 제2항에서 정한 기간 내에 별도로 전득자에 대하여 채권자취소권을 행사하여야 한다.

【문 13】 채권자취소권에 관한 다음 설명 중 가장 옳지 않은 것은? (다툼이 있는 경우 판례에 의함)   2020년 법무사

① 채권자가 채권자취소권을 행사하려면 사해행위로 인하여 이익을 받은 자나 전득한 자를 상대로 그 법률행위의 취소를 청구하는 소송을 제기하여야 되는 것으로서 채무자를 상대로 그 소송을 제기할 수는 없다.
② 이혼으로 인한 재산분할청구권은 이혼을 한 당사자의 일방이 다른 일방에 대하여 재산분할을 청구할 수 있는 권리로서 이혼이 성립한 때에 그 법적 효과로서 비로소 발생하는 것일 뿐만 아니라, 협의 또는 심판에 의하여 구체적 내용이 형성되기까지는 그 범위 및 내용이 불명확·불확정하기 때문에 구체적으로 권리가 발생하였다고 할 수 없으므로 협의 또는 심판에 의하여 구체화되지 않은 재산분할청구권은 채무자의 책임재산에 해당하지 아니하고, 이를 포기하는 행위 또한 채권자취소권의 대상이 될 수 없다.
③ 채무자가 사해행위 취소로 등기명의를 회복한 부동산을 제3자에게 처분하더라도 이는 무권리자의 처분에 불과하여 효력이 없으므로, 제3자에게 마쳐진 소유권이전등기나 이에 기초하여 순차로 마쳐진 소유권이전등기 등은 모두 원인무효의 등기로서 말소되어야 한다. 이 경우 취소채권자나 민법 제407조에 따라 사해행위 취소와 원상회복의 효력을 받는 채권자는 채무자의 책임재산으로 취급되는 부동산에 대한 강제집행을 위하여 원인무효 등기의 명의인을 상대로 등기의 말소를 청구할 수 있다.
④ 건축 중인 건물 외에 별다른 재산이 없는 채무자가 건축 중인 건물을 양도하기 위해 수익자 앞으로 건축주명의를 변경해주기로 약정한 때에 이러한 건축주명의변경 약정은 민법 제406조 제1항의 재산권을 목적으로 한 법률행위에 해당한다고 볼 수 없으므로 다른 일반채권자의 이익을 해하는 사해행위가 된다고 할 수 없다.
⑤ 채권자취소권의 요건을 갖춘 각 채권자는 고유의 권리로서 채무자의 재산처분행위를 취소하고 그 원상회복을 구할 수 있는 것이지만, 어느 한 채권자가 동일한 사해행위에 관하여 채권자취소 및 원상회복청구를 하여 승소판결을 받아 그 판결이 확정되고 그에 기하여 재산이나 가액의 회복을 마친 경우에는, 다른 채권자의 채권자취소 및 원상회복청구는 그와 중첩되는 범위 내에서 권리보호의 이익이 없게 된다.

【문 14】 채권자취소권에 관한 다음 설명 중 가장 옳지 않은 것은? (다툼이 있는 경우 판례에 의함) 2022년 법원행시

① 채권자가 채권자취소권을 행사할 때에는 원칙적으로 자신의 채권액을 초과하여 취소권을 행사할 수 없고, 이때 채권자의 채권액에는 사해행위 이후 사실심 변론종결시까지 발생한 이자나 지연손해금이 포함된다.
② 사해행위를 전부 취소하고 원상회복을 구하는 채권자의 주장 속에는 사해행위를 일부 취소하고 가액의 배상을 구하는 취지도 포함되어 있으므로, 채권자가 원상회복만을 구하는 경우에도 법원은 가액의 배상을 명할 수 있다.
③ 근저당권이 설정되어 있는 부동산에 관하여 사해행위가 이루어진 후 근저당권이 말소되어 그 부동산의 가액에서 근저당권 피담보채무액을 공제한 나머지 금액의 한도에서 사해행위를 취소하고 가액의 배상을 명하는 경우 그 가액의 산정은 사실심 변론종결시를 기준으로 하여야 한다.
④ 사해행위로 부동산 소유권이 이전된 후 그 부동산에 관하여 제3자가 저당권이나 지상권 등의 권리를 취득한 경우 채권자가 원상회복방법으로 수익자 명의 등기의 말소를 구하거나 수익자를 상대로 채무자 앞으로 직접 소유권이전등기절차를 이행할 것을 구하는 것은 허용되지 않는다.
⑤ 저당권이 설정되어 있는 부동산에 관하여 사해행위 후 변제 등으로 저당권설정등기가 말소되어 사해행위 취소와 함께 가액반환을 명하는 경우, 부동산 가액에서 저당권의 피담보채권액을 공제한 한도에서 가액반환을 하여야 하는데, 그 부동산에 위와 같은 저당권 이외에 우선변제권 있는 임차인이 있는 경우에는 사해행위 이전에 임대차계약이 체결되었고 임차인에게 임차보증금에 대해 우선변제권이 있다면, 부동산 가액 중 임차보증금에 해당하는 부분이 일반 채권자의 공동담보에 제공되었다고 볼 수 없으므로 수익자가 반환할 부동산 가액에서 우선변제권 있는 임차보증금 반환채권액을 공제하여야 하나, 사해행위 이후에 비로소 채무자가 부동산을 임대한 경우에는 그 임차보증금을 가액반환의 범위에서 공제할 이유가 없다.

【문 15】 채권자취소권에 관한 다음 설명 중 옳은 것을 모두 고른 것은? (다툼이 있는 경우 판례에 의함) 2023년 법무사

ㄱ. 채권자취소권의 요건을 갖춘 각 채권자는 고유의 권리로서 채무자의 재산처분 행위를 취소하고 그 원상회복을 구할 수 있는 것이므로 각 채권자가 동시 또는 이시에 채권자취소 및 원상회복소송을 제기한 경우 이들 소송은 중복제소에 해당하지 않는다.
ㄴ. 사해행위 당시에 이미 채권 성립의 기초가 되는 법률관계가 발생되어 있고 가까운 장래에 그 법률관계에 기하여 채권이 성립될 고도의 개연성이 있으며 실제로 가까운 장래에 그 개연성이 현실화되어 채권이 성립된 경우에는 그 채권도 채권자취소권의 피보전채권이 될 수 있으므로, 사해행위 당시 계속적인 물품거래관계가 존재하였다는 사정만으로도 채권 성립의 기초가 되는 법률관계가 발생하여 있었다고 할 수 있다.
ㄷ. 채권자취소소송에서 피보전채권의 존재가 인정되어 사해행위 취소 및 원상회복을 명하는 판결이 확정되었다고 하더라도, 그에 기하여 재산이나 가액의 회복을 마치기 전에 피보전채권이 소멸하여 채권자가 더 이상 채무자의 책임재산에 대하여 강제집행을 할 수 없게 되었다면, 이는 위 판결의 집행력을 배제하는 적법한 청구이의 이유가 된다.
ㄹ. 채권자가 채무자 소유의 부동산에 대한 가압류신청 시 첨부한 등기부등본에 수익자 명의의 근저당권설정등기가 경료되어 있었다면 채권자가 가압류신청 당시 사해행위 취소원인을 알았다고 인정할 수 있다.
ㅁ. 수익자가 채권자취소에 따른 원상회복으로서 가액배상을 할 경우, 수익자 자신도 채무자에 대한 채권자라는 이유로 채무자에 대하여 가지는 자기의 채권과의 상계를 주장할 수는 없다.

① ㄱ, ㄴ, ㄹ ② ㄱ, ㄴ, ㅁ
③ ㄱ, ㄷ, ㅁ ④ ㄴ, ㄷ, ㅁ
⑤ ㄷ, ㄹ, ㅁ

【문 16】 사해행위취소에 관한 다음 설명 중 가장 옳지 않은 것은? (다툼이 있는 경우 판례에 의함)

① 상속의 포기는 민법 제406조 제1항에서 정하는 "재산권에 관한 법률행위"에 해당하지 아니하여 사해행위취소의 대상이 되지 못한다. 그러나 채무자가 채무초과 상태에서 자신의 부동산에 주택임대차보호법 제8조에 따라 최우선변제권이 있는 임차권을 설정하여 준 행위는 사해행위취소의 대상이 될 수 있다.
② 사해행위인 매매예약에 기하여 수익자 앞으로 가등기를 마친 후 전득자 앞으로 가등기 이전의 부기등기를 마치고 나아가 가등기에 기한 본등기까지 마쳤다 하더라도, 위 부기등기는 사해행위인 매매예약에 기초한 수익자의 권리의 이전을 나타내는 것으로서 부기등기에 의하여 수익자로서의 지위가 소멸하지는 아니하며, 채권자는 수익자를 상대로 사해행위인 매매예약의 취소를 청구할 수 있다. 그리고 수익자의 원물반환의무인 가등기말소의무의 이행이 불가능하게 되는 경우 특별한 사정이 없는 한 수익자는 가등기 및 본등기에 의하여 발생된 채권자들의 공동담보 부족에 관하여 원상회복의무로서 가액을 배상할 의무를 진다.
③ 사해행위의 목적인 부동산에 수개의 저당권이 설정되어 있다가 사해행위 후 그중 일부의 저당권만이 말소된 경우에도 사해행위의 취소에 따른 원상회복은 가액배상의 방법에 의하여야 하고, 그 경우 배상하여야 할 가액은 사해행위 취소시인 사실심 변론종결시를 기준으로 그 부동산의 가액에서 말소된 저당권의 피담보채권액만을 공제하여 산정하여야 한다.
④ 채권자가 사해행위의 취소와 함께 수익자 또는 전득자로부터 책임재산의 회복을 명하는 사해행위취소의 판결을 받은 경우 취소의 효과는 채권자와 수익자 또는 전득자 사이에만 미치므로, 수익자 또는 전득자가 채권자에 대하여 사해행위의 취소로 인한 원상회복 의무를 부담하게 될 뿐, 채권자와 채무자 사이에서 취소로 인한 법률관계가 형성되거나 취소의 효력이 소급하여 채무자의 책임재산으로 복구되는 것은 아니다.

【문 17】 채권자취소권에 관한 다음 설명 중 가장 옳지 않은 것은? (다툼이 있는 경우 판례에 의함)

① 사해행위취소의 소에서 채무자는 피고적격이 없고, 사해행위취소 판결의 효과는 채권자와 수익자 또는 전득자 사이에만 미치므로, 수익자 또는 전득자와 채무자 사이에서 그 취소로 인한 법률관계가 형성되는 것은 아니다.
② 채권자취소권에 의해 보호되는 피보전채권은 원칙적으로 사해행위가 행하여지기 전에 발생된 것임을 요하나, 사해행위 당시 이미 채권 성립의 기초가 되는 법률관계가 발생되어 있고, 가까운 장래에 그 법률관계에 터잡아 채권이 성립되리라는 점에 대한 고도의 개연성이 있으며, 실제로 가까운 장래에 그 개연성이 현실화되어 채권이 성립된 경우에는 그 채권도 피보전채권이 될 수 있다.
③ 가족법상의 행위 중 이혼에 따른 재산분할, 상속재산분할, 상속포기도 사해행위취소의 대상이 될 수 있다.
④ 채무자의 재산처분행위가 사해행위에 해당하는 경우 수익자 또는 전득자의 사해의사는 추정되므로 수익자 또는 전득자 스스로 사해의사가 없어 선의임을 주장·증명하여야 한다.

【문 18】 채권자취소권에 관한 다음 설명 중 가장 옳지 않은 것은? (다툼이 있는 경우 판례에 의함)   2023년 법원서기보

① 원고가 매매계약 등 법률행위에 기하여 소유권을 취득하였음을 전제로 피고를 상대로 일정한 청구를 할 때, 피고는 원고의 소유권 취득의 원인이 된 법률행위가 사해행위로서 취소되어야 한다고 다투면서, 동시에 반소로써 그 소유권 취득의 원인이 된 법률행위가 사해행위임을 이유로 법률행위의 취소와 원상회복으로 원고의 소유권이전등기의 말소절차 등의 이행을 구하는 것도 가능하다.
② 여러 명의 채권자가 사해행위취소 및 원상회복청구의 소를 제기하여 여러 개의 소송이 계속중인 경우에는 각 소송에서 채권자의 청구에 따라 사해행위의 취소 및 원상회복을 명하는 판결을 선고하여야 하고, 수익자(전득자를 포함한다)가 가액배상을 하여야 할 경우에는 수익자가 반환하여야 할 가액을 채권자의 채권액에 비례하여 채권자별로 안분한 범위 내에서 반환을 명하여야 한다.
③ 채권자취소권은 채무자의 사해행위를 채권자와 수익자 또는 전득자 사이에서 상대적으로 취소하고 채무자의 책임재산에서 일탈한 재산을 회복하여 채권자의 강제집행이 가능하도록 하는 것을 본질로 하는 권리이므로, 원상회복을 가액배상으로 하는 경우에 그 이행의 상대방은 채권자이어야 한다.
④ 예금보험공사 등이 채무자에 대한 채권을 피보전채권으로 하여 채무자의 법률행위를 대상으로 채권자취소권을 행사하는 경우, 제척기간의 기산점과 관련하여 예금보험공사 등이 취소원인을 알았는지는 특별한 사정이 없는 한 피보전채권의 추심 및 보전 등에 관한 업무를 담당하는 직원의 인식을 기준으로 판단하여야 한다.

【문 19】 채권자취소권에 관한 다음 설명 중 가장 옳지 않은 것은? (다툼이 있는 경우 판례에 의함)   2021년 법원사무관

① 채권자취소소송으로 원상회복된 채무자의 재산에 관하여 강제집행절차가 개시되면 채권자취소소송의 피고였던 수익자인 채권자도 그 집행권원을 갖추어 강제집행절차에서 배당을 요구할 권리가 있다.
② 어느 한 채권자가 동일한 사해행위에 관하여 채권자취소 및 원상회복청구를 하여 승소판결을 받아 그 판결이 확정되었다는 것만으로 그 후에 제기된 다른 채권자의 동일한 청구가 권리보호의 이익이 없어지게 되는 것은 아니고, 그에 기하여 재산이나 가액의 회복을 마친 경우에 비로소 다른 채권자의 채권자취소 및 원상회복청구는 그와 중첩되는 범위 내에서 권리보호의 이익이 없게 된다.
③ 수익자가 채권자취소에 따른 원상회복으로서 가액배상을 할 때에 채무자에 대한 채권자라는 이유로 채무자에 대하여 가지는 자기의 채권과의 상계를 주장할 수는 없다.
④ 채권자취소권도 채권자가 채무자를 대위하여 행사하는 것이 가능하나, 채권자취소권을 대위행사하는 채권자가 취소원인을 안 지 1년이 지난 경우라면 채권자취소의 소를 제기할 수 없다.

【문 20】 사해행위취소에 관한 다음 설명 중 가장 옳지 않은 것은? (다툼이 있는 경우 판례에 의함)   2018년 법무사

① 사해행위취소의 소는 채권자가 취소원인을 안 날로부터 1년, 법률행위 있은 날로부터 5년 내에 제기하여야 한다.
② 채권자가 채권자취소권을 행사하려면 사해행위로 인하여 이익을 받은 자나 전득한 자를 상대로 그 법률행위의 취소를 청구하는 소송을 제기하여야 되는 것으로서 채무자를 상대로 그 소송을 제기할 수는 없다.
③ 사해행위라고 볼 수 있는 행위가 행하여지기 전에 발생한 채권은 원칙적으로 채권자취소권에 의하여 보호될 수 있는 채권이 될 수 있고, 채권자의 채권이 사해행위 이전에 성립한 이상 사해행위 이후에 양도되었다고 하더라도 양수인은 채권자취소권을 행사할 수 있다.
④ 무자력상태의 채무자가 소송절차를 통해 수익자에게 자신의 책임재산을 이전하기로 하여 수익자가 제기한 소송에서 자백하는 등의 방법으로 패소판결을 받아 확정시키고, 이에 따라 수익자 앞으로 책임재산에 대한 소유권이전등기가 마쳐진 경우 채무자와 수익자 사이의 이전합의가 사해행위가 되더라도 확정판결의 효력에 의하여 채권자는 확정판결을 통해 마쳐진 소유권이전등기의 말소를 구할 수 없으므로 가액배상만을 구할 수 있다.
⑤ 재산분할청구권의 보전을 위해서도 사해행위취소권을 행사할 수 있다.

【문 21】 채권자취소에 관한 다음 설명 중 가장 옳은 것은? (다툼이 있는 경우 판례에 의함) 2018년 법원사무관

① 채권자취소의 대상인 사해행위에 해당하는지를 판단하기 위해 채무자의 적극재산을 평가함에 있어, 공동저당권이 설정된 수개의 부동산 중 일부는 채무자 소유이고 다른 일부는 물상보증인 소유인 경우 채무자 소유의 부동산이 부담하는 피담보채권액은 공동저당권의 목적으로 된 각 부동산의 가액에 비례하여 공동저당권의 피담보채권액을 안분한 금액이다.
② 국가가 조세채권을 피보전채권으로 하여 체납자의 법률행위를 대상으로 채권자취소권을 행사할 때에, 제척기간의 기산점과 관련하여 국가가 취소원인을 알았는지는 특별한 사정이 없는 한 체납자의 재산 처분에 관한 등기·등록 업무를 담당하는 공무원의 인식을 기준으로 판단하여야 하고, 조세채권의 추심 및 보전 등에 관한 업무를 담당하는 세무공무원의 인식을 기준으로 판단하여서는 아니 된다.
③ 무자력상태의 채무자가 수익자가 제기한 소송에서 자백하는 등의 방법으로 패소판결 또는 그와 같은 취지의 화해권고결정 등을 받아 확정시키고 이에 따라 수익자 앞으로 책임재산에 대한 소유권이전등기 등이 마쳐졌다면, 이러한 일련의 행위의 실질적인 원인이 되는 채무자와 수익자 사이의 이전합의는 사해행위가 될 수 있다.
④ 건축 중인 건물 외의 별다른 재산이 없는 채무자가 건축 중인 건물을 양도하기 위해 제3자 앞으로 건축주명의를 변경해주기로 약정한 때에 이러한 건축주명의변경 약정은 민법 제406조 제1항의 재산권을 목적으로 한 법률행위에 해당한다고 볼 수 없으므로 다른 일반채권자의 이익을 해하는 사해행위가 된다고 할 수 없다.

【문 22】 채권자취소권에 관한 다음 설명 중 가장 옳지 않은 것은? (다툼이 있는 경우 판례에 의함) 2018년 법원행시

① 어느 시점에서 사해행위에 해당하는 법률행위가 있었는가를 따짐에 있어서는 당사자 사이의 이해관계에 미치는 중대한 영향을 고려하여 신중하게 이를 판정하여야 하고, 채무자의 재산처분행위가 사해행위가 되는지 여부는 처분행위 당시를 기준으로 판단하여야 하며, 설령 그 재산처분행위가 정지조건부인 경우라 하더라도 특별한 사정이 없는 한 마찬가지라고 할 것이다.
② 사해성의 요건은 행위 당시는 물론 채권자가 취소권을 행사할 당시(사해행위취소소송의 사실심 변론종결시)에도 갖추고 있어야 하므로, 처분행위 당시에는 채권자를 해하는 것이었더라도 그 후 채무자가 자력을 회복하거나 채무가 감소하여 취소권 행사시에 채권자를 해하지 않게 되었다면, 채권자취소권에 의하여 책임재산을 보전할 필요성이 없으므로 채권자취소권은 소멸한다.
③ 채권자취소권의 행사에 있어서 제척기간의 도과에 관한 입증책임은 채권자취소소송의 상대방에게 있다.
④ 특정한 채권에 대한 공동 연대보증인 중 1인이 다른 공동 연대보증인에게 재산을 증여하여 특정채권자가 추급할 수 있는 채무자들의 총 책임재산에는 변동이 없다고 하더라도, 재산을 증여한 연대보증인의 재산이 감소되어 그 특정한 채권자를 포함한 일반채권자들의 공동담보에 부족이 생기거나 그 부족이 심화된 경우에는 그 증여행위의 사해성을 부정할 수 없다.
⑤ 채무자가 사해행위취소로 그 등기명의를 회복한 부동산을 제3자에게 처분하는 경우에 이는 무권리자의 처분으로서 효력이 없지만, 이 경우 취소채권자나 민법 제407조에 따라 사해행위취소와 원상회복의 효력을 받는 채권자가 위와 같은 등기명의인인 제3자를 상대로 직접 그 등기의 말소를 청구할 수는 없다.

【문 23】 채권자취소권에 관한 다음 설명 중 가장 옳지 않은 것은? (다툼이 있는 경우 판례에 의함) 2021년 법무사

① 채권자가 사해행위의 취소로서 수익자를 상대로 채무자와의 법률행위의 취소를 구함과 아울러 전득자를 상대로도 전득행위의 취소를 구함에 있어서, 전득자의 악의는 전득행위 당시 채무자와 수익자 사이의 법률행위가 채권자를 해한다는 사실, 즉 사해행위의 객관적 요건을 구비하였다는 것에 대한 인식을 의미한다. 한편 사해행위취소소송에서 채무자의 악의의 점에 대하여는 취소를 주장하는 채권자에게 증명책임이 있으나 수익자 또는 전득자가 악의라는 점에 관하여는 증명책임이 채권자에게 있는 것이 아니고 수익자 또는 전득자 자신에게 선의라는 사실을 증명할 책임이 있으며, 채무자의 재산처분행위가 사해행위에 해당할 경우에 사해행위 또는 전득행위 당시 수익자 또는 전득자가 선의였음을 인정함에 있어서는 객관적이고도 납득할 만한 증거자료 등에 의하여야 하고, 채무자나 수익자의 일방적인 진술이나 제3자의 추측에 불과한 진술 등에만 터 잡아 사해행위 또는 전득행위 당시 수익자 또는 전득자가 선의였다고 선뜻 단정하여서는 아니 된다.

② 상속재산의 분할협의는 상속이 개시되어 공동상속인 사이에 잠정적 공유가 된 상속재산에 대하여 그 전부 또는 일부를 각 상속인의 단독소유로 하거나 새로운 공유관계로 이행시킴으로써 상속재산의 귀속을 확정시키는 것에 불과하므로 사해행위취소권 행사의 대상이 될 수 없다. 따라서 채무자가 자기의 유일한 재산인 부동산을 매각하여 소비하기 쉬운 금전으로 바꾸거나 타인에게 무상으로 이전하여 주는 행위가 채권자에 대하여 사해행위가 되는 것과 달리, 이미 채무초과 상태에 있는 채무자가 상속재산의 분할협의를 하면서 자신의 상속분에 관한 권리를 포기하였다고 하더라도 채권자에 대한 사해행위에 해당한다고 할 수는 없다.

③ 근저당권이 설정되어 있는 부동산에 관하여 사해행위가 이루어진 후 근저당권이 말소되어 그 부동산의 가액에서 근저당권 피담보채무액을 공제한 나머지 금액의 한도에서 사해행위를 취소하고 가액의 배상을 명하는 경우 그 가액의 산정은 사실심 변론종결시를 기준으로 하여야 하고, 이 경우 사해행위가 있은 후 그 부동산에 관한 권리를 취득한 전득자에 대하여는 사실심 변론종결시의 부동산 가액에서 말소된 근저당권 피담보채무액을 공제한 금액과 사실심 변론종결시를 기준으로 한 취소채권자의 채권액 중 적은 금액의 한도 내에서 그가 취득한 이익에 대해서만 가액배상을 명할 수 있다.

④ 부동산에 관한 법률행위가 사해행위에 해당하는 경우에는 채무자의 책임재산을 보전하기 위하여 사해행위를 취소하고 원상회복을 명하여야 한다. 수익자는 채무자로부터 받은 재산을 반환하는 것이 원칙이지만, 그 반환이 불가능하거나 곤란한 사정이 있는 때에는 그 가액을 반환하여야 한다. 사해행위를 취소하여 부동산 자체의 회복을 명하게 되면 당초 일반 채권자들의 공동담보로 되어 있지 않던 부분까지 회복을 명하는 것이 되어 공평에 반하는 결과가 되는 경우에는 그 부동산의 가액에서 공동담보로 되어 있지 않던 부분의 가액을 뺀 나머지 금액 한도에서 가액반환을 명할 수 있다.

⑤ 채권자취소의 소는 채권자가 취소원인을 안 날로부터 1년 내에 제기하여야 한다(민법 제406조 제2항). 여기에서 취소원인을 안다는 것은 단순히 채무자의 법률행위가 있었다는 사실을 아는 것만으로는 부족하고, 그 법률행위가 채권자를 불리하게 하는 행위라는 것, 즉 그 행위에 의하여 채권의 공동담보에 부족이 생기거나 이미 부족상태에 있는 공동담보가 한층 더 부족하게 되어 채권을 완전하게 만족시킬 수 없게 된다는 것까지 알아야 한다.

【문 24】 채권자취소권에 관한 다음 설명 중 가장 옳지 않은 것은? (다툼이 있는 경우 판례에 의함) 2020년 법무사

① 특정물에 대한 소유권이전등기청구권을 보전하기 위하여 채권자취소권을 행사하는 것은 허용되지 않으므로, 부동산의 제1양수인은 자신의 소유권이전등기청구권 보전을 위하여 양도인과 제3자 사이에서 이루어진 이중양도행위에 대하여 채권자취소권을 행사할 수 없다.

② 부동산을 매수하여 소유권이전등기청구권을 가지고 있는 자가 매도인이 제3자에게 이를 이중으로 양도하여 소유권이전등기를 경료하여 줌으로써 취득하게 되는 부동산 가액 상당의 손해배상채권은 금전채권이므로 이중양도행위에 대하여 사해행위취소권을 행사할 수 있는 피보전채권에 해당한다.

③ 채권자취소권에 의하여 보호될 수 있는 채권은 원칙적으로 사해행위라고 볼 수 있는 행위가 행하여지기 전에 발생된 것임을 요하지만, 그 사해행위 당시에 이미 채권 성립의 기초가 되는 법률관계가 발생되어 있고, 가까운 장래에 그 법률관계에 터 잡아 채권이 성립되리라는 점에 대한 고도의 개연성이 있으며, 실제로 가까운 장래에 그 개연성이 현실화되어 채권이 성립된 경우에는, 그 채권도 채권자취소권의 피보전채권이 될 수 있다.

④ 신용카드가입계약은 신용카드의 발행 및 관리, 신용카드의 이용과 관련된 대금의 결제에 관한 기본적 사항을 포함하고 있기는 하나 그에 기하여 신용카드업자의 채권이 바로 성립되는 것은 아니고, 신용카드를 발행받은 신용카드회원이 신용카드를 사용하여 신용카드가맹점으로부터 물품을 구매하거나 용역을 제공받음으로써 성립하는 신용카드매출채권을 신용카드가맹점이 신용카드업자에게 양도하거나, 신용카드업자로부터 자금의 융통을 받는 별개의 법률관계에 의하여 비로소 채권이 성립하는 것이므로, 단순히 신용카드가입계약만을 가리켜 채권성립의 기초가 되는 법률관계에 해당한다고 할 수는 없다.

⑤ 채무자가 채권자와 신용카드가입계약을 체결하고 신용카드를 발급받았으나 유일한 재산인 아파트를 매도한 이후에 비로소 신용카드를 사용하기 시작하여 카드대금을 연체하게 되었다면 그 신용카드대금채권은 사해행위의 피보전채권이 될 수 없다.

【문 25】제3자의 채권침해로 인한 불법행위책임에 관한 다음 설명 중 가장 옳지 않은 것은? (다툼이 있는 경우 판례에 의함)
2022년 법원행시

① 채무자의 재산을 은닉하는 방법으로 제3자에 의한 채권침해가 이루어질 당시 채무자가 가지고 있던 다액의 채무로 인하여 제3자의 채권침해가 없었더라도 채권자가 채무자로부터 일정액 이상으로 채권을 회수할 가능성이 없었다고 인정될 경우에는 위 일정액을 초과하는 손해와 제3자의 채권침해로 인한 불법행위 사이에는 상당인과관계를 인정할 수 없다.

② 이때의 채권회수 가능성은 사실심 변론종결 시를 기준으로 채무자의 책임재산과 채무자가 부담하는 채무의 액수를 비교하는 방법으로 판단할 수 있다. 사실심 변론종결 당시에 이미 이행기가 도래한 채무는 채권자가 종국적으로 권리를 행사하지 아니할 것으로 볼 만한 특별한 사정이 없는 한 비교대상이 되는 채무자 부담의 채무에 포함된다.

③ 특정 가수의 공연에 반대하기 위해 시민단체 등 공익목적수행을 위한 단체가 그들의 공익목적을 관철하기 위하여 일반시민들을 상대로 공연관람을 하지 말도록 하거나 입장권판매대행계약을 체결한 A은행 등 공연협력업체에게 공연협력을 하지 말도록 하기 위하여 그들의 주장을 홍보하고 각종 방법에 의한 호소로 설득활동을 벌이는 것은 관람이나 협력 여부의 결정을 상대방의 자유로운 판단에 맡기는 한 허용된다. 그로 인하여 공연기획사 甲의 일반적 영업권 등에 제한을 가져온다고 하더라도 이는 시민단체 등의 정당한 목적수행을 위한 활동으로부터 불가피하게 발생하는 현상으로서 그 자체에 내재하는 위험이라 할 것이다. 그러나 여기서 더 나아가 시민단체 乙이 A은행에게 공연기획사 甲과 이미 체결한 입장권판매대행계약의 즉각적인 불이행을 요구하고 이에 응하지 아니할 경우 A은행의 전(全) 상품에 대한 불매운동을 벌이겠다는 경제적 압박수단을 고지하여 이로 말미암아 A은행으로 하여금 불매운동으로 인한 경제적 손실을 우려하여 부득이 본의 아니게 甲과 체결한 입장권판매대행계약을 파기케 하는 결과를 가져왔다면 이는 제3자인 乙이 甲과 A은행이 체결한 입장권판매대행계약에 기한 甲의 채권 등을 침해하는 것으로서 위법하다. 그 목적에 공익성이 있다 하여 이러한 행위까지 정당화될 수는 없다.

④ 제3자가 채무자의 책임재산을 감소시키는 행위를 함으로써 채권자로 하여금 채권의 실행과 만족을 불가능 내지 곤란하게 한 경우 채권의 침해에 해당한다고 할 수는 있겠지만, 그 제3자의 행위가 채권자에 대하여 불법행위를 구성한다고 하기 위하여는 단순히 채무자 재산의 감소행위에 관여하였다는 것만으로는 부족하고 제3자가 채무자에 대한 채권자의 존재 및 그 채권의 침해사실을 알면서 채무자와 적극 공모하였다거나 채권행사를 방해할 의도로 사회상규에 반하는 부정한 수단을 사용하였다는 등 채권침해의 고의·과실 및 위법성이 인정되는 경우라야만 한다.

⑤ 강제집행면탈 목적을 가진 채무자가 제3자와 명의신탁약정을 맺고 채무자 소유의 부동산에 관하여 제3자 앞으로 소유권이전등기를 경료한 경우에, 제3자가 채권자에 대한 관계에서 직접 불법행위책임을 지기 위하여는 단지 그가 채무자와의 약정으로 당해 명의수탁등기를 마쳤다는 것만으로는 부족하고, 그 명의신탁으로써 채권자의 채권의 실현을 곤란하게 한다는 점을 알면서 채무자의 강제집행면탈행위에 공모 가담하였다는 등의 사정이 입증되어 그 채권침해에 대한 고의·과실 및 위법성이 인정되어야 한다.

【문 1】 불가분채무에 관한 다음 설명 중 가장 옳지 않은 것은? (다툼이 있는 경우 판례에 의함) 2018년 법원행시

① 불가분채무는 각 채무자가 채무 전부를 이행할 의무가 있으며, 1인의 채무이행으로 다른 채무자도 그 의무를 면한다.
② 여러 사람이 공동으로 법률상 원인 없이 타인의 재산을 사용한 경우의 부당이득 반환채무는 특별한 사정이 없는 한 불가분적 이득의 반환으로서 불가분채무이다.
③ 건물의 공유자가 공동으로 건물을 임대하고 보증금을 수령한 경우, 특별한 사정이 없는 한 그 보증금 반환채무는 불가분채무에 해당된다.
④ 공동상속인들의 건물철거의무는 그 성질상 불가분채무라고 할 것이고 각자 그 지분의 한도 내에서 건물 전체에 대한 철거의무를 지는 것이다.
⑤ 변호사에게 공동당사자로서 소송대리를 위임한 소송사건의 결과에 따라 경제적 이익을 불가분적으로 향유하게 되거나 패소할 경우 소송 상대방에 대하여 부진정연대관계의 채무를 부담하게 된다면, 공동당사자들의 변호사에 대한 소송대리위임에 따른 보수금지급채무는 특별한 사정이 없는 한 불가분채무이다.

【문 2】 다수당사자의 법률관계에 관한 다음 설명 중 가장 옳지 않은 것은? (다툼이 있는 경우 판례에 의함) 2020년 법무사

① 다수당사자의 채권채무관계는 원칙적으로 분할채권채무관계이고 성질상 또는 당사자의 약정에 기하여 특히 불가분으로 하는 경우에 한하여 불가분채권채무관계로 되는 것이므로 불가분채권채무임을 주장하는 자가 불가분채권채무관계로 하는 의사표시나 특별한 사정을 주장·입증하여야 한다.
② 연대채무자 중 1인에 대하여 생긴 사유 중 채권의 만족을 가져 오는 변제 및 이와 동일시되는 대물변제, 공탁, 경개, 상계의 경우 그 전범위에서 면제, 혼동, 소멸시효 완성의 경우 그 부담부분에 한하여 채무 소멸의 절대적 효력이 인정되므로, 다른 연대채무자는 위 사유들을 채무 소멸의 유효한 항변으로 주장할 수 있다.
③ 부진정연대채무는 수인의 채무자가 동일한 내용의 급부에 대하여 각자 독립하여 전부를 급부할 의무를 부담하는 다수당사자의 법률관계로서 채무의 발생원인, 채무의 액수 등이 서로 동일할 것을 요한다.
④ 인화성 물질 등이 산재한 밀폐된 신축 중인 건물 내부에서 용접작업을 하던 중 화재가 발생하여 피용자가 사망한 사고에서 공사수급인은 건물의 점유자로서 그 보존상의 하자에 따른 불법행위로 인한 손해배상책임을, 사용자는 피용자의 안전에 대한 보호의무를 다하지 아니한 채무불이행으로 인한 손해배상책임을 각 부담하는 경우, 양 채무는 부진정연대채무의 관계에 있다.
⑤ 주택을 공동으로 소유하는 부부가 공동으로 주택을 임대하고 보증금을 수령한 경우 특별한 사정이 없는 한 그 임대는 각자 공유지분을 임대한 것이 아니고 임대목적물을 다수의 당사자로서 공동으로 임대한 것이므로 그 보증금 반환채무는 성질상 불가분채무에 해당된다.

【문 3】 연대채무자 1인에게 생긴 사유로 절대적 효력이 있는 것이 아닌 것은? 2013년 법원주사보

① 연대채무자 중 1인에 대한 이행청구
② 연대채무자 중 1인에 대한 채권자의 지체
③ 연대채무자 중 1인과 채권자 사이에 채무의 경개가 있는 경우
④ 연대채무자 중 1인에 대한 가압류

【문 4】 연대채무에 관한 다음 설명 중 가장 옳지 않은 것은? (다툼이 있는 경우 판례에 의함)   2016년 법원주사보

① 어느 연대채무자에 대한 이행청구는 다른 연대채무자에게 효력이 없다.
② 상계할 채권이 있는 연대채무자가 상계하지 아니한 때에는 그 채무자의 부담부분에 한하여 다른 연대채무자가 상계할 수 있다.
③ 어느 연대채무자가 변제 기타 자기의 출재로 공동면책이 된 때에는 다른 연대채무자의 부담부분에 대하여 구상권을 행사할 수 있으나, 면제나 시효의 완성과 같이 출재에 의하지 않고 공동면책된 경우에는 구상권이 발생하지 않는다.
④ 부진정연대채무자 중 1인이 자기의 부담부분 이상을 변제하여 공동의 면책을 얻게 하였을 때에는 다른 부진정연대채무자에게 그 부담 부분의 비율에 따라 구상권을 행사할 수 있다.

【문 5】 연대 또는 부진정연대채무에 관한 다음 설명 중 가장 옳지 않은 것은? (다툼이 있는 경우 판례에 의함)   2018년 법무사

① 민법 제426조 제2항은 "어느 연대채무자가 변제 기타 자기의 출재로 공동면책되었음을 다른 연대채무자에게 통지하지 아니한 경우에 다른 연대채무자가 선의로 채권자에게 변제 기타 유상의 면책행위를 한 때에는 그 연대채무자는 자기의 면책행위의 유효를 주장할 수 있다."라고 규정하고 있다. 부진정연대채무에 해당하는 공동불법행위로 인한 손해배상채무에 있어서도 연대채무의 경우와 마찬가지로 과실 없는 변제자를 보호할 필요가 있으므로, 위 규정이 유추적용된다.
② 상계할 채권이 있는 연대채무자가 상계하지 아니한 때에는 그 채무자의 부담부분에 한하여 다른 연대채무자가 상계할 수 있다.
③ 금액이 다른 채무가 서로 부진정연대 관계에 있을 때, 다액채무자가 일부 변제를 하는 경우 변제로 인하여 먼저 소멸하는 부분은 다액채무자가 단독으로 채무를 부담하는 부분이다.
④ 부진정연대채무에서 채무자 1인에 대한 재판상 청구 또는 채무자 1인이 행한 채무의 승인 등 소멸시효 중단사유나 시효이익 포기는 다른 채무자에게 효력을 미치지 않는다.
⑤ 부진정연대채무자 중 1인이 자신의 채권자에 대한 반대채권으로 상계를 한 경우에 그 상계로 인한 채무소멸의 효력은 소멸한 채무 전액에 관하여 다른 부진정연대채무자에 대하여도 미친다. 이는 부진정연대채무자 중 1인이 채권자와 상계계약을 체결한 경우에도 마찬가지이다.

【문 6】 연대채무 및 부진정연대채무에 관한 다음 설명 중 가장 옳지 않은 것은? (다툼이 있는 경우 판례에 의함)   2023년 법원행시

① 어느 연대채무자가 채무를 승인함으로써 그에 대한 시효가 중단되면 그로 인하여 다른 연대채무자에게도 시효중단의 효력이 발생한다.
② 중첩적 채무인수에서 인수인이 채무자의 부탁을 받지 아니하여 주관적 공동관계가 없는 경우에는 채무자와 인수인은 부진정연대관계에 있는 것으로 보아야 한다.
③ 금액이 서로 다른 채무가 서로 부진정연대관계에 있을 때 다액채무자가 일부 변제를 하는 경우 변제로 먼저 소멸하는 부분은 다액채무자가 단독으로 채무를 부담하는 부분으로 보아야 한다.
④ 연대채무자가 변제 기타 자기의 출재로 공동면책을 얻은 때에는 다른 연대채무자의 부담부분에 대하여 구상권을 행사할 수 있고 이때 부담부분은 균등한 것으로 추정되나, 연대채무자 사이에 부담부분에 관한 특약이 있다면 그에 따라 부담분이 결정된다.
⑤ 공동불법행위자 중 1인에 대하여 구상의무를 부담하는 다른 공동불법행위자가 수인인 경우에 구상권자인 공동불법행위자측에 과실이 없어 내부적인 부담 부분이 전혀 없다면 그 구상권자에 대한 수인의 구상의무 사이의 관계는 부진정연대관계로 보아야 한다.

【문 7】 연대채무 및 부진정연대채무에 관한 다음 설명 중 가장 옳지 않은 것은? (다툼이 있는 경우 판례에 의함)
2022년 법원서기보

① 중첩적 채무인수에서 채무자와 인수인은 원칙적으로 주관적 공동관계가 있는 연대채무관계에 있으나, 인수인이 채무자의 부탁을 받지 않아 주관적 공동관계가 없는 경우에는 부진정연대관계에 있다.
② 연대채무자 중 1인이 채무를 일부 면제받는 경우, 그 연대채무자의 잔존 채무액이 부담부분을 초과하는 경우에는 그 연대채무자의 부담부분이 감소한 것은 아니므로, 다른 연대채무자의 채무에도 영향을 주지 않아 다른 연대채무자는 채무 전액을 부담하여야 한다.
③ 연대채무자가 변제 기타 자기의 출재로 공동면책이 된 때에는 다른 연대채무자의 부담부분에 대하여 구상권을 행사할 수 있고, 그 구상권에는 면책된 날 이후의 법정이자 및 피할 수 없는 비용 기타 손해배상이 포함된다.
④ 연대채무의 경우 연대채무자 중 1인이 채권자에 대한 반대채권으로 상계를 한 경우 그 상계의 효력이 다른 연대채무자에게도 미치나, 부진정연대채무의 경우 부진정연대채무자 중 1인이 채권자에 대한 반대채권으로 상계를 하였더라도 그 상계의 효력이 다른 부진정연대채무자에게 미치지 않는다.

【문 8】 다수당사자의 채권관계에 관한 다음 설명 중 가장 옳지 않은 것은? (다툼이 있는 경우 판례에 의함) 2018년 법원사무관

① 어느 연대채무자가 변제 기타 자기의 출재로 공동면책이 된 때에는 다른 연대채무자의 부담부분에 대하여 구상권을 행사할 수 있다.
② 민법은 채권자의 이중의 채권만족의 위험을 감수하면서까지도 불법행위 피해자로 하여금 현실적으로 채권의 만족을 얻게 하여 피해를 실질적으로 회복할 수 있도록 배려하고 있다고 보이므로, 부진정연대채무자 중 1인의 상계에는 절대적 효력을 인정하지 아니함이 타당하다.
③ 보증인은 주채무자의 항변으로 채권자에게 대항할 수 있고, 주채무자의 항변포기는 보증인에게 효력이 없다.
④ 회사의 이사가 채무액과 변제기가 특정되어 있는 회사 채무에 대하여 보증계약을 체결한 경우에는 계속적 보증이나 포괄근보증의 경우와 달리 이사직 사임이라는 사정변경을 이유로 보증인인 이사가 일방적으로 보증계약을 해지할 수 없다.

【문 9】 다수당사자의 채권관계에 관한 다음 설명 중 가장 옳지 않은 것은? (다툼이 있는 경우 판례에 의함) 2019년 법원주사보

① 여러 사람이 공동으로 법률상 원인 없이 타인의 재산을 사용한 경우의 부당이득 반환채무는 특별한 사정이 없는 한 불가분적 이득의 반환으로서 불가분채무이다.
② 어느 연대채무자에 대하여 소멸시효가 완성한 때에는 그 부담부분에 한하여 다른 연대채무자도 의무를 면한다.
③ 부진정연대채무자 중 1인이 자신의 채권자에 대한 반대채권으로 상계를 한 경우, 채권은 변제, 대물변제, 공탁이 행하여진 경우와는 달리 현실적으로 만족을 얻은 것이 아니므로, 그 상계로 인한 채무소멸의 효력은 다른 부진정연대채무자에 대하여는 미치지 아니한다.
④ 보증채무에 있어 보증인은 특별한 사정이 없는 한 채무자가 채무불이행으로 인하여 부담하여야 할 손해배상채무에 관하여도 보증책임을 진다.

【문 10】 다수당사자의 채권관계에 관한 다음 설명 중 가장 옳지 않은 것은? (다툼이 있는 경우 판례에 의함) 2017년 법무사

① 여러 사람이 공동으로 법률상 원인 없이 타인의 재산을 사용한 경우의 부당이득 반환채무는 특별한 사정이 없는 한 불가분적 이득의 반환으로서 불가분채무로 보아야 한다.
② 연대채무자는 자신의 부담부분 이상을 변제하여 공동의 면책을 얻게 하였을 때에 다른 연대채무자에 대하여 구상권을 행사할 수 있으나, 공동불법행위자는 자신의 부담부분 이상을 변제하지 않더라도 다른 공동불법행위자에 대하여 구상권을 행사할 수 있다.
③ 어떤 물건에 대하여 직접점유자와 간접점유자가 있는 경우, 그에 대한 점유사용으로 인한 부당이득의 반환의무는 이른바 부진정연대채무의 관계에 있다.
④ 부진정연대채무자 중 1인을 위하여 보증인이 된 자가 피보증인을 위하여 그 채무를 변제한 경우에는 그 보증인은 다른 부진정연대채무자들에 대하여 그 부담 부분에 한하여 구상권을 행사할 수 있다.
⑤ 보증채무는 주채무와는 별개의 채무이므로 보증채무 자체의 이행지체로 인한 지연손해금은 보증한도액과는 별도로 보아야 하고, 주채무에 관하여 약정된 연체이율 역시 당연히 보증채무의 연체이율에 적용되는 것은 아니다.

【문 11】 甲에 대한 乙의 3,000만 원의 금전채무에 대하여 丙과 丁이 연대보증인(각 전액보증, 내부적 부담부분 각 1,500만 원)이 된 경우에 관한 다음 설명 중 가장 옳은 것은? (다툼이 있는 경우 판례에 의함) 2022년 법무사

① 甲의 丙에 대한 채권포기는 乙에게는 그 효력이 미치지 않지만 丁에게는 미친다.
② 丙이 甲으로부터 청구를 받은 경우, 丙이 乙에게 변제자력이 있는 사실 및 그 집행이 용이할 것을 증명하면 甲은 우선 乙에게 청구하여야 한다.
③ 丙이 3,000만 원을 甲에게 변제한 경우 丙은 乙에 대하여는 구상할 수 있지만 丁에 대하여 구상할 수는 없다.
④ 甲이 丙에 대한 연대보증채권을 피보전권리로 하여 丙 소유의 부동산에 가압류를 하더라도 乙에 대한 채권의 소멸시효는 중단되지 않는다.
⑤ 丙은 乙이 甲에 대하여 가지는 채권에 의한 상계를 가지고 甲에게 대항할 수 없다.

【문 12】 보증에 관한 다음 설명 중 가장 옳은 것은? (다툼이 있는 경우 판례에 의함) 2021년 법무사

① 보증은 그 의사가 보증인의 기명날인 또는 서명이 있는 서면으로 표시되어야 효력이 발생하므로 작성된 서면에 최소한 '보증인' 또는 '보증한다'라는 문언의 기재가 있어야 한다.
② 보증서의 보증금액은 보증인이 보증책임을 지게 될 주채무에 관한 한도액을 정한 것으로서 그 한도액에는 주채무의 원금 및 이에 대한 이자, 지연손해금과 보증채무 자체의 이행지체로 인한 지연손해금이 모두 포함되므로 그 합계액이 보증의 한도액을 초과해서는 안 된다.
③ 채권자와 주채무자 사이의 확정판결에 의하여 상사채무인 주채무가 확정되어 그 소멸시효기간이 10년으로 연장되었다면 채권자와 연대보증인 사이에 있어서 연대보증채무의 소멸시효기간도 10년으로 연장된다.
④ 채권자가 보증인에게 채무의 이행을 청구한 때에는 보증인은 주채무자의 변제자력이 있다는 점 및 그 집행이 용이하다는 점을 증명하여 먼저 주채무자에게 청구할 것과 그 재산에 대하여 집행할 것을 항변할 수 있고, 단순히 주채무자에게 먼저 청구할 것을 항변할 수는 없다.
⑤ 보증채무의 연체이율에 관하여 특별한 약정이 없으면 주채무에 관하여 약정된 연체이율이 적용된다.

【문 13】 보증에 관한 다음 설명 중 가장 옳지 않은 것은? (다툼이 있는 경우 판례에 의함) 2020년 법무사

① 보증인의 출연행위 당시에는 주채무가 유효하게 존속하고 있었다 하더라도 그 후 주계약이 해제되어 소급적으로 소멸하는 경우에는 보증인은 변제를 수령한 채권자를 상대로 이미 이행한 급부를 부당이득으로 반환청구할 수 있다.
② 채무자의 채무불이행시의 손해배상의 범위에 관하여 채무자와 채권자 사이의 합의로 보증인의 관여 없이 그 손해배상 예정액이 결정되었다고 하더라도, 보증인으로서는 위 합의로 결정된 손해배상 예정액이 채무불이행으로 인하여 채무자가 부담할 손해배상 책임의 범위를 초과하지 아니한 한도 내에서만 보증책임이 있다.
③ 채권자와 주채무자 사이의 확정판결에 의하여 주채무가 확정되어 그 소멸시효기간이 10년으로 연장되었다 할지라도 그 보증채무까지 당연히 단기소멸시효의 적용이 배제되어 10년의 소멸시효기간이 적용되는 것은 아니다.
④ 확정채무에 대한 연대보증인이더라도 그 채무의 이행기가 연장된 데에 대해 그가 동의한 바 없다면 원래 이행기가 경과한 후 연대보증인으로서의 채무를 부담하지 아니한다.
⑤ 일반적으로 계속적 거래의 도중에 매수인을 위하여 보증의 범위와 기간의 정함이 없이 보증인이 된 자는 특별한 사정이 없는 한 계약일 이후에 발생되는 채무뿐 아니라 계약일 현재 이미 발생된 채무도 보증하는 것으로 보는 것이 상당하다.

【문 14】 보증채무와 관련된 다음 설명 중 가장 옳지 않은 것은? (다툼이 있는 경우 판례에 의함)   2019년 법무사

① 보증인의 채권자에 대한 출연행위 당시에는 주채무가 유효하게 존속하고 있었으나 그 후 주계약이 해제된 경우, 보증인은 변제를 수령한 채권자를 상대로 이미 이행한 급부를 부당이득으로 반환청구할 수 있다.
② 보증인은 주채무자의 채권자에 대한 채권으로 상계할 수 있으며 채권자가 주채무자에 대하여 상계적상에 있는 자동채권을 상계하지 않는 경우에는 이를 이유로 보증채무의 이행을 거부할 수 있다.
③ 보증인이 주채무자의 기망행위에 의하여 주채무가 있는 것으로 믿고 주채무자와 보증계약을 체결한 후 그에 따라 보증채무자로서 그 채무까지 이행한 경우, 그 보증인은 주채무자의 채권자에 대한 채무부담행위라는 허위표시에 기초하여 구상권 취득에 관한 법률상 이해관계를 가지게 되었으므로 민법 제108조 제2항의 제3자에 해당한다.
④ 손해담보계약상 담보의무자의 책임은 손해배상책임이 아니라 이행의 책임이므로, 민법 제396조의 과실상계 규정이 준용될 수 없고, 과실상계의 법리를 유추적용하여 그 담보책임을 감경할 수도 없다.
⑤ 보증기간과 보증한도액의 정함이 없는 계속적 보증계약의 경우, 보증인이 사망하면 상속인은 보증인의 지위를 상속하지 않고 이미 발생한 보증채무만을 상속한다.

【문 15】 보증인의 구상권에 관한 다음 설명 중 옳은 것을 모두 고른 것은? (다툼이 있는 경우 판례에 의함)   2022년 법원행시

ㄱ. 수탁보증인의 사전구상권과 사후구상권은 그 종국적 목적과 사회적 효용을 같이하는 공통성을 가지고 있으므로, 사후구상권이 발생하면 목적달성 여부를 불문하고 사전구상권은 소멸한다.
ㄴ. 수탁보증인이 주채무자에 대하여 가지는 민법 제442조의 사전구상권을 자동채권으로 하는 상계는 원칙적으로 허용된다.
ㄷ. 사후구상권은 보증인이 채무자에 갈음하여 변제 등 자신의 출연으로 채무를 소멸시켰다고 하는 사실에 의하여 발생한다.
ㄹ. 원칙적으로 수탁보증인의 사전구상권에 관한 민법 제442조는 물상보증인에게 적용되므로 물상보증인은 사전구상권을 행사할 수 있다.
ㅁ. 타인의 채무를 담보하기 위하여 그 소유의 부동산에 저당권을 설정한 물상보증인이 타인의 채무를 변제하거나 저당권의 실행으로 저당물의 소유권을 잃은 때에는 채무자에 대하여 구상권을 취득한다.
ㅂ. 기존 채무가 동일성을 유지하면서 인수 당시의 상태로 종래의 채무자로부터 인수인에게 이전하는 면책적 채무인수는 구상권 취득의 요건인 '채무의 변제'에 해당하므로, 채무인수의 대가로 기존 채무자가 물상보증인에게 어떤 급부를 하기로 약정하였다는 등의 사정이 없더라도, 물상보증인은 기존 채무자의 채무를 면책적으로 인수함으로써 기존 채무자에 대하여 구상권을 가진다.

① ㄷ, ㅁ
② ㄷ, ㄹ, ㅁ
③ ㄱ, ㄷ, ㄹ, ㅂ
④ ㄴ, ㄷ, ㅂ
⑤ ㄹ, ㅁ

【문 16】 보증채무에 관한 다음 설명 중 옳지 않은 것을 모두 고른 것은? (다툼이 있는 경우 판례에 의함)   2023년 법원서기보

> ㄱ. 보증채무는 주채무와는 별개의 채무이기 때문에 보증채무 자체의 이행지체로 인한 지연손해금은 보증한도액과는 별도로 부담하고 이 경우 보증채무의 연체이율에 관하여 특별한 약정이 없는 경우라면 그 거래행위의 성질에 따라 상법 또는 민법에서 정한 법정이율에 따라야 하며, 주채무에 관하여 약정된 연체이율이 당연히 여기에 적용되는 것은 아니지만, 특별한 약정이 있다면 이에 따라야 한다.
> ㄴ. 주채무자가 채권자에 대하여 취소권·해제권·해지권을 가지는 경우에는 보증인은 직접 그 권리를 행사할 수 있고, 주채무자의 채권에 의한 상계로 채권자에게 대항할 수도 있다.
> ㄷ. 채권자와 주채무자 사이의 확정판결에 의하여 주채무가 확정되어 그 소멸시효기간이 10년으로 연장되었다면, 보증채무의 부종성에 따라 채권자와 연대보증인 사이에 있어서 연대보증채무의 소멸시효기간도 10년으로 연장된다.
> ㄹ. 도급인으로서는 연대보증인과의 관계에서 손해배상채무의 발생이나 확대를 방지하는 도급계약상의 각종 장치가 그 취지대로 가동되도록 적절히 권한을 행사함으로써 예상 밖으로 손해배상의 범위가 확대되는 것을 방지할 신의칙상의 의무가 있다고 할 것이고, 만일 도급인이 고의 또는 과실로 그러한 장치의 가동을 불가능하게 하여 손해배상채무가 확대되었다면 그 한도 안에서 연대보증인은 책임을 면한다.

① ㄱ, ㄴ
② ㄴ, ㄷ
③ ㄷ, ㄹ
④ ㄴ, ㄹ

【문 17】 보증채무에 관한 다음 설명 중 가장 옳지 않은 것은? (다툼이 있는 경우 판례에 의함)   2017년 법원행시

① 보증채무는 주채무와는 별개의 채무이기 때문에 보증채무 자체의 이행지체로 인한 지연손해금은 보증한도액과는 별도로 부담하고, 이 경우 보증채무의 연체이율에 관하여 특별한 약정이 있으면 그에 따르고, 특별한 약정이 없는 경우라면 그 거래행위의 성질에 따라 상법 또는 민법에서 정한 법정이율에 따라야 할 것이고, 주채무에 관하여 약정된 연체이율이 당연히 여기에 적용되는 것은 아니다.
② 공사수급인의 연대보증인이 부담하는 지체상금 지급의무와 관련하여, 이른바 손해배상액의 예정으로서 지체상금액이 과다한지 여부는 연대보증인을 기준으로 판단하여야 한다.
③ 주채무 명의자인 제3자가 실질적 주채무자가 아니라는 사실을 연대보증인이 알고서 보증을 하였거나 보증책임을 이행한 경우라 할지라도, 그 제3자가 실질상의 주채무자를 연대보증한 것으로 인정할 수 있는 경우에는 제3자는 연대보증인에 대하여 공동보증인 간의 구상권 행사 법리에 따른 구상의무는 부담한다 할 것이다.
④ 보증채무는 주채무에 대한 부종성 또는 수반성이 있어서 주채무자에 대한 채권이 이전되면 당사자 사이에 별도의 특약이 없는 한 보증인에 대한 채권도 함께 이전하고, 이 경우 채권양도의 대항요건도 주채권의 이전에 관하여 구비하면 족하고 별도로 보증채권에 관하여 대항요건을 갖출 필요는 없다.
⑤ 채권자와 보증인 사이에 보증인이 주채무를 중첩적으로 인수하기로 약정하였다 하더라도 특별한 사정이 없는 한 보증인은 주채무자에 대한 관계에서는 종전의 보증인의 지위를 그대로 유지한다고 봄이 상당하므로, 채무인수로 인하여 보증인과 주채무자 사이의 주채무에 관련된 구상관계가 달라지는 것은 아니다.

【문 18】 다음 설명 중 가장 옳지 않은 것은? (다툼이 있는 경우 판례에 의함)

① 甲에 대한 乙의 금전채무를 담보하기 위하여 丙이 자신의 부동산에 저당권을 설정해 주었는데, 이때 乙의 부탁으로 물상보증인이 된 丙은 乙에 대하여 사전구상권을 행사할 수 있다.
② 甲에 대한 乙의 금전채무에 대하여 丙과 丁이 연대보증인이 된 경우, 甲의 丁에 대한 채권포기는 乙에게는 그 효력이 미치지 않는다.
③ 甲에 대한 乙의 금전채무에 대한 보증인 丙은 甲에 대한 자신의 채권으로 채권자의 보증채권과 상계할 수 있을 뿐만 아니라, 乙의 甲에 대한 채권으로도 상계할 수 있다.
④ 주채무자 甲이 면책행위를 하고도 수탁보증인 乙에게 그 사실을 통지하지 않고 있던 중, 乙이 사전통지를 하지 않고 甲의 면책행위가 있었음을 모르고 이중의 면책행위를 한 경우, 乙은 甲에 대하여 자기의 면책행위가 유효하다고 주장할 수 없다.
⑤ 부진정연대채무자 甲이 채권자 乙에 대한 자신의 반대채권으로 상계를 한 경우, 그 상계로 인한 채무소멸의 효력은 소멸한 채무 전액에 관하여 다른 부진정연대채무자 丙에 대하여도 미치고, 위 상계 당시 乙이 丙의 존재를 알지 못하여도 마찬가지이다.

【문 19】 보증에 관한 다음 설명 중 가장 옳지 않은 것은? (다툼이 있는 경우 판례에 의함)

① 보증인은 특별한 사정이 없는 한 채무자가 채무불이행으로 인하여 부담하여야 할 손해배상채무와 원상회복의무에 관하여도 보증책임을 진다.
② 채권자는 보증계약을 체결할 때 보증계약의 체결 여부 또는 그 내용에 영향을 미칠 수 있는 주채무자의 채무 관련 신용정보를 보유하고 있거나 알고 있는 경우에는 보증인에게 그 정보를 알려야 할 의무가 있다.
③ 보증인 보호를 위한 특별법 제7조 제1항에 따르면 보증기간의 약정이 없는 때에는 그 기간을 3년으로 보는데, 여기에서 말하는 보증기간은 특별한 사정이 없는 한 주채무의 발생기간이 아니라 보증채무의 존속기간을 의미한다.
④ 보증채무는 주채무에 대한 부종성 또는 수반성이 있어서 주채무자에 대한 채권이 이전되면 당사자 사이에 별도의 특약이 없는 한 보증인에 대한 채권도 함께 이전하고, 이 경우 채권양도의 대항요건도 주채권의 이전에 관하여 구비하면 족하고, 별도로 보증채권에 관하여 대항요건을 갖출 필요는 없다.

【문 20】 상속의 대상에 관한 다음 설명 중 가장 옳은 것은? (다툼이 있는 경우 판례에 의함)

① 부동산의 합유자 사이에 특별한 약정이 없는 한 합유자 지위는 그 상속인에게 상속된다.
② 점유권은 상속인에게 이전되지 않는다.
③ 보증기간과 보증한도액의 정함이 없는 계속적 보증계약의 경우 보증인이 사망하면 보증인의 지위가 상속인에게 상속되지 않고, 다만 기왕에 발생된 보증채무만 상속된다.
④ 불법행위로 사망한 자의 정신적 손해에 대한 손해배상청구권은 상속되지 않는다.

【문 21】 채무인수에 관한 다음 설명 중 가장 옳지 않은 것은? (다툼이 있는 경우 판례에 의함)

① 채무인수가 면책적인가 중첩적인가 하는 것은 채무인수계약에 나타난 당사자 의사의 해석에 관한 문제이나, 면책적 인수인지, 중첩적 인수인지가 분명하지 아니한 때에는 중첩적으로 인수한 것으로 볼 것이다.
② 채무자와 인수인의 합의에 의한 중첩적 채무인수의 경우 채권자의 수익의 의사표시는 그 계약의 성립요건이나 효력발생요건이 아니라 채권자가 인수인에 대하여 채권을 취득하기 위한 요건이다.
③ 채무가 인수되는 경우에 구채무자의 채무에 관하여 제3자가 제공한 담보는 채무인수로 인하여 소멸하되, 다만 그 제3자가 채무인수에 동의한 경우에 한하여 소멸하지 아니하고 신채무자를 위하여 존속하게 된다.
④ 근저당권에 관하여 채무인수를 원인으로 채무자를 교체하는 변경등기(부기등기)가 마쳐진 경우 특별한 사정이 없는 한 그 근저당권은 당초 구채무자가 부담하고 있다가 신채무자가 인수하게 된 채무와 함께 그 후 신채무자(채무인수인)가 다른 원인으로 부담하게 된 새로운 채무를 담보한다.

【문 22】 채무인수에 관한 다음 설명 중 가장 옳지 않은 것은? (다툼이 있는 경우 판례에 의함) 2019년 법원사무관

① 채무인수에 있어서 면책적 인수인지, 중첩적 인수인지가 분명하지 아니한 때에는 채무자의 이익을 고려하여 이를 면책적 인수로 본다.
② 채무자와 인수인의 합의에 의한 중첩적 채무인수인 경우 채권자는 인수인에 대하여 채무이행을 청구하는 등의 방법으로 수익의 의사표시를 함으로써 인수인에 대하여 직접 청구할 권리를 갖게 된다.
③ 채권자와 보증인 사이에 보증인이 주채무를 중첩적으로 인수하기로 약정하였다 하더라도 특별한 사정이 없는 한 채무인수로 인하여 보증인과 주채무자 사이의 주채무에 관련된 구상관계가 달라지는 것은 아니다.
④ 계약 당사자로서의 지위의 승계를 목적으로 하는 계약의 인수는 양도인과 양수인 및 잔류 당사자의 동시적인 합의에 의한 3면계약으로 이루어지는 것이 통상적이라고 할 것이지만, 계약 관계자 3인 중 2인의 합의와 나머지 당사자의 동의 내지 승낙의 방법으로도 가능하다.

【문 23】 채무인수에 관한 다음 설명 중 가장 옳지 않은 것은? (다툼이 있는 경우 판례에 의함) 2017년 법무사

① 면책적 채무인수가 있는 경우, 인수채무의 소멸시효기간은 채무인수와 동시에 이루어진 소멸시효중단사유, 즉 채무승인에 따라 채무인수일로부터 새로이 진행된다.
② 인수채무가 원래 5년의 상사시효의 적용을 받던 채무라면 그 후 면책적 채무인수에 따라 그 채무자의 지위가 인수인으로 교체되었다고 하더라도 그 소멸시효의 기간은 여전히 5년의 상사시효의 적용을 받는다 할 것이고, 이는 채무인수행위가 상행위나 보조적 상행위에 해당하지 아니한다고 하여 달리 볼 것이 아니다.
③ 부동산의 매수인이 매매목적물에 관한 채무를 인수하는 한편 그 채무액을 매매대금에서 공제하기로 약정한 경우, 그 인수는 특별한 사정이 없는 한 매도인을 면책시키는 채무인수가 아니라 이행인수로 보아야 하므로, 설령 매수인이 위 채무를 현실적으로 변제하지 아니하였다 하더라도 그와 같은 사정만으로는 매도인은 매매계약을 해제할 수 없다.
④ 제3자가 채무자와의 계약으로 채무를 인수한 경우에는 채권자의 승낙에 의하여 그 효력이 생긴다. 이때 채권자의 승낙 또는 거절의 상대방은 제3자이다.
⑤ 채무자와 인수인의 합의에 의한 중첩적 채무인수는 일종의 제3자를 위한 계약이라고 할 것이므로, 채권자는 인수인에 대하여 채무이행을 청구하거나 기타 채권자로서의 권리를 행사하는 방법으로 수익의 의사표시를 함으로써 인수인에 대하여 직접 청구할 권리를 갖게 된다.

【문 24】 채무인수, 이행인수, 계약인수에 관한 다음 설명 중 옳지 않은 것을 모두 고른 것은? (다툼이 있는 경우 판례에 의함)
2018년 법원행시

ㄱ. 면책적 채무인수의 경우 채권자의 승낙은 계약의 효력발생요건이며, 중첩적 채무인수의 경우 채권자의 수익의 의사표시는 채권자가 인수인에 대하여 채권을 취득하기 위한 요건이다.
ㄴ. 면책적 채무인수의 채무자와 인수인은 상당한 기간을 정하여 채권자에게 승낙 여부의 확답을 최고할 수 있는데, 채권자가 그 기간 내에 확답을 발송하지 않으면 승낙한 것으로 본다.
ㄷ. 이행인수의 인수인은 채무자와의 사이에서 채권자에게 채무를 이행할 의무를 부담하는 데 그치므로, 채권자는 직접 인수인에게 채무를 이행할 것을 청구할 수 없다.
ㄹ. 이행인수의 채무자는 인수인이 채권자에게 채무를 이행할 의무를 이행하지 아니하는 경우 인수인에 대하여 채권자에게 이행할 것을 청구할 수 있으나, 채권자는 채권자대위권에 의하여 채무자의 인수인에 대한 청구권을 대위행사할 수는 없다.
ㅁ. 계약상 지위의 양도에 의하여 계약당사자로서의 지위가 제3자에게 이전되는 계약인수의 경우, 계약상 지위를 전제로 한 권리관계만이 이전될 뿐이므로 불법행위에 기한 손해배상청구권은 별도의 채권양도절차 없이 제3자에게 당연히 이전되는 것이 아니다.
ㅂ. 채권의 압류가 채권의 발생원인인 법률관계에 대한 채무자의 처분까지 구속하는 효력은 없으므로, 채무자의 제3채무자에 대한 채권이 압류된 후 채권의 발생원인인 계약의 당사자 지위를 이전하는 계약인수가 이루어진 경우, 제3채무자는 계약인수에 의하여 그와 채무자 사이의 계약관계가 소멸하였음을 내세워 압류채권자에게 대항할 수 있다.

① ㄱ, ㄹ
② ㄴ, ㄹ, ㅂ
③ ㄱ, ㄷ, ㅂ
④ ㄴ, ㄹ, ㅁ, ㅂ
⑤ ㄴ, ㄹ

【문 25】 채무인수에 관한 다음 설명 중 가장 옳지 않은 것은? (다툼이 있는 경우 판례에 의함)
2021년 법무사

① 면책적 채무인수는 채무자와 인수인 사이의 계약으로도 할 수 있으며, 이 경우 채권자의 승낙이 있어야 그 효력이 발생한다.
② 면책적 채무인수에서 채권자가 승낙을 거절하면 그 이후에는 채권자가 다시 승낙하여도 채무인수로서의 효력이 생기지 않는다.
③ 채무자와 인수인 사이의 면책적 채무인수약정에 대해 채권자의 승낙이 있는 경우 채무자가 자신의 채무를 담보하기 위해 설정하였던 저당권은 원칙적으로 소멸한다.
④ 부동산의 매수인이 매매목적물에 관한 임대차보증금 반환채무를 인수하는 한편 그 채무액을 매매대금에서 공제하기로 약정한 경우 이에 대해 채권자인 임차인의 승낙이 있다면 면책적 채무인수로 볼 수 있다.
⑤ 중첩적 채무인수에서 인수인이 채무자의 부탁 없이 채권자와의 계약으로 채무를 인수하는 것은 매우 드문 일이므로 채무자와 인수인은 원칙적으로 주관적 공동관계가 있는 연대채무관계에 있고, 인수인이 채무자의 부탁을 받지 아니하여 주관적 공동관계가 없는 경우에는 부진정연대관계에 있는 것으로 보아야 한다.

제11회 사전모의고사 - 민법

【문 1】 채권양도에 관한 다음 설명 중 가장 옳지 않은 것은? (다툼이 있는 경우 판례에 의함) 2021년 법원서기보

① 채무자가 채권양도 통지를 받은 당시 이미 상계할 수 있는 원인이 있었던 경우에는 아직 상계적상에 있지 않더라도 그 후 상계적상에 이르면 채무자는 양수인에 대하여 상계로 대항할 수 있다.
② 처분권한 없는 자가 지명채권을 양도한 경우 특별한 사정이 없는 한 채권양도로서 효력을 가질 수 없으므로 양수인은 채권을 취득하지 못한다.
③ 채권이 이중으로 양도된 경우 양수인 상호간의 우열은 확정일자 있는 양도통지가 채무자에게 도달한 일시 또는 확정일자 있는 승낙의 일시의 선후에 의하여 결정하여야 한다.
④ 선순위 근저당권부채권을 양수한 채권자는 채권양도의 대항요건을 갖추지 아니하면 후순위 근저당권자에게 대항하지 못한다.

【문 2】 채권양도에 관한 다음 설명 중 가장 옳은 것은? (다툼이 있는 경우 판례에 의함) 2021년 법무사

① 채권은 양도할 수 있는 것이 원칙이나, 채권의 성질이 양도를 허용하지 않는 경우 및 당사자가 양도 반대의 의사표시를 한 경우에는 양도할 수 없다.
② 당사자가 양도 반대의 의사표시를 한 경우에, 선의 및 중과실이 아닌 제3자에게는 대항하지 못한다.
③ 지명채권의 양도는 양도인이 채무자에게 통지하여야 하고, 채무자가 승낙하지 아니하면 채무자 기타 선의의 제3자에게 대항하지 못한다.
④ 채무자가 이의를 보류하고 승낙을 한 때에도 양도인에게 대항할 수 있는 사유로써 양수인에게 대항하지 못한다.
⑤ 채무자가 채무를 소멸하게 하기 위하여 양도인에게 급여한 것이 있으면 이를 회수할 수 있으나, 양도인에 대하여 부담한 채무가 있으면 그 성립되지 아니함을 주장할 수 없다.

【문 3】 채권양도에 관한 다음 설명 중 가장 옳지 않은 것은? (다툼이 있는 경우 판례에 의함) 2020년 법무사

① 채권양도에 있어 사회통념상 양도 목적 채권을 다른 채권과 구별하여 그 동일성을 인식할 수 있을 정도이면 그 채권은 특정된 것으로 보아야 할 것이고, 채권양도 당시 양도 목적 채권의 채권액이 확정되어 있지 아니하였다 하더라도 채무의 이행기까지 이를 확정할 수 있는 기준이 설정되어 있다면 그 채권의 양도는 유효한 것으로 보아야 할 것이다.
② 양도금지특약을 위반하여 채권을 제3자에게 양도한 경우에 채권양수인이 양도금지특약이 있음을 알았거나 중대한 과실로 알지 못하였다면 채권 이전의 효과가 생기지 아니한다. 반대로 양수인이 중대한 과실 없이 양도금지특약의 존재를 알지 못하였다면 채권양도는 유효하게 되어 채무자는 양수인에게 양도금지특약을 가지고 채무 이행을 거절할 수 없다. 채권양수인의 악의 내지 중과실은 양도금지특약으로 양수인에게 대항하려는 자가 주장·증명하여야 한다.
③ 채권이 이중으로 양도된 경우 양수인들이 모두 제3자에 대한 대항요건을 갖추었다면 양수인 상호간 우열은 통지 또는 승낙에 붙여진 확정일자의 선후에 의하여 결정한다.
④ 당사자 사이에 양도금지의 특약이 있는 채권이더라도 전부명령에 의하여 전부되는 데에는 지장이 없고, 양도금지의 특약이 있는 사실에 관하여 집행채권자가 선의인가 악의인가는 전부명령의 효력에 영향을 미치지 못한다.
⑤ 채무자가 채권자에게 채무변제와 관련하여 다른 채권을 양도하는 것은 특단의 사정이 없는 한 채무변제를 위한 담보 또는 변제의 방법으로 양도되는 것으로 추정할 것이지 채무변제에 갈음한 것으로 볼 것은 아니어서, 그 경우 채권양도만 있으면 바로 원래의 채권이 소멸한다고 볼 수는 없고 채권자가 양도받은 채권을 변제받은 때에 비로소 그 범위 내에서 채무자가 면책된다.

【문 4】 채권양도에 관한 다음 설명 중 가장 옳지 않은 것은? (다툼이 있는 경우 판례에 의함) 2023년 법무사

① 민법 제666조에서 정한 수급인의 저당권설정청구권은 공사대금채권을 담보하기 위하여 인정되는 채권적 청구권으로서 공사대금채권에 부수하여 인정되는 권리이므로, 당사자 사이에 공사대금채권만을 양도하고 저당권설정청구권은 이와 함께 양도하지 않기로 약정하였다는 등의 특별한 사정이 없는 한, 공사대금채권이 양도되는 경우 저당권설정청구권도 이에 수반하여 함께 이전된다고 봄이 타당하다.

② 채무자가 양도되는 채권의 성립이나 소멸에 영향을 미치는 사정에 관하여 양수인에게 알려야 할 신의칙상 주의의무가 있다고 볼 만한 특별한 사정이 없는 한, 채무자가 그러한 사정을 알지 아니하였다고 하여 불법행위가 성립한다고 볼 수 없다.

③ 제3채무자가 질권설정 사실을 승낙한 후 질권설정계약이 합의해지된 경우에, 만일 질권자가 제3채무자에게 질권설정계약의 해지 사실을 통지하였다면, 설사 아직 해지가 되지 아니하였다고 하더라도 선의인 제3채무자는 질권설정자에게 대항할 수 있는 사유로 질권자에게 대항할 수 있다고 봄이 타당하다.

④ 채무자의 채권양도인에 대한 자동채권이 발생하는 기초가 되는 원인이 양도 전에 이미 성립하여 존재하고 그 자동채권이 수동채권인 양도채권과 동시이행의 관계에 있다 하더라도, 양도통지가 채무자에게 도달하여 채권양도의 대항요건이 갖추어진 후에 자동채권이 발생하였다면, 채무자는 동시이행의 항변권을 주장할 수 없고, 따라서 그 채권에 의한 상계로 양수인에게 대항할 수도 없다.

⑤ 양도금지특약부 채권에 대한 전부명령이 유효한 이상, 그 전부채권자로부터 다시 그 채권을 양수한 자가 그 특약의 존재를 알았거나 중대한 과실로 알지 못하였다 하더라도 채무자는 위 특약을 근거로 삼아 채권양도의 무효를 주장할 수 없다.

【문 5】 채권양도에 관한 다음 설명 중 가장 옳지 않은 것은? (다툼이 있는 경우 판례에 의함) 2022년 법원서기보

① 당사자가 이혼이 성립하기 전에 이혼소송과 병합하여 재산분할의 청구를 한 경우에, 아직 발생하지 않았고 그 구체적 내용이 형성되지 않은 재산분할청구권을 미리 양도하는 것은 성질상 허용되지 않는다.

② 채권양도금지특약에 반하여 채권양도가 이루어진 경우, 그 양수인이 양도금지특약이 있음을 알았거나 중대한 과실로 알지 못하다면 채권양도는 효력이 없게 되는데, 이때 양수인의 악의 또는 중과실에 관한 입증책임은 채무자가 부담한다.

③ 채권이 이중으로 양도된 경우의 양수인 상호간의 우열은 통지 또는 승낙에 붙여진 확정일자의 선후에 의하여 결정하며, 이러한 법리는 채권양수인과 동일 채권에 대하여 가압류명령을 집행한 자 사이의 우열을 결정하는 경우에 있어서도 마찬가지이다.

④ 주채무자에 대한 채권이 이전되면 당사자 사이에 별도의 특약이 없는 한 보증인에 대한 채권도 함께 이전하는바, 채권양도의 대항요건도 주채권의 이전에 관하여 구비하면 족할 뿐, 별도로 보증채권에 관하여 대항요건을 갖출 필요는 없다.

【문 6】 채권양도에 관한 다음 설명 중 가장 옳지 않은 것은? (다툼이 있는 경우 판례에 의함) 2018년 법원서기보

① 대항요건을 갖추지 못한 채권양수인이 채무자를 상대로 재판상 청구를 하였다고 하더라도, 이를 소멸시효 중단사유인 재판상 청구로 볼 수는 없다.

② 당사자의 의사표시에 의하여 채권양도가 금지된 경우, 채권양수인인 제3자가 악의이거나 채권양도 금지를 알지 못한 데에 중과실이 있는 경우 채무자는 위 채권양도 금지로써 그 제3자에 대하여 대항할 수 있다.

③ 채권양도행위가 사해행위에 해당하지 않는 경우에 양도통지가 따로 채권자취소권 행사 대상이 될 수는 없다.

④ 지명채권의 양도통지를 한 후 채권양도계약이 해제된 경우, 채권양수인이 채무자에게 위와 같은 해제 사실을 통지하면, 채권양도인은 해제를 이유로 다시 원래 채무자에 대하여 양도채권으로 대항할 수 있다.

【문 7】 채권양도에 관한 다음 설명 중 가장 옳지 않은 것은? (다툼이 있는 경우 판례에 의함) 2022년 법원행시

① 양도된 채권이 이미 변제 등으로 소멸한 경우에는 그 후에 그 채권에 관한 채권압류 및 추심명령이 송달되더라도 그 채권압류 및 추심명령은 존재하지 아니하는 채권에 대한 것으로서 무효이고, 민법 제450조 제2항 소정의 제3자에 대한 대항요건의 문제는 발생될 여지가 없다.
② 당사자 사이에 양도금지의 특약이 있는 채권이라도 압류 및 전부명령에 따라 이전될 수 있고, 이는 압류채권자가 양도금지의 특약이 있는 사실을 알고 있었다 하더라도 마찬가지이다.
③ 임대인이 임대차보증금반환청구채권의 양도통지를 받은 후에 임대인과 임차인 사이에 임대차계약의 갱신이나 계약기간 연장에 관하여 합의가 있더라도 이를 가지고 보증금반환채권의 양수인에게 대항할 수 없다.
④ 甲이 지명채권을 乙에게 양도하고 乙이 그에 따라 확정일자 있는 증서에 의한 대항요건을 적법하게 갖춘 상태에서 甲이 동일한 채권을 丙에게 재차 양도한 다음 甲과 乙이 채권양도계약을 합의해지하고 그 사실을 乙이 채무자에게 적법하게 통지하였다면 丙은 유효하게 채권을 취득한다.
⑤ 채권의 양수인이 채권양도의 대항요건을 갖추지 못한 상태에서 채무자를 상대로 재판상의 청구를 한 경우 소멸시효의 중단사유인 재판상의 청구에 해당한다.

【문 8】 채권의 양도에 관한 다음 설명 중 가장 옳지 않은 것은? (다툼이 있는 경우 판례에 의함) 2023년 법원사무관

① 양도금지특약을 위반하여 채권을 제3자에게 양도한 경우에 채권양수인이 양도금지특약이 있음을 알았거나 중대한 과실로 알지 못하였다면 채권 이전의 효과가 생기지 아니한다. 반대로 양수인이 중대한 과실 없이 양도금지특약의 존재를 알지 못하였다면 채권양도는 유효하게 되어 채무자는 양수인에게 양도금지특약을 가지고 채무 이행을 거절할 수 없다. 채권양수인의 악의 내지 중과실은 양도금지특약으로 양수인에게 대항하려는 자가 주장·증명하여야 한다.
② 소송행위를 하게 하는 것을 주된 목적으로 채권양도가 이루어진 경우 그 채권양도가 신탁법상의 신탁에 해당하지 않는다고 하여도 신탁법 제6조가 유추적용되므로 이는 무효이다. 소송행위를 하게 하는 것이 주된 목적인지는 채권양도계약이 체결된 경위와 방식, 양도계약이 이루어진 후 제소에 이르기까지의 시간적 간격, 양도인과 양수인의 신분관계 등 제반 상황에 비추어 판단하여야 한다.
③ 부동산매매계약에서 매도인과 매수인은 서로 동시이행관계에 있는 일정한 의무를 부담하므로 이행과정에 신뢰관계가 따른다. 특히 매도인으로서는 매매대금 지급을 위한 매수인의 자력, 신용 등 매수인이 누구인지에 따라 계약유지 여부를 달리 생각할 여지가 있다. 이러한 이유로 매매로 인한 소유권이전등기청구권의 양도는 특별한 사정이 없는 이상 양도가 제한되고 양도에 채무자의 승낙이나 동의를 요한다고 할 것이므로 통상의 채권양도와 달리 양도인의 채무자에 대한 통지만으로는 채무자에 대한 대항력이 생기지 않으며 반드시 채무자의 동의나 승낙을 받아야 대항력이 생긴다.
④ 채권양수인이 양수채권을 자동채권으로 하여 그 채무자가 채권양수인에 대해 가지고 있던 기존 채권과 상계한 경우, 채권양도 전에 이미 양 채권의 변제기가 도래하였다면 상계의 효력은 그 변제기로 소급한다.

【문 9】 채권양도에 관한 다음 설명 중 가장 옳지 않은 것은? (다툼이 있는 경우 판례에 의함) 2017년 법원서기보

① 지명채권의 양도통지를 한 후 그 양도계약이 해제된 경우 양도인이 그 해제를 이유로 다시 원래의 채무자에 대하여 양도채권으로 대항하려면 양수인이 채무자에게 위와 같은 해제사실을 통지하여야 한다.
② 지명채권의 양도 당시 양도통지가 확정일자 없는 증서에 의하였으나 이후 그 증서에 확정일자를 얻었다면 그 이후부터는 제3자에 대한 대항력을 취득한다.
③ 양도금지 특약의 존재를 알지 못하고 채권을 양수한 경우 그 알지 못함에 중대한 과실이 있다면 양도에 의한 채권을 취득할 수 없다.
④ 당사자 사이에 양도금지의 특약이 있는 채권이라도 압류 및 전부명령에 의하여 이전할 수 있으나 양도금지의 특약이 있는 사실에 관하여 압류채권자가 선의라면 그 전부명령은 효력이 없다.

【문 10】 채권양도에 관한 다음 설명 중 가장 옳지 않은 것은? (다툼이 있는 경우 판례에 의함) 2023년 법원행시

① 채권이 이중으로 양도된 경우의 양수인 상호간의 우열은 통지 또는 승낙에 붙여진 확정일자의 선후에 의하여 결정한다.
② 확정일자 있는 채권양도 통지와 채권가압류명령이 제3채무자에게 동시에 도달된 경우 제3채무자는 송달의 선후가 불명한 경우에 준하여 채권자를 알 수 없다는 이유로 변제공탁을 할 수 있다.
③ 채권양도 통지와 채권가압류결정 정본이 같은 날 도달되었는데 그 선후관계에 대하여 달리 입증이 없으면 동시에 도달된 것으로 추정한다.
④ 당사자의 의사표시에 의한 채권의 양도금지는 채권양수인인 제3자가 악의인 경우이거나 채권양도 금지를 알지 못한 데에 중대한 과실이 있는 경우 채무자가 위 채권양도 금지로써 그 제3자에 대하여 대항할 수 있다.
⑤ 지명채권 양도의 통지는 양도인이 직접 하지 않고 사자를 통하여 하거나 대리인으로 하여금 하게 할 수 있고, 채권양수인도 양도인으로부터 채권양도통지 권한을 위임받아 대리인으로서 그 통지를 할 수 있다.

【문 11】 변제에 관한 다음 설명 중 가장 옳지 않은 것은? (다툼이 있는 경우 판례에 의함) 2020년 법원서기보

① 변제는 채무내용에 좇은 현실제공으로 이를 하여야 한다. 그러나 채권자가 미리 변제받기를 거절하거나 채무의 이행에 채권자의 행위를 요하는 경우에는 변제준비의 완료를 통지하고 그 수령을 최고하면 된다.
② 채무자가 채권자의 승낙을 얻어 본래의 채무이행에 갈음하여 다른 급여를 한 때에는 변제와 같은 효력이 있다.
③ 당사자의 특별한 의사표시가 없으면 변제기 전에는 채무자는 변제할 수 없다.
④ 채무의 성질이 제3자의 변제를 허용하지 않거나 당사자의 약정으로 제3자의 변제를 금지한 경우가 아니라면, 이해관계 있는 제3자는 채무자의 의사에 반해서도 변제할 수 있다.

【문 12】 변제에 관한 다음 설명 중 가장 옳지 않은 것은? (다툼이 있는 경우 판례에 의함)   2020년 법무사

① 변제는 채무내용에 좇은 현실제공으로 이를 하여야 하나, 채권자가 미리 변제받기를 거절하거나 채무의 이행에 채권자의 행위를 요하는 경우에는 변제준비의 완료를 통지하고 그 수령을 최고하면 된다.
② 채무자가 채무 전부를 변제한 때에는 채권자에게 채권증서의 반환을 청구할 수 있으며, 제3자가 변제를 하는 경우에는 제3자도 채권증서의 반환을 구할 수 있으나, 이러한 채권증서 반환청구권은 채권 전부를 변제한 경우에 인정되는 것이고, 영수증 교부의무와는 달리 변제와 동시이행관계에 있지 않다.
③ 변제충당지정은 상대방에 대한 의사표시로써 하여야 하나, 채권자와 채무자 사이에 변제충당에 관한 약정이 있고, 그 약정내용이 변제가 채권자에 대한 모든 채무를 소멸시키기에 부족한 때에는 채권자가 적당하다고 인정하는 순서와 방법에 의하여 충당하기로 한 것이라면, 변제수령권자인 채권자가 위 약정에 터 잡아 스스로 적당하다고 인정하는 순서와 방법에 좇아 변제충당을 한 이상 변제자에 대한 의사표시와 관계없이 충당의 효력이 있다고 해석하는 것이 타당하다.
④ 담보권 실행을 위한 경매에서 배당된 배당금이 담보권자가 가지는 수개의 피담보채권 전부를 소멸시키기에 부족한 경우에는 민법 제476조에 의한 지정변제충당은 허용될 수 없고, 채권자와 채무자 사이에 변제충당에 관한 합의가 있었다고 하여 그 합의에 따른 변제충당도 허용될 수 없으며, 획일적으로 가장 공평타당한 충당방법인 민법 제477조 및 제479조의 규정에 의한 법정변제충당의 방법에 따라 충당하여야 한다.
⑤ 채무의 성질 또는 당사자의 의사표시로 변제장소를 정하지 아니한 때에는 특정물의 인도는 이행기에 그 물건이 있던 장소에서 하여야 한다.

【문 13】 변제충당에 관한 다음 설명 중 가장 옳지 않은 것은? (다툼이 있는 경우 판례에 의함)   2023년 법원행시

① 변제자와 변제받는 자 사이에 민법 제476조 내지 제479조와 다른 약정이 있다면 그 약정에 따라 변제충당의 효력이 발생하고, 그러한 약정이 없는 경우에 변제의 제공이 그 채무 전부를 소멸하게 하지 못하는 때에는 민법 제476조의 지정변제충당에 의하여 변제충당의 효력이 발생하고 보충적으로 민법 제477조의 법정변제충당의 순서에 따라 변제충당의 효력이 발생한다.
② 동일 당사자 사이에 수개의 채권관계가 성립되어 있어 채무자가 특정채무를 지정하여 변제한 경우, 특정채무에 대한 변제의 효과가 인정되고, 그 변제액이 지정한 특정채무의 액수를 초과하더라도 당사자 사이에 다른 채권의 변제에 충당하거나 공제의 대상으로 삼기로 하는 합의가 있는 등 특별한 사정이 없는 한 초과액수가 다른 채권의 변제에 당연 충당되거나 공제의 대상이 되지는 않는다.
③ 다수의 채무 중 보증인에 의하여 담보되는 채무와 그렇지 않은 채무가 있는 경우, 이행기가 먼저 도래하는 채무를 먼저 변제하기로 하는 내용의 합의충당이 현저히 부당하거나 신의칙에 반한다고 볼 수 없어 유효하고, 그 결과 보증인에 의해 담보되는 채무가 남게 되었다면 그 보증인은 보증책임을 부담한다.
④ 지정변제충당에서 변제자의 변제충당에 관한 지정이 없으면 변제수령자가 지정할 수 있고, 이에 대해서는 변제자가 즉시 이의를 제기할 수 있다.
⑤ 담보권 실행을 위한 경매에서 배당된 배당금이 담보권자가 가지는 수개의 피담보채권 전부를 소멸시키기에 부족한 경우에도 채권자와 채무자 사이에 변제충당에 관한 합의가 있었다면 그 합의에 따르거나 민법 제476조에 의한 지정변제충당의 방법으로 충당한다.

【문 14】 변제와 채권증서 반환청구권에 관한 다음 설명 중 가장 옳지 않은 것은? (다툼이 있는 경우 판례에 의함)

① 채권증서가 있는 경우에 변제자가 채권전부를 변제한 때에는 채권증서의 반환을 청구할 수 있다. 채권이 변제 이외의 사유로 전부 소멸한 때에도 같다.
② 민법 제347조는 채권을 질권의 목적으로 하는 경우에 채권증서가 있는 때에는 질권의 설정은 그 증서를 질권자에게 교부함으로써 효력이 생긴다고 규정하고 있다. 여기에서 말하는 '채권증서'는 채권의 존재를 증명하기 위하여 채권자에게 제공된 문서로서 특정한 이름이나 형식을 따라야 하는 것은 아니지만, 장차 변제 등으로 채권이 소멸하는 경우에는 민법 제475조에 따라 채무자가 채권자에게 그 반환을 청구할 수 있는 것이어야 한다. 이에 비추어 임대차계약서와 같이 계약 당사자 쌍방의 권리의무관계의 내용을 정한 서면은 그 계약에 의한 권리의 존속을 표상하기 위한 것이라고 할 수는 없으므로 위 채권증서에 해당하지 않는다.
③ 지불각서와 같은 채권증서는 채무자가 작성하여 채권자에게 교부하는 것이고, 채무자가 채무 전부를 변제하거나 그 밖의 사유로 채권이 소멸한 때에는 채권자에게 채권증서의 반환을 청구할 수 있다. 이러한 채권증서 반환청구권은 채무 전부를 변제하는 등 채권이 소멸한 경우에 인정되므로, 채권자가 채무자로부터 채권증서를 교부받은 후 이를 다시 채무자에게 반환하였다면 특별한 사정이 없는 한 그 채권은 변제 등의 사유로 소멸하였다고 추정할 수 있다.
④ 금전을 대여한 채권자가 그 채권증서로서 그 채권에 관하여 기한이익의 상실사유 및 지연손해금 등을 정하고 강제집행을 승낙한다는 내용이 기재되어 채권자에게 유리한 공정증서를 작성 받아 소지하고 있다가 공정증서에 표시된 채권금 중 일부를 지급받고 자의로 당해 공정증서 원본을 채무자에게 반환하였다면, 진정한 채권액이 처음부터 위 지급금액에 한정되거나 채권자가 나머지 채권의 일부를 포기하는 등 그 법적 원인이 어떠한 것이든 간에 다른 특별한 사정이 없는 한 당해 채권관계는 소멸되었다고 보는 것이 경험칙에 부합한다.
⑤ 채무자가 채무 전부를 변제한 때에는 채권자에게 채권증서의 반환을 청구할 수 있으며, 제3자가 변제를 하는 경우에는 제3자도 채권증서의 반환을 구할 수 있으나(민법 제475조 참조), 이러한 채권증서 반환청구권은 채권 전부를 변제한 경우에 인정되는 것이고, 영수증 교부의무처럼 변제와 동시이행관계에 있다.

【문 15】 변제충당에 관한 다음 설명 중 가장 옳지 않은 것은? (다툼이 있는 경우 판례에 의함)

① 변제충당에 관한 민법 제476조 내지 제479조는 임의규정이므로, 담보권의 실행 등을 위한 경매에 있어서 배당금이 동일 담보권자가 가지는 수개의 피담보채권의 전부를 소멸시키기에 부족한 경우, 채권자와 채무자 사이에 변제충당에 관한 합의가 있었다면 그 합의에 의한 변제충당이 허용될 수 있다.
② 비용, 이자, 원본에 대한 변제충당에 있어서 당사자의 일방적인 지정에 대하여 상대방이 지체없이 이의를 제기하지 아니함으로써 묵시적인 합의가 되었다고 보여지는 경우에는 그 법정충당의 순서와는 달리 충당의 순서를 인정할 수 있다.
③ 변제자가 주채무자인 경우에 보증인이 있는 채무와 보증인이 없는 채무, 물상보증인이 제공한 물적 담보가 있는 채무와 그러한 담보가 없는 채무 간에 변제이익은 차이가 없다.
④ 변제자와 변제수령자는 변제로 소멸한 채무에 관한 보증인 등 이해관계 있는 제3자의 이익을 해하지 않는 이상 이미 급부를 마친 뒤에도 기존의 충당방법을 배제하고 제공된 급부를 어느 채무에 어떤 방법으로 다시 충당할 것인가를 약정할 수 있다.

【문 16】 변제에 관한 다음 설명 중 가장 옳지 않은 것은? (다툼이 있는 경우 판례에 의함)   2023년 법무사

① 채무담보 목적의 가등기가 경료되어 있는 부동산을 시효취득하여 소유권이전등기청구권을 취득한 자가 그 등기를 경료하지 못하던 중에 채권자가 청산절차를 거치지 아니하고 위 가등기에 기하여 본등기를 경료하였다면 그는 부동산 소유자에 대한 소유권이전등기청구권을 보전하기 위하여 위 소유자를 대위하여 그의 채권자에게 위 채무를 변제할 법률상의 권한이 있어 이해관계 있는 제3자에 해당한다.
② 확정판결에 대한 청구이의 사유는 그 확정판결의 변론 종결 후에 생긴 것이어야 하므로, 확정판결의 변론 종결 전에 이루어진 일부이행을 채권자가 변론 종결 후 수령함으로써 변제의 효력이 발생한 경우 그 한도 내에서도 청구이의 사유가 될 수는 없다.
③ 효력규정인 강행법규에 위반되는 계약을 체결한 자가 그 약정의 효력이 부인된다는 사실을 알지 못한 탓에 그 약정에 따라 변제수령권을 갖는 것처럼 외관을 갖게 된 자에게 변제를 한 경우에는, 특별한 사정이 없는 한 과실에 기인한 변제이므로 채권의 준점유자에 대한 변제로서 유효하다고 볼 수 없다.
④ 채무자(乙)가 제3채무자(丙)에 대하여 가지고 있던 채권에 관하여 제3자(丁) 앞으로 대항력 있는 채권양도가 이루어진 후 乙이 丁의 승낙 없이 임의로 丙에게 채권양도철회의 통지를 한 상태에서 乙에 대한 채권자(甲)가 위 채권에 대하여 채권압류 및 전부명령을 받고 이어 甲이 제기한 전부금소송에서 丙이 패소판결을 받고 甲에게 그 금원을 지급한 경우, 법률전문가가 아닌 丙이 甲이 유효하게 채권을 전부받은 채권자인 것으로 오인한 데 대하여 과실이 있다고 볼 수 없으므로 丙의 甲에 대한 변제는 채권의 준점유자에 대한 변제로서 유효하다.
⑤ 채무자는 변제의 제공이 있는 때부터 채무불이행의 책임을 면하지만, 금전채무의 경우 현실제공은 특별한 사정이 없는 한 채권자가 급부를 즉시 수령할 수 있는 상태에 있어야만 인정될 수 있다. 따라서 채무자가 채무내용에 좇은 급부를 제공하면서도 채권자가 그 급부를 즉시 수령하기 어려운 장애요인을 형성·유지한 경우에는 현실제공이 있다고 할 수 없다.

【문 17】 변제에 관한 다음 설명 중 가장 옳지 않은 것은? (다툼이 있는 경우 판례에 의함)   2022년 법원서기보

① 물상보증인이 담보부동산을 제3취득자에게 매도하고 제3취득자가 담보부동산에 설정된 근저당권의 피담보채무의 이행을 인수한 경우, 그 이행인수는 매매당사자 사이의 내부적인 계약에 불과하여 이로써 물상보증인의 책임이 소멸하지 않는 것이고, 따라서 담보부동산에 대한 담보권이 실행된 경우에 제3취득자가 채무자에 대한 구상권을 취득한다.
② 채무의 성질 또는 당사자의 의사표시로 변제장소를 정하지 아니한 때에는 특정물의 인도는 채권성립당시에 그 물건이 있던 장소에서 하여야 한다.
③ 채무자가 채권자에게 채무변제와 관련하여 다른 채권을 양도하는 것은 특단의 사정이 없는 한 채무변제를 위한 담보 또는 변제의 방법으로 양도되는 것으로 추정할 것이지 채무변제에 갈음한 것으로 볼 것은 아니어서, 채권양도만 있으면 바로 원래의 채권이 소멸한다고 볼 수는 없다.
④ 변제비용은 다른 의사표시가 없으면 채무자가 부담하지만, 채권자의 주소이전 기타의 행위로 인하여 변제비용이 증가된 때에는 그 증가액은 채권자의 부담으로 한다. 매매계약에 관한 비용은 당사자 쌍방이 균분하여 부담한다.

【문 18】 대위변제에 관한 다음 설명 중 가장 옳지 않은 것은? (다툼이 있는 경우 판례에 의함)   2022년 법무사

① 보증인은 피보증인의 채무를 변제할 정당한 이익이 있는 자로서 그 변제로 인하여 당연히 채권자를 대위할 법정대위권이 있는 것이므로 다른 특단의 사정이 없는 한 채권자가 고의나 과실로 담보를 상실하게 하거나 감소되게 한 때에는 보증인의 대위권을 침해한 것이 되어 보증인은 민법 제485조에 의하여 그 상실 또는 감소로 인하여 상환을 받을 수 없는 한도에서 그 면책주장을 할 수 있다.
② 변제할 정당한 이익이 있는 사람이 채무자를 위하여 채권의 일부를 대위변제할 경우에 대위변제자는 변제한 가액의 범위 내에서 종래 채권자가 가지고 있던 채권 및 담보에 관한 권리를 취득하므로, 채권자가 부동산에 대하여 저당권을 가지고 있는 경우에는 채권자는 대위변제자에게 일부 대위변제에 따른 저당권 일부 이전의 부기등기를 할 의무를 진다.
③ 제3자가 유효하게 채무자가 부담하는 채무를 변제한 경우에 채무자와 계약관계가 있으면 그에 따라 구상권을 취득하고, 그러한 계약관계가 없으면 특별한 사정이 없는 한 민법 제734조 제1항에서 정한 사무관리가 성립하여 민법 제739조에 정한 사무관리비용의 상환청구권에 따라 구상권을 취득한다.
④ 변제할 정당한 이익이 있는 수인이 시기를 달리하여 근저당권의 피담보채권의 일부씩을 대위변제한 경우 그들은 각 일부 대위변제자로서 그 변제한 가액에 비례하여 근저당권을 준공유하고 있다고 보아야 하고, 그 근저당권을 실행하여 배당함에 있어서는 다른 특별한 사정이 없는 한 먼저 대위변제한 순서대로 배당하여야 한다.
⑤ 근저당권은 계속적인 거래관계로부터 발생·소멸하는 불특정다수의 채권 중 그 결산기에 잔존하는 채권을 일정한 한도액의 범위 내에서 담보하는 것으로서 그 거래가 종료하기까지 그 피담보채권은 계속적으로 증감·변동하는 것이므로, 근저당 거래관계가 계속되는 관계로 근저당권의 피담보채권이 확정되지 아니하는 동안에는 그 채권의 일부가 대위변제되었다 하더라도 그 근저당권이 대위변제자에게 이전될 수 없다.

【문 19】 변제자대위에 관한 다음 설명 중 가장 옳지 않은 것은? (다툼이 있는 경우 판례에 의함)   2021년 법원서기보

① 보증인이 채무를 변제한 후 채권자의 저당권 등기에 관하여 대위의 부기등기를 하지 않고 있는 동안 제3취득자가 목적부동산에 대하여 권리를 취득한 경우 보증인은 제3취득자에 대하여 채권자를 대위할 수 없다.
② 변제할 정당한 이익이 있는 자가 채무자를 위하여 채권 일부를 대위변제하였는데 채권자가 부동산에 대하여 저당권을 가지고 있는 경우, 채권자는 대위변제자에게 일부대위변제에 따른 저당권의 일부이전의 부기등기를 경료해 주어야 할 의무가 있고, 이 경우 채권자는 일부 대위변제자에 대하여 우선변제권을 주장할 수 없다.
③ 구상권과 변제자대위권은 원본, 변제기, 이자, 지연손해금의 유무 등에 있어서 그 내용이 다른 별개의 권리이다.
④ 채권자가 고의나 과실로 담보를 상실하게 하거나 감소하게 하여 물상보증인의 대위권을 침해한 경우, 물상보증인은 그 상실 또는 감소로 인하여 상환을 받을 수 없는 한도에서 면책 주장을 할 수 있다.

【문 20】 변제자대위에 관한 다음 설명 중 가장 옳지 않은 것은? (다툼이 있는 경우 판례에 의함) 2022년 법원행시

① 먼저 경매된 부동산의 후순위저당권자가 다른 부동산에 공동저당의 대위등기를 하지 아니하고 있는 사이에 선순위저당권자 등에 의해 그 부동산에 관한 저당권등기가 말소되고, 그와 같이 저당권등기가 말소되어 등기부상 저당권의 존재를 확인할 수 없는 상태에서 그 부동산에 관하여 소유권이나 저당권 등 새로 이해관계를 취득한 사람에 대해서는, 후순위저당권자가 민법 제368조 제2항에 의한 대위를 주장할 수 없다.
② 보증인과 제3취득자 사이의 변제자대위에 관하여 민법 제482조 제2항 제1호는 "보증인은 미리 전세권이나 저당권의 등기에 그 대위를 부기하지 아니하면 전세물이나 저당물에 권리를 취득한 제3자에 대하여 채권자를 대위하지 못한다."고 정하고 있으므로, 보증인의 채무 변제와 제3취득자의 목적부동산에 대한 권리 취득 중 무엇이 먼저인지와 관계없이, 채무를 변제한 보증인은 대위의 부기등기를 하지 않고는 제3취득자에 대하여 채권자를 대위할 수 없다.
③ 타인의 채무를 담보하기 위하여 근저당권을 설정한 물상보증인이 그 채무를 변제한 때에는 채무자에 대한 구상권이 있고, 그 물상보증인은 변제할 정당한 이익이 있으므로 변제로 당연히 채권자를 대위하여 채권자의 채권 및 그 담보에 관한 권리를 행사할 수 있다. 다만 물상보증인은 자기의 권리에 의하여 구상할 수 있는 범위에서 그와 같은 권리를 행사할 수 있으므로, 물상보증인이 채무를 변제한 때에도 다른 사정에 의하여 채무자에 대하여 구상권이 없는 경우에는 채권자를 대위하여 채권자의 채권 및 그 담보에 관한 권리를 행사할 수 없다.
④ 물상보증인이 채무자에 대한 구상권이 없어 변제자대위에 의하여 채무자 소유의 부동산에 대한 선순위공동저당권자의 저당권을 대위취득할 수 없는 경우에는 물상보증인 소유의 부동산에 대한 후순위저당권자는 물상대위할 대상이 없으므로 채무자 소유의 부동산에 대한 선순위공동저당권자의 저당권에 대하여 물상대위를 할 수 없다.
⑤ 공동근저당의 목적 부동산 중 일부에 대한 경매절차에서, 공동근저당권자가 선순위근저당권자로서의 자신의 채권 전액을 청구하였다면, 민법 제370조, 제333조, 제368조 제1항 전문의 규정에 따라 선순위근저당권자가 경매대가로부터 우선하여 변제받고, 후순위근저당권자는 잔액으로부터 변제를 받는 것이며, 이는 선순위근저당권자와 후순위근저당권자가 동일인이라고 하여 달라지는 것은 아니다.

【문 21】 대물변제에 관한 다음 설명 중 가장 옳지 않은 것은? (다툼이 있는 경우 판례에 의함) 2023년 법원서기보

① 대물변제에서 본래 채무의 이행에 갈음한 다른 급여가 부동산의 소유권이전인 경우, 등기를 완료하면 대물변제가 성립하여 기존채무가 소멸한다.
② 대물변제도 유상계약이므로 목적물에 하자가 있을 경우 매도인의 담보책임에 관한 민법 조항이 준용된다.
③ 대물변제의 약정으로 부동산의 소유권을 이전받게 되는 사람이 소유권이전등기를 마치기 전에 그 부동산을 인도받아 점유·사용하는 경우에는 그 점유·사용에 따른 부당이득을 반환할 의무가 있다.
④ 대물변제예약 완결권은 일종의 형성권으로 당사자 사이에 그 행사기간을 약정한 때에는 그 기간 내에, 그러한 약정이 없는 때에는 그 권리가 발생한 때로부터 10년 내에 이를 행사하여야 하고, 이 기간을 도과한 때에는 예약 완결권은 제척기간의 경과로 인하여 소멸한다.

【문 22】 민법상 변제공탁에 관한 다음 설명 중 가장 옳지 않은 것은? (다툼이 있는 경우 판례에 의함) 2019년 법원서기보

① 채권자가 공탁을 승인하거나 공탁소에 대하여 공탁물을 받기를 통고하거나 공탁유효의 판결이 확정되기까지는 변제자는 공탁물을 회수할 수 있다.
② 매수인이, 매도인을 대리하여 매매대금을 수령할 권한을 가진 자에게 잔대금 수령을 최고하고 그 자를 공탁물수령자로 지정하여 한 변제공탁도 다른 특별한 사정이 없는 한 매도인에 대한 잔대금 지급으로서의 효력이 있다.
③ 채권양도금지특약에 반하여 채권양도가 이루어졌다는 사정만으로는 민법 제487조 후단의 채권자 불확지를 원인으로 하여 변제공탁을 할 수 없는 것이 원칙이나, 그 경우에도 확정일자 있는 채권양도 통지와 채권가압류명령을 동시에 송달받은 제3채무자는 변제공탁을 할 수 있다.
④ 채무자가 채권자의 상대의무이행과 동시에 변제할 경우에는 채권자는 그 의무이행을 하지 아니하면 공탁물을 수령하지 못한다.

【문 23】 변제공탁에 관한 다음 설명 중 가장 옳은 것은? (다툼이 있는 경우 판례에 의함)   2022년 법원행시

① 변제공탁이 유효하려면 채무 전부에 대한 변제의 제공 및 채무 전액에 대한 공탁이 있음을 요하고 채무 전액이 아닌 일부에 대한 공탁은 그 부분에 관하여서도 효력이 생기지 않는다. 한편 채권자가 공탁금을 채권의 일부에 충당한다는 유보의 의사표시를 하고 이를 수령한 때에는 그 공탁금은 채권의 일부의 변제에 충당되는데, 그 경우 유보의 의사표시는 명시적이어야 한다.
② 변제공탁이 변제의 효력이 인정되려면, 변제공탁이 적법하고 채권자가 공탁물 출급청구를 하여야 한다. 이와 같은 요건이 충족된 경우 공탁을 한 때에 소급하여 변제의 효력이 발생한다.
③ 공탁물 출급청구권에 대하여 가압류 집행이 되는 경우에는 변제의 효력을 인정할 수 없다.
④ 매수인이 매도인을 대리하여 매매대금을 수령할 권한을 가진 자에게 잔대금의 수령을 최고하고 그 자를 공탁물수령자로 지정하여 한 변제공탁은 매도인에 대한 잔대금 지급의 효력이 있다.
⑤ 채권소멸의 효력을 소급적으로 소멸시키는 공탁물의 회수는 공탁자에 의하여 이루어진 경우에 한한다. 따라서 제3자가 공탁자에게 대하여 가지는 별도 채권의 집행권원으로써 공탁자의 공탁물 회수청구권에 대하여 압류 및 추심명령을 받아 그 집행으로 공탁물을 회수한 경우는 채권소멸의 효력에 영향이 없다.

【문 24】 변제공탁에 관한 다음 설명 중 가장 옳지 않은 것은? (다툼이 있는 경우 판례에 의함)   2023년 법무사

① 변제공탁의 목적인 채무는 현존하는 확정채무여야 하지만, 그 의미는 장래의 채무나 불확정채무는 원칙적으로 변제공탁의 목적이 되지 못한다는 것일 뿐, 채무자에 대한 각 채권자의 채권이 동일한 채권이어야 한다는 의미는 아니다.
② 변제공탁이 적법한 경우에는 채권자가 공탁물 출급청구를 하였는지 여부와는 관계없이 공탁을 한 때에 변제의 효력이 발생하나, 피공탁자를 포함한 제3자가 공탁자에 대하여 가지는 별도 채권의 집행권원으로서 공탁자의 공탁물 회수청구권에 대하여 압류 및 추심명령을 받아 그 집행으로 공탁물을 회수한 경우 채권소멸의 효력은 소급하여 없어진다.
③ 채권자에게 반대급부 기타 조건의 이행의무가 없음에도 불구하고 채무자가 그와 같은 조건으로 변제공탁을 한 때에는 채권자가 이를 수락하였다고 하더라도 그 변제공탁은 무효이다.
④ 채권자의 태도로 보아 채무자가 설령 채무의 이행제공을 하였더라도 그 수령을 거절하였을 것이 명백한 경우에는 채무자는 이행의 제공을 하지 않고 바로 변제공탁할 수 있다.
⑤ 채무자가 채무액의 일부만을 변제공탁하였으나 그 후 부족분을 추가로 공탁하였다면 그때부터는 전 채무액에 대하여 유효한 공탁이 이루어진 것으로 볼 수 있고, 이 경우 채권자가 공탁물수령의 의사표시를 하기 전이라면 추가공탁을 하면서 제1차 공탁시에 지정된 공탁의 목적인 채무의 내용을 변경하는 것도 허용될 수 있다.

【문 25】 변제공탁에 관한 다음 설명 중 가장 옳지 않은 것은? (다툼이 있는 경우 판례에 의함)   2021년 법원사무관

① 채무 일부에 대한 공탁은 그 부족액이 아주 근소하다는 등의 특별한 사정이 있는 경우를 제외하고는 채권자가 이를 수락하지 않는 한 그 공탁 부분에 관하여서도 채무소멸의 효과가 발생하지 않는다.
② 변제공탁이 적법한 경우에도 그 후 공탁물 출급청구권에 대하여 가압류 집행이 되면 변제공탁은 채무변제로서의 효력이 없다.
③ 채무자가 채권자의 상대의무이행과 동시에 변제할 경우에는 채권자는 그 의무이행을 하지 아니하면 공탁물을 수령하지 못한다.
④ 변제공탁에 있어서 채권자에게 반대급부 기타 조건의 이행의무가 없음에도 불구하고 채무자가 이를 조건으로 공탁한 때에는 채권자가 이를 수락하지 않는 한 그 변제공탁은 무효이다.

【문 1】상계 등에 관한 다음 설명 중 가장 옳지 않은 것은? (다툼이 있는 경우 판례에 의함) <u>2021년 법무사</u>

① 상계는 당사자 쌍방이 서로 같은 종류를 목적으로 한 채무를 부담한 경우에 서로 같은 종류의 급부를 현실로 이행하는 대신 어느 일방 당사자의 의사표시로 그 대등액에 관하여 채권과 채무를 동시에 소멸시키는 것이고, 이러한 상계 제도의 취지는 서로 대립하는 두 당사자 사이의 채권·채무를 간이한 방법으로 원활하고 공평하게 처리하려는 데 있다. 따라서 수동채권으로 될 수 있는 채권은 상대방이 상계자에 대하여 가지는 채권에 한정되지 않고, 상대방이 제3자에 대하여 가지는 채권과도 상계할 수 있다고 보아야 한다.

② 타인의 채무를 담보하기 위하여 그 소유의 부동산에 저당권을 설정한 물상보증인이 타인의 채무를 변제하거나 저당권의 실행으로 저당물의 소유권을 잃은 때에는 채무자에 대하여 구상권을 취득한다(민법 제370조, 제341조). 그런데 구상권 취득의 요건인 '채무의 변제'라 함은 채무의 내용인 급부가 실현되고 이로써 채권이 그 목적을 달성하여 소멸하는 것을 의미하므로, 기존 채무가 동일성을 유지하면서 인수 당시의 상태로 종래의 채무자로부터 인수인에게 이전할 뿐 기존 채무를 소멸시키는 효력이 없는 면책적 채무인수는 설령 이로 인하여 기존 채무자가 채무를 면한다고 하더라도 이를 가리켜 채무가 변제된 경우에 해당한다고 할 수 없다. 따라서 채무인수의 대가로 기존 채무자가 물상보증인에게 어떤 급부를 하기로 약정하였다는 등의 사정이 없는 한 물상보증인이 기존 채무자의 채무를 면책적으로 인수하였다는 것만으로 물상보증인이 기존 채무자에 대하여 구상권 등의 권리를 가진다고 할 수 없다.

③ 일반적으로 당사자 사이에 상계적상이 있는 채권이 병존하고 있는 경우에는 이를 상계할 수 있는 것이 원칙이고, 이러한 상계의 대상이 되는 채권은 상대방과 사이에서 직접 발생한 채권에 한하는 것이 아니라 제3자로부터 양수 등을 원인으로 하여 취득한 채권도 포함한다. 또한 당사자가 상계의 대상이 되는 채권이나 채무를 취득하게 된 목적과 경위, 상계권을 행사함에 이른 구체적·개별적 사정에 비추어, 그것이 상계 제도의 목적이나 기능을 일탈하고, 법적으로 보호받을 만한 가치가 없는 경우에는, 그 상계권의 행사는 신의칙에 반하거나 상계에 관한 권리를 남용하는 것으로서 허용되지 않는다고 함이 상당하고, 상계권 행사를 제한하는 위와 같은 근거에 비추어 볼 때 일반적인 권리 남용의 경우에 요구되는 주관적 요건을 필요로 하는 것은 아니다.

④ 민법 제496조는 "채무가 고의의 불법행위로 인한 것인 때에는 그 채무자는 상계로 채권자에게 대항하지 못한다."라고 정하고 있다. 고의에 의한 불법행위의 발생을 방지함과 아울러 고의의 불법행위로 인한 피해자에게 현실의 변제를 받게 하려는 데 이 규정의 취지가 있다. 이 규정은 고의의 불법행위로 인한 손해배상채권을 수동채권으로 한 상계에 관한 것이고 고의의 채무불이행으로 인한 손해배상채권에는 적용되지 않는다. 다만 고의에 의한 행위가 불법행위를 구성함과 동시에 채무불이행을 구성하여 불법행위로 인한 손해배상채권과 채무불이행으로 인한 손해배상채권이 경합하는 경우에는 이 규정을 유추적용할 필요가 있다.

⑤ 당사자 쌍방의 채무가 서로 상계적상에 있다 하더라도, 별도의 의사표시 없이도 상계된 것으로 한다는 특약이 없는 한, 그 자체만으로 상계로 인한 채무 소멸의 효력이 생기는 것은 아니고 상계의 의사표시를 기다려 비로소 상계로 인한 채무소멸의 효력이 생긴다.

【문 2】 상계에 관한 다음 설명 중 가장 옳은 것은? (다툼이 있는 경우 판례에 의함) 2019년 법원서기보

① 상계의 의사표시가 있는 경우, 채무는 상계적상시에 소급하여 대등액에서 소멸한 것으로 보게 되므로 상계에 의한 양 채권의 차액 계산 또는 상계충당은 상계적상의 시점을 기준으로 하게 된다. 따라서 그 시점 이전에 수동채권의 변제기가 이미 도래하여 지체가 발생한 경우에는 상계적상 시점까지의 수동채권의 약정이자 및 지연손해금을 계산한 다음 자동채권으로 그 약정이자 및 지연손해금을 먼저 소각하고 잔액을 가지고 원본을 소각하여야 한다. 한편 여러 개의 자동채권이 있고 수동채권의 원리금이 자동채권의 원리금 합계에 미치지 못하는 경우에는 우선 자동채권의 채권자가 상계의 대상이 되는 자동채권을 지정할 수 있고, 다음으로 자동채권의 채무자가 이를 지정할 수 있으며, 양 당사자가 모두 지정하지 아니한 때에는 법정변제충당의 방법으로 상계충당이 이루어지게 된다.

② 소송에서의 상계항변은 채권자인 원고의 금전채권이 인정되는 것을 전제로 채무자인 피고의 자동채권으로 상계하여 원고의 채권을 소멸시키겠다는 항변이다. 따라서 피고의 상계항변이 먼저 이루어지고 그 후 대여금채권의 소멸을 주장하는 소멸시효항변이 있었던 경우에, 채무자인 피고는 수동채권의 존재를 전제로 상계항변을 한 것이므로 이러한 상계항변에는 수동채권의 시효이익을 포기하려는 효과의사가 포함된 것으로 보아야 한다. 이는 1심에서 공격방어방법으로 상계항변이 먼저 이루어지고 그 후 항소심에서 소멸시효항변이 이루어진 경우에도 마찬가지이다.

③ 민법 제496조는 고의에 의한 불법행위 또는 보복적 불법행위의 발생을 방지하고 불법행위로 인한 피해자가 현실의 변제를 받을 수 있도록 하기 위해 불법행위채권을 수동채권으로 하는 상계를 금지하고 있다. 따라서 법이 보장하는 상계권은 이처럼 그의 채무가 고의의 불법행위에 기인하는 채무자에게는 적용이 없다. 그러나 부당이득의 원인이 고의의 불법행위에 기인함으로써 불법행위로 인한 손해배상채권과 부당이득반환채권이 모두 성립하여 양 채권이 경합하는 경우에 피해자가 부당이득반환채권만을 청구하고 불법행위로 인한 손해배상채권을 청구하지 아니하였다면 이러한 경우까지 민법 제496조를 유추적용하여야 하는 것은 아니다.

④ 물상보증인 소유의 부동산에 대한 후순위저당권자는 물상보증인이 대위취득한 채무자 소유의 부동산에 대한 선순위공동저당권에 대하여 물상대위를 할 수 있다. 이 경우 만일 채무자가 물상보증인에 대한 반대채권을 가지고 있는 경우라면 채무자는 물상보증인의 구상금 채권과 상계를 주장하며 물상보증인 소유의 부동산에 대한 후순위저당권자에게 대항할 수 있다.

【문 3】 상계에 관한 다음 설명 중 가장 옳지 않은 것은? (다툼이 있는 경우 판례에 의함) 2020년 법무사

① 중과실로 인한 불법행위를 저지른 가해자는 현실적으로 손해배상을 지급할 필요가 있으므로 중과실로 인한 불법행위 손해배상채권을 수동채권으로 하여 가해자가 상계를 하는 것은 금지된다.

② 벌금형이 확정되었다면 벌금채권의 변제기는 도래한 것이므로 달리 이를 금하는 특별한 법률상 근거가 없는 이상 벌금채권은 상계의 자동채권이 될 수 있다.

③ 소멸시효가 완성된 채권이 그 완성 전에 상계적상에 있었다면 소멸시효가 완성된 채권을 자동채권으로 하여 상계할 수 있다.

④ 고의의 불법행위로 인한 피해자는 가해자에 대한 손해배상채권과 가해자의 자신에 대한 대여금 채권을 상계할 수 있다.

⑤ 금전채권에 대한 압류 및 전부명령이 있는 때에는 압류된 채권은 동일성을 유지한 채로 압류채무자로부터 압류채권자에게 이전되고, 제3채무자는 채권이 압류되기 전에 압류채무자에게 대항할 수 있는 사유로써 압류채권자에게 대항할 수 있는 것이므로 제3채무자의 압류채무자에 대한 자동채권이 수동채권인 피압류채권과 동시이행의 관계에 있는 경우에는, 압류명령이 제3채무자에게 송달되어 압류의 효력이 생긴 후에 자동채권이 발생하였다고 하더라도 제3채무자는 동시이행의 항변권을 주장할 수 있다.

【문 4】 상계에 관한 다음 설명 중 가장 옳지 않은 것은? (다툼이 있는 경우 판례에 의함) 2023년 법원사무관

① 상계의 자동채권은 반드시 변제기에 있어야 하나, 상계자가 기한의 이익을 포기하고 이행기 전에 상계할 수 있기 때문에 수동채권은 반드시 변제기가 도래하여야 하는 것은 아니다.

② 항변권이 붙어 있는 채권을 자동채권으로 한 상계는 그 성질상 허용되지 않으나, 양 채권이 동시이행 관계에 있고 양 채무가 동종의 급부를 목적으로 한다면 상계가 가능하다.

③ 고의의 불법행위로 인한 손해배상채권은 이를 수동채권으로 하여 상계할 수 없으나, 중과실의 불법행위에 기한 손해배상채권을 수동채권으로 하는 상계나 고의의 불법행위에 기한 손해배상채권을 자동채권으로 하는 상계는 금지되지 않는다.

④ 채무자가 집행권원인 확정판결의 변론종결 전에 상대방에 대하여 상계적상에 있는 채권을 가지고 있었으나 상계의 의사표시는 그 변론종결 후에 한 경우, 당사자가 집행권원인 확정판결의 변론종결 전에 자동채권의 존재를 몰랐을 경우에 한하여 청구이의 사유가 된다.

【문 5】 상계에 관한 다음 설명 중 가장 옳지 않은 것은? (다툼이 있는 경우 판례에 의함) *2022년 법원서기보*

① 임차인의 유익비상환채권은 임대차계약 종료 시에 비로소 발생하므로, 임대차 존속 중 임대인의 구상금채권의 소멸시효가 완성된 경우 구상금채권과 임차인의 유익비상환채권이 상계할 수 있는 상태에 있었다고 할 수 없고, 임대인은 이미 소멸시효가 완성된 구상금채권을 자동채권으로 삼아 임차인의 유익비상환채권과 상계할 수 없다.
② 채권압류명령을 받은 제3채무자가 압류채무자에 대한 반대채권을 가지고 있는 경우에 상계로써 압류채권자에게 대항하기 위하여는, 압류의 효력 발생 당시에 대립하는 양 채권이 상계적상에 있거나, 제3채무자의 반대채권의 변제기가 피압류채권의 변제기와 동시에 또는 그보다 먼저 도래하여야 한다.
③ 피고가 상계항변으로 두 개 이상의 반대채권을 주장하였는데 법원이 그중 어느 하나의 반대채권의 존재를 인정하여 수동채권의 일부와 대등액에서 상계하는 판단을 하고, 나머지 반대채권들은 모두 부존재한다고 판단하여 그 부분 상계항변은 배척한 경우, 반대채권들이 부존재한다는 판단에 대하여 기판력이 발생하는 전체 범위는 위와 같이 상계를 마친 후의 수동채권의 잔액을 초과할 수 없다.
④ 유치권이 인정되는 아파트를 경락·취득한 자는 유치권자에 대한 임료 상당의 부당이득금 반환채권을 자동채권으로 하고 유치권자의 종전 소유자에 대한 유익비상환채권을 수동채권으로 하여 상계할 수 있다.

【문 6】 상계에 관한 다음 설명 중 가장 옳지 않은 것은? (다툼이 있는 경우 판례에 의함) *2022년 법무사*

① 상계에 따른 양 채권의 차액 계산 또는 상계충당은 상계적상의 시점을 기준으로 하므로, 그 시점 이전에 수동채권에 대하여 이자나 지연손해금이 발생한 경우 상계적상 시점까지 수동채권의 이자나 지연손해금을 계산한 다음 자동채권으로써 먼저 수동채권의 이자나 지연손해금을 소각하고 잔액을 가지고 원본을 소각하여야 한다.
② 채권압류명령을 받은 제3채무자가 압류채무자에 대한 반대채권을 가지고 있는 경우에 상계로써 압류채권자에게 대항하기 위하여는, 압류의 효력 발생 당시에 대립하는 양 채권이 상계적상에 있거나, 그 당시 반대채권(자동채권)의 변제기가 도래하지 아니한 경우에는 그것이 피압류채권(수동채권)의 변제기와 동시에 또는 그보다 먼저 도래하여야 한다.
③ 채무자가 채권양도 통지를 받은 경우 채무자는 그때까지 양도인에 대하여 생긴 사유로써 양수인에게 대항할 수 있고, 당시 이미 상계할 수 있는 원인이 있었던 경우에는 아직 상계적상에 있지 않더라도 그 후에 상계적상에 이르면 채무자는 양수인에 대하여 상계로 대항할 수 있다.
④ 채권자가 주채무자에 대하여 상계적상에 있는 자동채권을 상계하지 않았다고 하여 이를 이유로 보증채무자가 보증한 채무의 이행을 거부할 수 없으며 나아가 보증채무자의 책임이 면책되는 것도 아니다.
⑤ 소멸시효가 완성된 채권이 그 완성 전에 상계할 수 있었던 것이면 그 채권자는 상계할 수 있으나, 매도인이나 수급인의 담보책임을 기초로 한 매수인이나 도급인의 손해배상채권의 제척기간이 지난 경우에는 위 법리가 적용되지 않으므로 매수인이나 도급인은 위 손해배상채권을 자동채권으로 하여 상대방의 채권과 상계할 수 없다.

【문 7】 상계에 관한 다음 설명 중 가장 옳지 않은 것은? (다툼이 있는 경우 판례에 의함)

① 형벌의 일종인 벌금도 일정 금액으로 표시된 추상적 경제 가치를 급부목적으로 하는 채권인 점에서는 다른 금전채권들과 본질적으로 다를 것이 없으나, 다만 발생의 법적 근거가 공법관계라는 점에서, 벌금형이 확정되어 벌금채권의 변제기가 도래하였더라도 상계의 자동채권이 될 수 없다.
② 가정법원의 심판에 의하여 구체적인 청구권의 내용과 범위가 확정된 후의 양육비채권 중 이미 이행기에 도달한 후의 양육비채권은 완전한 재산권(손해배상청구권)으로서 친족법상의 신분으로부터 독립하여 처분이 가능하고, 권리자의 의사에 따라 포기, 양도 또는 상계의 자동채권으로 하는 것도 가능하다.
③ 수탁보증인이 주채무자에 대하여 가지는 민법 제442조의 사전구상권에는 민법 제443조 소정의 이른바 면책청구권이 항변권으로 부착되어 있는 만큼 이를 자동채권으로 하는 상계는 허용될 수 없다.
④ 상계적상 시점 이전에 수동채권의 변제기가 이미 도래하여 지체가 발생한 경우에는 상계적상 시점까지의 수동채권의 약정이자 및 지연손해금을 계산한 다음 자동채권으로 그 약정이자 및 지연손해금을 먼저 소각하고 잔액을 가지고 원본을 소각하여야 한다.

【문 8】 다음 경개에 관한 설명 중 가장 옳지 않은 것은? (다툼이 있는 경우 판례에 의함)

① 경개계약은 신채권을 성립시키고 구채권을 소멸시키는 처분행위로서 신채권이 성립되면 그 효과는 완결되고 경개계약 자체의 이행의 문제는 발생할 여지가 없으므로 경개에 의하여 성립된 신채무의 불이행을 이유로 경개계약을 해제할 수는 없다.
② 기존의 채권이 제3자에게 이전된 경우 이를 채권의 양도로 볼 것인가 또는 경개로 볼 것인가는 일차적으로 당사자의 의사에 의하여 결정되고, 만약 당사자의 의사가 명백하지 아니할 때에는 일반적으로 채권의 양도로 볼 것이다.
③ 기존채무와 관련하여 새로운 약정을 체결한 경우에 그러한 약정이 경개에 해당하는 것인지 아니면 단순히 기존채무의 변제기나 변제방법 등을 변경한 것인지는 당사자의 의사에 의하여 결정되고, 만약 당사자의 의사가 명백하지 아니할 때에는 의사해석의 문제로 귀착되는 것으로서, 이러한 당사자의 의사를 해석함에 있어서는 새로운 약정이 이루어지게 된 동기 및 경위, 당사자가 그 약정에 의하여 달성하려고 하는 목적과 진정한 의사 등을 종합적으로 고찰하여 사회정의와 형평의 이념에 맞도록 논리와 경험의 법칙, 그리고 사회일반의 상식과 거래의 통념에 따라 합리적으로 해석하여야 한다.
④ 채무자가 부담한 구채무의 일부가 이자제한법 위반으로 무효라고 하더라도 경개계약을 체결한 경우 그 부분에 관하여 효력이 발생하지 않는다고 할 수 없다.
⑤ 현실적인 자금의 수수 없이 형식적으로만 신규대출을 하여 기존채무를 변제하는 이른바 대환은 특별한 사정이 없는 한 형식적으로는 별도의 대출에 해당하나 실질적으로는 기존채무의 변제기의 연장에 불과하여 경개라고 할 수 없다.

【문 9】 채권의 소멸에 관한 다음 설명 중 가장 옳은 것은? (다툼이 있는 경우 판례에 의함) 2022년 법무사

① 채권의 일부에 대한 대위변제가 있는 때에는 채권자는 채권증서에 그 대위를 기입한 후 그 채권증서 및 점유한 담보물을 대위자에게 교부하여야 한다.
② 변제공탁은 제3자를 위한 계약의 일종이므로, 채권자의 수익의 의사표시가 있는 때에 공탁의 효력이 발생한다.
③ 경개로 인한 신채무가 원인의 불법 또는 당사자가 알지 못한 사유로 인하여 성립되지 아니하거나 취소된 때에는 구채무는 소멸되지 아니한다.
④ 경개계약은 신채권을 성립시키고 구채권을 소멸시키는 처분행위로서 신채권이 성립되면 그 효과는 완결되고 경개계약 자체의 이행의 문제는 발생할 여지가 없으므로 경개에 의하여 성립된 신채무의 불이행을 이유로 경개계약을 해제할 수는 없고, 경개계약의 성립 후에 그 계약을 합의해제하여 구채권을 부활시키는 것은 당사자 사이에서도 불가능하다.
⑤ 부적법한 변제공탁으로 변제의 효력이 발생하지 않았다면 피공탁자는 이를 수락하여 공탁물 출급청구를 할 수도 없고, 공탁자에 대한 다른 채권에 기하여 공탁자의 공탁물 회수청구권에 대하여 압류 및 추심명령을 받아 그 집행으로 공탁물을 회수할 수도 없다.

【문 10】 혼동에 관한 다음 설명 중 가장 옳지 않은 것은? (다툼이 있는 경우 판례에 의함) 2018년 법무사

① 자동차손해배상 보장법에 의한 피해자의 보험자에 대한 직접청구권이 수반되는 경우에 그 직접청구권의 전제가 되는 자동차손해배상 보장법 제3조에 의한 피해자의 운행자에 대한 손해배상청구권은 비록 위 손해배상청구권과 손해배상의무가 상속에 의하여 동일인에게 귀속되더라도 혼동에 의하여 소멸되지 않고, 이러한 법리는 가해자가 피해자의 상속인이 되더라도 동일하다.
② 임차주택의 양수인에게 대항할 수 있는 주택임차인이 당해 임차주택을 경락받아 그 대금을 납부함으로써 임차주택의 소유권을 취득한 때에는 그 주택임차인은 임대인의 지위를 승계하는 결과, 특별한 사정이 없는 한 임대차계약에 기한 채권이 혼동으로 인하여 소멸하게 되므로 그 임대차는 종료된 상태가 된다.
③ 명의신탁자가 장차 소유권이전등기청구권 보전을 위한 가등기를 경료한 후 가등기와는 상관없이 소유권이전등기를 넘겨받았다는 사정만으로는 가등기에 기한 본등기청구권이 혼동으로 소멸하지 않는다.
④ 어떠한 물건에 대한 소유권과 다른 물권이 동일한 사람에게 귀속한 경우 그 제한물권은 혼동에 의하여 소멸하는 것이 원칙이지만, 본인 또는 제3자의 이익을 위하여 그 제한물권을 존속시킬 필요가 있다고 인정되는 경우에는 혼동으로 소멸하지 않는다.
⑤ 부동산에 대한 소유권과 임차권이 동일인에게 귀속하게 되는 경우 그 임차권이 대항요건을 갖추고 있고 또한 그 대항요건을 갖춘 후에 저당권이 설정된 때에는 임차권은 혼동으로 소멸하지 않는다.

【문 11】 계약교섭의 부당파기에 관한 다음 설명 중 가장 옳지 않은 것은? (다툼이 있는 경우 판례에 의함) 2021년 법무사

① 어느 일방이 교섭단계에서 계약이 확실하게 체결되리라는 정당한 기대 내지 신뢰를 부여하여 상대방이 그 신뢰에 따라 행동하였음에도 상당한 이유 없이 계약의 체결을 거부하여 손해를 입혔다면 이는 신의성실의 원칙에 비추어 볼 때 계약자유원칙의 한계를 넘는 위법한 행위로서 불법행위를 구성한다.
② 계약교섭의 부당한 중도파기가 불법행위를 구성하는 경우 그러한 불법행위로 인한 손해는 일방이 신의에 반하여 상당한 이유 없이 계약교섭을 파기함으로써 계약체결을 신뢰한 상대방이 입게 된 상당인과관계 있는 손해로서 계약이 유효하게 체결된다고 믿었던 것에 의하여 입었던 손해 즉 신뢰손해에 한정된다.
③ 아직 계약체결에 관한 확고한 신뢰가 부여되기 이전 상태에서 계약교섭의 당사자가 계약체결이 좌절되더라도 어쩔 수 없다고 생각하고 지출한 비용, 예컨대 경쟁입찰에 참가하기 위하여 지출한 제안서, 견적서 작성비용 등도 원칙적으로 민법상 손해배상의 범위에 포함된다.
④ 침해행위와 피해법익의 유형에 따라서 계약교섭의 파기로 인한 불법행위가 인격적 법익을 침해함으로써 상대방에게 정신적 고통을 초래하였다고 인정되는 경우라면 그러한 정신적 고통에 대한 손해에 대하여는 별도로 배상을 구할 수 있다.
⑤ 계약교섭 단계에서 당사자 중 일방이 이행에 착수하는 것은 이례적이라고 할 것이므로 설령 이행에 착수하였다고 하더라도 이는 자기의 위험 판단과 책임에 의한 것이라고 평가할 수 있지만 만일 이행의 착수가 상대방의 적극적인 요구에 따른 것이고, 그 이행에 들인 비용의 지급에 관하여 이미 계약교섭이 진행되고 있었다는 등의 특별한 사정이 있는 경우에는 당사자 중 일방이 계약의 성립을 기대하고 이행을 위하여 지출한 비용 상당의 손해가 상당인과관계 있는 손해에 해당한다.

【문 12】 계약의 성립에 관한 다음 설명 중 가장 옳지 않은 것은? (다툼이 있는 경우 판례에 의함) 2022년 법무사

① 계약이 의사의 불합치로 성립하지 아니한 경우 그로 인하여 손해를 입은 당사자는 상대방이 계약이 성립되지 아니할 수 있다는 것을 알았거나 알 수 있었음을 이유로 민법 제535조를 유추적용하여 계약체결상의 과실로 인한 손해배상청구를 할 수 있다.
② 당사자 간에 동일한 내용의 청약이 상호교차된 경우에는 양청약이 상대방에게 도달한 때에 계약이 성립하고, 승낙자가 청약에 대하여 조건을 붙이거나 변경을 가하여 승낙한 때에는 그 청약의 거절과 동시에 새로 청약한 것으로 본다.
③ 명예퇴직의 신청은 근로계약에 대한 합의해지의 청약에 불과하여 이에 대한 사용자의 승낙이 있어 근로계약이 합의해지되기 전에는 근로자가 임의로 그 청약의 의사표시를 철회할 수 있다.
④ 무효인 약관조항에 의거하여 계약이 체결되었다면 그 후 상대방이 계약의 이행을 지체하는 과정에서 약관작성자로부터 채무의 이행을 독촉받고 종전 약관에 따른 계약내용의 이행 및 약정내용을 재차 확인하는 취지의 각서를 작성하여 교부하였다 하여 무효인 약관의 조항이 유효한 것으로 된다고 할 수 없다.
⑤ 약관상 매매계약 해제시 매도인을 위한 손해배상액의 예정조항은 있는 반면 매수인을 위한 손해배상액의 예정조항은 없는 경우, 매도인 일방만을 위한 손해배상액의 예정조항을 두었다는 사정만으로는 약관의 규제에 관한 법률에 위배되어 무효라 할 수는 없다.

【문 13】 동시이행항변에 관한 다음 설명 중 가장 옳지 않은 것은? (다툼이 있는 경우 판례에 의함) 2023년 법무사

① 완성된 목적물에 하자가 있어 도급인이 하자의 보수에 갈음하여 손해배상을 청구한 경우에 도급인의 손해배상 채권과 동시이행관계에 있는 수급인의 공사대금 채권은 공사잔대금 채권 중 위 손해배상 채권액과 동액의 채권에 한한다.
② 제3채무자의 압류채무자에 대한 자동채권이 수동채권인 피압류채권과 동시이행의 관계에 있다 하더라도, 압류명령이 제3채무자에게 송달되어 압류의 효력이 생긴 후에 자동채권이 발생하였다면 그 자동채권은 민법 제498조의 '지급을 금지하는 명령을 받은 제3채무자가 그 후에 취득한 채권'에 해당하므로, 제3채무자는 동시이행의 항변권을 주장할 수 없다.
③ 계속적 거래관계에 있어서 재화나 용역을 먼저 공급한 후 일정기간마다 거래대금을 정산하여 일정기일 후에 지급받기로 약정한 경우에, 공급자가 선이행의 자기 채무를 이행하였으나 이미 정산이 완료되어 이행기가 지난 전기의 대금을 지급받지 못한 경우에는, 공급자는 이미 이행기가 지난 전기의 대금을 지급받을 때까지 선이행의무가 있는 다음 기간의 자기 채무의 이행을 거절할 수 있다고 해석할 것이다.
④ 부동산 매매계약에 있어 매수인이 부가가치세를 부담하기로 약정한 경우, 부가가치세를 매매대금과 별도로 지급하기로 했다는 등의 특별한 사정이 없는 한 부가가치세를 포함한 매매대금 전부와 부동산의 소유권이전등기의무가 동시이행의 관계에 있다고 봄이 상당하다.
⑤ 근저당권설정등기가 되어 있는 부동산을 매매하는 경우, 매수인이 근저당권의 피담보채무를 인수하여 그 채무금 상당을 매매잔대금에서 공제하기로 하는 특약을 하는 등 특별한 사정이 없는 한, 매도인의 근저당권말소 및 소유권이전등기의무와 매수인의 잔대금지급의무는 동시이행의 관계에 있는 것이다.

【문 14】 동시이행의 항변권에 관한 다음 설명 중 가장 옳지 않은 것은? (다툼이 있는 경우 판례에 의함) 2023년 법원서기보

① 쌍무계약인 매매계약에서 매수인이 선이행의무인 분양잔대금 지급의무를 이행하지 않고 있는 사이에 매도인의 소유권이전등기의무의 이행기가 도과한 경우, 분양잔대금 지급채무를 여전히 선이행하기로 약정하는 등 특별한 사정이 없는 한 매도인과 매수인 쌍방의 의무는 동시이행 관계에 놓인다.
② 쌍무계약이 무효로 되어 각 당사자가 서로 취득한 것을 반환하여야 할 경우, 각 당사자의 반환의무는 동시이행의 관계에 있다.
③ 공사도급계약상 도급인의 지체상금채권과 수급인의 공사대금채권은 특별한 사정이 없는 한 동시이행의 관계에 있다고 할 수 없다.
④ 쌍무계약의 당사자 일방이 먼저 한번 현실의 제공을 하고, 상대방을 수령지체에 빠지게 하였다면 그 이행의 제공이 계속되지 않는 경우라고 하더라도 위와 같은 이행의 제공이 있었다는 사실을 이유로 상대방이 가지는 동시이행의 항변권은 소멸한다.

【문 15】 다음 설명 중 옳지 않은 것은? (다툼이 있는 경우 판례에 의함)

① 쌍무계약에서 계약체결 후에 당사자 쌍방의 귀책사유 없이 채무의 이행이 불가능하게 된 경우, 당사자 일방이 이미 이행한 급부는 법률상 원인 없는 급부가 되어 상대방에게 부당이득의 법리에 따라 반환청구할 수 있다.
② 쌍무계약의 당사자 일방의 채무가 채권자의 수령지체 중에 당사자 쌍방의 책임 없는 사유로 이행할 수 없게 된 때에는, 채무자는 상대방의 이행을 청구할 수 있다. 다만, 채무자가 자기의 채무를 면함으로써 이익을 얻은 때에는 이를 채권자에게 상환하여야 한다.
③ 민법 제400조에 정한 채권자지체가 성립하기 위해서는 민법 제460조 소정의 채무자의 변제 제공이 있어야 하지만, 채권자가 변제를 받지 아니할 의사가 확고한 경우(이른바 채권자의 영구적 불수령)에는 구두의 제공조차 필요 없다. 따라서 쌍무계약에서 당사자 일방이 이른바 영구적 불수령 의사를 표시한 이상, 상대방이 현실 제공이나 구두 제공을 하지 않더라도 민법 제538조 제1항 제2문에 정한 '채권자의 수령지체 중에 당사자 쌍방의 책임 없는 사유로 이행할 수 없게 된 때'에 해당할 수 있다.
④ 매매계약이 무효로 되는 때에는 매도인이 악의의 수익자인 경우 특별한 사정이 없는 한 매도인은 반환할 매매대금에 대하여 민법이 정한 연 5%의 법정이율에 의한 이자를 붙여 반환하여야 한다. 그리고 이는 매도인의 매매대금 반환의무와 매수인의 소유권이전등기 말소등기절차 이행의무가 동시이행 관계에 있는 경우에도 마찬가지이다.
⑤ 제3자를 위한 계약관계에서 낙약자와 요약자 사이의 법률관계(이른바 기본관계)를 이루는 계약이 무효이거나 해제된 경우, 특별한 사정이 없는 한 낙약자가 이미 제3자에게 급부한 것이 있더라도 낙약자는 계약해제 등에 기한 원상회복 또는 부당이득을 원인으로 제3자를 상대로 그 반환을 구할 수 없다.

【문 16】 제3자를 위한 계약에 관한 다음 설명 중 가장 옳지 않은 것은? (다툼이 있는 경우 판례에 의함)

① 수익의 의사표시에 의하여 제3자의 권리가 생긴 후에는 당사자(요약자 및 낙약자)는 이를 변경 또는 소멸시키지 못한다.
② 제3자를 위한 계약에 있어서 수익의 의사표시를 한 수익자는 낙약자에게 직접 그 이행을 청구할 수 있으나, 요약자가 계약을 해제한 경우에 낙약자에게 자기가 입은 손해의 배상을 청구할 수는 없다.
③ 주택분양보증은 사업계획승인을 얻은 자가 분양계약상의 주택공급의무를 이행할 수 없게 되는 경우 공제조합 등이 수분양자가 이미 납부한 계약금 및 중도금의 환급 또는 주택의 분양에 대하여 이행책임을 부담하기로 하는 조건부 제3자를 위한 계약이다.
④ 낙약자는 요약자와 수익자 사이의 법률관계에 기한 항변으로 수익자에게 대항하지 못하고, 요약자도 대가관계의 부존재나 효력의 상실을 이유로 자신이 기본관계에 기하여 낙약자에게 부담하는 채무의 이행을 거부할 수 없다.

【문 17】 제3자를 위한 계약에 관한 다음 설명 중 가장 옳지 않은 것은? (다툼이 있는 경우 판례에 의함) 2023년 법무사

① 어떤 계약이 제3자를 위한 계약에 해당하는지 여부는 당사자의 의사가 그 계약에 의하여 제3자에게 직접 권리를 취득하게 하려는 것인지에 관한 의사 해석의 문제로서, 이는 계약 체결의 목적, 계약에 있어서의 당사자의 행위의 성질, 계약으로 인하여 당사자 사이 또는 당사자와 제3자 사이에 생기는 이해득실, 거래 관행, 제3자를 위한 계약 제도가 갖는 사회적 기능 등 제반 사정을 종합하여 계약당사자의 합리적 의사를 해석함으로써 판별할 수 있다.
② 제3자를 위한 계약이 성립하기 위하여는 일반적으로 그 계약의 당사자가 아닌 제3자로 하여금 직접 권리를 취득하게 하는 조항이 있어야 할 것이지만, 계약의 당사자가 제3자에 대하여 가진 채권에 관하여 그 채무를 면제하는 계약도 제3자를 위한 계약에 준하는 것으로서 유효하다.
③ 낙약자는 요약자와 수익자 사이의 법률관계에 기한 항변으로 수익자에게 대항하지 못하고, 요약자도 요약자와 제3자(수익자) 사이의 법률관계의 부존재나 효력의 상실을 이유로 자신이 낙약자 사이의 법률관계에 기하여 낙약자에게 부담하는 채무의 이행을 거부할 수 없다.
④ 채무자와 인수인의 계약으로 체결되는 병존적 채무인수는 채권자로 하여금 인수인에 대하여 새로운 권리를 취득하게 하는 것으로 제3자를 위한 계약에 해당한다.
⑤ 제3자를 위한 계약에 있어서 수익의 의사표시를 한 수익자는 낙약자에게 직접 그 이행을 청구할 수 있으나, 요약자가 낙약자와의 계약을 해제한 경우에는 수익자는 낙약자에게 자기가 입은 손해의 배상을 청구할 수는 없다.

【문 18】 계약에 관한 다음 설명 중 가장 옳지 않은 것은? (다툼이 있는 경우 판례에 의함) 2021년 법무사

① 매수인이 매도인과 사이의 매매계약에 의한 잔대금지급기일에 잔대금을 지급하지 못한 것은 물론 그 지급의 연기를 수차 요청하였다면 그 채무를 이행하지 아니할 의사를 명백히 한 것으로 볼 수 있다.
② 채무불이행에 의한 계약해제에 있어 미리 이행하지 아니할 의사를 표시한 경우로서 이른바 '이행거절'로 인한 계약해제의 경우에는 상대방의 최고 및 동시이행관계에 있는 자기 채무의 이행제공을 요하지 아니하여 이행지체시의 계약해제와 비교할 때 계약해제의 요건이 완화되어 있는 바, 명시적으로 이행거절의사를 표명하는 경우 외에 계약 당시나 계약 후의 여러 사정을 종합하여 묵시적 이행거절 의사를 인정하기 위하여는 그 거절의사가 정황상 분명하게 인정되어야 한다.
③ 계약의 합의해제는 명시적으로뿐만 아니라 당사자 쌍방의 묵시적인 합의에 의하여도 할 수 있으나, 묵시적인 합의해제를 한 것으로 인정되려면 계약이 체결되어 그 일부가 이행된 상태에서 당사자 쌍방이 장기간에 걸쳐 나머지 의무를 이행하지 아니함으로써 이를 방치한 것만으로는 부족하고, 당사자 쌍방에게 계약을 실현할 의사가 없거나 계약을 포기할 의사가 있다고 볼 수 있을 정도에 이르러야 한다. 이 경우에 당사자 쌍방이 계약을 실현할 의사가 없거나 포기할 의사가 있었는지 여부는 계약이 체결된 후의 여러 가지 사정을 종합적으로 고려하여 판단하여야 한다.
④ 계약의 합의해제 또는 해제계약은 해제권의 유무를 불문하고 계약당사자 쌍방이 합의에 의하여 기존의 계약의 효력을 소멸시켜 당초부터 계약이 체결되지 않았던 것과 같은 상태로 복귀시킬 것을 내용으로 하는 새로운 계약으로서, 계약이 합의해제되기 위하여는 계약의 성립과 마찬가지로 계약의 청약과 승낙이라는 서로 대립하는 의사표시가 합치될 것을 요건으로 하는 바, 이와 같은 합의가 성립하기 위하여는 쌍방당사자의 표시행위에 나타난 의사의 내용이 객관적으로 일치하여야 한다.
⑤ 쌍무계약에서 서로 대가관계에 있는 당사자 쌍방의 의무는 원칙적으로 동시이행의 관계에 있고, 나아가 하나의 계약으로 둘 이상의 민법상의 전형계약을 포괄하는 내용의 계약을 체결한 경우에 당사자 일방의 여러 의무가 포괄하여 상대방의 여러 의무와 대가관계에 있다고 인정되면, 이러한 당사자 일방의 여러 의무와 상대방의 여러 의무는 동시이행의 관계에 있다.

【문 19】계약의 해제 및 해지에 관한 설명 중 옳지 않은 것은 모두 몇 개인가? (다툼이 있는 경우 판례에 의함)

2022년 법원행시

ㄱ. 채권자의 이행최고가 본래 이행하여야 할 채무액을 초과하는 경우에도 본래 급부하여야 할 수량과의 차이가 비교적 적거나 채권자가 급부의 수량을 잘못 알고 과다한 최고를 한 것으로서 과다하게 최고한 진의가 본래의 급부를 청구하는 취지라면, 그 최고는 본래 급부하여야 할 수량의 범위 내에서 유효하다고 할 것이나, 그 과다한 정도가 현저하고 채권자가 청구한 금액을 제공하지 않으면 그것을 수령하지 않을 것이라는 의사가 분명한 경우에는 그 최고는 부적법하고 이러한 최고에 터 잡은 계약의 해제는 그 효력이 없다.

ㄴ. 쌍무계약에서 쌍방의 채무가 동시이행관계에 있는 경우 일방의 채무의 이행기가 도래하더라도 상대방 채무의 이행제공이 있을 때까지는 그 채무를 이행하지 않아도 이행지체의 책임을 지지 않는 것이며, 이와 같은 효과는 이행지체의 책임이 없다고 주장하는 자가 반드시 동시이행의 항변권을 행사하여야만 발생하는 것은 아니다. 따라서 동시이행관계에 있는 쌍무계약상 자기채무의 이행을 제공하는 경우 그 채무를 이행함에 있어 상대방의 행위를 필요로 할 때에는 언제든지 현실로 이행을 할 수 있는 준비를 완료하고 그 뜻을 상대방에게 통지하여 그 수령을 최고하여야만 상대방으로 하여금 이행지체에 빠지게 할 수 있다.

ㄷ. 매도인이 위약시에는 계약금의 배액을 배상하고 매수인이 위약시에는 지급한 계약금을 매도인이 취득하고 계약은 자동적으로 해제된다는 조항은 위약 당사자가 상대방에 대하여 계약금을 포기하거나 그 배액을 배상하여 계약을 해제할 수 있다는 해제권 유보조항이라 할 것이고 최고나 통지 없이 해제할 수 있다는 특약이라고 볼 수 없다.

ㄹ. 동업계약과 같은 조합계약에 있어서는 조합의 해산청구를 하거나 조합으로부터 탈퇴를 하거나 또는 다른 조합원을 제명할 수 있을 뿐이지 일반계약에 있어서처럼 조합계약을 해제 또는 해지하고 상대방에게 그로 인한 원상회복의 의무를 부담지울 수는 없다.

ㅁ. 민법 제547조 제1항은 "당사자의 일방 또는 쌍방이 수인인 경우에는 계약의 해지나 해제는 그 전원으로부터 또는 전원에 대하여 하여야 한다."라고 규정하고 있으므로, 여러 사람이 공동임대인으로서 임차인과 하나의 임대차계약을 체결한 경우에는 민법 제547조 제1항의 적용을 배제하는 특약이 있다는 등의 특별한 사정이 없는 한 공동임대인 전원의 해지의 의사표시에 따라 임대차계약 전부를 해지하여야 한다. 이러한 법리는 임대차계약의 체결 당시부터 공동임대인이었던 경우뿐만 아니라 임대차목적물 중 일부가 양도되어 그에 관한 임대인의 지위가 승계됨으로써 공동임대인으로 되는 경우에도 마찬가지로 적용된다.

① 없음 ② 1개
③ 2개 ④ 3개
⑤ 4개

【문 20】甲과 乙이 상호간에 체결했던 계약을 해제하는 경우에 관한 다음 설명 중 가장 옳은 것은? (다툼이 있는 경우 판례에 의함)

2023년 법원행시

① 甲과 乙간의 계약이 합의에 따라 해제되거나 해지된 경우에는 특별한 사정이 없는 한 채무불이행으로 인한 손해배상을 청구할 수 없으므로, 甲이 乙에게 손해배상을 하기로 특약하거나 손해배상청구를 유보하는 의사표시가 있더라도 그러한 특약이나 의사에 따라 손해배상을 할 수는 없다.

② 甲이 소제기로써 계약해제권을 행사한 후 그 뒤 그 소송을 취하하였다면 소취하의 소급효에 의하여 처음부터 소가 제기되지 아니한 셈이므로 해제권도 처음부터 행사하지 않았던 것으로 본다.

③ 甲이 계약을 해제하여도 제3자의 권리를 침해할 수 없으므로, 토지를 매도하였다가 대금지급을 받지 못하여 그 매매계약을 해제한 경우에 있어 그 토지 위에 신축된 건물의 매수인은 위 계약해제로 권리를 침해당하지 않을 제3자에 해당한다.

④ 상가분양회사인 甲이 수분양자인 乙에게 특정영업을 정하여 분양하였다면 지정업종에 대한 경업금지의무는 수분양자들에게만 적용되는 것이 아니라 甲에게도 적용되어 甲 역시 상가활성화를 저해하지 않는 범위 내에서만 다른 수분양자들의 업종변경을 승인할 의무가 있을 뿐 그 개점을 자유롭게 승인할 수 있는 것으로 해석할 수는 없다.

⑤ 계약해제의 효과로서의 원상회복의무를 규정한 민법 제548조 제1항 본문은 부당이득에 관한 특별규정의 성격을 가진 것이라 할 것이어서, 그 이익 반환의 범위는 수익자의 부당이득 반환범위를 규정한 민법 제748조의 규정에 의한다.

【문 21】해제에 관한 다음 설명 중 가장 옳지 않은 것은? (다툼이 있는 경우 판례에 의함)   2023년 법원사무관

① 채무자의 책임 있는 사유로 이행이 불능하게 된 때에는 채권자는 최고 없이 계약을 해제할 수 있다.
② 부동산매매계약의 매도인이 매매계약을 해제하기 위해서는 매수인이 이행기일에 잔대금을 지급하지 아니하였다는 사실만으로는 부족하고, 매도인이 소유권이전등기신청에 필요한 일체의 서류를 수리할 수 있을 정도로 준비하여 그 뜻을 상대방에게 통지하고 수령을 최고하여야 한다.
③ 민법 제548조 제1항 단서는 계약해제의 경우 '제3자'의 권리를 해하지 못한다고 규정하는데, 계약상의 채권을 양수한 자나 그 채권 자체를 압류 또는 전부한 채권자도 위 '제3자'에 해당한다.
④ 계약해제에 따른 원상회복을 할 경우, 금전은 받은 날로부터 반환할 때까지의 이자를 가산하여 반환해야 한다.

【문 22】계약의 해제에 관한 다음 설명 중 가장 옳지 않은 것은? (다툼이 있는 경우 판례에 의함)   2022년 법무사

① 계약이 합의에 따라 해제되거나 해지된 경우에는 상대방에게 손해배상을 하기로 특약하거나 손해배상청구를 유보하는 의사표시를 하는 등 다른 사정이 없는 한 채무불이행으로 인한 손해배상을 청구할 수 없다.
② 계약의 해제는 제3자의 권리를 해하지 못하는데, 여기에서 제3자란 일반적으로 계약이 해제되는 경우 그 해제된 계약으로부터 생긴 법률효과를 기초로 하여 해제 전에 새로운 이해관계를 가지게 된 자로서, 계약상 채권을 양수한 자와 등기·인도 등으로 완전한 권리를 취득한 자를 말한다.
③ 매도인의 매매계약상의 소유권이전등기의무가 이행불능이 되어 이를 이유로 매매계약을 해제함에 있어서는 상대방의 잔대금지급의무가 매도인의 소유권이전등기의무와 동시이행관계에 있다고 하더라도 그 이행의 제공을 필요로 하는 것이 아니다.
④ 일방 당사자의 계약위반을 이유로 한 상대방의 계약해제 의사표시에 의하여 계약이 해제되었음에도 상대방이 계약이 존속함을 전제로 계약상 의무의 이행을 구하는 경우 계약을 위반한 당사자도 당해 계약이 상대방의 해제로 소멸되었음을 들어 그 이행을 거절할 수 있다.
⑤ 매수인이 계약의 이행에 착수하기 전에는 매도인이 계약금의 배액을 상환하고 계약을 해제할 수 있으나, 이때 계약해제 통고로서 바로 해제 효과가 발생하는 것이 아니라 매도인이 수령한 계약금의 배액을 매수인에게 상환하거나 적어도 그 이행제공을 하지 않으면 계약을 해제할 수 없다.

【문 23】계약해제에 관한 다음 설명 중 가장 옳지 않은 것은? (다툼이 있는 경우 판례에 의함)   2022년 법원서기보

① 제3자를 위한 계약에서 낙약자와 요약자 사이의 법률관계(기본관계)에 기초하여 수익자가 요약자와 원인관계(대가관계)를 맺음으로써 해제 전에 새로운 이해관계를 갖고 그에 따라 등기, 인도 등을 마쳐 권리를 취득하였더라도, 수익자는 민법 제548조 제1항 단서에서 말하는 계약해제의 소급효가 제한되는 제3자에 해당하지 않는다고 봄이 타당하다.
② 제3채무자가 소유권이전등기청구권에 대한 압류명령에 위반하여 채무자에게 소유권이전등기를 경료한 후 채무자의 대금지급의무의 불이행을 이유로 매매계약을 해제한 경우, 해제의 소급효로 인하여 채무자의 제3채무자에 대한 소유권이전등기청구권이 소급적으로 소멸함에 따라 이에 터잡은 압류명령의 효력도 실효되는 이상 압류채권자는 처음부터 아무런 권리를 갖지 아니한 것과 마찬가지 상태가 되므로 제3채무자가 압류명령에 위반되는 행위를 한 후에 매매계약이 해제되었다 하여도 불법행위는 성립하지 아니한다.
③ 매매계약이 해제된 후에도 매도인이 별다른 이의 없이 일부 변제를 수령한 경우 특별한 사정이 없는 한 당사자 사이에 해제된 계약을 부활시키는 약정이 있었다고 해석함이 상당하고, 이러한 경우 매도인으로서는 새로운 이행의 최고 없이 바로 해제권을 행사할 수 없다.
④ 이행지체를 이유로 계약을 해제함에 있어서 그 전제요건인 이행의 최고는 반드시 미리 일정기간을 명시하여 최고하여야 하는 것은 아니며 최고한 때로부터 상당한 기간이 경과하면 해제권이 발생한다.

【문 24】해제, 해지에 관한 다음 설명 중 옳지 않은 것은 모두 몇 개인가? (다툼이 있는 경우 판례에 의함) 2018년 법원서기보

가. 쌍무계약에 있어서 계약당사자 일방은 상대방이 채무를 이행하지 아니할 의사를 명백히 표시한 경우에는 최고나 자기 채무의 이행제공 없이 그 계약을 적법하게 해제할 수 있으나, 그 이행거절의 의사표시가 적법하게 철회된 경우 상대방으로서는 자기 채무의 이행을 제공하고 상당한 기간을 정하여 이행을 최고한 후가 아니면 채무불이행을 이유로 계약을 해제할 수 없다.
나. 위임계약의 당사자 일방은 부득이한 사유 없이 상대방의 불리한 시기에 계약을 해지할 수 없다.
다. 민법 제548조 제1항은 "당사자 일방이 계약을 해제한 때에는 각 당사자는 그 상대방에 대하여 원상회복의 의무가 있다. 그러나 제삼자의 권리를 해하지 못한다."라고 규정하고 있다. 계약이 해제된 경우 계약해제 이전에 해제로 인하여 소멸되는 채권을 양수한 제3자는 민법 제548조 제1항 단서의 '제3자'에 해당하지 않는다.
라. 채권 일부에 대하여 대위변제가 있는 때에는 대위자는 그 변제한 가액에 비례하여 채권자와 함께 그 권리를 행사하나, 채무불이행을 원인으로 하는 계약의 해지 또는 해제는 채권자만 할 수 있다.
마. 증여계약 후에 증여자의 재산상태가 현저히 변경되고 그 이행으로 인하여 생계에 중대한 영향을 미칠 경우에는 증여자는 증여를 해제할 수 있다.
바. 타인의 권리를 매매의 목적으로 한 경우 그 권리를 취득하여 매수인에게 이전하여야 할 매도인의 의무가 매도인의 귀책사유로 인하여 이행불능이 되었다면, 매수인이 매도인의 담보책임에 관한 민법 제570조 단서의 규정에 의해 손해배상을 청구할 수 없다 하더라도 채무불이행 일반의 규정(민법 제546조, 제390조)에 좇아서 계약을 해제하고 손해배상을 청구할 수 있다.
사. 민법 제668조 본문은 "도급인이 완성된 목적물의 하자로 인하여 계약의 목적을 달성할 수 없는 때에는 계약을 해제할 수 있다."라고 규정하고 있다. 위 조항에 따른 계약 해제는 목적물을 인도받은 날(목적물의 인도를 요하지 않는 경우에는 일을 종료한 날)로부터 3년 내에 하여야 하는 것이 원칙이다.

① 1개   ② 2개
③ 3개   ④ 4개

【문 25】계약의 해제에 관한 다음 설명 중 가장 옳지 않은 것은? (다툼이 있는 경우 판례에 의함) 2023년 법원서기보

① 매매계약의 일방 당사자가 사망하였고 그에게 여러 명의 상속인이 있는 경우에 그 상속인들이 위 계약을 해제하려면, 상대방과 사이에 다른 내용의 특약이 있다는 등의 특별한 사정이 없는 한, 상속인들 전원이 해제의 의사표시를 하여야 한다.
② 매매계약이 해제되어 소급적으로 효력을 잃은 결과 매매 당사자에게 당해 계약에 기한 급부가 없었던 것과 동일한 재산상태를 회복시키기 위한 원상회복의무의 이행으로서 이미 지급한 매매대금 기타의 급부의 반환을 구하는 경우에는 과실상계가 적용되지 아니한다.
③ 계약이 해제된 경우 계약해제 이전에 해제로 인하여 소멸되는 채권을 양수한 자는 민법 제548조 제1항 단서에서 규정하고 있는 제3자에 해당하므로, 계약해제의 효과에 반하여 자신의 권리를 주장할 수 있고, 채무자로부터 이행받은 급부를 원상회복하여야 할 의무가 없다.
④ 수증자의 증여자 또는 그 배우자나 직계혈족에 대한 범죄행위가 있는 때에는 증여자는 그 증여를 해제할 수 있지만, 이 경우 계약의 해제는 이미 이행한 부분에 대하여는 영향을 미치지 아니한다.

박문각 이준현 채움팀

제13회 사전모의고사

민법 담당: 이준현 교수

【문 1】 민법상 증여에 관한 다음 설명 중 가장 옳은 것은? (다툼이 있는 경우 통설·판례에 의함) 　2017년 법무사

① 증여계약이 성립한 당시에는 서면이 작성되지 않았더라도 그 후 계약이 존속하는 동안 서면을 작성한 때에는 처음부터 서면에 의한 증여로서 효력이 있다.
② 정기의 급여를 목적으로 한 증여는 증여자 또는 수증자의 사망으로 인하여 그 효력을 잃는다.
③ 망은행위로 인한 증여계약의 해제 사유로서 민법 제556조 제1항 제2호(증여자에 대하여 부양의무 있는 경우에 이를 이행하지 아니하는 때)에 규정하고 있는 '부양의무'라 함은 민법 제974조 직계혈족 및 그 배우자 또는 생계를 같이 하는 친족 간의 부양의무뿐만 아니라 친족 간이 아닌 당사자 사이의 약정에 의한 부양의무도 포함된다.
④ 사인증여에 관하여는 유증에 관한 규정이 준용되므로, 포괄적 사인증여를 받은 자는 포괄적 유증을 받은 자와 마찬가지로 상속인과 동일한 권리의무가 있다.
⑤ 서면에 의하지 않은 증여의 경우에 각 당사자는 이를 해제할 수 있으나 이미 이행된 경우에는 그러하지 않은 바, 서면에 의하지 않은 부동산 증여의 경우 아직 소유권이전등기를 마치지 않았으나 그 부동산을 인도하였다면 증여자는 계약을 해제할 수 없다.

【문 2】 증여에 관한 다음 설명 중 가장 옳지 않은 것은? (다툼이 있는 경우 판례에 의함) 　2022년 법원행시

① 증여자의 의사에 기하지 아니한 원인무효의 등기가 경료된 경우에는 증여계약의 적법한 이행이 있다고 볼 수 없으므로 서면에 의하지 아니한 증여자의 증여계약의 해제에 대해 수증자가 실체관계에 부합한다는 주장으로 대항할 수 없다.
② 甲이 乙에게 10년 동안 매달 100만 원을 무상으로 주기로 약속했는데 100만 원씩 지급받는 도중에 乙이 사망한 경우 乙의 상속인은 甲에 대하여 계약의 이행을 청구할 수 있다.
③ 상대부담 있는 증여에 대하여는 쌍무계약에 관한 규정이 준용되어 부담의무 있는 상대방이 자신의 의무를 이행하지 아니할 때에는 비록 증여계약이 이미 이행되어 있다 하더라도 증여자는 계약을 해제할 수 있고, 그 경우 이행한 부분에 대하여 원상회복으로서 그 반환을 요구할 수 있다.
④ 미성년자가 사인증여를 함에는 원칙적으로 법정대리인의 동의를 얻어야 하지만 미성년자라도 만 17세에 달한 자가 유증을 할 때에는 법정대리인의 동의가 필요 없다.
⑤ 증여를 받는 의사가 서면에 표시되지 아니하였음을 이유로 하여 당사자가 증여계약을 해제할 수는 없다.

【문 3】 유증 및 사인증여에 관한 다음 설명 중 가장 옳지 않은 것은? (다툼이 있는 경우 판례에 의함) 　2023년 법원서기보

① 채무초과 상태에 있는 채무자라도 자유롭게 유증을 받을 것을 포기할 수 있고, 이와 같은 포기는 사해행위 취소의 대상이 되지 않는다.
② 포괄적 유증을 받은 자는 민법 제187조에 의하여 법률상 당연히 유증받은 부동산의 소유권을 취득하나, 특정유증을 받은 자는 유증받은 부동산의 소유권자가 아니어서 직접 진정한 등기명의의 회복을 원인으로 한 소유권이전등기를 구할 수 없다.
③ 상속인의 상속회복청구권 및 그 제척기간에 관한 민법 제999조는 포괄적 유증의 경우에 유추적용될 수 없다.
④ 사인증여는 증여자의 사망으로 인하여 효력이 발생하는 무상행위로 실제적 기능이 유증과 다르지 않으므로, 유증의 철회에 관한 민법 제1108조 제1항은 사인증여에 준용된다.

【문 4】 제척기간에 관한 다음 설명 중 가장 옳지 않은 것은? (다툼이 있는 경우 판례에 의함) 2018년 법무사

① 민법 제999조 제2항은 "상속회복청구권은 그 침해를 안 날부터 3년, 상속권의 침해행위가 있은 날부터 10년을 경과하면 소멸된다."라고 규정하고 있는데, 그중 10년의 장기 제척기간은 상속권 침해행위로 인하여 상속회복청구권이 발생한 때부터 바로 진행한다.
② 채권양도의 통지는 그 양도인이 채권이 양도되었다는 사실을 채무자에게 알리는 것에 그치는 행위이므로, 그것만으로 제척기간의 준수에 필요한 권리의 재판 외 행사에 해당한다고 할 수 없다.
③ 완성된 목적물에 하자가 있는 때에는 도급인은 수급인에 대하여 상당한 기간을 정하여 그 하자의 보수를 청구할 수 있고(민법 제667조 제1항), 그와 같은 하자 보수 청구는 목적물을 인도받은 날로부터 1년 내에 하여야 한다(민법 제670조 제1항). 이때 민법 제670조 제1항에 정한 수급인의 하자담보책임에 관한 기간은 제척기간으로서 재판상 또는 재판 외의 권리행사기간이며 재판상 청구를 위한 출소기간이 아니다.
④ 민법 제205조에 의하면, 점유자가 점유의 방해를 받은 때에는 방해의 제거 및 손해의 배상을 청구할 수 있고(제1항), 제1항의 청구권은 방해가 종료한 날로부터 1년 내에 행사하여야 하는데(제2항), 민법 제205조 제2항이 정한 '1년의 제척기간'은 재판 외에서 권리행사하는 것으로 족한 기간이 아니라 반드시 그 기간 내에 소를 제기하여야 하는 출소기간이다.
⑤ 민법 제555조는 "증여의 의사가 서면으로 표시되지 아니한 경우에는 각 당사자는 이를 해제할 수 있다."라고 규정하고 있다. 그에 기한 해제권은 특별한 존속기한의 정함이 없는 형성권에 해당하므로, 형성권의 제척기간인 10년을 경과한 후에는 이를 행사할 수 없다.

【문 5】 매매의 예약 또는 매매예약완결권에 관한 다음 설명 중 가장 옳지 않은 것은? (다툼이 있는 경우 판례에 의함) 2017년 법원사무관

① 매매예약완결권 행사의 기간을 정하지 않은 때에는 예약자는 상당한 기간을 정하여 매매완결 여부의 확답을 상대방에게 최고할 수 있고, 예약자가 그 기간 내에 확답을 받지 못한 때에는 예약은 그 효력을 잃는다.
② 공동명의로 담보가등기를 마친 수인의 채권자가 각자의 지분별로 별개의 독립적인 매매예약완결권을 가지는 경우라도 가등기담보 등에 관한 법률이 정한 청산절차는 채권자 전부에 의하여 공동으로 이행되어야 하므로, 채권자 중 1인이 단독으로 자신의 지분에 관하여만 가등기담보 등에 관한 법률이 정한 청산절차를 이행한 후 소유권이전의 본등기절차이행을 구할 수는 없다.
③ 매매의 일방예약에서 예약자의 상대방이 매매완결의 의사를 표시하여 매매의 효력을 생기게 하는 권리(이른바 예약완결권)는 일종의 형성권으로서 당사자 사이에 그 행사기간을 약정한 때에는 그 기간 내에, 그러한 약정이 없는 때에는 예약이 성립한 때부터 10년 내에 이를 행사하여야 하고, 위 기간을 도과한 때에는 상대방이 예약목적물인 부동산을 인도받은 경우라도 예약완결권은 제척기간의 경과로 인하여 소멸한다.
④ 매매예약완결권의 제척기간이 도과하였는지 여부는 직권조사사항으로서 이에 대한 당사자의 주장이 없더라도 법원이 당연히 직권으로 조사하여 재판에 고려하여야 한다.

【문 6】 계약금에 관한 다음 설명 중 가장 옳지 않은 것은? (다툼이 있는 경우 판례에 의함) 2020년 법무사

① 매매계약 체결 당시 계약금을 약정하였지만 아직 계약금의 교부는 없었다면 계약의 당사자는 민법 제565조 해약금 규정을 근거로 주계약을 해제할 수 없다.
② 매매계약 체결시 수수된 계약금에 대하여 매수인이 위약하였을 때에는 계약금을 매도인이 취득하고, 매도인이 위약하였을 때에는 매수인에게 계약금의 배액을 변상한다는 특약을 한 경우 계약금은 더 이상 해약금으로서 기능할 수 없으므로 매도인이 이행에 착수하기 전이라 하더라도 매수인은 계약금을 포기하고 임의로 계약을 해제할 수 없다.
③ 매매계약을 체결함에 있어서 계약금이 수수된 경우 계약금은 해약금의 성질을 가지고 있어서 이를 위약금으로 하기로 하는 특약이 없는 이상 계약이 당사자 일방의 귀책사유로 인하여 해제되었다 하더라도 상대방은 계약불이행으로 입은 실제 손해만을 배상받을 수 있을 뿐 계약금이 위약금으로서 상대방에게 당연히 귀속되는 것은 아니다.
④ 매도인이 해약금에 기한 해제의 의사표시를 하면서 일정한 기한까지 해약금을 수령하라고 최고하고 그 기한을 넘기면 공탁하겠다고 통지한 후, 중도금 납부기일이 도래하기 전에 매수인이 중도금을 지급하였더라도 매도인의 계약해제권 행사에 영향을 미칠 수 없다.
⑤ 매매계약 체결시 수수된 계약금에 대하여 매수인이 위약하였을 때에는 계약금을 매도인이 취득하고, 매도인이 위약하였을 때에는 매수인에게 계약금의 배액을 변상한다는 특약을 한 경우 이 약정이 손해배상액의 예정인지 위약벌의 성격인지 불분명할 때에는 손해배상액의 예정으로 추정된다.

【문 7】 계약금에 관한 다음 설명 중 가장 옳지 않은 것은? (다툼이 있는 경우 판례에 의함) 2018년 법원사무관

① 계약금계약은 금전 기타 유가물의 교부를 요건으로 하므로 단지 계약금을 지급하기로 약정만 한 단계에서는 아직 계약금으로서의 효력, 즉 민법 제565조 제1항의 규정에 의해 계약해제를 할 수 있는 권리는 발생하지 않는다.
② 매도인이 "계약금 일부만 지급된 경우 지급받은 금원의 배액을 상환하고 매매계약을 해제할 수 있다."고 주장한 사안에서, '실제 교부받은 계약금'의 배액만을 상환하여 매매계약을 해제할 수 있다면 이는 당사자가 일정한 금액을 계약금으로 정한 의사에 반하게 될 뿐 아니라, 교부받은 금원이 소액일 경우에는 사실상 계약을 자유로이 해제할 수 있어 계약의 구속력이 약화되는 결과가 되어 부당하기 때문에, 계약금 일부만 지급된 경우 수령자가 매매계약을 해제할 수 있다고 하더라도 해약금의 기준이 되는 금원은 '실제 교부받은 계약금'이 아니라 '약정 계약금'이라고 봄이 타당하므로, 매도인이 계약금의 일부로서 지급받은 금원의 배액을 상환하는 것으로는 매매계약을 해제할 수 없다.
③ 매매의 당사자 일방이 계약 당시에 금전 기타 물건을 계약금, 보증금 등의 명목으로 상대방에게 교부한 때에는 당사자간에 다른 약정이 없는 한 당사자의 일방이 이행에 착수할 때까지 교부자는 이를 포기하고 수령자는 그 배액을 상환하여 매매계약을 해제할 수 있다.
④ 매수인이 계약의 이행에 착수하기 전에는 매도인이 계약금의 배액을 상환하고 계약을 해제할 수 있고, 이 해제는 통고로써 즉시 효력을 발생하며 나중에 계약금 배액의 상환의무를 진다.

【문 8】 계약금에 관한 다음 설명 중 가장 옳지 않은 것은? (다툼이 있는 경우 판례에 의함) 2018년 법원주사보

① 계약금의 교부가 매매의 성립요건은 아니다.
② 이행기의 약정이 있는 경우라 하더라도 당사자가 채무의 이행기 전에는 착수하지 아니하기로 하는 특약을 하는 등 특별한 사정이 없는 한 이행기 전에 이행에 착수할 수 있다.
③ 계약금 일부만 지급된 경우 수령자가 매매계약을 해제할 수 있다고 하더라도, 해약금의 기준이 되는 금원은 약정 계약금이 아니라 실제 교부받은 계약금이다.
④ 계약금을 지급하기로 하는 약정을 계약금계약이라 하고, 이는 요물계약이다.

【문 9】 매매계약의 계약금에 관한 다음 설명 중 가장 옳지 않은 것은? (다툼이 있는 경우 판례에 의함) 2019년 법원서기보

① 계약금계약은 금전 기타 유가물의 교부를 요건으로 하므로, 단지 계약금을 지급하기로 약정만 한 단계에서는 아직 계약금의 효력으로 계약을 해제할 수 있는 권리는 발생하지 않는다.
② 매매 당사자간에 계약금을 수수하고 계약해제권을 유보한 경우에 매도인이 계약금의 배액을 상환하고 계약을 해제하려면 계약해제 의사표시 이외에 계약금 배액의 이행의 제공이 있어야 하며, 상대방이 이를 수령하지 않는 경우에는 이를 공탁하여야 계약을 해제할 수 있다.
③ 계약금의 일부만이 지급된 경우 해약금의 기준이 되는 금원은 실제 교부받은 계약금이 아니라 약정 계약금이므로, 매도인이 약정한 계약금의 일부만을 지급받은 경우 지급받은 금원의 배액을 상환하는 것으로는 매매계약을 해제할 수 없다.
④ 매수인은 본인 또는 매도인이 이행에 착수할 때까지는 계약금을 포기하고 계약을 해제할 수 있는바, 이행에 착수한다는 것은 객관적으로 외부에서 인식할 수 있는 정도로 채무의 이행행위의 일부를 하거나 또는 이행을 하기 위하여 필요한 전제행위를 하는 경우를 말하는 것이다.

【문 10】 타인의 권리의 매매에 관한 다음 설명 중 가장 옳지 않은 것은? (다툼이 있는 경우 판례에 의함) 2017년 법원행시

① 매매위임장을 제시하고 매매계약서에 대리관계의 표시없이 그 자신의 이름을 기재하였다고 해서 그것만으로 그 자신이 매도인으로서 타인물을 매매한 것이라고 볼 수는 없다.
② 경매로 낙찰받은 부동산에 관하여 매각대금의 납부 전에 체결한 매매계약에서 매수인이 그 매각대금의 납입을 대신하기로 약정하였으나 이를 이행하지 않아 위 부동산이 재경매됨으로써 매도인의 채무가 이행불능이 된 경우, 그 이행불능에 대한 귀책사유는 매수인에게 있다.
③ 명의신탁한 부동산을 명의신탁자가 매도하는 경우에 이를 민법 제569조 소정의 타인의 권리의 매매라고 할 수 없다.
④ 부동산을 매수한 자가 그 소유권이전등기를 하지 아니한 채 이를 다시 제3자에게 매도한 경우에는 그것을 민법 제569조에서 말하는 '타인의 권리 매매'라고 할 수 없다.
⑤ 낙찰받은 부동산을 매각대금의 납부 전에 매도한 경우 그 매매계약은 민법 제569조에서 정한 타인의 권리의 매매에 해당하지 않는다.

【문 11】 매도인의 담보책임에 관한 다음 설명 중 가장 옳지 않은 것은? (다툼이 있는 경우 판례에 의함) 2022년 법원서기보

① 매매목적물의 하자로 인하여 확대손해 내지 2차 손해가 발생하였다는 이유로 매도인에게 그 확대손해에 대한 배상책임을 지우기 위하여는 채무의 내용으로 된 하자 없는 목적물을 인도하지 못한 의무위반사실 외에 그러한 의무위반에 대하여 매도인에게 귀책사유가 인정될 수 있어야만 한다.
② 선순위 근저당권의 존재로 후순위 임차권이 소멸하는 것으로 알고 부동산을 낙찰받았으나, 그 후 채무자가 후순위 임차권의 대항력을 존속시킬 목적으로 선순위 근저당권의 피담보채무를 모두 변제하고 그 근저당권을 소멸시키고도 이 점에 대하여 낙찰자에게 아무런 고지도 하지 않아 낙찰자가 대항력 있는 임차권이 존속하게 된다는 사정을 알지 못한 채 대금지급기일에 낙찰대금을 지급하였다면, 채무자는 민법 제578조 제3항의 규정에 의하여 낙찰자가 입게 된 손해를 배상할 책임이 있다.
③ 부동산매매계약에 있어서 실제면적이 계약면적에 미달하는 경우에는 그 매매가 수량지정매매에 해당할 때에 한하여 민법 제574조, 제572조에 의한 대금감액청구권을 행사함은 별론으로 하고, 그 매매계약이 그 미달 부분만큼 일부 무효임을 들어 이와 별도로 일반 부당이득반환청구를 하거나 그 부분의 원시적 불능을 이유로 민법 제535조가 규정하는 계약체결상의 과실에 따른 책임의 이행을 구할 수 없다.
④ 변제기에 도달하지 아니한 채권의 매도인이 채무자의 자력을 담보한 때에는 매매계약 당시의 자력을 담보한 것으로 추정한다.

【문 12】 매매에 관한 다음 설명 중 가장 옳지 않은 것은? (다툼이 있는 경우 판례에 의함) `2023년 법무사`

① 자동차관리법령의 문언·내용과 체계 등에 비추어 보면, 자동차 양수인이 양도인으로부터 자동차를 인도받고서도 등록명의의 이전을 하지 않는 경우 양도인은 자동차관리법 제12조 제4항에 따라 양수인을 상대로 소유권이전등록의 인수절차 이행을 구할 수 있다.
② 상가집합건물의 구분점포에 대한 매매는 특별한 사정이 없다면 원칙적으로 실제 이용현황과 관계없이 집합건축물대장 등 공부에 따라 구조, 위치, 면적이 확정된 구분점포를 매매의 대상으로 삼았다고 보아야 할 것이다.
③ 선시공·후분양의 방식으로 분양되는 아파트 등의 경우에는 완공된 아파트 등 그 자체가 분양계약의 목적물로 된다고 봄이 상당하고, 완공된 아파트 등의 현황과 달리 분양광고 등에만 표현되어 있는 아파트 등의 외형·재질 등에 관한 사항은 특별한 사정이 없는 한 이를 분양계약의 내용으로 하기로 하는 묵시적 합의가 있었다고 보기는 어렵다.
④ 부동산매도인이 매매대금을 다 지급받지 아니한 상태에서 매수인에게 소유권이전등기를 경료하여 목적물의 소유권을 매수인에게 이전한 경우에는, 매도인의 목적물인도의무에 관하여 위와 같은 동시이행의 항변권과 물권적 권리인 유치권이 인정된다.
⑤ 계약 체결 후에 채무의 이행이 불가능하게 된 경우에는 채권자가 이행을 청구하지 못하고 채무불이행을 이유로 손해배상을 청구하거나 계약을 해제할 수 있다. 그러나 계약 당시에 이미 채무의 이행이 불가능했다면 특별한 사정이 없는 한 채권자가 이행을 구하는 것은 허용되지 않고, 민법 제535조에서 정한 계약체결상의 과실책임을 추궁하는 등으로 권리를 구제받을 수밖에 없다.

【문 13】 매도인의 담보책임에 관한 다음 설명 중 가장 옳지 않은 것은? (다툼이 있는 경우 판례에 의함) `2019년 법원주사보`

① 담보책임은 매도인의 귀책사유를 요건으로 하지 않는 무과실책임인 것이 원칙이다.
② 매매의 목적이 된 권리가 타인에게 속한 경우에 매도인이 그 권리를 취득하여 매수인에게 이전할 수 없는 때에는 매수인은 최고 없이, 선의·악의를 불문하고 계약을 해제할 수 있다.
③ 채권의 매도인이 채무자의 자력을 담보한 때에는 매매계약 당시의 자력을 담보한 것으로 추정한다.
④ 매도인의 담보책임에 관한 규정은 강행규정이므로 당사자는 담보책임을 배제·감경·가중하는 특약을 할 수 없다.

【문 14】 매도인의 담보책임에 관한 다음 설명 중 가장 옳지 않은 것은? (다툼이 있는 경우 판례에 의함) `2019년 법원서기보`

① 매매계약 내용의 중요 부분에 착오가 있는 경우 매수인은 매도인의 하자담보책임이 성립하는지와 상관없이 착오를 이유로 그 매매계약을 취소할 수 있다.
② 민법 제571조 제1항은 "매도인이 계약 당시에 매매의 목적이 된 권리가 자기에게 속하지 아니함을 알지 못한 경우에 그 권리를 취득하여 매수인에게 이전할 수 없는 때에는 매도인은 손해를 배상하고 계약을 해제할 수 있다."라고 규정하고 있다. 위 조항은 선의의 매도인이 매매의 목적인 권리의 전부를 이전할 수 없는 경우에 적용될 뿐 매매의 목적인 권리의 일부를 이전할 수 없는 경우에는 적용되지 않는다.
③ 매매의 목적물에 하자가 있음을 이유로 한 매도인에 대한 하자담보에 기한 손해배상청구권에 대하여는 민법 제582조("전2조에 의한 권리는 매수인이 그 사실을 안 날로부터 6월 내에 행사하여야 한다.")의 제척기간이 적용된다. 이는 법률관계의 조속한 안정을 도모하고자 하는 데에 취지가 있으므로, 위와 같은 손해배상청구권에 대하여는 별도로 소멸시효 규정이 적용되지는 않는다.
④ 타인 권리 매매에서 매도인의 의무가 그의 귀책사유로 이행불능 되었다면, 매수인이 계약 당시 그 권리가 매도인에게 속하지 아니함을 안 경우로써 매도인의 담보책임에 관한 민법 제570조 단서의 규정에 의해 손해배상을 청구할 수 없다 하더라도, 채무불이행에 관한 일반 규정에 따라 계약을 해제하고 손해배상을 청구할 수 있다.

【문 15】 매도인의 담보책임에 관한 다음 설명 중 가장 옳지 않은 것은? (다툼이 있는 경우 판례에 의함) 2019년 법무사

① 매매계약 당시 그 토지의 소유권이 매도인에 속하지 아니함을 알고 있던 매수인은 매도인에 대하여 그 이행불능을 원인으로 손해배상을 청구할 수 없고, 다만 그 이행불능이 매도인의 귀책사유로 인하여 이루어진 것인 때에 한하여 그 손해배상을 청구할 수 있다.
② 타인의 권리매매에 있어 매도인의 목적물을 매수인에게 이전할 수 없게 된 것이 오직 매수인의 귀책사유에 기인한 경우에는 매도인은 하자담보책임을 지지 않는다.
③ 목적물이 일정한 면적을 가지고 있다는 데 주안을 두고 대금도 면적을 기준으로 하여 정하여지는 '아파트 분양계약'은 수량을 지정한 매매이며, 공유대지면적을 지정한 아파트 분양계약에서 공유대지면적을 부족하게 이전해 준 경우에는 민법 제574조에 의한 대금감액청구권이 인정된다.
④ 가압류 목적이 된 부동산을 매수한 사람이 그 후 가압류에 기한 강제집행으로 부동산 소유권을 상실하게 된 경우, 매도인의 담보책임에 관한 민법 제570조가 준용되어 악의의 매수인은 매매계약을 해제할 수 있으나, 담보책임으로서 손해배상을 구할 수는 없다.
⑤ 매수인이 강제경매절차를 통하여 대금을 납부하고 부동산을 매수하였으나 위 강제집행권원이 된 약속어음공정증서가 위조된 것이어서 무효라는 이유로 결국 경매부동산에 대한 소유권을 취득하지 못하게 된 경우라도, 매수인은 경매대금을 배당받은 경매채권자에게 민법 제578조 제2항에 의한 경매에서의 담보책임을 물을 수는 없다.

【문 16】 소비대차에 관한 다음 설명 중 가장 옳지 않은 것은? 2018년 법원주사보

① 대주가 목적물을 차주에게 인도하기 전에 당사자 일방이 파산선고를 받은 때에는 소비대차는 그 효력을 잃는다.
② 이자 있는 소비대차는 차주가 목적물의 인도를 받은 때로부터 이자를 계산하여야 한다.
③ 이자 없는 소비대차의 경우 반환시기의 약정이 없는 때에는 대주는 상당한 기간을 정하여 반환을 최고할 필요가 없다.
④ 차용물의 반환에 관하여 차주가 차용물에 갈음하여 다른 재산권을 이전할 것을 예약한 경우에는 그 재산의 예약당시의 가액이 차용액 및 이에 붙인 이자의 합산액을 넘지 못한다.

【문 17】 소비대차에 관한 다음 설명 중 가장 옳지 않은 것은? (다툼이 있는 경우 판례에 의함) 2022년 법원서기보

① 대주가 목적물을 차주에게 인도하기 전에 당사자 일방이 파산선고를 받은 때에는 소비대차는 그 효력을 잃는다.
② 금전소비대차계약이 성립된 이후에 차주의 신용불안이나 재산상태의 현저한 변경이 생겨 장차 대주의 대여금반환청구권 행사가 위태롭게 되는 등 사정변경이 생기고 이로 인하여 당초의 계약내용에 따른 대여의무를 이행케 하는 것이 공평과 신의칙에 반하게 되는 경우에 대주는 대여의무의 이행을 거절할 수 있다고 보아야 한다.
③ 준소비대차는 기존 채무의 당사자가 그 채무의 목적물을 소비대차의 목적물로 한다는 합의를 할 것을 요건으로 하므로 준소비대차계약의 당사자는 기초가 되는 기존 채무의 당사자이어야 한다.
④ 기존채권채무의 당사자가 그 목적물을 소비대차의 목적으로 할 것을 약정한 경우 그 약정을 경개로 볼 것인가 또는 준소비대차로 볼 것인가는 일차적으로 당사자의 의사에 의하여 결정되고 만약 당사자의 의사가 명백하지 않을 때에는 의사해석의 문제이나, 일반적으로는 경개로 보아야 한다.

【문 18】 사용대차에 관한 다음 설명 중 가장 옳지 않은 것은? (다툼이 있는 경우 판례에 의함) 2023년 법원서기보

① 건물의 소유를 목적으로 하는 토지 사용대차는 당해 지상건물의 사용수익의 필요가 있는 한 그대로 존속하나, 차주가 사망한 경우에는 대주는 차주의 사망사실을 사유로 들어 사용대차계약을 해지할 수 있다.
② 사용대차에서 차주의 권리를 양도받은 자는 그 양도에 관한 대주의 승낙이 없으면 대주에게 대항할 수 없다.
③ 존속기간을 정하지 아니한 사용대차의 경우에는, 현실로 사용수익이 종료하지 아니한 경우라도 사용수익에 충분한 기간이 경과한 때에는 대주는 언제든지 계약을 해지하고 그 차용물의 반환을 청구할 수 있다.
④ 사용대차에서 차주는 대주에 대하여 유익비상환을 청구할 수 있다.

【문 19】 임대차에 관한 다음 설명 중 가장 옳지 않은 것은? (다툼이 있는 경우 판례에 의함) 2020년 법원서기보

① 임차인의 임차목적물 반환의무는 임대차계약의 종료에 의하여 발생하나, 임대인의 권리금 회수 방해로 인한 손해배상의무는 상가건물 임대차보호법에서 정한 권리금 회수기회 보호의무 위반을 원인으로 하고 있으므로 양 채무는 동일한 법률요건이 아닌 별개의 원인에 기하여 발생한 것일 뿐 아니라 공평의 관점에서 보더라도 그 사이에 이행상 견련관계를 인정하기 어려워 동시이행관계에 있다고 할 수 없다.

② 기존 임차인과 새로운 임차인 및 임대인 사이에 임대차계약상의 지위 양도 등 권리의무의 포괄적 양도에 관한 계약이 확정일자 있는 증서에 의하여 체결되거나, 임대차보증금 반환채권의 양도에 대한 통지·승낙이 확정일자 있는 증서에 의하여 이루어지는 등의 절차를 거치지 아니하는 한, 기존의 임대차계약에 따른 임대차보증금 반환채권에 대하여 채권가압류명령 등을 받은 채권자 등 임대차보증금 반환채권에 관하여 양수인의 지위와 양립할 수 없는 법률상의 지위를 취득한 제3자에 대하여는 임대차계약상의 지위 양도 등 권리의무의 포괄적 양도에 포함된 임대차보증금 반환채권의 양도로써 대항할 수 없다.

③ 채권자가 채무자 소유의 주택에 관하여 채무자와 임대차계약을 체결하고 전입신고를 마친 다음 그곳에 거주하였더라도, 임대차계약의 주된 목적이 주택을 사용·수익하려는 것이 아니라 소액임차인으로 보호받아 선순위 담보권자에 우선하여 채권을 회수하려는 것에 주된 목적이 있었던 경우에는, 그러한 임차인을 주택임대차보호법상 소액임차인으로 보호할 수 없다. 반면, 실제 임대차계약의 주된 목적이 주택을 사용·수익하려는 것이라면 처음 임대차계약을 체결할 당시에는 보증금액이 많아 주택임대차보호법상 소액임차인에 해당하지 않았지만 그 후 새로운 임대차계약에 의하여 보증금을 감액하여 소액임차인에 해당하게 되었다면 특별한 사정이 없는 한 그러한 임차인은 같은 법상 소액임차인으로 보호받을 수 있다.

④ 임대차계약이 임차인의 채무불이행으로 인하여 해지되었다고 하더라도 임차인의 민법 제646조에 의한 부속물매수청구권에는 영향이 없다. 또한 대항력 없는 임대차에서 임차목적물의 소유권이전이 이루어진 경우, 매매계약 체결 이전에 임차인이 전 소유자와의 관계에서 임차목적물을 수선하여 발생한 유익비는 이미 그로 인한 가치증가가 매매대금 결정에 반영되었을 것이므로 특별한 사정이 없는 한 전 소유자에게 비용상환청구를 하여야 할 것이지 신소유자가 이를 상환할 의무는 없다.

【문 20】 임대차에 관한 다음 설명 중 가장 옳지 않은 것은? (다툼이 있는 경우 판례에 의함) 2021년 법무사

① 등기된 임차권에는 용익권적 권능 외에 임차보증금반환채권에 대한 담보권적 권능이 있고, 임대차기간이 종료되면 용익권적 권능은 임차권등기의 말소등기 없이도 곧바로 소멸하나 담보권적 권능은 곧바로 소멸하지 않는다고 할 것이어서, 임차권자는 임대차기간이 종료한 후에도 임차보증금을 반환받기까지는 임대인이나 그 승계인에 대하여 임차권등기의 말소를 거부할 수 있다고 할 것이고, 따라서 임차권등기가 원인 없이 말소된 때에는 그 방해를 배제하기 위한 청구를 할 수 있다.

② 임대차계약에 있어서 목적물을 사용·수익하게 할 임대인의 의무와 임차인의 차임지급의무는 상호 대응관계에 있으므로 임대인이 목적물을 사용·수익하게 할 의무를 불이행하여 임차인이 목적물을 전혀 사용할 수 없을 경우에는 임차인은 차임 전부의 지급을 거절할 수 있으나, 목적물의 사용·수익이 부분적으로 지장이 있는 상태인 경우에는 그 지장의 한도 내에서 차임의 지급을 거절할 수 있을 뿐 그 전부의 지급을 거절할 수는 없다.

③ 임대차계약이 중도에 해지되어 종료하면 임차인은 목적물을 원상으로 회복하여 반환하여야 하는 것이나, 임대인의 귀책사유로 임대차계약이 해지되었다면 임차인은 원상회복의무를 부담하지 않는다.

④ 임대차계약의 종료에 의하여 발생된 임차인의 임차목적물 반환의무와 임대인의 연체차임 등을 공제한 나머지 임대차보증금의 반환의무는 동시이행관계에 있으므로, 임대인이 나머지 임대차보증금의 반환의무를 이행하거나 적법한 이행제공을 하여 임차인의 동시이행항변권을 상실시키지 아니한 이상, 임차인이 임차목적물반환의무를 이행하지 아니하고 임차목적물을 계속 점유하고 있다고 하더라도, 임차인은 임대인에 대하여 임차목적물반환의무의 이행지체로 인한 손해배상책임을 지지 아니한다.

⑤ 임대차는 당사자 일방이 상대방에게 목적물을 사용·수익하게 할 것을 약정하고 상대방이 이에 대하여 차임을 지급할 것을 약정함으로써 성립하는 것으로서 임대인이 그 목적물에 대한 소유권 기타 이를 임대할 권한이 있을 것을 성립요건으로 하고 있지 아니하므로, 임대차계약이 성립된 후 그 존속기간 중에 임대인이 임대차 목적물에 대한 소유권을 상실한 사실 그 자체만으로 바로 임대차에 직접적인 영향을 미친다고 볼 수는 없지만, 임대인이 임대차 목적물의 소유권을 제3자에게 양도하고 그 소유권을 취득한 제3자가 임차인에게 그 임대차 목적물의 인도를 요구하여 이를 인도하였다면 임대인이 임차인에게 임대차 목적물을 사용·수익케 할 의무는 이행불능이 되었다고 할 것이고, 이러한 이행불능이 일시적이라고 볼 만한 특별한 사정이 없다면 임대차는 당사자의 해지 의사표시를 기다릴 필요 없이 당연히 종료되었다고 볼 것이지, 임대인의 채무가 손해배상 채무로 변환된 상태로 채권·채무관계가 존속한다고 볼 수 없다.

【문 21】 주택임대차보호법 및 상가건물 임대차보호법이 적용되지 않는 민법상 임대차에 관한 다음 설명 중 가장 옳지 않은 것은? (다툼이 있는 경우 판례에 의함)

① 건물 소유를 목적으로 하는 토지임차인이 그 지상 건물을 등기하기 전에 제3자가 그 토지에 관하여 물권 취득의 등기를 한 때에는, 임차인이 그 지상 건물을 등기하더라도 그 제3자에 대하여는 임대차의 효력을 주장할 수 없다.
② 민법 제643조가 정하는 건물 소유를 목적으로 하는 토지임대차에서 임차인이 가지는 지상물매수청구권과 관련하여, 종전 토지 임차인으로부터 그 소유인 미등기 무허가건물을 매수하여 점유하고 있는 토지 임차인도 특별한 사정이 없는 한 임대인에 대하여 지상물매수청구권을 행사할 수 있다.
③ 임차인이 파산선고를 받은 경우 임대차기간의 약정이 있는 때에도 임대인은 임대차의 해지통고를 할 수 있고, 임차인에게 계약해지로 인한 손해배상도 청구할 수 있다.
④ 임차인이 임대차계약에 의하여 건물을 적법하게 점유하고 있으면서 비용을 지출한 경우 임대인에 대하여 민법 제626조 제2항에 의한 임대차계약상 유익비상환청구를 할 수 있을 뿐, 낙찰에 의하여 소유권을 취득한 자에 대하여 이와는 별도로 민법 제203조 제2항에 의한 유익비상환청구를 할 수는 없다.

【문 22】 지상물매수청구권 및 부속물매수청구권에 관한 다음 설명 중 가장 옳지 않은 것은? (다툼이 있는 경우 판례에 의함)

① 국가로부터 국유 토지의 관리를 위탁받은 甲 주식회사와 사용수익계약을 체결하여 그 토지 위에 건물을 건축한 乙 주식회사가 계약기간 만료 후 甲 회사를 상대로 지상물매수청구권을 행사한 경우에, 甲 회사는 국유 토지의 관리를 위탁받아 乙 회사와 사용수익계약을 체결한 자일뿐 토지 소유자가 아니므로 지상물매수청구권의 상대방이 될 수 없다고 보아야 한다.
② 건물 기타 공작물의 임차인이 적법하게 전대한 경우에 전차인이 그 사용의 편익을 위하여 임대인의 동의를 얻어 임차인으로부터 매수한 부속물이 있는 때에는 전대차의 종료 시에 임대인에 대하여 그 부속물의 매수를 청구할 수 있다.
③ 임야 상태의 토지를 임차하여 대지로 조성한 후 건물을 건축하여 음식점을 경영할 목적으로 임대차계약을 체결한 경우, 비록 임대차계약서에서는 필요비 및 유익비의 상환청구권은 그 비용의 용도를 묻지 않고 이를 전부 포기하는 것으로 기재되었다고 하더라도 대지조성비는 그 상환청구권 포기의 대상으로 삼지 아니한 취지로 약정한 것이라고 해석하는 것이 합리적이다.
④ 건물의 소유를 목적으로 한 토지의 임대차에 있어서 임차인의 차임연체로 임대차계약이 해지되었을 때에는 임차인에게 그 지상 건물에 관한 매수청구권이 발생하지 아니한다.
⑤ 기간의 정함이 없는 건물의 소유를 목적으로 하는 토지 임대차에 있어서 임대인에 의한 해지통고에 의하여 그 임차권이 소멸한 경우에도 토지 임차인이 지상물매수청구권을 행사하기 위해서는 계약갱신 청구가 선행되어야 한다.

【문 23】임대차에 관한 다음 설명 중 가장 옳지 않은 것은? (다툼이 있는 경우 판례에 의함) 2019년 법원서기보

① 임대인은 임대차계약이 존속 중이라도 임대차보증금반환채무에 관한 기한의 이익을 포기하고 임차인의 임대차보증금반환채권을 수동채권으로 하여 상계할 수 있다.
② 상가건물 임대차보호법 제3조는 '대항력 등'이라는 표제로 제1항에서 대항력의 요건을 정하고, 제2항에서 "임차건물의 양수인(그 밖에 임대할 권리를 승계한 자를 포함한다)은 임대인의 지위를 승계한 것으로 본다."라고 정하고 있다. 위 조항에 따라 임차건물 양수인이 임대인 지위를 승계하더라도, 임차건물 소유권이 이전되기 전에 이미 발생한 연체차임이나 관리비 등은 별도의 채권양도절차가 없는 한 원칙적으로 양수인에게 이전되지 않는다. 따라서 임차건물 양수인이 건물 소유권을 취득한 후 임대차관계가 종료되어 임차인에게 임대차보증금을 반환해야 하는 경우에도 임대인 지위를 승계하기 전까지 발생한 연체차임이나 관리비 등은 특별한 사정이 없는 한 임대차보증금에서 공제되지 않는다.
③ 임차인이 임대인 소유 건물 일부를 임차하여 사용·수익하던 중 임차 건물 부분에서 원인 불명의 화재가 발생하여 임차 건물 부분이 아닌 건물 부분(이하 '임차 외 건물 부분'이라고 한다)까지 불에 타 그로 인해 임대인에게 재산상 손해가 발생한 경우, 임대인이 임차 외 건물 부분에 발생한 손해에 대하여 임차인을 상대로 채무불이행을 원인으로 하는 손해배상을 구하려면, 임차인이 보존·관리의무를 위반하여 화재가 발생한 원인을 제공하는 등 화재 발생과 관련된 임차인의 계약상 의무 위반이 있었다는 등의 사정을 임대인이 주장·증명하여야 한다.
④ 임차인이 임대인에게 임차보증금 일부만을 지급하고 주택임대차보호법 제3조 제1항에서 정한 대항요건과 임대차계약서에 확정일자를 갖춘 다음 나머지 보증금을 나중에 지급하였다고 하더라도, 특별한 사정이 없는 한 대항요건과 확정일자를 갖춘 때를 기준으로 임차보증금 전액에 대해서 후순위권리자나 그 밖의 채권자보다 우선하여 변제를 받을 권리를 갖는다.

【문 24】임대차 목적물의 화재에 관한 다음 설명 중 가장 옳지 않은 것은? (다툼이 있는 경우 판례에 의함) 2018년 법원행시

① 임대차 목적물이 화재 등으로 인하여 소멸됨으로써 임차인의 목적물 반환의무가 이행불능이 된 경우에, 그 화재 등의 구체적인 발생 원인이 밝혀지지 아니한 때에도, 임차인은 이행불능이 자기가 책임질 수 없는 사유로 인한 것이라는 증명을 다하지 못하면 목적물 반환의무의 이행불능으로 인한 손해를 배상할 책임을 진다.
② 임대차 종료 당시 반환된 임차 건물이 화재로 인하여 훼손되었음을 이유로 손해배상을 구하는 경우에, 그 화재 등의 구체적인 발생 원인이 밝혀지지 아니한 때에도, 임차인은 자기가 책임질 수 없는 사유로 인한 것이라는 증명을 다하지 못하면 그로 인한 손해를 배상할 책임을 진다.
③ 임대차계약 존속 중에 발생한 화재가 임대인이 지배·관리하는 영역에 존재하는 하자로 인하여 발생한 것으로 추단된다면, 특별한 사정이 없는 한 임대인은 그 화재로 인한 목적물 반환의무의 이행불능 등에 관한 손해배상책임을 임차인에게 물을 수 없다.
④ 임차인이 임대인 소유 건물의 일부를 임차하여 사용·수익하던 중 임차 건물 부분에서 화재가 발생하여 임차 건물 부분이 아닌 건물 부분까지 불에 타 그로 인해 임대인에게 재산상 손해가 발생한 경우에, 화재 발생과 관련된 임차인의 계약상 의무 위반이 있었음이 증명되고, 그러한 의무 위반과 임차 외 건물 부분의 손해 사이에 상당인과관계가 있으며, 임차 외 건물 부분의 손해가 그러한 의무 위반에 따른 통상의 손해에 해당한다고 볼 수 있는 경우라면, 임차인은 임차 외 건물 부분의 손해에 대해서도 임대인에게 손해배상책임을 부담한다.
⑤ 건물의 규모와 구조로 볼 때 그 건물 중 임차 건물 부분과 그 밖의 부분이 상호 유지·존립함에 있어서 구조상 불가분의 일체를 이루는 관계에 있다면, 임차인은 임차 건물의 보존에 관하여 선량한 관리자의 주의의무를 다하였음을 증명하지 못하는 이상, 임차 건물 부분의 유지·존립과 불가분의 일체 관계에 있는 임차 외 건물 부분이 소훼되어 임대인이 입게 된 손해도 채무불이행으로 인한 손해로 배상할 의무가 있다.

【문 25】 임대차보증금에 관한 다음 설명 중 가장 옳지 않은 것은? (다툼이 있는 경우 판례에 의함) 2021년 법원사무관

① 부동산 임대차에서 수수된 보증금은 차임채무, 목적물의 멸실·훼손 등으로 인한 손해배상채무 등 임대차에 따른 임차인의 모든 채무를 담보하는 것으로서 이와 같은 피담보채무 상당액은 임대차관계의 종료 후 목적물이 반환될 때에 특별한 사정이 없는 한 별도의 의사표시 없이 보증금에서 당연히 공제된다.

② 임대차 존속 중 차임을 연체하더라도 이는 임대차 종료 후 목적물 인도 시에 임대차보증금에서 일괄 공제하는 방식에 의하여 정산하기로 약정한 경우와 같은 특별한 사정이 없는 한 차임채권의 소멸시효는 임대차계약에서 정한 지급기일부터 진행한다.

③ 임대인은 임대차관계가 계속되고 있는 동안에는 임대차보증금에서 연체차임을 충당할 것인지 여부를 자유로이 선택할 수 있으므로, 임대차계약의 종료 전에는 공제 등의 별도의 의사표시 없이 연체차임이 임대차보증금에서 당연히 공제되는 것은 아니다.

④ 임대차계약의 종료 전에 이미 소멸시효가 완성된 연체차임은 임대차 보증금에서 공제할 수 없다. 이는 차임 지급채무가 상당기간 연체되고 있음에도 임대인과 임차인 모두 연체차임이 임대차보증금에 의하여 담보되는 것으로 신뢰하고 임대차관계를 지속해 온 경우에도 마찬가지이다.

【문 1】 임대차 및 주택임대차보호법에 관한 다음 설명 중 가장 옳지 않은 것은? (다툼이 있는 경우 판례에 의함)
2023년 법원서기보

① 임차인이 임대차계약 종료 후에도 동시이행항변권의 행사방법으로서 임차건물을 계속 점유하기는 하였으나 이를 본래의 임대차계약상 목적에 따라 사용수익하지 아니하여 실질적인 이득을 얻은 바 없는 경우에는 임차인의 부당이득반환의무는 성립하지 않는다.
② 주택임대차보호법상 우선변제권을 가진 임차인으로부터 임차권과 분리하여 임차보증금반환채권만을 양수한 채권양수인은 주택임대차보호법상의 우선변제권을 행사할 수 있는 임차인에 해당한다고 볼 수 없다.
③ 주택임대차에 있어서 주택의 인도 및 주민등록이라는 대항요건은 그 대항력 취득시에만 구비하면 족한 것이 아니고 그 대항력을 유지하기 위하여서도 계속 존속하고 있어야 한다.
④ 주택의 임차인이 제3자에 대한 대항력을 갖춘 후 임차주택의 소유권이 양도되어 그 양수인이 임대인의 지위를 승계하더라도, 임차인의 보호를 위하여 양도인의 임대차보증금 반환의무는 소멸하지 않는다.

【문 2】 주택임대차보호법에 관한 다음 설명 중 가장 옳지 않은 것은? (다툼이 있는 경우 판례에 의함)
2023년 법원사무관

① 대항요건 및 확정일자를 갖춘 임차인과 소액임차인의 임차주택 대지에 대한 우선변제권에 관한 법리는 임차주택이 미등기인 경우에는 적용되지 않는다.
② 주택임대차보호법은 주거용 건물의 전부 또는 일부의 임대차는 물론 임차주택의 일부가 주거 외의 목적으로 사용되는 경우에도 적용된다.
③ 주택임대차보호법상 우선변제권을 가진 임차인으로부터 임차권과 분리하여 임차보증금반환채권만을 양수한 채권양수인은 주택임대차보호법상의 우선변제권을 행사할 수 있는 임차인에 해당한다고 볼 수 없다.
④ 주택임대차에 있어서 주택의 인도 및 주민등록이라는 대항요건은 그 대항력 취득시에만 구비하면 족한 것이 아니고 그 대항력을 유지하기 위하여서도 계속 존속하고 있어야 한다.

【문 3】 주택임대차에 관한 다음 설명 중 가장 옳지 않은 것은? (다툼이 있는 경우 판례에 의함)
2022년 법무사

① 주택의 소유자는 아니지만 주택에 관하여 적법하게 임대차계약을 체결할 수 있는 권한을 가진 명의신탁자와 임대차계약이 체결된 경우, 임차인은 등기기록상 주택의 소유자인 명의수탁자에 대한 관계에서도 적법한 임대차임을 주장할 수 있다.
② 주택임대차보호법에 의하면 임대인이 임대차가 끝나기 6개월 전부터 2개월 전까지의 기간에 임차인에게 갱신거절의 통지를 하지 않거나 계약조건을 변경하지 않으면 갱신하지 않겠다는 뜻의 통지를 하지 않은 경우에는, 그 기간이 끝난 때에 전(前) 임대차와 동일한 조건으로 다시 임차한 것으로 본다. 이때 임차인은 임대인에 대하여 언제든지 계약해지를 통지할 수 있고, 임대인이 그 통지를 받은 날로부터 2개월이 지나면 효력이 발생한다.
③ 임대인은 임차인이 임대차기간이 끝나기 6개월 전부터 2개월 전까지의 기간 이내에 계약갱신을 요구하면 정당한 사유 없이 거절하지 못하는데, 임차인은 이 계약갱신요구권을 1회에 한하여 행사할 수 있다.
④ 임대인이 목적 주택에서의 실거주를 이유로 임차인의 계약갱신요구를 거절하였음에도 그 계약갱신요구가 거절되지 아니하였더라면 갱신되었을 기간이 만료되기 전에 정당한 사유 없이 제3자에게 목적 주택을 임대한 경우 임대인은 갱신거절로 인하여 임차인이 입은 손해를 배상하여야 한다.
⑤ 주택임대차보호법 제3조 제1항에 의한 대항력 취득의 요건인 주민등록은 임차인 본인뿐 아니라 배우자나 자녀 등 가족의 주민등록도 포함되고, 이는 재외국민이 임차인인 경우에도 마찬가지로 적용되므로, 재외국민이 임대차계약을 체결하고 동거가족인 외국인 또는 외국국적동포가 외국인등록이나 국내거소신고 등을 한 경우에도 대항력을 취득한다.

【문 4】 상가건물임대차보호법에 관한 다음 설명 중 옳지 않은 것을 모두 고른 것은? (다툼이 있는 경우 판례에 의함)

ㄱ. 상가건물임대차보호법이 적용되는 상가건물 임대차는 사업자등록 대상이 되는 건물로서 임대차 목적물인 건물을 영리를 목적으로 하는 영업용으로 사용하는 임대차를 가리킨다.
ㄴ. 상품의 보관·제조·가공 등 사실행위만이 이루어지는 공장·창고 등은 영업용으로 사용하는 경우라고 할 수 없다.
ㄷ. 상가건물을 임차하고 사업자등록을 마친 사업자가 폐업신고를 하였다가 다시 같은 상호 및 등록번호로 사업자등록을 하였다면 상가건물임대차보호법상의 대항력 및 우선변제권이 그대로 존속한다.
ㄹ. 상가건물임대차보호법 제3조 제1항에서 건물의 인도와 더불어 대항력의 요건으로 규정하고 있는 사업자등록은 거래의 안전을 위하여 임차권의 존재를 제3자가 명백히 인식할 수 있게 하는 공시방법으로서 마련된 것이므로, 사업자등록이 어떤 임대차를 공시하는 효력이 있는지 여부는 일반 사회통념상 그 사업자등록으로 당해 임대차건물에 사업장을 임차한 사업자가 존재하고 있다고 인식할 수 있는지 여부에 따라 판단하여야 한다.
ㅁ. 상가건물의 임차인이 2기의 차임액에 해당하는 금액에 이르도록 차임을 연체한 경우에는 임대인은 임차인의 계약갱신요구를 거절할 수 있다.
ㅂ. 임차인의 계약갱신요구권은 최초의 임대차기간을 포함한 전체 임대차기간이 5년을 초과하지 아니하는 범위에서만 행사할 수 있다.

① ㄱ, ㄷ
② ㄴ, ㄷ, ㄹ
③ ㅁ, ㅂ
④ ㄷ, ㄹ, ㅂ
⑤ ㄷ, ㅁ, ㅂ

【문 5】 임대차에 관한 다음 설명 중 가장 옳지 않은 것은? (다툼이 있는 경우 판례에 의함)

① 상가건물 임대차보호법이 적용되는 상가건물에 해당하는지는 공부상 표시가 아닌 건물의 현황·용도 등에 비추어 영업용으로 사용하느냐에 따라 실질적으로 판단하여야 하고, 단순히 상품의 보관·제조·가공 등 사실행위만이 이루어지는 공장·창고 등은 영업용으로 사용하는 경우라고 할 수 없다.
② 건물 내구연한 등에 따른 철거·재건축의 필요성이 객관적으로 인정되지 않거나 그 계획·단계가 구체화되지 않았음에도 임대인이 신규 임차인이 되려는 사람에게 짧은 임대 가능기간만 확정적으로 제시·고수하는 경우 또는 임대인이 신규 임차인이 되려는 사람에게 고지한 내용과 모순되는 정황이 드러나는 등의 특별한 사정이 없는 한, 임대인이 신규 임차인이 되려는 사람과 임대차계약 체결을 위한 협의 과정에서 철거·재건축 계획 및 그 시점을 고지하였다는 사정만으로는 상가건물 임대차보호법 제10조의4 제1항 제4호에서 정한 '권리금 회수 방해행위'에 해당한다고 볼 수 없다.
③ 차임지급채무는 그 지급에 확정된 기일이 있는 경우에는 그 지급기일 다음 날부터 지체책임이 발생하고 보증금에서 공제되었을 때 비로소 그 채무 및 그에 따른 지체책임이 소멸되는 것이므로, 연체차임에 대한 지연손해금의 발생종기는 다른 특별한 사정이 없는 한 목적물이 반환되는 때가 아니라 임대차계약의 해지시라고 할 것이다.
④ 임차인이 임대인의 동의를 받지 않고 제3자에게 임차권을 양도하거나 전대하는 등의 방법으로 임차물을 사용·수익하게 하더라도, 임대인이 이를 이유로 임대차계약을 해지하거나 그 밖의 다른 사유로 임대차계약이 적법하게 종료되지 않는 한 임대인은 임차인에 대하여 여전히 차임청구권을 가지므로, 임대차계약이 존속하는 한도 내에서는 제3자에게 불법점유를 이유로 한 차임상당 손해배상청구나 부당이득반환청구를 할 수 없다 할 것이다.
⑤ 상가건물의 임대차에 이해관계가 있는 자는 관할 세무서장에게 해당 상가건물의 확정일자 부여일, 차임 및 보증금 등 정보의 제공을 요청할 수 있고, 이 경우 요청을 받은 관할 세무서장은 정당한 사유 없이 이를 거부할 수 없다.

【문 6】 고용에 관한 다음 설명 중 가장 옳지 않은 것은? (다툼이 있는 경우 판례에 의함) 2019년 법원주사보

① 사용자가 근로자의 임금 지급에 갈음하여 사용자가 제3자에 대하여 가지는 채권을 근로자에게 양도하기로 하는 약정은 전부 무효임이 원칙이다.
② 사용자는 근로계약에 수반되는 신의칙상의 부수적 의무로서 피용자가 노무를 제공하는 과정에서 생명, 신체, 건강을 해치는 일이 없도록 인적·물적 환경을 정비하는 등 필요한 조치를 강구하여야 할 보호의무를 부담한다.
③ 보호의무 위반을 이유로 사용자에게 손해배상책임을 인정하기 위하여는 특별한 사정이 없는 한 그 사고가 피용자의 업무와 관련성을 가지고 있을 뿐만 아니라 또한 그 사고가 통상 발생할 수 있다고 하는 것이 예측되거나 예측할 수 있는 경우라야 하고, 그 예측가능성은 사고가 발생한 때와 장소, 사고가 발생한 경위 기타 여러 사정을 고려하여 판단하여야 한다.
④ 고용의 약정기간이 당사자의 일방 또는 제3자의 종신까지로 된 때에는 각 당사자는 언제든지 계약해지의 통고를 할 수 있고, 이 경우 상대방이 해지의 통지를 받은 날로부터 3월이 경과하면 해지의 효력이 생긴다.

【문 7】 민법상 각종 대차계약에 관한 다음 설명 중 가장 옳지 않은 것은? (다툼이 있는 경우 판례에 의함) 2023년 법원행시

① 현실적인 자금의 수수 없이 형식적으로만 신규 대출을 하여 기존 채무를 변제하는 이른바 대환은 특별한 사정이 없는 한 형식적으로는 별도의 대출에 해당하나 실질적으로는 기존 채무의 변제기 연장에 불과하므로, 그 법률적 성질은 기존 채무가 여전히 동일성을 유지한 채 존속하는 준소비대차로 보아야 한다.
② 주택임대차보호법에 의하여 우선변제청구권이 인정되는 소액임차인이 경락기일까지 적법한 배당요구를 하지 아니하여 그를 배당에서 제외하는 것으로 배당표가 작성·확정되고 그 확정된 배당표에 따라 배당이 실시되었다면, 그가 적법한 배당요구를 한 경우에 배당받을 수 있었던 금액 상당의 금원이 후순위채권자에게 배당되었다고 하여 이를 법률상 원인이 없는 것이라고 할 수 없다.
③ 대지에 관한 저당권의 실행으로 경매가 진행된 경우에도 그 지상 건물의 소액임차인은 대지의 환가대금 중에서 소액보증금을 우선변제받을 수 있다고 할 것이지만, 대지에 관한 저당권 설정 당시에 이미 그 지상 건물이 존재하는 경우가 아니라 저당권 설정 후에 비로소 건물이 신축된 경우라면 소액임차인은 대지의 환가대금에 대하여 우선변제를 받을 수 없다고 보아야 할 것이다.
④ 일반으로 건물의 소유를 목적으로 하는 토지 사용대차에 있어서는, 당해 토지의 사용수익의 필요는 당해 지상 건물의 사용수익의 필요가 있는 한 그대로 존속하는 것이고, 이는 특별한 사정이 없는 한 차주 본인이 사망하더라도 당연히 상실되는 것이 아니어서 그로 인하여 곧바로 계약의 목적을 달성하게 되는 것은 아니라고 봄이 통상의 의사해석에도 합치되므로, 이러한 경우에는 민법 제614조의 규정에 불구하고 대주가 차주의 사망사실을 사유로 들어 사용대차계약을 해지할 수는 없다.
⑤ 임대차종료로 인한 임차인 甲의 원상회복의무에는 甲이 사용하고 있던 부동산의 점유를 임대인 乙에게 이전하는 것은 물론 乙이 임대 당시의 부동산 용도에 맞게 다시 사용할 수 있도록 협력할 의무도 포함한다. 그렇지만 乙 또는 그 승낙을 받은 제3자가 임차건물 부분에서 다시 영업허가를 받는 데 방해가 되지 않도록 甲이 임차건물 부분에서의 영업허가에 대하여 폐업신고절차를 이행할 의무까지 부담한다고 보기는 어렵다.

2024년도 법원직공무원 9급 공채 필기시험 | 민법 | ○책형

【문 8】도급에 관한 다음 설명 중 가장 옳은 것은? (다툼이 있는 경우 판례에 의함)   *2021년 법원서기보*

① 도급계약에서 일의 완성 여부에 관한 주장·증명책임은 일의 결과에 대한 보수지급의무를 부담하는 도급인이 부담한다.
② 수급인이 공사를 완성하지 못하여 완공기한을 넘겨 도급계약이 해제된 경우, 그 지체상금 발생의 시기는 완공기한 일부터이고, 종기는 수급인이 공사를 중단하거나 기타 해제사유가 있어 도급인이 이를 해제할 수 있었을 때를 기준으로 하여 도급인이 다른 업자에게 의뢰하여 같은 건물을 완공할 수 있었던 시점이다.
③ 공사도급계약상 도급인의 지체상금채권과 수급인의 공사대금채권은 특별한 사정이 없는 한 동시이행의 관계에 있다고 할 수 없다.
④ 완성된 건물의 경우에도 그 하자로 인하여 계약의 목적을 달성할 수 없는 때에는 계약을 해제할 수 있다.

【문 9】도급에 관한 다음 설명 중 옳은 것을 모두 고른 것은? (다툼이 있는 경우 판례에 의함)   *2022년 법무사*

가. 도급계약에서 수급인이 자기의 노력과 재료를 들여 건물을 완성하더라도 도급인과 수급인 사이에 도급인 명의로 건축허가를 받아 소유권보존등기를 하기로 하는 등 완성된 건물의 소유권을 도급인에게 귀속시키기로 합의한 것으로 보여질 경우에는 그 건물의 소유권은 도급인에게 원시적으로 귀속된다.
나. 민법 제673조에 따라 수급인이 일을 완성하기 전에는 도급인은 손해를 배상하고 계약을 해제할 수 있고 특별한 사정이 없는 한 도급인은 이러한 해제로 인한 손해배상에 대하여 과실상계나 손해배상예정액 감액을 주장할 수 있다.
다. 도급계약에서 목적물의 주요구조부분이 약정된 대로 시공되어 사회통념상 일반적으로 요구되는 성능을 갖추었고 당초 예정된 최후의 공정까지 마쳤다면 일이 완성되었다고 보아야 하고, 목적물이 완성되었다면 목적물의 하자는 하자담보책임에 관한 민법 규정에 따라 처리하도록 하는 것이 당사자의 의사와 법률의 취지에 부합하는 해석이다.
라. 완성된 목적물 또는 완성 전의 성취된 부분에 하자가 있는 때에는 도급인은 수급인에 대하여 상당한 기간을 정하여 그 하자의 보수를 청구할 수 있고, 하자보수에 갈음하여 또는 보수와 함께 손해배상을 청구할 수 있다.
마. 수급인이 도급인에 대하여 가지는 공사대금채권은 상사채권이므로 특별한 사정이 없는 한 5년의 소멸시효가 적용된다.

① 가, 나, 라 ② 가, 다, 마
③ 나, 라, 마 ④ 가, 다, 라
⑤ 나, 다, 마

【문 10】도급에 관한 다음 설명 중 가장 옳은 것은? (다툼이 있는 경우 판례에 의함)   *2020년 법원서기보*

① 수급인이 일을 완성하기 전에 도급인은 민법 제673조에 의하여 수급인이 입은 손해를 배상하고 계약을 해제할 수 있는데, 이 경우 특별한 사정이 없는 한 수급인에게 과실이 있는 경우 도급인은 과실상계를 주장할 수 있다.
② 수급인이 공사를 완성하지 못한 채 공사도급계약이 해제되어 기성고에 따른 공사비를 정산하여야 할 경우에 그 공사비는 다른 특별한 사정이 없는 한 당사자 사이에 약정된 총공사비를 기준으로 하여 그 금액 중 수급인이 공사를 중단할 당시의 기성고 비율에 의한 금액이다.
③ 도급계약에 있어 지체상금의 약정을 한 경우, 도급인이 수급인에 대하여 약정한 선급금의 지급을 지체하였다고 하더라도 선급금 지급을 지체한 기간만큼 수급인이 지급하여야 하는 지체상금의 발생기간에서 공제되어야 하는 것은 아니다.
④ 도급인과 수급인 사이에 도급인이 수급인에게 지급하여야 할 공사대금의 범위 내에서 수급인의 근로자에 대한 노임이나 수급인의 거래처에 대한 공사에 필요한 물품대금을 직접 지급하기로 약정한 경우에도, 도급인은 그 노임이나 물품대금을 직접 지급하기 전이라면 노무가 제공되거나 물품이 납품되었다고 하여 수급인에게 공사대금의 지급을 거부할 수는 없다.

【문 11】 도급에 관한 다음 설명 중 가장 옳지 않은 것은? (다툼이 있는 경우 판례에 의함)

① 도급인이 선급금을 지급한 후 도급계약이 해제되거나 해지된 경우, 별도의 상계 의사표시 없이 그때까지 기성고에 해당하는 공사대금 중 미지급액은 당연히 선급금으로 충당된다.
② 건축공사도급계약이 수급인의 채무불이행을 이유로 해제되었는데, 해제 당시 공사가 상당한 정도로 진척되어 이를 원상회복하는 것이 중대한 사회적·경제적 손실을 초래하고 완성된 부분이 도급인에게 이익이 되는 경우, 수급인은 해제한 상태 그대로 그 건물을 도급인에게 인도하고, 도급인은 인도받은 미완성 건물에 대한 보수를 지급하여야 한다.
③ 민간공사 도급계약에 있어 수급인의 보증인은 특별한 사정이 없다면 선급금 반환의무에 대하여도 보증책임을 진다.
④ 수급인이 완공기한 내에 공사를 완성하지 못한 채 공사를 중단하고 계약이 해제된 결과 완공이 지연된 경우, 지체상금발생의 종기는 계약이 실제로 해제·해지된 때를 기준으로 도급인이 다른 업자에게 의뢰하여 같은 건물을 완공할 수 있었던 시점까지이다.

【문 12】 여행계약에 관한 다음 설명 중 가장 옳지 않은 것은? (다툼이 있는 경우 판례에 의함)

① 기획여행업자는 여행자의 생명·신체·재산 등의 안전을 확보하기 위하여 여행목적지·여행일정·여행행정·여행서비스기관의 선택 등에 관하여 미리 충분히 조사·검토하여 여행계약 내용의 실시 도중에 여행자가 부딪칠지 모르는 위험을 미리 제거할 수단을 강구하거나, 여행자에게 그 뜻을 고지함으로써 여행자 스스로 그 위험을 수용할지 여부에 관하여 선택할 기회를 주는 등의 합리적 조치를 취할 신의칙상의 안전배려의무를 부담하며, 기획여행업자가 사용한 여행약관에서 그 여행업자의 여행자에 대한 책임의 내용 및 범위 등에 관하여 규정하고 있다면 이는 위와 같은 안전배려의무를 구체적으로 명시한 것으로 보아야 한다.
② 여행자가 해외 여행계약에 따라 여행하는 도중 여행업자의 고의 또는 과실로 상해를 입은 경우 그 계약상 여행업자의 여행자에 대한 국내로의 귀환운송의무가 예정되어 있고, 여행자가 입은 상해의 내용과 정도, 치료행위의 필요성과 치료기간은 물론 해외의 의료 기술수준이나 의료제도, 치료과정에서 발생할 수 있는 언어적 장애 및 의료비용의 문제 등에 비추어 현지에서 당초 예정한 여행기간 내에 치료를 완료하기 어렵거나, 계속적, 전문적 치료가 요구되어 사회통념상 여행자가 국내로 귀환할 필요성이 있었다고 인정된다면, 이로 인하여 발생하는 귀환운송비 등 추가적인 비용은 여행업자의 고의 또는 과실로 인하여 발생한 통상손해의 범위에 포함되고, 이 손해가 특별한 사정으로 인한 손해라고 하더라도 예견가능성이 있었다고 보아야 한다.
③ 여행자는 여행을 시작하기 전에는 언제든지 계약을 해제할 수 있지만, 상대방에게 발생한 손해를 배상하여야 한다.
④ 여행자는 여행에 중대한 하자가 있는 경우에 그 시정이 이루어지지 아니하거나 계약의 내용에 따른 이행을 기대할 수 없는 경우에는 계약을 해지할 수 있고, 계약이 해지된 경우 여행주최자는 대금청구권을 상실하며, 여행자는 실행된 여행으로 얻은 이익에 대한 상환의무를 부담하지 않는다.
⑤ 민법 제674조의6 및 제674조의7에서 정한 각 여행주최자의 담보책임에 따른 여행자의 권리는 여행기간 중에도 행사할 수 있고, 계약에서 정한 여행 종료일부터 6개월 내에 행사하여야 한다.

【문 13】 여행계약에 관한 다음 설명 중 가장 옳지 않은 것은? (다툼이 있는 경우 판례에 의함) *2021년 법원서기보*

① 여행자는 여행을 시작하기 전에는 언제든지 계약을 해제할 수 있으나, 상대방에게 발생한 손해를 배상하여야 한다.
② 부득이한 사유가 있는 경우에는 각 당사자는 계약을 해지할 수 있으나, 그 사유가 당사자 한쪽의 과실로 인하여 생긴 경우에는 상대방에게 손해를 배상하여야 한다.
③ 여행자는 약정한 시기에 대금을 지급하여야 하나, 그 시기의 약정이 없으면 여행 시작 전에 지급하여야 한다.
④ 여행에 하자가 있는 경우에는 여행자는 여행주최자에게 하자의 시정 또는 대금의 감액을 청구할 수 있으나, 그 시정에 지나치게 많은 비용이 들거나 그 밖에 시정을 합리적으로 기대할 수 없는 경우에는 시정을 청구할 수 없다.

【문 14】 위임계약에 관한 다음 설명 중 옳은 것은 모두 몇 개인가? (다툼이 있는 경우 판례에 의함) *2022년 법원행시*

> ㄱ. 위임계약은 각 당사자가 언제든지 해지할 수 있다. 따라서 위임계약의 일방 당사자가 타방 당사자의 채무불이행을 이유로 위임계약을 해지한다는 의사표시를 하였으나 실제로는 채무불이행을 이유로 한 계약 해지의 요건을 갖추지 못한 경우라도, 특별한 사정이 없는 한 의사표시에는 민법 제689조 제1항에 따른 임의해지로서의 효력이 인정된다.
> ㄴ. 민법상 위임계약은 유상계약이든 무상계약이든 당사자 쌍방의 특별한 대인적 신뢰관계를 기초로 하는 위임계약의 본질상 각 당사자는 언제든지 해지할 수 있고 그로 말미암아 상대방이 손해를 입는 일이 있어도 그것을 배상할 의무를 부담하지 않는 것이 원칙이다.
> ㄷ. 다만 상대방이 불리한 시기에 해지한 때에는 해지가 부득이한 사유에 의한 것이 아닌 한 위임이 해지됨으로써 생기는 손해를 배상하여야 한다.
> ㄹ. 수임인이 위임받은 사무를 처리하던 중 사무처리를 완료하지 못한 상태에서 위임계약을 해지함으로써 위임인이 사무처리의 완료에 따른 성과를 이전받거나 이익을 얻지 못하게 되었다면, 위임인에게 불리한 시기에 해지한 것이라고 볼 수 있다.
> ㅁ. 당사자가 위임계약을 체결하면서 민법 제689조 제1항, 제2항에 규정된 바와 다른 내용으로 해지사유 및 절차, 손해배상책임 등을 정하였더라도, 이러한 약정에 의해 위 규정의 적용을 배제할 수는 없다.

① 1개 ② 2개
③ 3개 ④ 4개
⑤ 5개

【문 15】 위임에 관한 다음 설명 중 가장 옳지 않은 것은? (다툼이 있는 경우 판례에 의함) *2023년 법무사*

① 민법 제684조 제2항은 "수임인이 위임인을 위하여 자기의 명의로 취득한 권리는 위임인에게 이전하여야 한다."라고 규정하고 있는데, 이때 그 이전 시기는 당사자 간에 특약이 있거나 위임의 본뜻에 반하는 경우 등과 같은 특별한 사정이 없는 한 위임계약이 종료된 때이다. 따라서 위임사무로 수임인 명의로 취득한 권리에 관한 위임인의 이전청구권의 소멸시효는 위임계약이 종료된 때부터 진행한다.
② 위임계약에서 보수액에 관하여 약정한 경우에 수임인은 원칙적으로 약정보수액을 전부 청구할 수 있는 것이 원칙이지만, 위임업무 처리의 경과와 난이도, 투입한 노력의 정도 등 제반 사정을 고려할 때 약정보수액이 부당하게 과다하여 신의성실의 원칙이나 형평의 원칙에 반한다고 볼 만한 특별한 사정이 있는 때에는 예외적으로 상당하다고 인정되는 범위 내의 보수액만을 청구할 수 있다.
③ 소송위임계약으로 성공보수를 약정하였을 경우 심급대리의 원칙에 따라 수임한 소송사무가 종료하는 시기인 해당 심급의 판결을 송달받은 때로부터 그 소멸시효기간이 진행되나, 당사자 사이에 보수금의 지급시기에 관한 특약이 있다면 그에 따라 보수채권을 행사할 수 있는 때로부터 소멸시효가 진행한다.
④ 위임계약의 각 당사자는 민법 제689조 제1항에 따라 특별한 이유 없이도 언제든지 위임계약을 해지할 수 있다. 그러나 위임계약의 일방 당사자가 타방 당사자의 채무불이행을 이유로 위임계약을 해지한다는 의사표시를 하였으나 실제로는 채무불이행을 이유로 한 계약 해지의 요건을 갖추지 못한 경우에는, 특별한 사정이 없는 한 그와 같은 의사표시에 민법 제689조 제1항에 따른 임의해지로서의 효력을 인정할 수는 없다.
⑤ 민법상 위임계약의 당사자는 언제든지 계약을 해지할 수 있고 그로 말미암아 상대방이 손해를 입는 일이 있어도 그것을 배상할 의무를 부담하지 않는 것이 원칙이다. 다만 상대방이 불리한 시기에 해지한 때에는 해지가 부득이한 사유에 의한 것이 아닌 한 그로 인한 손해를 배상하여야 하나, 배상의 범위는 위임이 해지되었다는 사실로부터 생기는 손해가 아니라 적당한 시기에 해지되었더라면 입지 아니하였을 손해에 한한다.

【문 16】 위임에 관한 다음 설명 중 가장 옳지 않은 것은? (다툼이 있는 경우 판례에 의함)   2021년 법무사

① 수임인은 위임인의 승낙이나 부득이한 사유없이 제3자로 하여금 자기에 갈음하여 위임사무를 처리하게 하지 못한다.
② 위임계약의 각 당사자는 민법 제689조 제1항에 의하여 특별한 이유 없이도 언제든지 위임계약을 해지할 수 있다.
③ 위임계약의 일방 당사자가 타방 당사자의 채무불이행을 이유로 위임계약을 해지한다는 의사표시를 하였으나 실제로는 채무불이행을 이유로 한 계약 해지의 요건을 갖추지 못한 경우에는, 특별한 사정이 없는 한 위 의사표시에는 민법 제689조 제1항에 기한 임의해지로서의 효력도 인정되지 아니한다.
④ 수임인이 위임받은 사무를 처리하던 중 사무처리를 완료하지 못한 상태에서 위임계약을 해지함으로써 위임인이 그 사무처리의 완료에 따른 성과를 이전받거나 이익을 얻지 못하게 되었다 하더라도, 별도로 특약을 하는 등 특별한 사정이 없는 한 위임계약에서는 시기 여하를 불문하고 사무처리 완료 이전에 계약이 해지되면 당연히 위임인이 그 사무처리의 완료에 따른 성과를 이전받거나 이익을 얻지 못하는 것으로 계약 당시에 예정되어 있으므로, 수임인이 사무처리를 완료하기 전에 위임계약을 해지한 것만으로 위임인에게 불리한 시기에 해지한 것이라고 볼 수는 없다.
⑤ 민법상의 위임계약은 유상계약이든 무상계약이든 당사자 쌍방의 특별한 대인적 신뢰관계를 기초로 하는 위임계약의 본질상 각 당사자는 언제든지 해지할 수 있고 그로 말미암아 상대방이 손해를 입는 일이 있어도 그것을 배상할 의무를 부담하지 않는 것이 원칙이며, 다만 상대방이 불리한 시기에 해지한 때에는 해지가 부득이한 사유에 의한 것이 아닌 한 그로 인한 손해를 배상하여야 하나, 배상의 범위는 위임이 해지되었다는 사실로부터 생기는 손해가 아니라 적당한 시기에 해지되었더라면 입지 아니하였을 손해에 한한다.

【문 17】 다음 설명 중 가장 옳지 않은 것은? (다툼이 있는 경우 판례에 의함)   2023년 법원서기보

① 부동산 중개업자와 중개의뢰인과의 법률관계는 민법상의 위임관계와 같으므로, 중개업자는 선량한 관리자의 주의와 신의·성실로써 매도 등 처분을 하려는 자가 진정한 권리자와 동일인인지의 여부를 부동산등기부와 주민등록증 등에 의하여 조사 확인할 의무가 있다.
② 예금계약은 예금자가 예금의 의사를 표시하면서 금융기관에 돈을 제공하고 금융기관이 그 의사에 따라 그 돈을 받아 확인을 하면 그로써 성립하며, 금융기관의 직원이 그 받은 돈을 금융기관에 실제로 입금하였는지 여부는 예금계약의 성립에는 아무런 영향을 미치지 아니한다.
③ 민법 제684조 제1항에 의하면 수임인은 위임사무의 처리로 인하여 받은 금전 기타의 물건 및 그 수취한 과실이 있을 경우에는 이를 위임인에게 인도하여야 한다고 규정하고 있는바, 이때 인도 시기는 당사자간에 특약이 있거나 위임의 본뜻에 반하는 경우 등과 같은 특별한 사정이 있지 않는 한 위임계약이 종료한 때이므로, 수임인이 반환할 금전의 범위도 위임종료시를 기준으로 정해진다.
④ 수임인은 특별한 약정이 없으면 위임인에 대하여 보수를 청구하지 못하므로, 변호사에게 계쟁사건 처리를 위임하면서 보수지급 및 수액에 관하여 명시적인 약정을 아니하였다면, 변호사에게 보수지급청구권이 있다고 볼 수 없다.

【문 18】 민법상 조합에 관한 다음 설명 중 가장 옳지 않은 것은? (다툼이 있는 경우 판례에 의함) 2022년 법원행시

① 민법 제272조에 따르면 합유물을 처분 또는 변경함에는 합유자 전원의 동의가 있어야 하나, 합유물 가운데서도 조합재산의 경우 그 처분·변경에 관한 행위는 조합의 특별사무에 해당하는 업무집행으로서, 이에 대하여는 특별한 사정이 없는 한 민법 제706조 제2항이 민법 제272조에 우선하여 적용되므로, 조합재산의 처분·변경은 업무집행자가 없는 경우에는 조합원의 과반수로 결정하고, 업무집행자가 수인 있는 경우에는 그 업무집행자의 과반수로써 결정하며, 업무집행자가 1인만 있는 경우에는 그 업무집행자가 단독으로 결정한다.
② 원칙적으로 대리행위는 본인을 위한 것임을 표시하여야 직접 본인에 대하여 효력이 생긴다. 민법상 조합의 경우 법인격이 없어 조합 자체가 본인이 될 수 없으므로, 이른바 조합대리에 있어서는 본인에 해당하는 모든 조합원을 위한 것임을 표시하여야 하나, 반드시 조합원 전원의 성명을 제시할 필요는 없고, 상대방이 알 수 있을 정도로 조합을 표시하는 것으로 충분하다.
③ 민법상 조합에서 조합원의 제명은 정당한 사유가 있는 때에 한하여 다른 조합원의 일치로써 이를 결정한다(민법 제718조 제1항). 여기에서 '정당한 사유가 있는 때'란 특정 조합원이 동업계약에서 정한 의무를 이행하지 않거나 조합업무를 집행하면서 부정행위를 한 경우와 같이 특정 조합원에게 명백한 귀책사유가 있는 경우에 한정된다.
④ 조합원이 출자의무를 이행하지 않는 것은 민법 제718조 제1항에서 정한 조합원을 제명할 정당한 사유에 해당한다고 할 것인바, 그와 같은 출자의무의 불이행을 이유로 조합원을 제명함에 있어 출자의무의 이행을 지체하고 있는 당해 조합원에게 다시 상당한 기간을 정하여 출자의무의 이행을 최고하여야 하는 것은 아니다.
⑤ 민법상 조합계약은 2인 이상이 상호 출자하여 공동으로 사업을 경영할 것을 약정하는 계약으로서, 특정한 사업을 공동 경영하는 약정에 한하여 이를 조합계약이라고 할 수 있다(민법 제703조 제1항). 그리고 조합원의 임의 탈퇴는 조합계약에 관한 일종의 해지로서 다른 조합원에 대한 의사표시로써 하여야 하나, 그 의사표시가 반드시 명시적이어야 하는 것은 아니고 묵시적으로도 할 수 있으며, 임의 탈퇴의 의사표시가 있는지 여부는 법률행위 해석의 일반원칙에 따라 판단하여야 한다. 조합원의 임의 탈퇴가 적법하다면 조합원 사이에 특별한 약정이 없는 한 탈퇴한 조합원의 합유지분은 잔존 조합원에게 귀속된다.

【문 19】 조합에 관한 다음 설명 중 가장 옳지 않은 것은? (다툼이 있는 경우 판례에 의함) 2021년 법원서기보

① 영리사업을 목적으로 하면서 당사자 중의 일부만이 이익을 분배받고 다른 자는 전혀 이익분배를 받지 않는 경우에는 조합관계라고 할 수 없다.
② 조합원은 다른 조합원 전원의 동의가 있으면 그 지분을 처분할 수 있으나 조합의 목적과 단체성에 비추어 조합원으로서의 자격과 분리하여 그 지분권만을 처분할 수는 없다고 할 것이므로, 조합원이 지분을 양도하면 그로써 조합원의 지위를 상실하게 된다.
③ 2인 조합에서 조합원 1인이 탈퇴하면 조합관계는 종료되지만 특별한 사정이 없는 한 조합이 해산되지 아니하고, 조합원의 합유에 속하였던 재산은 남은 조합원의 단독소유에 속하게 되어 기존의 공동사업은 청산절차를 거치지 않고 잔존자가 계속 유지할 수 있다.
④ 조합의 청산에 관한 민법의 규정은 제3자 보호를 위한 강행규정으로서 당사자가 이와 다른 내용의 특약을 한 경우 그 특약은 효력이 없다.

【문 20】 조합 청산에 관한 다음 설명 중 가장 옳지 않은 것은? (다툼이 있는 경우 판례에 의함) 2021년 법원사무관

① 조합의 해산으로 선임된 청산인에 대하여 조합원은 법원에 해임을 청구할 수 있고, 그와 같은 해임청구권을 피보전권리로 하여 청산인에 대한 직무집행정지와 직무대행자 선임을 구하는 가처분을 구할 수 있다.
② 조합관계가 종료되었는데 조합의 잔무로서 처리할 일이 없고 잔여재산의 분배만이 남아 있을 때에는 따로 청산절차를 밟을 필요가 없고, 비록 조합채무의 변제 사무가 완료되지 않은 사정이 있더라도 채권자가 조합원인 경우에는 동업체 자산을 보유하는 자가 동업체 자산에서 채권자 조합원에 대한 조합채무를 공제하여 분배대상 잔여재산액을 산출한 다음, 다른 조합원들에게 잔여재산 중 각 조합원의 출자가액에 비례한 몫을 반환함과 아울러 채권자 조합원에게 조합채무를 이행함으로써 별도의 청산절차를 거침이 없이 간이한 방법으로 공평한 잔여재산의 분배가 가능하다.
③ 조합원이 부동산 사용권을 존속기한을 정하지 않고 출자하였다가 탈퇴한 경우 특별한 사정이 없는 한 탈퇴 시 조합재산인 부동산 사용권이 소멸한다고 볼 수는 없고, 그러한 사용권은 공동사업을 유지할 수 있도록 일정한 기간 동안 존속하므로, 탈퇴 조합원이 남은 조합원으로 하여금 부동산을 사용·수익할 수 있도록 할 의무를 이행하지 않음으로써 남은 조합원에게 손해가 발생하였다면 탈퇴 조합원은 그 손해를 배상할 책임이 있다.
④ 2인으로 구성된 조합의 조합원 중 1인이 선량한 관리자의 주의의무 위반 또는 불법행위 등으로 인하여 조합에 대하여 손해배상책임을 지게 되고 또한 그로 인하여 조합 관계마저 그 목적 달성이 불가능하게 되어 종료되고 달리 조합의 잔여업무가 남아 있지 않은 상황에서 조합재산의 분배라는 청산절차만이 남게 된 경우에, 다른 조합원은 조합에 손해를 가한 조합원을 상대로 선량한 관리자의 주의의무 위반 또는 불법행위에 따른 손해배상채권액 중 자신의 출자가액 비율에 의한 몫에 해당하는 돈을 청구하는 형식으로 조합관계의 종료로 인한 잔여재산의 분배를 청구할 수 있다.

【문 21】 화해계약에 관한 다음 설명 중 가장 옳지 않은 것은? (다툼이 있는 경우 판례에 의함) 2022년 법원행시

① 화해계약이 성립되면 특별한 사정이 없는 한 그 창설적 효력에 따라 종전의 법률관계를 바탕으로 한 권리의무관계는 소멸하고, 계약당사자 사이에 종전의 법률관계가 어떠하였는지를 묻지 않고 화해계약에 따라 새로운 법률관계가 생긴다.
② 화해계약이 성립하기 위해서는 분쟁이 된 법률관계에 관하여 당사자 쌍방이 서로 양보함으로써 분쟁을 끝내기로 하는 의사의 합치가 있어야 하는데, 화해계약이 성립한 이후에는 그 목적이 된 사항에 관하여 나중에 다시 이행을 구하는 등으로 다툴 수 없는 것이 원칙이므로, 당사자가 한 행위나 의사표시의 해석을 통하여 묵시적으로 그와 같은 의사의 합치가 있었다고 인정하기 위해서는 그 당시의 여러 사정을 종합적으로 참작하여 이를 엄격하게 해석하여야 한다.
③ 당사자들이 분쟁을 인식하지 못한 상태에서 일방 당사자가 이행해야 할 채무액에 관하여 협의하였다거나 일방 당사자의 채무이행에 대해 상대방 당사자가 이의를 제기하지 않았다는 사정만으로는 묵시적 화해계약이 성립하였다고 보기 어렵다.
④ 민법상의 화해계약을 체결한 경우 당사자는 화해 당사자의 자격 또는 분쟁의 전제나 기초가 된 사항으로서 쌍방 당사자가 예정한 것이어서 상호 양보의 내용으로 되지 않는 사항에 착오가 있다는 이유로는 민법 제109조에 따른 취소권을 행사할 수 없다.
⑤ 소취하합의의 의사표시 중 동기에 착오가 있고 당사자 사이에 그 동기를 의사표시의 내용으로 삼은 경우 민법 제109조에 따라 취소할 수 있다.

【문 22】 사무관리에 관한 다음 설명 중 가장 옳지 않은 것은? (다툼이 있는 경우 판례에 의함)　2020년 법원서기보

① 타인의 사무가 국가의 사무인 경우, 원칙적으로 사인이 처리한 국가의 사무가 사인이 국가를 대신하여 처리할 수 있는 성질의 것이고, 사무 처리의 긴급성 등 국가의 사무에 대한 사인의 개입이 정당화되는 경우에 한하여 사무관리가 성립한다.
② 관리자가 타인의 생명, 신체, 명예 또는 재산에 대한 급박한 위해를 면하게 하기 위하여 그 사무를 관리한 때에는 고의나 중대한 과실이 없으면 이로 인한 손해를 배상할 책임이 없다.
③ 제3자와의 약정에 따라 타인의 사무를 처리한 경우에도 원칙적으로 그 타인과의 관계에서는 사무관리가 성립한다.
④ 사무관리가 성립하기 위하여는 우선 그 사무가 타인의 사무이고, 타인을 위하여 사무를 처리하는 의사가 있어야 하는데, 이러한 의사는 반드시 외부적으로 표시될 필요가 없고, 사무를 관리할 당시에 확정되어 있을 필요가 없다.

【문 23】 사무관리에 관한 다음 설명 중 가장 옳지 않은 것은? (다툼이 있는 경우 판례에 의함)　2020년 법무사

① 본인의 의사나 이익에 적합하지 아니한 사무관리를 한 경우에는 과실이 없는 때에도 이로 인한 손해를 배상해야 하나 그 관리행위가 공공의 이익에 적합한 때에는 중대한 과실이 없으면 배상할 책임이 없다.
② 사무관리가 성립하기 위하여는 우선 그 사무가 타인의 사무이고 타인을 위하여 사무를 처리하는 의사, 즉 관리의 사실상의 이익을 타인에게 귀속시키려는 의사가 있어야 하며, 나아가 그 사무의 처리가 본인에게 불리하거나 본인의 의사에 반한다는 것이 명백하지 아니할 것을 요한다. 여기에서 타인을 위하여 사무를 처리하는 의사는 관리자 자신의 이익을 위한 의사와 병존할 수 있고, 반드시 외부적으로 표시될 필요가 없으며, 사무를 관리할 당시에 확정되어 있을 필요가 없다.
③ 관리자가 타인의 생명, 신체, 명예 또는 재산에 대한 급박한 위해를 면하게 하기 위하여 그 사무를 관리한 때라 하더라도 경과실로 인하여 본인에게 손해가 발생한 때에는 이를 배상하여야 한다.
④ 의무 없이 타인을 위하여 사무를 관리한 자는 타인에 대하여 민법상 사무관리 규정에 따라 비용상환 등을 청구할 수 있는 외에 사무관리에 의하여 결과적으로 사실상 이익을 얻은 다른 제3자에 대하여 직접 부당이득반환을 청구할 수는 없다.
⑤ 의무 없이 타인의 사무를 처리한 자는 그 타인에 대하여 민법상 사무관리 규정에 따라 비용상환 등을 청구할 수 있으나, 제3자와의 약정에 따라 타인의 사무를 처리한 경우에는 의무 없이 타인의 사무를 처리한 것이 아니므로 이는 원칙적으로 그 타인과의 관계에서는 사무관리가 된다고 볼 수 없다.

【문 24】 사무관리에 관한 다음 설명 중 가장 옳지 않은 것은? (다툼이 있는 경우 판례에 의함)

① 사무관리가 성립하기 위하여는 타인을 위하여 사무를 처리하는 의사, 즉 관리의 사실상의 이익을 타인에게 귀속시키려는 의사가 있어야 하는데, 여기에서 '타인을 위하여 사무를 처리하는 의사'는 관리자 자신의 이익을 위한 의사와 병존할 수 있고, 반드시 외부적으로 표시될 필요가 없으며, 사무를 관리할 당시에 확정되어 있을 필요도 없다.
② 제3자와의 약정에 따라 타인의 사무를 처리한 경우에는 의무 없이 타인의 사무를 처리한 것이 아니므로 원칙적으로 그 타인과의 관계에서는 사무관리가 된다고 볼 수 없다.
③ 관리자가 사무관리를 함에 있어서 과실 없이 손해를 받은 때에는 본인의 현존이익의 한도에서 그 손해의 보상을 청구할 수 있다.
④ 관리자가 타인의 생명, 신체, 명예 또는 재산에 대한 급박한 위해를 면하게 하기 위하여 그 사무를 관리한 때라 하더라도 과실로 인하여 본인에게 손해가 발생한 때에는 이를 배상하여야 한다.
⑤ 사무관리 제도는 사회생활에서의 상호부조의 이상에 터잡은 것으로서, 사무관리가 성립하기 위해서는 우선 그 사무가 타인의 사무이고 타인을 위하여 처리하는 의사, 즉 관리의 사실상의 이익을 타인에게 귀속시키려는 의사가 있어야 함은 물론 그 사무의 처리가 본인에게 불리하거나 본인의 의사에 반한다는 것이 명백하지 않을 것을 요한다.

【문 25】 비용상환청구권에 관한 다음 설명 중 가장 옳지 않은 것은? (다툼이 있는 경우 판례에 의함)

① 유효한 도급계약에 기하여 수급인이 도급인으로부터 제3자 소유 물건의 점유를 이전받아 이를 수리한 결과 그 물건의 가치가 증가한 경우, 소유자에 대한 관계에서 민법 제203조에 의한 비용상환청구권을 행사할 수 있는 비용지출자는 수급인이다.
② 채무자가 다른 상속인과 공동으로 부동산을 상속받은 경우에는 채무자의 상속지분에 관하여서만 상속등기를 하는 것이 허용되지 아니하고 공동상속인 전원에 대하여 상속으로 인한 소유권이전등기를 신청하여야 한다. 그리고 채권자가 자신의 채권을 보전하기 위하여 채무자가 다른 상속인과 공동으로 상속받은 부동산에 관하여 위와 같은 공동상속등기를 대위신청하여 그 등기가 행하여지는 것과 같이 채권자에 의한 채무자 권리의 대위행사의 직접적인 내용이 제3자의 법적 지위를 보전·유지하는 것이 되는 경우에는, 채권자는 자신의 채무자가 아닌 제3자에 대하여도 특별한 사정이 없는 한 사무관리에 기하여 그 등기에 소요된 비용의 상환을 청구할 수 있다.
③ 의무 없이 타인을 위하여 사무를 관리한 자는 타인에 대하여 민법상 사무관리 규정에 따라 비용상환 등을 청구할 수 있는 외에, 사무관리에 의하여 결과적으로 사실상 이익을 얻은 다른 제3자에 대하여 직접 부당이득반환을 청구할 수는 없다.
④ 민법 제367조에 의하면 저당물의 제3취득자가 그 부동산의 보존, 개량을 위하여 필요비 또는 유익비를 지출한 때에는 저당물의 경매대가에서 우선상환을 받을 수 있다. 그리고 위 '제3취득자'에는 저당물에 관한 지상권, 전세권을 취득한 자만이 아니고 소유권을 취득한 자도 포함된다.

박문각 이준현 채움팀 | **제15회 사전모의고사** | **민법** 담당 : 이준현 교수

【문 1】 부당이득에 관한 다음 설명 중 가장 옳지 않은 것은? (다툼이 있는 경우 판례에 의함) 2021년 법원서기보

① 계약상의 급부가 계약 상대방뿐만 아니라 제3자에게도 이익이 되는 경우, 급부를 한 계약 당사자가 그 제3자에 대하여 직접 부당이득반환을 청구할 수 없다.
② 계약해제의 효과인 원상회복의무를 규정한 민법 제548조 제1항 본문은 부당이득에 관한 특칙이므로, 그 이익 반환의 범위는 이익의 현존 여부나 선의·악의를 불문하고 특단의 사유가 없는 한 받은 이익의 전부이다.
③ 임대차계약 종료 후에 임차인이 동시이행의 항변권을 행사하여 임차건물을 계속 점유하여 사용·수익한 경우, 그로 인한 이득을 부당이득이라 할 수 없다.
④ 법률행위가 사기에 의한 것으로서 취소되는 경우, 그 법률행위가 동시에 불법행위를 구성하는 때에는 취소의 효과로 생기는 부당이득반환청구권과 불법행위로 인한 손해배상청구권은 경합하여 병존한다.

【문 2】 부당이득반환청구에 관한 다음 설명 중 가장 옳지 않은 것은? (다툼이 있는 경우 판례에 의함) 2021년 법무사

① 부동산에 관하여 과반수 공유지분을 가진 자는 공유자 사이에 공유물의 관리방법에 관하여 협의가 미리 없었다 하더라도 공유물의 관리에 관한 사항을 단독으로 결정할 수 있으므로 공유토지에 관하여 과반수지분권을 가진 자가 그 공유토지의 특정된 한 부분을 배타적으로 사용·수익하더라도 다른 공유자와의 관계에서 부당이득이 성립하지 않는다.
② 토지의 매수인이 아직 소유권이전등기를 마치지 않았더라도 매매계약의 이행으로 토지를 인도받은 때에는 매매계약의 효력으로서 이를 점유·사용할 권리가 있으므로, 매도인이 매수인에 대하여 그 점유·사용을 법률상 원인이 없는 이익이라고 하여 부당이득반환청구를 할 수는 없다.
③ 부동산에 대한 취득시효가 완성되면 점유자는 소유명의자에 대하여 취득시효완성을 원인으로 한 소유권이전등기절차의 이행을 청구할 수 있고 소유명의자는 이에 응할 의무가 있으므로 점유자가 그 명의로 소유권이전등기를 경료하지 아니하여 아직 소유권을 취득하지 못하였다고 하더라도 소유명의자는 점유자에 대하여 점유로 인한 부당이득반환청구를 할 수 없다.
④ 법률상 원인 없이 타인의 재산 또는 노무로 인하여 이익을 얻고 그로 인하여 타인에게 손해를 가한 경우, 그 취득한 것이 금전상의 이득인 때에는 그 금전은 이를 취득한 자가 소비하였는가의 여부를 불문하고 현존하는 것으로 추정된다.
⑤ 타인 소유의 토지 위에 권한 없이 건물을 소유하는 자는 그 자체로써 건물 부지가 된 토지를 점유하고 있는 것이므로 특별한 사정이 없는 한 법률상 원인 없이 타인의 재산으로 인하여 토지의 차임에 상당하는 이익을 얻고 이로 인하여 타인에게 동액 상당의 손해를 주고 있는 것이다.

【문 3】 부당이득에 관한 다음 설명 중 가장 옳지 않은 것은? (다툼이 있는 경우 판례에 의함) 2019년 법무사

① 민법 제749조 제1항(수익자의 악의인정)에서 규정하는 '악의'란 자신의 이익 보유가 법률상 원인 없는 것임을 인식하는 것을 말하고, 그 이익의 보유를 법률상 원인이 없는 것이 되도록 하는 사정, 즉 부당이득반환의무의 발생요건에 해당하는 사실이 있음을 인식하는 것만으로는 부족하다.
② 배당요구가 필요한 배당요구채권자가 경락기일까지 배당요구하지 아니한 채권을 경락기일 이후에 추가하여 배당요구를 하였으나 그 부분이 배당에서 제외된 경우, 위 채권자는 배당받은 후순위 채권자를 상대로 부당이득반환을 청구할 수 있다.
③ 어떤 물건에 대하여 직접점유자와 간접점유자가 있는 경우, 그 물건에 대한 점유·사용으로 인한 위 점유자들의 부당이득반환의무 중 서로 중첩되는 부분에 관하여는 부진정연대채무의 관계가 성립한다.
④ 유효한 도급계약에 기하여 수급인 甲이 도급인 乙로부터 제3자 丙 소유의 물건을 점유이전 받아 이를 수리한 결과 그 물건의 가치가 증가한 경우, 甲은 丙에 대해 부당이득의 반환을 청구할 수 없다.
⑤ 계약명의신탁에서 명의수탁자가 수령한 매수자금이 명의신탁약정에 기하여 지급되었다는 사실을 알았다고 하여도 그 명의신탁약정이 부동산 실권리자명의 등기에 관한 법률 제4조 제1항에 의하여 무효임을 알았다는 등의 사정이 부가되지 아니하는 한, 명의수탁자가 위 금전의 보유에 관하여 법률상 원인 없음을 알았다고 단정할 수 없다.

【문 4】 부당이득에 관한 다음 설명 중 가장 옳지 않은 것은? (다툼이 있는 경우 판례에 의함) 2023년 법원사무관

① 송금의뢰인과 수취인 사이에 계좌이체의 원인이 되는 법률관계가 존재하지 않음에도 불구하고 계좌이체에 의하여 수취인이 계좌이체금액 상당의 예금채권을 취득한 경우(착오송금의 경우), 송금의뢰인은 수취은행에 대하여 부당이득반환청구권을 취득한다.
② 임차인이 임대차계약 종료 후에도 동시이행항변권의 행사방법으로서 임차건물을 계속 점유하기는 하였으나 이를 본래의 임대차계약상 목적에 따라 사용수익하지 아니하여 실질적인 이득을 얻은 바 없는 경우에는 임차인의 부당이득반환의무는 성립하지 않는다.
③ 선의의 수익자는 그 받은 이익이 현존한 한도에서 부당이득반환의무를 부담하나, 법률상 원인 없이 취득한 것이 금전상의 이득인 때에는 그 금전은 이를 취득한 자가 소비하였는가의 여부를 불문하고 현존하는 것으로 추정된다.
④ 채무 없음을 알고 이를 변제한 때에는 그 반환을 청구하지 못하고, 채무 없는 자가 착오로 인하여 변제한 경우에 그 변제가 도의관념에 적합한 때에는 그 반환을 청구하지 못한다.

【문 5】 부당이득에 관한 다음 설명 중 가장 옳은 것은? (다툼이 있는 경우 판례에 의함) 2018년 법원서기보

① 여러 사람이 공동으로 법률상 원인 없이 타인의 재산을 사용한 경우 부당이득의 반환채무는 특별한 사정이 없는 한 불가분적 이득의 반환으로서 불가분채무이고, 불가분채무는 각 채무자가 채무 전부를 이행할 의무가 있으며, 1인의 채무이행으로 다른 채무자도 그 의무를 면하게 된다.
② 수익자가 이익을 받은 후 법률상 원인 없음을 안 때에는 그때부터 악의의 수익자로서 이익반환의 책임이 있으므로, 선의의 수익자가 패소한 때에는 패소 판결이 확정된 때부터 악의의 수익자로 본다.
③ 채무자 아닌 자가 착오로 타인의 채무를 변제한 경우에 채권자가 선의로 증서를 훼멸하거나 담보를 포기하거나 시효로 인하여 그 채권을 잃은 때에는 변제자는 그 반환을 청구하지 못하고, 채무자에 대하여 구상권도 행사할 수 없다.
④ 매매계약이 무효로 되는 때에 매도인이 악의의 수익자인 경우 특별한 사정이 없는 한 그 매도인은 부당이득으로 반환할 매매대금에 대하여 법정이자를 붙여 반환하여야 하지만, 매도인의 매매대금 반환의무와 매수인의 소유권이전등기 말소등기절차 이행의무가 동시이행의 관계에 있는 경우에는 동시이행항변권을 행사하여 매수인의 의무이행 전까지는 이자 채무를 면할 수 있다.

【문 6】 부당이득에 관한 다음 설명 중 옳은 것은 모두 몇 개인가? (다툼이 있는 경우 판례에 의함) 2022년 법원행시

ㄱ. 계약의 한쪽 당사자가 상대방의 지시 등으로 급부과정을 단축하여 상대방과 또 다른 계약관계를 맺고 있는 제3자에게 직접 급부를 하는 경우(이른바 삼각관계에서 급부가 이루어진 경우), 그 급부로써 급부를 한 계약당사자가 상대방에게 급부를 한 것일 뿐만 아니라 그 상대방이 제3자에게 급부를 한 것이다. 따라서 계약의 한쪽 당사자는 제3자를 상대로 법률상 원인 없이 급부를 수령하였다는 이유로 부당이득반환청구를 할 수 없다.

ㄴ. 금전채권의 질권자가 민법 제353조 제1항, 제2항에 의하여 자기채권의 범위 내에서 직접청구권을 행사하는 경우 질권자는 질권설정자의 대리인과 같은 지위에서 입질채권을 추심하여 자기채권의 변제에 충당하고 그 한도에서 질권설정자에 의한 변제가 있었던 것으로 보므로, 위 범위 내에서는 제3채무자의 질권자에 대한 금전지급으로써 제3채무자의 질권설정자에 대한 급부가 이루어질 뿐만 아니라 질권설정자의 질권자에 대한 급부도 이루어진다. 이러한 경우 입질채권의 발생원인인 계약관계에 무효 등의 흠이 있어 입질채권이 부존재한다고 하더라도 제3채무자는 특별한 사정이 없는 한 상대방 계약당사자인 질권설정자에 대하여 부당이득반환을 구할 수 있을 뿐이고 질권자를 상대로 직접 부당이득반환을 구할 수 없다.

ㄷ. 의무 없이 타인을 위하여 사무를 관리한 자는 타인에 대하여 민법상 사무관리 규정에 따라 비용상환 등을 청구할 수 있을 뿐 아니라 사무관리에 의하여 결과적으로 사실상 이익을 얻은 다른 제3자에 대하여 직접 부당이득반환을 청구할 수 있다.

ㄹ. 공무원이 직무수행 중 불법행위로 타인에게 손해를 입힌 경우에 국가 등이 국가배상책임을 부담하는 외에 공무원 개인도 고의 또는 중과실이 있는 경우에는 불법행위로 인한 손해배상책임을 지고, 공무원에게 경과실이 있을 뿐인 경우에는 공무원 개인은 손해배상책임을 부담하지 아니한다. 이처럼 경과실이 있는 공무원이 피해자에 대하여 손해배상책임을 부담하지 아니함에도 피해자에게 손해를 배상하였다면 그것은 채무자 아닌 사람이 타인의 채무를 변제한 경우에 해당하고, 이는 민법 제469조의 '제3자의 변제' 또는 민법 제744조의 '도의관념에 적합한 비채변제'에 해당하여 피해자는 공무원에 대하여 이를 반환할 의무가 없고, 그에 따라 피해자의 국가에 대한 손해배상청구권이 소멸하여 국가는 자신의 출연 없이 채무를 면하게 되므로, 피해자에게 손해를 직접 배상한 경과실이 있는 공무원은 특별한 사정이 없는 한 국가에 대하여 국가의 피해자에 대한 손해배상책임의 범위 내에서 공무원이 변제한 금액에 관하여 구상권을 취득한다고 봄이 타당하다.

ㅁ. 계약무효의 경우 각 당사자가 상대방에 대하여 부담하는 반환의무는 성질상 부당이득반환의무로서 악의의 수익자는 그 받은 이익에 법정이자를 붙여 반환하여야 하므로(민법 제748조 제2항), 매매계약이 무효로 되는 때에는 매도인이 악의의 수익자인 경우 특별한 사정이 없는 한 매도인은 반환할 매매대금에 대하여 민법이 정한 연 5%의 법정이율에 의한 이자를 붙여 반환하여야 한다. 그리고 위와 같은 법정이자의 지급은 부당이득반환의 성질을 가지는 것이지 반환의무의 이행지체로 인한 손해배상이 아니므로, 매도인의 매매대금 반환의무와 매수인의 소유권이전등기 말소등기절차 이행의무가 동시이행의 관계에 있는지 여부와는 관계가 없다.

① 1개 ② 2개
③ 3개 ④ 4개
⑤ 5개

【문 7】 부당이득에 관한 다음 설명 중 가장 옳지 않은 것은? (다툼이 있는 경우 판례에 의함) 2023년 법원행시

① 불법행위로 인한 인신손해에 대한 손해배상청구소송에서 판결이 확정된 후 피해자가 그 판결에서 손해배상액 산정의 기초로 인정된 기대여명보다 일찍 사망했더라도 그 판결에 기하여 지급받은 손해배상금 중 일부를 법률상 원인 없는 이득이라 하여 반환을 구할 수 없다.
② 甲 소유의 토지 위에 권한 없이 건물을 소유하고 있는 乙은 그 자체로써 특별한 사정이 없는 한 법률상 원인 없이 甲의 재산으로 인하여 토지의 차임에 상당하는 이익을 얻고 이로 인하여 甲에게 동액 상당의 손해를 주고 있다고 보아야 한다.
③ 지방자치단체가 타인 소유의 토지를 아무런 권원 없이 도로부지로 점유, 사용하고 있는 경우, 토지의 점유자로서의 지방자치단체의 이득 및 토지 소유자의 손해의 범위는 일반적으로 토지가 도로로 편입된 사정을 고려하지 않고 그 편입될 당시의 현실적 이용상황을 토대로 하여 산정한 임대료에서 개발이익을 공제한 금액상당이라 할 것이다.
④ 타인 소유의 부동산을 처분하여 매각대금을 수령한 경우, 수익자는 그러한 처분행위가 없었다면 부동산 자체를 반환하였어야 할 지위에 있던 사람이므로 자신의 처분행위로 인하여 발생한 양도소득세 기타 비용은 수익자가 이익 취득과 관련하여 지출한 비용에 해당한다고 할 수 없어 이를 반환하여야 할 이득에서 공제할 것은 아니다.
⑤ 환자가 병원에 입원하여 치료를 받는 경우에 있어서, 병원은 진료뿐만 아니라 환자에 대한 숙식의 제공을 비롯하여 간호, 보호 등 입원에 따른 포괄적 채무를 지지만, 입원환자에게 귀중품 등 물건보관에 관한 주의를 촉구하면서 도난 시에는 병원이 책임질 수 없다는 설명을 하였다면 병원의 과실에 의한 손해배상책임은 면제된다.

【문 8】 부당이득제도의 예외로서 반환청구가 금지되는 경우에 관한 다음 설명 중 가장 옳지 않은 것은? (다툼이 있는 경우 판례에 의함) 2019년 법원주사보

① 채무가 없음에도 불구하고 변제한 비채변제의 경우 변제자는 원칙적으로 급부한 것에 대해 부당이득의 반환을 청구할 수 있으나, 민법은 일정한 비채변제의 경우 반환청구를 금지하는 예외를 규정하고 있다.
② 비채변제는 지급자가 채무 없음을 알면서도 임의로 지급한 경우에만 성립하므로, 채무 없음을 알고 있었다 하더라도 변제를 강요당한 경우에는 지급자가 반환청구권을 상실하지 않지만, 변제 거절로 인한 사실상의 손해를 피하기 위하여 부득이 변제하게 된 경우는 변제를 강요당한 경우가 아니므로 지급자는 반환청구를 할 수 없다.
③ 민법 제746조의 불법원인급여를 한 자는 그 원인행위가 법률상 무효라 하여 상대방에게 부당이득반환청구를 할 수 없음은 물론, 소유권에 기한 반환청구도 할 수 없다.
④ 불법원인급여 후 급부를 이행받은 자가 급부의 원인행위와 별도의 약정으로 급부 그 자체 또는 그에 갈음한 대가물의 반환을 특약하는 것은 불법원인급여를 한 자가 그 부당이득의 반환을 청구하는 경우와는 달리 그 반환약정 자체가 사회질서에 반하여 무효가 되지 않는 한 유효하다.

【문 9】 불법원인급여에 관한 다음 설명 중 가장 옳지 않은 것은? (다툼이 있는 경우 판례에 의함) 2019년 법원사무관

① 도박자금으로 금원을 대여함으로 인하여 발생한 채권을 담보하기 위한 근저당권설정등기가 경료되었을 뿐인 경우와 같이 수령자가 그 이익을 향수하려면 경매신청을 하는 등 별도의 조치를 취하여야 하는 경우에는, 그 불법원인급여로 인한 이익이 종국적인 것이 아니므로 등기설정자는 무효인 근저당권설정등기의 말소를 구할 수 있다.
② 불법의 원인으로 소유권을 이전한 경우에 급여자는 부당이득을 이유로 하여 그 반환을 청구할 수는 없으나, 소유권에 기한 반환청구는 가능하다.
③ 불법원인급여에 있어서도 그 불법원인이 수익자에게만 있는 경우이거나 수익자의 불법성이 급여자의 그것보다 현저히 커서 급여자의 반환청구를 허용하지 않는 것이 오히려 공평과 신의칙에 반하게 되는 경우에는 급여자의 반환청구가 허용된다.
④ 불법의 원인으로 재산을 급여한 사람은 상대방 수령자가 그 '불법의 원인'에 가공하였다고 하더라도 상대방에게만 불법의 원인이 있거나 그의 불법성이 급여자의 불법성보다 현저히 크다고 평가되는 등으로 제반 사정에 비추어 급여자의 손해배상청구를 인정하지 아니하는 것이 오히려 사회상규에 명백히 반한다고 평가될 수 있는 특별한 사정이 없는 한 상대방의 불법행위를 이유로 그 재산의 급여로 말미암아 발생한 자신의 손해를 배상할 것을 주장할 수 없다.

【문 10】 민법 제746조의 불법원인급여에 관한 다음 설명 중 가장 옳지 않은 것은? (다툼이 있는 경우 판례에 의함) 2023년 법원서기보

① 부동산 실권리자명의 등기에 관한 법률에 위반하여 무효인 명의신탁약정에 기하여 마쳐진 타인 명의의 등기는 특별한 사정이 없는 한 불법원인급여에 해당한다.
② 윤락행위를 할 사람을 고용하면서 성매매의 유인·권유·강요의 수단으로 이용되는 선불금 등 명목으로 제공한 금품이나 그 밖의 재산상 이익 등은 불법원인급여에 해당한다.
③ 불법원인급여 후 급부를 이행받은 자가 급부의 원인행위와 별도의 약정으로 급부 그 자체 또는 그에 갈음한 대가물의 반환을 특약하는 것은 그 반환약정 자체가 사회질서에 반하여 무효가 되지 않는 한 유효하다.
④ 송금액에 해당하는 수입품에 대한 관세포탈의 범죄를 저지르기 위하여 환전상 인가를 받지 아니한 자에게 비밀송금을 위탁한 행위는 선량한 풍속 기타 사회질서에 반하는 행위로서 불법원인급여에 해당한다.

【문 11】 불법원인급여에 관한 다음 설명 중 가장 옳지 않은 것은? (다툼이 있는 경우 판례에 의함) 2017년 법원행시

① 윤락행위를 할 사람을 고용하면서 선불금을 지급하여 그 선불금을 빌미로 성매매를 권유하거나 강요한 경우, 그 선불금은 불법원인급여에 해당하여 그 반환을 청구할 수 없다.
② 수산업법 제33조에 의하면 어업권은 임대차의 목적으로 할 수 없으므로, 어업권을 임대한 어업권자는 그 임대차계약에 기해 임차인이 양식어장(어업권)을 점유·사용함으로써 얻은 이익을 부당이득으로 반환을 구할 수 없다.
③ 불법원인급여 후 급부를 이행받은 자가 급부의 원인행위와 별도의 약정으로 급부 그 자체 또는 그에 갈음한 대가물의 반환을 특약하는 것은 그 반환약정 자체가 사회질서에 반하여 무효가 되지 않는 한 유효하다.
④ 선량한 풍속 기타 사회질서에 위반하여 무효인 부분의 이자 약정을 원인으로 차주가 대주에게 임의로 이자를 지급한 경우, 차주는 그 이자의 반환을 청구할 수 있다.
⑤ 도박자금으로 금원을 대여함으로 인하여 발생한 채권을 담보하기 위한 근저당권설정등기가 마쳐진 경우, 등기설정자는 무효인 근저당권설정등기의 말소를 구할 수 있다.

【문 12】 예금계약에 관한 다음 설명 중 가장 옳지 않은 것은? (다툼이 있는 경우 판례에 의함)   2021년 법무사

① 예금계약은 예금자가 예금의 의사를 표시하면서 금융기관에 돈을 제공하고 금융기관이 그 의사에 따라 돈을 받아 확인하면 그로써 성립하며, 금융기관의 직원이 그 돈을 금융기관에 입금하지 아니하고 이를 횡령하였다고 하더라도 예금계약의 성립 여부에 아무런 영향이 없다.

② '계좌이체가 되는 경우에는 예금원장에 입금의 기록이 된 때에 예금이 된다.'고 예금거래기본약관에 정하여져 있더라도 송금의뢰인과 수취인 사이에 계좌이체의 원인인 법률관계가 존재하지 아니함에도 착오로 수취인의 예금계좌에 이체를 하였다면 수취인이 수취은행에 대하여 이체된 금액 상당의 예금채권을 취득하는 것은 아니다.

③ 송금의뢰인과 수취인 사이에 계좌이체의 원인인 법률관계가 존재하지 아니함에도 착오로 수취인의 예금계좌에 이체를 한 위와 같은 경우에는 수취인이 법률상 원인없이 예금채권을 취득하는 이익을 얻은 것이므로 송금의뢰인은 수취인에 대하여 부당이득반환청구권을 가지게 된다.

④ 甲이 배우자인 乙을 대리하여 금융기관과 乙의 실명확인 절차를 거쳐 乙 명의의 예금계약을 체결한 경우에 명의자인 乙이 아닌 실제로 자금을 출연한 甲을 예금계약의 당사자라고 보기 위해서는, 甲과 금융기관과의 사이에 예금명의자인 乙의 예금반환청구권을 배제하고 출연자인 甲과 예금계약을 체결하여 甲에게 예금반환청구권을 귀속시키겠다는 명확한 의사의 합치가 있는 극히 예외적인 경우여야 한다.

⑤ 은행에 공동명의로 예금을 하고 은행에 대하여 그 권리를 함께 행사하기로 한 경우에 만일 동업자금을 공동명의로 예금한 경우라면 채권의 준합유관계에 있지만, 공동명의 예금채권자들 각자가 분담하여 출연한 돈을 동업 이외의 특정 목적을 위하여 공동명의로 예치해 둠으로써 그 목적이 달성되기 전에는 공동명의 예금채권자가 단독으로 예금을 인출할 수 없도록 방지·감시하고자 하는 등의 목적으로 공동명의로 예금을 개설한 경우라면 하나의 예금채권이 분량적으로 분할되어 각 공동명의 예금채권자들에게 귀속된다.

【문 13】 불법행위책임에 관한 다음 설명 중 가장 옳지 않은 것은? (다툼이 있는 경우 판례에 의함)   2022년 법원서기보

① 공작물의 설치 또는 보존상의 하자로 인한 사고는 공작물의 설치 또는 보존상의 하자만이 손해발생의 원인이 되는 경우만을 말하는 것이 아니고, 공작물의 설치 또는 보존상의 하자가 사고의 공동원인의 하나가 되는 경우에도 그 사고로 인한 손해는 공작물의 설치·보존상의 하자로 생긴 것이라고 보아야 한다.

② 도급인이 수급인에 대하여 특정한 행위를 지휘하거나 특정한 사업을 도급시키는 경우와 같은 이른바 노무도급의 경우, 도급인은 사용자로서의 배상책임이 있다.

③ 건물을 타인에게 임대한 소유자가 건물을 적합하게 유지·관리할 의무를 위반하여 임대목적물에 필요한 안전성을 갖추지 못한 설치·보존상의 하자가 생기고 그 하자로 인하여 임차인에게 손해를 입힌 경우, 건물의 소유자 겸 임대인은 임차인에게 공작물책임과 수선의무 위반에 따른 채무불이행 책임을 진다.

④ 토지 소유자가 자신의 토지에 폐기물을 매립한 뒤 이러한 토지를 거래에 제공하여 유통되게 하였다고 하더라도, 자신과 직접적인 거래관계가 없는 토지의 전전 매수인에 대한 관계에서까지 폐기물 처리비용 상당의 손해에 관한 불법행위책임을 부담한다고 볼 수는 없다.

【문 14】 불법행위에 관한 다음 설명 중 가장 옳지 않은 것은? (다툼이 있는 경우 판례에 의함)   2022년 법원행시

① 불법행위의 성립요건으로서의 과실은 이른바 추상적 과실만이 문제되는 것이고 이러한 과실은 사회평균인으로서의 주의의무를 위반한 경우를 말하는 것이지만 여기서의 '사회평균인'이라고 하는 것은 추상적인 일반인이 아니라 그 때그때의 구체적인 사례에 있어서의 보통인을 말한다.
② 지입회사는 지입차량의 차주의 과실로 타인에게 손해를 가한 경우에는 사용자책임을 부담하지만, 차주가 고용한 운전자의 과실로 타인에게 손해를 가한 경우에는 사용자책임을 부담하지 않는다.
③ 위임의 경우에도 위임인과 수임인 사이에 지휘·감독관계가 있고 수임인의 불법행위가 외형상 객관적으로 위임인의 사무집행에 관련된 경우 위임인은 수임인의 불법행위에 대하여 사용자책임을 진다.
④ 2인 이상의 공동불법행위로 인하여 호의동승한 사람이 피해를 입은 경우 동승자가 입은 손해에 대한 배상액을 산정할 때에는 먼저 호의동승으로 인한 감액 비율을 참작하여 공동불법행위자들이 동승자에 대하여 배상하여야 할 수액을 정하여야 한다.
⑤ 피해자가 공동불법행위자 중의 일부만을 상대로 손해배상을 청구하는 경우 과실상계를 함에 있어 참작하여야 할 쌍방의 과실은 피해자에 대한 공동불법행위자 전원의 과실과 피해자의 공동불법행위자 전원에 대한 과실을 전체적으로 평가하여야 하고, 공동불법행위자 간의 과실의 경중이나 구상권행사의 가능 여부 등은 고려할 여지가 없다.

【문 15】 불법행위에 관한 다음 설명 중 가장 옳지 않은 것은? (다툼이 있는 경우 판례에 의함)   2020년 법원서기보

① 자동차의 주요 골격 부위가 파손되는 등의 사유로 중대한 손상이 있는 사고가 발생한 경우에는, 기술적으로 가능한 수리를 마치더라도 특별한 사정이 없는 한 원상회복이 안 되는 수리 불가능한 부분이 남는다고 보는 것이 경험칙에 부합하고, 그로 인한 자동차 가격 하락의 손해는 통상의 손해에 해당한다.
② 불법행위에 기한 손해배상채권에서 민법 제766조 제2항의 소멸시효의 기산점이 되는 '불법행위를 한 날'이란 가해행위가 있었던 날이 아니라 현실적으로 손해의 결과가 발생한 날을 의미하나, 그 손해의 결과발생이 현실적인 것으로 되었다면 그 소멸시효는 피해자가 손해의 결과발생을 알았거나 예상할 수 있는지 여부에 관계없이 가해행위로 인한 손해가 현실적인 것으로 되었다고 볼 수 있는 때부터 진행한다.
③ 제3자의 채권침해 당시 채무자가 가지고 있던 다액의 채무로 인하여 제3자의 채권침해가 없었더라도 채권자가 채무자로부터 일정액 이상으로 채권을 회수할 가능성이 없었다고 인정될 경우에는 위 일정액을 초과하는 손해와 제3자의 채권침해로 인한 불법행위 사이에는 상당인과관계를 인정할 수 없다.
④ 사용자가 피용자의 과실에 의한 불법행위로 인한 사용자책임을 부담하는 경우와 달리, 피용자의 고의에 의한 불법행위로 인하여 사용자책임을 부담하는 경우에는 피해자에게 과실이 있다고 하여 그 책임을 제한할 수 없다.

【문 16】 불법행위에 관한 다음 설명 중 가장 옳지 않은 것은? (다툼이 있는 경우 판례에 의함)   2023년 법무사

① 위법행위가 있었다 하더라도 그로 인한 재산상태와 그 위법행위가 없었더라면 존재하였을 재산상태 사이에 차이가 없다면 다른 특별한 사정이 없는 한 위법행위로 인한 손해가 발생하였다고 할 수 없다.
② 배우자 있는 부녀와 간통행위를 하고, 이로 인하여 그 부녀가 배우자와 별거하거나 이혼하는 등으로 혼인관계를 파탄에 이르게 한 경우 그 부녀와 간통행위를 한 제3자(상간자)는 그 부녀의 자녀에 대한 관계에서 불법행위책임을 부담하므로 그가 입은 정신상의 고통을 위자할 의무가 있다고 할 것이다.
③ 손해배상의무자는 그 손해가 고의 또는 중대한 과실에 의한 것이 아니고 그 배상으로 인하여 배상자의 생계에 중대한 영향을 미치게 될 경우에는 법원에 그 배상액의 경감을 청구할 수 있다.
④ 불법행위로 상해를 입었지만 후유증 등으로 인하여 불법행위 당시에는 전혀 예상할 수 없었던 후발손해가 새로이 발생한 경우와 같이, 사회통념상 후발손해가 판명된 때에 현실적으로 손해가 발생한 것으로 볼 수 있는 경우에는 후발손해 판명 시점에 불법행위로 인한 손해배상채권이 성립하고, 지연손해금 역시 그때부터 발생한다고 봄이 상당하다. 이 경우 후발손해가 판명된 때가 불법행위 시이자 그로부터 장래의 구체적인 소극적·적극적 손해에 대한 중간이자를 공제하는 현가산정의 원칙적인 기준시기가 된다고 보아야 하고, 그보다 앞선 시점이 현가산정의 기준시기나 지연손해금의 기산일이 될 수는 없다.
⑤ 환자가 병원에 입원하여 치료를 받는 경우에 있어서, 병원은 진료뿐만 아니라 환자에 대한 숙식의 제공을 비롯하여 간호, 보호 등 입원에 따른 포괄적 채무를 지므로, 병원은 병실에의 출입자를 통제·감독하든가 그것이 불가능하다면 최소한 입원환자에게 휴대품을 안전하게 보관할 수 있는 시정장치가 있는 사물함을 제공하는 등으로 입원환자의 휴대품 등의 도난을 방지함에 필요한 적절한 조치를 강구하여 줄 신의칙상의 보호의무가 있다고 할 것이다.

【문 17】 불법행위에 관한 다음 설명 중 가장 옳지 않은 것은? (다툼이 있는 경우 판례에 의함)   2020년 법무사

① 약사는 의약품을 조제할 수 있다 하여도 진단행위나 치료행위 등은 할 수 없으므로 의사가 아닌 약사가 환자의 증세에 대하여 문진을 한 후 감기로 진단하고 각종 의약품을 혼합하여 조제하는 등의 행위를 한 일련의 행위는 무면허 의료행위에 해당한다.
② 무면허 의료행위를 하였다면 그 자체만으로도 불법행위책임을 부담한다.
③ 법령에 대한 해석이 복잡, 미묘하여 워낙 어렵고, 이에 대한 학설, 판례조차 귀일되어 있지 않는 등의 특별한 사정이 없는 한 일반적으로 공무원이 관계 법규를 알지 못하거나 필요한 지식을 갖추지 못하고 법규의 해석을 그르쳐 행정처분을 하였다면 그가 법률전문가가 아닌 행정직 공무원이라고 하여 과실이 없다고는 할 수 없다.
④ 일반적으로 도급인과 수급인 사이에는 지휘·감독의 관계가 없으므로 도급인은 수급인이나 수급인의 피용자의 불법행위에 대하여 사용자로서의 배상책임이 없는 것이지만, 도급인이 수급인에 대하여 특정한 행위를 지휘하거나 특정한 사업을 도급시키는 경우와 같은 이른바 노무도급의 경우에는 비록 도급인이라고 하더라도 사용자로서의 배상책임이 있다.
⑤ 합동법무사사무소의 구성원인 법무사들이 등기사무를 처리함에 있어서 내부 방침에 따라 구성원인 법무사 중 1인이 등기신청 대행 업무를 처리하면서 다른 법무사를 서류상 작성명의인으로 기재한 경우, 서류상 작성명의인인 법무사는 합동사무소에 위촉되어 동업관계에 있는 법무사와 공동으로 처리하여야 할 업무를 위임하여 처리하도록 한 셈이므로 그 업무처리에 있어 실제 업무를 처리한 법무사를 지휘·감독하여야 할 사용자관계에 있다.

【문 18】 다음 설명 중 가장 옳지 않은 것은? (다툼이 있는 경우 판례에 의함) 2019년 법무사

① 부작위로 인한 불법행위가 성립하려면 작위의무가 전제되어야 하나, 의무자가 작위의무의 존재를 인식하지 못하였더라도 불법행위의 성립에는 영향이 없다.
② 토지의 소유자라 하더라도 토양오염물질을 토양에 누출·유출하거나 투기·방치함으로써 토양오염을 유발하였음에도 오염토양을 정화하지 않은 상태에서 그 오염토양이 포함된 토지를 거래에 제공함으로써 유통되게 하거나, 토지에 폐기물을 불법으로 매립하였음에도 이를 처리하지 않은 상태에서 그 해당 토지를 거래에 제공하는 등으로 유통되게 하였다면, 다른 특별한 사정이 없는 한 이는 거래 상대방 및 위 토지를 전전 취득한 현재의 토지 소유자에 대한 위법행위로서 불법행위가 성립할 수 있다.
③ 책임능력이 없는 미성년자가 불법행위를 저지른 경우와 달리 미성년자가 책임능력이 있다고 인정될 경우에는, 설령 그 미성년자의 불법행위로 인해 발생한 손해가 감독의무자의 의무위반과 상당인과관계가 있더라도 감독의무자는 손해배상의무를 지지 않는다.
④ 택시회사의 운전기사가 택시의 승객을 태우고 운행 중 차 속에서 승객을 상대로 성범죄를 저지른 경우, 택시회사는 사용자로서 위 운전기사가 한 행위에 대한 손해배상책임이 있다고 보아야 한다.
⑤ 민법 제751조 제1항은 불법행위로 인한 재산 이외의 손해에 대한 배상책임을 규정하고 있고, 재산 이외의 손해는 정신상 고통만을 의미하는 것이 아니라 그 외에 수량적으로 산정할 수는 없으나 사회통념상 금전평가가 가능한 무형의 손해도 포함하므로, 법인의 명예나 신용을 훼손한 자는 그 법인에게 재산 이외의 손해에 대하여도 배상할 책임이 있다.

【문 19】 다음의 손익상계 또는 이득공제에 관한 설명 중 가장 옳지 않은 것은? (다툼이 있는 경우 판례에 의함) 2023년 법무사

① 교통사고의 피해자가 사고로 상해를 입은 후에도 계속하여 종전과 같이 직장에 근무하여 종전과 같은 보수를 지급받고 있다 하더라도 이를 손해배상액에서 공제할 수 없다.
② 아파트 건축으로 인근 토지 소유자의 일조권을 침해하여 불법행위로 인한 손해배상책임이 성립한 경우 아파트 건축으로 인하여 그 토지의 지가가 상승하였다고 하더라도 그 이익을 손해배상액에서 공제할 수 없다.
③ 교통사고를 일으켜 개인택시를 운전하는 사람을 사망하게 한 경우 그 망인의 가족들이 망인의 가동연한이 도래하기 전에 미리 개인택시운송사업면허를 다른 사람에게 처분하고 받은 돈에 대한 망인의 가동연한까지의 법정이자 상당 이익을 망인에 대한 손해배상액에서 공제할 수 있다.
④ 공무원연금법상의 퇴직연금을 받던 사람이 다른 사람의 불법행위로 인하여 사망한 경우에 그 유족이 퇴직연금 상당의 손해배상청구권을 상속함과 동시에 유족연금을 지급받게 되었다면, 유족에게 지급할 손해배상액을 산정함에 있어서는 위 망인의 일실퇴직연금액에서 유족연금액을 공제하여야 한다.
⑤ 피해자가 수령한 산업재해보상보험법에 따른 휴업급여금이나 장해급여금이 법원에서 인정된 소극적 손해액을 초과하더라도 그 초과부분을 기간과 성질을 달리하는 손해배상액에서 공제할 것은 아니며, 휴업급여는 휴업기간 중의 일실수입에 대응하는 것이므로 그것이 지급된 휴업기간 중의 일실수입 상당의 손해액에서만 공제되어야 한다.

【문 20】 민법 제756조의 사용자책임에 관한 다음 설명 중 가장 옳지 않은 것은? (다툼이 있는 경우 판례에 의함)

① 동업자들이 공동으로 처리하여야 할 업무를 동업자 중 1인에게 맡겨 처리하도록 한 경우 다른 동업자는 그 업무집행자의 동업자이면서 사용자의 지위에 있으므로, 업무집행 과정에서 발생한 사고에 대하여 사용자책임을 부담한다.
② 사용자가 피용자의 고의에 의한 불법행위로 인하여 사용자책임을 부담하는 경우에는 피해자가 손해의 발생과 확대에 기여한 과실을 고려하여 사용자의 책임을 제한하는 것은 허용되지 않는다.
③ 고용관계가 아닌 위임의 경우에도 위임인과 수임인 사이에 지휘·감독관계가 있고 수임인의 불법행위가 외형상 객관적으로 위임인의 사무집행에 관련된 경우 위임인은 수임인의 불법행위에 대하여 사용자책임을 진다.
④ 타인에게 어떤 사업에 관하여 자기의 명의를 사용할 것을 허용한 경우에 명의사용을 허가받은 사람이 업무수행을 하면서 고의 또는 과실로 다른 사람에게 손해를 끼쳤다면 명의사용을 허가한 사람은 사용자책임을 지는 자로서 손해를 배상할 책임이 있다.
⑤ 피용자와 제3자가 공동불법행위로 피해자에게 손해를 가하여 그 손해배상채무를 부담하는 경우에 사용자가 피용자와 제3자의 책임비율에 의하여 정해진 피용자의 부담부분을 초과하여 피해자에게 손해를 배상한 경우에는 사용자는 제3자에 대하여도 구상권을 행사할 수 있다.

【문 21】 공작물 등의 점유자, 소유자 책임에 관한 다음 설명 중 가장 옳지 않은 것은? (다툼이 있는 경우 판례에 의함)

① 민법 제758조에 따라 공작물 설치 또는 보존의 하자로 인하여 타인에게 가한 손해를 배상할 책임은 1차적으로 공작물 점유자에게 있다. 공작물 점유자가 손해의 방지에 필요한 주의를 해태하지 아니하였음을 입증함으로써 면책될 때에 2차적으로 공작물 소유자가 손해를 배상할 책임을 지게 된다.
② 공작물 설치·보존상 하자로 인한 사고는 공작물 설치·보존상 하자만 손해발생 원인이 되는 경우만을 말하는 것이 아니다. 공작물의 설치·보존상 하자가 사고의 공동원인 중 하나가 되는 이상 사고로 인한 손해는 공작물의 설치·보존상 하자로 생긴 것이라고 보아야 한다. 그리고 화재가 공작물 설치 또는 보존상 하자가 아닌 다른 원인으로 발생하였거나 화재 발생원인이 밝혀지지 않은 경우에도, 공작물 설치 또는 보존상 하자로 인하여 화재가 확산되어 손해가 발생하였다면 공작물 설치 또는 보존상 하자는 화재사고의 공동원인의 하나가 되었다고 볼 수 있다.
③ 공작물 설치 또는 보존의 하자는 해당 공작물이 그 용도에 따라 갖추어야 할 안전성을 갖추지 못한 상태에 있다는 것을 의미한다. 여기에서 안전성을 갖추지 못한 상태, 즉 타인에게 위해를 끼칠 위험성이 있는 상태라 함은 해당 공작물을 구성하는 물적 시설 그 자체에 물리적·외형적 결함이 있거나 필요한 물적 시설이 갖추어져 있지 않아 이용자에게 위해를 끼칠 위험성이 있는 경우를 뜻할 뿐, 그 공작물을 본래의 목적 등으로 이용하는 과정에서 일정한 한도를 초과하여 제3자에게 사회통념상 일반적으로 참아내야 할 정도를 넘는 피해를 입히는 경우까지 포함하는 것은 아니다.
④ 민법 제758조는 공작물 설치·보존의 하자로 인하여 타인에게 손해를 가한 경우 그 점유자 또는 소유자에게 일반 불법행위와 달리 이른바 위험책임의 법리에 따라 책임을 가중시킨 규정일 뿐이고, 그 공작물 시공자가 그 시공상 고의·과실로 인하여 피해자에게 손해를 가한 경우 민법 제750조에 따라 손해배상책임을 부담하는 것을 배제하는 규정은 아니다.
⑤ 2009. 5. 8. 법률 제9648호로 전부 개정된 실화책임에 관한 법률은 손해배상액 경감에 관한 특례 규정만을 두었을 뿐 손해배상의무 성립을 제한하는 규정을 두고 있지 않다. 그러므로 공작물 설치·보존상 하자에 의하여 직접 발생한 화재로 인한 손해배상책임뿐만 아니라 그 화재로부터 연소한 부분에 대한 손해배상책임에 관하여도 공작물 설치·보존상 하자와 그 손해 사이에 상당인과관계가 있는 경우에는 민법 제758조 제1항이 적용된다.

【문 22】 불법행위에 관한 다음 설명 중 가장 옳지 않은 것은? (다툼이 있는 경우 판례에 의함)   2021년 법원서기보

① 민법 제758조 제1항의 '공작물의 설치·보존상의 하자'란 공작물이 그 용도에 따라 통상 갖추어야 할 안전성을 갖추지 못한 상태에 있음을 말하고, 그 안전성의 구비 여부는 공작물의 위험성에 비례하여 사회통념상 일반적으로 요구되는 정도로 위험방지조치를 다하였는지 여부를 기준으로 판단하여야 한다.
② 미성년자가 책임능력이 있어 그 스스로 불법행위책임을 지는 경우에도 그 손해가 당해 미성년자의 감독의무자의 의무위반과 상당인과관계가 있으면 감독의무자는 일반불법행위자로서 손해배상책임이 있다.
③ 민법 제760조 제3항은 불법행위의 방조자를 공동행위자로 보아 방조자에게 공동불법행위의 책임을 부담시키고 있는데, 여기서 방조는 부작위에 의한 방조는 포함하지만, 과실에 의한 방조는 포함되지 않는다.
④ 사업주가 직장 내 성희롱 피해근로자를 가까이에서 도와준 동료 근로자에게 불리한 조치를 한 경우에 그 조치의 내용이 부당하고 그로 말미암아 성희롱 피해근로자에게 정신적 고통을 입혔다면, 피해근로자는 불리한 조치의 직접 상대방이 아니더라도 사업주에게 민법 제750조에 따라 불법행위책임을 물을 수 있다.

【문 23】 불법행위에 관한 다음 설명 중 옳은 것을 모두 고른 것은? (다툼이 있는 경우 판례에 의함)   2023년 법원행시

ㄱ. 민법 제750조는 "고의 또는 과실로 인한 위법행위로 타인에게 손해를 가한 자는 그 손해를 배상할 책임이 있다."라고 정하고 있다. 위법행위는 불법행위의 핵심적인 성립요건으로서, 법률을 위반한 경우에 한정되지 않고 전체 법질서의 관점에서 사회통념상 위법하다고 판단되는 경우도 포함할 수 있는 탄력적인 개념이므로, 불법행위 성립요건으로서의 위법성은 관련 행위 전체를 일체로 보아 판단하여 결정해야 한다.
ㄴ. 상해의 후유증에 대한 신체감정을 한 전문 감정인의 감정 결과에 의하더라도 피해자의 기대여명의 예측이 불확실한 경우에 법원이 일실수입 손해와 향후 치료비 손해 등을 산정함에 있어서, 피해자가 확실히 생존하고 있으리라고 인정되는 기간 동안의 손해는 일시금의 지급을 명하고 그 이후의 기간은 피해자의 생존을 조건으로 정기금의 지급을 명한 산정방식을 두고 법원의 재량의 범위를 넘어섰다고 할 수는 없다.
ㄷ. 불법행위로 인한 손해배상채무는 손해발생과 동시에 이행기에 있는 것으로, 공평의 관념상 별도의 이행최고가 없더라도 불법행위 당시부터 지연손해금이 발생하는 것이 원칙이고, 불법행위 시점과 손해발생 시점 사이에 시간적 간격이 있는 경우에는 불법행위로 인한 손해배상채권의 지연손해금은 손해발생 시점을 기산일로 하여 발생한다.
ㄹ. 일조권 침해에 있어 객관적인 생활이익으로서 일조이익을 향유하는 '토지의 소유자 등'은 토지소유자, 건물소유자, 지상권자, 전세권자 또는 임차인 등의 거주자를 말하는 것으로서, 학교건물을 일시적으로 이용하는 지위에 있을 뿐인 초등학교 학생들은 생활이익으로서의 일조권을 법적으로 보호받을 수 있는 지위에 있지 않다.
ㅁ. 부진정연대채무에 있어 채무자 1인에 대한 이행의 청구는 타 채무자에 대하여 그 효력이 미치므로, 하천구역으로 편입된 토지의 소유자가 서울특별시장에게 보상금지급 청구를 하였다면 부진정연대채무관계에 있는 국가에 대하여 시효중단의 효력이 발생한다.

① ㄱ, ㄴ, ㄷ ② ㄴ, ㄷ, ㄹ
③ ㄷ, ㄹ, ㅁ ④ ㄱ, ㄷ, ㄹ
⑤ ㄱ, ㄹ, ㅁ

【문 24】 손해배상에 관한 다음 설명 중 가장 옳지 않은 것은? (다툼이 있는 경우 판례에 의함)   2018년 법원서기보

① 불법행위 등이 채권자 또는 피해자에게 손해를 생기게 하는 동시에 이익을 가져다 준 경우에는 공평의 관념상 그 이익은 당사자의 주장이 없더라도 공제할 수 있고, 손해배상책임의 원인행위와 그로 인하여 피해자가 얻은 새로운 이득 사이에 상당인과관계까지 요하는 것은 아니다.
② 의사가 설명의무를 위반한 채 수술 등을 하여 환자에게 중대한 결과가 발생한 경우에 환자 측에서 자기결정권을 행사할 수 없게 된 데 대한 위자료만이 아니라 그 결과로 인한 모든 손해의 배상을 청구하는 경우에는 그 중대한 결과와 의사의 설명의무 위반 내지 승낙 취득 과정에서의 잘못과 사이에 상당인과관계가 존재하여야 한다.
③ 공동불법행위 책임에서 법원이 피해자의 과실을 들어 과실상계를 할 때에는 피해자의 공동불법행위자 각인에 대한 과실비율이 서로 다르더라도 피해자의 과실을 공동불법행위자 각인에 대한 과실로 개별적으로 평가할 것이 아니고, 그들 전원에 대한 과실로서 전체적으로 평가하여야 한다.
④ 보전처분의 집행 후에 집행채권자가 본안소송에서 패소 확정되었다면 보전처분 집행으로 인하여 채무자가 입은 손해에 대하여는 특별한 반증이 없는 한 집행채권자에게 고의 또는 과실이 있다고 추정된다.

【문 25】 국가배상책임에 관한 다음 설명 중 옳은 것은 모두 몇 개인가? (다툼이 있는 경우 판례에 의함)   2023년 법원행시

ㄱ. 구 '국가안전과 공공질서의 수호를 위한 대통령긴급조치'(1975. 5. 13. 대통령긴급조치 제9호)의 발령 및 적용·집행행위는 국가배상법 제2조 제1항에서 말하는 공무원의 고의 또는 과실에 의한 불법행위에 해당하지 않으므로 국가배상책임이 없다.
ㄴ. 어떠한 행정처분이 항고소송에서 취소되는 경우, 그 기판력으로 인하여 담당 공무원의 고의·과실이 추정된다.
ㄷ. 재판에 대하여 불복절차 또는 시정절차가 마련되어 있는 경우, 법관이나 다른 공무원의 귀책사유로 불복에 의한 시정을 구할 수 없었다거나 그와 같은 시정을 구할 수 없었던 부득이한 사정이 없는 한, 그와 같은 시정을 구하지 않은 사람은 원칙적으로 국가배상에 의한 권리구제를 받을 수 없다.
ㄹ. 국가가 구 농지개혁법에 따라 농지를 매수하였으나 분배하지 않아 그 농지가 원소유자의 소유로 환원되었는데도 담당 공무원이 이를 제대로 확인하지 않은 채 제3자에게 처분하여 원소유자에게 손해를 입혔다면, 이는 특별한 사정이 없는 한 국가배상법 제2조 제1항에서 정한 공무원의 고의 또는 과실에 의한 위법행위에 해당한다.
ㅁ. 특별송달우편물에 관하여 우편집배원의 고의 또는 과실에 의하여 손해가 발생한 경우에는 국가배상법에 의한 손해배상을 청구할 수 있다.

① 1개 ② 2개
③ 3개 ④ 4개
⑤ 5개

친족법

【문 1】 다음 설명 중 가장 옳지 않은 것은? (다툼이 있는 경우 판례에 의함) **2023년 법무사**

① 일반적으로 약혼은 특별한 형식을 거칠 필요 없이 장차 혼인을 체결하려는 당사자 사이에 합의가 있으면 성립한다.
② 약혼을 하는 당사자 일방은 자신의 학력, 경력 및 직업과 같은 혼인의사를 결정하는 데 있어 중대한 영향을 미치는 사항에 관하여 이를 상대방에게 사실대로 고지할 신의성실의 원칙상의 의무가 있다.
③ 약혼예물이 수수된 경우 특별한 사정이 없는 한 일단 부부관계가 성립하고 그 혼인이 상당 기간 지속된 이상 후일 부부 일방의 귀책사유로 혼인이 해소되어도 약혼예물의 반환을 구할 수는 없다.
④ 약혼의 해제에 관하여 과실이 있는 유책자는 상대방에게 자신이 제공한 약혼예물의 반환을 구할 수는 없다.
⑤ 사실혼관계가 단기간에 해소된 경우, 혼인생활에 사용하기 위하여 부부 일방이 자신의 비용으로 구입한 가재도구 등을 상대방이 점유하고 있다면 그 상대방에 대하여 그 구입비용 상당액의 손해배상을 청구할 수 있다.

【문 2】 혼인에 관한 다음 설명 중 가장 옳지 않은 것은? (다툼이 있는 경우 판례에 의함) **2018년 법원서기보**

① 부부간의 동거·부양·협조의무는 정상적이고 원만한 부부관계의 유지를 위한 광범위한 협력의무를 구체적으로 표현한 것으로서 서로 독립된 별개의 의무라 할 것이다.
② 부부의 일방이 정당한 이유 없이 동거를 거부함으로써 자신의 협력의무를 스스로 저버리고 있다면, 상대방의 동거청구가 권리의 남용에 해당하는 등의 특별한 사정이 없는 한 상대방에게 부양료의 지급을 청구할 수 없다.
③ 금전차용행위도 금액, 차용 목적, 실제의 지출용도, 기타의 사정 등을 고려하여 그것이 부부의 공동생활에 필요한 자금조달을 목적으로 하는 것이라면 일상가사에 속한다고 보아야 할 것이므로, 아파트 구입비용 명목으로 차용한 경우 그와 같은 비용의 지출이 부부공동체 유지에 필수적인 주거 공간을 마련하기 위한 것이라면 일상가사에 속한다고 볼 수 있다.
④ 부부의 일방이 동거의무를 위반한 경우 상대방은 손해배상을 청구할 수 있다.

【문 3】 이혼에 관한 다음 설명 중 가장 옳지 않은 것은? (다툼이 있는 경우 판례에 의함) **2021년 법무사**

① 협의상 이혼을 하려는 자는 가정법원이 제공하는 이혼에 관한 안내를 받아야 하고, 가정법원은 필요한 경우 당사자에게 상담에 관하여 전문적인 지식과 경험을 갖춘 전문상담인의 상담을 받을 것을 권고할 수 있다.
② 가정법원에 이혼의사의 확인을 신청한 당사자는 위 ①항의 안내를 받은 날부터 다음 각 호의 기간이 지난 후에 이혼의사의 확인을 받을 수 있다.
  1. 양육하여야 할 자(포태 중인 자를 포함한다)가 있는 경우에는 3개월
  2. 제1호에 해당하지 아니하는 경우에는 1개월
③ 가정법원은 폭력으로 인하여 당사자 일방에게 참을 수 없는 고통이 예상되는 등 이혼을 하여야 할 급박한 사정이 있는 경우에 위 ②항의 기간을 단축할 수 있으나, 면제할 수는 없다.
④ 당사자는 그 자의 양육에 관한 사항을 협의에 의하여 정하여야 하는데, 양육자의 결정, 양육비용의 부담, 면접교섭권의 행사 여부 및 그 방법에 관한 사항을 포함하여야 한다.
⑤ 가정법원은 당사자가 협의한 양육비부담에 관한 내용을 확인하는 양육비부담조서를 작성하여야 한다. 이 경우 양육비부담조서의 효력에 대하여는 가사소송법 제41조를 준용한다.

2024년도 법원직공무원 9급 공채 필기시험 민법 ◯책형

【문 4】이혼에 관한 다음 설명 중 옳지 않은 것은 모두 몇 개인가? (다툼이 있는 경우 판례에 의함) 2022년 법원행시

ㄱ. 법원은 민법 제840조 각 호 소정의 이혼원인을 판단함에 있어 원고가 주장하는 이혼원인 중 제1호 내지 제5호 사유의 존부를 먼저 판단하고, 그것이 인정되지 않는 경우에 비로소 제6호의 원인을 최종적으로 판단할 수 있다.

ㄴ. 이혼소송에서 원고가 부정행위만을 이혼사유로 주장하였으나 그 사실이 인정되지 않더라도 악의의 유기가 인정되면 법원은 악의의 유기를 이유로 이혼을 명할 수 있다.

ㄷ. 부부가 아직 이혼하지 아니하였지만 실질적으로 부부공동생활이 파탄되어 회복할 수 없을 정도의 상태에 이르렀다면 제3자가 부부의 일방과 성적인 행위를 하더라도 불법행위가 성립하지 않는다.

ㄹ. 배우자의 부정행위가 있은 날로부터 2년이 경과되었다면 부부의 일방은 자신의 배우자와 부정행위를 한 제3자를 상대로 위자료 청구를 할 수 없다.

ㅁ. 법원에 의한 협의이혼의사확인절차에서 쌍방의 협의이혼의사가 확인되었다면 이는 민법 제840조 제6호 '기타 혼인을 계속하기 어려운 중대한 사유'에 해당한다.

① 1개 ② 2개
③ 3개 ④ 4개
⑤ 5개

【문 5】이혼에 관한 다음 설명 중 가장 옳지 않은 것은? (다툼이 있는 경우 판례에 의함) 2020년 법무사

① 이혼에 따른 위자료청구권은 일신전속적 권리이므로 청구권자가 위자료의 지급을 구하는 소송을 제기함으로써 청구권을 행사할 의사가 외부적·객관적으로 명백하게 되었다고 하더라도 타인에게 양도하거나 상속할 수 없다.

② 부부의 혼인관계가 돌이킬 수 없을 정도로 파탄되었다고 인정된다면 그 파탄의 원인에 대한 원고의 책임이 피고의 책임보다 더 무겁다고 인정되지 않는 한 이혼청구는 인용되어야 한다.

③ 공무원이 착오로 협의이혼의사 철회신고서가 제출된 사실을 간과한 나머지 그 후에 제출된 협의이혼신고서를 수리하였다고 하더라도 협의상 이혼의 효력이 생길 수 없다.

④ 가정법원의 심판에 의하여 구체적인 청구권의 내용과 범위가 확정된 후의 양육비채권 중 이미 이행기에 도달한 후의 양육비채권은 완전한 재산권으로서 친족법상의 신분으로부터 독립하여 처분이 가능하다.

⑤ 상대방에게도 이혼의사가 있다고 인정되지만 단지 오기나 보복적인 감정 등의 이유에서 표면적으로만 이혼을 거부하고 있을 뿐 실제로는 혼인생활을 계속할 의사가 없다는 사실이 객관적으로 명백히 드러나는 경우에는 유책배우자라도 이혼을 청구할 수 있다.

【문 6】이혼에 관한 다음 설명 중 가장 옳지 않은 것은? (다툼이 있는 경우 판례에 의함) 2020년 법원서기보

① 이혼 후 협의 또는 심판에 의하여 구체화되지 않은 상태에서 재산분할청구권을 포기하는 행위는 채권자취소권의 대상이 될 수 없다.

② 일시적으로나마 법률상의 부부관계를 해소하려는 당사자 간의 합의하에 협의이혼신고가 된 이상, 그 협의이혼에 다른 목적이 있다 하더라도 양자 간에 이혼의 의사가 없다고 할 수 없고, 따라서 그 협의이혼은 무효로 되지 아니한다.

③ 이혼 당시 부부 일방이 아직 공무원으로 재직 중이어서 실제 퇴직급여 등을 수령하지 않았더라도 이혼소송의 사실심 변론종결 시에 이미 잠재적으로 존재하여 경제적 가치의 현실적 평가가 가능한 재산인 퇴직급여 및 퇴직수당 채권은 이에 대하여 상대방 배우자의 협력이 기여한 것으로 인정되는 한 재산분할의 대상에 포함시킬 수 있다.

④ 이혼으로 인한 재산분할재판에서 분할대상인지 여부가 전혀 심리된 바 없는 재산을 재판확정 후 추가로 발견한 경우에는 이를 발견한 날부터 2년 이내에 추가로 재산분할 청구를 할 수 있다.

【문 7】 다음 설명 중 가장 옳지 않은 것은? (다툼이 있는 경우 판례에 의함) 2020년 법무사

① 이혼소송 계속 중 배우자의 일방이 사망한 때에는 이혼소송은 종료된다.
② 부모 중 어느 한쪽만이 자녀를 양육하게 된 경우에 양육하는 일방은 상대방에 대하여 현재 및 장래에 있어서의 양육비 중 적정 금액의 분담을 청구할 수 있음은 물론이고, 부모의 자녀양육의무는 특별한 사정이 없는 한 자녀의 출생과 동시에 발생하는 것이므로 과거의 양육비에 대하여도 상대방이 분담함이 상당하다고 인정되는 경우에는 그 비용의 상환을 청구할 수 있다.
③ 소극재산의 총액이 적극재산의 총액을 초과하여 재산분할을 한 결과가 결국 채무의 분담을 정하는 것이 되는 경우에도 법원은 채무의 성질, 채권자와의 관계, 물적 담보의 존부 등 일체의 사정을 참작하여 이를 분담하게 하는 것이 적합하다고 인정되면 구체적인 분담의 방법 등을 정하여 재산분할청구를 받아들일 수 있다.
④ 당사자가 이혼소송과 병합하여 재산분할청구를 한 경우에는 법원이 이혼과 동시에 재산분할로서 금전의 지급을 명하는 판결이 확정되기 전이라도 재산분할청구권을 양도할 수 있다.
⑤ 이혼에 따른 재산분할청구권에 의하여 재산을 취득하는 것이 상당한 정도를 벗어나서 사해행위로서 채권자취소권의 대상이 되는 경우 취소되는 범위는 그 상당한 부분을 초과하는 부분에 한정된다.

【문 8】 혼인과 이혼에 관한 다음 설명 중 가장 옳지 않은 것은? (다툼이 있는 경우 판례에 의함) 2023년 법원사무관

① 부부 일방의 특유재산은 원칙적으로 분할대상이 되지 아니하나 특유재산일지라도 다른 일방이 적극적으로 그 특유재산의 유지에 협력하여 감소를 방지하였거나 증식에 협력하였다고 인정되는 경우에는 분할대상이 될 수 있다.
② 이혼소송과 재산분할청구가 병합된 경우, 재판상의 이혼청구권은 부부의 일신전속의 권리이므로 이혼소송 계속 중 배우자의 일방이 사망한 때에는 이혼소송은 종료되나, 이혼소송에 부대한 재산분할청구는 이를 유지할 실익이 있으므로 종료되지 않는다.
③ 부부가 아직 이혼하지 아니하였지만 실질적으로 부부공동생활이 파탄되어 회복할 수 없을 정도의 상태에 이른 경우, 제3자가 부부의 일방과 한 성적인 행위가 배우자에 대하여 불법행위를 구성한다고 보기 어렵다.
④ 사실혼의 배우자에게도 사실혼 해소에 따른 재산분할청구권이 인정될 수 있다.

【문 9】 이혼시 재산분할청구권에 관한 다음 설명 중 가장 옳지 않은 것은? (다툼이 있는 경우 판례에 의함) 2018년 법원행시

① 법률상 배우자 있는 자는 그 법률혼 관계가 사실상 이혼상태라는 등의 특별한 사정이 없는 한 사실혼 관계에 있는 상대방에게 그와의 사실혼 해소를 이유로 재산분할을 청구할 수 없다.
② 부부 일방의 특유재산은 원칙적으로 분할대상이 되지 아니하나 특유재산일지라도 다른 일방이 적극적으로 특유재산의 유지에 협력하여 감소를 방지하였거나 증식에 협력하였다고 인정되는 경우에는 분할대상이 될 수 있다.
③ 재산분할의 방법으로 금전의 지급을 명한 부분은 가집행선고의 대상이 될 수 없다.
④ 이혼에 있어서 재산분할은 부부가 혼인 중에 가지고 있던 실질상의 공동재산을 청산하여 분배함과 동시에 이혼 후에 상대방의 생활유지에 이바지하는 데 있으므로, 분할자의 유책행위에 의하여 이혼함으로써 입게 되는 정신적 손해를 배상하기 위한 급부로서의 성질까지 포함하여 분할할 수는 없다.
⑤ 부부의 일방이 실질적으로 혼자서 지배하고 있는 주식회사라고 하더라도 그 회사 소유의 재산을 바로 그 개인의 재산으로 평가하여 재산분할의 대상에 포함시킬 수는 없다.

【문 10】 재산분할청구권에 관한 다음 설명 중 가장 옳지 않은 것은? (다툼이 있는 경우 판례에 의함) 2019년 법원사무관

① 사실혼관계가 일방 당사자의 사망으로 인하여 종료된 경우에는 그 상대방에게 재산분할청구권이 인정된다고 할 수 없다.
② 당사자가 이혼이 성립하기 전에 이혼소송과 병합하여 재산분할의 청구를 한 경우에, 아직 발생하지 아니하였고 구체적 내용이 형성되지 아니한 재산분할청구권을 미리 양도하는 것은 성질상 허용되지 아니하며, 법원이 이혼과 동시에 재산분할로서 금전의 지급을 명하는 판결이 확정된 이후부터 채권양도의 대상이 될 수 있다.
③ 이혼에 따른 재산분할재판에서 분할대상인지 여부가 전혀 심리된 바 없는 재산이 재판확정 후 추가로 발견된 경우에는 이에 대하여 추가로 재산분할청구를 할 수 있고, 이때 추가 재산분할청구는 추가로 재산이 발견된 날부터 2년 이내라는 제척기간을 준수하여야 한다.
④ 이혼으로 인한 재산분할이더라도 상당한 정도를 벗어나는 초과부분은 사해행위로서 취소의 대상으로 될 수 있는데, 이처럼 상당한 정도를 벗어나는 과대한 재산분할이라고 볼 만한 특별한 사정이 있다는 점에 관한 입증책임은 채권자에게 있다.

【문 11】 사실혼에 관한 다음 설명 중 가장 옳지 않은 것은? (다툼이 있는 경우 판례에 의함)   2021년 법원서기보

① 사실혼은 주관적으로는 혼인의 의사가 있고, 객관적으로는 사회통념상 가족질서의 면에서 부부공동생활을 인정할 만한 실체가 있는 경우에 성립한다.
② 중혼적 사실혼은 특별한 사정이 없는 한 사실혼으로서 보호받을 수 없다.
③ 사실혼관계 부부는 일상가사에 관하여 서로 대리권이 있고, 사실혼중에 일방의 명의로 취득한 재산이더라도 부부 쌍방의 공유로 추정된다.
④ 사실혼의 배우자도 재산분할청구권을 행사할 수 있다.

【문 12】 사실혼관계 부당파기에 관한 다음 설명 중 가장 옳지 않은 것은? (다툼이 있는 경우 판례에 의함)   2019년 법원사무관

① 사실혼은 주관적으로는 혼인의 의사가 있고, 또 객관적으로는 사회통념상 가족질서의 면에서 부부공동생활을 인정할 만한 실체가 있는 경우에 성립한다.
② 사실혼 배우자의 일방이 정당한 이유 없이 서로 동거, 부양, 협조하여야 할 부부로서의 의무를 포기한 경우에는 그 배우자는 악의의 유기에 의하여 사실혼관계를 부당하게 파기한 것이 되므로 원칙적으로 사실혼관계 부당파기로 인한 손해배상책임을 진다.
③ 사실혼관계의 부당파기로 인한 위자료의 액수산정은 반드시 이를 증거에 의하여 입증할 수 있는 성질의 것이 아니므로 법원은 여러 가지 사정을 참작하여 경험칙에 반하지 않는 범위 내에서 직권에 의하여 액수를 결정할 수 있다.
④ 사실혼관계 부당파기를 원인으로 하는 제3자에 대한 손해배상청구는 가정법원의 전속관할이 아니다.

【문 13】 친생추정에 관한 다음 설명 중 가장 옳지 않은 것은? (다툼이 있는 경우 판례에 의함)   2020년 법원서기보

① 부부의 한쪽이 장기간에 걸쳐 해외에 나가 있거나 사실상의 이혼으로 부부가 별거하고 있는 경우 등 동서(同棲)의 결여로 처가 부의 자를 포태할 수 없는 것이 외관상 명백한 사정이 있는 경우에는 친생추정의 효력이 미치지 않는다.
② 부와 자녀의 유전자형이 배치되는 경우와 같이 혼인 중 아내가 임신하여 출산한 자녀가 남편과 혈연관계가 없다는 점이 명백히 밝혀진 경우에도 친생추정의 효력이 미치지 않는다.
③ 친생추정을 받고 있는 상태에서 친생부인의 소의 방법이 아닌 친생자관계부존재확인의 소의 방법에 의하여 그 친생자관계의 부존재확인을 소구하는 것은 부적법하나, 그렇더라도 법원이 그 잘못을 간과하고 청구를 받아들여 친생자관계가 존재하지 않는다는 확인의 심판을 선고하고 그 심판이 확정된 경우 그 친생추정의 효력은 사라진다.
④ 호적상의 부모의 혼인 중의 자로 등재되어 있는 자라 하더라도 그의 생부모가 호적상의 부모와 다른 사실이 객관적으로 명백한 경우에는 그 친생추정이 미치지 아니하므로, 그와 같은 경우에는 곧바로 생부모를 상대로 인지청구를 할 수 있다.

【문 14】 친자관계 등에 관한 다음 설명 중 가장 옳지 않은 것은? (다툼이 있는 경우 판례에 의함) 2023년 법무사

① 민법은 입양의 요건으로 동의와 허가 등에 관하여 규정하고 있을 뿐이고 존속을 제외하고는 혈족의 입양을 금지하고 있지 않으므로, 조부모가 손자녀를 입양하여 부모·자녀 관계를 맺는 것도 가능하다.
② 인지의 소의 확정판결에 의하여 일단 부와 자 사이에 친자관계가 창설된 이상, 확정판결에 반하여 친생자관계부존재확인의 소로써 당사자 사이에 친자관계가 존재하지 않는다고 다툴 수는 없다.
③ 아내가 혼인 중 남편이 아닌 제3자의 정자를 제공받아 인공수정으로 자녀를 출산한 경우에도 친생추정 규정을 적용하여 인공수정으로 출생한 자녀는 남편의 자녀로 추정된다.
④ 인지청구권은 본인의 일신전속적인 신분관계상의 권리로서 포기할 수 없고, 포기하였더라도 그 효력이 발생할 수 없으며, 이와 같이 인지청구권의 포기가 허용되지 않는 이상 거기에 실효의 법리가 적용될 여지도 없다.
⑤ 성전환자가 미성년자인 자녀가 있는 경우에는, 가족관계등록부에 기재된 성별을 정정하여 미성년자인 자녀의 법적 지위와 그에 대한 사회적 인식에 곤란을 초래하는 것까지 허용할 수는 없으므로, 미성년자인 자녀를 둔 성전환자의 성별정정은 허용되지 않는다.

【문 15】 다음 설명 중 가장 옳지 않은 것은? (다툼이 있는 경우 판례에 의함) 2019년 법원서기보

① 민법은 중혼을 혼인취소의 사유로 정하면서도 그 취소청구권의 제척기간을 규정하지 않고 있으므로, 그 취소권은 특별한 사정이 없는 한 기간의 경과에 의하여 소멸하지 않는다.
② 미성년의 자녀를 양육한 자가 공동 양육의무자인 다른 쪽 상대방에 대하여 갖는 과거의 양육비 지급청구권은, 협의 또는 심판에 의하여 구체화되지 않았더라도 양육자가 그 양육비를 과거에 지출한 때로부터 소멸시효가 진행한다.
③ 이혼으로 인한 재산분할청구권이 협의 또는 심판에 의하여 구체화되지 않았다면, 이러한 재산분할청구권은 채무자의 책임재산에 해당하지 아니하고, 이를 포기하는 행위 또한 채권자취소권의 대상이 될 수 없다.
④ 인지청구의 소에서 제소기간의 기산점이 되는 '사망을 안 날'은 사망이라는 객관적 사실을 아는 것을 의미하고, 사망자와 친생자관계에 있다는 사실까지 알아야 하는 것은 아니다.

【문 16】 부부간 재산의 소유관계, 가족관계의 증명에 관한 다음 설명 중 옳은 것을 모두 고른 것은? (다툼이 있는 경우 판례에 의함) 2022년 법원행시

ㄱ. 부부의 누구에게 속한 것인지 분명하지 아니한 재산은 부부의 공유로 추정하고(민법 제830조 제2항), 채무자와 그 배우자의 공유로서 채무자가 점유하거나 그 배우자와 공동으로 점유하고 있는 유체동산은 압류할 수 있는데(민사집행법 제190조), 이와 같은 부부공유재산의 추정과 부부공유의 유체동산에 대한 압류는 반드시 혼인관계가 유지되고 있는 부부를 전제로 하지 않는다.
ㄴ. 민법 제844조 제1항의 친생추정은 반증을 허용하지 않는 강한 추정이므로, 처가 혼인 중에 포태한 이상 그 부부의 한쪽이 장기간에 걸쳐 해외에 나가 있거나, 사실상의 이혼으로 부부가 별거하고 있는 경우 등 동거의 결여로 처가 부(夫)의 자를 포태할 수 없는 것이 외관상 명백한 사정이 있는 경우에만 그 추정이 미치지 않을 뿐이고, 이러한 예외적인 사유가 없는 한 누구라도 그 자가 부의 친생자가 아님을 주장할 수 없다.
ㄷ. 친생자관계존부확인의 소의 경우 민법 제777조 소정의 친족은 이해관계인으로서 친생자관계존부의 확인이 필요한 당사자 쌍방을 상대로 친생자관계존부확인의 소를 구할 수 있고, 상대방이 될 당사자 쌍방이 사망한 때에는 검사를 상대로 친생자관계존부확인의 소를 구할 수 있으며, 이 경우 민법 제865조 제2항을 유추적용하여 그 제소기간을 준수하여야 한다.
ㄹ. 가족관계등록부는 그 기재가 적법하게 되었고 기재사항이 진실에 부합한다는 추정을 받는다. 그러나 가족관계등록부의 기재에 반하는 증거가 있거나 그 기재가 진실이 아니라고 볼만한 특별한 사정이 있을 때에는 그 추정은 번복될 수 있다. 따라서 어떠한 신분에 관한 내용이 가족관계등록부에 기재되었더라도 기재된 사항이 진실에 부합하지 않음이 분명한 경우에는 그 기재내용을 수정함으로써 가족관계등록부가 진정한 신분관계를 공시하도록 하여야 한다.
ㅁ. 친생자와 관련된 민법 규정, 특히 민법 제844조 제1항(이하 '친생추정 규정'이라 한다)의 문언과 체계, 민법이 혼인 중 출생한 자녀의 법적 지위에 관하여 친생추정 규정을 두고 있는 기본적인 입법 취지와 연혁, 헌법이 보장하고 있는 혼인과 가족제도 등에 비추어 보면, 아내가 혼인 중 남편이 아닌 제3자의 정자를 제공받아 인공수정으로 자녀를 출산한 경우에도 친생추정 규정을 적용하여 인공수정으로 출생한 자녀가 남편의 자녀로 추정된다.

① ㄱ, ㄴ, ㄷ, ㅁ ② ㄱ, ㄴ, ㄹ
③ ㄴ, ㄹ, ㅁ ④ ㄷ, ㄹ, ㅁ
⑤ ㄱ, ㄷ, ㄹ, ㅁ

【문 17】 입양에 관한 다음 설명 중 옳은 것을 모두 고른 것은? (다툼이 있는 경우 판례에 의함) 2022년 법원서기보

ㄱ. 양자가 될 사람이 성년인 경우에도 양자가 될 사람이 미성년자인 경우와 마찬가지로 부모의 동의를 받아야 한다.
ㄴ. 친생자 출생신고 당시 입양의 실질적 요건을 갖추지 못하였더라도, 그 후에 입양의 실질적 요건을 갖추게 되었다면 무효인 친생자 출생신고는 소급적으로 입양신고로서의 효력을 갖게 된다.
ㄷ. 조부모가 손자녀를 입양하는 것은 입양의 의미와 본질에 부합하지 않아 금지된다.
ㄹ. 양자는 그 출생시로 소급하여 양부모의 친생자와 같은 지위를 가진다.

① ㄱ, ㄴ
② ㄴ, ㄷ
③ ㄷ, ㄹ
④ ㄱ, ㄹ

【문 18】 입양 및 친양자에 관한 다음 설명 중 가장 옳지 않은 것은? (다툼이 있는 경우 판례에 의함) 2018년 법원행시

① 당사자가 양친자관계를 창설할 의사로 친생자 출생신고를 하고 거기에 입양의 실질적 요건이 모두 구비되어 있다면 그 형식에 다소 잘못이 있더라도 입양의 효력이 발생하고, 양친자관계는 파양에 의하여 해소될 수 있는 점을 제외하고는 법률적으로 친생자관계와 똑같은 내용을 갖게 되므로 이 경우의 허위의 친생자 출생신고는 법률상의 친자관계인 양친자관계를 공시하는 입양신고의 기능을 발휘하게 된다. 이때 여기서 입양의 실질적 요건이 구비되어 있다고 하기 위하여는 입양의 무효사유가 없어야 함은 물론 감호·양육 등 양친자로서의 신분적 생활사실이 반드시 수반되어야 한다.

② 입양이 개인 간의 법률행위임에 비추어 보면 부부의 공동입양이라고 하여도 부부 각자에 대하여 별개의 입양행위가 존재하여 부부 각자와 양자 사이에 각각 양친자관계가 성립하므로, 부부의 공동입양에 있어서도 부부 각자가 양자와의 사이에 민법이 규정한 입양의 일반 요건을 갖추는 외에 나아가 위와 같은 부부 공동입양의 요건을 갖추어야 한다.

③ 가정법원은 부모가 3년 이상 자녀에 대한 부양의무를 이행하지 않은 경우 또는 부모가 자녀를 학대 또는 유기하거나 그 밖에 자녀의 복리를 현저히 해친 경우에는 부모가 동의를 거부하더라도 부모의 심문을 거쳐 입양의 허가를 할 수 있다.

④ 친양자입양에 따른 효력으로 친양자는 부부의 혼인 중 출생자로 보므로, 설령 양친이 친양자를 학대 또는 유기하거나 그 밖에 친양자의 복리를 현저히 해하는 경우라 할지라도, 친생의 부 또는 모가 가정법원에 친양자의 파양을 청구할 수는 없다.

⑤ 친양자입양이 취소되거나 파양된 때에는 친양자관계는 소멸하고 입양 전의 친족관계는 부활하는데, 이 경우 친양자 입양의 취소의 효력은 소급하지 않는다.

【문 19】 부모와 자에 관한 다음 설명 중 가장 옳은 것은? (다툼이 있는 경우 판례에 의함) 2022년 법원서기보

① 친생자 출생신고가 인지의 효력을 갖는 경우라면, 그와 같은 신고로 인한 친자관계의 외관을 배제하고자 하는 때에는 친생자관계부존재확인의 소가 아닌 인지에 관련된 소를 제기하여야 한다.
② 친양자 입양이 취소되면 입양시로 소급하여 친양자 관계는 소멸하고 입양 전의 친족관계는 부활한다.
③ "혼인관계가 종료된 날부터 300일 이내에 출생한 자녀는 혼인 중에 임신한 것으로 추정한다."고 규정한 민법 제844조 제3항의 경우, 어머니 또는 어머니의 전 남편은 가정법원에 친생부인의 허가를 청구할 수 있고, 생부(生父)는 가정법원에 인지의 허가를 청구할 수 있지만, 두 경우 모두 혼인 중의 자녀로 출생신고가 된 경우에는 그러하지 아니하다.
④ 자는 부의 성과 본을 따른다. 다만, 부모가 자의 출생신고 시 모의 성과 본을 따르기로 협의한 경우에는 모의 성과 본을 따른다.

【문 20】 친권에 관한 다음 설명 중 가장 옳지 않은 것은? (다툼이 있는 경우 판례에 의함) 2020년 법원서기보

① 친권 상실 청구가 있는 경우 가정법원이 청구취지와 달리 친권의 일부 제한을 선고하는 것은 허용되지 않는다.
② 이혼 후 자에 대한 양육권이 부모 중 어느 일방에, 친권이 다른 일방에 또는 부모에 공동으로 귀속되도록 정하는 것도 일정한 기준을 충족하는 한 허용된다.
③ 무상으로 자에게 재산을 수여한 제3자가 친권자의 관리에 반대하는 의사를 표시한 때에는 친권자는 그 재산을 관리하지 못한다.
④ 민법 제921조의 특별대리인은 친권자와 그 친권에 복종하는 자 사이 또는 친권에 복종하는 자들 사이에 서로 이해가 상반되는 특정의 법률행위에 관하여 개별적으로 선임되어야 한다.

【문 21】 친권 제한에 관한 다음 설명 중 가장 옳지 않은 것은? (다툼이 있는 경우 판례에 의함) 2019년 법원주사보

① 가정법원은 친권자의 동의가 필요한 행위에 대하여 친권자가 정당한 이유 없이 동의하지 아니함으로써 자녀의 생명, 신체 또는 재산에 중대한 손해가 발생할 위험이 있는 경우에는 자녀, 자녀의 친족, 검사 또는 지방자치단체의 장의 청구에 의하여 친권자의 동의를 갈음하는 재판을 할 수 있다.
② 가정법원은 부 또는 모가 친권을 남용하여 자녀의 복리를 현저히 해치거나 해칠 우려가 있는 경우에는 자녀 또는 검사 등의 청구에 의하여 친권의 상실 또는 일시 정지를 선고할 수 있다.
③ 가정법원은 2년의 범위에서 친권의 일시 정지를 선고할 수 있고, 위 기간은 연장할 수 없다.
④ 가정법원은 거소의 지정이나 징계, 그 밖의 신상에 관한 결정 등 특정한 사항에 관하여 친권자가 친권을 행사하는 것이 곤란하거나 부적당한 사유가 있어 자녀의 복리를 해치거나 해칠 우려가 있는 경우에는 자녀, 자녀의 친족, 검사 또는 지방자치단체의 장의 청구에 의하여 구체적인 범위를 정하여 친권의 일부 제한을 선고할 수 있다.

【문 22】 후견에 관한 다음 설명 중 가장 옳지 않은 것은? (다툼이 있는 경우 판례에 의함)   2023년 법무사

① 한정후견의 개시를 청구한 사건에서 의사의 감정 결과 등에 비추어 성년후견 개시의 요건을 충족하고 본인도 성년후견의 개시를 희망한다면 법원이 성년후견을 개시할 수 있고, 성년후견 개시를 청구하고 있더라도 필요하다면 한정후견을 개시할 수 있다.
② 피성년후견인 또는 피한정후견인은 의사능력이 있는 한 성년후견인 또는 한정후견인의 동의 없이도 유언을 할 수 있다.
③ 후견심판 사건에서 사전처분으로 후견심판이 확정될 때까지 임시후견인이 선임된 경우, 아직 성년후견이 개시되기 전이라면 의사가 유언서에 심신 회복 상태를 부기하고 서명날인하도록 요구한 민법 제1063조 제2항은 적용되지 않는다.
④ 후견계약이 등기된 경우 본인의 이익을 위한 특별한 필요성이 인정되어 민법 제9조 제1항 등에서 정한 법정후견 청구권자, 임의후견인이나 임의후견감독인의 청구에 따라 법정후견 심판을 한 경우 후견계약은 임의후견감독인의 선임과 관계없이 본인이 성년후견 또는 한정후견 개시의 심판을 받은 때 종료한다.
⑤ 후견계약이 등기되어 있는 경우에는 본인의 이익을 위하여 특별히 필요할 때에만 한정후견 등의 심판을 할 수 있도록 규정한 민법 제959조의20 제1항은 본인에 대해 한정후견개시심판 청구가 제기된 후 심판이 확정되기 전에 후견계약이 등기된 경우에는 적용되지 않는다.

【문 23】 친족관계에 관한 다음 설명 중 가장 옳은 것은? (다툼이 있는 경우 판례에 의함)   2021년 법무사

① 성년후견제도의 도입 취지 및 목적, 성년후견인의 임무와 범위, 가정법원의 감독권한 등을 종합하면 성년후견인의 변경사유인 '피성년후견인의 복리를 위하여 후견인을 변경할 필요가 있다고 인정되는 경우'는 가정법원이 성년후견인의 임무수행을 전체적으로 살펴보았을 때 선량한 관리자로서의 주의의무를 게을리하여 후견인으로서 그 임무를 수행하는 데 적당하지 않은 사유가 있는 경우로서 그 부적당한 점으로 피후견인의 복리에 영향이 있는 경우라고 봄이 상당하다. 또한 성년후견인의 임무에는 피성년후견인의 재산관리 임무뿐 아니라 신상보호 임무가 포함되어 있고, 신상보호 임무 역시 재산관리 임무 못지않게 피성년후견인의 복리를 위하여 중요한 의미를 가지기 때문에, 특별한 사정이 없는 한 성년후견인 변경사유를 판단함에 있어서는 재산관리와 신상보호의 양 업무의 측면을 모두 고려하여야 한다.
② 민법 제959조의20 제1항은 "후견계약이 등기되어 있는 경우에는 가정법원은 본인의 이익을 위하여 특별히 필요할 때에만 임의후견인 또는 임의후견감독인의 청구에 의하여 성년후견, 한정후견 또는 특정후견의 심판을 할 수 있다. 이 경우 후견계약은 본인이 성년후견 또는 한정후견 개시의 심판을 받은 때 종료된다."라고 규정하고, 같은 조 제2항은 "본인이 피성년후견인, 피한정후견인 또는 피특정후견인인 경우에 가정법원은 임의후견감독인을 선임함에 있어서 종전의 성년후견, 한정후견 또는 특정후견의 종료 심판을 하여야 한다. 다만 성년후견 또는 한정후견 조치의 계속이 본인의 이익을 위하여 특별히 필요하다고 인정하면 가정법원은 임의후견감독인을 선임하지 아니한다."라고 규정하고 있다. 민법 제959조의20 제1항은 본인에 대해 한정후견개시심판 청구가 제기된 후 심판이 확정되기 전에 후견계약이 등기된 경우에는 적용되지 않는다고 보아야 한다.
③ 민법 제865조 제1항은 "제845조, 제846조, 제848조, 제850조, 제851조, 제862조, 제863조의 규정에 의하여 소를 제기할 수 있는 자는 다른 사유를 원인으로 하여 친생자관계존부확인의 소를 제기할 수 있다."라고 정하고 있으나, 친생자관계존부확인의 소를 제기할 수 있는 자는 민법 제865조 제1항에서 정한 제소권자로 한정된다고 볼 수 없다고 봄이 타당하다.
④ 친족의 범위에 관하여 규정한 민법 제777조에서 정한 친족에 해당하기만 하면 당연히 친생자관계존부확인의 소를 제기할 수 있다.
⑤ 제사주재자는 우선적으로 망인의 공동상속인들 사이의 협의에 의해 정하되, 협의가 이루어지지 않는 경우에는 제사주재자의 지위를 유지할 수 없는 특별한 사정이 있지 않은 한 망인의 장남이 제사주재자가 되고, 망인의 장남이 이미 사망한 경우에는 장남의 아들, 즉 장손자가 있다고 하더라도 망인의 차남이 제사주재자가 된다.

【문 24】 양육 및 부양의무에 관한 다음 설명 중 가장 옳지 않은 것은? (다툼이 있는 경우 판례에 의함) 2018년 법무사

① 부모가 성년의 자녀에 대하여 직계혈족으로서 민법 제974조 제1호, 제975조에 따라 부담하는 부양의무는 부양의무자가 자기의 사회적 지위에 상응하는 생활을 하면서 생활에 여유가 있음을 전제로 하여 부양을 받을 자가 자력 또는 근로에 의하여 생활을 유지할 수 없는 경우에 한하여 그의 생활을 지원하는 것을 내용으로 하는 제2차 부양의무이다.
② 부부간의 부양의무 중 과거의 부양료에 관하여는 특별한 사정이 없는 한 부양을 받을 사람이 부양의무자에게 부양의무의 이행을 청구하였음에도 불구하고 부양의무자가 부양의무를 이행하지 아니함으로써 이행지체에 빠진 후의 것에 관하여만 부양료의 지급을 청구할 수 있을 뿐이다.
③ 부부의 일방이 정당한 이유 없이 동거를 거부함으로써 자신의 협력의무를 스스로 저버리고 있다면, 상대방의 동거 청구가 권리의 남용에 해당하는 등의 특별한 사정이 없는 한, 상대방에게 부양료의 지급을 청구할 수 없다.
④ 부양료청구권의 침해를 이유로 채권자취소권을 행사하는 경우의 제척기간은 부양료청구권이 구체적인 권리로서 성립한 시기가 아니라 민법 제406조 제2항이 정한 '취소원인을 안 날' 또는 '법률행위가 있은 날'로부터 진행한다.
⑤ 증여자가 증여를 해제할 수 있는 민법 제556조 제1항 제2호의 '부양의무'에는 민법 제974조에 규정되어 있는 직계혈족 및 그 배우자 또는 생계를 같이 하는 친족 간의 부양의무뿐만 아니라 친족 간이 아닌 당사자 사이의 약정에 의한 부양의무도 포함되어, 그 경우에도 민법 제558조(전3조의 규정에 의한 계약의 해제는 이미 이행한 부분에 대하여는 영향을 미치지 아니한다)가 적용된다.

【문 25】 부양에 관한 다음 설명 중 가장 옳은 것은? (다툼이 있는 경우 판례에 의함) 2018년 법원서기보

① 부양의무는 제1차 부양의무(부양받을 자의 생활을 부양의무자의 생활과 같은 정도로 보장하는 것)와 제2차 부양의무(부양의무자가 자기의 사회적 지위에 상응하는 생활을 하면서 생활에 여유가 있음을 전제로 하여 부양을 받을 자가 자력 또는 근로에 의하여 생활을 유지할 수 없는 경우에 한하여 그의 생활을 지원하는 것)로 나눌 수 있는데, 이러한 구분은 의무이행 정도에 관한 것이지 의무이행 순위에 대해서까지 적용되는 것은 아니다.
② 민법 제826조 제1항에서 규정하는 부부간 상호부양의무는 혼인관계의 본질적 의무로서 부양을 받을 자의 생활을 부양의무자의 생활과 같은 정도로 보장하여 부부공동생활 유지를 가능하게 하는 것을 내용으로 하는 제1차 부양의무이지만, 특별한 사정이 없는 한 부양을 받을 자가 부양의무자에게 부양의무 이행을 청구하기 이전의 과거 부양료 지급은 청구할 수 없다.
③ 부모가 자녀에 대하여 부담하는 부양의무는 제1차 부양의무이다.
④ 민법 제775조 제2항에 의하면 부부 일방이 사망한 경우 혼인으로 인하여 발생한 그 직계혈족과 생존 배우자 사이의 인척관계는 일단 그대로 유지되다가 생존 배우자가 재혼한 때에 비로소 종료한다. 그러므로 부부인 갑, 을 중 갑이 사망하였더라도, 을은 재혼하기 전에는 갑의 생모 병에 대하여 민법 제974조 제1호(직계혈족 및 그 배우자 간)에 의하여 생계를 같이 하는지 여부와 관계없이 부양의무를 부담한다.

상속법

【문 1】 민법 제999조의 상속회복청구권에 관한 다음 설명 중 가장 옳지 않은 것은? (다툼이 있는 경우 판례에 의함) 2021년 법무사

① 재산상속에 관하여 진정한 상속인임을 전제로 상속으로 인한 재산권의 귀속을 주장하며 참칭상속인 또는 자기들만이 재산상속을 하였다는 일부 공동상속인들을 상대로 상속재산인 부동산에 관한 등기의 말소 등을 청구하는 것이라면 그 청구원인 여하에 불구하고 민법 제999조 소정의 상속회복청구의 소에 해당하여 10년의 제척기간의 적용을 받는다.
② 동일한 부동산에 관하여 등기명의인을 달리하여 중복된 소유권보존등기가 마쳐져, 선행 보존등기로부터 소유권이전등기를 한 소유자의 상속인이 후행 보존등기나 그에 기하여 순차로 이루어진 소유권이전등기 등 후속등기가 모두 무효라는 이유로 등기의 말소를 구하는 경우 이는 무효인 후행 보존등기로부터 이루어진 소유권이전등기가 참칭상속인에 의한 것이어서 무효이고 따라서 후속등기도 무효임을 이유로 하는 것이 아니라 후행 보존등기 자체가 무효임을 이유로 하는 것이므로 상속회복청구의 소에 해당하지 않는다.
③ 甲의 사망 후 乙이 단독상속인이 되었으나 참칭상속인 丙이 乙의 상속권을 침해한 경우, 상속회복청구권의 행사기간이 경과한 때에는 그 행사기간이 만료한 때로 소급하여 乙은 상속인으로서의 지위를 상실하게 되는 반면, 丙은 상속인으로서 지위를 취득하게 된다.
④ 상속회복청구권은 그 침해를 안 날부터 3년, 상속권의 침해행위가 있은 날부터 10년을 경과하면 소멸하는데, 피상속인의 사망 후 인지되어 공동상속인이 된 혼외자가 '상속권의 침해를 안 날'이라 함은 그 인지판결이 확정된 날을 말한다.
⑤ 제3자가 특정한 공동상속인의 의사와 아무런 상관 없이 서류를 위조하여 그 특정 상속인의 명의로 상속등기를 마쳤다고 하더라도 그 등기명의인이 참칭상속인이 되는 것은 아니다.

【문 2】 상속회복청구권에 관한 다음 설명 중 가장 옳지 않은 것은? (다툼이 있는 경우 판례에 의함) 2018년 법원서기보

① 진정상속인이 주장하는 피상속인과 참칭상속인이 주장하는 피상속인이 다른 사람인 경우라도 진정상속인이 제기한 소의 청구원인이 상속에 의하여 소유권을 취득하였음을 전제로 한 것이라면 그 소는 상속회복청구의 소에 해당한다.
② 제3자가 특정 공동상속인의 의사와 관계없이 필요한 서류를 위조하여 그 상속인의 단독명의로 소유권보존등기를 했다는 사유만으로 그 등기명의인이 참칭상속인으로 되는 것은 아니다.
③ 상속인 중 1인이 피상속인의 생전에 그로부터 토지를 매수한 사실이 없음에도 불구하고 이를 매수하였다고 하여 부동산소유권이전등기 등에 관한 특별조치법에 의한 이전등기를 경료하였음을 이유로 하여 나머지 상속인들을 대위하여 그 말소를 청구하는 소는 상속회복청구의 소에 해당한다고 볼 수 없다.
④ 상속인의 상속회복청구권 및 그 제척기간에 관한 규정은 포괄적 유증의 경우에도 유추 적용된다.

【문 3】 상속회복청구권에 관한 다음 설명 중 가장 옳지 않은 것은? (다툼이 있는 경우 판례에 의함) 2019년 법무사

① 진정상속인이 참칭상속인을 상대로 상속재산인 부동산에 관한 등기의 말소 등을 구하는 경우에 그 소유권·지분권 등의 귀속원인을 상속으로 주장하고 있는 이상 그러한 청구는 모두 상속회복청구의 소에 해당하고, 민법 제999조 제2항의 제척기간이 적용된다.
② 공동상속인 중 1인이 상속등기에 갈음하여 구 부동산소유권 이전등기 등에 관한 특별조치법에 따라 그 명의의 소유권이전등기를 경료한 경우, 다른 공동상속인이 그 등기의 말소를 청구하는 소는 상속회복청구의 소에 해당한다.
③ 상속인으로 오인될 만한 외관을 갖추고 있지 않거나 상속재산을 점유하고 있지도 않은 자가 스스로 상속인이라고 주장만을 하였다고 하여 이를 상속회복청구의 소에서 말하는 참칭상속인이라고 할 수 없다.
④ 상속회복청구권의 경우 상속재산의 일부에 대해서만 제소하여 제척기간을 준수하였을 때에는 청구의 목적물로 하지 않은 나머지 상속재산에 대해서는 제척기간을 준수한 것으로 볼 수 없다.
⑤ 상속회복청구권이 제척기간의 경과로 소멸된 경우 참칭상속인은 그 제척기간 만료일에 상속인으로서의 지위를 취득하고 상속재산은 그때부터 참칭상속인의 소유로 된다.

【문 4】 상속회복청구권에 관한 다음 설명 중 가장 옳지 않은 것은? (다툼이 있는 경우 판례에 의함) 2018년 법원행시

① 진정상속인이 참칭상속인을 상대로 상속재산인 부동산에 관한 등기의 말소 등을 구하는 경우, 그 권리의 귀속원인을 상속으로 주장하고 있는 이상 청구원인 여하에 불구하고 이는 상속회복청구의 소라고 보아야 한다.
② 진정상속인이 참칭상속인으로부터 상속재산을 양수한 제3자를 상대로 등기말소청구를 하는 경우에도 상속회복청구권의 단기의 제척기간이 적용된다.
③ 공동상속인 중 1인이 자신이 단독상속인이라고 주장하였다고 하더라도 상속권의 침해가 없다면 그러한 자를 참칭상속인이라고 할 수는 없다.
④ 진정한 상속인이 참칭상속인으로부터 상속재산에 관한 권리를 취득한 제3자를 상대로 제척기간 내에 상속회복청구의 소를 제기하였다면, 참칭상속인에 대하여 그 기간 내에 상속회복청구권을 행사한 일이 없다고 하더라도 진정한 상속인의 제3자에 대한 권리행사에 장애가 될 수는 없다.
⑤ 동일한 부동산에 관하여 등기명의인을 달리하여 중복된 소유권보존등기가 마쳐져, 선행 보존등기로부터 소유권이전등기를 한 소유자의 상속인이 후행 보존등기나 그에 기하여 순차로 이루어진 소유권이전등기 등 후속등기가 모두 무효라는 이유로 등기의 말소를 구하는 경우, 그 소는 후행 보존등기 자체가 무효임을 이유로 하는 것이므로 상속회복청구의 소에 해당한다.

【문 5】 다음 설명 중 가장 옳지 않은 것은? (다툼이 있는 경우 판례에 의함) 2020년 법무사

① 공동상속인 중 1인이 협의분할에 의한 상속을 원인으로 하여 상속부동산에 관한 소유권이전등기를 마친 경우에, 협의분할이 다른 공동상속인의 동의 없이 이루어진 것이어서 무효라는 이유로 다른 공동상속인이 위 등기의 말소를 청구하는 소는 상속회복청구의 소에 해당한다.
② 진정상속인이 참칭상속인으로부터 상속재산을 양수한 제3자를 상대로 상속재산인 부동산에 관한 등기의 말소 등을 청구하는 경우에도 상속회복청구권의 단기의 제척기간이 적용된다.
③ 상속회복청구권이 제척기간의 경과로 소멸하게 되면 상속인은 상속인으로서의 지위 즉 상속에 따라 승계한 개개의 권리의무 또한 총괄적으로 상실하게 되고, 그 반사적 효과로서 참칭상속인의 지위는 확정되어 참칭상속인이 상속개시의 시로부터 소급하여 상속인으로서의 지위를 취득한 것으로 봄이 상당하므로, 상속재산은 상속 개시일로 소급하여 참칭상속인의 소유로 된다.
④ 피상속인이 부담하던 금전채무가 공동상속인들에게 상속된 경우 공동상속인들은 그와 같은 채무를 상속재산 분할의 대상으로 삼을 수 있고 이때 상속재산 분할의 효력은 상속개시 시점으로 소급한다.
⑤ 상속의 포기는 비록 포기자의 재산에 영향을 미치는 바가 없지 아니하나, 상속인으로서의 지위 자체를 소멸하게 하는 행위로서 순전한 재산법적 행위와 같이 볼 것이 아니다. 상속의 포기는 민법 제406조 제1항에서 정하는 재산권에 관한 법률행위에 해당하지 아니하여 사해행위취소의 대상이 되지 못한다.

【문 6】 상속재산분할에 관한 다음 설명 중 가장 옳지 않은 것은? (다툼이 있는 경우 판례에 의함) 2021년 법원서기보

① 상속재산의 분할은 상속이 개시된 때 소급하여 효력이 있으나, 제3자의 권리를 해하지 못하는데, 여기서 제3자는 일반적으로 상속재산분할의 대상이 된 상속재산에 관하여 상속재산분할 전에 새로운 이해관계를 가졌을 뿐만 아니라 등기, 인도 등으로 권리를 취득한 사람을 말한다.
② 상속개시 당시에는 상속재산을 구성하던 재산이 그 후 처분되거나 멸실·훼손되었다면 그 재산은 상속재산분할의 대상이 될 수 없으나, 상속인이 그 대가로 대상재산을 취득하였다면 그 대상재산은 상속재산분할의 대상이 될 수 있다.
③ 피상속인은 유언으로 상속재산의 분할방법을 정하거나 이를 정할 것을 제3자에게 위탁할 수 있다.
④ 상속재산 분할협의는 한 번 이루어지면 그 이후에는 공동상속인들이 합의해제할 수 없다.

【문 7】 상속재산 협의분할에 관한 다음 설명 중 가장 옳지 않은 것은? (다툼이 있는 경우 판례에 의함) 2022년 법원행시

① 상속재산의 협의분할은 공동상속인 간의 일종의 계약으로서 공동상속인 전원이 참여하여야 하고 일부 상속인만으로 한 협의분할은 무효라고 할 것이나, 반드시 한 자리에서 이루어질 필요는 없고 순차적으로 이루어질 수도 있으며, 상속인 중 한 사람이 만든 분할 원안을 다른 상속인이 후에 돌아가며 승인하여도 무방하다.
② 상속의 포기는 상속이 개시된 때에 소급하여 그 효력이 있고(민법 제1042조), 포기자는 처음부터 상속인이 아니었던 것이 된다. 따라서 상속포기의 신고가 아직 행하여지지 아니하거나 법원에 의하여 아직 수리되지 아니하고 있는 동안에 포기자를 제외한 나머지 공동상속인들 사이에 이루어진 상속재산분할협의는 후에 상속포기의 신고가 적법하게 수리되어 상속포기의 효력이 발생하게 됨으로써 공동상속인의 자격을 가지는 사람들 전원이 행한 것이 되어 소급적으로 유효하게 된다. 이는 설사 포기자가 상속재산분할협의에 참여하여 그 당사자가 되었다고 하더라도 그 협의가 그의 상속포기를 전제로 하여서 포기자에게 상속재산에 대한 권리를 인정하지 아니하는 내용인 경우에도 마찬가지이다.
③ 공동상속인 중 1인이 협의분할에 의한 상속을 원인으로 하여 상속부동산에 관한 소유권이전등기를 마친 경우에, 협의분할이 다른 공동상속인의 동의 없이 이루어진 것이어서 무효라는 이유로 다른 공동상속인이 위 등기의 말소를 청구하는 소는 상속회복청구의 소에 해당하지 않으므로, 10년 제척기간의 적용을 받지 않는다.
④ 상속재산 분할협의는 공동상속인들 사이에 이루어지는 일종의 계약으로서, 공동상속인들은 이미 이루어진 상속재산 분할협의의 전부 또는 일부를 전원의 합의에 의하여 해제한 다음 다시 새로운 분할협의를 할 수 있다. 이와 같이 상속재산 분할협의가 합의해제되면 그 협의에 따른 이행으로 변동이 생겼던 물권은 당연히 그 분할협의가 없었던 원상태로 복귀하지만, 민법 제548조 제1항 단서의 규정상 이러한 합의해제를 가지고서는, 그 해제 전의 분할협의로부터 생긴 법률효과를 기초로 하여 새로운 이해관계를 가지게 되고 등기·인도 등으로 완전한 권리를 취득한 제3자의 권리를 해하지 못한다.
⑤ 금전채무와 같이 급부의 내용이 가분인 채무가 공동상속된 경우, 이는 상속 개시와 동시에 당연히 법정상속분에 따라 공동상속인에게 분할되어 귀속되는 것이므로, 상속재산 분할의 대상이 될 여지가 없다고 할 것이다. 위와 같이 상속재산 분할의 대상이 될 수 없는 상속채무에 관하여 공동상속인들 사이에 분할의 협의가 있는 경우라면 이러한 협의는 민법 제1013조에서 말하는 상속재산의 협의분할에 해당하는 것은 아니지만, 위 분할의 협의에 따라 공동상속인 중의 1인이 법정상속분을 초과하여 채무를 부담하기로 하는 약정은 면책적 채무인수의 실질을 가진다고 할 것이어서, 채권자에 대한 관계에서 위 약정에 의하여 다른 공동상속인이 법정상속분에 따른 채무의 일부 또는 전부를 면하기 위하여는 민법 제454조의 규정에 따른 채권자의 승낙을 필요로 한다고 할 것이다. 여기에 상속재산 분할의 소급효를 규정하고 있는 민법 제1015조가 적용될 여지는 없다.

【문 8】 상속재산의 분할에 관한 다음 설명 중 가장 옳은 것은? (다툼이 있는 경우 판례에 의함) 2021년 법무사

① 피상속인으로부터 상속받은 금전채무에 관하여 상속인 중 1인이 법정상속분을 초과하여 채무를 부담하기로 하는 상속재산에 대한 분할협의가 이루어진 경우 이는 상속이 개시된 때에 소급하여 그 효력이 있다.
② 상속재산의 분할협의는 공동상속인 사이에 잠정적 공유가 된 상속재산의 귀속을 확정시키는 것이므로, 그 협의를 통하여 공동상속인 중 무자력인 자가 자신의 상속에 관한 권리를 포기하는 내용으로 분할협의를 하였다고 하더라도 이러한 분할협의가 사해행위취소권 행사의 대상이 될 수는 없다.
③ 상속재산의 분할에 관하여 공동상속인 사이에 협의가 성립되지 아니하거나 협의할 수 없는 경우에는 상속재산에 속하는 개별 재산에 관하여 가정법원에 민법 제268조의 규정에 의한 공유물분할청구의 소를 제기할 수 있다.
④ 상속재산 분할협의는 공동상속인들 사이에 이루어지는 일종의 계약으로서, 공동상속인들은 이미 이루어진 상속재산 분할협의의 전부 또는 일부를 전원의 합의에 의하여 해제한 다음 다시 새로운 분할협의를 할 수 있고, 이는 이미 상속등기를 마친 경우에도 마찬가지이다.
⑤ 공동상속인 중 1인이 신청한 한정승인에 따른 청산절차가 종료되지 않은 경우 다른 상속인들은 상속재산분할청구를 할 수 없다.

【문 9】 상속에 관한 다음 설명 중 가장 옳지 않은 것은? (다툼이 있는 경우 판례에 의함)

① 한정승인자의 상속재산은 상속채권자의 채권에 대한 책임재산으로서 상속채권자에게 우선적으로 변제되어야 한다. 따라서 한정승인자가 자신의 고유채무에 관하여 상속재산에 저당권을 설정한 경우에도, 그 저당권자가 상속재산에 대한 경매절차에서 상속채권자에 우선하여 배당받을 수는 없다.

② 상속재산의 분할에 관하여 공동상속인 사이에 협의가 성립되지 아니하거나 협의할 수 없는 경우라도, 공동상속인이 상속재산에 속하는 개별 재산에 관하여 민법 제268조의 규정에 따라 공유물분할청구의 소를 제기하는 것은 허용되지 않는다.

③ 한정승인자의 고유채권자는 상속채권자가 상속재산으로부터 채권의 만족을 받지 못한 상태에서 상속재산을 고유채권에 대한 책임재산으로 삼아 이에 대하여 강제집행을 할 수 없다. 이는 한정승인자의 고유채무가 조세채무인 경우에도 그것이 상속재산 자체에 대하여 부과된 조세나 가산금, 즉 당해세에 관한 것이 아니라면 마찬가지이다.

④ 민법 제1026조 제1호는 상속인이 상속재산에 대한 처분행위를 한 때에는 단순승인을 한 것으로 본다고 규정하고 있다. 상속인이 가정법원에 상속포기의 신고를 하였더라도 이를 수리하는 가정법원의 심판이 고지되기 이전에 상속재산을 처분하였다면, 민법 제1026조 제1호에 따라 상속의 단순승인을 한 것으로 보아야 한다.

【문 10】 상속에 관한 다음 설명 중 가장 옳지 않은 것은? (다툼이 있는 경우 판례에 의함)

① 피상속인의 배우자는 피상속인에게 직계비속이 있는 경우 직계비속과 공동상속인이 되고, 직계비속인 손자녀가 있는 경우 자녀 모두가 상속을 포기하더라도 상속포기의 소급효에 따라 자녀는 처음부터 상속인이 아니었던 것이 되어 피상속인의 배우자는 손자녀와 공동상속인이 된다.

② 상속재산의 협의분할은 공동상속인 간의 일종의 계약으로서 공동상속인 전원이 참여하여야 하고 일부 상속인만으로 한 협의분할은 무효이나, 반드시 한 자리에서 이루어질 필요는 없고 순차적으로 이루어질 수도 있으며, 상속인 중 한 사람이 만든 분할 원안을 다른 상속인이 후에 돌아가며 승인하여도 무방하다.

③ 상속개시 당시에는 상속재산을 구성하던 재산이 그 후 처분되거나 멸실·훼손되는 등으로 상속재산분할 당시 상속재산을 구성하지 아니하게 되었다면 그 재산은 상속재산분할의 대상이 될 수 없다. 다만 상속인이 그 대가로 대상재산을 취득하게 된 경우, 그 대상재산이 상속재산분할의 대상이 될 수 있다.

④ 상속의 포기는 사해행위취소의 대상이 될 수 없으나, 상속재산의 분할협의는 사해행위취소의 대상이 될 수 있다.

⑤ 상속에 관한 비용은 상속재산 중에서 지급하는 것으로 상속재산의 관리 및 청산에 필요한 비용을 의미하므로, 장례비용도 피상속인이나 상속인의 사회적 지위와 그 지역의 풍속 등에 비추어 합리적인 금액 범위 내라면 이를 상속비용으로 보아야 한다.

【문 11】 상속에 관한 다음 설명 중 가장 옳은 것은? (다툼이 있는 경우 판례에 의함)   2022년 법원서기보

① 공동상속인 중에 상당한 기간 동거·간호 그 밖의 방법으로 피상속인을 특별히 부양하거나 피상속인의 재산의 유지 또는 증가에 특별히 기여한 자가 있을 때에는 상속개시 당시의 피상속인의 재산가액에서 공동상속인의 협의로 정한 그 자의 기여분을 공제한 것을 상속재산으로 보고 민법 제1009조 및 제1010조에 의하여 산정한 상속분에 기여분을 가산한 액으로써 그 자의 상속분으로 한다.
② 가정법원의 한정승인신고수리의 심판은 한정승인의 요건을 구비하였음을 인정하고 그 효력을 최종적으로 확정하는 절차이므로 민사소송으로 다툴 수 없다.
③ 상속인이 미성년인 동안 그의 법정대리인이 상속채무 초과사실을 알고도 3월 동안 상속인을 대리하여 특별한정승인을 하지 않은 경우, 특별한정승인 제도의 입법 경위, 미성년자 보호를 위한 법정대리인 제도 등을 고려하여, 상속인이 성년에 이르러 상속채무 초과사실을 알게 된 날부터 3월 내에 스스로 특별한정승인을 할 수 있다고 보아야 한다.
④ 사인증여에 관하여는 유증에 관한 규정이 준용되므로, 포괄적 사인증여를 받은 자는 포괄적 유증을 받은 자와 마찬가지로 상속인과 동일한 권리의무가 있다.

【문 12】 상속에 관한 다음 설명 중 옳지 않은 것을 모두 고른 것은? (다툼이 있는 경우 판례에 의함)   2022년 법원행시

ㄱ. 민법 제1019조(승인, 포기의 기간) 제1항에서 정한 상속인이 상속개시 있음을 안 날이라 함은 상속개시의 원인이 되는 사실의 발생과 이로써 자기가 상속인이 되었다는 점 뿐만 아니라 상속재산과 상속채무의 존재까지 알게 된 날을 뜻한다.
ㄴ. 상속인은 상속채무가 상속재산을 초과하는 사실을 중대한 과실 없이 민법 제1019조 제1항의 기간 내에 알지 못하고 단순승인을 하거나 법정단순승인이 된 경우 그 사실을 안 날부터 3개월 내에 특별한정승인을 할 수 있고, 상속인이 책임질 수 없는 사유로 위 기간을 준수하지 못한 경우에는 위 기간을 지난 후라도 위 점을 소명하여 신고함으로써 추후보완될 수 있다.
ㄷ. 상속인이 미성년인 경우 민법 제1019조 제3항에서 정한 '상속채무 초과사실을 중대한 과실 없이 제1019조 제1항의 기간 내에 알지 못하였는지'와 '상속채무 초과사실을 안 날이 언제인지'를 판단할 때에는 법정대리인의 인식을 기준으로 삼아야 하고, 이를 토대로 살폈을 때 특별한정승인 규정이 애당초 적용되지 않거나 특별한정승인의 제척기간이 이미 지난 것으로 판명되면 단순승인의 법률관계가 그대로 확정되며, 이러한 효과가 발생한 이후 상속인이 성년에 이르더라도 상속개시 있음과 상속채무 초과사실에 관하여 상속인 본인 스스로의 인식을 기준으로 특별한정승인 규정이 적용되고 제척기간이 별도로 기산되어야 함을 내세워 새롭게 특별한정승인을 할 수는 없다.
ㄹ. 상속인은 가정법원에 상속포기신고를 하였더라도 가정법원의 상속포기신고 수리 심판을 고지받을 때까지는 그 고유재산에 대하는 것과 동일한 주의로 상속재산을 관리하여야 할 의무를 부담한다.
ㅁ. 상속채권자는 상속 승인, 포기 등으로 상속관계가 확정되지 않은 동안 상속인을 상대로 상속재산에 관한 가압류결정을 받아 이를 집행할 수 있고, 그 후 상속인이 상속포기로 인하여 상속인의 지위를 소급하여 상실한다고 하더라도 이미 발생한 가압류의 효력에 영향을 미치지 않으며, 위 상속채권자는 종국적으로 상속인이 된 사람을 채무자로 한 상속재산에 대한 경매절차에서 가압류채권자로서 적법하게 배당을 받을 수 있다.
ㅂ. 피상속인의 사망 후 상속채무가 상속재산을 초과하여 상속인인 배우자와 자녀들이 상속포기를 하였는데, 그 후 피상속인의 직계존속이 사망하여 민법 제1001조, 제1003조 제2항에 따라 대습상속이 개시된 경우, 이미 사망한 피상속인의 배우자와 자녀들의 피상속인에 대한 상속포기의 효과는 피상속인의 직계존속의 사망으로 인한 대습상속에까지 미치므로, 별도로 민법이 정한 기간 내에 상속포기의 방식과 절차에 따라 피상속인의 직계존속의 사망으로 인한 대습상속 포기를 하지 않더라도 대습상속 포기의 효력이 생긴다.

① ㄱ, ㄴ, ㄷ, ㅂ
② ㄱ, ㅁ, ㅂ
③ ㄱ, ㄴ, ㅂ
④ ㄴ, ㄷ, ㄹ, ㅁ
⑤ ㄷ, ㄹ, ㅁ

【문 13】 한정승인에 관한 다음 설명 중 가장 옳지 않은 것은? (다툼이 있는 경우 판례에 의함) 2021년 법원사무관

① 상속인이 한정승인의 신고를 하게 되면 피상속인의 채무에 대한 한정승인자의 책임은 상속재산으로 한정되고, 그 결과 상속채권자는 특별한 사정이 없는 한 상속인의 고유재산에 대하여 강제집행을 할 수 없으며 상속재산으로부터만 채권의 만족을 받을 수 있다.
② 한정승인자의 고유채권자가 상속재산에 관하여 저당권 등의 담보권을 취득한 경우, 그 담보권을 취득한 채권자와 상속채권자 사이의 우열관계는 민법상 일반원칙에 따라야 하고 상속채권자가 우선적 지위를 주장할 수 없다.
③ 상속재산에 관하여 담보권을 취득하였다는 등 사정이 없는 이상, 한정승인자의 고유채권자는 상속채권자가 상속재산으로부터 그 채권의 만족을 받지 못한 상태에서 상속재산을 고유채권에 대한 책임재산으로 삼아 이에 대하여 강제집행을 할 수 없다.
④ 채권과 채무가 동일한 주체에 귀속한 때에 채권은 혼동에 의하여 소멸하게 되므로, 상속인이 피상속인에 대하여 가지고 있는 채권과 채무는 상속인이 한정승인을 하더라도 소멸된다.

【문 14】 한정승인에 관한 다음 설명 중 가장 옳지 않은 것은? (다툼이 있는 경우 판례에 의함) 2018년 법무사

① 상속인이 한정승인의 신고를 하게 되면 피상속인의 채무에 대한 한정승인자의 책임은 상속재산으로 한정되고, 그 결과 상속채권자는 특별한 사정이 없는 한 상속인의 고유재산에 대하여 강제집행을 할 수 없으며 상속재산으로부터만 채권의 만족을 받을 수 있다.
② 상속인이 한정승인을 함에는 상속개시 있음을 안 날로부터 3월 내 또는 위 기간 내에 상속채무가 상속재산을 초과하는 사실을 중대한 과실 없이 알지 못하고 단순승인을 한 경우에는 그 사실을 안 날부터 3월 내에 한정승인을 할 수 있다.
③ 상속채권자가 한정승인자의 고유재산에 대하여 강제집행을 할 수 없고 상속재산으로부터만 채권의 만족을 얻을 수 있으므로, 상속채권자는 한정승인자로부터 상속재산에 관하여 저당권 등의 담보권을 취득한 사람과의 사이에서 우선적 지위를 주장할 수 있다.
④ 상속인이 한정승인을 한 때에는 피상속인에 대한 상속인의 재산상 권리의무는 소멸하지 아니한다.
⑤ 한정승인자는 조건 있는 채권이나 존속기간의 불확정한 채권은 법원의 선임한 감정인의 평가에 의하여 변제하여야 한다.

【문 15】 상속에 관한 다음 설명 중 가장 옳지 않은 것은? (다툼이 있는 경우 판례에 의함) 2023년 법원서기보

① 보험계약자가 피보험자의 상속인을 보험수익자로 하여 맺은 생명보험계약이나 상해보험계약에서 피보험자의 상속인은 피보험자의 사망이라는 보험사고가 발생한 때에는 보험수익자의 지위에서 보험자에 대하여 보험금 지급을 청구할 수 있고, 이 권리는 상속재산이므로, 보험수익자로 지정된 상속인 중 1인이 자신에게 귀속된 보험금청구권을 포기하면 그 포기한 부분은 다른 상속인에게 귀속된다.
② 공동상속인인 친권자가 수인의 미성년자 법정대리인으로서 상속재산 분할협의를 한다면 이는 민법 제921조(친권자와 그 자간 또는 수인의 자간의 이해상반행위)에 위배되는 것이며, 이러한 대리행위에 의하여 성립된 상속재산 분할협의는 피대리자 전원에 의한 추인이 없는 한 전체가 무효이다.
③ 상속의 한정승인은 채무의 존재를 한정하는 것이 아니라 단순히 그 책임의 범위를 한정하는 것에 불과하기 때문에, 법원으로서는 상속재산이 없거나 그 상속재산이 상속채무의 변제에 부족하다고 하더라도 상속채무 전부에 대한 이행판결을 선고하여야 하고, 다만, 집행력을 제한하기 위하여 이행판결의 주문에 상속재산의 한도에서만 집행할 수 있다는 취지를 명시하여야 한다.
④ 특별수익이 존재하거나 기여분이 인정되어 구체적인 상속분이 법정상속분과 달라질 수 있는 상황에서 상속재산으로 가분채권만이 있는 특별한 사정이 있는 때에는 상속재산분할을 통하여 공동상속인들 사이에 형평을 기할 필요가 있으므로 가분채권도 예외적으로 상속재산분할의 대상이 될 수 있다.

【문 16】 상속에 관한 다음 설명 중 가장 옳지 않은 것은? (다툼이 있는 경우 판례에 의함)

① 상속재산의 협의분할은 공동상속인 간의 일종의 계약으로서 공동상속인 전원이 참여하여야 하고 일부 상속인만으로 한 협의분할은 무효라고 할 것이나, 반드시 한 자리에서 이루어질 필요는 없고 순차적으로 이루어질 수도 있으며, 상속인 중 한 사람이 만든 분할 원안을 다른 상속인이 후에 돌아가며 승인하여도 무방하다.
② 자신이 진정한 상속인임을 전제로 그 상속으로 인한 소유권 또는 지분권 등 재산권의 귀속을 주장하면서 참칭상속인 또는 참칭상속인으로부터 상속재산에 관한 권리를 취득하거나 새로운 이해관계를 맺은 제3자를 상대로 상속재산인 부동산에 관한 등기의 말소 등을 청구하는 경우, 그 재산권 귀속 주장이 상속을 원인으로 하는 것인 이상 청구원인이 무엇인지 여부에 관계없이 민법 제999조가 정하는 상속회복청구의 소에 해당한다.
③ 청약저축 가입자는 주택공급을 신청할 권리를 가지게 되고, 가입자가 사망하여 공동상속인들이 그 권리를 공동으로 상속하는 경우에는 공동상속인들이 상속지분비율에 따라 피상속인의 권리를 준공유하게 된다. 민법 제547조 제1항은 "당사자의 일방 또는 쌍방이 수인인 경우에는 계약의 해지나 해제는 그 전원으로부터 또는 전원에 대하여 하여야 한다."라고 규정하고 있다. 따라서 주택공급을 신청할 권리와 분리될 수 없는 청약저축의 가입자가 사망하였고 그에게 여러 명의 상속인이 있는 경우에 그 상속인들이 청약저축 예금계약을 해지하려면, 금융기관과 사이에 다른 내용의 특약이 있다는 등의 특별한 사정이 없는 한 상속인들 전원이 해지의 의사표시를 하여야 한다.
④ 한정승인에 따른 청산절차가 종료되지 않은 경우에는 상속재산분할청구를 할 수 없다.

【문 17】 다음 설명 중 가장 옳지 않은 것은? (다툼이 있는 경우 판례에 의함)

① 공동상속인 중에 상당한 기간 동안 피상속인을 특별히 부양한 사람이 있을지라도 공동상속인의 협의 또는 가정법원의 심판으로 기여분이 결정되지 않은 이상 유류분반환청구소송에서 기여분을 주장할 수는 없다.
② 유류분반환청구권의 행사로 인하여 생기는 원물반환의무 또는 가액반환의무는 이행기한의 정함이 없는 채무이므로, 반환의무자는 그 의무에 대한 이행청구를 받은 때에 비로소 지체책임을 진다.
③ 자필증서에 의한 유언은 유언자가 전문과 연월일, 주소, 성명을 모두 자서하고 날인하여야만 효력이 있으나, 유언자가 주소를 자서하지 않았다고 하더라도 유언장의 다른 기재에 의하여 유언자를 특정할 수 있다면 유언의 효력을 인정할 수 있다.
④ 공동상속인 중 1인이 자신의 법정상속분 상당의 상속채무 분담액을 초과하여 유류분권리자의 상속채무 분담액까지 변제한 경우, 그러한 사정을 유류분권리자의 유류분 부족액 산정 시 고려할 것은 아니다.

【문 18】 유언에 관한 다음 설명 중 가장 옳지 않은 것은? (다툼이 있는 경우 판례에 의함)

① 유언자가 자필증서에 의한 유언을 하면서 주소를 자서(自書)하지 않은 경우 유언의 효력이 없다.
② 녹음에 의한 유언은 유언자가 유언의 취지, 그 성명과 연월일을 구술하고 이에 참여한 증인이 유언의 정확함과 그 성명을 구술하여야 한다.
③ 유언은 유언자가 사망한 때부터 그 효력이 생기고, 유언에 정지조건이 있는 경우에도 그 조건이 성취되면 유언자가 사망한 때로 소급하여 효력이 생긴다.
④ 자필증서, 녹음, 공정증서 및 비밀증서의 방식에 의한 유언이 객관적으로 가능한 경우에는 구수증서에 의한 유언이 허용되지 않는다.

【문 19】 유언에 관한 다음 설명 중 가장 옳지 않은 것은? (다툼이 있는 경우 판례에 의함)   2017년 법원행시
① 자필유언증서의 연월일은 이를 작성한 날로서 유언능력의 유무를 판단하거나 다른 유언증서와 사이에 유언 성립의 선후를 결정하는 기준일이 되므로 그 작성일을 특정할 수 있게 기재하여야 한다. 따라서 연·월만 기재하고 일의 기재가 없는 자필유언증서는 그 작성일을 특정할 수 없으므로 효력이 없다.
② 유언자가 고의로 유언증서 또는 유증의 목적물을 파훼한 때에는 그 파훼한 부분에 관한 유언은 이를 철회한 것으로 본다.
③ 유증의 목적인 권리가 유언자의 사망 당시에 상속재산에 속하지 아니하는 때에는 유증의무자는 원칙적으로 그 권리를 취득하여 수증자에게 이전할 의무가 있으나, 그 권리를 취득할 수 없거나 그 취득에 과다한 비용을 요할 때에는 그 가액으로 변상할 수 있다.
④ 피상속인이 생전행위 또는 유언으로 자신의 유체·유골을 처분하거나 매장장소를 지정한 경우에, 선량한 풍속 기타 사회질서에 반하지 않는 이상 그 의사는 존중되어야 하고 이는 제사주재자로서도 마찬가지이지만, 피상속인의 의사를 존중해야 하는 의무는 도의적인 것에 그치고, 제사주재자가 무조건 이에 구속되어야 하는 법률적 의무까지 부담한다고 볼 수는 없다.
⑤ 포괄적 유증을 받은 자는 법률상 당연히 유증받은 부동산의 소유권을 취득하게 되나, 특정유증을 받은 자는 유증의무자에게 유증을 이행할 것을 청구할 수 있는 채권을 취득할 뿐이므로, 특정유증을 받은 자는 유증받은 부동산의 소유권자가 아니어서 직접 진정한 등기명의의 회복을 원인으로 한 소유권이전등기를 구할 수 없다.

【문 20】 유류분반환청구권에 관한 다음 설명 중 가장 옳지 않은 것은? (다툼이 있는 경우 판례에 의함)   2021년 법원사무관
① 유류분 권리자가 원물반환의 방법에 의하여 유류분 반환을 청구하고 그와 같은 원물반환이 가능하다면 특별한 사정이 없는 이상 법원은 원물반환을 명하여야 한다.
② 유류분반환청구권은 원칙적으로 채권자대위권의 목적이 될 수 없다.
③ 유류분반환청구권의 행사는 재판상 또는 재판 외에서 상대방에 대한 의사표시의 방법으로 할 수 있고, 이 경우 그 의사표시는 침해를 받은 유증 또는 증여행위를 지정하여 이에 대한 반환청구의 의사를 표시하면 족하다.
④ 공동상속인 중에 피상속인을 특별히 부양하거나 피상속인의 재산의 유지 또는 증가에 특별히 기여한 사람이 있는 경우, 공동상속인의 협의 또는 가정법원의 심판으로 기여분이 결정되지 않더라도 유류분반환청구소송에서 기여분을 주장할 수 있다.

【문 21】 유류분 및 기여분에 관한 다음 설명 중 가장 옳지 않은 것은? (다툼이 있는 경우 판례에 의함)   2020년 법무사
① 기여분은 상속이 개시된 때의 피상속인의 재산가액에서 유증의 가액을 공제한 액을 넘지 못한다.
② 유류분반환의 범위는 상속개시 당시 피상속인의 순재산과 문제된 증여재산을 합한 재산을 평가하여 그 재산액에 유류분청구권자의 유류분비율을 곱하여 얻은 유류분액을 기준으로 산정하는데, 증여받은 재산의 시가는 상속개시 당시를 기준으로 하여 산정하여야 한다.
③ 공동상속인 중에 피상속인으로부터 재산의 생전 증여에 의하여 특별수익을 한 자가 있는 경우에는 민법 제1114조의 규정은 그 적용이 배제되고, 그 증여는 수증자가 손해를 가할 것을 알고서 한 경우에 한하여 상속개시 1년 이전의 것인지 여부에 관계없이 유류분 산정을 위한 기초재산에 산입된다.
④ 상속개시 후에 인지판결이 확정되어 공동상속인이 된 자가 있더라도 그 인지판결 확정 전에 상속재산을 분할한 다른 공동상속인들이 그 분할받은 상속재산으로부터 발생한 과실을 취득하는 것은 피인지자에 대한 관계에서 부당이득이 되지 않는다.
⑤ 유류분반환청구권의 행사에 의하여 반환되어야 할 유증 또는 증여의 목적이 된 재산이 타인에게 양도된 경우 그 양수인이 양도 당시 유류분권리자를 해함을 안 때에는 양수인에 대하여도 그 재산의 반환을 청구할 수 있다.

【문 22】 유류분에 관한 다음 설명 중 가장 옳지 않은 것은? (다툼이 있는 경우 판례에 의함)   2023년 법원행시

① 유류분의 통상적인 반환방법은 원물반환이므로, 유류분권리자가 원물반환의 방법으로 유류분반환을 청구하고 그와 같은 원물반환이 가능하다면 특별한 사정이 없는 한 법원은 유류분권리자가 청구하는 방법에 따라 원물반환을 명하여야 한다.
② 피상속인의 직계비속 및 배우자의 각 유류분은 그 법정상속분의 2분의 1이다.
③ 공동상속인 중에 피상속인으로부터 재산의 생전 증여로 민법 제1008조의 특별수익을 받은 사람이 있으면 그 증여가 상속개시 1년 이전의 것인지 여부 또는 당사자 쌍방이 유류분권리자에 손해를 가할 것을 알고서 하였는지 여부와 관계없이 증여를 받은 재산이 유류분 산정을 위한 기초재산에 산입된다.
④ 공동상속인이 다른 공동상속인에게 무상으로 자신의 상속분을 양도하는 것은 특별한 사정이 없는 한 유류분에 관한 민법 제1008조의 증여에 해당하므로, 그 상속분은 양도인의 사망으로 인한 상속에서 유류분 산정을 위한 기초재산에 산입된다.
⑤ 유류분 반환청구자가 1977년 민법 개정으로 유류분 제도가 시행되기 전에 피상속인으로부터 재산을 증여받아 이미 이행이 완료된 경우에는 그 재산은 유류분 산정을 위한 기초재산에 포함되지 않는다고 보아야 하고, 유류분 반환청구자의 유류분 부족액 산정 시 특별수익으로 공제되지도 않는다.

【문 23】 유류분에 관한 다음 설명 중 가장 옳지 않은 것은? (다툼이 있는 경우 판례에 의함)   2022년 법원행시

① 유류분반환의 범위는 상속개시 당시 피상속인의 순재산과 문제된 증여재산을 합한 재산을 평가하여 그 재산액에 유류분청구권자의 유류분비율을 곱하여 얻은 유류분액을 기준으로 산정하는데 증여받은 재산의 시가는 상속개시 당시를 기준으로 하여 산정하여야 하므로, 증여 이후 수증자나 수증자로부터 증여재산을 양수받은 자가 자기의 비용으로 증여재산의 성상 등을 변경하여 상속개시 당시 그 가액이 증가되었다면 그와 같이 변경된 성상 등을 기준으로 상속개시 당시의 가액을 산정하여야 한다.
② 유류분반환청구권의 행사에 의하여 반환하여야 할 유증 또는 증여의 목적이 된 재산이 타인에게 양도된 경우, 그 양수인이 양도 당시 유류분권리자를 해함을 안 때에는 양수인에 대하여도 그 재산의 반환을 청구할 수 있다.
③ 민법 제1117조가 규정하는 유류분반환청구권의 단기소멸시효기간의 기산점인 '유류분권리자가 상속의 개시와 반환하여야 할 증여 또는 유증을 한 사실을 안 때'는 유류분권리자가 상속이 개시되었다는 사실과 증여 또는 유증이 있었다는 사실 및 그것이 반환하여야 할 것임을 안 때를 뜻한다.
④ 유류분권리자가 유류분반환청구를 함에 있어 증여 또는 유증을 받은 다른 공동상속인이 수인일 때에는 각자 증여 또는 유증을 받은 재산 등의 가액이 자기 고유의 유류분액을 초과하는 상속인에 대하여 그 유류분액을 초과한 가액의 비율에 따라서 반환을 청구할 수 있고, 공동상속인과 공동상속인 아닌 제3자가 있는 경우에는 그 제3자에게는 유류분이 없으므로 공동상속인에 대하여는 자기 고유의 유류분액을 초과한 가액을 기준으로 하여, 제3자에 대하여는 그 증여 또는 유증받은 재산의 가액을 기준으로 하여 그 각 가액의 비율에 따라 반환청구를 할 수 있다.
⑤ 유류분반환청구권의 행사는 재판상 또는 재판 외에서 상대방에 대한 의사표시의 방법으로 할 수 있고, 이 경우 그 의사표시는 침해를 받은 유증 또는 증여행위를 지정하여 이에 대한 반환청구의 의사를 표시하면 그것으로 족하며, 그로 인하여 생긴 목적물의 이전등기청구권이나 인도청구권 등을 행사하는 것과는 달리 그 목적물을 구체적으로 특정하여야 하는 것은 아니고, 민법 제1117조에 정한 소멸시효의 진행도 그 의사표시로 중단된다.

【문 24】 상속 및 유류분에 관한 다음 설명 중 가장 옳지 않은 것은? (다툼이 있는 경우 판례에 의함) 2021년 법무사

① 태아는 상속순위에 관하여 이미 출생한 것으로 보므로 대습상속 및 유류분권이 인정된다.
② 상속포기의 효력은 피상속인의 사망으로 개시된 상속에 미칠 뿐만 아니라, 그 후 피상속인을 피대습자로 하여 개시된 대습상속에까지 미친다.
③ 공동상속인 중에 상당한 기간 동거·간호 그 밖의 방법으로 피상속인을 특별히 부양하거나 피상속인의 재산의 유지 또는 증가에 특별히 기여한 사람이 있을지라도 공동상속인의 협의 또는 가정법원의 심판으로 기여분이 결정되지 않은 이상 유류분반환청구소송에서 기여분을 주장할 수 없다.
④ 공동상속인의 협의 또는 가정법원의 심판으로 기여분이 결정되었다고 하더라도 유류분을 산정함에 있어 기여분을 공제할 수 없고, 기여분으로 유류분에 부족이 생겼다고 하여 기여분에 대하여 반환을 청구할 수도 없다.
⑤ 유류분반환청구권은 그 행사 여부가 유류분권리자의 인격적 이익을 위하여 그의 자유로운 의사결정에 전적으로 맡겨진 권리로서 행사상의 일신전속성을 가진다고 보아야 하므로, 유류분권리자에게 그 권리행사의 확정적 의사가 있다고 인정되는 경우가 아니라면 채권자대위권의 목적이 될 수 없다.

【문 25】 유류분에 관한 다음 설명 중 가장 옳지 않은 것은? (다툼이 있는 경우 판례에 의함) 2023년 법원서기보

① 유류분권리자가 원물반환의 방법에 의하여 유류분 반환을 청구하고 그와 같은 원물반환이 가능하다면, 달리 특별한 사정이 없는 이상 법원은 유류분권리자가 청구하는 방법에 따라 원물반환을 명하여야 한다.
② 증여나 유증 후 그 목적물에 관하여 제3자가 저당권이나 지상권 등의 권리를 취득한 경우에는 원물반환이 불가능하거나 현저히 곤란하므로, 유류분권리자는 반환의무자를 상대로 가액반환만 구할 수 있다.
③ 증여 또는 유증을 받은 재산 등의 가액이 자기 고유의 유류분액을 초과하는 수인의 공동상속인이 유류분권리자에게 반환하여야 할 재산과 그 범위를 정함에 있어서, 수인의 공동상속인이 유증받은 재산의 총 가액이 유류분권리자의 유류분 부족액을 초과하는 경우에는 그 유류분 부족액의 범위 내에서 각자의 수유재산을 반환하면 되고 이를 놓아두고 수증재산을 반환할 것은 아니다.
④ 공동상속인이 아닌 제3자에 대한 증여는 원칙적으로 상속개시 전의 1년간에 행한 것에 한하여 유류분반환청구를 할 수 있으나, 당사자 쌍방이 증여 당시에 유류분권리자에 손해를 가할 것을 알고 증여를 한 때에는 상속개시 1년 전에 한 것에 대하여도 유류분반환청구가 허용된다.

박문각 이준현 채움팀

FINAL
정답 및 해설

박문각 이준현 채움팀

정답 및 해설

제1회 사전모의고사 정답 및 해설

1. 정답 ④
④ **온천권을 관습상의 물권이라 볼 수 없다**는 것이 판례의 입장(대판 1970.5.26, 69다1239)이며, 또한 **관습상의 사도통행권 인정도 물권법정주의에 위배된다**는 것이 판례의 입장(대판 2002.2.26, 2001다64165)이다.
①②③ 대판 1983.6.14, 80다3231

2. 정답 ②
② 동일한 물건 위에 소유권과 제한물권이 존재하는 때에는 소유권보다 **제한물권이 우선한다**(통설).
① 권리의 상충이라고도 말하며, 권리의 경합과는 구별되는 개념이다.
③ 이른바 채권자평등의 원칙을 말한다.
④ 물권의 배타성, 독점성으로 인한 결과이다.

3. 정답 ③
③ 계속적 계약에서는 계약의 체결 시와 이행 시 사이에 간극이 크기 때문에 당사자들이 예상할 수 없었던 사정변경이 발생할 가능성이 높지만, 이러한 경우에도 위 계약을 해지하려면 **경제적 상황의 변화로 당사자에게 불이익이 발생했다는 것만으로는 부족하다**(대판 2017.6.8, 2016다249557).
① 대판 1996.6.14, 94다41003
② 대판 2018.3.27, 2015다12130
④ 대판 2010.4.15, 2009다96953
⑤ 대법원 1988.4.27, 87누915

4. 정답 ②
② **강행법규를 위반한 자가 스스로 그 약정의 무효를 주장하는 것이** 신의칙에 위배되는 권리의 행사라는 이유로 그 주장을 배척한다면, 강행법규에 의하여 배제하려는 결과를 실현시키는 셈이 되어 입법취지를 완전히 몰각시킬 우려가 있으므로, 특별한 사정이 없는 한 **위와 같은 주장은 신의칙에 반하는 것이라고 할 수 없다**(대판 2007.11.29, 2005다64552).
① 대판 1998.5.22, 96다24101
③ 대판 1995.8.25, 94다27069
④ 대판 2007.3.29, 2004다31302

5. 정답 ③
③ 변호사의 소송위임 사무처리 보수에 관하여 변호사와 의뢰인 사이에 약정이 있는 경우 위임사무를 완료한 변호사는 원칙적으로 약정 보수액 전부를 청구할 수 있다. 다만 **그 약정 보수액이 부당하게 과다하여 신의성실의 원칙이나 형평의 관념에 반한다고 볼 만한 특별한 사정이 있는 경우에는 예외적으로 적당하다고 인정되는 범위 내의 보수액만을 청구할 수 있다**. 다만, 이는 계약자유의 원칙에 대한 예외를 인정하는 것이므로 법원은 그에 관한 합리적인 근거를 명확히 밝혀야 한다(대판 2018.5.17, 2016다35833).
① 대판 2007.11.29, 2005다64552
② 대판 2016.12.1, 2016다240543
④ 대판 2021.10.14, 2021다242154
⑤ 대판 2007.3.15, 2006다12701

6. 정답 ④
④ 채무자의 소멸시효에 기한 항변권의 행사도 우리 민법의 대원칙인 신의성실의 원칙과 권리남용금지의 원칙의 지배를 받는 것이어서, 채무자가 시효완성 전에 채권자의 권리행사나 시효중단을 불가능 또는 현저히 곤란하게 하였거나 채권자 보호의 필요성이 크고 같은 조건의 다른 채권자가 채무의 변제를 수령하는 등의 사정이 있어 채무이행의 거절을 인정함이 현저히 부당하거나 불공평하게 되는 등의 특별한 사정이 있는 경우에는 **채무자가 소멸시효의 완성을 주장하는 것이 신의성실의 원칙에 반하여 권리남용으로서 허용될 수 없다**(대판 2007.3.15, 2006다12701).
① 대판 2007.4.13, 2005다47236
② 대판 2018.5.17, 2016다35833
③ 대판 2007.3.29, 2004다31302

7. 정답 ③
• 옳지 않은 것
ㄷ. 甲이 대리권 없이 乙 소유 부동산을 丙에게 매도하여 소유권이전등기를 마쳐주었는데 이후 甲이 乙로부터 부동산을 상속받은 경우, 소유자가 된 **甲이 자신의 매매행위가 무권대리행위여서 무효임을 주장하는 것은 금반언의 원칙이나 신의성실의 원칙에 반하여 허용될 수 없다**(대판 1994.9.27, 94다20617).
ㄹ. 인지청구권은 본인의 일신전속적인 신분관계상의 권리이므로 포기할 수는 없으며, **그 행사가 상속재산에 대한 이해관계에서 비롯되었다고 하더라도 실효의 법리가 적용될 여지도 없다**(대법원 2001.11.27, 2001므1353).
• 옳은 것
ㄱ. 대판 1997.6.27, 97다12211
ㄴ. 대판 2010.2.11, 2009다82046

8. 정답 ④
④ 미성년자의 친권자인 모가 자기 오빠의 제3자에 대한 채무의 담보로 미성년자 소유의 부동산에 근저당권을 설정하는 행위는 **민법 제921조 제1항에 규정된 이해상반행위에 해당하지 않는다**(대판 1991.11.26, 91다32466).
①③⑤ 대판 2007.11.16, 2005다71659
② 대판 1994.2.8, 93다13605

9. 정답 ⑤
⑤ 개별적으로 태아의 권리능력이 인정되는 경우에도 그 권리능력은 태아인 동안에는 없고 살아서 출생하면 문제된 사건의 시기까지 소급하여 그때에 출생한 것과 같이 법률상 간주할 뿐이므로, 태아인 동안에는 **법정대리인이 있을 수**

없다(대판 1976.9.14, 76다1365). 따라서 **태아인 동안에 태아의 모(母)가 태아를 대리하여 부동산을 증여받을 수 없다.**
① 제1000조 제3항, 제1064조
② 대판 1993.4.27, 93다4663
③ 대판 1976.9.14, 76다1365
④ 대판 2019.3.28, 2016다211224

10. 정답 ④
④ 미성년자가 신용카드발행인과 사이에 신용카드 이용계약을 체결하여 신용카드거래를 하다가 신용카드 이용계약을 취소하는 경우 미성년자는 그 행위로 인하여 받은 이익이 현존하는 한도에서 상환할 책임이 있는바, 신용카드 이용계약이 취소됨에도 불구하고 신용카드회원과 해당 가맹점 사이에 체결된 개별적인 매매계약은 특별한 사정이 없는 한 신용카드 이용계약취소와 무관하게 유효하게 존속한다 할 것이고, 신용카드발행인이 가맹점들에 대하여 그 신용카드사용대금을 지급한 것은 신용카드 이용계약과는 별개로 신용카드발행인과 가맹점 사이에 체결된 가맹점 계약에 따른 것으로서 유효하므로, **신용카드발행인의 가맹점에 대한 신용카드이용대금의 지급으로써 신용카드회원(미성년자)은 자신의 가맹점에 대한 매매대금 지급채무를 법률상 원인 없이 면제받는 이익을 얻었으며, 이러한 이익은 금전상의 이득으로서 특별한 사정이 없는 한 현존하는 것으로 추정된다**(대판 2005.4.15, 2003다60297).
① 제5조
②⑤ 대판 2007.11.16, 2005다71659
③ 대판 2005.4.15, 2003다60297

11. 정답 ④
④ 제한능력자의 단독행위는 추인이 있을 때까지 상대방이 거절할 수 있으며(제16조 제3항), **그 거절의 의사표시는 제한능력자에 대해서도 할 수 있다**(제16조 제3항).
① 제15조 제1항
② 제15조 제2항
③ 제16조 제1항

12. 정답 ⑤
⑤ 가정법원이 피한정후견인 또는 피특정후견인에 대하여 성년후견개시의 심판을 할 때에는 **종전의 한정후견 또는 특정후견의 종료 심판을 한다**(제14조의3 제1항).
① 제5조 제2항
② 제9조
③ 제13조 제2항
④ 제14조의2 제2항

13. 정답 ③
③ 제한능력자의 상대방은 제한능력자가 능력자가 된 후에 그에게 1개월 이상의 기간을 정하여 그 취소할 수 있는 행위를 추인할 것인지 여부의 확답을 촉구할 수 있다. 능력자로 된 사람이 그 기간 내에 확답을 발송하지 아니하면 **그 행위를 추인한 것으로 본다**(제15조 제1항).
① 제158조
② 제947조의2 제1항
④ 제13조 제4항

14. 정답 ④
④ 실종자를 당사자로 한 판결이 확정된 후에 실종선고가 확정되어 그 사망간주의 시점이 소 제기 전으로 소급하는 경우에도, 실종선고의 효력이 발생하기 전에는 실종기간이 만료된 실종자라 하여도 소송상 당사자능력을 상실하는 것은 아니므로, **소송절차가 중단되어 부재자의 상속인 등이 이를 수계할 수 있을 뿐 위 소 제기 자체가 소급하여 당사자능력이 없는 사망한 자가 제기한 것으로 되는 것은 아니다**(대판 2008.6.26, 2007다11057). 따라서 **위 확정판결이 사망한 사람을 상대로 한 판결로서 무효가 되는 것이 아니다.**
① 대법원 2011.1.31, 2010스165
② 간주의 효과(제28조 참조)
③ 대판 1994.9.27, 94다21542
⑤ 대판 1971.3.23, 71다189

15. 정답 ④
④ 제29조 제1항 단서
① **부재자의 생사가 5년간 분명하지 아니한 때에는 법원은 이해관계인이나 검사의 청구에 의하여 실종선고를 하여야 한다**(제27조 제1항).
② 실종선고를 받은 자는 **실종기간이 만료한 때에 사망한 것으로 본다**(제28조).
③ **실종선고의 효과는 사망한 것으로 간주하는 것이므로, 설사 이후 실종선고가 취소되어야 할 사유가 생겼다고 하더라도 실제로 실종선고가 취소되지 아니하는 한 이미 개시된 상속을 부정하고 이와 다른 상속관계를 인정할 수는 없다**(대판 1994.9.27, 94다21542).
⑤ 부재자의 법률상 사망으로 인하여 직접적으로 신분상 또는 경제상의 권리를 취득하거나 의무를 면하게 되는 사람만이 실종선고를 청구할 수 있는 것이므로, **제2순위 상속인에 불과한 자는 부재자에 대한 실종선고를 청구할 이해관계인이 될 수 없다**(대법원 1986.10.10, 86스20).

16. 정답 ⑤
⑤ 부재자의 재산관리인이 부재자의 대리인으로서 소를 제기하여 그 소송계속 중에 부재자에 대한 실종선고가 확정되어 그 소 제기 이전에 부재자가 사망한 것으로 간주되는 경우에도, 실종선고의 효력이 발생하기 전에는 실종기간이 만료된 실종자라 하여도 소송상 당사자능력을 상실하는 것은 아니므로, **소송절차가 중단되어 부재자의 상속인 등이 이를 수계할 수 있을 뿐 위 소 제기 자체가 소급하여 당사자능력이 없는 사망한 자가 제기한 것으로 되는 것은 아니다**(대판 2008.6.26, 2007다11057).

정답 및 해설

① 제27조 제1항
② 대법원 1986.10.10, 86스20
③ 대법원 2011.1.31, 2010스165
④ 대판 1994.9.27, 94다21542

17. 정답 ③
③ 대표권이 없는 이사는 법인의 기관이기는 하지만 **대표기관은 아니기 때문에 그들의 행위로 인하여 법인의 불법행위가 성립하지 않는다**(대판 2005.12.23, 2003다30159).
① 제35조 제2항
② 제35조 제1항
④ 대판 2016.8.24, 2016다222453

18. 정답 ①
① 직무집행정지 가처분결정에 의해 회사를 대표할 권한이 정지된 대표이사가 그 정지기간 중에 체결한 계약은 절대적으로 무효이고, 그 후 가처분신청의 취하에 의하여 보전집행이 취소되었다 하더라도 **집행의 효력은 장래를 향하여 소멸할 뿐이므로 대표이사가 앞서 체결한 계약은 여전히 무효**이다(대판 2008.5.29, 2008다4537).
② 대판 1992.2.14, 91다24564
③ 대판 2000.1.28, 98다26187뒤
④ 대판 1982.9.28, 82다카499

19. 정답 ③
③ 민법상 재단법인의 기본재산에 관한 저당권 설정행위는 정관의 기재사항을 변경하여야 하는 경우에 해당하지 않으므로, **그에 관하여는 주무관청의 허가를 얻을 필요가 없다** (대법원 2018.7.20, 2017마1565).
①④ 대법원 2017.12.1, 2017그661
② 대판 2008.5.29, 2008다4537
⑤ 대판 1992.4.14, 91다26850

20. 정답 ①
① 법인은 법률의 규정에 좇아 정관으로 정한 목적 범위 내에서 권리와 의무의 주체가 되는데, 목적범위 내의 행위라 함은 정관에 명시된 목적 자체에 국한되는 것이 아니라 그 목적을 수행하는 데 있어 직접, 간접으로 필요한 행위는 모두 포함하며, 목적수행에 필요한지의 여부는 **행위의 객관적 성질에 따라 추상적으로 판단할 것이고 행위자의 주관적, 구체적 의사에 따라 판단할 것은 아니므로, 그 행위가 정관에 기재된 목적에 현실적으로 필요한 것인가 하는 기준에 의할 것이 아니라 정관의 기재 자체에 비추어 관찰하여 객관적, 추상적으로 필요하다고 보아야 할 것인지 여부에 따라 결정**하여야 한다(대판 2009.12.10, 2009다63236).
② 제35조
③ 통설
④ 대판 2011.4.28, 2008다15438
⑤ 대판 2004.3.26, 2003다34045

21. 정답 ②
② 법인의 정관에 법인 대표권의 제한에 관한 규정이 있는 경우 이러한 제한은 등기하지 아니하면 제3자에게 대항할 수 없다. 이 경우 그와 같은 취지가 등기되어 있지 않다면, **선의냐 악의냐에 관계없이 제3자에 대하여 대항할 수 없다**(대판 1992.2.14, 91다24564).
① 대법원 2014.1.17, 2013마1801
③ 대판 2003.1.10, 2001다1171
④ 대판 2013.11.28, 2010다91831

22. 정답 ④
④ **학교법인이 감독청의 허가 없이 기본재산인 부동산에 관한 매매계약을 체결**하는 한편 그 부동산에서 운영하던 학교를 당국의 인가를 받아 신축교사로 이전하고 준공검사까지 마친 경우, **위 매매계약이 감독청의 허가 없이 체결되어 아직은 효력이 없다고 하더라도 위 매매계약에 기한 소유권이전등기절차이행청구권의 기초가 되는 법률관계는 이미 존재한다고 볼 수 있고 장차 감독청의 허가에 따라 그 청구권이 발생할 개연성 또한 충분하므로, 매수인으로서는 미리 그 청구를 할 필요가 있는 한, 감독청의 허가를 조건으로 그 부동산에 관한 소유권이전등기절차의 이행을 청구할 수 있다**(대판 1998.7.24, 96다27988).
① 대판 1998.8.21, 98다19202
② 대판 1999.7.9, 98다9045
③ 대판 1992.2.14, 91다24564
⑤ 대판 2006.3.23, 2005다66534

23. 정답 ③
③ 제35조, 제756조 참조
① 민법상 비영리법인의 설립에는 **주무관청의 허가가 필요**하다(제32조).
② **사단법인의 정관**은 이를 작성한 사원뿐만 아니라 그 후에 가입한 사원이나 사단법인의 기관 등도 구속하는 점에 비추어 보면 그 법적 성질은 계약이 아니라 **자치법규로 보는 것이 타당하므로, 이는 어디까지나 객관적인 기준에 따라 그 규범적인 의미 내용을 확정하는 법규해석의 방법으로 해석되어야 하는 것이지, 작성자의 주관이나 해석 당시의 사원의 다수결에 의한 방법으로 자의적으로 해석될 수는 없다** 할 것이어서, 어느 시점의 사단법인의 사원들이 **정관의 규범적인 의미 내용과 다른 해석을 사원총회의 결의라는 방법으로 표명하였다 하더라도 그 결의에 의한 해석은 그 사단법인의 구성원인 사원들이나 법원을 구속하는 효력이 없다**(대판 2000.11.24, 99다12437).
④ 사원총회에서 그 결의권을 **서면으로 행사하는 것도 가능하다**(제73조 제2항).
⑤ **집합건물의 소유 및 관리에 관한 법률 제48조 제4항에 정한 매도청구권은 재건축사업의 원활한 진행을 위하여 같은 법이 재건축 불참자의 의사에 반하여 그 재산권을 박탈할 수 있도록 특별히 규정한 것으로서, 그 실질이 헌법 제23조 제3항의 공용수용과 같다고 볼 수 있는데, 재단법인의 기본재산에 대하여 집합건물의 소유 및 관리에 관한 법률에 의하여 매도청구**

정답 및 해설

를 하는 경우에도 위 기본재산을 취득하기 위해서는 재단법인의 정관변경이 별도로 필요하다고 보면, 재단법인이 스스로 그 기본재산을 처분하는 내용으로 정관변경을 하지 않는 이상 매도청구를 한 사람이 재단법인의 기본재산을 취득할 수 없게 되어 매도청구 대상자의 의사에 반하여 그 재산권을 박탈하도록 한 **매도청구권의 본질에 반하게 된다.** 따라서 재단법인의 기본재산에 대하여 집합건물의 소유 및 관리에 관한 법률상의 매도청구가 있는 경우에는 그 기본재산에 대한 매매계약의 성립뿐만 아니라 기본재산의 변경을 내용으로 하는 재단법인의 정관의 변경까지 강제된다(대판 2008.7.10, 2008다12453).

24. 정답 ②

② 민법상 법인의 이사회의 결의에 하자가 있는 경우에 관하여 법률에 별도의 규정이 없으므로 그 결의에 무효사유가 있는 경우에는 이해관계인은 언제든지 또 어떤 방법에 의하든지 그 무효를 주장할 수 있다고 할 것이지만, 이와 같은 **무효주장의 방법으로서 이사회 결의무효확인소송이 제기되어 승소확정판결이 난 경우, 그 판결의 효력은 위 소송의 당사자 사이에서만 발생하는 것이지 대세적 효력이 있다고 볼 수는 없다**(대판 2000.1.28, 98다26187).

① 제41조, 제60조
③ 제72조
④ 대법원 2018.7.20, 2017마1565

25. 정답 ③

③ 법인이 대표기관을 통하여 법률행위를 한 때에는 그 법률행위의 효과는 대표자 개인이 아니라 본인인 법인에 귀속되는 것이며, 또한 **그러한 법률행위상의 의무를 위반하여 발생한 채무불이행으로 인한 손해배상책임도 대표기관 개인이 아닌 법인만이 책임의 귀속주체가 되는 것이 원칙이다**(대판 2019.5.30, 2017다53265).

① 대판 2018.2.13, 2017다275447
② 대판 2011.5.26, 2011다1330
④ 대판 2019.5.30, 2017다53265

제2회 사전모의고사 정답 및 해설

1. 정답 ④

④ 대판 2011.2.24, 2009다17783
① 대표이사가 대표권의 범위 내에서 한 행위는 설사 대표이사가 회사의 영리 목적과 관계없이 자기 또는 제3자의 이익을 도모할 목적으로 권한을 남용한 것이라도 **일응 회사의 행위로서 유효하다**(대판 2016.8.24, 2016다222453).
② 민법 제35조 제1항의 '법인의 대표자'에는 그 명칭이나 직위 여하, 또는 **대표자로 등기되었는지 여부를 불문하고 당해 법인을 실질적으로 운영하면서 법인을 사실상 대표하여 법인의 사무를 집행하는 사람을 포함한다고 해석함이 상당하다**(대판 2011.4.28, 2008다15438).
③ **법인 아닌 사단의 사원은 집합체로서 재산을 소유(총유)할 수 있고**(제275조), 법인 아닌 사단은 대표자가 있더라도 **그 사단의 이름으로 소송의 당사자가 될 수 있다**(민사소송법 제52조).

2. 정답 ③

③ 종중 유사의 권리능력 없는 사단은 **반드시 총회를 열어 성문화된 규약을 만들고 정식의 조직체계를 갖추어야만 비로소 단체로서 성립하는 것이 아니라**, 실질적으로 공동의 목적을 달성하기 위하여 공동의 재산을 형성하고 일을 주도하는 사람을 중심으로 계속적으로 사회적인 활동을 하여 온 경우에는 이미 그 무렵부터 단체로서의 실체가 존재한다(대판 2019.2.14, 2018다264628).

① 대판 2010.9.9, 2007다42310
② 대판 2001.6.29, 99다32257
④ 대판 1983.2.8, 80다1194
⑤ 대판 2002.5.10, 2002다4863

3. 정답 ④

④ 종중총회는 특별한 사정이 없는 한 족보에 의하여 소집통지 대상이 되는 종중원의 범위를 확정한 후 국내에 거주하고 소재가 분명하여 통지가 가능한 모든 종중원에게 개별적으로 소집통지를 함으로써 각자가 회의와 토의 및 의결에 참가할 수 있는 기회를 주어야 하고, 일부 종중원에게 소집통지를 결여한 채 개최된 종중총회의 결의는 효력이 없으나, 그 소집통지의 방법은 반드시 직접 서면으로 하여야만 하는 것은 아니고 구두 또는 전화로 하여도 되고 다른 종중원이나 세대주를 통하여 하여도 무방하지만(대판 2001.6.29, 99다32257), **소집권자가 지파 또는 거주지별 대표자에게 총회소집을 알리는 것만으로는 총회소집이 적법하게 통지되었다고 볼 수 없다**(대판 1994.6.14, 93다45244).

① 대판 2003.7.22, 2002다64780
② 대법원 2009.11.19, 2008마699
③ 대판 1996.8.23, 96다12566
⑤ 대판 2006.4.20, 2004다37775

정답 및 해설

4. 정답 ③
③ 개인사찰에 있어서 창건주에 의하여 건립되었던 사찰건물이 그와 무관하게 멸실된 후 동일 용도의 사찰건물을 새로 건립하거나 산신각 등 추가적인 사찰건물이 필요하게 되어 이를 건립한 경우 **창건주가 직접 그 건물들을 건립하지 아니하고 창건주에 의하여 임명된 주지가 주도하여 신도들의 시주를 주된 재원으로 하여 이를 건립하였다고 할지라도** 특정 신도가 대부분의 자금을 출연하고 건물의 소유권을 보유하되 사찰의 건물로만 제공한다는 등의 특별한 사정이 존재하지 않는 이상 신도들의 시주와 건물 건립은 모두 그 사찰을 위하여 이루어진 것으로서 위 추가로 건립된 사찰건물들은 **역시 창건주의 소유로 귀속**된다(대판 2005.6.24, 2003다54971).
① 대판 2020.12.24, 2015다222920
② 대판 2005.6.24, 2003다54971
④ 대판 2020.12.24, 2015다222920
⑤ 대판 2000.5.12, 99다69983

5. 정답 ②
② 비법인사단인 교회의 대표자는 총유물인 교회 재산의 처분에 관하여 교인총회의 결의를 거치지 아니하고는 이를 대표하여 행할 권한이 없다. **교회의 대표자가 권한 없이 행한 교회 재산의 처분행위에 대하여는 민법 제126조의 표현대리에 관한 규정이 준용되지 아니한다**(대판 2009.2.12, 2006다23312).
① 대판 2014.2.13, 2012다112299
③ 대판 2007.4.19, 2004다60072
④ 대판 2008.2.28, 2007다37394
⑤ 대판 2006.4.20, 2004다37775

6. 정답 ⑤
⑤ 매매당사자가 그 토지의 실제의 경계가 지적공부상의 경계와 상이한 것을 모르는 상태에서 당시 실제의 경계를 대지의 경계로 알고 매매하였다고 해서 매매당사자들이 **지적공부상의 경계를 떠나 현실의 경계에 따라 매매목적물을 특정하여 매매한 것이라고 볼 수는 없다**(대판 2005.3.24, 2004다71522).
① 대판 1998.6.12, 98다6800
② 대판 1990.12.7, 90다카25208
③ 대판 1996.1.26, 95다44290
④ 대판 2006.10.26, 2006다29020

7. 정답 ①
① 경매대상 건물이 인접한 다른 건물과 합동됨으로써 건물로서 독립성을 상실하게 되었다면, 경매대상 건물만을 독립하여 양도하거나 경매의 대상으로 삼을 수는 없다. 이러한 경우 경매대상 건물에 설정되어 있던 저당권은 위 합동으로 인하여 생겨난 새로운 건물 중에서 **위 경매대상 건물이 차지하는 비율에 상응하는 공유지분 위에 존속한다**(대판 2010.1.14, 2009다66150).
② 대판 2012.1.26, 2009다76546
③ 대판 2008.5.8, 2007다36933
④ 대판 2006.10.26, 2006다29020
⑤ 대판 1993.8.13, 92다43142

8. 정답 ③
③ 부동산에 부합된 물건이 사실상 분리복구가 불가능하여 거래상 독립한 권리의 객체성을 상실하고 그 부동산과 일체를 이루는 부동산의 구성 부분이 된 경우에는 **타인이 권원에 의하여 이를 부합시켰더라도 그 물건의 소유권은 부동산의 소유자에게 귀속된다**(대판 2008.5.8, 2007다36933).
① 대판 2007.12.13, 2007도7247
② 대판 2006.10.26, 2006다29020
④ 대판 2012.1.26, 2009다76546

9. 정답 ④
• 옳은 것
가. 대판 2002.12.27, 2000다47361
다. 대판 2002.12.27, 2000다47361
마. 대판 2016.10.27, 2016다25140
• 옳지 않은 것
나. **표시되거나 상대방에게 알려진 법률행위의 동기가 반사회질서적인 경우도 민법 제103조에서 정하는 '반사회질서의 법률행위'에 포함된다**(대판 2005.7.28, 2005다23858).
라. 형사사건에 관하여 체결된 성공보수약정은 선량한 풍속 기타 사회질서에 위배되는 것이지만, **종래 이루어진 보수약정의 경우에는 보수약정이 성공보수라는 명목으로 되어 있다는 이유만으로 민법 제103조에 의하여 무효라고 단정하기는 어렵다.** 그러나 대법원이 이 판결을 통하여 형사사건에 관한 성공보수약정이 선량한 풍속 기타 사회질서에 위배되는 것으로 평가할 수 있음을 명확히 밝혔음에도 불구하고 **향후에도 성공보수약정이 체결된다면 이는 민법 제103조에 의하여 무효로 보아야 한다**(대판 2015.7.23, 2015다200111).

10. 정답 ④
④ 양도소득세의 일부를 회피할 목적으로 매매계약서에 실제로 거래한 가액을 매매대금으로 기재하지 아니하고 그보다 낮은 금액을 매매대금으로 기재하였다 하여, **그것만으로 그 매매계약이 사회질서에 반하는 법률행위로서 무효로 된다고 할 수는 없다**(대판 2007.6.14, 2007다3285).
① 대판 2005.7.28, 2005다23858
② 대판 2000.2.11, 99다56833
③ 대판 2004.5.28, 2003다70041
⑤ 대판 2004.9.3, 2004다27488

11. 정답 ④
④ 회사가 노동조합과 체결한 단체협약에서 업무상 재해로 인해 조합원이 사망한 경우에 직계가족 등 1인을 특별채용하도록 규정하여 '산재 유족 특별채용 조항'을 둔 경우, 이는 **사용자의 채용의 자유를 과도하게 제한하는 정도에 이르거**

정답 및 해설

나 채용 기회의 공정성을 현저히 해하는 결과를 초래하는 등의 특별한 사정이 없는 한 선량한 풍속 기타 사회질서에 반한다고 단정할 수 없다(대판 2020.8.27, 2016다248998).
① 대판 2000.2.11, 99다56833
② 대판 2001.2.9, 99다38613
③ 대판 2018.9.13, 2016다255125

12. 정답 ②
② 피해 당사자가 궁박, 경솔 또는 무경험의 상태에 있었다고 하더라도 **피해 당사자측의 사정을 알면서 이를 이용하려는 의사, 즉 폭리행위의 악의가 없었다거나 또는 객관적으로 급부와 반대급부 사이에 현저한 불균형이 존재하지 아니한다면 불공정 법률행위는 성립하지 않는다**(대판 2002.10.22, 2002다38927).
① 제104조
③ 대판 2002.2.11, 99다56833
④ 대판 2007.12.14, 2007다18584
⑤ 대판 2002.10.22, 2002다38927

13. 정답 ③
③ 개업공인중개사 등이 중개의뢰인과 직접 거래를 하는 행위를 금지하는 공인중개사법 제33조 제6호는 사법상의 효력까지도 부인하지 않으면 안 될 정도로 현저히 반사회성, 반도덕성을 지닌 것이라고 할 수 없으므로, 위 규정은 **강행규정이 아니라 단속규정**이다(대판 2017.2.3, 2016다259677).
① 대판 2010.12.23, 2008다75119
② 대판 2012.6.14, 2010다86525
④ 대판 2007.11.29, 2005다64552
⑤ 대판 2013.4.26, 2011다9068

14. 정답 ④
④ 주택매매계약에 있어서 매도인으로 하여금 주택의 보유기간이 3년 이상으로 되게 함으로써 **양도소득세를 부과받지 않게 할 목적으로 매매를 원인으로 한 소유권이전등기는 3년 후에 넘겨 받기로 특약을 하였다고 하더라도, 그와 같은 목적은 위 특약의 연유나 동기에 불과한 것이어서 위 특약 자체가 사회질서나 신의칙에 위반한 것이라고는 볼 수 없다**(대판 1991.5.14, 91다6627).
① 대판 2007.12.20, 2005다32159
② 대판 2002.2.11, 99다56833
③ 대판 2000.2.11, 99다56833
⑤ 대판 2013.9.26, 2011다53683

15. 정답 ⑤
⑤ 진의 아닌 의사표시인지의 여부는 효과의사에 대응하는 내심의 의사가 있는지 여부에 따라 결정되는 것인바, **근로자가 사용자의 지시에 좇아 일괄하여 사직서를 작성 제출할 당시 그 사직서에 기하여 의원면직처리될지 모른다는 점을 인식하였다고 하더라도 이것만으로 그의 내심에 사직의 의사가 있는 것이라고 할 수 없다**(대판 1991.7.12, 90다11554).

① 대판 2016.5.12, 2013다49381
② 대판 1980.7.8, 80다639
③ 대판 2002.12.27, 2000다47361
④ 대판 1992.5.22, 92다2295

16. 정답 ③
③ 통정허위표시의 무효를 대항할 수 없는 제3자란 **허위표시의 당사자 및 포괄승계인 이외의 자로서 허위표시에 의하여 외형상 형성된 법률관계를 토대로 새로운 법률원인으로써 이해관계를 갖게 된 자를 말한다**. 따라서, 甲이 부동산의 매수자금을 乙로부터 차용하고 담보조로 가등기를 경료하기로 약정한 후 채권자들의 강제집행을 우려하여 丁에게 부동산을 가장양도한 후 乙 앞으로 가등기를 경료케 한 경우에 있어서 乙은 형식상은 가장 양수인으로부터 가등기를 경료받은 것으로 되어 있으나 실질적인 새로운 법률원인에 의한 것이 아니므로 **통정허위표시에서의 제3자로 볼 수 없다**(대판 1982.5.25, 80다1403). 따라서 설문에서 乙명의의 가등기는 乙의 선악을 불문하고 무효가 된다.
① **채권의 가장양도에 있어서 채무자는** 허위표시를 기초로 새로운 법률상 이해관계를 맺은 자라고 할 수 없으므로, 민법 **제108조 제2항에 의하여 보호되는 제3자에 해당되지 않는다**(대판 1983.1.18, 82다594). 따라서 甲이 乙에게 채권의 가장양도를 함에 그 채무자 丙은 보호되는 제3자에 해당되지 않으므로, 丙은 선의라도 丁에게 변제를 거절할 수 없다.
② 대판 1996.4.26, 94다12074
④ 甲의 丙에 대한 가장채권에 있어서 이를 기초로 乙이 보증계약을 체결하였다면, **보증채무자 乙은 민법 제108조 제2항의 제3자에 해당될 여지가 있으므로, 선의의 乙이 보증채무자로서 그 채무까지 이행한 경우에는 甲에 대하여 구상권을 취득한다고 보아야 한다**.

17. 정답 ④
④ 주채무자의 차용금반환채무를 보증할 의사로 공정증서에 연대보증인으로 서명·날인하였으나 그 공정증서가 주채무자의 기존의 구상금채무 등에 관한 준소비대차계약의 공정증서이었던 경우, **위와 같은 착오는 연대보증계약의 중요부분의 착오가 아니다**(대판 2006.12.7, 2006다41457).
① 대판 2000.5.12, 2000다12259
② 대판 2003.4.11, 2002다70884
③ 대판 2014.11.27, 2013다49794
⑤ 대판 1980.8.26, 80다76

18. 정답 ②
② 대판 2018.5.30, 2017다21411
① 동기의 착오를 이유로 법률행위를 취소하려면 당사자들 사이에 별도로 그 동기를 당해 의사표시의 내용으로 삼을 것을 상대방에게 표시하고 의사표시의 해석상 법률행위의 내용으로 되어 있다고 인정되면 충분하고, **그 동기를 의사표시의 내용으로 삼기로 하는 합의까지 이루어질 필요는 없다**(대판 2000.5.12, 2000다12259).

정답 및 해설

③ 매매계약 내용의 중요 부분에 착오가 있는 경우 **매수인은 매도인의 하자담보책임이 성립하는지와 상관없이 착오를 이유로 그 매매계약을 취소할 수 있다**(대판 2018.9.13, 2015다78703).

④ 소취하합의의 의사표시 역시 **민법 제109조에 따라 법률행위의 내용의 중요부분에 착오가 있는 때에는 취소할 수 있을 것이다**(대판 2020.10.15, 2020다227523).

19. 정답 ②
② 소취하합의의 의사표시 역시 **민법 제109조에 따라 법률행위의 내용의 중요부분에 착오가 있는 때에는 취소할 수 있다**(대판 2020.10.15, 2020다227523).
① 대판 2018.9.13, 2015다78703
③ 대판 2020.5.14, 2017다220058
④ 대판 2022.9.10, 2002다21509
⑤ 대판 1980.7.8, 80다639

20. 정답 ③
• 옳은 것
ㄱ. 대판 2018.9.13, 2015다78703
ㄹ. 대판 2006.3.10, 2002다1321
• 옳지 않은 것
ㄴ. 실제로는 전세권설정계약이 없으면서도 임대차계약에 기한 임차보증금 반환채권을 담보할 목적으로 임차인과 임대인 사이의 합의에 따라 임차인 명의로 전세권설정등기를 경료한 후 그 전세권에 대하여 근저당권이 설정된 경우, **당해 전세권설정계약은 통정허위표시에 해당하여 무효라 하더라도 위 전세권근저당권자에 대하여는 그와 같은 사정을 알고 있었던 경우에만 그 무효를 주장할 수 있다**(대판 2008.3.13, 2006다29372).
ㄷ. 통정허위표시에 의하여 경료된 근저당권에 대하여 배당이 이루어진 경우, 배당채권자는 **채권자취소의 소로써 통정허위표시를 취소하지 않았다 하더라도 그 무효를 주장하여 그에 기한 채권의 존부, 범위, 순위에 관한 배당이의의 소를 제기할 수 있다**(대판 2001.5.8, 2000다9611).
ㅁ. 계약당사자 쌍방이 계약의 전제나 기초가 되는 사항에 관하여 같은 내용으로 착오가 있고 이로 인하여 그에 관한 구체적 약정을 하지 아니하였다면 당사자가 그러한 착오가 없을 때에 약정하였을 것으로 보이는 내용으로 당사자의 의사를 보충하여 계약을 해석할 수 있는 바, 여기서 보충되는 당사자의 의사는 **당사자의 실제 의사 또는 주관적 의사가 아니라 계약의 목적, 거래관행, 적용법규, 신의칙 등에 비추어 객관적으로 추인되는 정당한 이익조정 의사를 말한다**(대판 2006.11.23, 2005다13288).

21. 정답 ②
② 대출절차상의 편의를 위하여 명의만을 대여한 것으로 인정되어 채무자로 볼 수 없는 경우, 그 형식상 주채무자가 실질적인 주채무자를 위하여 보증인이 될 의사가 있었다는 등의 **특별한 사정이 없는 한 그 형식상의 주채무자에게 실질적 주채무자에 대한 보증의 의사가 있는 것으로 볼 수는 없다**(대판 2005.5.12, 2004다68366).
① 대판 2008.3.13, 2006다29372
③ 대판 2004.5.28, 2003다70041
④ 대판 1994.4.15, 93다61307
⑤ 대판 2006.3.10, 2002다1321

22. 정답 ②
② 대리권 없는 자가 한 계약은 본인의 추인이 있을 때까지 상대방은 본인이나 그 대리인에 대하여 이를 철회할 수 있으나 계약 당시에 상대방이 대리권 없음을 안 때에는 그러하지 아니한바, 이러한 민법 제134조에서 정한 상대방의 철회권은 상대방이 불안정한 지위에 놓이게 됨을 고려하여 대리권이 없었음을 알지 못한 상대방을 보호하기 위하여 상대방에게 부여된 권리로서, 계약 당시 **대리인에게 대리권이 없음을 알았다는 점에 대한 주장·입증책임은 철회의 효과를 다투는 본인에게 있다**(대판 2017.6.29, 2017다213838).
① 대판 2004.2.13, 2003다43490
③ 대판 2007.4.12, 2004다51542
④ 대판 2013.11.28, 2013다206986

23. 정답 ①
① 매매계약의 체결과 이행에 관하여 포괄적으로 대리권을 수여받은 대리인이라도 특별한 다른 사정이 없는 한 **상대방에 대하여 약정된 매매대금지급기일을 연기하여 줄 권한도 가진다고 보아야 할 것이다**(대판 1992.4.14, 91다43107).
② 대판 1994.2.8, 93다39379
③ 대판 1994.2.8, 93다39379
④ 대판 2002.6.14, 2000다38992
⑤ 대법원 2000.1.31, 99마6205

24. 정답 ①
① 표현대리행위가 성립하는 경우에 그 본인은 표현대리행위에 의하여 전적인 책임을 부담하게 되고, **과실상계의 법리를 유추적용하여 본인의 책임을 경감할 수 없다**(대판 1996.7.12, 95다49554).
② 대판 1997.4.8, 96다54942
③ 대판 2018.6.28, 2018다210775
④ 대판 1983.12.13, 83다카1489

25. 정답 ③
③ 대리권이 법률행위에 의하여 부여된 경우에는 대리인은 **본인의 승낙이 있거나 부득이한 사유있는 때가 아니면 복대리인을 선임하지 못한다**(제120조).
① 대판 2011.12.22, 2011다64669
② 대판 2018.4.26, 2016다3201
④ 제116조 제1항
⑤ 대판 1982.5.25, 81다1349

정답 및 해설

제3회 사전모의고사 정답 및 해설

1. 정답 ④
④ 매수인으로부터 매매계약 체결 대리권을 위임받은 제3자는 원칙적으로 당연히 매수인을 대리하여 **매매계약의 해제 등 일체의 처분권과 상대방의 의사를 수령할 권한까지 가지고 있다고 볼 수는 없다**(대판 2008.6.12, 2008다11276).
① 대판 1998.6.12, 97다53762
② 대판 2009.5.28, 2008다56392
③ 대판 2003.7.11, 2001다73626

2. 정답 ①
① 어음행위의 위조에 관하여도 민법상의 표현대리에 관한 규정이 적용 또는 유추적용되고, 다만 이때 **그 규정의 적용을 주장할 수 있는 자는 어음행위의 직접 상대방에 한한다**고 할 것이며, 약속어음의 배서행위의 직접 상대방은 당해 배서의 피배서인만을 가리키고 그 피배서인으로부터 다시 어음을 취득한 자는 위 배서행위의 직접 상대방이 아니라 제3취득자에 해당하며, **어음의 제3취득자는 어음행위의 직접 상대방에게 표현대리가 인정되는 경우에 이를 원용하여 피위조자에 대하여 자신의 어음상의 권리를 행사할 수가 있을 뿐이다**(대판 1999.12.24, 99다13201).
② 대판 1997.6.27, 97다3828
③ 대판 2003.7.11, 2001다73626
④ 대판 1996.8.23, 94다38199

3. 정답 ④
④ 대판 1991.3.8, 90다17088
① 대리에 있어서 의사표시의 효력이 의사의 흠결, 사기, 강박 또는 어느 사정을 알았거나 과실로 알지 못한 것으로 인하여 영향을 받을 경우에 그 사실의 유무는 **본인이 아니라 대리인을 기준으로 한다**(제116조 제1항).
② 대리인은 **행위능력자임을 요하지 않는다**(제117조).
③ 표현대리행위가 성립하는 경우에 그 본인은 표현대리행위에 의하여 전적인 책임을 져야 하고, **과실상계의 법리를 유추 적용하여 본인의 책임을 경감할 수 없다**(대판 1996.7.12, 95다49554).

4. 정답 ③
③ 대판 1994.8.26, 93다20191
① 타인의 대리인으로 계약을 한 자가 그 대리권을 증명하지 못하고 또 본인의 추인을 얻지 못한 때에 상대방이 가지는 무권대리인에 대한 계약이행 또는 손해배상청구권의 소멸시효는, 그 선택권을 행사할 수 있는 때로부터 진행한다 할 것이고 이 경우 그 선택권을 행사할 수 있는 때라고 함은 **대리권의 증명 또는 본인의 추인을 얻지 못한 때**라고 할 것이다(대판 1965.8.24, 64다1156). 무권대리인이 대리권을 증명하지 못하거나 본인의 추인을 얻지 못함을 **그 상대방이 안 때부터가 아니다**.
② 甲이 대리권 없이 乙소유 X부동산을 丙에게 매도하여 소유권이전등기를 마쳐준 이후, 甲이 乙로부터 X부동산을 상속받아 그 소유자가 되어 자신의 매매행위가 무권대리행위여서 무효였다는 이유로 丙 앞으로 마쳐진 소유권이전등기의 말소를 구하는 것은 **금반언의 원칙이나 신의성실의 원칙에 반하여 허용될 수 없다**(대판 1994.9.27, 94다20617).
④ 무권대리행위의 추인은 **무권대리인이나 상대방에게 명시 또는 묵시의 방법으로 할 수 있는 것이다**(대판 1991.3.8, 90다17088). 민법 제132조도 무권대리행위 추인의 상대방으로 **무권대리행위의 상대방만을 규정하고 있지는 않다**.
⑤ 민법 제135조의 무권대리인의 상대방에 대한 책임은 **무과실책임으로서** 대리권의 흠결에 관하여 대리인에게 과실 등의 귀책사유가 있어야만 인정되는 것이 아니다(대판 2014.2.27, 2013다213038). 따라서 甲이 자신의 대리권 흠결에 대하여 아무런 귀책사유가 없다고 하더라도 甲은 丙에 대하여 민법 제135조 제1항이 정한 무권대리인의 책임을 진다.

5. 정답 ⑤
⑤ 증권회사의 직원이 아니면서도 사실상 투자상담사의 역할을 하는 자가 고객의 유치, 투자상담 및 권유, 위탁매매약정실적의 제고 등의 업무를 위임받아 증권회사를 대리하여 예탁금을 수령하거나 위탁매매계약을 체결한 경우에는 **사실행위에 불과하므로 이를 기본대리권으로 하여서는 권한초과의 표현대리가 성립할 수 없다**(대판 1992.5.26, 91다32190).
① 대판 1992.4.14, 91다43107
② 제131조
③ 대판 2017.6.29, 2017다213838
④ 대판 1998.5.29, 97다55317

6. 정답 ④
④ 매도인의 **토지거래계약허가 신청절차에 협력할 의무**와 토지거래계약허가를 받으면 매매계약 내용에 따라 매수인이 이행하여야 할 매매대금 지급의무나 이에 부수하여 매수인이 부담하기로 특약한 **양도소득세 상당 금원의 지급의무는 동시이행관계에 있는 것은 아니다**(대판 1992.9.8, 92다19989).
① 대판 2010.8.26, 2010마818
② 대판 1997.6.27, 97다9369
③ 대판 1994.4.15, 93다39782
⑤ 대판 1993.6.22, 91다21435

7. 정답 ⑤
⑤ 매매계약이 약정된 매매대금의 과다로 말미암아 민법 제**104조에서 정하는 '불공정한 법률행위'에 해당하여 무효인 경우에도 무효행위의 전환에 관한 민법 제138조가 적용될 수 있다**. 당사자 쌍방이 위와 같은 무효를 알았더라면 대금을 다른 액으로 정하여 매매계약에 합의하였을 것이라고 예외적으로 인정되는 경우에는 그 대금액을 내용으로 하는 매매계약이 유효하게 성립될 수 있다(대판 2010.7.15, 2009다50308). 따라서 매매계약이 매매대금의 과다로 말미암아 불공정한 법률행위에 해당한다고 하더라도 **민법 제138**

정답 및 해설

조에 따라 적정한 매매대금으로 감액된 내용으로 유효하다고 볼 여지가 있다.
① 제138조
② 대판 2014.3.27, 2012다106607
③ 대판 1992.7.28, 91다33612
④ 대판 1996.3.26, 95다45545

8. 정답 ③
- 무효인 것
  ㄱ. 대판 2007.12.20, 2005다32159
  ㄴ. 대판 1966.6.21, 66다530
  ㅁ. 대판 2000.2.11, 99다56833
- 무효가 아닌 것
  ㄷ. 대판 1992.7.28, 92다14786
  ㄹ. 대판 1991.5.14, 91다6627

9. 정답 ④
④ 유동적 무효인 계약이 확정적으로 무효가 된 경우, 그에 관해 **귀책사유가 있는 자라고 하더라도 그 계약의 무효를 주장할 수 있다**(대판 1997.7.25, 97다4357).
① 대판 1992.5.12, 91다26546
② 대판 2003.3.28, 2002다72125
③ 대판 2010.7.15, 2009다50308

10. 정답 ⑤
⑤ 조건이 선량한 풍속 기타 사회질서에 위반한 것인 때에는 **조건만 분리하여 무효로 되는 것이 아니라, 그 법률행위 전체가 무효로 된다**(제151조 제1항). 따라서 조건부 법률행위에 있어 조건의 내용 자체가 불법적인 것이어서 무효일 경우에는 **조건만 분리하여 무효로 할 수 있는 것이 아니라, 그 법률행위 전체를 무효로 보아야 한다**.
① 대판 2010.7.15, 2009다50308
② 대판 2000.1.28, 99다50712
③ 대판 2002.9.4, 2002다18435
④ 대판 2006.11.10, 2004다10299

11. 정답 ①
- 옳지 않은 것
  ㄱ. 미성년자인 甲은 법정대리인 A의 동의 없이 L신용카드회사와 신용카드 이용계약을 체결하였으므로, 그 계약을 취소할 수 있다(제5조 제2항). 이 경우 법정대리인의 동의 없이 신용카드 이용계약을 체결한 미성년자 甲이 사후에 **법정대리인의 동의 없음을 사유로 들어 이를 취소하는 것은 신의칙에 위배된 것이라고 할 수 없다**(대판 2007.11.16, 2005다71659).
  ㄷ. 만일 미성년자인 甲과 L사와의 **신용카드 이용계약이 취소되면 소급해서 그 효력이 상실되므로**(제141조 본문), L사가 乙에게 甲의 신용카드 이용대금을 지급한 경우라도 L사는 甲에게 신용카드 이용계약에 따라 신용카드 이용대금을 청구할 수는 없다(대판 2007.11.16, 2005다71659).
  ㅁ. L사가 乙에게 甲의 신용카드 이용대금을 지급한 경우 그 대금의 지급으로써 **甲은 자신의 가맹점에 대한 매매대금 지급채무를 법률상 원인 없이 면제받는 이익을 얻었으며, 따라서 甲이 반환하여야 할 이익은 乙로부터 구입한 재화, 즉 외장하드가 아니라 매매대금에 해당하는 금전상의 이득이다**(대판 2005.4.15, 2003다60297).
- 옳은 것
  ㄴ. 만 18세가 넘은 미성년자가 월 소득범위 내에서 신용구매계약을 체결한 경우, **스스로 얻고 있던 소득에 대하여는 법정대리인의 묵시적 처분허락이 있었다고 볼 수 있으므로**(대판 2007.11.16, 2005다71659), 甲과 乙과의 신용구매계약은 취소할 수 없다(제6조).
  ㄹ. 만일 甲과 L사와의 신용카드 이용계약이 취소되었음에도 L사가 乙에게 甲의 신용카드 이용대금을 지급한 경우 그 대금의 지급으로써 **甲은 자신의 가맹점에 대한 매매대금 지급채무를 법률상 원인 없이 면제받는 이익을 얻었으며, L사는 甲에게 부당이득의 반환을 구할 수 있게 된다**(대판 2005.4.15, 2003다60297).

12. 정답 ①
① **의사표시가 강박에 의한 것이어서 당연무효라는 주장 속에 강박에 의한 의사표시이므로 취소한다는 주장이 당연히 포함되어 있다고는 볼 수 없다**(대판 1996.12.23, 95다40038).
② 대판 1992.5.12, 91다26546
③ 제146조
④ 제137조

13. 정답 ①
① 근로계약은 기본적으로 그 법적 성질이 사법상 계약이므로 계약 체결에 관한 당사자들의 의사표시에 무효 또는 취소의 사유가 있으면 상대방은 이를 이유로 근로계약의 무효 또는 취소를 주장하여 그에 따른 법률효과의 발생을 부정하거나 소멸시킬 수 있다. 다만 근로계약에 따라 그동안 행하여진 근로자의 노무 제공의 효과를 소급하여 부정하는 것은 타당하지 않으므로, **취소의 의사표시 이후 장래에 관하여만 근로계약의 효력이 소멸된다**(대판 2017.12.22, 2013다25194).
② 이른바 청구권 경합(통설)
③ 제146조
④ 대판 1997.12.12, 95다38240
⑤ 제142조

14. 정답 ③
- 옳지 않은 것
  ㄷ. 무권리자의 처분에 대한 권리자의 추인은 무권리자의 처분이 있음을 알고 해야 하고, 명시적으로 또는 묵시적으로 할 수 있으며, 그 의사표시는 **무권리자나 그 상대방 어느 쪽에 해도 무방하다**(대판 2017.6.8, 2017다3499).
  ㅁ. 무권리자의 처분이 계약으로 이루어진 경우에 권리자가 이를 추인하면 원칙적으로 그 계약의 효과는 **계약을 체결했을 때에 소급하여 권리자에게 귀속한다**(대판 2017.6.8, 2017다3499).

정답 및 해설

- 옳은 것
  - ㄱ. 대판 2017.6.8, 2017다3499
  - ㄴ. 대판 2017.6.8, 2017다3499
  - ㄹ. 대판 2017.6.8, 2017다3499
  - ㅂ. 대판 2014.3.13, 2009다105215

15. 정답 ①
    ① 무효인 법률행위에 따른 법률효과를 침해하는 것처럼 보이는 위법행위나 채무불이행이 있다고 하여도 **법률효과의 침해에 따른 손해는 없는 것이므로 그 손해배상을 청구할 수는 없다**(대판 2003.3.28, 2002다72125).
    ② 대판 2010.7.15, 2009다50308
    ③ 대판 2017.6.8, 2017다3499
    ④ 대판 2005.5.27, 2004다43824
    ⑤ 대판 2014.3.27, 2012다106607

16. 정답 ④
    ④ 甲과 乙이 빌라 분양을 甲이 대행하고 수수료를 받기로 하는 내용의 분양전속계약을 체결하면서, 특약사항으로 "분양계약기간 완료 후 미분양 물건은 甲이 모두 인수하는 조건으로 한다."라고 정한 경우, 위 특약사항은 **甲이 분양계약기간 만료 후 미분양 세대를 인수할 의무를 부담한다는 계약의 내용을 정한 것에 불과하고, 이와 달리 계약의 효력발생이 좌우되게 하려는 법률행위의 부관으로서 조건을 정한 것이라고 보기 어렵다**(대판 2020.7.9, 2020다202821).
    ① 대판 2003.5.13, 2003다10797
    ② 대판 1983.4.12, 81다카692
    ③ 제147조 제1항 및 제2항

17. 정답 ③
    ③ 조건의 성취로 인하여 불이익을 받을 당사자가 신의성실에 반하여 조건의 성취를 방해한 경우, 조건이 성취된 것으로 의제되는 시점은 **이러한 신의성실에 반하는 행위가 있었던 시점이 아니라 이러한 신의성실에 반하는 행위가 없었더라면 조건이 성취되었으리라고 추산되는 시점이다**(대판 1998.12.22, 98다42356).
    ① 대판 2018.6.28, 2018다201702
    ② 대판 2000.10.24, 99다33458
    ④ 대법원 2005.11.8, 2005마541
    ⑤ 대판 2009.11.12, 2009다42635

18. 정답 ③
    ③ 조건은 당해 법률행위를 구성하는 의사표시의 일체적인 내용을 이루는 것으로서, **조건을 붙이고자 하는 의사, 즉 조건의사와 그 표시가 필요하며, 조건의사가 있더라도 그것이 외부에 표시되지 않으면 법률행위의 부관으로서의 조건이 되는 것은 아니다**(대판 2003.5.13, 2003다10797).
    ① 대판 2013.7.11, 2011다101483
    ②④ 대판 2020.7.9, 2020다202821
    ⑤ 대판 2018.6.28, 2018다201702

19. 정답 ③
    - 옳은 답변을 한 학생
      甲 : 판결서가 2019. 1. 1. 오후 2시에 송달되었다면, **초일불산입 원칙에 따라 그 항소기간은 2019. 1. 2.부터 기산하여야 한다**(제157조 본문).
      乙 : 기간의 말일이 토요일 또는 공휴일인 경우 그 익일로 만료한다(제161조). 여기에서 **공휴일에는 임시 공휴일도 포함된다**. 따라서 설문에서 항소기간의 말일인 2019. 1. 15.이 임시 공휴일이라면 그 다음날인 2019. 1. 16. 24시로 항소기간이 만료하고, 2019. 1. 16.에 피고가 항소장을 법원에 접수시켰다면 이는 기간 내에 제기된 적법한 것이 된다.
      丁 : 이른바 **기간의 역산에는 통상적인 기간계산방법이 그대로 적용**된다. 따라서 총회예정일이 2019. 3. 15. 오전 10시라면 **초일불산입 원칙에 따라 2019. 3. 14. 24시가 기산점**이 되고, 그로부터 7일 전이므로 늦어도 2019. 3. 8. 오전 0시까지는 사원들에게 소집통지를 발송하여야 한다.
    - 옳지 않은 답변을 한 학생
      丙 : 따라서 2000. 2. 2. 오후 2시에 태어난 사람의 성년이 되는 시기는 초일을 산입하여 기산점으로 삼고(제158조), 미성년인 19년의 만료점은 2019. 2. 1. 24시(오후 12시)이므로, 2019. 2. 2. 오후 2시 현재는 성년자이다.

20. 정답 ②
    ② 매매예약 완결권을 행사할 수 있는 시기를 특별히 약정한 경우에도 **그 제척기간은 당초 권리의 발생일로부터 10년간의 기간이 경과되면 만료되는 것이지, 그 약정에 따라 권리를 행사할 수 있는 때로부터 10년이 되는 날까지로 연장된다고 볼 수 없다**(대판 1995.11.10, 94다22682).
    ① 대판 2019.3.14, 2018다255648
    ③ 대판 1996.9.20, 96다25371
    ④ 대판 2018.11.29, 2017다247190

21. 정답 ④
    ④ 제척기간 진행의 기산점은 특별한 사정이 없는 한 원칙적으로 권리가 발생한 때이므로, 당사자 사이에 **매매예약 완결권을 행사할 수 있는 시기를 특별히 약정한 경우에도 그 제척기간은 당초 권리의 발생일로부터 10년간의 기간이 경과되면 만료되는 것이지, 그 약정에 따라 권리를 행사할 수 있는 때로부터 10년이 되는 날까지로 연장된다고 볼 수 없다**(대판 1995.11.10, 94다22682).
    ① 대판 1995.11.10, 94다22682
    ② 대판 1996.9.20, 96다25371
    ③ 대판 1995.11.10, 94다22682
    ⑤ 대판 2012.4.26, 2009다65515

정답 및 해설

22. 정답 ②
② 부동산에 대한 매매대금 채권이 소유권이전등기청구권과 동시이행의 관계에 있다고 할지라도 매도인은 매매대금의 지급기일 이후 언제라도 그 대금의 지급을 청구할 수 있는 것이므로, 그 매매대금 청구권은 그 지급기일 이후 시효의 진행에 걸린다(대판 1991.3.22, 90다9797). 따라서 동시이행의 항변권이 붙어 있는 채권의 경우에 **이행기가 도래하면 반대급부의 이행제공여부와 관계 없이 그 소멸시효가 진행한다.**
① 제147조 제1항
③ 대판 1999.3.18, 98다32175
④ 대판 1982.1.19, 80다26260

23. 정답 ②
② 소멸시효가 완성된 채무를 피담보채무로 하는 근저당권이 실행되어 채무자 소유의 부동산이 경락되고 그 대금이 배당되어 채무의 일부 변제에 충당될 때까지 채무자가 아무런 이의를 제기하지 아니하였다면, 경매절차의 진행을 채무자가 알지 못하였다는 등 다른 특별한 사정이 없는 한, 채무자는 시효완성의 사실을 알고 그 채무를 묵시적으로 승인하여 시효의 이익을 포기한 것으로 볼 수 있지만, 채무자가 배당절차에서 이의를 제기하지 아니하였다고 하더라도 채무자의 **다른 채권자가 이의를 제기하고 채무자를 대위하여 소멸시효완성의 주장을 원용하였다면, 시효의 이익을 묵시적으로 포기한 것으로 볼 수 없다**(대판 2017.7.11, 2014다32458).
① 대판 2015.6.11, 2015다200227
③ 대판 2021.2.25, 2016다232597
④ 대판 2014.1.16, 2013다205341
⑤ 대판 2007.9.20, 2006다68902

24. 정답 ①
① 소멸시효는 법률행위에 의하여 이를 **단축 또는 경감할 수 있으나 이를 배제, 연장 또는 가중할 수는 없다**(제184조 제2항).
② 대판 2010.3.11, 2009다100098
③ 제165조 제1항 및 제3항
④ 대판 2009.7.9, 2009다14340

25. 정답 ②
② 후순위 담보권자는 선순위 담보권의 피담보채권이 소멸하면 담보권의 순위가 상승하고 이에 따라 피담보채권에 대한 배당액이 증가할 수 있지만 이는 담보권의 순위 상승에 따른 **반사적 이익에 불과하므로, 후순위 담보권자는 선순위 담보권의 피담보채권 소멸로 직접 이익을 받는 자에 해당하지 않아 선순위 담보권의 피담보채권에 관한 소멸시효가 완성되었다고 주장할 수 없다**(대판 2021.2.25, 2016다232597).
① 대판 2017.9.12, 2017다865
③ 대판 2012.1.12, 2011다78606
④ 대판 2022.8.19, 2020다220140
⑤ 대판 2020.7.9, 2016다244224

제4회 사전모의고사 정답 및 해설

1. 정답 ②
② 대판 2021.7.22, 2019다277812
① **임대차 종료 후 임차인이 보증금을 반환받기 위해 목적물을 점유하는 경우 보증금반환채권에 대한 권리를 행사하는 것으로 보아야 하고, 직접적인 이행청구를 하지 않았다고 해서 권리의 불행사라는 상태가 계속되고 있다고 볼 수 없다**(대판 2020.7.9, 2016다244224).
③ 법원이 판결로 소송비용의 부담을 정하는 재판을 하면서 그 액수를 정하지 않은 경우 **그 구체적인 소송비용 액수가 정해지기 전까지는 그 의무의 이행기가 도래한다고 볼 수 없고 이행기의 정함이 없는 상태로 유지되는 것으로서, 그 소송비용상환청구권은 소송비용부담의 재판에 해당하는 판결확정시 발생하여 그때부터 소멸시효가 진행한다**(대법원 2021.7.29, 2019마6152).
④ 임차인의 유익비상환채권은 임대차계약이 종료한 때에 비로소 발생하는 것으로서 **임대차 존속 중 임대인의 구상금채권의 소멸시효가 완성된 경우 위 구상금채권과 임차인의 유익비상환채권이 상계할 수 있는 상태에 있었다고 할 수 없으므로, 임대차 존속 중 임대인의 구상금채권의 소멸시효가 완성된 이후에 임대인이 이미 소멸시효가 완성된 구상금채권을 자동채권으로 삼아 임차인의 유익비상환채권과 상계하는 것은 인정될 수 없다**(대판 2021.2.10, 2017다258787).
⑤ 주택임대차보호법 제3조의3에서 정한 임차권등기명령에 따른 임차권등기는 주택임차인이 주택임대차보호법에 따른 대항력이나 우선변제권을 취득하거나 이미 취득한 대항력이나 우선변제권을 유지하도록 해 주는 담보적 기능을 하는 것이므로, **비록 주택임대차보호법이 임차권등기명령의 신청에 대한 재판절차와 임차권등기명령의 집행 등에 관하여 민사집행법상 가압류에 관한 절차규정을 일부 준용하고 있지만 이를 이유로 임차권등기명령에 따른 임차권등기가 본래의 담보적 기능을 넘어서 민법 제168조 제2호에서 정하는 소멸시효 중단사유인 압류 또는 가압류, 가처분에 준하는 효력이 있다고 볼 수 없다**(대판 2019.5.16, 2017다226629).

2. 정답 ③
③ 채권자가 동일한 목적을 달성하기 위하여 복수의 채권을 갖고 있는 경우 그중 어느 하나의 청구를 한 것만으로는 다른 채권 그 자체를 행사한 것으로 볼 수는 없으므로 특별한 사정이 없는 한 **그 다른 채권에 대한 소멸시효중단의 효력은 없다**(대판 2011.2.10, 2010다81285).
① 대판 2002.2.26, 2000다25484
② 대판 2011.10.13, 2010다80930
④ 대판 2017.4.28, 2016다239840

3. 정답 ①
① 대판 1979.6.26, 79다639
② 형사소송은 피고인에 대한 국가형벌권의 행사를 그 목적으로 하는 것이므로, 피해자가 형사소송에서 소송촉진등에관한특

정답 및 해설

례법에서 정한 배상명령을 신청한 경우를 제외하고는 단지 피해자가 가해자를 상대로 고소하거나 그 고소에 기하여 형사재판이 개시되어도 이를 가지고 소멸시효의 중단사유인 재판상의 청구로 볼 수는 없다(대판 1999.3.12, 98다18124).

③ 소멸시효 중단사유로서 승인은 시효이익을 받을 당사자인 채무자가 소멸시효의 완성으로 권리를 상실하게 될 자 또는 그 대리인에 대하여 그 권리가 존재함을 인식하고 있다는 뜻을 표시함으로써 성립하는 것인바, **검사 작성의 피의자신문조서**는 검사가 피의자를 신문하여 그 진술을 기재한 조서로서 그 작성형식은 원칙적으로 검사의 신문에 대하여 피의자가 응답하는 형태를 취하여 피의자의 진술은 어디까지나 검사를 상대로 이루어지는 것이어서 그 진술기재 가운데 채무의 일부를 승인하는 의사가 표시되어 있다고 하더라도, 그 기재 부분만으로 곧바로 소멸시효 중단사유로서 승인의 의사표시가 있은 것으로는 볼 수 없다(대판 1999.3.12, 98다18124).

④ 채권자가 피고로서 응소하여 권리를 주장하였으나 소가 각하되어 본안에서 피고의 주장에 관한 판단 없이 소송이 종료된 경우, 민법 제170조 제2항을 유추적용하여 그로부터 6월 이내에 채권자가 원고로서 소를 제기한 경우에는 **소 제기시가 아니라 응소시에 소급하여 시효중단의 효력이 있다**(대판 2010.8.26, 2008다42416).

⑤ 변론주의 원칙상 채권자인 피고가 응소행위를 하였다고 하여 바로 시효중단의 효과가 발생하는 것은 아니고 시효중단의 주장을 하여야 그 효력이 생기는 것이며, 시효중단의 주장은 반드시 응소시에 할 필요는 없고 사실심 변론종결 전에만 하면 족하며, **시효중단의 주장은 소멸시효기간이 만료된 후라도 사실심 변론종결 전에는 언제든지 할 수 있다**(대판 2010.8.26, 2008다42416). 따라서 **시효중단의 주장을 한 시점이 소멸시효기간이 만료된 후라도 시효중단의 효력이 생긴다.**

4. 정답 ②

② 대판 2010.8.26, 2008다42416
① 부진정연대채무에서 채무자 1인에 대한 재판상 청구 또는 채무자 1인이 행한 채무의 승인 등 **소멸시효의 중단사유나 시효이익의 포기는 다른 채무자에게 효력을 미치지 않는다**(대판 2017.9.12, 2017다865).
③ 채권자가 신청한 지급명령 사건이 채무자의 이의신청으로 소송으로 이행되는 경우에 지급명령에 의한 시효중단의 효과는 **소송으로 이행된 때가 아니라 지급명령을 신청한 때에 발생**한다(대판 2015.2.12, 2014다228440).
④ 주채무에 대한 소멸시효가 완성되어 보증채무가 소멸된 상태에서 보증인이 보증채무를 이행하거나 승인하였다고 하더라도, **주채무자가 아닌 보증인의 행위에 의하여 주채무에 대한 소멸시효 이익의 포기 효과가 발생된다고 할 수 없으며**, 주채무의 시효소멸에도 불구하고 보증채무를 이행하겠다는 의사를 표시한 경우 등과 같이 부종성을 부정하여야 할 다른 특별한 사정이 없는 한 **보증인은 여전히 주채무의 시효소멸을 이유로 보증채무의 소멸을 주장할 수 있다고 보아야 한다**(대판 2012.7.12, 2010다51192).

5. 정답 ①

① 소멸시효 완성 후에 한 소멸시효이익의 포기행위는 **소멸하였던 채무가 소멸하지 않았던 것으로 되어 결과적으로 채무를 새롭게 부담하게 되는 것이므로, 채권자취소권의 대상인 사해행위가 될 수 있다**(대법원 2013.5.31, 2012마712).
② 대판 2015.6.11, 2015다200227
③ 대판 2013.2.28, 2011다21556
④ 대판 2017.9.12, 2017다865

6. 정답 ①

① 건물에 관한 소유권이전등기청구권에 있어서 그 목적물인 **건물이 완공되지 아니하여 이를 행사할 수 없었다는 사유는 법률상의 장애사유에 해당한다**(대판 2007.8.23, 2007다28024).
② 대판 2017.4.28, 2016다239840
③ 대판 2013.2.28, 2011다21556
④ 제179조
⑤ 대판 2001.11.9, 2001다52568

7. 정답 ②

② 리조트 증축공사를 담당한 피고가 공사기간 중 리조트의 객실 및 식당의 사용료를 원고에게 매월 말 지급하기로 약정한 경우, 그 사용료 채권은 민법 제163조 제1호의 '사용료 기타 1년 이내의 기간으로 정한 금전의 지급을 목적으로 한 채권'으로서 **소멸시효기간이 3년이 아니라, 민법 제164조 제1호에 정한 '숙박료 및 음식료 채권'으로서 그 소멸시효기간은 1년이라고 보아야 한다**(대판 2020.2.13, 2019다271012).
① 대판 2017.3.22, 2016다258124
③ 제165조 제2항
④ 대판 2019.5.16, 2017다226629

8. 정답 ①

- 옳지 않은 것 : 없음
- 옳은 것
  ㄱ. 대판 1999.7.9, 98다9045
  ㄴ. 대판 2010.8.19, 2010다43801
  ㄷ. 대판 1999.7.9, 98다57457
  ㄹ. 대판 1980.7.8, 79다1928

9. 정답 ②

② 자신의 토지에 폐기물을 매립하거나 토양을 오염시켜 토지를 유통시킨 경우는 물론 타인의 토지에 그러한 행위를 하여 토지가 유통된 경우, 그 폐기물을 매립한 자 또는 토양오염을 유발시킨 자는 거래의 상대방에게는 물론이며 **자신과 직접적인 거래관계가 없는 토지의 전전 매수인에 대한 관계에서도 폐기물 처리비용이나 오염정화비용 상당의 손해에 관한 불법행위책임을 부담한다**(대판 2016.5.19, 2009다66549).
① 대판 2014.3.13, 2009다105215

정답 및 해설

③ 대판 2012.5.17, 2010다28604
④ 대판 1984.9.25, 84다카148
⑤ 대판 2019.1.24, 2016다264556

10. **정답 ②**
    ② 민법 제214조의 규정에 의하면 소유자는 소유권을 방해하는 자에 대하여 방해의 제거를 청구할 수 있고 소유권을 방해할 염려있는 행위를 하는 자에 대하여 그 예방이나 손해배상의 담보를 청구할 수 있으나, 소유자가 침해자에 대하여 방해제거 행위 또는 방해예방 행위를 하는 데 드는 비용을 청구할 수 있는 권리는 위 규정에 포함되어 있지 않으므로 **민법 제214조에 기하여 방해배제 비용 또는 방해예방 비용을 청구할 수는 없다**(대판 2014.11.27, 2014다52612).
    ① 대판 1996.3.8, 95다34866
    ③ 대판 2012.9.27, 2011다76747
    ④ 대판 2010.8.19, 2010다43801

11. **정답 ④**
    ④ 건물의 공유자들이 부담하는 건물철거의무는 성질상 불가분채무라 할 것이지만(대판 1980.6.24, 80다756), 건물의 공동상속인 **전원을 피고로 하여서만 건물의 철거청구를 할 수 있는 것은 아니고 공동상속인 중의 한 사람만을 상대로 그 상속분의 한도에서만 건물의 철거를 청구할 수 있다**(대판 1968.7.31, 68다1102).
    ① 대판 1999.7.9, 98다57457
    ② 대판 2010.8.19, 2010다43801
    ③ 대판 2001.11.27, 2000다33638
    ⑤ 대판 2014.12.11, 2014다50203

12. **정답 ⑤**
    ⑤ 부동산매수인이 목적부동산을 인도받아 계속 점유하는 경우에는 그 소유권이전등기청구권의 소멸시효가 진행하지 않는다. 부동산의 매수인이 그 부동산을 인도받은 이상 이를 사용·수익하다가 그 부동산에 대한 보다 적극적인 권리행사의 일환으로 **다른 사람에게 그 부동산을 처분하고 그 점유를 승계하여 준 경우에도 그 소유권이전등기청구권의 소멸시효는 진행되지 않는다**(대판 1999.3.18, 98다32175). 따라서 甲이 丙에게 A 토지를 처분하여 점유를 승계하여 주었다고 하더라도, 甲의 소유권이전등기청구권은 여전히 소멸시효가 진행되지 않는다.
    ① 甲은 그 소유권이전등기를 경료하지 않는 한 A 토지의 소유권을 취득할 수 없고, 소유권에 준하는 관습상의 물권이 있다고도 할 수 없으므로(대판 2006.10.27, 2006다49000), 甲은 소유권에 기한 물권적 청구권을 행사할 수 없다.
    ② 토지의 매수인이 **아직 소유권이전등기를 경료받지 아니하였다 하여도 매매계약의 이행으로 그 토지를 인도받은 때에는 매매계약의 효력으로서 이를 점유·사용할 권리가 생기게 된 것이므로**(대판 1998.6.26, 97다42823), 乙은 甲을 상대로 A 토지에 대하여 소유권에 기한 반환청구를 할 수 없다(제213조 단서).

③ 대판 2001.2.9, 2000다60708
④ 토지의 매수인이 **아직 소유권이전등기를 경료받지 아니하였다 하여도 매매계약의 이행으로 그 토지를 인도받은 때에는 매매계약의 효력으로서 이를 점유·사용할 권리가 생기게 되고, 토지의 매수인으로부터 위 토지를 다시 매수한 자는 위와 같은 토지의 점유사용권을 취득한 것이므로**(대판 1998.6.26, 97다42823), 甲이 丙에게 A 토지를 전매하였다고 하더라도, 乙은 丙에 대하여 소유권에 기한 물권적 청구권을 행사하거나 丙의 점유·사용을 법률상 원인이 없는 이익이라고 하여 부당이득반환청구를 할 수는 없다(대판 2016.7.7, 2014다2662).

13. **정답 ①**
    ① 공유물분할의 소송절차 또는 조정절차에서 공유자 사이에 공유토지에 관한 현물분할의 협의가 성립하여 그 합의사항을 조서에 기재함으로써 조정이 성립하였다고 하더라도, 재판에 의한 공유물분할의 경우와 마찬가지로 그 즉시 공유관계가 소멸하고 각 공유자에게 그 협의에 따른 새로운 법률관계가 창설되는 것은 아니라고 할 것이고, 토지의 분필절차를 마친 후 각 단독소유로 하기로 한 부분에 관하여 **다른 공유자의 공유지분을 이전받아 등기를 마침으로써 비로소 그 부분에 대한 대세적 권리로서의 소유권을 취득하게 된다**(대판 2013.11.21, 2011두1917).
    ② 대판 2010.1.28, 2009다66990
    ③ 대판 1979.12.11, 78다481
    ④ 대판 2016.1.28, 2013다59876
    ⑤ 대판 1998.6.12, 98다6800

14. **정답 ⑤**
    ⑤ 근저당권설정등기의 불법말소를 이유로 그 회복등기를 구하는 본안소송에서 원고가 승소판결을 받는다고 하더라도 **후순위 근저당권자가 있는 경우에는 바로 회복등기를 할 수는 없고, 후순위 근저당권자를 상대로 승낙을 구하는 소송을 별도로 제기하여 승소판결을 받아야 한다**(대판 2001.8.24, 2000다12785).
    ① 대판 1981.11.18, 81다1340
    ② 대판 2003.5.13, 2002다64148
    ③ 대판 1980.11.11, 80다441
    ④ 대판 1996.10.17, 96다12511

15. **정답 ⑤**
    ⑤ 매매로 인한 소유권이전등기청구권은 특별한 사정이 없는 이상 그 권리의 성질상 양도가 제한되는 것으로서, **통지만으로는 채무자에 대한 대항력이 생기지 않으며 반드시 채무자의 동의나 승낙을 받아야 대항력이 생긴다**(대판 2001.10.9, 2000다51216). 따라서 매수인 甲이 매도인 乙에 대한 소유권이전등기청구권을 丙에게 양도한 경우 **甲이 乙에게 이러한 사실을 통지하였다고 하더라도 丙은 乙에 대하여 대항력을 취득하지 못한다.**
    ① 대판 1982.9.14, 81다카923

정답 및 해설

② 대판 1994.1.25, 93다16338
③ 대판 1982.6.22, 81다1298
④ 대판 1999.4.9, 99다2515

16. 정답 ①
- 옳지 않은 것 : 없음
- 옳은 것
  ㄱ. 대판 1996.6.28, 96다16247
  ㄴ. 대판 1981.11.18, 81다1340
  ㄷ. 대판 1996.10.17, 96다12511
  ㄹ. 대법원 2012.10.29, 2012마1235

17. 정답 ②
② 근저당권설정등기의 불법말소를 이유로 그 회복등기를 구하는 본안소송에서 원고가 승소판결을 받는다고 하더라도 그 후순위 근저당권자가 있는 경우에는 바로 회복등기를 할 수 있는 것은 아니고 부동산등기법 제75조에 의하여 **이해관계 있는 제3자인 후순위 근저당권자의 승낙서 또는 이에 대항할 수 있는 재판의 등본을 첨부하여야** 하므로 원고로서는 후순위 근저당권자를 상대로 승낙을 구하는 소송을 별도로 제기하여 승소판결을 받아야 한다(대판 2001.8.24, 2000다12785).
① 대판 1981.11.18, 81다1340
③ 대판 2003.5.13, 2002다64148
④ 대법원 2012.10.29, 2012마1235

18. 정답 ③
③ 등기명의인의 경정등기는 명의인의 동일성이 인정되는 범위를 벗어나면 허용되지 아니하지만, 명의인의 동일성이 인정되지 않는 위법한 경정등기가 마쳐졌다 하더라도, **그것이 일단 마쳐져서 경정 후의 명의인의 권리관계를 표상하는 결과에 이르렀고 그 등기가 실체관계에도 부합하는 것이라면 등기는 유효하다고 보아야 한다**(대판 2015.5.21, 2012다952).
① 대판 2000.3.10, 99다65462
② 대판 1981.8.25, 80다3259
④ 대판 2003.5.13, 2002다64148

19. 정답 ⑤
⑤ 전 등기명의인이 미성년자이고 당해 부동산을 친권자에게 증여하는 행위가 이해상반행위라 하더라도 일단 친권자에게 이전등기가 경료된 이상, **친권자에게 마쳐진 소유권이전등기에 관하여 필요한 절차를 적법하게 거친 것으로 추정된다**(대판 2002.2.5, 2001다72029).
① 대판 2019.1.31, 2018다287751
② **소유권이전등기의 원인으로 주장된 계약서가 진정하지 않은 것으로 증명된 이상 그 등기의 적법추정은 복멸되는 것이고 계속 다른 적법한 등기원인이 있을 것으로 추정할 수는 없다** (대판 1998.9.22, 98다29568).
③ 대판 2011.5.13, 2009다94384
④ 대판 1994.11.11, 94다14933 ; 대판 1989.10.27, 87다카425

20. 정답 ②
② 등기부상 기재된 등기원인에 의하지 아니하고 다른 원인으로 적법하게 취득하였다고 하면서 **등기원인행위의 태양이나 과정을 다소 다르게 주장한다고 하여 이러한 주장만 가지고 그 등기의 추정력이 깨어진다고 할 수는 없다**(대판 2000.3.10, 99다65462).
① 대판 2014.3.13, 2009다105215
③ 대판 2011.5.13, 2009다94384
④ 대판 1982.9.14, 81다카923
⑤ 대판 1995.4.28, 94다23524 ; 대판 2001.10.12, 99다39258

21. 정답 ④
- 옳지 않은 것
  ㄱ. 공유물분할의 소에서 공유부동산의 특정한 일부씩을 각각의 공유자에게 귀속시키는 것으로 현물분할하는 내용의 조정이 성립하였다고 하더라도 **재판에 의한 공유물분할의 경우와 마찬가지로 그 즉시 공유관계가 소멸하고 각 공유자에게 그 협의에 따른 새로운 법률관계가 창설되는 것은 아니라고 할 것**이므로, 토지의 분필절차를 마친 후 각 단독소유로 하기로 한 부분에 관하여 **다른 공유자의 공유지분을 이전받아 등기를 마침으로써 비로소 그 부분에 대한 대세적 권리로서의 소유권을 취득하게 된다**(대판 2013.11.21, 2011두1917).
  ㄹ. 구분점포의 매매당사자가 매매계약 당시 구분점포의 실제 이용현황이 집합건축물대장 등 공부와 상이한 것을 모르는 상태에서 점포로서 이용현황대로 위치 및 면적을 매매목적물의 그것으로 알고 매매하였다고 해서 매매당사자들이 **건축물대장 등 공부상 위치와 면적을 떠나 이용현황대로 매매목적물을 특정하여 매매한 것이라고 볼 수 없다**(대판 2012.5.24, 2012다105).
- 옳은 것
  ㄴ. 대판 2021.7.8, 2017다204247
  ㄷ. 대법원 1998.10.30, 98마475

22. 정답 ⑤
- 옳지 않은 것
  ㄴ. 등기명의인의 경정등기는 명의인의 동일성이 인정되는 범위를 벗어나면 허용되지 아니한다. 그렇지만 명의인의 동일성이 인정되지 않는 위법한 경정등기가 마쳐졌다 하더라도, **그것이 일단 마쳐져서 경정 후의 명의인의 권리관계를 표상하는 결과에 이르렀고 그 등기가 실체관계에도 부합하는 것이라면 등기는 유효하다**(대판 2015.5.21, 2012다952).
  ㄷ. 근저당권설정등기가 채권자가 아닌 제3자의 명의로 경료되고 그 후 다시 채권자가 위 근저당권설정등기에 대한 부기등기의 방법으로 위 근저당권을 이전받았다면 그때부터 위 근저당권설정등기는 실체관계에 부합하는 유효한 등기로 볼 수 있다. 그러나 **그 유용의 합의 이전에 소유권이전청구권 가등기가 경료되고 그 후 다시 채권자 명의의 위 근저당권이전의 부기등기가 경료되었다면 이**

정답 및 해설

는 가등기권리자를 보호하기 위하여 위 근저당권설정등기는 유효한 등기로 볼 수 없다(대판 2007.1.11, 2006다50055).

ㅁ. 가등기가 이루어진 부동산에 관하여 제3취득자 앞으로 소유권이전등기가 마쳐진 후 그 가등기가 말소된 경우 그와 같이 말소된 그 가등기의 회복등기청구는 회복등기의무자인 제3취득자를 상대로 하여야 한다(대판 2009.10.15, 2006다43903).

• 옳은 것
ㄱ. 대판 2007.12.13, 2007다57459
ㄹ. 대판 2013.3.14, 2011다48711

23. 정답 ④

④ 사해행위 취소의 효력은 채무자와 수익자의 법률관계에 영향을 미치지 아니하고, **사해행위 취소로 인한 원상회복 판결의 효력도 소송의 당사자인 채권자와 수익자 또는 전득자에게만 미칠 뿐 채무자나 다른 채권자에게 미치지 아니하므로**, 어느 채권자가 수익자를 상대로 사해행위 취소 및 원상회복으로 소유권이전등기의 말소를 명하는 판결을 받았으나 말소등기를 마치지 아니한 상태라면 소송의 당사자가 아닌 다른 채권자는 위 판결에 기하여 채무자를 대위하여 말소등기를 신청할 수 없다. 그럼에도 불구하고 다른 채권자의 등기 신청으로 말소등기가 마쳐졌다면 등기에는 절차상의 흠이 존재한다. 그러나 채권자가 사해행위 취소의 소를 제기하여 승소한 경우 취소의 효력은 민법 제407조에 따라 모든 채권자의 이익을 위하여 미치므로 수익자는 채무자의 다른 채권자에 대하여도 사해행위의 취소로 인한 소유권이전등기의 말소등기의무를 부담하는 점, 등기절차상의 흠을 이유로 말소된 소유권이전등기가 회복되더라도 다른 채권자가 사해행위 취소판결에 따라 사해행위가 취소되었다는 사정을 들어 수익자를 상대로 다시 소유권이전등기의 말소를 청구하면 수익자는 말소등기를 해 줄 수밖에 없어서 결국 말소된 소유권이전등기가 회복되기 전의 상태로 돌아가는데 이와 같은 불필요한 절차를 거치게 할 필요가 없는 점 등에 비추어 보면, **사해행위 취소 및 원상회복으로 소유권이전등기의 말소를 명한 판결의 소송당사자가 아닌 다른 채권자가 위 판결에 기하여 채무자를 대위하여 마친 말소등기는 등기절차상의 흠에도 불구하고 실체관계에 부합하는 등기로서 유효**하다(대판 2015.11.17, 2013다84995).

① 대판 2002.2.5, 2001다72029
② 대판 1996.6.28, 96다16247
③ 대판 2017.12.22, 2017다360

24. 정답 ②

② 부동산의 최초매도인, 중간자, 최종매수인 사이에 최초매도인으로부터 최종매수인에게 소유권이전등기를 해주기로 하는 합의가 있었다고 하여 **중간매수인의 소유권이전등기청구권이 소멸된다거나 첫 매도인의 그 매수인에 대한 소유권이전등기의무가 소멸되는 것은 아니라 할 것이다**(대판 1991.12.13, 91다18316).

① 대판 1973.7.24, 73다114
③ 대판 2011.5.13, 2009다94384
④ 대판 1998.11.19, 98다24105

25. 정답 ③

③ 대판 2007.5.10, 2007다3612

① 매매를 원인으로 한 소유권이전등기절차의 이행을 명하는 것과 같은 내용의 판결 또는 소유권이전의 약정을 내용으로 하는 화해조서는 민법 제187조의 판결에 포함되지 않는다(대판 1965.8.17, 64다1721). 따라서 설문과 같이 '피고는 원고에게 X토지에 관하여 2015. 4. 2. 매매를 원인으로 한 소유권이전등기절차를 이행하라.'는 이행판결이 확정되었다고 하더라도, X토지에 관하여 소유권이전등기를 하여야만 그 소유권을 취득한다.

② 부동산등기에는 선의취득이나 공신력이 인정되지 않는다(제249조 참조). 따라서 乙이 서류를 위조하여 자신의 이름으로 소유권이전등기를 마쳤다고 하더라도 乙은 그 소유권을 취득할 수 없고, 丙이 乙의 소유등기를 진실한 것으로 믿었고 믿은 데에 과실이 없었다고 하더라도 丙은 그 소유권을 취득하지 못한다.

④ 무효인 소유권이전등기에 터 잡아 가압류등기를 마친 채권자가 존재하는 경우 진정한 소유자는 원인무효인 소유권이전등기의 말소를 위하여 이해관계에 있는 제3자인 가압류채권자를 상대로 하여 원인무효 등기의 말소에 대한 승낙의 의사표시를 구하여야 한다(대판 1998.11.27, 97다41103).

⑤ 공유물분할의 소에서 공유부동산의 특정한 일부씩을 각각의 공유자에게 귀속시키는 것으로 현물분할하는 내용의 조정이 성립하였다고 하더라도, 재판에 의한 공유물분할의 경우와 마찬가지로 그 즉시 공유관계가 소멸하고 각 공유자에게 그 협의에 따른 새로운 법률관계가 창설되는 것은 아니라고 할 것이고, 토지의 분필절차를 마친 후 각 단독소유로 하기로 한 부분에 관하여 다른 공유자의 **공유지분을 이전받아 등기를 마침으로써 비로소 그 부분에 대한 대세적 권리로서의 소유권을 취득**하게 된다(대판 2013.11.21, 2011두1917). 즉, 설문의 경우 민법 제187조 소정의 '판결'에 해당하지 않으므로, **조정이 성립한 때가 아니라 이전등기를 마친 때에 물권변동의 효력이 발생**한다.

정답 및 해설

제5회 사전모의고사 정답 및 해설

1. 정답 ②
- 옳은 것
  - ㄴ. 대판 2008.5.8, 2007다36933
  - ㄷ. 대판 1991.3.22, 91다70
  - ㄹ. 대판 1972.5.23, 72다115
- 옳지 않은 것
  - ㄱ. 채무자 이외의 자의 소유에 속하는 동산을 경매한 경우에도 그 소유권을 선의취득한다고 할 것이지만, **그 동산의 소유자는 배당을 받은 채권자에 대하여 부당이득으로서 배당받은 금원의 반환을 청구할 수 있으나**(대판 1998.3.27, 97다32680), 선의취득제도는 권리외관을 중시하여 이를 신뢰한 자의 소유권 취득을 인정하고 진정한 소유자의 추급을 방지함으로써 거래의 안전을 확보하기 위하여 법이 마련한 제도로서 그 법률효과가 법률의 규정에 의하여 발생되므로, **선의취득자가 임의로 이와 같은 선의취득효과를 거부하고 종전 소유자에게 동산 자체를 반환받아 갈 것을 요구할 수는 없다**(대판 1998.6.12, 98다6800).

2. 정답 ②
- ② 민법 제251조는 제249조와 제250조를 전제로 하고 있는 규정이므로 **무과실도 당연한 요건이라고 해석하여야 한다**(대판 1991.3.22, 91다70). 따라서 위 규정이 적용되기 위하여는 양수인이 무과실일 필요가 있다.
- ① 대판 1999.1.26, 97다48906
- ③ 대판 1998.6.12, 98다6800
- ④ 대판 1991.3.22, 91다70
- ⑤ 대판 2016.12.15, 2016다205373

3. 정답 ④
- ④ 배타적인 사용·수익권은 소유권의 핵심적 권능이므로, 채권관계에서 소유물에 대한 사용·수익의 권능을 포기하거나 사용·수익권의 행사에 제한을 설정하는 것을 넘어 **대세적, 영구적으로 포기하는 것은 법률에 의하지 않고 새로운 물권을 창설하는 것과 다를 바 없어 허용되지 않는다**(대판 2013.8.22, 2012다54133).
- ① 대판 1995.8.25, 95다18659
- ② 제162조; 대판 1982.7.27, 80다2968
- ③ 대판 2001.5.15, 2000다12693

4. 정답 ①
- ① 대판 2002.2.26, 99다72743
- ② 부동산을 매수하여 이를 점유하게 된 자는 그 매매가 무효가 된다는 사정이 있음을 알았다는 등의 특단의 사정이 없는 한 **그 점유의 시초에 소유의 의사로 점유한 것이며, 나중에 매도자에게 처분권이 없었다는 등의 사유로 그 매매가 무효인 것이 밝혀졌다 하더라도 그와 같은 점유의 성질이 변하는 것은 아니다**(대판 1996.5.28, 95다40328).
- ③ 점유자가 매매 또는 증여와 같이 자주점유의 권원을 주장하였으나 이것이 인정되지 않는 경우라고 하더라도 그 사정만을 들어서는 점유자의 **자주점유의 추정이 번복되어 타주점유로 전환된다고 할 수 없다**(대판 2009.12.10, 2006다19177).
- ④ 점유자의 점유가 자주점유인지 타주점유인지는 **점유자의 내심의 의사는 고려하지 않고, 점유 취득의 원인이 된 권원의 성질에 의하여 객관적으로 결정된다**(대판 1992.5.26, 92다2844).

5. 정답 ④
- ④ 점유자가 스스로 매매 또는 증여와 같이 자주점유의 권원을 주장하였으나 이것이 인정되지 않는 경우에도 자주점유의 권원에 관한 증명책임이 점유자에게 있지 아니한 이상 그 주장의 점유권원이 인정되지 않는다는 사유만으로 자주점유의 추정이 번복된다거나 또는 점유권원의 성질상 타주점유라고 볼 수 없다(대판 2021.8.12, 2021다230991).
- ① 대판 1996.5.28, 95다40328
- ② 대판 1997.8.21, 95다28625
- ③ 대판 2009.9.24, 2009다39530
- ⑤ 대판 1996.9.20, 96다25319

6. 정답 ④
- ④ 점유자가 유익비를 지출할 당시 계약관계 등 적법한 점유의 권원을 가진 경우에 그 지출비용의 상환에 관하여는 그 계약관계를 규율하는 법조항이나 법리 등이 적용되는 것이어서 **점유자는 그 계약관계 등의 상대방에 대하여 해당 법조항이나 법리에 따른 비용상환청구권을 행사할 수 있을 뿐 계약관계 등의 상대방이 아닌 점유회복 당시의 소유자에 대하여 민법 제203조 제2항에 따른 지출비용의 상환을 구할 수는 없다**(대판 2003.7.25, 2001다64752).
- ① 대판 2000.3.10, 99다63350
- ② 제203조 제2항
- ③ 대판 2003.7.25, 2001다64752

7. 정답 ②
- ② 점유권을 기초로 한 본소에 대하여 본권자가 본소청구의 인용에 대비하여 본권에 기초한 장래이행의 소로서 예비적 반소를 제기하고 양 청구가 모두 이유 있는 경우, 법원은 점유권에 기초한 본소와 본권에 기초한 예비적 반소를 모두 인용해야 하고 점유권에 기초한 본소를 본권에 관한 이유로 배척할 수 없다. 이러한 법리는 점유를 침탈당한 자가 점유권에 기한 점유회수의 소를 제기하고, **본권자가 그 점유회수의 소가 인용될 것에 대비하여 본권에 기초한 장래이행의 소로서 별소를 제기한 경우에도 마찬가지로 적용된다**. 이 경우 **점유를 침탈당한 자가 점유회수청구의 소를 제기하여 승소판결을 얻고 가집행선고가 되었다면 본권자가 제기한 위 본권에 기한 장래이행의 소는 그 소송요건이 갖추어졌다**고 보아야 한다(대판 2021.3.25, 2019다208441).
- ① 대판 2012.2.23, 2011다61424
- ③ 대판 2021.2.4, 2019다202795

정답 및 해설

④ 대판 2021.2.4, 2019다202795
⑤ 대판 2009.9.24, 2009다39530

8. 정답 ②
② 토지소유자가 그 소유의 토지를 도로, 수도시설의 매설 부지 등 일반 공중을 위한 용도로 제공한 경우에, 소유자가 그 토지에 대한 독점적·배타적인 사용·수익권을 포기한 것으로 볼 수 있다면, 타인이 그 토지를 점유·사용하고 있다 하더라도 특별한 사정이 없는 한 토지소유자에게 어떠한 손해가 생긴다고 볼 수 없어 **토지소유자는 그 타인을 상대로 부당이득반환을 청구할 수 없고, 토지의 인도 등을 구할 수도 없다**(대판 2019.1.24, 2016다264556).
① 대판 2012.6.28, 2010다81049
③ 대판 2021.2.4, 2019다202795
④ 대판 2017.1.19, 2013다17292
⑤ 대판 2016.7.29, 2016다214483

9. 정답 ③
③ 구분소유가 성립하기 위해서는 구분된 건물부분이 구조상·이용상 독립성을 갖추어야 하고, 구분행위가 있어야 하며 구분행위는 처분권자의 구분의사가 객관적으로 외부에 표시되면 인정되는 것이고, 구분건물이 물리적으로 완성되기 전에도 장래 신축되는 건물을 구분건물로 하겠다는 구분의사가 객관적으로 표시되면 구분행위의 존재를 인정할 수 있고, 이후 1동의 건물 및 그 구분행위에 상응하는 **구분건물이 객관적·물리적으로 완성되면 아직 그 건물이 집합건축물대장에 등록되거나 구분건물로서 등기부에 등기되지 않았더라도 그 시점에서 구분소유가 성립한다**고 보아야 한다(대판 2013.1.17, 2010다71578).
① 대판 2018.2.13, 2016다245289
② 대판 2018.6.28, 2016다219419
④ 대판 2008.9.11, 2007다45777
⑤ 대판 2016.1.28, 2013다59876

10. 정답 ①
① 1동의 건물에 대하여 구분소유가 성립하기 위해서는 구분된 건물부분의 구조상·이용상 독립성과 구분된 건물부분을 구분소유권의 객체로 하려는 구분행위가 있어야 하며, 구분건물이 물리적으로 완성되기 전에도 장래 신축되는 건물을 구분건물로 하겠다는 구분의사가 객관적으로 표시되면 구분행위의 존재를 인정할 수 있고, **구분건물이 객관적·물리적으로 완성되면 아직 건물이 집합건축물대장에 등록되거나 구분건물로서 등기부에 등기되지 않았더라도 그 시점에서 구분소유가 성립**한다(대판 2016.5.27, 2015다77212).
② 대판 1998.2.10, 97다41202
③ 대판 1995.12.26, 94다44675
④ 대판 2008.9.11, 2007다45777

11. 정답 ①
① 대지사용권에 관해서는 전유부분과 일체성의 원칙이 적용된다. 즉, 건물을 소유하려면 대지이용권은 필연적이므로, 전유부분과 분리하여 대지사용권만을 처분할 수 없음이 원칙이다(집합건물의 소유 및 관리에 관한 법률 제20조 제1항·제2항). 다만, **규약으로 전유부분과 분리하여 대지사용권만을 처분할 수 있도록 달리 정할 수 있다**(집합건물의 소유 및 관리에 관한 법률 제20조 제2항 단서).
② 대판 2016.5.27, 2015다77212
③ 대판 2016.1.14, 2013다219142
④ 대판 2013.11.28, 2012다103325

12. 정답 ④
④ **신축건물의 보존등기를 건물완성 전에 하였다 하더라도 그 후 건물이 완성된 이상 그 등기를 무효라고 볼 수 없다**. 이러한 법리는 1동 건물의 일부분이 구분소유권의 객체로서 적합한 구조상 독립성을 갖추지 못한 상태에서 구분소유권의 목적으로 등기되고 이에 기초하여 근저당권설정등기나 소유권이전등기 등이 순차로 마쳐진 다음 집합건물의 소유 및 관리에 관한 법률 제1조의2 등에 따라 경계를 명확하게 식별할 수 있는 표지가 바닥에 견고하게 설치되고 구분점포별로 부여된 건물번호표지도 견고하게 부착되는 등으로 구분소유권의 객체가 된 경우에도 마찬가지이다(대판 2016.1.28, 2013다59876).
① 대판 2017.5.31, 2014다236809
② 대판 2006.10.26, 2006다29020
③ 대판 2013.3.28, 2012다4985

13. 정답 ④
④ 주위토지통행권은 인접한 토지의 상호이용의 조절에 기한 권리로서 토지의 소유자 또는 지상권자, 전세권자 등 토지사용권을 가진 자에게 인정되는 권리이며, **명의신탁자의 지위에서는 대외적으로 소유권을 주장할 수 없으며, 따라서 토지에 대한 통행권의 확인이나 그 통행권이 있음을 전제로 한 청구를 할 수는 없다**(대판 2008.5.8, 2007다22767).
① 대판 2012.12.27, 2010다103086
② 대판 2021.3.11, 2020다280326
③ 대판 2014.12.24, 2013다11669

14. 정답 ①
① 주위토지통행권은 통행로가 항상 특정한 장소로 고정되어 있는 것은 아니고, 주위토지의 현황이나 사용방법이 달라졌을 때에는 주위토지 통행권자는 주위토지 소유자를 위하여 보다 손해가 적은 다른 장소로 옮겨 통행할 수밖에 없는 경우도 있으며, **일단 확정판결이나 화해조서 등에 의하여 특정의 구체적 구역이 통행로로 인정되었다고 하더라도 그와 같은 통행장소와 다른 곳으로 통행로를 변경할 수 있는 것**으로서 이와 같이 주위토지의 현황이나 구체적 이용상황에 변동이 생긴 경우에는 **다시 통행권확인의 소를 제기하더**

정답 및 해설

라도 기존의 확정판결이나 화해조서의 기판력에 저촉되지 않는다(대판 2004.5.13, 2004다10268).
② 대판 2005.3.10, 2004다65589
③ 대판 2017.1.12, 2016다39422
④ 대판 2005.3.10, 2004다65589

15. 정답 ⑤
⑤ 민법 제221조 제1항 소정의 '자연히 흘러오는 물'이라 함은 인공에 의하여 지상에 떨어지거나 지상으로 분출되는 물이 아닌 **우수도 여기에 포함**된다. 낮은 곳의 토지 소유자가 자신의 토지에 성토하여 지반고를 높이거나 제방을 쌓았기 때문에 종전에 높은 곳으로부터 자연히 흘러오는 우수의 흐름을 막게 되었다면, 이는 민법 제221조 제1항 소정의 승수의무를 위반한 것이다(대판 1995.10.13, 94다31488).
① 대판 2016.12.15, 2015다247325
② 대판 2014.12.24, 2013다11669
③ 대판 2003.8.19, 2002다53469
④ 대판 2002.5.31, 2002다9202

16. 정답 ④
④ 취득시효기간의 완성만으로는 소유권취득의 효력이 바로 생기는 것이 아니라 이를 원인으로 하여 소유권취득을 위한 등기청구권이 발생할 뿐이고, **미등기 부동산의 경우라고 하여 취득시효기간의 완성만으로 등기 없이도 점유자가 소유권을 취득한다고 볼 수 없다**(대판 2006.9.28, 2006다22074).
① 대판 2009.7.16, 2007다15172
② 대판 2016.10.27, 2016다224596
③ 대판 2001.4.13, 99다62036
⑤ 대판 2005.3.25, 2004다23899

17. 정답 ②
② 취득시효 완성 당시 그 부동산의 등기부상 소유자의 등기가 원인 무효의 흠결이 있더라도 **등기부상 소유자가 진정한 소유자를 상대로 제기한 소유권이전등기 청구소송의 기판력 있는 확정판결에 의하여 위 등기가 경료된 경우, 그 등기명의를 둔 채 진정한 소유자를 상대로 시효취득을 원인으로 한 이전등기를 구하여 판결을 받더라도 위 등기가 말소되지 않는 한 그 판결이 이행될 수 없는 것이라면 시효취득자는 직접 그 등기부상 소유명의자를 상대로 취득시효를 원인으로 한 소유권이전등기를 청구할 수 있다고 보아야 할 것이다**(대판 1999.7.9, 98다29575).
① 대판 2015.2.26, 2014다21649
③ 대판 2000.8.22, 2000다21987
④ 대판 1997.8.21, 95다28625
⑤ 대판 1996.3.8, 95다34866

18. 정답 ①
• 옳은 것
ㄱ. 대판 2006.9.28, 2006다22074
ㄷ. 대판 1992.9.25, 92다21258
ㅂ. 대판 1993.2.9, 92다47892
• 옳지 않은 것
ㄴ. 전 점유자의 점유를 승계한 자는 그 점유 자체와 하자만을 승계하는 것이지 그 점유로 인한 법률효과까지 승계하는 것은 아니므로, 취득시효기간만료 당시의 점유자로부터 양수하여 점유를 승계한 현 점유자는 자신의 전 점유자에 대한 소유권이전등기청구권을 보전하기 위하여 전 점유자의 소유자에 대한 소유권이전등기청구권을 **대위행사할 수 있을 뿐이고 직접 자기에게 소유권이전등기를 청구할 권원은 없다**(대판 1995.3.28, 93다47745).
ㄹ. 구분소유적 공유관계에 있는 토지 중 공유자 1인의 특정 구분소유 부분에 관한 점유취득시효가 완성된 후 다른 공유자의 특정 구분소유 부분이 다른 사람에게 양도되고 그에 따라 토지 전체의 공유지분에 관한 지분이전등기가 경료된 경우에는 대외적인 관계에서는 점유취득시효가 완성된 특정 구분소유 부분 중 다른 공유자 명의의 지분에 관하여는 소유 명의자가 변동된 경우에 해당하므로, **점유자는 취득시효의 기산점을 임의로 선택하여 주장할 수 없다**(대판 2006.10.12, 2006다44753).
ㅁ. 토지의 점유자가 이전에 토지 소유자를 상대로 그 토지에 관하여 매매를 원인으로 한 소유권이전등기청구소송을 제기하였다가 패소하고 그 판결이 확정되었다 하더라도 **그 사정만을 들어서는 토지 점유자의 자주점유의 추정이 번복되어 타주점유로 전환된다고 할 수 없다**(대판 2009.12.10, 2006다19177). 따라서 甲의 응소행위로 인해 乙의 점유취득시효가 중단되었다고 볼 수는 없다.

19. 정답 ④
④ 부동산에 대한 취득시효가 완성되면 점유자는 소유명의자에 대하여 취득시효완성을 원인으로 한 소유권이전등기절차의 이행을 청구할 수 있고 소유명의자는 이에 응할 의무가 있는 것이므로, **점유자가 그 명의로 소유권이전등기를 경료하지 아니하여 아직 소유권을 취득하지 못하였다고 하더라도 소유명의자는 점유자에 대하여 점유로 인한 부당이득반환청구를 할 수 없다**(대판 1993.5.25, 92다51280).
① 대판 2000.8.22, 2000다21987
② 대판 2009.7.16, 2007다15172
③ 대판 2007.7.26, 2006다64573

20. 정답 ②
② 전 점유자의 점유를 승계한 자는 그 점유 자체와 하자만을 승계하는 것이지 그 점유로 인한 법률효과까지 승계하는 것은 아니므로 취득시효기간만료 당시의 점유자로부터 양수하여 점유를 승계한 현점유자는 자신의 전 점유자에 대한 소유권이전등기청구권을 보전하기 위하여 **전 점유자의 소유자에 대한 소유권이전등기청구권을 대위행사할 수 있을 뿐 직접 자기에게 소유권이전등기를 청구할 권원은 없다**(대판 1995.3.28, 93다47745). 따라서 **점유를 승계한 丙은 甲에게 직접 자기에게 소유권이전등기를 해줄 것을 청구할 수는 없다.**
① 대판 1993.5.25, 92다51280

정답 및 해설

③ 대판 2004.9.24, 2004다31463
④ 대판 2021.4.29, 2017다228007
⑤ 대판 2017.1.25, 2012다72469

21. **정답 ①**
① 구분소유적 공유관계에 있는 토지 중 공유자 1인의 특정 구분소유 부분에 관한 점유취득시효가 완성된 후 다른 공유자의 특정 구분소유 부분이 다른 사람에게 양도되고 그에 따라 토지 전체의 공유지분에 관한 지분이전등기가 경료된 경우에는 **대외적인 관계에서는 점유취득시효가 완성된 특정 구분소유 부분 중 다른 공유자 명의의 지분에 관하여는 소유명의자가 변동된 경우에 해당하므로, 점유자는 취득시효의 기산점을 임의로 선택하여 주장할 수 없다**(대판 2006. 10.12, 2006다44753).
② 대판 2007.7.26, 2006다64573
③ 대판 2007.6.14, 2006다84423
④ 대판 2021.4.29, 2017다228007
⑤ 대판 2009.12.10, 2006다19177

22. **정답 ④**
④ 무권리자로부터 부동산을 매수한 제3자나 그 후행 등기명의인이 과실 없이 점유를 개시한 후 소유권이전등기가 말소되지 않은 상태에서 소유의 의사로 평온, 공연하게 선의로 점유를 계속하여 10년이 경과한 때에는 민법 제245조 제2항에 따라 바로 그 부동산에 대한 소유권을 취득하고, 이때 원소유자는 소급하여 소유권을 상실함으로써 손해를 입게 된다. 그러나 **이는 민법 제245조 제2항에 따른 물권변동의 효과일 뿐 무권리자와 제3자가 체결한 매매계약의 효력과는 직접 관계가 없으므로, 무권리자가 제3자와의 매매계약에 따라 대금을 받음으로써 이익을 얻었다고 하더라도 이로 인하여 원소유자에게 손해를 가한 것이라고 볼 수도 없다**(대판 2022.12.29, 2019다272275). 따라서 **무권리자는 제3자와의 매매계약에 따라 받은 매매대금을 부당이득으로 원소유자에게 반환할 필요가 없다.**
① 대판 2017.12.13, 2016다248424
② 대판 1997.8.21, 95다28625
③ 대판 2021.8.12, 2021다230991

23. **정답 ⑤**
⑤ 부동산에 부합된 물건이 사실상 분리복구가 불가능하여 **거래상 독립한 권리의 객체성을 상실하고 그 부동산과 일체를 이루는 부동산의 구성부분이 된 경우에는 타인이 권원에 의하여 이를 부합시켰더라도 그 물건의 소유권은 부동산의 소유자에게 귀속되어 부동산의 소유자는 방해배제청구권에 기하여 부합물의 철거를 청구할 수 없지만, 부합물이 위와 같은 요건을 충족하지 못해 그 물건의 소유권이 부동산의 소유자에게 귀속되었다고 볼 수 없는 경우에는 부동산의 소유자는 방해배제청구권에 기하여 부합물의 철거를 청구할 수 있다**(대판 2020.4.9, 2018다264307).
① 대판 2008.5.8, 2007다36933
② 대판 2009.8.20, 2008두8727
③ 대판 2008.5.8, 2007다36933
④ 대판 2012.1.26, 2009다76546

24. **정답 ①**
① 양도담보권의 목적인 주된 동산에 다른 동산이 부합되어 부합된 동산에 관한 권리자가 권리를 상실하는 손해를 입은 경우, **주된 동산이 담보물로서 가치가 증가된 데 따른 실질적 이익은 주된 동산에 관한 양도담보권설정자에게 귀속되는 것이므로, 이 경우 부합으로 인하여 권리를 상실하는 자는 양도담보권설정자를 상대로 민법 제261조에 따라 보상을 청구할 수 있을 뿐 양도담보권자를 상대로 보상을 청구할 수는 없다**(대판 2016.4.28, 2012다19659).
② 대판 2002.10.25, 2000다63110
③ 대판 2020.4.9, 2018다264307
④ 대판 2009.9.24, 2009다15602
⑤ 대판 2021.8.19, 2020다266375

25. **정답 ②**
② 매도인에게 소유권이 유보된 자재가 제3자와 매수인 사이에 이루어진 도급계약의 이행으로 제3자 소유 건물의 건축에 사용되어 부합된 경우에, **제3자가 도급계약에 의하여 제공된 자재의 소유권이 유보된 사실에 관하여 과실 없이 알지 못한 경우라면 선의취득의 경우와 마찬가지로 제3자가 그 자재의 귀속으로 인한 이익을 보유할 수 있는 법률상 원인이 있다고 봄이 상당하므로 매도인으로서는 그에 관한 보상청구를 할 수 없다**(대판 2009.9.24, 2009다15602).
① 대판 1979.8.28, 79다784
③ 제257조
④ 제259조

정답 및 해설

제6회 사전모의고사 정답 및 해설

1. 정답 ②

② 1인 채무자에 대한 복수채권자의 채권을 담보하기 위하여 그 복수채권자와 채무자가 채무자 소유의 부동산에 관하여 복수채권자를 공동권리자로 하는 매매예약을 체결하고 그에 따른 소유권이전등기청구권보전의 가등기를 한 경우에 공동으로 매매예약완결권을 가지는 관계인지 채권자 각자의 지분별로 별개의 독립적인 매매예약완결권을 가지는 관계인지는 매매예약의 내용에 따라야 하며, 만일 **공동명의로 담보가등기를 마친 수인의 채권자가 각자의 지분별로 별개의 독립적인 매매예약완결권을 가지는 경우에는 채권자 중 1인은 단독으로 자신의 지분에 관하여 가등기담보 등에 관한 법률이 정한 청산절차를 이행한 후 소유권이전의 본등기절차 이행청구를 할 수 있다**(대판 2012.2.16, 2010다82530).
① 대판 2014.6.26, 2012다25944
③ 대판 2008.3.13, 2006다31887
④ 대판 2016.10.27, 2015다52978

2. 정답 ②

② 설문은 예전 판례의 내용으로서(대판 2003.11.13, 2002다57935), 이는 다음과 같이 변경되었으므로 틀린 지문이다. 현재 판례는 공유물의 1/2 지분권자를 포함한 소수지분권자가 다른 공유자와 협의 없이 공유물의 전부 또는 일부를 독점적으로 점유·사용하고 있는 경우, **다른 1/2 지분권자를 포함한 소수지분권자가 공유물의 보존행위로서 공유물의 인도를 청구할 수는 없고, 자신의 지분권에 기초하여 공유물에 대한 방해 상태를 제거하거나 공동 점유를 방해하는 행위의 금지 등을 청구할 수밖에 없다**고 하고 있다.
① 대판 2014.2.27, 2011다42430
③ 대판 2004.7.22, 2004다10183
④ 대판 2013.9.13, 2011다69190

3. 정답 ①

① 현물로 분할할 수 없거나 현물로 분할하게 되면 그 가액이 현저히 감손될 염려가 있는 때에는 경매를 명하여 대금분할을 할 수 있는 것이다. 이 경우 '현물로 분할할 수 없다'는 요건은 이를 물리적으로 엄격하게 해석할 것은 아니고, 현물분할을 하는 것이 곤란하거나 부적당한 경우를 포함한다 할 것이며, '**현물로 분할을 하게 되면 현저히 그 가액이 감손될 염려가 있는 경우**'라는 것은 현물분할에 의하여 단독으로 소유하게 될 부분의 가액이 분할 전의 소유지분 가액보다 현저하게 감손될 염려가 있는 경우도 포함된다(대판 2009.9.10, 2009다40219).
② 대판 2014.2.27, 2011다42430
③ 대판 2002.7.9, 2001다43922
④ 대판 2001.11.27, 2000다33638
⑤ 대판 2005.9.29, 2003다40651

4. 정답 ④

• 옳은 의견
철수 : 대판 2020.5.21, 2018다287522 ; 대판 2020.9.7, 2017다204810
영희 : 대판 2020.5.21, 2018다287522
혜림 : 대판 2020.5.21, 2018다287522 ; 대판 2020.9.7, 2017다204810

• 옳지 않은 의견
강은 : 공유물을 공유자 한 명이 독점적으로 점유하는 경우 이러한 위법 상태를 시정하여 공유물의 현상을 공유자 전원이 사용·수익할 수 있는 상태로 환원시킬 목적으로 방해를 제거하는 것은 민법 제265조 단서에 따른 공유물의 보존을 위한 행위에 해당할 수 있으나, 그 공유물을 회수하는 것은 甲이 적법하게 보유하는 '지분비율에 따른 사용·수익권'까지 근거 없이 박탈하는 것으로서 乙 역시 소수지분권자에 지나지 않으므로 **甲을 전면적으로 배제하고 자신만이 단독으로 공유물을 점유하도록 인도해 달라고 청구할 권원은 없다**(대판 2020.5.21, 2018다287522).

5. 정답 ②

② 공유물을 공유자 중의 1인의 단독소유 또는 수인의 공유로 하되 현물을 소유하게 되는 공유자는 **다른 공유자에 대하여 그 지분의 적정하고도 합리적인 가격을 배상시키는 방법에 의한 분할도 현물분할의 하나로 허용**된다(대판 2004.10.15, 2004다30583).
① 대판 2020.5.21, 2018다879
③ 대판 2015.8.13, 2015다18367
④ 대판 2015.7.23, 2014다88888

6. 정답 ③

③ 총유재산에 관한 소송은 **법인 아닌 사단이 그 명의로 사원총회의 결의를 거쳐 하거나 또는 그 구성원 전원이 당사자가 되어 필수적 공동소송의 형태로 할 수 있을 뿐 그 사단의 구성원은 설령 그가 사단의 대표자라거나 사원총회의 결의를 거쳤다 하더라도 그 소송의 당사자가 될 수 없고, 이러한 법리는 총유재산의 보존행위로서 소를 제기하는 경우에도 마찬가지이다**(대판 2005.9.15, 2004다44971).
① 대판 1994.2.25, 93다39225
② 대판 2010.9.9, 2007다42310
④ 대판 2015.9.10, 2014다73794
⑤ 대판 1994.10.25, 93다54064

7. 정답 ②

② 부동산의 합유자 중 일부가 사망한 경우 합유자 사이에 특별한 약정이 없는 한 **사망한 합유자의 상속인은 합유자로서의 지위를 승계하는 것이 아니다**(대판 1994.2.25, 93다39225).
① 대판 2002.6.14, 2000다30622
③ 대판 2008.10.9, 2005다72430

정답 및 해설

④ 대판 2013.11.28, 2011다80449
⑤ 대판 2017.8.18, 2016다6309

8. 정답 ①
① 당사자들이 공동이행방식의 공동수급체를 구성하여 도급인으로부터 공사를 수급받는 경우 **그 공동이행방식의 공동수급체는 기본적으로 민법상 조합의 성질을 가지는 것이므로, 그 재산은 공동수급체 구성원들의 합유에 속한다**(대판 2012.5.17, 2009다105406).
② 대판 2007.12.13, 2005다52214
③ 대판 2010.2.11, 2009다83650
④ 대판 2014.2.13, 2012다112299

9. 정답 ⑤
⑤ 상가건물임대차보호법이 적용되는 상가건물의 공유자인 임대인이 임차인에게 **갱신거절의 통지를 하는 행위는 실질적으로 임대차계약의 해지와 같이 공유물의 임대차를 종료시키는 것이어서 공유물의 관리행위에 해당하고, 따라서 공유자의 지분의 과반수로써 결정한다**(대판 2010.9.9, 2010다37905).
① 대판 2015.7.23, 2014다88888
② 제272조
③ 대판 1997.9.9, 96다16896
④ 대판 2007.4.19, 2004다60072

10. 정답 ①
① 양자간 등기명의신탁에서 부동산 실권리자명의 등기에 관한 법률 제11조의 유예기간 내에 실명등기를 하지 않은 경우, **명의수탁자로서는 명의신탁자는 물론 제3자에 대한 관계에서도 수탁된 부동산에 대한 소유권자임을 주장할 수 없고, 소유권에 기한 물권적 청구권을 행사할 수도 없다고 할 것이다**(대판 2014.2.13, 2012다97864).
② 대판 2013.9.12, 2010다95185
③ 대판 2013.12.12, 2013다26647
④ 대판 2015.2.26, 2014다63315

11. 정답 ②
② 부동산 실권리자명의 등기에 관한 법률에 의하면, 명의신탁자와 명의수탁자가 이른바 계약명의신탁약정을 맺고 명의수탁자가 당사자가 되어 명의신탁약정이 있다는 사실에 대하여 선의인 소유자와 사이에 부동산에 관한 매매계약을 체결한 후 그 매매계약에 따라 해당 부동산의 소유권이전등기를 수탁자 명의로 마친 경우에는 명의수탁자가 해당 부동산의 완전한 소유권을 취득하게 되고, 다만 **명의수탁자는 명의신탁자에 대하여 매수대금 상당의 부당이득반환의무를 부담하게 된다**(대판 2013.9.12, 2011다89903). 명의수탁자가 명의신탁자에 대하여 **명의신탁약정 위반에 따른 채무불이행책임을 부담하게 되는 것이 아니다.**
① 대판 1998.4.14, 96다39011
③ 대판 2013.1.24, 2011다99498

④ 대판 2004.8.30, 2002다48771
⑤ 대판 2014.8.20, 2014다30483

12. 정답 ⑤
⑤ 부동산 실권리자명의 등기에 관한 법률을 위반하여 **무효인 명의신탁약정에 따라 명의수탁자 명의로 등기를 하였다는 이유만으로 그것이 당연히 불법원인급여에 해당한다고 단정할 수는 없다. 이는 농지법에 따른 제한을 회피하고자 명의신탁을 한 경우에도 마찬가지이다**(대판 2019.6.20, 2013다218156).
① 부동산 실권리자명의 등기에 관한 법률 참조
② 대판 2014.2.13, 2012다97864
③ 대판 2011.9.8, 2009다49193
④ 대판 2016.6.28, 2014두6456

13. 정답 ①
① 3자간 등기명의신탁에 있어서, 부동산 실권리자명의 등기에 관한 법률(이하 '부동산실명법'이라 함) 소정의 유예기간이 경과하여 명의신탁약정과 그에 의한 등기가 무효로 된 경우에도, **매도인과 명의신탁자 사이의 매매계약은 여전히 유효하다**(대판 2011.9.8, 2009다49193).
② 대판 1995.9.5, 95다24586
③ 대판 2008.11.27, 2008다62687
④ 대판 2015.2.26, 2014다63315

14. 정답 ②
② 무효인 명의신탁약정에 기하여 타인 명의의 등기가 마쳐졌다는 이유만으로 그것이 **당연히 불법원인급여에 해당한다고 볼 수 없다**(대판 2003.11.27, 2003다41722).
① 부동산 실권리자명의 등기에 관한 법률 제4조
③ 대판 2011.9.8, 2009다49193
④ 대판 2008.11.27, 2008다62687

15. 정답 ③
③ **주식을 양수하였으나 아직 주주명부에 명의개서를 하지 아니하여 주주명부에는 양도인이 주주로 기재되어 있는 경우뿐만 아니라, 주식을 인수하거나 양수하려는 자가 타인의 명의를 빌려 회사의 주식을 인수하거나 양수하고 타인의 명의로 주주명부에의 기재까지 마치는 경우에도, 회사에 대한 관계에서는 주주명부상 주주만이 주주로서 의결권 등 주주권을 적법하게 행사할 수 있다**(대판 2017.3.23, 2015다248342).
① 대판 2010.10.28, 2010다52799
② 대판 2011.9.8, 2009다49193
④ 대판 2008.11.27, 2008다62687

16. 정답 ②
② 부동산 실권리자명의 등기에 관한 법률 시행 전에 명의신탁자와 명의수탁자가 이른바 계약명의신탁약정을 맺고 명의수탁자가 당사자가 되어 명의신탁약정이 있다는 사실을

정답 및 해설

알지 못하는 소유자와 부동산에 관한 매매계약을 체결한 후 그 매매계약에 따라 당해 부동산의 소유권이전등기를 수탁자 명의로 마쳤으나 위 법률 제11조에서 정한 유예기간이 경과하기까지 명의신탁자가 그 명의로 당해 부동산을 등기이전하는 데 법률상 장애가 있었던 경우에는, 위 명의신탁약정의 무효로 인하여 **명의신탁자가 입은 손해는 당해 부동산 자체가 아니라 명의수탁자에게 제공한 매수자금이고, 따라서 명의수탁자는 당해 부동산 자체가 아니라 명의신탁자로부터 제공받은 매수자금을 부당이득하였다고 할 것이다**(대판 2008.5.15, 2007다74690).
① 부동산 실권리자명의 등기에 관한 법률 제4조 제2항
③ 부동산 실권리자명의 등기에 관한 법률 제2조 제1호
④ 부동산 실권리자명의 등기에 관한 법률 제4조 제3항
⑤ 부동산 실권리자명의 등기에 관한 법률 제8조

17. 정답 ②

② 예금주 명의신탁계약이 사해행위에 해당하여 취소될 경우 취소에 따른 원상회복은 명의인이 예금계좌에서 예금을 인출하여 사용하였거나 예금계좌를 해지하였다는 등의 특별한 사정이 없는 한 명의인에 대하여 금융기관에 대한 예금채권을 출연자에게 양도하고 아울러 금융기관에 대하여 양도통지를 할 것을 명하는 **방법으로 이루어져야 한다**(대판 2015.7.23, 2014다212438).
①③ 대판 2001.1.5, 2000다49091
④⑤ 대판 2012.2.23, 2011다86720

18. 정답 ④

④ 토지를 매수하여 그 명의로 소유권이전청구권보전을 위한 가등기를 경료하고 그 토지상에 타인이 건물 등을 축조하여 점유 사용하는 것을 방지하기 위하여 지상권을 설정하였다면 이는 위 **가등기에 기한 본등기가 이루어질 경우 그 부동산의 실질적인 이용가치를 유지 확보할 목적으로 전 소유자에 의한 이용을 제한하기 위한 것이라고 봄이 상당하다고 할 것이고 그 가등기에 기한 본등기청구권이 시효의 완성으로 소멸하였다면 그 가등기와 함께 경료된 위 지상권 또한 그 목적을 잃어 소멸되었다고 봄이 상당하다**(대판 1991.3.12, 90다카27570).
① 대판 2021.10.28, 2020다224821
② 대법원 1995.12.11, 95마1262
③ 대판 2011.1.13, 2010다67159
⑤ 대판 1994.1.28, 93다49871

19. 정답 ④

④ 대판 2014.8.28, 2012다102384
① 미등기건물을 그 대지와 함께 매수한 사람이 그 대지에 관하여만 소유권이전등기를 넘겨받고 건물에 대하여는 그 등기를 이전받지 못하고 있다가, 대지에 대하여 저당권을 설정하고 그 저당권의 실행으로 대지가 경매되어 다른 사람의 소유로 된 경우에는, **민법 제366조의 법정지상권이 성립될 여지가 없다**(대판 2002.6.20, 2002다9660).

② 지상권자의 지료연체를 이유로 토지소유자가 그 지상권소멸청구를 하여 이에 터 잡아 지상권이 소멸된 경우에는 민법 제283조 제2항 소정의 **지상물매수청구권을 행사하지 못한다**(대판 1972.12.26, 72다2085).
③ 지상권에 있어서 지료는 그 요소가 아니므로, 이에 관한 **유상 약정이 없는 경우에는 지료의 지급을 구할 수 없다**(제279조).

20. 정답 ①

① 미등기건물을 그 대지와 함께 매도하였다면 비록 매수인에게 그 대지에 관하여만 소유권이전등기가 경료되고 건물에 관하여는 등기가 경료되지 아니하여 **형식적으로 대지와 건물이 그 소유명의자를 달리하게 되었다 하더라도 매도인에게 관습상의 법정지상권을 인정할 이유가 없다**(대판 2002.6.20, 2002다9660).
② 대판 1999.3.26, 98다64189
③ 대판 2002.6.20, 2002다9660
④ 대판 2013.4.11, 2009다62059

21. 정답 ⑤

⑤ 토지공유자의 한 사람이 다른 공유자의 지분 과반수의 동의를 얻어 건물을 건축한 후 토지와 건물의 소유자가 달라진 경우 토지에 관하여 **관습법상의 법정지상권이 성립되는 것으로 보게 되면 토지공유자의 1인으로 하여금 자신의 지분을 제외한 다른 공유자의 지분에 대하여서까지 지상권설정의 처분행위를 허용하는 셈이 되어 부당하다**(대판 2014.9.4, 2011다73038).
① 대판 2011.1.13, 2010다67159
② 대판 1995.7.28, 95다9075
③ 대판 2002.6.20, 2002다9660
④ 대판 1999.12.10, 98다58467

22. 정답 ①

- 옳은 것
  ㄱ. 대판 2013.4.11, 2009다62059
  ㄴ. 대판 1999.12.10, 98다58467
- 옳지 않은 것
  ㄷ. 토지공유자의 한 사람이 다른 공유자의 지분 과반수의 동의를 얻어 건물을 건축한 후 토지와 건물의 소유자가 달라진 경우 토지에 관하여 **관습법상의 법정지상권이 성립되는 것으로 보게 되면, 토지공유자의 1인으로 하여금 자신의 지분을 제외한 다른 공유자의 지분에 대하여서까지 지상권설정의 처분행위를 허용하는 셈이 되어 부당하다**(대판 2014.9.4, 2011다73038).
  ㄹ. 토지와 그 지상 건물이 함께 양도되었다가 채권자취소권의 행사에 따라 그 중 건물에 관하여만 양도가 취소되고 수익자와 전득자 명의의 소유권이전등기가 말소되었다고 하더라도, 이는 **관습상 법정지상권의 성립요건인 '동일인의 소유에 속하고 있던 토지와 그 지상 건물이 매매 등으로 인하여 소유자가 다르게 된 경우'에 해당한다고 할 수 없다**(대판 2014.12.24, 2012다73158).

정답 및 해설

23. 정답 ③
③ 토지와 그 지상 건물이 함께 양도되었다가 **채권자취소권의 행사에 따라** 그중 건물에 관하여만 양도가 취소되고 수익자와 전득자 명의의 소유권이전등기가 말소되었다고 하더라도, **관습상 법정지상권의 성립요건인 '동일인의 소유에 속하고 있던 토지와 그 지상 건물이 매매 등으로 인하여 소유자가 다르게 된 경우'에 해당한다고 할 수 없다**(대판 2014.12.24, 2012다73158).
① 대판 1997.5.30, 97다8601
② 대판 2014.9.4, 2011다13463
④ 대판 1988.9.27, 87다카279
⑤ 대판 2014.9.4, 2011다73038

24. 정답 ⑤
⑤ 건물 소유를 위하여 법정지상권을 취득한 자로부터 경매에 의하여 그 건물의 소유권을 이전받은 경락인은 경락 후 건물을 철거한다는 등의 매각조건하에서 경매되는 경우 등 특별한 사정이 없는 한 건물의 경락취득과 함께 위 지상권도 당연히 취득한다. 이러한 법리는 압류, 가압류나 체납처분압류 등 처분제한의 등기가 된 건물에 관하여 그에 저촉되는 소유권이전등기를 마친 사람이 **건물의 소유자로서 관습상의 법정지상권을 취득한 후 경매 또는 공매절차에서 건물이 매각되는 경우에도 마찬가지로 적용된다**(대판 2014.9.4, 2011다13463).
① 대판 1999.12.10, 98다58467
② 대판 2001.12.27, 2000다1976
③ 대판 1988.9.27, 87다카279
④ 대판 2014.12.24, 2012다73158

25. 정답 ④
④ 공유로 등기된 토지의 소유관계가 구분소유적 공유관계에 있는 경우에는 건물을 소유하고 있는 공유자가 그 건물 또는 토지지분에 대하여 저당권을 설정하였다가 그 후 저당권의 실행으로 소유자가 달라지게 되면 **건물소유자는 그 건물의 소유를 위한 법정지상권을 취득한다**(대판 2004.6.11, 2003다13533).
① 제366조
② 대판 2013.10.17, 2013다51100
③ 대판 2002.6.20, 2002다9660

제7회 사전모의고사 정답 및 해설

1. 정답 ①
① 전세금의 지급은 전세권 성립의 요소가 되는 것이지만, **전세금의 지급이 반드시 현실적으로 수수되어야만 하는 것은 아니고 기존의 채권으로 전세금의 지급에 갈음할 수도 있다**(대판 2009.1.30, 2008다67217).
② 대법원 2001.7.2, 2001마212
③ 제313조
④ 제317조

2. 정답 ④
④ 전세권이 존속기간의 만료 등으로 종료한 경우라면 최선순위 전세권자의 채권자는 전세권이 설정된 부동산에 대한 경매절차에서 **채권자대위권에 기하거나 전세금반환채권에 대하여 압류 및 추심명령을 받은 다음 추심권한에 기하여 자기 이름으로 전세권에 대한 배당요구를 할 수 있다**(대판 2015.11.17, 2014다10694).
① 제316조 제1항
② 대판 2009.1.30, 2008다67217
③ 제317조
⑤ 제304조 제1항

3. 정답 ④
④ 전세권의 존속기간이 만료되면 전세권의 용익물권적 권능은 전세권설정등기의 말소 없이도 당연히 소멸하고 단지 전세금반환채권을 담보하는 담보물권적 권능의 범위 내에서 전세금의 반환시까지 그 전세권설정등기의 효력이 존속하는데, 이와 같이 담보물권적 권능만 남은 전세권에 대해서도 그 피담보채권인 전세금반환채권과 함께 제3자에게 이를 양도할 수 있다 할 것이며, 따라서 **민법 제450조 제2항 소정의 확정일자 있는 증서에 의한 채권양도절차를 거치지 않는 한 위 전세금반환채권의 압류·전부 채권자 등 제3자에게 위 전세보증금반환채권의 양도사실로써 대항할 수 없다**(대판 2005.3.25, 2003다35659).
① 제317조
② 제314조, 제315조
③ 대법원 2001.7.2, 2001마212
⑤ 대판 2009.1.30, 2008다67217

4. 정답 ①
① 전세권을 목적으로 한 저당권이 설정된 경우, 저당권이 설정된 때에 이미 전세권설정자가 전세권자에 대하여 반대채권을 가지고 있고 반대채권의 변제기가 장래 발생할 전세금반환채권의 변제기와 동시에 또는 그보다 먼저 도래하는 경우에는 **전세권설정자는 반대채권을 자동채권으로 하여 전세금반환채권과 상계함으로써 전세권저당권자에게 대항할 수 있다**(대판 2014.10.27, 2013다91672).
② 대판 2007.8.24, 2006다14684

정답 및 해설

③ 대판 2008.3.13, 2006다29372
④ 대판 2002.8.23, 2001다69122
⑤ 대판 2009.1.30, 2008다67217

5. 정답 ④
    ④ 전세금이 목적부동산에 관한 조세·공과금 기타 부담의 증감이나 경제사정의 변동으로 인하여 상당하지 않게 된 경우 당사자는 장래에 대하여 그 증감을 청구할 수 있는데, 다만 **증액의 경우에는** 대통령령이 정하는 기준에 따른 비율을 초과하지 못한다(제312조의2). 대통령령에 따르면 그 증액청구의 비율은 약정한 전세금의 20분의 1을 초과하지 못한다. 그러나 감액의 경우에는 그 제한이 없다.
    ① 전세권자는 목적물의 현상을 유지하고 그 통상의 관리에 속한 **수선을 하여야 하므로**(제309조), **필요비의 상환을 청구할 수 없으나** 유익비는 상환청구를 할 수 있다(제310조).
    ② 제318조 참조
    ③ 대판 2002.8.23, 2001다69122
    ⑤ 제312조 제1항

6. 정답 ③
    ③ 전세기간만료 이후 전세권양도계약 및 전세권이전의 부기등기가 이루어진 경우, 전세권의 존속기간이 만료되어 담보물권적 권능만 남은 전세권에 대해서도 그 피담보채권인 전세금반환채권과 함께 제3자에게 이를 양도할 수 있다고 할 것이다. 그러나 이 경우에도 민법 **제450조 제2항 소정의 확정일자 있는 증서에 의한 채권양도절차를 거치지 않는 한** 위 전세금반환채권의 압류·전부 채권자 등 제3자에게 위 전세보증금반환채권의 양도사실로써 대항할 수 없다(대판 2005.3.25, 2003다35659).
    ① 제311조
    ② 제317조
    ④ 대법원 2001.7.2, 2001마212

7. 정답 ②
    ② 부동산 매도인이 매매대금을 다 지급받지 않은 상태에서 매수인에게 소유권이전등기를 마쳐주었으나 부동산을 계속 점유하고 있는 경우라도, **매매대금채권을 피담보채권으로 매수인이나 그에게서 부동산 소유권을 취득한 제3자를 상대로 유치권을 주장할 수 없다**(대법원 2012.1.12, 2011마2380).
    ① 대판 2011.12.22, 2011다84298
    ③ 대판 2021.7.29, 2019다216077
    ④ 대판 2012.1.26, 2011다96208

8. 정답 ⑤
    • 옳지 않은 것
    ㄷ. 민법 제204조에 따르면, 점유자가 점유의 침탈을 당한 때에는 그 물건의 반환 및 손해의 배상을 청구할 수 있고(제1항), 위 청구권은 점유를 침탈당한 날부터 1년 내에 행사하여야 하며(제3항), 여기서 말하는 **1년의 행사기간은 제척기간으로서 소를 제기하여야 하는 기간**을 말한다. 그런데 민법 제204조 제3항은 본권 침해로 발생한 손해배상청구권의 행사에는 적용되지 않으므로 점유를 침탈당한 자가 본권인 유치권 소멸에 따른 손해배상청구권을 행사하는 때에는 민법 제204조 제3항이 적용되지 아니하고, 점유를 침탈당한 날부터 1년 내에 행사할 것을 요하지 않는다(대판 2021.8.19, 2021다213866).
    ㅁ. 유치권의 성립요건인 유치권자의 점유는 직접점유이든 간접점유이든 관계없다. 다만 간접점유를 인정하기 위해서는 간접점유자와 직접점유를 하는 자 사이에 일정한 법률관계, 즉 점유매개관계가 필요하며, 간접점유에서 점유매개관계를 이루는 임대차계약 등이 해지 등의 사유로 종료된 이후에도 직접점유자가 목적물을 점유한 채 이를 반환하지 않고 있는 경우에는 점유매개관계가 단절되지 않으므로 유치권자의 간접점유도 소멸하지 아니한다(대판 2019.8.14, 2019다205329).
    • 옳은 것
    ㄱ. 대판 2014.12.24, 2011다62618
    ㄴ. 대법원 2002.11.27, 2002마3516
    ㄹ. 대판 2012.2.9, 2011다72189

9. 정답 ②
    ② 건물의 임대차에 있어서 임차인의 임대인에게 지급한 **임차보증금반환청구권은 그 건물에 관하여 생긴 채권이 아니므로 그 채권을 가지고 건물에 대한 유치권을 행사할 수 없다**(대판 1976.5.11, 75다1305). 또한 임대차관계 종료시 건물을 **원상으로 복구하여 임대인에게 명도하기로 약정하였다면 이는 건물에 관한 비용상환청구권을 포기한 것으로 보아야 한다**(대판 1994.9.30, 94다20389). 따라서 건물의 임차인이 임대차관계 종료시에는 건물을 원상으로 복구하여 임대인에게 명도하기로 약정하였다면 **임차인은 임대차보증금을 반환받을 때까지 건물에 관하여 비용상환청구권이 있음을 전제로 하는 유치권을 주장할 수 없다.**
    ① 대판 2008.4.11, 2007다27236
    ③ 대판 1989.2.14, 87다카3073
    ④ 대판 2014.12.11, 2014다53462
    ⑤ 대판 2011.8.25, 2009다67443

10. 정답 ⑤
    ⑤ 대판 2009.12.24, 2009다32324
    ① 민법 제327조에 따라 채무자는 상당한 담보를 제공하고 유치권의 소멸을 청구할 수 있는데, 이때 **유치물 가액이 피담보채권액보다 많을 경우에는 피담보채권액에 해당하는 담보를 제공하여야 하고, 유치물 가액이 피담보채권액보다 적을 경우에는 유치물 가액에 해당하는 담보를 제공하여야 한다**(대판 2021.7.29, 2019다216077).
    ② 이른바 계약명의신탁에 있어 명의신탁자가 명의수탁자에 대하여 가지는 매매대금 상당의 부당이득반환청구권은 부동산 자체로부터 발생한 채권이 아닐 뿐만 아니라 소유권 등에 기한 부동산의 반환청구권과 동일한 법률관계나 사실관계로부터 발생한 채권이라고 보기도 어려우므로, 민법 제320조 제1항에서 정한 **유치권 성립요건으로서의 목적물과 채권 사**

정답 및 해설

이의 견련관계를 인정할 수 없다(대판 2009.3.26, 2008다34828).
③ 매도인 甲이 부동산을 점유하고 있고 소유권을 이전받은 매수인 乙에게서 매매대금 일부를 지급받지 못하고 있다고 하더라도 **매매대금채권을 피담보채권으로 매수인 乙이나 그에게서 부동산 소유권을 취득한 제3자를 상대로 유치권을 주장할 수 없다**(대법원 2012.1.12, 2011마2380).
④ 甲이 건물 신축공사 수급인인 乙 주식회사와 체결한 약정에 따라 공사현장에 공급한 시멘트와 모래 등의 건축자재가 수급인 등에 의해 위 건물의 신축공사에 사용됨으로써 결과적으로 위 건물에 부합되었다면 그 **건축자재대금채권은 매매계약에 따른 매매대금채권에 불과할 뿐 건물 자체에 관하여 생긴 채권이라고 할 수는 없으므로 건물에 관한 유치권의 피담보채권이 될 수 없다**(대판 2012.1.26, 2011다96208).

11. **정답 ②**
   ② 유치권의 행사는 채권의 소멸시효의 진행에 영향을 미치지 아니한다(제326조). 따라서 **채권자가 유치권을 행사하고 있다고 하더라도 채권자의 채권은 소멸시효가 진행**한다.
   ① 제320조
   ③ 대판 2005.8.19, 2005다22688
   ④ 대판 2013.2.28, 2010다57350

12. **정답 ③**
   ③ 유치권은 법정담보물권이기는 하나 채권자의 이익보호를 위한 채권담보의 수단에 불과하므로 이를 포기하는 특약은 유효하고, 유치권을 사전에 포기한 경우 다른 법정요건이 모두 충족되더라도 유치권이 발생하지 않는 것과 마찬가지로 유치권을 사후에 포기한 경우 곧바로 유치권은 소멸한다. 그리고 **유치권 포기로 인한 유치권의 소멸은 유치권 포기의 의사표시의 상대방뿐 아니라 그 이외의 사람도 주장할 수 있다**(대판 2016.5.12, 2014다52087).
   ① 대판 2020.1.16, 2019다247385
   ② 대판 2012.2.9, 2011다72189
   ④ 대판 2007.9.7, 2005다16942
   ⑤ 대판 2011.12.22, 2011다84298

13. **정답 ③**
   ③ 유치권의 성립요건이자 존속요건인 점유는 **직접점유뿐만 아니라 간접점유도 포함한다**(대판 2013.10.24, 2011다44788).
   ① 대판 2005.8.19, 2005다22688
   ② 대판 2007.9.7, 2005다16942
   ④ 대판 2016.5.12, 2014다52087

14. **정답 ③**
   ③ 질권의 목적인 채권의 양도행위는 민법 제352조 소정의 **질권자의 이익을 해하는 변경에 해당되지 않으므로 질권자의 동의를 요하지 아니한다**(대판 2005.12.22, 2003다55059).
   ① 제352조
   ② 대판 2018.12.27, 2016다265689
   ④ 대판 1997.11.11, 97다35375

15. **정답 ③**
   ③ 대판 2014.4.10, 2013다76192
   ① 채권질의 효력은 질권의 목적이 된 채권의 **지연손해금 등과 같은 부대채권에도 미친다**(대판 2005.2.25, 2003다40668).
   ② 입질채권의 발생원인인 계약관계에 무효 등의 흠이 있어 입질채권이 부존재한다고 하더라도 **제3채무자는 상대방 계약당사자인 질권설정자에 대하여 부당이득반환을 구할 수 있을 뿐이고 질권자를 상대로 직접 부당이득반환을 구할 수 없다**(대판 2015.5.29, 2012다92258).
   ④ 임대차계약서와 같이 계약 당사자 쌍방의 권리의무관계의 내용을 정한 서면은 그 계약에 의한 권리의 존속을 표상하기 위한 것이라고 할 수는 없으므로 민법 **제347조의 채권증서에 해당하지 않는다고 할 것이다**(대판 2013.8.22, 2013다32574).
   ⑤ 질권설정자와 제3채무자가 질권의 목적된 권리를 소멸하게 하는 행위를 하였다고 하더라도 **질권자에 대한 관계에 있어 무효일 뿐이어서 질권자 아닌 제3자가 그 무효의 주장을 할 수는 없다**(대판 1997.11.11, 97다35375).

16. **정답 ④**
   ④ 채권의 양도나 질권의 설정에 대하여 이의를 보류하지 아니하고 승낙을 하였더라도 **양수인 또는 질권자가 악의 또는 중과실의 경우에 해당하는 한 채무자의 승낙 당시까지 양도인 또는 질권설정자에 대하여 생긴 사유로써도 양수인 또는 질권자에게 대항할 수 있다**(대판 2002.3.29, 2000다13887).
   ① 대판 1997.11.11, 97다35375
   ② 제340조
   ③⑤ 대판 2015.5.29, 2012다92258

17. **정답 ⑤**
   ⑤ 질권자가 피담보채권을 초과하여 질권의 목적인 금전채권을 추심한 경우 그 **피담보채권을 초과하는 부분은 법률상 원인이 없는 것으로서 질권설정자에 대한 관계에서 부당이득이 된다**(대판 2011.4.14, 2010다5694).
   ① 대판 2020.4.29, 2016다235411
   ② 대판 1997.11.11, 97다35375
   ③ 대판 2015.5.29, 2012다92258
   ④ 대판 2018.12.27, 2016다265689

18. **정답 ⑤**
   ⑤ **물상보증인의 채무자에 대한 구상권은 그들 사이의 물상보증위탁계약의 법적 성질과 관계없이 민법에 의하여 인정된 별개의 독립한 권리이고, 물상보증위탁계약이 상인인 채무자가 영업을 위하여 한 상행위로 체결되었다고 하더라도 물상보증인의 채무자에 대한 구상권은 그 소멸시효에 있어서는 민법상 일반채권에 관한 규정이 적용된다**(대판 2001.4.24, 2001다6237).

정답 및 해설

① 대판 2011.7.28, 2010다88507
② 대판 2009.7.23, 2009다19802
③④ 대판 2004.1.16, 2003다30890

19. 정답 ②
② 건물에 대한 저당권의 효력은 **그 건물에 종된 권리인 건물의 소유를 목적으로 하는 지상권에도 미친다**(대판 1996.4.26, 95다52864).
① 대판 2002.10.25, 2000다63110
③ 대판 2016.7.27, 2015다230020
④ 대판 2009.11.26, 2006다37106

20. 정답 ③
③ 담보물권의 부종성의 법리에 비추어 원칙적으로 채권과 저당권이 그 주체를 달리할 수 없는 것이지만, **채권자 아닌 제3자의 명의로 근저당권등기를 하는 데 대하여 채권자와 채무자 및 제3자 사이에 합의가 있었고, 나아가 제3자에게 그 채권이 실질적으로 귀속되었다고 볼 수 있는 특별한 사정이 있거나 묵시적으로 채권자와 제3자가 불가분적 채권자의 관계에 있다고 볼 수 있는 경우에는 그 제3자 명의의 근저당권등기도 유효하다**고 보아야 한다(대판 2009.11.26, 2008다64478).
① 제347조
② 제348조
④ 대판 2003.4.11, 2003다3850
⑤ 대판 2018.4.10, 2017다283028

21. 정답 ④
④ 구분건물의 전유부분만에 관하여 설정된 저당권의 효력은 대지사용권의 분리처분이 가능하도록 규약으로 정하는 등의 특별한 사정이 없는 한 **사후에라도 대지사용권을 취득함으로써 전유부분과 대지권이 동일소유자의 소유에 속하게 되었다면 그 대지사용권에까지 미친다**(대판 2001.2.9, 2000다62179).
① 대판 2007.4.26, 2005다38300
② 대판 2009.12.24, 2009다72070
③ 대판 2001.10.12, 2000다59081
⑤ 대판 1995.6.29, 94다6345

22. 정답 ③
③ 구분건물의 전유부분만에 관하여 설정된 저당권의 효력은 대지사용권의 분리처분이 가능하도록 규약으로 정하는 등의 특별한 사정이 없는 한 그 전유부분의 소유자가 사후에라도 대지사용권을 취득함으로써 전유부분과 대지권이 동일소유자의 소유에 속하게 되었다면 그 대지사용권에까지 미친다(대판 2001.2.9, 2000다62179).
① 대법원 2004.3.29, 2003마1753
② 대판 1998.10.2, 98다27197
④ 대판 2010.10.28, 2010다46756
⑤ 이른바 인수주의

23. 정답 ①
① 근저당권이 설정되어 있는 부동산에 관하여 사해행위가 이루어진 후 근저당권이 말소되어 그 부동산의 가액에서 근저당권 피담보채무액을 공제한 나머지 금액의 한도에서 사해행위를 취소하고 가액의 배상을 명하는 경우, 그 가액의 산정은 **사해행위 당시가 아니라 사해행위취소소송의 사실심 변론종결 당시를 기준으로** 하여야 한다(대판 2010.2.25, 2007다28819).
② 대판 2011.4.14, 2011다6342
③ 대판 1995.5.26, 95다7550
④ 대판 2002.5.24, 2002다7176

24. 정답 ③
③ 채권자 아닌 제3자를 근저당권 명의로 하여 근저당권을 설정하는 것은 설령 그 점에 관하여 채권자와 채무자 및 제3자 사이에 합의가 있고, **채권이 제3자에게 이전 또는 실질적으로 귀속되었다고 볼 수 있는 특별한 사정이 있다면 그때부터 위 근저당권설정등기는 실체관계에 부합하는 유효한 등기로 볼 수 있다**(대판 2007.1.11, 2006다50055).
①② 대판 2020.4.9, 2014다51756
④ 대판 2003.4.11, 2003다5016

25. 정답 ⑤
⑤ 근저당권의 준공유자들이 각자의 공유지분을 미리 특정하여 근저당권설정등기를 마쳤다면 그들은 처음부터 그 지분의 비율로 근저당권을 준공유하는 것이므로, 준공유자 각자의 채권액의 비율에 따라 안분하여 배당하는 것이 아니라 특정된 각자의 지분비율에 따라 안분하여 배당하여야 한다(대판 2008.3.13, 2006다31887).
① 대판 2007.4.26, 2005다38300
② 대판 2002.11.26, 2001다73022
③ 대판 2003.10.10, 2001다77888
④ 대판 2002.9.24, 2002다27910

정답 및 해설

제8회 사전모의고사 정답 및 해설

1. 정답 ②

② 부동산의 소유자 겸 채무자가 채권자인 저당권자에게 당해 저당권설정등기에 의하여 담보되는 채무를 모두 변제함으로써 저당권이 소멸된 경우 그 저당권설정등기 또한 효력을 상실하여 말소되어야 하고, 부동산의 소유자가 새로운 제3의 채권자로부터 금원을 차용함에 있어 그 제3자와 사이에 새로운 차용금 채무를 담보하기 위하여 잔존하는 종전 채권자 명의의 저당권설정등기를 이용하여 이에 터 잡아 새로운 제3의 채권자에게 저당권 이전의 부기등기를 경료하기로 하는 내용의 저당권등기 유용의 합의를 하고 실제로 그 부기등기를 경료하였다면, **새로운 제3의 채권자는 부동산의 소유자에 대하여 그 등기 유용의 합의를 주장하여 저당권설정등기의 말소청구에 대항할 수 있다**(대판 2008.4.11, 2007다20891).

① 대판 2020.4.9, 2014다51756
③ 대판 2015.9.10, 2013다216273
④ 대판 2003.4.11, 2003다3850
⑤ 대판 2006.1.27, 2003다58454

2. 정답 ③

③ 저당권자가 물상대위권의 행사로 금전 또는 물건의 인도청구권을 압류하기 전에 저당목적물 소유자가 그 인도청구권에 기하여 금전 등을 수령한 경우, **저당목적물 소유자는 피담보채권액 상당의 부당이득을 반환할 의무를 부담하며, 따라서 저당권자는 저당물의 소유자에게 부당이득반환청구를 할 수 있다**(대판 2009.5.14, 2008다17656).

① 대판 1998.10.2, 98다27197
② 대판 2014.4.10, 2013다36040
④ 대판 1997.9.26, 97다10314

3. 정답 ②

• 옳은 것
ㄱ. 대판 2020.4.9, 2014다51756
ㄹ. 대판 2020.4.9, 2014다51756
ㅁ. 대판 2020.4.9, 2014다51756
ㅂ. 대판 2020.4.9, 2014다51756

• 옳지 않은 것
ㄴ. 누적적 근저당권은 **각 근저당권의 담보 범위가 중첩되지 않고 서로 다르지만, 피담보채권이 각 근저당권별로 자동으로 분할된다고 볼 수도 없다**. 이는 동일한 피담보채권이 모두 소멸할 때까지 자유롭게 근저당권 전부 또는 일부를 실행하여 각각의 채권최고액까지 우선변제를 받고자 누적적 근저당권을 설정한 당사자의 의사에 반하기 때문이다(대판 2020.4.9, 2014다51756).
ㄷ. 누적적 근저당권은 **모두 하나의 기본계약에서 발생한 동일한 피담보채권을 담보하기 위한 것이다**. 이와 달리 당사자가 **근저당권 설정 시 피담보채권을 여러 개로 분할하여 분할된 채권별로 근저당권을 설정하였다면 이는 그 자체로 각각 별개의 채권을 담보하기 위한 개별 근저당권일 뿐 누적적 근저당권이라고 할 수 없다**(대판 2020.4.9, 2014다51756).

4. 정답 ①

① 물상보증인이 담보부동산을 제3취득자에게 매도하고 제3취득자가 담보부동산에 설정된 근저당권의 피담보채무의 이행을 인수한 경우에는 이로써 물상보증인의 책임이 소멸하지 않는 것이므로, 이후 **담보부동산에 대한 담보권이 실행된 경우에도 제3취득자가 아닌 원래의 물상보증인이 채무자에 대한 구상권을 취득한다**(대판 1997.5.30, 97다1556).

② 대판 2018.7.11, 2017다292756
③ 대판 2021.12.16, 2021다247258
④ 대판 2001.4.24, 2001다6237
⑤ 대판 2018.4.10, 2017다283028

5. 정답 ①

① 양도담보로 제공된 목적물이 멸실, 훼손됨에 따라 양도담보설정자와 제3자 사이에 교환가치에 대한 배상 또는 보상 등의 법률관계가 발생되는 경우에도 **그로 인하여 양도담보설정자가 받을 금전 기타 물건에 대하여 담보적 효력이 미친다**(대판 2009.11.26, 2006다37106). 이른바 **물상대위성**이다.

② 대판 2016.4.28, 2012다19659
③ 대판 2008.11.27, 2006도4263
④ 대판 2009.11.26, 2006다37106

6. 정답 ④

• 옳지 않은 것
ㄷ. 가등기담보법 제3조, 제4조에 정한 절차를 거치지 않았다면 그 본등기는 무효이며, **가등기권리자와 채무자 사이에 이루어진 특약에 따라 이루어졌더라도 만일 특약이 채무자에게 불리한 것으로 무효라면 본등기는 여전히 무효일 뿐이다**(대판 2016.6.23, 2015다13171).
ㄹ. 채권자로부터 담보계약에 따른 담보권을 실행하여 그 담보목적부동산의 소유권을 취득하기 위하여 그 채권 변제기 후 청산금, 즉 통지 당시의 담보목적부동산의 가액에서 그 채권액을 뺀 금액의 평가액을 통지 받은 채무자는, 채무자 등은 채권자가 통지한 청산금액을 다투고 정당하게 평가된 청산금을 지급받을 때까지 **소유권이전등기 및 인도채무의 이행을 거절하거나 피담보채무 전액을 채권자에게 지급하고 채권담보의 목적으로 마쳐진 가등기의 말소를 구할 수 있을 뿐 아니라 정당하게 평가된 청산금을 청구할 수 있다**(대판 2008.4.11, 2005다36618).
ㅁ. 담보가등기에 기하여 마쳐진 본등기가 무효인 경우, 담보목적 부동산에 대한 소유권은 담보가등기 설정자인 채무자 등에게 있고 **그 사용수익권도 당연히 담보가등기 설정자가 보유한다**(대판 2019.6.13, 2018다300661).

정답 및 해설

• 옳은 것
ㄱ. 대판 2002.6.11, 99다41657
ㄴ. 대판 2021.10.28, 2016다248325

7. 정답 ④
④ 가등기담보 등에 관한 법률이 정한 청산절차를 거치지 않고 이루어진 담보가등기에 기한 본등기는 무효이고 그 본등기는 약한 의미의 양도담보로서의 효력이 있다고 할 수 없으나, 다만 **나중에 가등기권자가 가등기담보 등에 관한 법률이 정한 청산절차를 거치면 위 무효인 본등기는 실체적 법률관계에 부합하는 유효한 등기가 될 수 있다**(대법원 2010.11.9, 2010마1322).
① 대판 2011.7.14, 2011다28090
② 대판 1993.10.26, 93다27611
③ 대판 2012.2.16, 2010다82530
⑤ 대판 2006.8.24, 2005다61140

8. 정답 ④
④ 하나의 금전채권의 원금 중 일부가 변제된 후 나머지 원금에 대하여 소멸시효가 완성된 경우, 소멸시효완성의 효력은 소멸시효가 완성된 원금 부분으로부터 완성 전에 발생한 이자 또는 지연손해금에는 미치나, **변제로 소멸한 원금 부분으로부터 그 변제 전에 발생한 이자 또는 지연손해금에는 미치지 않는다**(대판 2008.3.14, 2006다2940).
① 대판 1989.3.28, 88다카12803
② 대판 2018.2.28, 2016다45779
③ 대판 1998.11.10, 98다42141

9. 정답 ③
③ 금전채무의 지연손해금채무는 이행기의 정함이 없는 채무에 해당하므로, 확정된 **지연손해금채무 그 자체에 대하여 채권자로부터 이행청구를 받은 때로부터 지체책임을 부담한다**(대판 2004.7.9, 2004다11582). 즉, 금전채무의 지연손해금채무 이행을 지체하면, 채무자는 지연손해금채무 그 자체에 대한 지연손해금을 지급할 의무를 부담하게 된다.
① 제375조 제2항
② 대판 2009.1.30, 2006다37465
④ 대판 1991.3.12, 90다2147
⑤ 제380조

10. 정답 ①
① 정지조건부 기한이익상실의 특약을 한 경우에는 특별한 사정이 없는 한 **그 특약에 정한 기한의 이익 상실사유가 발생함과 동시에 기한의 이익을 상실케 하는 채권자의 의사표시가 없더라도 이행기 도래의 효과가 발생하고, 채무자는 특별한 사정이 없는 한 그때부터 이행지체책임을 진다**(대판 1999.7.9, 99다15184).
② 대판 2007.12.27, 2007도5030
③ 대판 2010.1.28, 2009다24187
④ 대판 2004.7.9, 2004다11582

11. 정답 ①
① 이행기의 정함이 없는 채권의 양수인이 채무자를 상대로 이행청구소송을 제기하고 소송계속 중 채무자에 대한 채권양도통지가 이루어진 경우, **채무자는 그 채권양도통지가 도달된 다음날부터 이행지체의 책임을 진다**(대판 2014.4.10, 2012다29557). 따라서 설문에서는 **채권양도사실의 통지가 채무자에게 도달한 2021. 1. 13.의 다음날인 2021. 1. 14.부터** 이행지체의 책임을 지게 된다.
② 불법행위로 인한 손해배상채무에서 가해자는 **피해자의 이행청구를 받은 때로부터가 아니라 불법행위시 즉 채무성립과 동시에 이행지체의 책임을 진다**(대판 2012.3.29, 2011다38325).
③ 반환시기의 약정 없는 소비대차의 경우는 **반환청구를 한 때로부터 상당한 기간이 경과한 후에 비로소 이행지체의 책임을 진다**(제603조 제2항). 따라서 설문에서는 **대여금의 반환을 청구한 날인 2021. 5. 15. 이후 상당한 기간이 경과하여야 비로소 이행지체의 책임**을 진다.
④ 부당이득반환의무는 이행기한의 정함이 없는 채무이므로, 채무자는 이행청구를 받은 때에 비로소 지체책임이 있다(대판 2010.1.28, 2009다24187). 다만, 기한의 정함이 없는 채무에 있어서 채무자는 **이행의 청구를 받은 날 안으로 이행을 하면 되고 그 청구를 받은 날을 도과할 때 비로소 지체의 책임을 진다**고 풀이하는 것이 상당하다(대판 1972.8.22, 72다10660). 따라서 설문에서는 **부당이득한 날이 아니라 이행의 청구를 받은 다음날부터 지체책임을 부담한다**.
⑤ 공사대금채무의 지급을 확보하기 위한 수단으로 약속어음을 발행한 경우, 채무자가 **어음의 반환이 없음을 이유로 원인채무의 변제를 거절할 수 있는 것은 원인채무의 이행으로 인한 이중지급의 위험을 면하게 하려는 데에 그 목적이 있는 것이지 기존의 원인채권에 터잡은 이행청구권과 상대방의 어음반환청구권이 민법 제536조에 정하는 쌍무계약상의 채권채무관계나 그와 유사한 대가관계가 있어서 그러는 것은 아니므로, 채무자가 어음의 반환이 없음을 이유로 원인채무의 변제를 거절할 수 있는 권능을 가진다고 하여 채권자가 어음의 반환을 제공하지 아니하면 채무자에게 적법한 이행의 최고를 할 수 없다고 할 수는 없고, 채무자는 원인채무의 이행기를 도과하면 이행지체의 책임을 진다**(대판 1999.7.9, 98다47542). 따라서 설문에서는 **공사대금채무의 변제기가 도래하면 乙이 위 약속어음을 반환하지 않는 경우라도 지체책임을 부담한다**.

12. 정답 ④
④ 당사자가 이혼 성립 후에 재산분할 등을 청구하고 법원이 재산분할로서 금전의 지급을 명하는 판결이나 심판을 하는 경우, 장래의 이행을 청구하는 것으로서 분할의무자는 **이혼 성립일 다음날부터가 아니라 금전지급의무에 관하여 판결이나 심판이 확정된 다음날부터 이행지체책임을 진다**(대법원 2014.9.4, 2012므1656).
① 대판 2009.11.12, 2009다42635
② 대판 2018.4.24, 2017다205127
③ 제387조 제2항, 대판 2012.3.29, 2011다38325

정답 및 해설

13. 정답 ⑤
⑤ 채무자의 이행제공이 이행지체를 종료시키려면 완전한 이행을 제공하여야 하므로, 채무자가 원본뿐 아니라 지연이자도 지급할 의무가 있는 때에는 원본과 지연이자를 합한 전액에 대하여 이행의 제공을 하여야 할 것이고, **그에 미치지 못하는 이행제공을 하면서 이를 원본에 대한 변제로 지정하였더라도, 그 지정은 민법 제479조 제1항에 반하여 채권자에 대하여 효력이 없으므로, 채권자는 그 수령을 거절할 수 있게 된다**(대판 2005.8.19, 2003다22042).
① 대판 2013.3.14, 2010다42624
② 대판 2012.10.25, 2010다47117
③ 대판 2010.1.28, 2009다24187
④ 대판 1998.11.10, 98다42141

14. 정답 ①
① 채무의 이행에 관하여 기한의 정함이 없는 경우에는 **그 이행의 청구를 받은 다음날로부터** 이행지체의 책임을 진다(대판 1988.11.8, 88다3253).
② 대판 1975.5.27, 74다1393
③ 대판 1999.7.9, 99다15184
④ 제387조 제1항 제2문

15. 정답 ④
④ 쌍무계약에 있어서 계약당사자의 일방은 상대방이 채무를 이행하지 아니할 의사를 명백히 표시한 경우에는 최고나 자기 채무의 이행제공 없이 그 계약을 적법하게 해제할 수 있으나, **이후 그 이행거절의 의사표시가 적법하게 철회된 경우에는, 자기 채무의 이행을 제공하고 상당한 기간을 정하여 이행을 최고한 후가 아니면 채무불이행을 이유로 계약을 해제할 수 없다**(대판 2003.2.26, 2000다40995).
① 대판 2016.5.12, 2016다200729
② 대판 2010.4.29, 2009다99129
③ 대판 2004.7.9, 2004다11582
⑤ 대판 2008.7.10, 2008다10051

16. 정답 ⑤
⑤ 부동산소유권이전등기 의무자가 그 부동산에 관하여 채무담보를 위하여 제3자 앞으로 소유권이전등기를 마친 경우라도 **그 의무자가 채무를 변제할 자력이 없는 경우에는 특단의 사정이 없는 한 그 소유권이전등기의무는 이행불능이 되었다고 보아야 한다**(대판 1991.7.26, 91다8104).
① 대판 2005.9.15, 2005다29474
② 대판 2011.8.25, 2011다43778
③ 대판 2006.6.16, 2005다39211
④ 대판 1994.5.10, 93다37977

17. 정답 ④
④ 소유자가 자신의 소유권에 기하여 실체관계에 부합하지 아니하는 등기의 명의인을 상대로 그 등기말소나 진정명의회복 등을 청구하는 경우, 그 권리는 물권적 청구권으로서의 방해배제청구권(민법 제214조)의 성질을 가지므로, **소유자가 그 후에 소유권을 상실함으로써 이제 등기말소 등을 청구할 수 없게 되었다면, 소유자는 등기말소 의무자에 대하여 그 권리의 이행불능을 이유로 민법 제390조상의 손해배상청구권을 가진다고 말할 수 없다**(대판 2012.5.17, 2010다28604).
① 대판 2005.9.15, 2005다29474
② 대판 2018.2.28, 2016다45779
③ 대판 1994.12.9, 94다25025
⑤ 대판 2000.4.11, 99다1685

18. 정답 ③
③ 채권자가 계약의 이행으로 얻을 수 있는 이익이 인정되지 않는 경우에는 **채권자에게 배상해야 할 손해가 발생하였다고 볼 수 없으므로 당연히 지출비용의 배상을 청구할 수 없다**(대판 2017.2.15, 2015다235766).
①② 대판 2017.2.15, 2015다235766
④ 대판 2016.4.15, 2015다59115
⑤ 대판 2009.12.24, 2009다85342

19. 정답 ②
② 채무자는 **채무자에게 과실이 없는 경우에도 그 이행지체 중에 생긴 손해를 배상하여야 한다**(제392조). 그러나 채무자가 이행기에 이행하여도 손해를 면할 수 없는 경우에는 그러하지 아니하다.
① 대판 2017.5.30, 2015다223411
③ 대판 2014.3.13, 2013다205693
④ 대판 2011.8.25, 2011다43778
⑤ 대판 1994.12.13, 93다951

20. 정답 ⑤
• 옳지 않은 것
ㄱ. 위약벌의 약정은 손해배상의 예정과는 그 내용이 다르므로 손해배상의 예정에 관한 **민법 제398조 제2항을 유추적용하여 그 액을 감액할 수는 없는 법리이다**(대판 2005.10.13, 2005다26277).
ㄴ. 금전채무 불이행에 관한 특칙을 규정한 민법 제397조는 그 이행지체가 있으면 지연이자 부분만큼의 손해가 있는 것으로 의제하려는 데에 그 취지가 있는 것으로서, 지연이자를 청구하는 **채권자는 손해가 있었다는 것을 증명할 필요가 없는 것이나 손해가 발생하였다는 취지의 주장은 하여야 하는 것이다**(대판 2000.2.11, 99다49644).
ㄷ. 도급인이 그가 분양한 아파트의 하자와 관련하여 구분소유자들로부터 손해배상청구를 당하여 그 하자에 대한 손해배상금 및 이에 대한 지연손해금을 지급한 경우, **그 지연손해금은 도급인이 자신의 채무의 이행을 지체함에 따라 발생한 것에 불과하여 수급인의 도급계약상의 채무불이행과 상당인과관계가 있는 손해라고 볼 수는 없다**(대판 2013.11.28, 2011다67323).

• 옳은 것
  ㄷ. 대판 1999.1.15, 98다48033
  ㄹ. 대판 2002.10.25, 2002다23598

21. 정답 ①
   ① 계약 당시 손해배상액을 예정한 경우에는 다른 특약이 없는 한 채무불이행으로 인하여 입은 **통상손해는 물론 특별손해까지도 예정액에 포함되고, 채권자의 손해가 예정액을 초과한다 하더라도 초과 부분을 따로 청구할 수 없다**(대판 2012.12.27, 2012다60954).
   ② 대판 2018.12.27, 2016다274270
   ③ 대판 2000.2.11, 99다49644
   ④ 대판 2008.6.26, 2006다84874
   ⑤ 대판 2019.2.21, 2018다248909

22. 정답 ⑤
   ⑤ 당사자 사이의 계약에서 채무불이행으로 인한 손해배상액을 예정한 경우에는 **과실상계를 적용할 성질의 것이 아니다**(대판 1972.3.31, 72다108).
   ① 대판 2018.2.13, 2015다242429
   ② 대판 2002.5.10, 2000다37296
   ③ 대판 2000.1.21, 99다50538
   ④ 대판 2001.2.9, 2000다60227

23. 정답 ④
   ④ 법원이 손해배상의 예정액이 부당하게 과다하다고 하여 감액을 한 경우 **그 감액부분에 해당하는 부분은 처음부터 무효라고 할 것이다**(대판 1991.7.9, 91다11490).
   ① 대판 2000.12.8, 2000다50350
   ② 대판 2007.12.27, 2006다9408
   ③ 대판 2017.8.18, 2017다228762

24. 정답 ④
   ④ 위약벌의 약정은 **손해배상의 예정과는 그 내용이 다르므로 손해배상의 예정에 관한 민법 제398조 제2항을 유추적용하여 그 액을 감액할 수는 없는 법리**이며, 다만 약정된 벌이 과도하게 무거울 때에는 그 일부 또는 전부가 공서양속에 반하여 무효로 된다(대판 2005.10.13, 2005다26277).
   ① 대판 2016.7.14, 2013다82944
   ② 대판 2017.8.18, 2017다228762
   ③ 대판 2020.11.12, 2017다275270

25. 정답 ③
   ③ 채무자의 채무불이행으로 인한 손해배상액이 예정되어 있는 경우 손해의 발생 및 확대에 채권자에게도 과실이 있더라도 민법 **제398조 제2항에 따라 손해배상 예정액을 감액할 수는 있을지언정 채권자의 과실을 들어 과실상계를 할 수는 없다**(대판 2016.6.10, 2014다200763).
   ①② 대판 2007.12.27, 2006다9408
   ④ 대판 2000.7.28, 99다38637

제9회 사전모의고사 정답 및 해설

1. 정답 ④
   ④ 유류분반환청구권은 그 행사여부가 유류분권리자의 인격적 이익을 위하여 그의 자유로운 의사결정에 전적으로 맡겨진 권리로서 행사상의 일신전속성을 가진다. 따라서 유류분권리자에게 **그 권리행사의 확정적 의사가 있다고 인정되는 경우가 아니라면 채권자대위권의 목적이 될 수 없다**(대판 2010.5.27, 2009다93992).
   ① 대판 1992.11.10, 92다35899
   ② 대판 1994.11.8, 94다31549
   ③ 제404조 제2항

2. 정답 ①
   ① **채권자취소권도 채권자가 채무자를 대위하여 행사하는 것이 가능하다**(대판 2001.12.27, 2000다73049).
   ② 대판 1999.4.9, 98다58016
   ③ 대판 1992.10.27, 91다483
   ④ 대판 2013.5.23, 2010다50014

3. 정답 ③
   ③ 가압류·가처분결정에 대한 본안제소명령의 신청권은 제소기간의 도과에 의한 가압류·가처분의 취소신청권을 행사하기 위한 전제요건으로 인정된 독립된 권리이므로, **본안제소명령의 신청권이나 제소기간의 도과에 의한 가압류·가처분의 취소신청권은 채권자대위권의 목적이 될 수 있는 권리로 보아야 한다**(대법원 1993.12.27, 93마1655).
   ① 대판 2009.2.26, 2008다76556
   ② 대판 1985.2.8, 84다카188
   ④ 대판 2021.7.21, 2020다300893
   ⑤ 대판 2010.6.24, 2010다17284

4. 정답 ⑤
   ⑤ 이미 채무자가 그 권리를 재판상 행사하였을 때에는 채권자는 채무자를 대위하여 채무자의 권리를 행사할 수 없다. 그런데 비법인사단이 사원총회의 결의 없이 제기한 소는 소제기에 관한 특별수권을 결하여 부적법하다. 따라서 **비법인사단인 채무자 명의로 제3채무자를 상대로 한 소가 제기되었으나 사원총회의 결의 없이 총유재산에 관한 소가 제기되었다는 이유로 각하판결을 받고 그 판결이 확정된 경우에는 채무자가 스스로 제3채무자에 대한 권리를 행사한 것으로 볼 수 없다**(대판 2018.10.25, 2018다210539). 따라서 설문의 경우 乙이 스스로 丙에 대한 자신의 권리를 행사한 것이라고 볼 수 없으므로 이후 채권자 甲의 채권자대위의 소는 적법하다.
   ① 제404조 제2항
   ② 대판 1989.4.25, 88다카4253
   ③ 대판 2012.5.17, 2011다87235
   ④ 대판 1992.11.10, 92다35899

정답 및 해설

5. 정답 ④
  ④ 공유물분할청구권은 공유관계에서 수반되는 형성권으로서 공유자의 일반재산을 구성하는 재산권의 일종이며, **공유물분할청구권의 행사가 오로지 공유자의 자유로운 의사에 맡겨져 있어 공유자 본인만 행사할 수 있는 권리라고 볼 수는 없으므로, 공유물분할청구권은 채권자대위권의 목적이 될 수 있다**(대판 2020.5.21, 2018다879).
  ① 대판 2022.8.25, 2019다229202
  ② 대판 2021.7.21, 2020다300893
  ③ 대법원 2019.3.6, 2017마5292

6. 정답 ①
  ① 계약의 청약이나 승낙과 같이 비록 행사상의 일신전속권은 아니지만 이를 행사하면 그로써 새로운 권리의무관계가 발생하는 등으로 권리자 본인이 그로 인한 법률관계 형성의 결정 권한을 가지도록 할 필요가 있는 경우에는, **채무자에게 이미 그 권리행사의 확정적 의사가 있다고 인정되는 등 특별한 사정이 없는 한, 그 권리는 채권자대위권의 목적이 될 수 없다**고 봄이 상당하다(대판 2012.3.29, 2011다100527).
  ② 제404조 제2항
  ③ 대판 2003.4.11, 2003다1250
  ④ 대판 2013.5.23, 2010다50014
  ⑤ 대판 2003.1.10, 2000다27343

7. 정답 ⑤
  ⑤ 유류분반환청구권은 그 행사 여부가 **유류분권리자의 인격적 이익을 위하여 그의 자유로운 의사결정에 전적으로 맡겨진 권리로서 행사상의 일신전속성**을 가진다고 보아야 하므로, **유류분권리자에게 그 권리행사의 확정적 의사가 있다고 인정되는 경우가 아니라면 채권자대위권의 목적이 될 수 없다**(대판 2010.5.27, 2009다93992).
  ① 대판 2012.12.27, 2012다75239
  ② 대판 2013.5.23, 2010다50014
  ③ 대판 1989.4.25, 88다카4253
  ④ 대판 2015.9.10, 2013다55300

8. 정답 ④
  ④ 대판 2015.9.10, 2013다55300
  ① 채권자대위소송에서 기판력이 미친다는 의미는 채권자대위소송의 소송물인 피대위채권의 존부에 관하여 채무자에게도 기판력이 인정된다는 것이지, 채권자대위소송의 소송요건인 피보전채권의 존부에 관하여 당해 소송의 당사자가 아닌 채무자에게 기판력이 인정된다는 것은 아니다. 채권자가 채권자대위권을 행사하는 방법으로 제3채무자를 상대로 소송을 제기하였다가 채무자를 대위할 피보전채권이 인정되지 않는다는 이유로 소각하 판결을 받아 확정된 경우 그 기판력이 채권자가 채무자를 상대로 피보전채권의 이행을 구하는 소송에 미치는 것은 아니다(대판 2014.1.23, 2011다108095). 따라서 甲의 乙에 대한 피보전채권이 존재하지 않는다는 이유로 소 각하 판결이 확정된 경우 그 후 甲이 乙에게 다시 동일한 피보전채권을 청구원인으로 소송을 제기하는 경우라도 **전소의 기판력이 미치지 않는다**.
  ② 채권자대위소송의 제기로 **피대위채권인 乙의 丙에 대한 채권의 소멸시효는 중단되고, 대위권행사의 사실을 채무자에게 통지한 때에는 피보전채권인 甲의 乙에 대한 채권도 시효중단의 효력이 생긴다**는 것이 통설이다.
  ③ 乙의 丙에 대한 채권이 존재하지 않는다는 이유로 甲의 청구가 기각되어 확정되었다면, 그 후 乙의 또 다른 채권자인 丁이 乙을 대위하여 丙을 상대로 채권자대위소송을 제기하는 경우 乙이 전소인 甲의 채권자대위소송 사실을 알았을 경우에는 전소의 기판력이 丁이 제기한 후소에는 미친다(대판 1975.5.13, 74다1664).

9. 정답 ③
  ③ 원고가 미등기 건물을 매수하였으나 소유권이전등기를 하지 못한 경우에는 위 건물의 소유권을 원시취득한 매도인을 대위하여 불법점유자에 대하여 인도청구를 할 수 있고, **이때 원고는 불법점유자에 대하여 직접 자기에게 인도할 것을 청구할 수도 있다**(대판 1980.7.8, 79다1928).
  ① 대판 2009.4.23, 2009다3234
  ② 대판 2007.11.30, 2005마1130
  ④ 대판 2007.5.10, 2006다82700 ; 대판 1989.4.25, 88다카4253

10. 정답 ⑤
  • 옳은 것
    ㄱ. 대판 2007.5.10, 2006다82700
    ㄴ. 대판 2003.5.13, 2002다64148
    ㄷ. 대판 2014.10.27, 2013다25217
    ㄹ. 대판 2020.5.21, 2018다879
    ㅁ. 대판 2015.9.10, 2013다55300

11. 정답 ②
  • 옳지 않은 것
    ㄷ. **채권자대위권은 소유권이전등기청구권과 같은 특정물채권을 피보전채권으로 삼을 수 있으나**(대판 1992.10.27, 91다483), **채권자취소권은 이와 같은 특정물채권을 피보전채권으로 삼을 수 없다**(대판 1999.4.27, 98다56690).
    ㄹ. 채권자대위소송에서 피보전채권이 인정되지 아니할 경우에는 당사자적격이 없게 되므로 그 대위소송은 **청구를 기각하는 것이 아니라 부적법하여 각하 소(訴)를 각하**하여야 한다(대판 1994.11.8, 94다31549).
  • 옳은 것
    ㄱ. 제404조, 제406조
    ㄴ. 대판 2002.11.8, 2002다42957

12. 정답 ①
  ① 채권자취소권을 **특정물에 대한 소유권이전등기청구권을 보전하기 위하여 행사하는 것은 허용되지 않으므로**, 점유취득시효 완성 후 부동산 소유자가 이를 처분한 경우 점유자는

정답 및 해설

시효취득을 원인으로 한 소유권이전등기청구권을 피보전채권으로 하여 채권자취소권을 행사할 수 없다(대판 1999.4.27, 98다56690).
② 대판 2007.11.29, 2007다54849
③ 대판 2004.11.12, 2004다40955
④ 대판 2014.2.13, 2012다204013

13. 정답 ④

④ 건축 중인 건물 외에 별다른 재산이 없는 채무자가 수익자에게 책임재산인 위 건물을 양도하기 위해 수익자 앞으로 건축주명의를 변경해주기로 약정하였다면, **이러한 건축주명의변경 약정은 채무자의 재산감소 효과를 가져오는 행위로서 다른 일반채권자의 이익을 해하는 사해행위가 될 수 있다**(대판 2017.4.27, 2016다279206).
① 대판 2004.8.30, 2004다21923
② 대판 2013.10.11, 2013다7936
③ 대판 2017.3.9, 2015다217980
⑤ 대판 2005.3.24, 2004다65367

14. 정답 ④

④ 사해행위로 부동산 소유권이 이전된 후 그 부동산에 관하여 제3자가 저당권이나 지상권 등의 권리를 취득한 경우라도 채권자는 원상회복방법으로 **수익자 명의의 등기의 말소를 구하는 대신 수익자를 상대로 진정명의회복을 위해 채무자 앞으로 직접 소유권이전등기절차를 이행할 것을 구할 수도 있다**(대판 2000.2.25, 99다53704).
① 대판 2007.6.29, 2006다66753
② 대판 2001.9.4, 2000다66416
③ 대판 2019.4.11, 2018다203715
⑤ 대판 2018.9.13, 2018다215756

15. 정답 ③

- 옳은 것
  ㄱ. 대판 2003.7.11, 2003다19558
  ㄷ. 대판 2017.10.26, 2015다224469
  ㅁ. 대판 2001.6.1, 99다63183
- 옳지 않은 것
  ㄴ. 사해행위 당시에 이미 채권 성립의 기초가 되는 법률관계가 발생되어 있고 가까운 장래에 그 법률관계에 기하여 채권이 성립될 고도의 개연성이 있으며 실제로 가까운 장래에 그 개연성이 현실화되어 채권이 성립된 경우에는 그 채권도 채권자취소권의 피보전채권이 될 수 있지만, **사해행위 당시 계속적인 물품거래관계가 존재하였다는 사정만으로 채권성립의 기초가 되는 법률관계가 발생하여 있었다고 할 수는 없다**(대판 2023.3.16, 2022다272046).
  ㄹ. 채권자가 채무자 소유의 부동산에 대한 가압류신청 시 일부 부동산에 관하여 **제3자 명의의 근저당권설정등기가 경료되어 있었다는 것만으로는 부족하고 근저당권설정등기가 마쳐진 사실을 확인하였다면 채권자는 가압류 무렵**에는 채무자가 채권자를 해함을 알면서 사해행위를 한 사실을 알았다고 봄이 타당하다(대판 2012.1.12, 2011다82384).

16. 정답 ③

③ 사해행위의 목적인 부동산에 수개의 저당권이 설정되어 있다가 사해행위 후 그중 일부의 저당권만이 말소된 경우에도 사해행위의 취소에 따른 원상회복은 가액배상의 방법에 의하여야 하고, 그 경우 배상하여야 할 가액은 **그 부동산의 가액에서 말소된 저당권의 피담보채권액과 말소되지 아니한 저당권의 피담보채권액을 모두 공제하여 산정하여야 한다**(대판 2007.7.12, 2005다65197).
① 대판 2011.6.9, 2011다29307
② 대판 2015.5.21, 2012다952
④ 대판 2014.6.12, 2012다47548

17. 정답 ③

③ 상속재산의 분할협의는 그 성질상 재산권을 목적으로 하는 법률행위이므로 사해행위취소권 행사의 대상이 될 수 있다(대판 2007.7.26, 2007다29119). 한편 이미 채무초과 상태에 있는 채무자가 이혼을 하면서 배우자에게 재산분할로 일정한 재산을 양도함으로써 결과적으로 일반채권자에 대한 공동담보를 감소시키는 결과로 되는 경우 상당한 정도를 벗어나는 초과부분에 대하여는 사해행위에 해당하여 취소의 대상으로 될 수 있다(대판 2005.1.28, 2004다58963). 그러나 **상속의 포기는 상속인으로서의 지위 자체를 소멸하게 하는 행위로서 순전한 재산법적 행위와 같이 볼 것이 아니므로 "재산권에 관한 법률행위"에 해당하지 아니하여 사해행위취소의 대상이 되지 못한다**(대판 2011.6.9, 2011다29307).
① 대판 2014.6.12, 2012다47548
② 대판 2002.11.8, 2002다42957
④ 대판 2018.4.10, 2016다272311

18. 정답 ②

② 여러 명의 채권자가 사해행위취소 및 원상회복청구의 소를 제기하여 여러 개의 소송이 계속중인 경우에는 각 소송에서 채권자의 청구에 따라 사해행위의 취소 및 원상회복을 명하는 판결을 선고하여야 하고, 수익자(전득자를 포함한다)가 가액배상을 하여야 할 경우에는 **수익자가 반환하여야 할 가액을 채권자의 채권액에 비례하여 채권자별로 안분한 범위 내에서 반환을 명할 것이 아니라, 수익자가 반환하여야 할 가액 범위 내에서 각 채권자의 피보전채권액 전액의 반환을 명하여야 할 것이다**(대판 2005.11.25, 2005다51457).
① 대판 2019.3.14, 2018다277785
③ 대판 2008.4.24, 2007다84352
④ 대판 2018.7.20, 2018다222747

정답 및 해설

19. 정답 ④
④ 채권자가 채무자의 채권자취소권을 대위행사하는 경우 그 제소기간은 대위의 목적으로 되는 권리의 채권자인 채무자를 기준으로 하여 그 준수여부를 가려야 할 것이다(대판 2001.12.27, 2000다73049). 따라서 채권자취소권을 대위행사하는 채권자가 취소원인을 안 지 1년이 지난 경우라도 대위의 목적으로 되는 권리의 채권자인 채무자가 취소원인을 안 지 1년이 지나지 않은 경우에는 채권자취소의 소를 제기할 수 있다.
① 대판 2014.3.27, 2011다107818
② 대판 2005.3.24, 2004다65367
③ 대판 2001.6.1, 99다63183

20. 정답 ④
④ 무자력상태의 채무자가 소송절차를 통해 수익자에게 자신의 책임재산을 이전하기로 하여, 수익자가 제기한 소송에서 자백하는 등의 방법으로 패소판결 또는 그와 같은 취지의 화해권고결정 등을 받아 확정시키고, 이에 따라 수익자 앞으로 책임재산에 대한 소유권이전등기 등이 마쳐졌다면, 이러한 일련의 행위의 실질적인 원인이 되는 **채무자와 수익자 사이의 이전합의는 다른 일반채권자의 이익을 해하는 사해행위가 될 수 있다.** 따라서 위와 같이 **채무자와 수익자 사이의 소송절차에서 확정판결 등을 통해 마쳐진 소유권이전등기가 사해행위취소로 인한 원상회복으로써 말소된다고 하더라도, 그것이 확정판결 등의 효력에 반하거나 모순되는 것이라고는 할 수 없다**(대판 2017.4.7, 2016다204783).
① 제406조 제2항
② 대판 2004.8.30, 2004다21923
③ 대판 2012.2.9, 2011다77146
⑤ 제839조의3

21. 정답 ③
③ 대판 2017.4.7, 2016다204783
① 채권자취소의 대상인 사해행위에 해당하는지를 판단하기 위해 채무자의 적극재산을 평가함에 있어, 공동저당권이 설정된 수개의 부동산 중 일부는 채무자의 소유이고 다른 일부는 물상보증인의 소유인 경우에는, **채무자 소유의 부동산이 부담하는 피담보채권액은 채무자 소유 부동산의 가액을 한도로 한 공동저당권의 피담보채권액 전액**이다(대판 2016.8.18, 2013다90402).
② 국가가 조세채권을 피보전채권으로 하여 체납자의 법률행위를 대상으로 채권자취소권을 행사할 때, 제척기간의 기산점과 관련하여 국가가 취소원인을 알았는지는 **조세채권의 추심 및 보전 등에 관한 업무를 담당하는 세무공무원의 인식을 기준으로 판단하여야 하고, 체납자의 재산 처분에 관한 등기·등록 업무를 담당하는 다른 공무원의 인식을 기준으로 판단하여서는 아니 된다**(대판 2017.6.15, 2015다247707).
④ 건축 중인 건물 외에 별다른 재산이 없는 채무자가 수익자에게 책임재산인 위 건물을 양도하기 위해 수익자 앞으로 건축주명의를 변경해주기로 약정하였다면 **건축주명의변경약정은 채무자의 재산감소 효과를 가져오는 행위로서 사해행위가 될 수 있다**(대판 2017.4.27, 2016다279206).

22. 정답 ⑤
⑤ 채무자가 사해행위 취소로 등기명의를 회복한 부동산을 제3자에게 처분하더라도 이는 무권리자의 처분에 불과하여 효력이 없으므로, **제3자에게 마쳐진 소유권이전등기나 이에 기초하여 순차로 마쳐진 소유권이전등기 등은 모두 원인무효의 등기로서 말소되어야 한다.** 채권자는 채무자의 책임재산으로 취급되는 부동산에 대한 강제집행을 위하여 원인무효 등기의 명의인을 상대로 등기의 말소를 청구할 수 있다(대판 2017.3.9, 2015다217980). 따라서 설문의 경우 **취소채권자나 민법 제407조에 따라 사해행위취소와 원상회복의 효력을 받는 채권자는 위와 같은 등기명의인인 제3자를 상대로 직접 그 등기의 말소를 청구할 수 있다.**
① 대판 2013.6.28, 2013다8564
②③④ 대판 2009.3.26, 2007다63102

23. 정답 ②
② 상속재산의 분할협의는 상속이 개시되어 공동상속인 사이에 잠정적 공유가 된 상속재산에 대하여 그 전부 또는 일부를 각 상속인의 단독소유로 하거나 새로운 공유관계로 이행시킴으로써 상속재산의 귀속을 확정시키는 것으로서, **그 성질상 재산권을 목적으로 하는 법률행위이므로 사해행위취소권 행사의 대상이 된다.** 따라서 **이미 채무초과상태에 있는 채무자가 상속재산의 분할협의를 하면서 자신의 상속분에 관한 권리를 포기함으로써 일반채권자에 대한 공동담보가 감소한 경우에도 원칙적으로 채권자에 대한 사해행위에 해당한다**(대판 2007.7.26, 2007다29119).
① 대판 1997.5.23, 95다51908 ; 대판 2005.11.25, 2005다30160
③ 대판 2019.4.11, 2018다203715
④ 대판 2017.4.27, 2016다279206 ; 대판 2010.2.25, 2007다28819
⑤ 대판 2000.2.25, 99다53704

24. 정답 ②
② 부동산을 매수하여 소유권이전등기청구권을 가지고 있는 자가 매도인이 제3자에게 이를 이중으로 양도하여 소유권이전등기를 경료하여 줌으로써 취득하게 되는 **부동산 가액 상당의 손해배상채권은 금전채권이므로, 이중양도행위에 대한 사해행위취소권을 행사할 수 있는 피보전채권에 해당한다고 할 수 없다**(대판 1999.4.27, 98다56690).
① 대판 1999.4.27, 98다56690
③ 대판 2002.11.8, 2002다42957
④⑤ 대판 2004.11.12, 2004다40955

25. 정답 ②

② 이때의 채권회수 가능성은 **사실심 변론종결 시가 아닌 불법행위 시를 기준으로** 채무자의 책임재산과 채무자가 부담하는 채무의 액수를 비교하는 방법으로 판단한다(대판 2019.5.10, 2017다239311).
① 대판 2019.5.10, 2017다239311
③ 대판 2001.7.13, 98다51091
④⑤ 대판 2007.9.6, 2005다25021

제10회 사전모의고사 정답 및 해설

1. 정답 ⑤

⑤ 변호사에게 공동당사자로서 소송대리를 위임한 소송사건의 결과에 따라 경제적 이익을 불가분적으로 향유하게 되거나 패소할 경우 소송 상대방에 대하여 부진정연대관계의 채무를 부담하게 된다 하더라도, **이러한 사정만으로 곧바로 공동당사자들의 변호사에 대한 소송대리위임에 따른 보수금지급채무가 연대 또는 불가분채무에 해당하는 것으로 단정할 수 없다**(대판 1993.2.12, 92다42941).
① 제411조, 제413조
② 대판 1981.8.20, 80다2587
③ 대판 2017.5.30, 2017다205073
④ 대판 1980.6.24, 80다756

2. 정답 ③

③ 부진정연대채무 관계는 서로 별개의 원인으로 발생한 독립된 채무라 하더라도 동일한 경제적 목적을 가지고 있고 서로 중첩되는 부분에 관하여 일방의 채무가 변제 등으로 소멸할 경우 타방의 채무도 소멸하는 관계에 있으면 성립하는 것이며, **반드시 양 채무의 발생원인, 채무의 액수 등이 서로 동일할 것을 요한다고 할 수는 없다**(대판 2009.3.26, 2006다47677).
① 제408조, 제409조
② 제413조 이하 참조
④ 대판 1999.2.23, 97다12082
⑤ 대판 2017.5.30, 2017다205073

3. 정답 ④

④ 연대채무자 중 1인에 대한 가압류는 그 절대적 효력이 없다.
① 제416조
② 제422조
③ 제417조

4. 정답 ①

① 어느 연대채무자에 대한 이행청구는 **다른 연대채무자에게도 효력이 있다**(제416조).
② 제418조 제2항
③ 제425조 제1항
④ 대판 1997.12.12, 96다50896

5. 정답 ①

① 출연분담에 관한 주관적인 밀접한 연관관계가 없고 단지 채권만족이라는 목적만을 공통으로 하고 있는 부진정연대채무에 있어서는 그 변제에 관하여 채무자 상호간에 통지의무관계를 인정할 수 없고, 부진정연대채무에 해당하는 **공동불법행위로 인한 손해배상채무에 있어서도 채무자 상호간에 구상요건으로서의 통지에 관한 민법 제426조 제2항의 규정을 유추적용할 수는 없다**(대판 1998.6.26, 98다5777).

정답 및 해설

② 제418조 제2항
③ 대판 2018.3.22, 2012다74236
④ 대판 2011.4.14, 2010다91886
⑤ 대판 2010.9.16, 2008다97218

6. 정답 ①
① 어느 연대채무자에 대한 **이행청구나 그로 인한 시효중단의 효과는 다른 연대채무자에게도 효력이 있다**(제416조). 그러나 **채무승인으로 인한 시효중단은 다른 연대채무자에게 그 효력이 없다.**
② 대판 2014.8.20, 2012다97420
③ 대판 2018.3.22, 2012다74236
④ 제425조, 대판 2020.7.9, 2020다208195
⑤ 대판 2005.10.13, 2003다24147

7. 정답 ④
④ 연대채무의 경우 연대채무자 중 1인이 채권자에 대한 반대채권으로 상계를 한 경우 그 상계의 효력이 다른 연대채무자에게도 미치며(제418조), **부진정연대채무의 경우에도 부진정연대채무자 중 1인이 채권자에 대한 반대채권으로 상계를 하였다면 그 상계의 효력은 다른 부진정연대채무자에게 미친다**(대판 2010.9.16, 2008다97218).
① 대판 2014.8.20, 2012다97420
② 대판 2019.8.14, 2019다216435
③ 제425조 제1항 및 제2항

8. 정답 ②
② **부진정연대채무자 중 1인이 자신의 채권자에 대한 반대채권으로 상계를 한 경우에 그 상계로 인한 채무소멸의 효력은 소멸한 채무 전액에 관하여 다른 부진정연대채무자에 대하여도 미친다.** 즉, 부진정연대채무자 중 1인의 상계에 그 절대적 효력이 인정된다(대판 2010.9.16, 2008다97218).
① 제425조
③ 제433조
④ 대판 1994.12.27, 94다46008

9. 정답 ③
③ 부진정연대채무자 중 1인이 자신의 채권자에 대한 반대채권으로 상계를 한 경우, 채권은 변제, 대물변제, 또는 공탁이 행하여진 경우와 동일하게 현실적으로 만족을 얻어 그 목적을 달성하는 것이므로, **상계로 인한 채무소멸의 효력은 소멸한 채무 전액에 관하여 다른 부진정연대채무자에 대하여도 미친다고 보아야 한다**(대판 2010.9.16, 2008다97218).
① 대판 1981.8.20, 80다2587
② 제421조
④ 대판 1967.9.16, 67다1482

10. 정답 ②
② 민법은 연대보증인 중의 한 사람이 공동면책을 이유로 다른 연대보증인에게 구상권을 행사하려면 '자기의 부담부분을 넘은' 변제를 하였을 것을 그 요건으로 규정하였으나(제448조 제2항), 연대채무자 중의 한 사람이 공동면책을 이유로 다른 연대채무자에게 구상권을 행사하는 데 있어서는 그러한 제한 없이 '부담부분'에 대하여 구상권을 행사할 수 있는 것으로 규정하고 있다(제425조 제1항). 따라서 **연대채무자는 자신의 부담부분 이상을 변제하지 않아도 다른 연대채무자에 대하여 구상권을 행사할 수 있다**(대판 2013.11.14, 2013다46023). 그러나 공동불법행위자 중 1인이 다른 공동불법행위자에 대하여 구상권을 행사하기 위하여는 자기의 부담 부분 이상을 변제하여 공동의 면책을 얻었음을 주장·입증하여야 한다(대판 1997.12.12, 96다50896).
① 대판 1981.8.20, 80다2587
③ 대판 2012.9.27, 2011다76747
④ 대판 2010.5.27, 2009다85861
⑤ 대판 2014.3.13, 2013다205693

11. 정답 ④
④ **보증채무에 대한 소멸시효가 중단되었다고 하더라도 주채무에 대한 소멸시효가 중단되는 것은 아니다**(대판 2012.1.12, 2011다78606). 따라서 甲이 丙에 대한 연대보증채권을 피보전권리로 하여 丙 소유의 부동산에 가압류를 하여 소멸시효가 중단되었다고 하더라도 주채무 乙에 대한 채권의 소멸시효는 중단되지 않는다.
① 연대보증인 1인에 대한 채권포기는 **주채무자나 다른 연대보증인에게는 효력이 미치지 아니한다**(대판 1994.11.8, 94다37202). 따라서 甲의 丙에 대한 채권포기는 주채무자 乙과 다른 연대보증인 丁 모두에게 그 효력이 미치지 않는다.
② 연대보증인에게는 **최고검색의 항변권이 인정되지 아니한다**(제437조 단서). 따라서 **연대보증인 丙이 乙에게 변제자력이 있는 사실 및 그 집행이 용이할 것을 증명하더라도 채권자 甲은 주채무자 乙에게 먼저 청구하거나 집행할 필요가 없다.**
③ 연대보증인 중 1인이 자기의 부담부분을 넘은 변제를 한 때에는 연대채무에 관한 제425조 내지 제427조의 규정에 따라 구상권을 행사할 수 있다(제448조 제2항). 따라서 丙이 3,000만 원을 甲에게 변제한 경우 **丙은 주채무자 乙과 다른 연대보증인 丁 모두에게 구상할 수 있다.**
⑤ 보증인은 주채무자의 채권에 의한 상계로 채권자에게 대항할 수 있다(제434조). 따라서 **丙은 주채무자 乙이 채권자 甲에 대하여 가지는 채권에 의한 상계를 가지고 甲에게 대항할 수 있다.**

12. 정답 ④
④ 민법 **제437조 본문에 의하면 채권자가 보증인에게 채무의 이행을 청구한 때에는 보증인은 주채무자의 변제자력이 있는 사실 및 그 집행이 용이할 것을 증명하여 먼저 주채무자에게 청구할 것과 그 재산에 대하여 집행할 것을 항변할 수 있다고 규정하므로 보증인의 최고와 검색의 항변권은 보증인이 주채무자에게 변제자력이 있고 집행이 용이한 사실을 입증

정답 및 해설

할 때에 성립될 수 있고, 단순히 주채무자에게 먼저 청구할 것을 항변할 수 없다 할 것이다(대판 1968.9.24, 68다1271).

① 민법 제428조의2 규정이 '보증의 의사'가 일정한 서면으로 표시되는 것을 정할 뿐이라는 점 등을 고려할 때, **작성된 서면에 반드시 '보증인' 또는 '보증한다'라는 문언의 기재가 있을 것이 요구되지는 아니한다**(대판 2013.6.27, 2013다23372).

② 보증서의 보증금액은 보증인이 보증책임을 지게 될 주채무에 관한 한도액을 정한 것으로서 그 한도액에는 주채무자의 채권자에 대한 채무 원금과 이자 및 지연손해금이 모두 포함되고 그 합계액이 보증의 한도액을 초과할 수 없지만, **보증채무는 주채무와는 별개의 채무이기 때문에 보증채무 자체의 이행지체로 인한 지연손해금은 보증의 한도액과는 별도로 부담하여야 한다**(대판 2014.2.27, 2013다76567).

③ 채권자와 주채무자 사이의 확정판결에 의하여 주채무가 확정되어 그 소멸시효기간이 10년으로 연장되었다 할지라도 그 보증채무까지 당연히 단기소멸시효의 적용이 배제되어 10년의 소멸시효기간이 적용되는 것은 아니고 여전히 종전의 소멸시효기간에 따른다(대판 2006.8.24, 2004다26287).

⑤ 보증채무는 주채무와는 별개의 채무이므로 보증채무 자체의 이행지체로 인한 지연손해금은 보증한도액과는 별도인바, 보증채무의 연체이율에 관하여 특별한 약정이 있으면 그에 따르고 특별한 약정이 없으면 상법 또는 민법에서 정한 법정이율에 따르는 것으로서 주채무에 관하여 약정된 연체이율이 당연히 여기에 적용되는 것은 아니다(대판 2014.3.13, 2013다205693).

13. 정답 ④

④ 채무가 특정된 확정채무에 대하여 보증한 **보증인으로서는 피보증채무의 이행기를 연장해 주었는지에 상관없이 보증채무를 부담하는 것이 원칙이므로, 피보증채무의 이행기가 연장된 경우에도 보증인의 동의와 관계없이 보증인으로서의 채무를 부담한다**(대판 2012.8.30, 2009다90924).

① 대판 2004.12.24, 2004다20265
② 대판 1996.2.9, 94다38250
③ 대판 2006.8.24, 2004다26287
⑤ 대판 1995.9.15, 94다41485

14. 정답 ②

② 채권자가 주채무자에 대하여 상계적상에 있는 자동채권을 상계하지 않았다고 하여 이를 이유로 **보증채무자가 보증한 채무의 이행을 거부할 수 없으며 보증채무자의 책임이 면책되는 것도 아니다**(대판 2018.9.13, 2015다209347).

① 대판 2004.12.24, 2004다20265
③ 대판 2000.7.6, 99다51258
④ 대판 2002.5.24, 2000다72572
⑤ 대판 2001.6.12, 2000다47187

15. 정답 ①

• 옳은 것
ㄷ. 대판 2019.2.14, 2017다274703
ㅁ. 제370조, 제341조

• 옳지 않은 것
ㄱ. 사전구상권과 사후구상권은 발생원인을 달리하고 법적 성질도 달리하는 별개의 독립된 권리이므로, **사후구상권이 발생한 이후에도 사전구상권은 소멸하지 아니하고 병존하고, 다만 목적달성으로 일방이 소멸하면 타방도 소멸하는 관계에 있을 뿐이다**(대판 2019.2.14, 2017다274703).
ㄴ. 수탁보증인이 주채무자에 대하여 가지는 사전구상권에 민법 제443조 소정의 면책청구권이 항변권으로 부착되어 있는 경우 이를 자동채권으로 하는 상계는 허용되지 않는다(대판 2004.5.28, 2001다81245).
ㄹ. 원칙적으로 수탁보증인의 사전구상권에 관한 민법 제442조는 물상보증인에게 적용되지 아니하고 물상보증인은 사전구상권을 행사할 수 없다(대판 2009.7.23, 2009다19802).
ㅂ. 기존 채무가 동일성을 유지하면서 인수 당시의 상태로 종래의 채무자로부터 인수인에게 이전할 뿐 기존 채무를 소멸시키는 효력이 없는 **면책적 채무인수는 설령 이로 인하여 기존 채무자가 채무를 면한다고 하더라도 이를 채무가 변제된 경우에 해당한다고 할 수 없다. 채무인수의 대가로 기존 채무자가 물상보증인에게 어떤 급부를 하기로 약정하였다는 등의 사정이 없는 한 물상보증인이 기존 채무자의 채무를 면책적으로 인수하였다는 것만으로 물상보증인이 기존 채무자에 대하여 구상권 등의 권리를 가진다고 할 수 없다**(대판 2019.2.14, 2017다274703).

16. 정답 ②

• 옳지 않은 것
ㄴ. 주채무자가 채권자에 대하여 취소권·해제권·해지권을 가지는 경우에는 보증인은 그 채무의 이행을 거절할 수 있을 뿐, 그 계약의 당사자가 아니므로 직접 그 권리를 행사할 수는 없다(제435조).
ㄷ. 채권자와 주채무자 사이의 확정판결에 의하여 주채무가 확정되어 그 소멸시효기간이 10년으로 연장되었다 할지라도 **그 보증채무까지 당연히 단기소멸시효의 적용이 배제되어 10년의 소멸시효기간이 적용되는 것은 아니고, 여전히 종전의 소멸시효기간에 따른다**(대판 2006.8.24, 2004다26287).

• 옳은 것
ㄱ. 대판 2014.3.13, 2013다205693
ㄹ. 대판 2005.8.19, 2002다59764

17. 정답 ②

② 공사수급인의 연대보증인이 부담하는 지체상금 지급의무는 주채무자인 공사수급인이 지급하여야 할 지체상금의 범위에 부종하는 것이므로, 이른바 손해배상액의 예정으로서 **지체상금액이 과다한지 여부는 주채무자인 공사수급인을 기준으로 판단하여야 할 것이지 연대보증인을 중심으로 판단할 것은 아니다**(대판 2005.8.19, 2002다59764).

① 대판 2014.3.13, 2013다205693
③ 대판 2014.4.30, 2013다80429
④ 대판 2002.9.10, 2002다21509
⑤ 대판 2003.11.14, 2003다37730

정답 및 해설

18. 정답 ①

① 수탁보증인의 사전구상권에 관한 민법 제442조는 물상보증인에게 적용되지 아니하고 물상보증인은 사전구상권을 행사할 수 없다(대판 2009.7.23, 2009다19802). 따라서 乙의 부탁으로 물상보증인이 된 丙은 乙에 대하여 **사전구상권을 행사할 수 없다**.

② 연대보증인 1인에 대한 **채권포기는 주채무자나 다른 연대보증인에게는 효력이 미치지 아니한다**(대판 1994.11.8, 94다37202).

③ 보증인은 주채무자의 채권에 의한 상계로 채권자에게 대항할 수 있다(제434조).

④ 민법 제446조의 규정은 같은 법 제445조 제1항의 규정을 전제로 하는 것이어서 같은 법 제445조 제1항의 사전 통지를 하지 아니한 수탁보증인까지 보호하는 취지의 규정은 아니므로, 수탁보증에 있어서 주채무자가 면책행위를 하고도 그 사실을 보증인에게 통지하지 아니하고 있던 중에 보증인도 사전 통지를 하지 아니한 채 이중의 면책행위를 한 경우에는 보증인은 주채무자에 대하여 민법 제446조에 의하여 **자기의 면책행위의 유효를 주장할 수 없다**고 봄이 상당하다(대판 1997.10.10, 95다46265).

⑤ 부진정연대채무자 중 1인이 자신의 채권자에 대한 반대채권으로 상계를 한 경우, 그 상계로 인한 채무소멸의 효력은 소멸한 채무 전액에 관하여 다른 부진정연대채무자에 대하여도 미친다고 보아야 한다. 이는 부진정연대채무자 중 1인이 채권자와 상계계약을 체결한 경우에도 마찬가지이다. 나아가 이러한 법리는 채권자가 상계 내지 상계계약이 이루어질 당시 **다른 부진정연대채무자의 존재를 알았는지 여부에 의하여 좌우되지 아니한다**(대판 2010.9.16, 2008다97218).

19. 정답 ③

③ 보증인 보호를 위한 특별법 제7조 제1항에 따르면 보증기간의 약정이 없는 때에는 그 기간을 3년으로 보는데, 여기에서 말하는 보증기간은 특별한 사정이 없는 한 **보증인이 보증책임을 부담하는 주채무의 발생기간**이라고 해석함이 타당하고, 보증채무의 존속기간을 의미한다고 볼 수 없다(대판 2020.7.23, 2018다42231).

① 대판 2012.5.24, 2011다109586
② 제436조의2 제1항
④ 대판 2002.9.10, 2002다21509

20. 정답 ③

③ 대판 2001.6.12, 2000다47187
① 부동산의 합유자 중 일부가 사망한 경우 **특별한 약정이 없는 한 사망한 합유자의 상속인은 합유자로서의 지위를 승계하는 것이 아니므로**, 잔존 합유자가 2인 이상일 경우에는 잔존 합유자의 합유로 귀속되고 잔존 합유자가 1인인 경우에는 잔존 합유자의 단독소유로 귀속된다(대판 1994.2.25, 93다39225).
② 점유권은 **상속인에게 이전**한다(제193조).

④ 불법행위로 사망한 자의 정신적 손해에 대한 손해배상청구권, 즉 **위자료 청구권은 당연히 상속된다**(대판 1969.4.15, 69다268).

21. 정답 ④

④ 근저당권에 관하여 채무인수를 원인으로 채무자를 교체하는 변경등기(부기등기)가 마쳐진 경우 특별한 사정이 없는 한 그 변경등기는 당초 채무자가 근저당권자에 대하여 부담하고 있던 것으로서 신채무자가 인수한 채무만을 그 대상으로 하는 것이므로, 그 후 채무를 인수한 신채무자가 **다른 원인으로 근저당권자에 대하여 부담하게 된 새로운 채무까지 담보하는 것으로 볼 수는 없다**(대판 2002.11.26, 2001다73022).

① 대판 2002.9.24, 2002다36228
② 대판 2013.9.13, 2011다56033
③ 제459조

22. 정답 ①

① 채무인수에 있어서 면책적 인수인지, 중첩적 인수인지가 분명하지 아니한 때에는 **이를 중첩적으로 인수한 것으로 볼 것이다**(대판 2002.9.24, 2002다36228).

② 대판 2013.9.13, 2011다56033
③ 대판 2003.11.14, 2003다37730
④ 대판 2012.5.24, 2009다88303

23. 정답 ④

④ 제3자가 채무자와의 계약으로 채무를 인수한 경우에는 채권자의 승낙에 의하여 그 효력이 생긴다. 이 경우 채권자의 **승낙 또는 거절의 상대방은 채무자나 제3자**이다(제454조).

①② 대판 1999.7.9, 99다12376
③ 대판 2007.9.21, 2006다69479
⑤ 대판 2013.9.13, 2011다56033

24. 정답 ②

• 옳지 않은 것

ㄴ. 면책적 채무인수의 채무자와 인수인은 상당한 기간을 정하여 채권자에게 승낙 여부의 확답을 최고할 수 있는데, 채권자가 **그 기간 내에 확답을 발송하지 않으면 거절한 것으로 본다**(제455조).

ㄹ. 이행인수의 채무자는 인수인이 그 채무를 이행하지 아니하는 경우 인수인에 대하여 채권자에게 이행할 것을 청구할 수 있고, 이러한 **채무자의 인수인에 대한 청구권은 그 성질상 재산권의 일종으로서 일신전속적 권리라고 할 수는 없으므로, 채권자는 채권자대위권에 의하여 채무자의 인수인에 대한 청구권을 대위행사 할 수 있다**(대판 2009.6.11, 2008다75072).

ㅂ. 채권의 압류가 채권의 발생원인인 법률관계에 대한 채무자의 처분까지 구속하는 효력은 없으므로, 채무자의 제3채무자에 대한 채권이 압류된 후 채권의 발생원인인 계약의 당사자 지위를 이전하는 계약인수가 이루어진

경우, 양수인은 압류에 의하여 권리가 제한된 상태의 채권을 이전한 것이므로, 제3채무자는 계약인수에 의하여 그와 양도인 사이의 계약관계가 소멸하였음을 내세워 압류채권자에 대항할 수 없다(대판 2015.5.14, 2012다41359).
- 옳은 것
  ㄱ. 대판 2013.9.13, 2011다56033
  ㄷ. 대판 2009.6.11, 2008다75072
  ㅁ. 대판 2015.7.23, 2012다15336

25. 정답 ③
    ③ 면책적 채무인수에 있어서 채무자가 스스로 담보물을 제공한 경우에는 그 인수계약이 채권자와 인수인 사이에 체결된 것이면 담보관계는 소멸하고, **채무자와 인수인 사이에 체결된 것이면 민법 제459조 단서를 유추적용하여 원칙적으로 존속하는 것으로 해석한다.** 따라서 채무자와 인수인 사이의 면책적 채무인수약정에 대해 채권자의 승낙이 있는 경우, 채무자가 자신의 채무를 담보하기 위해 설정하였던 저당권은 **채무자의 담보유지에 대한 동의가 있는 것으로 간주하여 원칙적으로 유지된다**고 보아야 한다(제459조 단서 참조).
    ① 제454조 제1항
    ② 대판 1998.11.24, 98다33765
    ④ 대판 2015.5.29, 2012다84370
    ⑤ 대판 2014.8.20, 2012다97420

제11회 사전모의고사 정답 및 해설

1. 정답 ④
   ④ **후순위의 근저당권자는 채권양도의 대항요건을 갖추지 아니한 경우 대항할 수 없는 제3자에 포함되지 않는다**(대판 2005.6.23, 2004다29279). 따라서 선순위 근저당권부채권을 양수한 채권자는 채권양도의 **대항요건을 갖추지 않아도 후순위 근저당권자에게 대항할 수 있다.**
   ① 대판 2019.6.27, 2017다222962
   ② 대판 2016.7.14, 2015다46119
   ③ 대판 1994.4.26, 93다24223

2. 정답 ①
   ① 제449조
   ② 당사자가 양도 반대의 의사표시를 한 경우, 채무자는 **채권양도금지특약의 존재를 알고 있는 양수인이나 그 특약의 존재를 알지 못함에 중대한 과실이 있는 양수인에게 그 특약으로써 대항할 수 있다**(대판 2010.5.13, 2010다8310).
   ③ 지명채권의 양도는 **양도인이 채무자에게 통지하거나 채무자가 승낙하지 아니하면 채무자 기타 제3자에게 대항하지 못한다**(제450조 제1항). '선의의 제3자' 부분이 틀린 부분이다.
   ④ 채무자가 이의를 보류하고 승낙을 한 때에는 **양도통지를 한 경우와 마찬가지로 양도인에게 대항할 수 있는 사유로써 양수인에게 대항할 수 있다**(제451조 제2항).
   ⑤ 채무자가 이의를 보류하지 아니하고 승낙을 한 때에는 양도인에게 대항할 수 있는 사유로써 양수인에게 대항하지 못하는데, 이 경우 **채무자가 채무를 소멸하게 하기 위하여 양도인에게 급여한 것이 있으면 이를 회수할 수 있고 양도인에 대하여 부담한 채무가 있으면 그 성립되지 아니함을 주장할 수 있다**(제451조 제1항).

3. 정답 ③
   ③ 채권이 이중으로 양도된 경우의 양수인 상호간의 우열은 통지 또는 승낙에 붙여진 **확정일자의 선후에 의하여 결정되는 것이 아니고, 채권양도에 대한 채무자의 인식, 즉 확정일자 있는 양도통지가 채무자에게 도달한 일시 또는 확정일자 있는 승낙의 일시의 선후에 의하여 결정하여야** 할 것이다(대판 1994.4.26, 93다24223).
   ① 대판 1997.7.25, 95다21624
   ② 대판 2015.4.9, 2012다118020
   ④ 대판 2003.12.11, 2001다3771
   ⑤ 대판 2013.5.9, 2012다40998

4. 정답 ④
   ④ 채무자의 채권양도인에 대한 자동채권이 발생하는 기초가 되는 원인이 양도 전에 이미 성립하여 존재하고 자동채권이 수동채권인 양도채권과 동시이행의 관계에 있는 경우, 채권양도의 대항요건이 갖추어진 후에 자동채권이 발생하였다고 하더라도 채무자는 **동시이행의 항변권을 주장할 수**

정답 및 해설

있고 또한 그 채권에 의한 상계로 양수인에게 대항할 수 있다(대판 2015.4.9, 2014다80945).
① 대판 2018.11.29, 2015다19827
② 대판 2015.12.24, 2014다49241
③ 대판 2014.4.10, 2013다76192
⑤ 대판 2003.12.11, 2001다3771

5. **정답 ③**
③ 채권이 이중으로 양도된 경우의 양수인 상호간의 우열은 통지 또는 승낙에 붙여진 **확정일자의 선후에 의하여 결정하는 것이 아니라 채권양도에 대한 채무자의 인식, 즉 확정일자 있는 양도통지가 채무자에게 도달한 일시 또는 확정일자 있는 승낙의 일시의 선후에 의하여 결정하여야 할 것이다**(대판 1994.4.26, 93다24223).
① 대판 2017.9.21, 2015다61286
② 대판 2000.12.22, 2000다55904
④ 대판 2002.9.10, 2002다21509

6. **정답 ①**
① 비록 대항요건을 갖추지 못하여 채무자에게 대항하지 못한다고 하더라도 채권의 양수인이 채무자를 상대로 재판상의 청구를 하였다면 이는 **소멸시효 중단사유인 재판상의 청구에 해당한다**(대판 2005.11.10, 2005다41818).
② 대판 2010.5.13, 2010다8310
③ 대판 2012.8.30, 2011다32785
④ 대판 2012.11.29, 2011다17953

7. **정답 ④**
④ 양도인이 지명채권을 제1양수인에게 1차로 양도한 다음 제1양수인이 확정일자 있는 증서에 의한 대항요건을 적법하게 갖춘 경우, 그 채권은 제1양수인에게 이전하고 양도인은 채권에 대한 처분권한을 상실하는 하는 것이므로, 그 후 양도인이 동일한 채권을 제2양수인에게 양도하였더라도 **제2양수인은 채권을 취득할 수 없다**(대판 2016.7.14, 2015다46119). 따라서 설문에서 **제2양수인 丙은 유효하게 채권을 취득할 수 없다.**
① 대판 2003.10.24, 2003다37426
② 대판 2003.12.11, 2001다3771
③ 대판 1989.4.25, 88다카4253
⑤ 대판 2005.11.10, 2005다41818

8. **정답 ④**
④ 채권양수인이 양수채권을 자동채권으로 하여 그 채무자가 채권양수인에 대해 가지고 있던 기존 채권과 상계한 경우, **채권양수인은 채권양도의 대항요건이 갖추어진 때 비로소 자동채권을 행사할 수 있으므로 채권양도 전에 이미 양 채권의 변제기가 도래하였다고 하더라도 상계의 효력은 변제기로 소급하는 것이 아니라 채권양도의 대항요건이 갖추어진 시점으로 소급한다**(대판 2022.6.30, 2022다200089).
① 대판 2010.5.13, 2010다8310 ; 대판 2019.12.19, 2016다24284

② 대판 2018.10.25, 2017다272103
③ 대판 2001.10.9, 2000다51216

9. **정답 ④**
④ 당사자 사이에 **양도금지의 특약이 있는 채권이더라도 전부명령에 의하여 전부되는 데에는 지장이 없고, 양도금지의 특약이 있는 사실에 관하여 집행채권자가 선의인가 악의인가는 전부명령의 효력에 영향을 미치지 못하는 것이다**(대판 2003.12.11, 2001다3771). 따라서 양도금지의 특약이 있는 사실에 관하여 압류채권자가 선의라도 그 전부명령은 효력이 있다.
① 대판 2012.11.29, 2011다17953
② 대판 2004.7.8, 2004다17481
③ 대판 2010.5.13, 2010다8310

10. **정답 ①**
① 채권이 이중으로 양도된 경우의 양수인 상호간의 우열은 통지 또는 승낙에 붙여진 **확정일자의 선후가 아니라 채권양도에 대한 채무자의 인식, 즉 확정일자 있는 양도통지가 채무자에게 도달한 일시 또는 확정일자 있는 승낙의 일시의 선후에 의하여 결정하여야 할 것이다**(대판 1994.4.26, 93다24223).
② 대판 2004.9.3, 2003다22561
③ 대판 1994.4.26, 93다24223
④ 대판 2015.4.9, 2012다118020
⑤ 대판 1997.6.27, 95다40977

11. **정답 ③**
③ 당사자의 특별한 의사표시가 없으면 **변제기 전이라도 채무자는 변제할 수 있다**(제468조).
① 제460조
② 제466조
④ 제469조

12. **정답 ⑤**
⑤ 채무의 성질 또는 당사자의 의사표시로 변제장소를 정하지 아니한 때에는 특정물의 인도는 **채권성립 당시에 그 물건이 있던 장소에서 하여야 한다**(제467조 제1항).
① 제460조
② 대판 2005.8.19, 2003다22042
③ 대판 2012.4.13, 2010다1180
④ 대판 2000.12.8, 2000다51339

13. **정답 ⑤**
⑤ 담보권의 실행 등을 위한 경매에 있어서는 **합의에 의한 변제충당은 허용될 수 없고**(대판 1996.5.10, 95다55504), 민법 제476조에 의한 지정변제충당도 허용될 수 없고 획일적으로 가장 공평타당한 충당방법인 **민법 제477조 및 제479조**

정답 및 해설

의 규정에 의한 법정변제충당의 방법에 따라 충당하여야 하는 것이다(대판 2000.12.8, 2000다51339).
① 대판 2015.11.26, 2014다71712
② 대판 2021.1.14, 2020다261776
③ 대판 2010.10.28, 2010다55187
④ 민법 제476조 제2항

14. 정답 ⑤
⑤ 채권증서반환청구권은 채권전부를 변제한 경우에 인정되는 것이고, **영수증 교부의무와는 달리 변제와 동시이행관계에 있지 않다**(대판 2005.8.19, 2003다22042).
① 제475조
② 대판 2013.8.22, 2013다32574
③ 대판 2011.11.24, 2011다74550
④ 대판 2011.6.9, 2011다23170

15. 정답 ①
① 변제충당에 관한 민법 제476조 내지 제479조는 임의규정이므로, 담보권의 실행 등을 위한 경매에 있어서 배당금이 동일 담보권자가 가지는 수개의 피담보채권의 전부를 소멸시키기에 부족한 경우, 채권자와 채무자 사이에 **변제충당에 관한 합의가 있었다고 하더라도 합의에 의한 변제충당은 허용될 수 없고 민법 제477조의 규정에 의한 법정변제충당의 방법에 따라 충당을 하여야 한다**(대판 1996.5.10, 95다55504).
② 대판 2009.6.11, 2009다12399
③ 대판 2014.4.30, 2013다8250
④ 대판 2013.9.12, 2012다118044

16. 정답 ②
② 확정판결에 대한 청구이의 사유는 그 확정판결의 변론종결 후에 생긴 것이어야 하므로, **확정판결의 변론종결 전에 이루어진 일부이행을 채권자가 변론종결 후 수령함으로써 변제의 효력이 발생한 경우 그 한도 내에서도 청구이의 사유가 될 수 있다**(대판 2009.10.29, 2008다51359).
① 대판 1991.7.12, 90다17774
③ 대판 2004.6.11, 2003다1601
④ 대판 1988.8.23, 87다카546
⑤ 대판 2022.10.27, 2022다238053

17. 정답 ①
① 물상보증인이 담보부동산을 제3취득자에게 매도하고 제3취득자가 담보부동산에 설정된 근저당권의 피담보채무의 이행을 인수한 경우, 그 이행인수는 매매당사자 사이의 내부적인 계약에 불과하여 이로써 물상보증인의 책임이 소멸하지 않는 것이고, 따라서 **담보부동산에 대한 담보권이 실행된 경우에도 제3취득자가 아닌 원래의 물상보증인이 채무자에 대한 구상권을 취득한다**(대판 1997.5.30, 97다1556).
② 제467조 제1항
③ 대판 2013.5.9, 2012다40998
④ 제473조, 제566조

18. 정답 ④
④ 변제할 정당한 이익이 있는 수인이 시기를 달리하여 근저당권의 피담보채권의 일부씩을 대위변제한 경우 그들은 각 일부 대위변제자로서 그 변제한 가액에 비례하여 근저당권을 준공유하고 있다고 보아야 하고, **그 근저당권을 실행하여 배당함에 있어서는 다른 특별한 사정이 없는 한 각 변제채권액에 비례하여 안분배당하여야 한다**(대판 2001.1.19, 2000다37319).
① 대판 2009.10.29, 2009다60527
② 대판 2017.7.18, 2015다206973
③ 대판 2022.3.17, 2021다276539
⑤ 대판 2000.12.26, 2000다54451

19. 정답 ②
② 변제할 정당한 이익이 있는 자가 채무자를 위하여 채권 일부를 대위변제하였는데 채권자가 부동산에 대하여 저당권을 가지고 있는 경우에는 채권자는 대위변제자에게 일부 대위변제에 따른 저당권 일부 이전의 부기등기를 할 의무가 있으며, 이 경우에도 **채권자는 일부 대위변제자에 대하여 우선변제권을 가진다 할 것이다**(대판 2017.7.18, 2015다206973).
① 대판 2020.10.15, 2019다222041
③ 대판 2015.11.12, 2013다214970
④ 대판 2017.10.31, 2015다65042

20. 정답 ②
② 보증인과 제3취득자 사이의 변제자대위에 관하여 민법 제482조 제2항 제1호는 "보증인은 미리 전세권이나 저당권의 등기에 그 대위를 부기하지 아니하면 전세물이나 저당물에 권리를 취득한 제3자에 대하여 채권자를 대위하지 못한다."고 정하고 있는데, 이는 보증인의 변제로 저당권 등이 소멸된 것으로 믿고 목적부동산에 대하여 권리를 취득한 제3취득자를 예측하지 못한 손해로부터 보호하기 위한 것이다. 그러나 **제3취득자가 목적부동산에 대하여 권리를 취득한 후 채무를 변제한 보증인은 대위의 부기등기를 하지 않고도 대위할 수 있다**. 보증인이 변제하기 전 목적부동산에 대하여 권리를 취득한 제3자는 등기부상 저당권 등의 존재를 알고 권리를 취득하였으므로 나중에 보증인이 대위하더라도 예측하지 못한 손해를 입을 염려가 없다(대판 2020.10.15, 2019다222041).
① 대판 2015.3.20, 2012다99341
③ 대판 2014.4.30, 2013다80429
④ 대판 2015.11.27, 2013다41097
⑤ 대판 2018.7.11, 2017다292756

21. 정답 ③
③ 대물변제의 약정으로 부동산의 소유권을 이전받게 되는 사람이 소유권이전등기를 마치기 전에 그 부동산을 인도받아 점유·사용하는 경우에는 **그 대물변제의 효력으로서 이를 점유·사용할 권리가 있으므로 그 점유·사용에 따른**

부당이득을 반환할 의무가 없다(대판 2001.12.11, 2001다45355).
① 대판 1995.9.15, 95다13371
② 제466조, 제567조
④ 대판 2017.1.25, 2016다42077

22. 정답 ③

③ 확정일자 있는 채권양도통지와 채권가압류명령이 제3채무자에게 동시에 도달된 경우 채권자를 알 수 없다는 이유로 변제공탁을 할 수 있으며(대판 2004.9.3, 2003다22561), **채권양도금지특약에 반하여 채권양도가 이루어진 경우**, 그 양수인이 양도금지특약이 있음을 알았거나 중대한 과실로 알지 못하였던 경우에는 채권양도는 효력이 없게 되고, 반대로 양수인이 중대한 과실 없이 양도금지특약의 존재를 알지 못하였다면 채권양도는 유효하게 되므로, **채무자로서는 양수인의 선의 등의 여부를 알 수 없어 특별한 사정이 없는 한 민법 제487조 후단의 채권자 불확지를 원인으로 하여 변제공탁을 할 수 있다**(대판 2000.12.22, 2000다55904).
① 제489조
② 대판 2012.3.15, 2011다77849
④ 제491조

23. 정답 ④

④ 대판 2012.3.15, 2011다77849
① 채무 전액이 아닌 일부에 대한 공탁은 그 부분에 관하여서도 효력이 생기지 않으나, 채권자가 공탁금을 채권의 일부에 충당한다는 유보의 의사표시를 하고 이를 수령한 때에는 그 공탁금은 채권의 일부의 변제에 충당되며, **그 경우 유보의 의사표시는 반드시 명시적으로 하여야 하는 것은 아니다**(대판 2009.10.29, 2008다51359).
② 변제공탁이 적법한 경우에는 **채권자가 공탁물 출급청구를 하였는지와 관계없이** 공탁을 한 때에 변제의 효력이 발생한다(대판 2011.12.13, 2011다11580).
③ 변제공탁이 적법한 경우에는 채권자가 공탁물 출급청구를 하였는지와 관계없이 공탁을 한 때에 변제의 효력이 발생하며, **그 후 공탁물 출급청구권에 대하여 가압류 집행이 되더라도 변제의 효력에 영향을 미치지 아니한다**(대판 2011.12.13, 2011다11580).
⑤ 채권소멸의 효력을 소급적으로 소멸시키는 공탁물의 회수에는 공탁자에 의하여 이루어진 경우뿐만 아니라, **제3자가 공탁자에게 대하여 가지는 별도 채권의 집행권원으로써 공탁자의 공탁물 회수청구권에 대하여 압류 및 추심명령을 받아 그 집행으로 공탁물을 회수한 경우도 포함**된다(대판 2014.5.29, 2013다212295).

24. 정답 ③

③ 채권자에게 반대급부 기타 조건의 이행의무가 없음에도 불구하고 **채무자이 이를 조건으로 공탁한 때에는 채권자가 이를 수락하지 않는 한 그 변제공탁은 무효이다**(대판 2002. 12.6, 2001다2846). 따라서 **채권자가 이를 수락하였다면 그 변제공탁은 유효**라고 보아야 한다.
① 대판 2014.12.24, 2014다207245
② 대판 2014.5.29, 2013다212295
④ 대판 1994.8.26, 93다42276
⑤ 대판 1991.12.27, 91다35670

25. 정답 ②

② 변제공탁이 적법한 경우에는 채권자가 공탁물 출급청구를 하였는지와 관계없이 공탁을 한 때에 변제의 효력이 발생하고, **그 후 공탁물 출급청구권에 대하여 가압류 집행이 되더라도 변제의 효력에 영향을 미치지 아니한다**(대판 2011.12.13, 2011다11580).
① 대판 2011.12.13, 2011다11580
③ 제491조
④ 대판 2002.12.6, 2001다2846

정답 및 해설

제12회 사전모의고사 정답 및 해설

1. **정답 ①**
   ① 상계는 당사자 쌍방이 서로 같은 종류를 목적으로 한 채무를 부담한 경우에 서로 같은 종류의 급부를 현실로 이행하는 대신 어느 일방 당사자의 의사표시로 그 대등액에 관하여 채권과 채무를 동시에 소멸시키는 것이므로, **수동채권으로 될 수 있는 채권은 상대방이 상계자에 대하여 가지는 채권이어야 하고, 그 상대방이 제3자에 대하여 가지는 채권과는 상계할 수 없다고 보아야 한다**(대판 2011.4.28, 2010다101394).
   ② 대판 2019.2.14, 2017다274703
   ③ 대판 2003.4.11, 2002다59481
   ④ 대판 2017.2.15, 2014다19776
   ⑤ 대판 2000.9.8, 99다6524

2. **정답 ①**
   ① 대판 2013.2.28, 2012다94155
   ② 상계항변이 먼저 이루어지고 그 후 대여금채권의 소멸을 주장하는 소멸시효항변이 있었던 경우에, **상계항변 당시 채무자인 피고에게 수동채권인 대여금채권의 시효이익을 포기하려는 효과의사가 있었다고 단정할 수 없다**. 이는 제1심에서 공격방어방법으로 상계항변이 먼저 이루어지고 그 후 항소심에서 소멸시효항변이 이루어진 경우를 달리 볼 것은 아니다(대판 2013.2.28, 2011다21556).
   ③ 부당이득의 원인이 고의의 불법행위에 기인함으로써 불법행위로 인한 손해배상채권과 부당이득반환채권이 모두 성립하여 양채권이 경합하는 경우 **피해자가 부당이득반환채권만을 청구하고 불법행위로 인한 손해배상채권을 청구하지 아니한 때에도 민법 제496조를 유추적용함이 상당**하다(대판 2002.1.25, 2001다52506).
   ④ 물상보증인 소유의 부동산에 대한 후순위저당권자는 물상보증인이 대위취득한 채무자 소유의 부동산에 대한 선순위공동저당권에 대하여 물상대위를 할 수 있다. 이 경우 채무자는 물상보증인에 대한 반대채권이 있더라도 **물상보증인의 구상금 채권과 상계함으로써 물상보증인 소유의 부동산에 대한 후순위저당권자에게 대항할 수 없다**(대판 2017.4.26, 2014다221777).

3. **정답 ①**
   ① 고의의 불법행위에 인한 손해배상채권에 대한 상계금지를 중과실의 불법행위에 인한 손해배상채권에까지 유추 또는 확장적용하여야 할 필요성이 있다고 할 수 없다(대판 1994.8.12, 93다52808). 따라서 중과실로 인한 불법행위 손해배상채권을 수동채권으로 하여 가해자가 상계를 하는 것은 금지되지 않는다.
   ② 대판 2004.4.27, 2003다37891
   ③ 제495조
   ④ 제496조의 반대해석
   ⑤ 대판 2005.11.10, 2004다37676 ; 대판 2015.4.9, 2014다80945

4. **정답 ④**
   ④ 당사자 쌍방의 채무가 서로 상계적상에 있다 하더라도 그 자체만으로 상계로 인한 채무소멸의 효력이 생기는 것은 아니고, 상계의 의사표시를 기다려 비로소 상계로 인한 채무소멸의 효력이 생기는 것이므로, **채무자가 채무명의인 확정판결의 변론종결 전에 상대방에 대하여 상계적상에 있는 채권을 가지고 있었다 하더라도 채무명의인 확정판결의 변론종결 후에 이르러 비로소 상계의 의사표시를 한 때에는 민사소송법 제505조 제2항이 규정하는 '이의원인이 변론종결 후에 생긴 때'에 해당하는 것으로서, 당사자가 채무명의인 확정판결의 변론종결 전에 자동채권의 존재를 알았는가 몰랐는가에 관계없이 적법한 청구이의 사유로 된다**(대판 1998.11.24, 98다25344).
   ① 대판 2017.3.15, 2015다252501
   ② 대판 1975.10.21, 75다48 ; 대판 2006.7.28, 2004다54633
   ③ 대판 1994.8.12, 93다52808

5. **정답 ④**
   ④ 유치권이 인정되는 아파트를 경락·취득한 자가 유치권자에 대한 임료 상당의 부당이득금 반환채권을 자동채권으로 하고 **유치권자의 종전 소유자에 대한 유익비상환채권을 수동채권으로 하는 상계는 허용되지 아니한다**(대판 2011.4.28, 2010다101394).
   ① 대판 2021.2.10, 2017다258787
   ② 대판 2012.2.16, 2011다45521
   ③ 대판 2018.8.30, 2016다46338 ; 민사소송법 제216조 제2항

6. **정답 ⑤**
   ⑤ 소멸시효가 완성된 채권이 그 완성 전에 상계할 수 있었던 것이면 그 채권자는 상계할 수 있는 것과 마찬가지로 매도인이나 수급인의 담보책임을 기초로 한 손해배상채권의 **제척기간이 지났으나 제척기간이 지나기 전 상대방의 채권과 상계할 수 있었던 경우, 매수인이나 도급인은 민법 제495조를 유추적용해서 위 손해배상채권을 자동채권으로 해서 상대방의 채권과 상계할 수 있다**(대판 2019.3.14, 2018다255648).
   ① 대판 2013.2.28, 2012다94155
   ② 대판 2012.2.16, 2011다45521
   ③ 대판 2019.6.27, 2017다222962
   ④ 대판 2018.9.13, 2015다209347

7. **정답 ①**
   ① 형벌의 일종인 벌금도 일정 금액으로 표시된 추상적 경제 가치를 급부목적으로 하는 채권인 점에서는 다른 금전채권들과 본질적으로 다를 것이 없으므로, **벌금형이 확정되어 벌금채권의 변제기가 도래하였다면 이를 금하는 특별한 법률상 근거가 없는 이상 상계의 자동채권이 될 수 있다**(대판 2004.4.27, 2003다37891).
   ② 대법원 2006.7.4, 2006므751
   ③ 대판 2004.5.28, 2001다81245
   ④ 대판 2013.2.28, 2012다94155

정답 및 해설

8. **정답 ④**
   ④ 계약상의 이자로서 **이자제한법 소정의 제한이율을 초과하는 부분은 무효이고 이러한 제한초과의 이자에 대하여 준소비대차계약 또는 경개계약을 체결하더라도 그 초과부분에 대하여는 효력이 생기지 아니한다**(대판 1998.10.13, 98다17046).
   ① 대판 2003.2.11, 2002다62333
   ② 대판 1996.7.9, 96다16612
   ③ 대판 2019.10.23, 2012다46170
   ⑤ 대판 2003.8.19, 2003다11516

9. **정답 ③**
   ③ 제504조
   ① 채권의 **일부에 대한 대위변제가 있는 때에는 채권자는 채권증서에 그 대위를 기입하고 자기가 점유한 담보물의 보존에 관하여 대위자의 감독을 받아야 한다**(제484조 제2항). 채권전부의 대위변제를 받은 채권자는 그 채권에 관한 증서 및 점유한 담보물을 대위자에게 교부하여야 한다(제484조 제1항).
   ② 변제공탁은 **공탁공무원의 수탁처분과 공탁물보관자의 공탁물수령으로 그 효력이 발생하여 채무소멸의 효과를 가져오는 것이므로, 변제공탁을 제3자를 위한 계약의 일종으로 바라본다고 하더라도 채권자의 수익의 의사표시가 있는 때에 공탁의 효력이 생기는 것이 아니다**(대법원 1972.5.15, 72마401).
   ④ 계약자유의 원칙상 경개계약의 성립 후에 그 계약을 명시적이든 묵시적이든 **합의해제하여 구채무를 부활시키는 것은 적어도 당사자 사이에서는 가능하다**(대판 2010.7.29, 2010다699).
   ⑤ 부적법한 변제공탁으로 변제의 효력이 발생하지 않았다고 하더라도, **피공탁자는 공탁자에 대한 다른 채권에 기하여 공탁자의 공탁물 회수청구권에 대하여 압류 및 추심명령을 받아 그 집행으로 공탁물을 회수할 수 있다**(대법원 2020.5.22, 2018마5697).

10. **정답 ①**
    ① 자동차 운행 중 사고로 인하여 **자동차손해배상보장법 제3조에 의한 손해배상채권과 채무가 상속으로 동일인에게 귀속하더라도 교통사고의 피해자에게 책임보험 혜택을 부여하여 이를 보호하여야 할 사회적 필요성은 동일하고 책임보험의 보험자가 혼동이라는 우연한 사정에 의하여 자신의 책임을 면할 합리적인 이유가 없다는 점 등을 고려할 때, 자동차책임보험의 약관에 의하여 피해자가 보험회사에 대하여 직접 보험금의 지급청구를 할 수 있는 이른바 직접청구권이 수반되는 경우, 가해자가 피해자의 상속인이 되는 등 특별한 경우를 제외하고는 피해자의 보험자에 대한 직접청구권의 전제가 되는 자동차손해배상보장법 제3조에 의한 피해자의 운행자에 대한 손해배상청구권은 상속에 의한 혼동에 의하여 소멸되지 않는다**(대판 2003.1.10, 2000다41653).
    ② 대판 1998.9.25, 97다28650
    ③ 대판 2007.2.22, 2004다59546
    ④ 대법원 2013.11.19, 2012마745
    ⑤ 대판 2001.5.15, 2000다12693

11. **정답 ③**
    ③ 아직 계약체결에 관한 확고한 신뢰가 부여되기 이전 상태에서 **계약교섭의 당사자가 계약체결이 좌절되더라도 어쩔 수 없다고 생각하고 지출한 비용, 예컨대 경쟁입찰에 참가하기 위하여 지출한 제안서, 견적서 작성비용 등은 민법상 손해배상의 범위에 포함되지 아니한다**(대판 2003.4.11, 2001다53059).
    ①②④ 대판 2003.4.11, 2001다53059
    ⑤ 대판 2004.5.28, 2002다32301

12. **정답 ①**
    ① **계약이 의사의 불합치로 성립하지 아니한 경우** 그로 인하여 손해를 입은 당사자는 상대방이 계약이 성립되지 아니할 수 있다는 것을 알았거나 알 수 있었음을 이유로 상대방에게 부당이득반환청구 또는 불법행위로 인한 손해배상청구를 할 수 있는지는 별론으로 하고, **민법 제535조를 유추적용하여 계약체결상의 과실로 인한 손해배상청구를 할 수는 없다**(대판 2017.11.14, 2015다10929).
    ② 제533조, 제534조
    ③ 대판 2003.4.25, 2002다11458
    ④ 대판 2000.1.18, 98다18506
    ⑤ 대판 2000.9.22, 99다53759

13. **정답 ②**
    ② 제3채무자의 압류채무자에 대한 자동채권이 수동채권인 피압류채권과 동시이행의 관계에 있다 하더라도 압류명령이 제3채무자에게 송달되어 압류의 효력이 생긴 후에 자동채권이 발생하였다면, 자동채권이 발생한 기초가 되는 원인은 수동채권이 압류되기 전에 이미 성립하여 존재하고 있었던 것이므로, **제3채무자는 그 자동채권에 의한 상계로 압류채권자에게 대항할 수 있음을 물론이며 제3채무자는 동시이행의 항변권을 주장할 수 있다**(대판 2010.3.25, 2007다35152).
    ① 대판 1996.6.11, 95다12798
    ③ 대판 1970.3.10, 69다2076
    ④ 대판 2006.2.24, 2005다58656
    ⑤ 대판 1979.11.13, 79다1562

14. **정답 ④**
    ④ 쌍무계약의 당사자 일방이 먼저 한번 현실의 제공을 하고, 상대방을 수령지체에 빠지게 하였다고 하더라도 **그 이행의 제공이 계속되지 않는 경우는 과거에 이행의 제공이 있었다는 사실만으로 상대방이 가지는 동시이행의 항변권이 소멸하는 것은 아니다**(대판 1995.3.14, 94다26646).
    ① 대판 2021.7.29, 2017다3222
    ② 대판 2007.12.28, 2005다38843
    ③ 대판 2015.8.27, 2013다81224

정답 및 해설

15. 정답 ③

③ 민법 제400조에 정한 채권자지체가 성립하기 위해서는 민법 제460조 소정의 채무자의 변제 제공이 있어야 하지만, 채권자가 변제를 받지 아니할 의사가 확고한 경우(이른바 채권자의 영구적 불수령)에는 구두의 제공조차 필요 없다. 그러나 그러한 구두의 제공조차 필요 없는 경우라고 하더라도 민법 제538조 제1항 제2문 소정의 '채권자의 수령지체 중에 당사자 쌍방의 책임 없는 사유로 이행할 수 없게 된 때'에 해당하기 위해서는 현실제공이나 구두제공이 필요하다고 보아야 한다(대판 2004.3.12, 2001다79013).
① 대판 2009.5.28, 2008다98655
② 제538조
④ 대판 2017.3.9, 2016다47478
⑤ 대판 2010.8.19, 2010다31860

16. 정답 ②

② 요약자는 낙약자의 채무불이행을 이유로 제3자의 동의 없이 계약을 해제할 수 있으며(대판 1970.2.24, 69다1410), 이 경우 요약자는 낙약자에게 자기가 입은 손해의 배상을 청구할 수도 있다.
① 제541조
③ 대판 2006.5.25, 2003다45267
④ 대판 2003.12.11, 2003다49771

17. 정답 ⑤

⑤ 제3자를 위한 계약에 있어서 수익의 의사표시를 한 수익자는 낙약자에게 직접 그 이행을 청구할 수 있을 뿐만 아니라 요약자가 계약을 해제한 경우에는 낙약자에게 자기가 입은 손해의 배상을 청구할 수 있는 것이므로, 수익자가 완성된 목적물의 하자로 인하여 손해를 입었다면 수급인은 그 손해를 배상할 의무가 있다(대판 1994.8.12, 92다41559).
① 대판 2006.9.14, 2004다18804
② 대판 2004.9.3, 2002다37405
③ 대판 2003.12.11, 2003다49771
④ 대판 1995.5.9, 94다47469

18. 정답 ①

① 매수인이 매도인과 사이의 매매계약에 의한 잔대금지급기일에 잔대금을 지급하지 못하여 그 지급의 연기를 수차 요청하였다는 것만으로는 그 채무를 이행하지 아니할 의사를 명백히 한 것으로는 볼 수 없다(대판 1990.11.13, 90다카23882).
②③④ 대판 2011.2.10, 2010다77385
⑤ 대판 2010.3.25, 2007다35152

19. 정답 ①

- 옳지 않은 것 : 없음
- 옳은 것
  ㄱ. 대판 1995.9.5, 95다19898
  ㄴ. 대판 1998.3.13, 97다54604
  ㄷ. 대판 1982.4.27, 80다851
  ㄹ. 대판 2007.4.26, 2005다62006
  ㅁ. 대판 2015.10.29, 2012다5537

20. 정답 ④

④ 대판 2005.7.14, 2004다67011
① 甲과 乙간의 계약이 합의에 따라 해제되거나 해지된 경우에는 특별한 사정이 없는 한 채무불이행으로 인한 손해배상을 청구할 수 없지만, 甲이 乙에게 손해배상을 하기로 특약하거나 손해배상청구를 유보하는 의사표시가 있으면 그러한 특약이나 의사에 따라 손해배상을 할 수는 있다(대판 2021.3.25, 2020다285048).
② 소제기로써 계약해제권을 행사한 후 그 뒤 그 소송을 취하하였다 하여도 해제권은 형성권이므로 그 행사의 효력에는 아무런 영향을 미치지 아니한다(대판 1982.5.11, 80다916).
③ 토지를 매도하였다가 대금지급을 받지 못하여 그 매매계약을 해제한 경우에 있어 그 토지 위에 신축된 건물의 매수인은 위 계약해제로 권리를 침해당하지 않을 제3자에 해당하지 아니한다(대판 1991.5.28, 90다카16761).
⑤ 계약해제의 효과로서의 원상회복의무를 규정한 민법 제548조 제1항 본문은 부당이득에 관한 특별규정의 성격을 가진 것이라 할 것이므로, 그 이익 반환의 범위는 수익자의 부당이득 반환범위를 규정한 민법 제748조의 규정에 의하는 것이 아니라 이익의 현존 여부나 청구인의 선의·악의를 불문하고 그 받은 이익의 전부이다(대판 2014.3.13, 2013다34143).

21. 정답 ③

③ 민법 제548조 제1항 단서에서 말하는 제3자란 그 해제된 계약으로부터 생긴 법률효과를 기초로 하여 해제 전에 새로운 이해관계를 가졌을 뿐 아니라 등기, 인도 등으로 완전한 권리를 취득한 자를 말하는 것으로서, 계약상의 채권을 양수한 자나 그 채권 자체를 압류 또는 전부한 채권자는 여기서 말하는 제3자에 해당하지 아니한다(대판 2000.4.11, 99다51685).
① 제546조
② 대판 1992.7.14, 92다5713
④ 제548조 제2항

22. 정답 ②

② 민법 제548조 제1항 단서에서 규정하고 있는 제3자란 일반적으로 계약이 해제되는 경우 그 해제된 계약으로부터 생긴 법률효과를 기초로 하여 해제 전에 새로운 이해관계를 가졌을 뿐 아니라 등기·인도 등으로 완전한 권리를 취득한 자를 말하는 것이므로, 계약상의 채권을 양수한 자는 여기서 말하는 제3자에 해당하지 않는다고 할 것이다(대판 2003.1.24, 2000다22850).
① 대판 2021.5.7, 2017다220416
③ 대판 2003.1.24, 2000다22850
④ 대판 2001.6.29, 2001다21441
⑤ 대판 1992.7.28, 91다33612

정답 및 해설

23. 정답 ①
① **제3자를 위한 계약에서도 낙약자와 요약자 사이의 법률관계(기본관계)에 기초하여 수익자가 요약자와 원인관계(대가관계)를 맺음으로써 해제 전에 새로운 이해관계를 갖고 그에 따라 등기, 인도 등을 마쳐 권리를 취득하였다면, 수익자는 민법 제548조 제1항 단서에서 말하는 계약해제의 소급효가 제한되는 제3자에 해당한다고 봄이 타당하다**(대판 2021.8.19, 2018다244976).
② 대판 2000.4.11, 99다51685
③ 대판 1992.10.27, 91다483
④ 대판 1990.3.27, 89다카14110

24. 정답 ②
- 옳지 않은 것
  - 나. 특별한 대인적 신뢰관계를 기초로 하는 위임계약의 본질상 각 당사자는 언제든지 해지할 수 있고 그로 말미암아 상대방이 손해를 입는 일이 있어도 그것을 배상할 의무를 부담하지 않는 것이 원칙이다(제689조 제1항). 다만 **상대방이 불리한 시기에 해지한 때에는 그 해지가 부득이한 사유에 의한 것이 아닌 한 그로 인한 손해를 배상하여야** 한다(제689조 제2항, 대판 2015.12.23, 2012다71411). 따라서 위임계약의 당사자 일방은 **부득이한 사유 없이 상대방의 불리한 시기에 그 계약을 해지할 수 없는 것이 아니다**.
  - 사. 민법 제668조 본문은 "도급인이 완성된 목적물의 하자로 인하여 계약의 목적을 달성할 수 없는 때에는 계약을 해제할 수 있다."라고 규정하고 있다. 위 조항에 따른 계약 해제는 목적물을 인도받은 날(목적물의 인도를 요하지 않는 경우에는 일을 종료한 날)로부터 **1년 내에 하여야 하는 것이 원칙이다**(제670조).
- 옳은 것
  - 가. 대판 2003.2.26, 2000다40995
  - 다. 대판 2003.1.24, 2000다22850
  - 라. 제483조
  - 마. 제557조
  - 바. 대판 1993.11.23, 93다37328

25. 정답 ③
③ 계약이 해제된 경우 계약해제 이전에 해제로 인하여 소멸되는 **채권을 양수한 자는 민법 제548조 제1항 단서에서 규정하고 있는 제3자에 해당하지 않는다고 할 것이므로, 계약해제의 효과에 반하여 자신의 권리를 주장할 수 없음은 물론이며 채무자로부터 이행받은 급부를 원상회복하여야 할 의무가 있다**(대판 2003.1.24, 2000다22850).
① 대판 2013.11.28, 2013다22812
② 대판 2014.3.13, 2013다34143
④ 제556조, 제558조

제13회 사전모의고사 정답 및 해설

1. 정답 ②
② 제560조
① 증여계약이 성립한 당시에는 서면이 작성되지 않았더라도 그 후 계약이 존속하는 동안 서면을 작성한 때에는 **그때부터는 서면에 의한 증여로서 해제할 수 없게 된다**(대판 1989.5.9, 88다카2271).
③ 민법 제556조 제1항 제2호에 규정되어 있는 '부양의무'라 함은 민법 **제974조에 규정되어 있는 직계혈족 및 그 배우자 또는 생계를 같이 하는 친족 간의 부양의무를 가리키는 것으로서, 친족 간이 아닌 당사자 사이의 약정에 의한 부양의무는 이에 해당하지 아니한다**(대판 1996.1.26, 95다43358).
④ 민법 **제1078조가 포괄적 사인증여에 준용된다고 하는 것은 사인증여의 성질에 반하므로 준용되지 아니한다고 해석함이 상당하다**(대판 1996.4.12, 94다37714). 따라서 **포괄적 사인증여를 받은 자는 포괄적 유증을 받은 자와 달리 상속인과 동일한 권리의무가 있다고 볼 수 없다**.
⑤ 서면에 의하지 않은 증여의 경우 각 당사자는 이를 해제할 수 있으나 이미 이행된 경우에는 해제할 수 없다(제558조). 따라서 서면에 의하지 않은 부동산 증여의 경우 **아직 소유권이전등기를 마치지 않은 경우에는 그 부동산을 인도하였다고 하더라도 이를 이행이 완료된 것이라고 볼 수는 없으므로, 증여자는 계약을 해제할 수 있다**.

2. 정답 ②
② 정기의 급여를 목적으로 한 증여는 **증여자 또는 수증자의 사망으로 인하여 그 효력을 잃는다**(제560조). 따라서 설문에서 乙이 사망한 경우 그 증여는 효력을 잃으므로, 乙의 상속인은 甲에 대하여 계약의 이행을 청구할 수 없다.
① 대판 2009.9.24, 2009다37831
③ 대판 1997.7.8, 97다2177
④ 제1061조, 제5조
⑤ **증여의 의사가 서면으로 표시되지 아니한 경우에는 각 당사자는 이를 해제할 수 있다**(제555조). 따라서 증여를 받는 의사가 서면에 표시되지 아니하였음을 이유로 하여 당사자가 증여계약을 해제할 수는 없다.

3. 정답 ③
③ 상속인의 상속회복청구권 및 그 제척기간에 관하여 규정한 **민법 제999조는 포괄적 유증의 경우에도 유추적용된다**(대판 2001.10.12, 2000다22942).
① 대판 2019.1.17, 2018다260855
② 제1078조, 제1074조
④ 대판 2022.7.28, 2017다245330

정답 및 해설

4. 정답 ⑤
⑤ 제555조에서 말하는 증여계약의 해제는 본래 의미의 해제와는 달리 **형성권의 제척기간의 적용을 받지 않는 특수한 철회로서, 형성권의 제척기간인 10년이 경과한 후에 이루어졌다 하더라도 원칙적으로 적법하다**(대판 2009.9.24, 2009다37831).
① 대판 2009.10.15, 2009다42321
② 대판 2012.4.26, 2009다65515
③ 대판 2004.1.27, 2001다24891
④ 대판 2002.4.26, 2001다8097

5. 정답 ②
② 공동명의로 담보가등기를 마친 수인의 채권자가 각자의 지분별로 별개의 독립적인 매매예약완결권을 가지는 경우, **채권자 중 1인은 단독으로 자신의 지분에 관하여 가등기담보 등에 관한 법률이 정한 청산절차를 이행한 후 소유권이전의 본등기절차 이행청구를 할 수 있다**(대판 2012.2.16, 2010다82530).
① 제564조 제2항 및 제3항
③ 대판 2017.1.25, 2016다42077
④ 대판 1997.7.25, 96다47494

6. 정답 ②
② 매매계약 체결시 수수된 계약금에 대하여 매수인이 위약하였을 때에는 계약금을 매도인이 취득하고, 매도인이 위약하였을 때에는 매수인에게 계약금의 배액을 변상한다는 특약을 한 경우 그 계약금은 민법 제398조 제1항 소정의 손해배상액의 예정의 성질을 가질 뿐 아니라, 민법 **제565조 소정의 해약금의 성질도 가진 것이다**(대판 1992.5.12, 91다2151). 따라서 매도인이 이행에 착수하기 전에 **매수인은 계약금을 포기하고 임의로 계약을 해제할 수 있다.**
① 대판 2008.3.13, 2007다73611
③ 대판 1996.6.14, 95다54693
④ 대판 1993.1.19, 92다31323
⑤ 대판 2016.7.14, 2012다65973

7. 정답 ④
④ 계약금을 수수하고 계약해제권을 유보한 경우 계약금의 배액을 상환하고 계약을 해제하려면 **계약해제 의사표시 이외에 계약금 배액의 이행의 제공이 있어야 한다**(대판 1992.5.12, 91다2151).
① 대판 2008.3.13, 2007다73611
② 대판 2015.4.23, 2014다231378
③ 제565조 제1항

8. 정답 ③
③ 계약금 일부만 지급된 경우 수령자가 매매계약을 해제할 수 있다고 하더라도 **해약금의 기준이 되는 금원은 '실제 교부받은 계약금'이 아니라 '약정 계약금'이라고 봄이 타당하다**(대판 2015.4.23, 2014다231378).
① 제563조 참조
② 대판 2006.2.10, 2004다11599
④ 대판 2008.3.13, 2007다73611

9. 정답 ②
② 매매 당사자간에 계약금을 수수하고 계약해제권을 유보한 경우에 매도인이 계약금의 배액을 상환하고 계약을 해제하려면 **계약해제 의사표시 이외에 계약금 배액의 이행의 제공이 있으면 족하고 상대방이 이를 수령하지 아니한다 하여 이를 공탁하여야 유효한 것은 아니다**(대판 1992.5.12, 91다2151).
① 대판 2008.3.13, 2007다73611
③ 대판 2015.4.23, 2014다231378
④ 대판 2008.10.23, 2007다72274

10. 정답 ⑤
⑤ 낙찰받은 부동산을 매각대금의 납부 전에 매도한 경우 그 매매계약은 민법 **제569조에서 정한 타인의 권리의 매매에 해당한다**(대판 2008.8.11, 2008다25824).
① 대판 1982.5.25, 81다1349
② 대법원 1999.11.17, 99마2551
③ 대판 1996.8.20, 96다18656
④ 대판 1996.4.12, 95다55245

11. 정답 ④
④ 변제기에 도달하지 아니한 채권의 매도인이 채무자의 자력을 담보한 때에는 **매매계약 당시가 아니라 변제기의 자력을 담보한 것으로 추정한다**(제579조).
① 대판 1997.5.7, 96다39455
② 대판 2003.4.25, 2002다70075
③ 대판 2002.4.9, 99다47396

12. 정답 ④
④ 부동산 매도인이 매매대금을 다 지급받지 아니한 상태에서 매수인에게 소유권이전등기를 마쳐주어 목적물의 소유권을 매수인에게 이전한 경우, **매도인의 목적물인도의무에 관하여 동시이행의 항변권 외에 물권적 권리인 유치권까지 인정할 것은 아니다**(대법원 2012.1.12, 2011마2380).
① 대판 2020.12.10, 2020다9244
② 대판 2021.6.24, 2021다220666
③ 대판 2014.11.13, 2012다29601
⑤ 대판 2017.8.29, 2016다212524

13. 정답 ④
④ 매도인의 **담보책임에 관한 규정은 임의규정이므로, 당사자는 담보책임을 배제·감경·가중하는 특약을 할 수 있다**(제584조 참조).
① 대판 1995.6.30, 94다23920
② 제570조
③ 제579조 제1항

정답 및 해설

14. 정답 ③
③ 매도인에 대한 하자담보에 기한 손해배상청구권에 대하여는 민법 제582조의 제척기간이 적용된다. **하자담보에 기한 매수인의 손해배상청구권은 권리의 내용·성질 및 취지에 비추어 민법 제162조 제1항의 채권 소멸시효의 규정이 적용되고, 민법 제582조의 제척기간 규정으로 인하여 소멸시효 규정의 적용이 배제된다고 볼 수 없다**(대판 2011.10.13, 2011다10266).
① 대판 2018.9.13, 2015다78703
② 대판 2004.12.9, 2002다33557
④ 대판 1993.11.23, 93다37328

15. 정답 ④
④ 가압류 목적이 된 부동산을 매수한 사람이 그 후 가압류에 기한 강제집행으로 부동산 소유권을 상실하게 되었다면 마치 매매의 목적 부동산에 설정된 저당권 또는 전세권의 행사로 인하여 매수인이 취득한 소유권을 상실한 경우와 유사하므로, **매도인의 담보책임에 관한 민법 제576조의 규정이 준용된다**고 보아야 한다(대판 2011.5.13, 2011다1941).
① 대판 1993.11.23, 93다37328
② 대판 1979.6.26, 79다564
③ 대판 2002.11.8, 99다58136
⑤ 대판 1991.10.11, 91다21640

16. 정답 ③
③ 이자 없는 소비대차의 경우라도 반환시기의 약정이 없는 때에는 **대주는 상당한 기간을 정하여 반환을 최고하여야 한다**(제603조 제2항).
① 제599조
② 제600조
④ 제607조

17. 정답 ④
④ 기존채권채무의 당사자가 그 목적물을 소비대차의 목적으로 할 것을 약정한 경우 그 약정을 경개로 볼 것인가 또는 준소비대차로 볼 것인가는 일차적으로 당사자의 의사에 의하여 결정되고 만약 당사자의 의사가 명백하지 않을 때에는 의사해석의 문제이나, **일반적으로는 준소비대차로 보아야 한다**(대판 1989.6.27, 89다카2957).
① 제599조
② 대판 2021.10.28, 2017다224302
③ 대판 2002.12.6, 2001다2846

18. 정답 ①
① 건물의 소유를 목적으로 하는 토지 사용대차에 있어서는, 당해 토지의 사용수익의 필요는 당해 지상 건물의 사용수익의 필요가 있는 한 그대로 존속하는 것으로서 **차주 본인이 사망하더라도 당연히 상실되는 것이 아니어서 민법 제614조의 규정에 불구하고 대주가 차주의 사망사실을 사유로 들어 사용대차계약을 해지할 수는 없다**(대판 1993.11.26, 93다36806).
② 대판 2021.2.4, 2019다202795
③ 제613조
④ 대판 2018.3.27, 2015다3914

19. 정답 ④
④ 임대차계약이 임차인의 채무불이행으로 인하여 해지되었다면 **임차인의 민법 제646조에 의한 부속물매수청구권은 인정되지 않는다**(대판 1990.1.23, 88다카7245).
① 대판 2019.7.10, 2018다242727
② 대판 2017.1.25, 2014다52933
③ 대판 2008.5.15, 2007다23203

20. 정답 ③
③ 임대차계약이 중도에 해지되어 종료하면 임차인은 목적물을 원상으로 회복하여 반환하여야 하는 것이고, **임대인의 귀책사유로 임대차계약이 해지되었다고 하더라도 임차인은 그로 인한 손해배상을 청구할 수 있음은 별론으로 하고 원상회복의무를 부담하지 않는다고 할 수는 없다**(대판 2002.12.6, 2002다42278).
① 대판 2002.2.26, 99다67079
② 대판 2019.11.14, 2016다227694
④ 대판 2006.10.13, 2006다39720
⑤ 대판 1996.3.8, 95다15087

21. 정답 ③
③ 임차인이 파산선고를 받은 경우 임대차기간의 약정이 있는 때에도 임대인은 임대차의 해지통고를 할 수 있으나, 이 경우 임차인에게 계약해지로 인한 **손해배상은 청구하지 못한다**(제637조).
① 대판 1965.12.21, 65다1655
② 대판 2013.11.28, 2013다48364
④ 대판 2003.7.25, 2001다64752

22. 정답 ⑤
⑤ 기간의 정함이 없는 건물의 소유를 목적으로 하는 토지 임대차에 있어서 임대인에 의한 해지통고에 의하여 그 임차권이 소멸한 경우, **토지임차인이 지상물매수청구권은 임차인의 계약갱신 청구의 유무에 불구하고 인정된다**(대판 1995.12.26, 95다42195).
① 대판 2017.4.26, 2014다72449
② 제647조 제1항
③ 대판 1998.10.20, 98다31462
④ 대판 1991.4.23, 90다19695

23. 정답 ②
② 임차건물 양수인이 임대인 지위를 승계하더라도, 임차건물의 소유권이 이전되기 전에 이미 발생한 연체차임이나 관리비 등은 별도의 채권양도절차가 없는 한 원칙적으로 양수인에게 이전되지 않고, **임차건물의 양수인이 건물 소유**

권을 취득한 후 임대차관계가 종료되어 임차인에게 임대차보증금을 반환해야 하는 경우에 임대인의 지위를 승계하기 전까지 발생한 연체차임이나 관리비 등이 있으면 임대차보증금에서 당연히 공제된다(대판 2017.3.22, 2016다218874).
① 대판 2017.3.15, 2015다252501
③ 대판 2017.5.18, 2012다86895
④ 대판 2017.8.29, 2017다212194

24. 정답 ⑤
⑤ 임차인이 임대인 소유 건물의 일부를 임차하여 사용·수익하던 중 임차 건물 부분에서 화재가 발생하여 임차 건물 부분이 아닌 건물 부분까지 불에 타 그로 인해 임대인에게 재산상 손해가 발생한 경우에, 화재 발생과 관련된 임차인의 계약상 의무 위반이 있었음이 증명되고, 그러한 의무 위반과 임차 외 건물 부분의 손해 사이에 상당인과관계가 있으며, 임차 외 건물 부분의 손해가 그러한 의무 위반에 따른 통상의 손해에 해당한다고 볼 수 있는 경우라면, 임차인은 임차 외 건물 부분의 손해에 대해서도 제390조, 제393조에 따라 임대인에게 손해배상책임을 부담한다. 종래 대법원은 건물의 규모와 구조로 볼 때 건물 중 임차 건물 부분과 그 밖의 부분이 상호 유지·존립함에 있어서 구조상 불가분의 일체를 이루는 관계에 있다면, 임차 건물의 유지·존립과 불가분의 일체관계에 있는 임차 외 건물 부분이 소훼되어 임대인이 입게 된 손해도 채무불이행으로 인한 손해로 배상할 의무가 있다고 판단하여 왔다. 그러나 이러한 종래의 대법원판결들은 이 판결의 견해에 배치되는 범위 내에서 이를 모두 변경하기로 한다(대판 2017.5.18, 2012다86895).
①④ 대판 2017.5.18, 2012다86895
② 대판 2010.4.29, 2009다96984
③ 대판 2006.2.10, 2005다65623

25. 정답 ④
④ 임대인이 임대차계약의 종료 전에 이미 소멸시효가 완성된 차임채권을 자동채권으로 삼아 임대차보증금 반환채무와 상계하는 것은 민법 제495조에 의하더라도 인정될 수 없지만, 임대차계약의 종료 전에 이미 소멸시효가 완성된 연체차임은 민법 제495조의 유추적용에 의하여 임대차보증금에서 공제할 수 있다(대판 2016.11.25, 2016다211309).
① 대판 2016.7.27, 2015다230020
② 대판 2016.11.25, 2016다211309
③ 대판 2013.2.28, 2011다49608

제14회 사전모의고사 정답 및 해설

1. 정답 ④
④ 주택의 임차인이 제3자에 대한 대항력을 갖춘 후 **임차주택의 소유권이 양도되어 그 양수인이 임대인의 지위를 승계하는 경우에는 양도인의 임대인으로서의 지위나 보증금반환채무는 소멸**한다(대판 1996.2.27, 95다35616).
① 대판 1998.7.10, 98다8554
② 대판 2010.5.27, 2010다10276
③ 대판 1987.2.24, 86다카1695

2. 정답 ①
① **대항요건 및 확정일자를 갖춘 임차인과 소액임차인의 임차주택 대지에 대한 우선변제권에 관한 법리는 임차주택이 미등기인 경우에도 그대로 적용된다**(대판 2007.6.21, 2004다26133).
② 주택임대차보호법 제2조
③ 대판 2010.5.27, 2010다10276
④ 대판 1987.2.24, 86다카1695

3. 정답 ②
② 주택임대차보호법에 의하면 임대인이 임대차가 끝나기 6개월 전부터 2개월 전까지의 기간에 임차인에게 갱신거절의 통지를 하지 않거나 계약조건을 변경하지 않으면 갱신하지 않겠다는 뜻의 통지를 하지 않은 경우에는, 그 기간이 끝난 때에 전(前) 임대차와 동일한 조건으로 다시 임차한 것으로 본다(주택임대차보호법 제6조 제1항). 이때 임차인은 임대인에 대하여 언제든지 계약해지를 통지할 수 있고, **임대인이 그 통지를 받은 날로부터 3개월이 지나면 효력이 발생**한다(주택임대차보호법 제6조의2).
① 대판 1999.4.23, 98다49753
③ 주택임대차보호법 제6조의3 제1항 및 제2항
④ 주택임대차보호법 제6조의3 제5항
⑤ 대판 2016.10.13, 2014다218030

4. 정답 ⑤
• 옳지 않은 것
ㄷ. **상가건물을 임차하고 사업자등록을 마친 사업자가 폐업한 경우에는 그 사업자등록은 상가건물 임대차보호법이 상가임대차의 공시방법으로 요구하는 적법한 사업자등록이라고 볼 수 없으므로, 그 사업자가 폐업신고를 하였다가 다시 같은 상호 및 등록번호로 사업자등록을 하였다고 하더라도 상가건물 임대차보호법상의 대항력 및 우선변제권이 그대로 존속한다고 할 수 없다**(대판 2006.10.13, 2006다56299).
ㅁ. 상가건물의 임차인이 **3기의 차임액**에 해당하는 금액에 이르도록 차임을 연체한 경우에는 임대인은 임차인의 계약갱신요구를 거절할 수 있다(상가건물임대차보호법 제10조의8).

정답 및 해설

ㅂ. 임차인의 계약갱신요구권은 최초의 임대차기간을 포함한 전체 임대차기간이 10년을 초과하지 아니하는 범위에서만 행사할 수 있다(상가건물임대차보호법 제10조 제2항).
- 옳은 것
  ㄱ. 대판 2011.7.28, 2009다40967
  ㄴ. 대판 2011.7.28, 2009다40967
  ㄹ. 대판 2008.9.25, 2008다44238

5. **정답 ③**
   ③ 차임지급채무는 그 지급에 확정된 기일이 있는 경우에는 그 지급기일 다음 날부터 지체책임이 발생하고 보증금에서 공제되었을 때 비로소 그 채무 및 그에 따른 지체책임이 소멸되는 것이므로, **연체차임에 대한 지연손해금의 발생 종기는 다른 특별한 사정이 없는 한 임대차계약의 해지 시가 아니라 목적물이 반환되는 때라고 할 것**이다(대판 2014.2.27, 2009다39233).
   ① 대판 2011.7.28, 2009다40967
   ② 대판 2022.8.11, 2022다202498
   ④ 대판 2023.3.30, 2022다296165
   ⑤ 상가건물임대차보호법 제4조 제1항

6. **정답 ④**
   ④ 고용의 약정기간이 당사자의 일방 또는 제3자의 종신까지로 된 때에는 **각 당사자는 3년을 경과한 후 언제든지 계약해지의 통고를 할 수 있고**, 이 경우 상대방이 해지의 통지를 받은 날로부터 3월이 경과하면 해지의 효력이 생긴다(제659조).
   ① 대판 2012.3.29, 2011다101308
   ②③ 대판 2000.5.16, 99다47129

7. **정답 ⑤**
   ⑤ 임대차종료로 인한 임차인의 원상회복의무에는 임차인이 사용하고 있던 부동산의 점유를 임대인에게 이전하는 것은 물론 임대인이 임대 당시의 부동산 용도에 맞게 다시 사용할 수 있도록 협력할 의무도 포함한다. 따라서 **임대인 또는 그 승낙을 받은 제3자가 임차건물 부분에서 다시 영업허가를 받는 데 방해가 되지 않도록 임차인은 임차건물 부분에서의 영업허가에 대하여 폐업신고절차를 이행할 의무가 있다**(대판 2008.10.9, 2008다34903).
   ① 대판 2003.8.19, 2003다11516
   ② 대판 2002.1.22, 2001다70702
   ③ 대판 1999.7.23, 99다25532
   ④ 대판 1993.11.26, 93다36806

8. **정답 ③**
   ③ 대판 2015.8.27, 2013다81224
   ① 도급계약에 있어 일의 완성에 관한 주장·입증책임은 **일의 결과에 대한 보수의 지급을 청구하는 수급인에게 있다**(대판 2006.10.12, 2006다44753).

   ② 수급인이 공사를 완성하지 못하여 완공기한을 넘겨 도급계약이 해제된 경우, **그 지체상금 발생의 시기는 완공기한 다음 날부터이고**, 종기는 수급인이 공사를 중단하거나 기타 해제 사유가 있어 도급인이 이를 해제할 수 있었을 때를 기준으로 하여 도급인이 다른 업자에게 의뢰하여 같은 건물을 완공할 수 있었던 시점이다(대판 2010.1.28, 2009다41137).
   ④ 도급인이 완성된 목적물의 하자로 인하여 계약의 목적을 달성할 수 없는 때에는 계약을 해제할 수 있으나, **건물 기타 토지의 공작물에 대하여는 그 계약을 해제할 수 없다**(제668조).

9. **정답 ④**
   - 옳은 것
     가. 대판 1997.5.30, 97다8601
     다. 대판 2019.9.10, 2017다272486
     라. 제667조 제1항 및 제2항
   - 옳지 않은 것
     나. 민법 제673조에 따라 수급인이 일을 완성하기 전에는 도급인은 손해를 배상하고 계약을 해제할 수 있고, 이러한 민법 제673조는 도급인의 일방적인 의사에 기한 도급계약 해제를 인정하는 대신 수급인의 손해를 전부 배상하게 하는 것이므로, **이 경우 특별한 사정이 없는 한 도급인은 수급인에 대한 손해배상에 있어서 과실상계나 손해배상예정액 감액을 주장할 수는 없다**(대판 2002.5.10, 2000다37296).
     마. 수급인이 도급인에 대하여 가지는 공사대금채권은 **3년의 소멸시효가 적용**된다(제163조 제3호).

10. **정답 ②**
    ② 대판 2017.1.12, 2014다11574
    ① 수급인이 일을 완성하기 전에 도급인은 민법 제673조에 의하여 수급인이 입은 손해를 배상하고 계약을 해제할 수 있는데, 이 경우 특별한 사정이 없는 한 **도급인은 수급인에 대한 손해배상에 있어서 과실상계나 손해배상예정액 감액을 주장할 수는 없다**(대판 2002.5.10, 2000다37296).
    ③ 도급계약에 있어 지체상금의 약정을 한 경우, **도급인이 수급인에 대하여 약정한 선급금의 지급을 지체하였다는 사정은 일의 완성이 지연된 데 대하여 수급인이 책임질 수 없는 사유에 해당**하므로, 도급인이 선급금 지급을 지체한 기간만큼은 **수급인이 지급하여야 하는 지체상금의 발생기간에서 공제되어야 한다**(대판 2016.12.15, 2014다14429).
    ④ 도급인과 수급인 사이에 도급인이 수급인에게 지급하여야 할 공사대금의 범위 내에서 수급인의 근로자에 대한 노임이나 수급인의 거래처에 대한 공사에 필요한 물품대금을 직접 지급하기로 약정한 경우에도, **도급인은 그 노임이나 물품대금을 직접 지급하기 전이라면 노무가 제공되거나 물품이 납품되었다고 하여도 수급인에게 공사대금의 지급을 거부할 수 있다**(대판 1990.4.27, 89다카2049).

정답 및 해설

11. 정답 ④
④ 수급인이 완공기한 내에 공사를 완성하지 못한 채 공사를 중단하고 계약이 해제된 결과 완공이 지연된 경우, 지체상금발생의 종기는 **도급인이 공사도급계약을 해제할 수 있었을 때**(실제로 해제한 때가 아니다)부터 도급인이 다른 업자에게 맡겨서 공사를 완성할 수 있었던 시점까지이다(대판 2010. 1. 28, 2009다41137).
①② 대판 2017. 1. 12, 2014다11574
③ 대판 2012. 5. 24, 2011다109586

12. 정답 ④
④ 여행자는 여행에 중대한 하자가 있는 경우에 그 시정이 이루어지지 아니하거나 계약의 내용에 따른 이행을 기대할 수 없는 경우에는 계약을 해지할 수 있고, 계약이 해지된 경우 여행주최자는 대금청구권을 상실하며, **여행자는 실행된 여행으로 이익을 얻은 경우에는 그 이익을 여행주최자에게 상환하여야 한다**(제674조의7 제1항 및 제2항).
① 대판 2011. 5. 26, 2011다1330
② 대판 2019. 4. 3, 2018다286550
③ 제674조의3
⑤ 제674조의8

13. 정답 ③
③ 여행자는 약정한 시기에 대금을 지급하여야 하며, 그 시기의 약정이 없으면 관습에 따르고, 관습이 없으면 **여행의 종료 후 지체 없이 지급**하여야 한다(제674조의5).
① 제674조의3
② 제674조의4
④ 제674조의6

14. 정답 ②
• 옳은 것
ㄱ. 대판 2015. 12. 23, 2012다71411
ㄴ. 대판 2015. 12. 23, 2012다71411
• 옳지 않은 것
ㄷ. 다만 상대방이 불리한 시기에 해지한 때에는 해지가 부득이한 사유에 의한 것이 아닌 한 그로 인한 손해를 배상하여야 하는데, **그 배상의 범위는 위임이 해지되었다는 사실로부터 생기는 손해가 아니라 적당한 시기에 해지되었더라면 입지 아니하였을 손해에 한한다**(대판 2015. 12. 23, 2012다71411).
ㄹ. 수임인이 위임받은 사무를 처리하던 중 사무처리를 완료하지 못한 상태에서 위임계약을 해지함으로써 위임인이 사무처리의 완료에 따른 성과를 이전받거나 이익을 얻지 못하게 되더라도 위임계약에서는 시기를 불문하고 **사무처리 완료 전에 계약이 해지되면 당연히 위임인이 사무처리의 완료에 따른 성과를 이전받거나 이익을 얻지 못하는 것으로 계약 당시에 예정되어 있으므로, 수임인이 사무처리를 완료하기 전에 위임계약을 해지한 것만으로 위임인에게 불리한 시기에 해지한 것이라고 볼 수는 없다** (대판 2015. 12. 23, 2012다71411).

ㅁ. 민법 제689조 제1항, 제2항은 임의규정이므로, **당사자의 약정에 의하여 위 규정의 적용을 배제하거나 내용을 달리 정할 수 있다**(대판 2019. 5. 30, 2017다53265).

15. 정답 ④
④ 위임계약의 각 당사자는 민법 제689조 제1항에 따라 특별한 이유 없이도 언제든지 위임계약을 해지할 수 있다. 그러나 위임계약의 일방 당사자가 타방 당사자의 채무불이행을 이유로 위임계약을 해지한다는 의사표시를 하였으나 **실제로는 채무불이행을 이유로 한 계약 해지의 요건을 갖추지 못한 경우에는, 특별한 사정이 없는 한 그와 같은 의사표시에 민법 제689조 제1항에 따른 임의해지로서의 효력을 인정할 수 있다**(대판 2015. 12. 23, 2012다71411).
① 대판 2022. 9. 7, 2022다217117
② 대판 2016. 2. 18, 2015다35560
③ 대판 2023. 2. 2, 2022다276307
⑤ 대판 2015. 12. 23, 2012다71411

16. 정답 ③
③ 위임계약의 일방 당사자가 타방 당사자의 채무불이행을 이유로 위임계약을 해지한다는 의사표시를 하였으나 실제로는 채무불이행을 이유로 한 계약 해지의 요건을 갖추지 못한 경우, 특별한 사정이 없는 한 위 의사표시에는 민법 **제689조 제1항에 기한 임의해지로서의 효력이 인정된다**(대판 2015. 12. 23, 2012다71411).
① 제682조 제1항
②④⑤ 대판 2015. 12. 23, 2012다71411

17. 정답 ④
④ 변호사에의 소송위임은 보수지급 및 수액에 관하여 명시적인 약정을 아니하였다 하여도 무보수로 한다는 등 특별한 사정이 없는 한 응분의 보수를 지급할 묵시의 약정이 있는 것으로 봄이 상당하므로, 변호사에게 보수지급청구권이 있다고 보아야 한다(대판 1995. 12. 5, 94다50229).
① 대판 1992. 2. 11, 91다36239
② 대판 1984. 8. 14, 84도1139
③ 대판 2007. 2. 8, 2004다64432

18. 정답 ③
③ 민법상 조합에서 조합원의 제명은 정당한 사유가 있는 때에 한하여 다른 조합원의 일치로써 결정한다(제718조 제1항). **여기에서 '정당한 사유가 있는 때'란 특정 조합원이 동업계약에서 정한 의무를 이행하지 않거나 조합업무를 집행하면서 부정행위를 한 경우와 같이 특정 조합원에게 명백한 귀책사유가 있는 경우는 물론이고, 이에 이르지 않더라도 특정 조합원으로 말미암아 조합원들 사이에 반목 · 불화로 대립이 발생하고 신뢰관계가 근본적으로 훼손되어 특정 조합원이 계속 조합원의 지위를 유지하도록 한다면 조합의 원만한 공동운영을 기대할 수 없는 경우도 포함한다**(대판 2021. 10. 28, 2017다200702).

정답 및 해설

① 대판 2010.4.29, 2007다18911
② 대판 2009.1.30, 2008다79340
④ 대판 1997.7.25, 96다29816
⑤ 대판 2017.7.18, 2015다30206

19. 정답 ④
④ 조합의 해산사유와 청산에 관한 규정은 그와 내용을 달리하는 당사자의 특약까지 배제하는 강행규정이 아니므로 당사자가 민법의 조합의 해산사유와 청산에 관한 규정과 다른 내용의 특약을 한 경우, 그 특약은 유효하다(대판 1985.2.26, 84다카1921).
① 대판 2012.8.30, 2010다39918
② 대판 2009.3.12, 2006다28454
③ 대판 2006.3.9, 2004다49693

20. 정답 ①
① 민법은 다른 조합원의 일치가 아니면 청산인을 해임하지 못한다고 정하고 있을 뿐이고(제723조, 제708조), 조합원이 법원에 청산인의 해임을 청구할 수 있는 규정을 두고 있지 않다. 민법상 조합의 청산인에 대하여 법원에 해임을 청구할 권리가 조합원에게 인정되지 않으므로, 조합의 청산인에 대한 해임청구권을 피보전권리로 하여 청산인에 대한 직무집행정지와 직무대행자선임을 구하는 가처분을 구할 수 없다(대법원 2020.4.24, 2019마6918).
②④ 대판 2019.7.25, 2019다205206
③ 대판 2018.12.13, 2015다72385

21. 정답 ④
④ 화해계약은 착오를 이유로 하여 취소하지 못하지만, 화해 당사자의 자격 또는 화해의 목적인 분쟁 이외의 사항에 착오가 있는 때에는 취소할 수 있다(제733조). 여기서 '화해의 목적인 분쟁 이외의 사항'이라 함은 분쟁의 대상이 아니라 분쟁의 전제 또는 기초가 된 사항으로서, 쌍방당사자가 예정한 것이어서 상호 양보의 내용으로 되지 않고 다툼이 없는 사실로 양해된 사항을 말한다(대판 1995.12.12, 94다22453). 따라서 당사자는 화해 당사자의 자격 또는 분쟁의 전제나 기초가 된 사항으로서 쌍방 당사자가 예정한 것이어서 상호 양보의 내용으로 되지 않는 사항에 착오가 있다는 이유로 민법 제109조에 따른 취소권을 행사할 수 있다.
① 대판 2018.5.30, 2017다21411
②③ 대판 2021.9.9, 2016다203933
⑤ 대판 2020.10.15, 2020다227523

22. 정답 ③
③ 제3자와의 약정에 따라 타인의 사무를 처리한 경우에는 의무 없이 타인의 사무를 처리한 것이 아니므로 이는 원칙적으로 그 타인과의 관계에서는 사무관리가 된다고 볼 수 없다(대판 2013.9.26, 2012다43539).
① 대판 2014.12.11, 2012다15602

② 제735조
④ 대판 2013.8.22, 2013다30882

23. 정답 ③
③ 관리자가 타인의 생명, 신체, 명예 또는 재산에 대한 급박한 위해를 면하게 하기 위하여 그 사무를 관리한 때에는 **고의나 중대한 과실이 없으면 이로 인한 손해를 배상할 책임이 없다**(제735조). 따라서 경과실로 인하여 본인에게 손해가 발생한 때에는 배상할 책임이 없다.
① 제734조 제3항
② 대판 2013.8.22, 2013다30882
④ 대판 2013.6.27, 2011다17106
⑤ 대판 2013.9.26, 2012다43539

24. 정답 ④
④ 관리자가 타인의 생명, 신체, 명예 또는 재산에 대한 급박한 위해를 면하게 하기 위하여 그 사무를 관리한 때에는 **고의나 중대한 과실이 없으면 본인에게 생긴 손해를 배상할 책임이 없다**(제735조).
①⑤ 대판 2013.8.22, 2013다30882
② 대판 2013.9.26, 2012다43539
③ 제740조

25. 정답 ①
① 유효한 도급계약에 기하여 수급인이 도급인으로부터 제3자 소유 물건의 점유를 이전받아 이를 수리한 결과 그 물건의 가치가 증가한 경우, 도급인만이 소유자에 대한 관계에 있어서 민법 제203조 제2항에 의한 비용상환청구권을 행사할 수 있는 비용지출자라고 할 것이고, 수급인은 그러한 비용지출자에 해당하지 않는다(대판 2002.8.23, 99다66564 · 66571).
② 대판 2013.8.22, 2013다30882
③ 대판 2013.6.27, 2011다17106
④ 대판 2004.10.15, 2005다36604

정답 및 해설

제15회 사전모의고사 정답 및 해설

1. 정답 ③
③ 임대차계약종료의 후에도 임차인이 동시이행의 항변권을 행사하여 임차건물을 계속 점유해 온 것이라면 임차인의 위 건물에 대한 점유는 **불법점유라고 할 수는 없으나**(대판 1990.12.21, 90다카24076), 그로 인하여 **임차인이 본래의 계약목적에 따라 사용·수익하여 실질적인 이익을 얻었다면 그로 인한 부당이득반환의무가 성립**한다(대판 2006.10.12, 2004다818).
① 대판 2002.8.23, 99다66564
② 대판 2014.3.13, 2013다34143
④ 대판 1993.4.27, 92다56087 – 이른바 청구권 경합

2. 정답 ①
① 부동산에 관하여 **과반수 공유지분을 가진 자는 공유자 사이에 공유물의 관리방법에 관하여 협의가 미리 없었다 하더라도 공유물의 관리에 관한 사항을 단독으로 결정할 수 있으므로 과반수지분권을 가진 자가 공유건물의 특정된 한 부분을 배타적으로 사용·수익할 것을 정하는 것은 공유물의 관리방법으로서 적법하지만, 그 특정부분이 자기의 지분비율에 상당하는 면적의 범위 내라 할지라도 다른 공유자들 중 지분은 있으나 사용·수익은 전혀 하고 있지 아니함으로써 손해를 입고 있는 자에 대하여는 그 자의 지분에 상응하는 부당이득을 하고 있다고 보아야 한다**(대판 2014.2.27, 2011다42430).
② 대판 2016.7.7, 2014다2662
③ 대판 1993.5.25, 92다51280
④ 대판 1987.8.18, 87다카768
⑤ 대판 2012.5.10, 2012다4633

3. 정답 ②
② 배당요구 채권자가 적법한 배당요구를 하지 아니하여 그를 배당에서 제외하는 것으로 배당표가 작성·확정되고 그 확정된 배당표에 따라 배당이 실시되었다면, 그가 적법한 배당요구를 한 경우에 배당받을 수 있었던 금액 상당의 금원이 **후순위 채권자에게 배당되었다 하여 이를 법률상 원인이 없는 것이라고 볼 수 없다**(대판 1997.2.25, 96다10263). 따라서 배당요구가 필요한 배당요구채권자가 경락기일까지 배당요구하지 아니한 채권을 경락기일 이후에 추가하여 배당요구를 하였으나 그 부분이 배당에서 제외된 경우, **위 채권자는 배당받은 후순위 채권자를 상대로 부당이득반환을 청구할 수는 없다.**
① 대판 2010.1.28, 2009다24187
③ 대판 2012.9.27, 2011다76747
④ 대판 2002.8.23, 99다66564
⑤ 대판 2010.1.28, 2009다24187

4. 정답 ①
① 송금의뢰인과 수취인 사이에 계좌이체의 원인이 되는 법률관계가 존재하지 않음에도 불구하고, 계좌이체에 의하여 수취인이 계좌이체금액 상당의 예금채권을 취득한 경우 **송금의뢰인은 수취인에 대하여 위 금액 상당의 부당이득반환청구권을 가지게 되지만, 수취은행은 이익을 얻은 것이 없으므로 수취은행에 대하여는 부당이득반환청구권을 취득하지 아니한다**(대판 2007.11.29, 2007다51239).
② 대판 1998.7.10, 98다8554
③ 대판 1987.8.18, 87다카768
④ 제742조, 제744조

5. 정답 ①
① 대판 1981.8.20, 80다2587
② 수익자가 이익을 받은 후 법률상 원인 없음을 안 때에는 그때부터 악의의 수익자로서 이익반환의 책임이 있으므로, 선의의 수익자가 패소한 때에는 **소를 제기한 때부터 악의의 수익자로 본다**(제749조 제2항).
③ 채무자 아닌 자가 착오로 타인의 채무를 변제한 경우에 채권자가 선의로 증서를 훼멸하거나 담보를 포기하거나 시효로 인하여 그 채권을 잃은 때에는 변제자는 그 반환을 청구하지 못하지만, **변제자는 채무자에 대하여 구상권을 행사할 수 있다**(제745조 제2항).
④ 매매계약이 무효로 되는 때에는 매도인이 악의의 수익자인 경우 특별한 사정이 없는 한 매도인은 반환할 매매대금에 대하여 민법이 정한 연 5%의 법정이율에 의한 이자를 붙여 반환하여야 하지만, 이 경우 **법정이자의 지급은 부당이득반환의 성질을 가지는 것이지 반환의무의 이행지체로 인한 손해배상이 아니므로**, 매도인의 매매대금 반환의무와 매수인의 소유권이전등기 말소등기절차 이행의무가 **동시이행의 관계에 있는지 여부와는 관계가 없다**(대판 2017.3.9, 2016다47478).

6. 정답 ④
• 옳은 것
  ㄱ. 대판 2017.7.11, 2013다55447
  ㄴ. 대판 2015.5.29, 2012다92258
  ㄹ. 대판 2014.8.20, 2012다54478
  ㅁ. 대판 2017.3.9, 2016다47478
• 옳지 않은 것
  ㄷ. 의무 없이 타인을 위하여 사무를 관리한 자는 타인에 대하여 **민법상 사무관리 규정에 따라 비용상환 등을 청구할 수 있는 외에 사무관리에 의하여 사실상 이익을 얻은 제3자에게 직접 부당이득반환을 청구할 수는 없다**(대판 2013.6.27, 2011다17106).

7. 정답 ⑤
⑤ 환자가 병원에 입원하여 치료를 받는 경우에 있어서, **병원은 진료뿐만 아니라 환자에 대한 숙식의 제공을 비롯하여 간호, 보호 등 입원에 따른 포괄적 채무를 지는 것인 만큼, 병원은**

정답 및 해설

병실에의 출입자를 통제·감독하든가 그것이 불가능하다면 최소한 입원환자에게 휴대품을 안전하게 보관할 수 있는 시정장치가 있는 사물함을 제공하는 등으로 **입원환자의 휴대품 등의 도난을 방지함에 필요한 적절한 조치를 강구하여 줄 신의칙상의 보호의무가 있다고 할 것이고, 이를 소홀히 하여 입원환자와는 아무런 관련이 없는 자가 입원환자의 병실에 무단출입하여 입원환자의 휴대품 등을 절취하였다면 병원은 그로 인한 손해배상책임을 면하지 못한다.** 입원환자에게 귀중품 등 물건보관에 관한 주의를 촉구하면서 도난시에는 병원이 책임질 수 없다는 설명을 한 것만으로는 병원의 과실에 의한 손해배상책임까지 면제되는 것이라고 할 수 없다(대판 2003. 4. 11, 2002다63275).
① 대판 2009. 11. 12, 2009다56665
② 대판 2007. 8. 23, 2007다21856
③ 대판 1994. 6. 28, 94다16120
④ 대판 2011. 6. 10, 2010다40239

8. 정답 ②
② 비채변제는 지급자가 채무 없음을 알면서도 임의로 지급한 경우에만 성립하므로, 채무 없음을 알고 있었다 하더라도 변제를 강요당한 경우는 물론 **변제거절로 인한 사실상의 손해를 피하기 위하여 부득이 변제하게 된 경우에도 지급자는 그 반환청구권을 상실하지 않는다**(대판 1997. 7. 25, 97다5541).
① 제742조, 제744조
③ 대판 2017. 4. 26, 2016도18035
④ 대판 2010. 5. 27, 2009다12580

9. 정답 ②
② 민법 제746조의 불법원인급여를 한 자는 그 원인행위가 법률상 무효라 하여 상대방에게 부당이득반환청구를 할 수 없음은 물론, **소유권에 기한 반환청구도 할 수 없다**(대판 2017. 4. 26, 2016도18035).
① 대판 1994. 12. 22, 93다55234
③ 대판 1997. 10. 24, 95다49530
④ 대판 2013. 8. 22, 2013다35412

10. 정답 ①
① 부동산 실권리자명의 등기에 관한 법률을 위반하여 **무효인 명의신탁약정에 따라 명의수탁자 명의로 등기를 하였다는 이유만으로 그것이 당연히 불법원인급여에 해당한다고 단정할 수는 없다**(대판 2019. 6. 20, 2013다218156).
② 대판 2013. 6. 14, 2011다65174
③ 대판 2010. 5. 27, 2009다12580
④ 대판 1992. 12. 11, 92다33169

11. 정답 ②
② 수산업법 제33조가 어업권의 임대차를 금지하고 있는 취지 등에 비추어 보면, 위 규정에 위반하는 행위가 무효라고 하더라도 **그것이 선량한 풍속 기타 사회질서에 반하는 행위라고 볼 수는 없다.** 따라서 어업권의 임대차를 내용으로 하는 임대차계약이 구 수산업법 제33조에 위반되어 무효라고 하더라도 그것이 부당이득의 반환이 배제되는 '**불법의 원인**'에 해당하는 것으로 볼 수는 없으므로, 어업권을 임대한 어업권자로서는 그 임대차계약에 기해 임차인에게 한 급부로 인하여 임차인이 얻은 이익, 즉 **임차인이 양식어장(어업권)을 점유·사용함으로써 얻은 이익을 부당이득으로 반환을 구할 수 있다**(대판 2010. 12. 9, 2010다57626).
① 대판 2013. 6. 14, 2011다65174
③ 대판 2010. 5. 27, 2009다12580
④ 대판 2007. 2. 15, 2004다50426
⑤ 대판 1994. 12. 22, 93다55234

12. 정답 ②
② 송금의뢰인과 수취인 사이에 계좌이체의 원인인 법률관계가 존재하는지 여부에 관계없이 수취인과 수취은행 사이에는 계좌이체금액 상당의 예금계약이 성립하고, 수취인이 수취은행에 대하여 위 금액 상당의 예금채권을 취득하게 된다. 따라서 송금의뢰인과 수취인 사이에 계좌이체의 원인인 법률관계가 존재하지 아니함에도 **착오로 수취인의 예금계좌에 이체를 한 경우에도 수취인은 수취은행에 대하여 이체된 금액 상당의 예금채권을 취득하게 된다**(대판 2007. 11. 29, 2007다51239).
① 대판 1984. 8. 14, 84도1139
③ 대판 2007. 11. 29, 2007다51239
④ 대판 2010. 11. 11, 2010다41263
⑤ 대판 2008. 10. 9, 2005다72430

13. 정답 ④
④ 토지의 소유자라 하더라도 토양오염을 유발하였음에도 오염토양을 정화하지 않은 상태에서 그 오염토양이 포함된 토지를 거래에 제공함으로써 유통되게 하였다면, 이는 **거래의 상대방 및 위 토지를 전전 취득한 현재의 토지 소유자에 대한 위법행위로서 불법행위가 성립할 수 있다**(대판 2016. 5. 19, 2009다66549).
① 대판 2015. 2. 12, 2013다61602
② 대판 2005. 11. 10, 2004다37676
③ 대판 2017. 8. 29, 2017다227103

14. 정답 ②
② 지입차량의 차주 또는 그가 고용한 운전자의 과실로 타인에게 손해를 가한 경우, **지입회사는 명의대여자로서 객관적으로 지입차주를 지휘·감독하는 사용자의 지위에 있다 할 것이어서 그 사용자책임을 부담한다**(대판 2000. 10. 13, 2000다20069).
① 대판 2001. 1. 19, 2000다12532
③ 대판 1998. 4. 28, 96다25500
④ 대판 2014. 3. 27, 2012다87263
⑤ 대판 2010. 2. 11, 2009다68408

정답 및 해설

15. 정답 ④
    ④ 피용자의 과실에 의한 불법행위로 인한 사용자책임을 부담하는 경우와 마찬가지로 피용자의 고의에 의한 불법행위로 인하여 사용자책임을 부담하는 경우에도 피해자에게 그 손해의 발생과 확대에 기여한 과실이 있다면 사용자책임의 범위를 정함에 있어서 **이러한 피해자의 과실을 고려하여 그 책임을 제한할 수 있다**(대판 2002.12.26, 2000다56952).
    ① 대판 2017.5.17, 2016다248806
    ② 대판 2019.8.29, 2017다276679
    ③ 대판 2019.5.10, 2017다239311

16. 정답 ②
    ② 배우자 있는 부녀와 간통행위를 하고, 이로 인하여 그 부녀가 배우자와 별거하거나 이혼하는 등으로 혼인관계를 파탄에 이르게 한 경우 그 부녀와 간통행위를 한 제3자(상간자)는 그 부녀의 배우자가 입은 정신상의 고통을 위자할 의무가 있다. 그러나 간통행위를 한 부녀 자체가 **그 자녀에 대하여 불법행위책임을 부담한다고 할 수는 없고, 제3자(상간자) 역시 해의(害意)를 가지고 부녀의 그 자녀에 대한 양육이나 보호 내지 교양을 적극적으로 저지하는 등의 특별한 사정이 없는 한 그 자녀에 대한 관계에서 불법행위책임을 부담한다고 할 수는 없다**(대판 2005.5.13, 2004다1899).
    ① 대판 2009.9.10, 2009다30762
    ③ 제765조 제1항
    ④ 대판 2022.6.16, 2017다289538
    ⑤ 대판 2003.4.11, 2002다63275

17. 정답 ②
    ② **무면허로 의료행위를 한 경우라도 그 자체가 의료상의 주의의무 위반행위는 아니라고 할 것이므로, 구체적인 의료상의 주의의무 위반이 인정되지 아니한다면 그것만으로 불법행위책임을 부담하지는 아니한다**(대판 2002.1.11, 2001다27449).
    ① 대판 2002.1.11, 2001다27449
    ③ 대판 2001.2.9, 98다52988
    ④ 대판 2005.11.10, 2004다37676
    ⑤ 대판 1998.4.28, 97다55164

18. 정답 ③
    ③ 미성년자가 책임능력이 있어 그 스스로 불법행위책임을 지는 경우라도 **미성년자의 감독의무자의 의무위반과 상당인과관계가 있으면 감독의무자는 일반불법행위자로서 손해배상책임이 있고**, 이 경우에 그러한 감독의무 위반사실 및 손해 발생과의 상당인과관계의 존재는 이를 주장하는 자가 입증하여야 한다(대판 1994.2.8, 93다13605).
    ① 대판 2012.4.26, 2010다8709
    ② 대판 2016.5.19, 2009다66549
    ④ 대판 1991.1.11, 90다8954
    ⑤ 대판 2008.10.9, 2006다53146

19. 정답 ③
    ③ 교통사고를 일으켜 개인택시를 운전하는 사람을 사망하게 한 경우 그 망인의 가족들이 망인의 가동연한이 도래하기 전에 미리 개인택시운송사업면허를 다른 사람에게 처분하고 받은 돈에 대한 **망인의 가동연한까지의 법정이자 상당 이익은 직접적으로 불법행위로 인하여 발생한 이익이라고는 보기 어려울뿐 아니라 불법행위와 상당인과관계가 있는 이익이라고 보기도 어렵다고 할 것이므로 손익상계에 의하여 손해에서 공제할 수 있는 이득이라고 할 수 없다**(대판 1989.12.26, 88다카16867).
    ① 대판 1992.12.22, 92다31361
    ② 대판 2011.4.28, 2009다98652
    ④ 대판 2007.12.13, 2007다54481
    ⑤ 대판 2020.6.25, 2020다216240

20. 정답 ②
    ② 피용자의 과실에 의한 불법행위로 인한 사용자책임을 부담하는 경우와 마찬가지로 피용자의 고의에 의한 불법행위로 인하여 사용자책임을 부담하는 경우에도 피해자에게 그 손해의 발생과 확대에 기여한 과실이 있다면 사용자책임의 범위를 정함에 있어서 이러한 **피해자의 과실을 고려하여 그 책임을 제한할 수 있다**(대판 2002.12.26, 2000다56952).
    ① 대판 1998.4.28, 97다55164
    ③ 대판 1998.4.28, 96다25500
    ④ 대판 2001.8.21, 2001다3658
    ⑤ 대판 2006.2.9, 2005다28426

21. 정답 ③
    ③ 민법 제758조에 정한 '공작물의 설치 또는 보존의 하자'라 함은 공작물이 그 용도에 따라 갖추어야 할 안전성을 갖추지 못한 상태에 있음을 말하고, 안전성을 갖추지 못한 상태, 즉 타인에게 위해를 끼칠 위험성이 있는 상태라 함은 **당해 공작물을 구성하는 물적 시설 그 자체에 있는 물리적·외형적 흠결이나 불비로 인하여 그 이용자에게 위해를 끼칠 위험성이 있는 경우뿐만 아니라, 그 공작물이 이용됨에 있어 그 이용상태 및 정도가 일정한 한도를 초과하여 제3자에게 사회통념상 수인할 것이 기대되는 한도를 넘는 피해를 입히는 경우까지 포함된다고 보아야 한다**(대판 2007.6.15, 2004다37904).
    ① 제758조
    ② 대판 2015.2.12, 2013다61602
    ④ 대판 1996.11.22, 96다39219
    ⑤ 대판 2013.3.28, 2010다71318

22. 정답 ③
    ③ 민법 제760조 제3항은 불법행위의 방조자를 공동행위자로 보아 방조자에게 공동불법행위의 책임을 부담시키고 있는데, 여기서 방조에는 부작위에 의한 방조도 포함되며, **과실을 원칙적으로 고의와 동일시하는 민사법의 영역에서는 과실에 의한 방조도 포함**된다(대판 2014.3.27, 2013다91597).

정답 및 해설

① 대판 2019.11.28, 2017다14895
② 대판 1994.2.8, 93다13605
④ 대판 2017.12.22, 2016다202947

23. 정답 ②

- **옳은 것**
  - ㄴ. 대판 2002.11.26, 2001다72678
  - ㄷ. 대판 2022.6.16, 2017다289538
  - ㄹ. 대판 2008.12.24, 2008다41499

- **옳지 않은 것**
  - ㄱ. 민법 제750조는 "고의 또는 과실로 인한 위법행위로 타인에게 손해를 가한 자는 그 손해를 배상할 책임이 있다."라고 정하고 있다. 위법행위는 불법행위의 핵심적인 성립요건으로서, 법률을 위반한 경우에 한정되지 않고 전체 법질서의 관점에서 사회통념상 위법하다고 판단되는 경우도 포함할 수 있는 탄력적인 개념이다. 불법행위의 성립요건으로서 위법성은 **관련 행위 전체를 일체로 보아 판단하여 결정해야만 하는 것은 아니고, 문제가 되는 행위마다 개별적·상대적으로 판단하여야 한다**(대판 2021.6.30, 2019다268061).
  - ㅁ. **부진정연대채무에 있어서는 채무자 1인에 대한 이행청구** 또는 채무자 1인이 행한 채무의 승인 등 소멸시효의 중단사유나 시효이익의 포기는 **다른 채무자에 대하여 효력이 미치지 아니한다**(대판 2011.4.14, 2010다91886).

24. 정답 ①

① 불법행위 등이 채권자 또는 피해자에게 손해를 생기게 하는 동시에 이익을 가져다 준 경우에는 공평의 관념상 그 이익은 당사자의 주장이 없더라도 공제할 수 있고, 이 경우 불법행위로 인하여 피해자가 새로운 이득을 얻었고, **그 이득과 불법행위 사이에 상당인과관계가 있어야 한다**(대판 2002.10.11, 2002다33502).
② 대판 2013.4.26, 2011다29666
③ 대판 2000.9.8, 99다48245
④ 대판 2012.8.23, 2012다34764

25. 정답 ③

- **옳은 것**
  - ㄷ. 대판 2022.3.17, 2019다226975
  - ㄹ. 대판 2019.10.31, 2016다243306
  - ㅁ. 대판 2008.2.28, 2005다4734

- **옳지 않은 것**
  - ㄱ. '국가안전과 공공질서의 수호를 위한 대통령긴급조치'(이하 '긴급조치 제9호'라 한다)는 위헌·무효임이 명백하고 긴급조치 제9호 발령으로 인한 국민의 기본권 침해는 그에 따른 강제수사와 공소제기, 유죄판결의 선고를 통하여 현실화되었다. 이러한 경우 **긴급조치 제9호의 발령부터 적용·집행에 이르는 일련의 국가작용은, 전체적으로 보아 공무원이 직무를 집행하면서 객관적 주의의무를 소홀히 하여 그 직무행위가 객관적 정당성을 상실한 것**으로서 위법하다고 평가되고, 긴급조치 제9호의 적용·집행으로 강제수사를 받거나 유죄판결을 선고받고 복역함으로써 개별 국민이 입은 손해에 대해서는 국가배상책임이 인정될 수 있다(대판 2023.2.2, 2020다270633).
  - ㄴ. 어떠한 행정처분이 항고소송에서 취소되었다고 할지라도 그 기판력으로 곧바로 국가배상책임이 인정될 수는 없다(대판 2022.4.28, 2017다233061).

정답 및 해설

제16회 사전모의고사 정답 및 해설

친족법

1. 정답 ⑤
   ⑤ 원·피고 사이의 사실혼관계가 불과 1개월만에 파탄된 경우, 혼인생활에 사용하기 위하여 원고 자신의 비용으로 구입한 가재도구 등을 피고가 점유하고 있다고 하더라도 이는 여전히 원고의 소유에 속한다. 따라서 **원고가 소유권에 기하여 그 반환을 구하거나 원상회복으로 반환을 구하는 것은 별론으로 하고 원고에게 어떠한 손해가 발생하였다고 할 수는 없으므로 그 구입비용 상당액의 손해배상청구를 인정할 수는 없다**(대법원 2003.11.14, 2000므1257).
   ① 대법원 1998.12.8, 98므961
   ② 대법원 1995.12.8, 94므1676
   ③ 대판 1996.5.14, 96다5506
   ④ 대법원 1976.12.28, 76므41

2. 정답 ①
   ① 민법 제826조 제1항이 규정하고 있는 **부부 간의 동거·부양·협조의무는 정상적이고 원만한 부부관계의 유지를 위한 광범위한 협력의무를 구체적으로 표현한 것으로서 서로 독립된 별개의 의무가 아니라고 할 것**이다(대법원 1991.12.10, 91므245).
   ② 대법원 1991.12.10, 91므245
   ③ 대판 1999.3.9, 98다46877
   ④ 대판 2009.7.23, 2009다32454

3. 정답 ③
   ③ 가정법원은 폭력으로 인하여 당사자 일방에게 참을 수 없는 고통이 예상되는 등 이혼을 하여야 할 급박한 사정이 있는 경우에 위 ②항의 기간을 **단축도 할 수 있으며 면제도 할 수 있다**(제836조의2 제3항).
   ① 제836조의2 제1항
   ② 제836조의2 제2항
   ④ 제837조 제1항 및 제2항
   ⑤ 제836조의2 제5항

4. 정답 ④
   • 옳지 않은 것
   ㄱ. 재판상 이혼사유에 관한 민법 제840조는 동조가 규정하고 있는 각 호 사유마다 각 별개의 독립된 이혼사유를 구성하는 것이고, 이혼청구를 구하면서 위 각 호 소정의 수개의 사유를 주장하는 경우 법원은 그중 어느 하나를 받아들여 청구를 인용할 수 있다. 이와 달리 법원은 각 이혼원인을 판단함에 있어 **원고가 주장하는 이혼원인 중 제1호 내지 제5호 사유의 존부를 먼저 판단하고, 그것이 인정되지 않는 경우에 비로소 제6호의 원인을 최종적으로 판단할 수 있는 것이라는 주장은 독자적인 견해에 불과하고, 따라서 위와 같은 견해에 입각하여 원심이 민법 제840조 각 호의 지위에 관한 법리를 오해하였다는 상고이유의 주장은 받아들일 수 없다**(대법원 2000.9.5, 99므1886).
   ㄴ. 재판상 이혼사유에 관한 민법 **제840조는 동조가 규정하고 있는 각 호 사유마다 각 별개의 독립된 이혼사유를 구성하는 것이므로, 이혼소송에서 원고가 부정행위만을 이혼사유로 주장한 경우 그 사실이 인정되지 않는다면 다른 사유인 악의의 유기가 인정되더라도 법원은 악의의 유기를 이유로 이혼을 명할 수는 없다**(대법원 2000.9.5, 99므1886).
   ㄹ. 민법 제841조 소정의 제척기간은 부정행위를 원인으로 한 이혼청구권의 소멸에 관한 규정으로서 이는 **부권침해를 원인으로 하여 그 정신상 고통에 대한 위자료를 청구하고 있는 경우에는 적용될 수 없다**(대법원 1985.6.25, 83므18). 따라서 배우자의 부정행위가 있은 날로부터 2년이 경과되었다고 하더라도 부부의 일방은 자신의 배우자와 부정행위를 한 제3자를 상대로 **위자료를 청구할 수 있다**.
   ㅁ. 법원에 의한 협의이혼의사확인절차에서 쌍방의 **협의이혼의사의 확인이 있었다는 것만으로 재판상 이혼사유로서의 민법 제840조 제6호 '기타 혼인을 계속하기 어려운 중대한 사유'에 해당될 수 없다**(대법원 1988.4.25, 87므28).
   • 옳은 것
   ㄷ. 대법원 2014.11.20, 2011므2997

5. 정답 ①
   ① 이혼에 따른 위자료청구권은 원칙적으로 일신전속적 권리로서 양도나 상속 등 승계가 되지 아니하나, **행사상 일신전속권이고 귀속상 일신전속권은 아니라 할 것**이어서, 그 청구권자가 위자료의 지급을 구하는 소송을 제기함으로써 청구권을 행사할 의사가 외부적 객관적으로 명백하게 된 이상 양도나 **상속 등 승계가 가능하다고 보아야 한다**(대법원 1993.5.27, 92므143).
   ② 대법원 2010.7.15, 2010므1140
   ③ 대판 1994.2.8, 93도2869
   ④ 대법원 2006.7.4, 2006므751
   ⑤ 대법원 1995.11.21, 95므731

6. 정답 ④
   ④ 이혼으로 인한 재산분할재판에서 분할대상인지 여부가 전혀 심리된 바 없는 재산을 재판확정 후 추가로 발견한 경우에는 **이를 발견한 날부터가 아니라 이혼한 날부터 2년 이내에 추가로 재산분할청구를 할 수 있게 된다**(대법원 2018.6.22, 2018스18).
   ① 대판 2013.10.11, 2013다7936
   ② 대법원 1981.7.28, 80므77
   ③ 대법원 2019.9.25, 2017므11917

정답 및 해설

7. **정답 ④**
   ④ 이혼으로 인한 재산분할청구권은 **협의 또는 심판에 의하여 구체적 내용이 형성되기 전까지는 범위 및 내용이 불명확·불확정하기 때문에 구체적으로 권리가 발생하였다고 할 수 없다. 당사자가 이혼이 성립하기 전에 이혼소송과 병합하여 재산분할의 청구를 한 경우 구체적 내용이 형성되지 아니한 재산분할청구권을 미리 양도하는 것은 성질상 허용되지 아니한다**(대판 2017.9.21, 2015다61286).
   ① 대판 2006.3.24, 2005두15595
   ② 대법원 1994.5.13, 92스21
   ③ 대법원 2013.6.20, 2010므4071
   ⑤ 대판 2005.1.28, 2004다58963

8. **정답 ②**
   ② 이혼소송과 재산분할청구가 병합된 경우, 재판상의 이혼청구권은 부부의 일신전속의 권리이므로 **이혼소송 계속 중 배우자의 일방이 사망한 때에는 이혼소송은 종료되며, 이혼소송에 부대한 재산분할청구 역시 이를 유지할 이익이 상실되어 이혼소송의 종료와 동시에 종료된다**(대법원 1994.10.28, 94므246).
   ① 대법원 1993.5.25, 92므501
   ③ 대법원 2014.11.20, 2011므2997
   ④ 대법원 2021.5.27, 2020므15841

9. **정답 ④**
   ④ 분할자의 유책행위에 의하여 이혼함으로 인하여 입게 되는 **정신적 손해(위자료)를 배상하기 위한 급부로서의 성질까지 포함하여 분할할 수도 있다**(대판 2001.5.8, 2000다58804).
   ① 대법원 1995.7.3, 94스30
   ② 대법원 1993.5.25, 92므501
   ③ 대법원 2014.9.4, 2012므1656
   ⑤ 대법원 2011.3.10, 2010므4699

10. **정답 ③**
    ③ 재산분할재판에서 분할대상인지 여부가 전혀 심리된 바 없는 재산이 재판확정 후 추가로 발견된 경우에는 이에 대하여 추가로 재산분할청구를 할 수 있다. 다만 **추가 재산분할청구 역시 이혼한 날부터 2년 이내라는 제척기간을 준수하여야 한다**(대법원 2018.6.22, 2018스18).
    ① 대판 2006.3.24, 2005두15595
    ② 대판 2017.9.21, 2015다61286
    ④ 대판 2001.5.8, 2000다58804

11. **정답 ③**
    ③ 사실혼관계에 있는 부부의 일방이 **사실혼 중에 자기 명의로 취득한 재산은 그 명의자의 특유재산으로 추정**되나 실질적으로 다른 일방 또는 쌍방이 그 재산의 대가를 부담하여 취득한 것이 증명된 때에는 특유재산의 추정은 번복된다(대판 1994.12.22, 93다52068).
    ① 대법원 1987.2.10, 86므7
    ② 대판 2001.4.13, 2000다52943
    ④ 대법원 1995.3.10, 94므1379

12. **정답 ④**
    ④ 사실혼관계 부당파기를 원인으로 하는 제3자에 대한 손해배상청구 사건은 가사소송법 관련 조항에 의하여 상대방의 보통재판적 소재지의 **가정법원의 전속관할에 속한다고 할 것이다**(대법원 1995.3.28, 94므1584).
    ① 대법원 1987.2.10, 86므7
    ②③ 대법원 1998.8.21, 97므544

13. **정답 ②**
    ② 민법 **제844조 제1항**(이하 '친생추정 규정'이라 한다)**의 문언과 체계, 민법이 혼인 중 출생한 자녀의 법적 지위에 관하여 친생추정 규정을 두고 있는 기본적인 입법 취지와 연혁, 헌법이 보장하고 있는 혼인과 가족제도, 사생활의 비밀과 자유, 부부와 자녀의 법적 지위와 관련된 이익의 구체적인 비교 형량 등을 종합하면, 혼인 중 아내가 임신하여 출산한 자녀가 남편과 혈연관계가 없다는 점이 밝혀졌더라도 친생추정이 미치지 않는다고 볼 수 없다**(대법원 2019.10.23, 2016므2510).
    ① 대법원 1983.7.12, 82므59
    ③ 대법원 1992.7.24, 91므566
    ④ 대법원 2000.1.28, 99므1817

14. **정답 ⑤**
    ⑤ 인간은 누구나 자신의 성정체성에 따른 인격을 형성하고 삶을 영위할 권리가 있으므로, **단지 성전환자에게 미성년 자녀가 있다는 사정만을 이유로 성별정정을 불허하여서는 아니 된다. 따라서 미성년자인 자녀를 둔 성전환자의 성별정정도 허용된다**(대법원 2022.11.24, 2020스616).
    ① 대법원 2021.12.23, 2018스5
    ② 대법원 2015.6.11, 2014므8217
    ③ 대법원 2019.10.23, 2016므2510
    ④ 대법원 2001.11.27, 2001므1353

15. **정답 ②**
    ② **당사자의 협의 또는 가정법원의 심판에 의하여 구체적인 지급청구권으로서 성립하기 전에는 과거의 양육비에 관한 권리는 양육자가 그 권리를 행사할 수 있는 재산권에 해당한다고 할 수 없고, 이에 대하여는 소멸시효가 진행할 여지가 없다**(대법원 2011.7.29, 2008스67).
    ① 제818조 참조
    ③ 대판 2013.10.11, 2013다7936
    ④ 대법원 2015.2.12, 2014므4871

정답 및 해설

16. 정답 ③
- 옳은 것
  - ㄴ. 대법원 1983.7.12, 82므59
  - ㄹ. 대법원 2020.1.9, 2018스40
  - ㅁ. 대법원 2019.10.23, 2016므2510
- 옳지 않은 것
  - ㄱ. 부부의 누구에게 속한 것인지 분명하지 아니한 재산은 부부의 공유로 추정하고(민법 제830조 제2항), 채무자와 그 배우자의 공유로서 채무자가 점유하거나 그 배우자와 공동으로 점유하고 있는 유체동산은 압류할 수 있는데(민사집행법 제190조), 이와 같은 부부공유재산의 추정과 부부공유의 유체동산에 대한 압류는 혼인관계가 유지되고 있는 부부를 전제로 한다고 할 것이다(대판 2013.7.11, 2013다201233).
  - ㄷ. 친생자관계존부확인의 소를 제기할 수 있는 자는 민법 제865조 제1항에서 정한 제소권자로 한정된다. 따라서 민법 제777조에서 정한 친족이라는 사실만으로 당연히 친생자관계존부확인의 소를 제기할 수 있는 것은 아니다(대법원 2020.6.18, 2015므8351).

17. 정답 ①
- 옳은 것
  - ㄱ. 제871조 제1항
  - ㄴ. 대법원 2000.6.9, 99므1633
- 옳지 않은 것
  - ㄷ. 민법은 입양의 요건으로 동의와 허가 등에 관하여 규정하고 있을 뿐이고 존속을 제외하고는 혈족의 입양을 금지하고 있지 않다(민법 제877조 참조). 따라서 조부모가 손자녀를 입양하여 부모·자녀 관계를 맺는 것이 입양의 의미와 본질에 부합하지 않거나 불가능하다고 볼 이유가 없다. 조부모가 자녀의 입양허가를 청구하는 경우에 입양의 요건을 갖추고 입양이 자녀의 복리에 부합한다면 이를 허가할 수 있다(대법원 2021.12.23, 2018스5).
  - ㄹ. 양자는 입양된 때로부터 양부모의 친생자와 같은 지위를 가진다(제882조의2 제1항).

18. 정답 ④
- ④ 양친이 친양자를 학대 또는 유기하거나 그 밖에 친양자의 복리를 현저히 해하는 경우에는, 양친, 친양자, 친생의 부 또는 모나 검사는 가정법원에 친양자의 파양을 청구할 수 있다(제908조의5 제1항).
- ① 대법원 2010.3.11, 2009므4099
- ② 대법원 1998.5.26, 97므25
- ③ 제908조의2 제2항
- ⑤ 제908조의7

19. 정답 ③
- ③ 제854조의2
- ① 친생자 출생신고가 인지의 효력을 갖는 경우라도, 그와 같은 신고로 인한 친자관계의 외관을 배제하고자 하는 때에는 인지에 관련된 소송이 아니라 친생자관계부존재확인의 소를 제기하여야 한다(대법원 1993.7.27, 91므306).
- ② 친양자 입양의 취소의 효력은 소급하지 아니한다(제908조의7).
- ④ 자는 부의 성과 본을 따른다. 다만, 부모가 자의 혼인신고 시 모의 성과 본을 따르기로 협의한 경우에는 모의 성과 본을 따른다(제781조 제1항).

20. 정답 ①
- ① 친권 상실 청구가 있는 경우 가정법원은 민법 제925조의2의 판단 기준을 참작하여 친권 상실사유에는 해당하지 않지만 자녀의 복리를 위하여 친권의 일부 제한이 필요하다고 볼 경우 청구취지에 구속되지 않고 친권의 일부 제한을 선고할 수 있다(대법원 2018.5.25, 2018스520).
- ② 대법원 2012.4.13, 2011므4719
- ③ 제918조
- ④ 대판 2001.6.29, 2001다28299

21. 정답 ③
- ③ 가정법원은 자녀의 복리를 위하여 친권의 일시 정지 기간의 연장이 필요하다고 인정하는 경우에는 자녀, 자녀의 친족, 검사, 지방자치단체의 장, 미성년후견인 또는 미성년후견감독인의 청구에 의하여 2년의 범위에서 그 기간을 한 차례만 연장할 수 있다(제924조 제3항).
- ① 제922조의2
- ② 제924조 제1항
- ④ 제924조의2

22. 정답 ⑤
- ⑤ 후견계약이 등기되어 있는 경우에는 본인의 이익을 위하여 특별히 필요할 때에만 한정후견 등의 심판을 할 수 있도록 규정한 민법 제959조의20 제1항은 본인에 대해 법정후견개시심판 청구가 제기된 후 심판이 확정되기 전에 후견계약이 등기된 경우에도 적용된다(대법원 2021.7.15, 2020으547).
- ① 대법원 2021.6.10, 2020스596
- ② 제1063조
- ③ 대판 2022.12.1, 2022다261237
- ④ 대법원 2021.7.15, 2020으547

23. 정답 ①
- ① 대법원 2021.2.4, 2020스647
- ② 민법 제959조의20 제1항은 본인에 대해 한정후견개시심판 청구가 제기된 후 심판이 확정되기 전에 후견계약이 등기된 경우에도 적용된다고 보아야 한다(대법원 2017.6.1, 2017스515).
- ③ 친생자관계존부확인의 소를 제기할 수 있는 자는 민법 제865조 제1항에서 정한 제소권자로 한정된다고 봄이 타당하다(대법원 2020.6.18, 2015므8351).
- ④ 민법 제777조에서 정한 친족이라는 사실만으로 당연히 친생자관계존부확인의 소를 제기할 수 있는 것이 아니다(대법원 2020.6.18, 2015므8351).

정답 및 해설

⑤ 제사주재자는 우선적으로 망인의 공동상속인들 사이의 협의에 의해 정하되, 협의가 이루어지지 않는 경우에는 제사주재자의 지위를 유지할 수 없는 특별한 사정이 있지 않은 한 망인의 장남이 제사주재자가 되고, 망인의 장남이 이미 사망한 경우에는 **망인의 차남이 아니라 장남의 아들, 즉 장손자가 제사주재자가 된다**(대판 2008.11.20, 2007다27670).

24. 정답 ⑤

⑤ 민법 제556조 제1항 제2호에 규정되어 있는 '부양의무'라 함은 민법 **제974조에 규정되어 있는 직계혈족 및 그 배우자 또는 생계를 같이 하는 친족 간의 부양의무를 가리키는 것으로서, 친족 간이 아닌 당사자 사이의 약정에 의한 부양의무는 이에 해당하지 아니한다**(대판 1996.1.26, 95다43358).

① 대법원 2017.8.25, 2017스5
② 대법원 2008.6.12, 2005스50
③ 대법원 1991.12.10, 91므245
④ 대판 2015.1.29, 2013다79870

25. 정답 ②

② 대법원 2008.6.12, 2005스50
① 부양의무는 제1차 부양의무(부양받을 자의 생활을 부양의무자의 생활과 같은 정도로 보장하는 것)와 제2차 부양의무(부양의무자가 자기의 사회적 지위에 상응하는 생활을 하면서 생활에 여유가 있음을 전제로 하여 부양을 받을 자가 자력 또는 근로에 의하여 생활을 유지할 수 없는 경우에 한하여 그의 생활을 지원하는 것)로 나눌 수 있는데, 이러한 **제1차 부양의무와 제2차 부양의무는 의무이행의 정도뿐만 아니라 의무이행의 순위도 의미하는 것**이므로, 제2차 부양의무자는 제1차 부양의무자보다 후순위로 부양의무를 부담하게 된다(대판 2012.12.27, 2011다96932).
③ 친권자로서의 부모가 **미성년인 자녀에 대하여 부담하는 부양의무는 제1차 부양의무**이지만(제913조), 부모가 **성년의 자녀에 대하여 직계혈족으로서 민법 제974조 제1호, 제975조에 따라 부담하는 부양의무는 제2차 부양의무**이다(대법원 2017.8.25, 2017스5).
④ 민법 제775조 제2항에 의하면 부부의 일방이 사망한 경우에 혼인으로 인하여 발생한 그 직계혈족과 생존한 상대방 사이의 인척관계는 일단 그대로 유지되다가 상대방이 재혼한 때에 비로소 종료하게 되어 있으므로 **부부의 일방이 사망하여도 그 부모 등 직계혈족과 생존한 상대방 사이의 친족관계는 그대로 유지되나**, 그들 사이의 관계는 민법 **제974조 제1호의 '직계혈족 및 그 배우자 간'에 해당한다고 볼 수 없다**. 부부 일방의 부모 등 그 직계혈족과 상대방 사이에서는, 직계혈족이 생존해 있다면 민법 제974조 제1호에 의하여 생계를 같이 하는지와 관계없이 부양의무가 인정되지만, **직계혈족이 사망하면 생존한 상대방이 재혼하지 않았더라도 민법 제974조 제3호에 의하여 생계를 같이 하는 경우에 한하여 부양의무가 인정**된다(대법원 2013.8.30, 2013스96).

상속법

1. 정답 ③

③ 상속회복청구권이 제척기간의 경과로 소멸된 경우, 참칭상속인은 **상속개시일로 소급하여 상속인의 지위 및 상속재산의 소유권을 취득한다**(대판 1998.3.27, 96다37398). 따라서 설문에서는 '그 행사기간이 만료한 때로 소급하여'가 아니라 '상속개시일로 소급하여'가 되어야 한다.

① 대판 2006.7.4, 2005다45452
② 대판 2011.7.14, 2010다107064
④ 대법원 2007.7.26, 2006므2757
⑤ 대판 2012.5.24, 2010다33392

2. 정답 ①

① 상속회복청구의 소는 진정상속인과 참칭상속인이 주장하는 그 피상속인이 동일인임을 요하는 것이므로, **진정상속인이 주장하는 피상속인과 참칭상속인이 주장하는 피상속인이 다른 사람인 경우에는** 진정상속인이 제기한 소의 청구원인이 상속에 의하여 소유권을 취득하였음을 전제로 한다고 하더라도 **이를 상속회복청구의 소라고 할 수 없다**(대판 1995.7.11, 95다9945).

② 대판 2012.5.24, 2010다33392
③ 대판 1993.9.14, 93다12268
④ 대판 2001.10.12, 2000다22942

3. 정답 ⑤

⑤ 상속회복청구권이 제척기간의 경과로 소멸하게 되면 상속인은 상속인으로서의 지위, 즉 상속에 따라 승계한 개개의 권리·의무 또한 총괄적으로 상실하게 되며, 상속재산은 **상속개시일로 소급하여 참칭상속인의 소유로 된다**(대판 1998.3.27, 96다37398).

① 대법원 1981.1.13, 80사26
② 대판 2011.3.10, 2007다17482
③ 대판 1991.2.22, 90다카19470
④ 대법원 2007.7.26, 2006므2757

4. 정답 ⑤

⑤ 동일한 부동산에 관하여 등기명의인을 달리하여 중복된 소유권보존등기가 마쳐져, 선행 보존등기로부터 소유권이전등기를 한 소유자의 상속인이 후행 보존등기나 그에 기하여 순차로 이루어진 소유권이전등기 등 후속등기가 모두 무효라는 이유로 등기의 말소를 구하는 경우, 그 소는 등기가 참칭상속인에 의한 것이어서 무효이고 따라서 후속등기도 무효임을 이유로 하는 것이 아니라 **후행 보존등기 자체가 무효임을 이유로 하는 것이므로 상속회복청구의 소에 해당하지 않는다**(대판 2011.7.14, 2010다107064).

① 대판 2006.7.4, 2005다45452
② 대판 2009.10.15, 2009다42321
③ 대판 2012.5.24, 2010다33392
④ 대판 2009.10.15, 2009다42321

정답 및 해설

5. **정답 ④**
   ④ 금전채무와 같이 급부의 내용이 가분인 채무가 공동상속된 경우, 이는 **상속개시와 동시에 당연히 법정상속분에 따라 공동상속인에게 분할되어 귀속되는 것이므로 상속재산 분할의 대상이 될 여지가 없다**(대판 1997.6.24, 97다8809).
   ① 대판 2011.3.10, 2007다17482
   ② 대판 1981.1.27, 79다854
   ③ 대판 1998.3.27, 96다37398
   ⑤ 대판 2011.6.9, 2011다29307

6. **정답 ④**
   ④ 상속재산분할협의의 전부 또는 일부를 **합의해제한 후 다시 새로운 분할협의를 할 수도 있다**(대판 2004.7.8, 2002다73203).
   ① 대판 2020.8.13, 2019다249312
   ② 대판 2020.4.9, 2018다238865
   ③ 제1012조

7. **정답 ③**
   ③ 공동상속인 중 1인이 협의분할에 의한 상속을 원인으로 하여 상속부동산에 관한 소유권이전등기를 마친 경우에, 협의분할이 다른 공동상속인의 동의 없이 이루어진 것이어서 무효라는 이유로 **다른 공동상속인이 위 등기의 말소를 청구하는 소는 상속회복청구의 소에 해당하여, 10년 제척기간의 적용을 받는다**(대판 2011.3.10, 2007다17482).
   ① 대판 2010.2.25, 2008다96963
   ② 대판 2011.6.9, 2011다29307
   ④ 대판 2004.7.8, 2002다73203
   ⑤ 대판 1997.6.24, 97다8809

8. **정답 ④**
   ④ 대판 2004.7.8, 2002다73203
   ① 피상속인으로부터 상속받은 금전채무에 관하여 상속인 중 1인이 법정상속분을 초과하여 채무를 부담하기로 하는 상속재산에 대한 분할협의가 이루어진 경우, **이는 면책적 채무인수의 실질을 가진다고 할 것이고 위 약정에 의하여 다른 공동상속인이 법정상속분에 따른 채무의 일부 또는 전부를 면하기 위하여는 민법 제454조의 규정에 따른 채권자의 승낙을 필요로 하는 것이므로, 상속재산 분할의 소급효를 규정하고 있는 민법 제1015조가 적용될 여지는 전혀 없다**(대판 1997.6.24, 97다8809).
   ② 상속재산의 분할협의는 공동상속인 사이에 잠정적 공유가 된 상속재산의 귀속을 확정시키는 것이므로, 그 협의를 통하여 공동상속인 중 무자력인 자가 자신의 상속에 관한 권리를 포기하는 내용으로 분할협의를 하였다면 **이러한 분할협의는 사해행위취소권 행사의 대상이 될 수 있다**(대판 2001.2.9, 2000다51797).
   ③ 상속재산의 분할에 관하여 공동상속인 사이에 협의가 성립되지 아니하거나 협의할 수 없는 경우, **가정법원에 상속재산분할심판을 청구할 수 있을 뿐 상속재산에 속하는 개별재산에 관하여 민법 제268조의 규정에 따라 공유물분할청구의 소를 제기하는 것은 허용되지 않는다**(대판 2015.8.13, 2015다18367).
   ⑤ 우리 민법이 한정승인 절차가 상속재산분할 절차보다 선행하여야 한다는 명문의 규정을 두고 있지 않고, 상속재산분할청구 절차를 통하여 분할의 대상이 되는 상속재산의 범위를 한꺼번에 확정하는 것이 상속채권자의 보호나 청산절차의 신속한 진행을 위하여 필요하다는 점 등을 고려하면, **한정승인에 따른 청산절차가 종료되지 않은 경우에도 상속재산분할청구가 가능하다**(대법원 2014.7.25, 2011스226).

9. **정답 ①**
   ① 상속채권자가 아닌 한정승인자의 고유채권자가 상속재산에 관하여 저당권 등의 담보권을 취득한 경우, **담보권을 취득한 채권자와 상속채권자 사이의 우열관계는 민법상 일반원칙에 따라야 하고 상속채권자가 우선적 지위를 주장할 수 없다**(대판 2016.5.24, 2015다250574). 따라서 한정승인자가 자신의 고유채무에 관하여 상속재산에 저당권을 설정한 경우에는, **그 저당권자가 상속재산에 대한 경매절차에서 상속채권자에 우선하여 배당받을 수 있다.**
   ② 대판 2015.8.13, 2015다18367
   ③ 대판 2016.5.24, 2015다250574
   ④ 대판 2016.12.29, 2013다73520

10. **정답 ①**
    ① 공동상속인인 배우자와 자녀들 중 자녀 전부가 상속을 포기한 경우에는 **민법 제1043조에 따라 상속을 포기한 자녀의 상속분은 남아 있는 '다른 상속인'인 배우자에게 귀속되어 배우자가 단독상속인이 된다**(대법원 2023.3.23, 2020그42).
    ② 대판 2010.2.25, 2008다96963
    ③ 대법원 2022.6.30, 2017스98
    ④ 대판 2011.6.9, 2011다29307 ; 대판 2007.7.26, 2007다29119
    ⑤ 대법원 1998.4.24, 97누3651

11. **정답 ①**
    ① 제1008조의2 제1항
    ② 가정법원의 한정승인신고 수리의 심판은 일응 한정승인의 요건을 구비한 것으로 인정한다는 것일 뿐 그 효력을 확정하는 것이 아니고, **한정승인의 효력이 있는지 여부에 대한 최종적인 판단은 실체법에 따라 민사소송에서 결정될 문제이다**(대판 2021.2.25, 2017다289651).
    ③ 미성년 상속인의 법정대리인이 인식한 바를 기준으로 '상속채무 초과사실을 중대한 과실 없이 알지 못하였는지 여부'와 '이를 알게 된 날'을 정한 다음 특별한정승인의 제척기간이 이미 지난 것으로 판명되면, 단순승인의 법률관계가 그대로 확정되므로, **이후 상속인이 성년에 이르더라도 상속인 본인 스스로의 인식을 기준으로 특별한정승인 규정이 적용되고 제척기간이 별도로 기산되어야 함을 내세워 새롭게 특별한정승인을 할 수는 없다**(대판 2020.11.19, 2019다232918).

정답 및 해설

④ 사인증여에 관하여는 유증에 관한 규정이 준용되지만, **민법 제1078조가 포괄적 사인증여에 준용된다고 하는 것은 사인증여의 성질에 반하므로 민법 제1078조는 준용되지 아니한다**(대판 1996.4.12, 94다37714). 따라서 **포괄적 사인증여를 받은 자는 포괄적 유증을 받은 자와 달리 상속인과 동일한 권리의무가 있지 아니하다**.

12. 정답 ③

- 옳지 않은 것
  - ㄱ. 민법 제1019조(승인, 포기의 기간) 제1항에서 정한 상속인이 상속개시 있음을 안 날이라 함은 **상속개시의 원인되는 사실의 발생을 앎으로써 자기가 상속인이 되었음을 안 날을 말하는 것이지 상속재산의 유무를 안 날을 뜻하는 것은 아니다**(대법원 1986.4.22, 86스10).
  - ㄴ. 상속인은 상속채무가 상속재산을 초과하는 사실을 중대한 과실 없이 민법 제1019조 제1항의 기간 내에 알지 못하고 단순승인을 하거나 법정단순승인이 된 경우 그 사실을 안 날부터 3개월 내에 특별한정승인을 할 수 있고, **이러한 제척기간은 불변기간이 아니어서 그 기간을 지난 후에는 당사자가 책임질 수 없는 사유로 그 기간을 준수하지 못하였더라도 추후에 보완될 수 없다**(대법원 2003.8.11, 2003스32).
  - ㅂ. 피상속인의 사망 후 상속채무가 상속재산을 초과하여 상속인 배우자와 자녀들이 상속포기를 하였는데, 그 후 피상속인의 직계존속이 사망하여 민법 제1001조, 제1003조 제2항에 따라 대습상속이 개시된 경우, **이미 사망한 피상속인의 배우자와 자녀들의 피상속인에 대한 상속포기의 효과는 피상속인의 직계존속의 사망으로 인한 대습상속에까지 미치지 아니하므로, 별도로 민법이 정한 기간 내에 한정승인이나 상속포기를 하지 않으면 단순승인을 한 것으로 간주된다**(대판 2017.1.12, 2014다39824).

- 옳은 것
  - ㄷ. 대판 2020.11.19, 2019다232918
  - ㄹ. 대판 2021.9.15, 2021다224446 ; 제1022조
  - ㅁ. 대판 2021.9.15, 2021다224446

13. 정답 ④

④ 채권과 채무가 동일한 주체에 귀속한 때에 채권은 혼동에 의하여 소멸하게 되므로, 상속인이 한정승인을 한 때에는 **피상속인에 대한 상속인의 재산상 권리의무는 소멸하지 아니한다**(제1031조). 따라서 **상속인이 피상속인에 대하여 가지고 있는 채권과 채무는 상속인이 한정승인을 하게 되면 소멸하지 않는다**.

①②③ 대판 2016.5.24, 2015다250574

14. 정답 ③

③ 상속채권자는 한정승인자로부터 상속재산에 관하여 저당권 등의 담보권을 취득한 사람과 상속채권자 사이의 우열관계는 민법상의 일반원칙에 따라야 하고, **상속채권자가 한정승인의 사유만으로 우선적 지위를 주장할 수는 없다**(대판 2010.3.18, 2007다77781).

① 대판 2016.5.24, 2015다250574
② 제1019조 제3항
④ 제1031조
⑤ 제1035조 제2항

15. 정답 ①

① 보험계약자가 피보험자의 상속인을 보험수익자로 하여 맺은 생명보험계약이나 상해보험계약에서 피보험자의 상속인은 피보험자의 사망이라는 보험사고가 발생한 때에는 보험수익자의 지위에서 보험자에 대하여 보험금 지급을 청구할 수 있고, **이 권리는 보험계약의 효력으로 당연히 생기는 것으로서 상속재산이 아니라 상속인의 고유재산이다**. 이때 보험수익자로 지정된 상속인 중 1인이 자신에게 귀속된 보험금청구권을 포기하더라도 그 포기한 부분이 당연히 다른 상속인에게 귀속되지는 아니한다. 이러한 법리는 단체보험에서 피보험자의 상속인이 보험수익자로 인정된 경우에도 동일하게 적용된다(대판 2020.2.6, 2017다215728).

② 대판 2011.3.10, 2007다17482
③ 대판 2003.11.14, 2003다30968
④ 대법원 2016.5.4, 2014스122

16. 정답 ④

④ 우리 민법이 한정승인 절차가 상속재산분할 절차보다 선행하여야 한다는 명문의 규정을 두고 있지 않고, 상속재산분할청구 절차를 통하여 분할의 대상이 되는 상속재산의 범위를 한꺼번에 확정하는 것이 청산절차의 신속한 진행을 위하여 필요하다는 점에서, **한정승인에 따른 청산절차가 종료되지 않은 경우에도 상속재산분할청구가 가능하다고 보아야 한다**(대법원 2014.7.25, 2011스226).

① 대판 2010.2.25, 2008다96963
② 대판 2009.10.15, 2009다42321
③ 대판 2013.11.28, 2013다22812

17. 정답 ③

③ 자필증서에 의한 유언은 유언자가 전문과 연월일, 주소, 성명을 모두 자서하고 날인하여야만 효력이 있으나, **유언자가 주소를 자서하지 않았다면 이는 법정된 요건과 방식에 어긋난 유언으로서 그 효력을 부정하지 않을 수 없고, 유언자의 특정에 아무런 지장이 없다고 하여 달리 볼 것도 아니다**(대판 2014.10.6, 2012다29564).

① 대판 2015.10.29, 2013다60753
②④ 대판 2013.3.14, 2010다42624

18. 정답 ③

③ 유언에 정지조건이 있는 경우에 그 조건이 유언자의 사망 후에 성취한 때에는 **그 조건성취한 때부터 유언의 효력이 생긴다**(제1073조 제2항).

① 제1066조, 대판 2014.9.26, 2012다71688
② 제1067조
④ 제1070조

정답 및 해설

19. 정답 ③
③ 유언의 목적이 된 권리가 유언자의 사망 당시에 상속재산에 속하지 아니한 때에는 유언은 그 효력이 없다(제1087조). 따라서 유증의 목적인 권리가 유언자의 사망 당시에 상속재산에 속하지 아니하는 경우 **그 유언은 효력이 없으므로, 유증의무자는 원칙적으로 그 권리를 취득하여 수증자에게 이전할 의무가 없다.**
① 대판 2009.5.14, 2009다9768
② 제1110조
④ 대판 2008.11.20, 2007다27670
⑤ 대판 2014.2.13, 2011다74277

20. 정답 ④
④ 기여분은 상속재산분할의 전제 문제로서의 성격을 가지는 것으로서 유류분과는 서로 관계가 없다. 따라서 공동상속인 중에 상당한 기간 동거·간호 그 밖의 방법으로 피상속인을 특별히 부양하거나 피상속인의 재산의 유지 또는 증가에 특별히 기여한 사람이 있을지라도, **공동상속인의 협의 또는 가정법원의 심판으로 기여분이 결정되지 않은 이상 유류분반환청구소송에서 기여분을 주장할 수 없다**(대판 2015.10.29, 2013다60753).
① 대판 2013.3.14, 2010다42624
② 대판 2010.5.27, 2009다93992
③ 대판 2002.4.26, 2000다8878

21. 정답 ③
③ 공동상속인 중에 피상속인으로부터 재산의 증여에 의하여 특별수익을 한 자가 있는 경우에는 민법 제1114조의 규정은 그 적용이 배제되고, **그 증여는 수증자가 손해를 가할 것을 알고서 한 경우를 묻지 않고 상속개시 전의 1년간에 행한 것인지 여부에 관계없이 유류분 산정을 위한 기초재산에 산입된다**(대판 1993.6.30, 92다3595).
① 제1008조의2 제3항
② 대판 2015.11.12, 2010다104768
④ 대판 2007.7.26, 2006다83796
⑤ 대판 2002.4.26, 2000다8878

22. 정답 ⑤
⑤ 유류분 반환청구자가 1977년 민법 개정으로 유류분 제도가 시행되기 전에 피상속인으로부터 재산을 증여받아 이미 이행이 완료된 경우에는 **그 재산은 유류분 산정을 위한 기초재산에서 제외된다고 하더라도, 위 재산은 당해 유류분 반환청구자의 유류분 부족액 산정시 특별수익으로 공제되어야 한다**(대판 2018.7.12, 2017다278422).
① 대판 2022.2.10, 2020다250783
② 제1112조
③④ 대판 2021.7.15, 2016다210498

23. 정답 ①
① 유류분반환의 범위는 상속개시 당시 피상속인의 순재산과 문제된 증여재산을 합한 재산을 평가하여 그 재산액에 유류분청구권자의 유류분비율을 곱하여 얻은 유류분액을 기준으로 산정하는데 증여받은 재산의 시가는 상속개시 당시를 기준으로 하여 산정하여야 하며, 증여 이후 수증자나 수증자로부터 증여재산을 양수받은 자가 **자기의 비용으로 증여재산의 성상 등을 변경하여 상속개시 당시 그 가액이 증가되어 있는 경우에는 상속개시 당시의 가액을 산정하면 유류분권리자에게 부당한 이익을 주게 되므로 증여 당시의 성상 등을 기준으로 상속개시 당시의 가액을 산정하여야 한다**(대판 2015.11.12, 2010다104768).
② 대판 2002.4.26, 2000다8878
③ 대판 2006.11.10, 2006다46346
④ 대판 1993.6.30, 92다3595
⑤ 대판 2015.11.12, 2011다55092

24. 정답 ②
② **상속포기의 효력은 피상속인의 사망으로 개시된 상속에만 미치고, 그 후 피상속인을 피대습자로 하여 개시된 대습상속에까지 미치지는 않는다.** 대습상속은 상속과는 별개의 원인으로 발생하는 것이며, 대습상속이 개시되기 전에는 이를 포기하는 것이 허용되지 않기 때문이다(대판 2017.1.12, 2014다39824).
① 제1000조 제3항 및 통설
③④ 대판 2015.10.29, 2013다60753
⑤ 대판 2010.5.27, 2009다93992

25. 정답 ②
② 증여나 유증 후 그 목적물에 관하여 제3자가 저당권이나 지상권 등의 권리를 취득한 경우에는 원물반환이 불가능하거나 현저히 곤란하므로, **유류분권리자는 반환의무자를 상대로 원물반환 대신 그 가액의 반환을 구할 수 있다. 그러나 그렇다고 해서 유류분권리자가 스스로 위험이나 불이익을 감수하면서 원물반환을 구하는 것까지 허용되지 않는다고 볼 것은 아니다**(대판 2022.2.10, 2020다250783).
①③ 대판 2013.3.14, 2010다42624
④ 대판 2012.5.24, 2010다50809